2007年，交通部副部长视察京杭运河秀州段

2007年时任嘉兴市委书记黄坤明考察申嘉湖高速公路秀州段

“九五”期间，世界银行官员正在考察嘉兴市内河航道杭申线秀洲段建设

1995年10月，原国务院副总理邹家华视察京杭运河杭申线秀洲段时，曾明确指示：像这样有辉煌历史，现在依然重要的航道，应该加快改造建设步伐，使其发挥更大的效益。

2001年4月28日，交通部副部长翁孟勇一行在嘉兴市港航局局长等领导陪同下视察市港航局塘汇航管站

2004年4月24日，全国政协副主席阿不来提、阿不都热西提参观城乡公交

2006年12月6日，浙江省交通厅厅长郭剑彪在嘉兴市港航局局长顾国强等领导陪同下考察京杭运河嘉兴秀洲段

2007年11月15日，嘉兴市委书记陈德荣考察乍嘉苏线嘉兴秀洲段

2008年3月17日，浙江省副省长王建满在浙江省交通厅郭剑彪等领导陪同下考察乍嘉苏线嘉兴秀洲段

2007年4月20日，嘉兴市副市长王洪涛检查高速公路情况

2007年9月7日，嘉兴市政协主席刘冬生在嘉兴市交通局局长孙建华陪同下考察公交公司

道路

——从小路到大路，从平面到立体

320国道秀洲段

1985年320国道嘉兴洪合段堵车

20世纪初70年代07省道秀洲段

秀洲区的公路交通始于20世纪20年代，是采用官、商共同筑路、谁筑谁营以及官方筑路向商家出租运输专营权等方式，筹集资金兴办起来的。

党的十一届三中全会之后，变一家办交通为全社会办交通，发展加快。公路建设以提高为主，重点改造主要国省道，建设高速公路主骨架，同时加快县乡公路建设。

到2010年年底，秀洲区公路网分为三个层次，即高速公路网、干线公路网和农村公路网。

2010年年末，秀洲区路基4.5米或路面3.5米以上的公路总里程为890.321公里。按行政等级分：国道58.711公里（含国家高速公路39.932公里），省道43.75公里（含申嘉湖高速公路25.556公里、乍嘉苏高速公路1.684公里），县道193.192公里，乡道95.533公里，村道482.463公里，专用公路16.672公里；按技术标准分：高速公路67.172公里，一级公路69.866公里，二级公路38.279公里，三级公路177.072公里，四级公路270.921公里，准四级公路244.813公里，等外公路22.198公里。等级公路里程占公路总里程的97.51%。公路总里程中高级路面677.54公里，占76.10%；次高级路面65.43公里，占7.35%；中级路面147.36公里，占16.55%。公路通村率达100%，公路通村硬化率达100%。实现“153060”通达目标。

申嘉湖高速公路秀洲段观音桥枢纽

沪杭高速公路

乍嘉苏高速公路秀洲段

320国道洪合段

嘉湖公路秀洲段

沪杭高速公路服务区

07省道王江泾段

道路通组达户

嘉兴至王店县道

老桥梁

危桥

秀洲区农村公路建设迅猛发展，到2005年全区实现通村公路等级化，基本完成农村危桥改造。

2005年12月31日，秀洲区最后一个渡口王江泾镇“西雁渡”完成撤渡任务。到2010年，全区农村公路（含县道、乡道、村道）达771.188公里，其中县道193.192公里，乡道95.533公里，村道482.463公里，实现了“通村到组达户”，公路硬化率、上等级率均达100%。全区的危桥得到改造，广大农民和城里人一样，轿车开到家门口，城乡公交实现了“镇镇有等级站、村村有候车亭、沿途有停靠站”的目标。

蚂桥危桥

老桥改造

秀洲区桥梁改造工程

镇镇有等级站、村村有候车亭、沿途有停靠站

嘉兴到王店县道

秀洲区公交站点

油车港县道

油车港通村公路（一）

油车港通村公路（二）

油车港通村公路（三）

蚂桥到组达户村道（一）

蚂桥到组达户村道（二）

蚂桥到组达户村道（三）

航道建设

20世纪30年代嘉兴陡门桥航段

秀洲区境内水系发达，航道众多，解放前由于经济实力不足，航道未能得到很好地疏浚养护，一直到20世纪80年代初仍处于自然状态，不少航道仍存在弯多、淤浅、曲率半径小、河岸塌方、航道狭窄、桥位不当等碍航情况，只能通航100吨级以下的船舶。“九五”期间，秀洲区航道建设按照“建设大交通、促进大发展，建立贯通全市、连接内外、通达周边的交通网络”的发展战略进行了统筹规划，航道建设发生了质的飞跃。到2010年年底，全区有定级航道27条，航道总里程达248.21公里；航道密度达43.9公里/百平方公里。基本形成了以300~500吨级航道为骨干，50~100吨级航道为基础的航道格局。

20世纪30年代嘉兴血印寺航段

1993年杭申线大堵航

20世纪30年代嘉兴三塔（一）

20世纪30年代嘉兴三塔（二）

杭申线三塔航段

杭申线市河航段

杭申线北郊河航段

北郊河

南郊河秀洲区航段

王江泾长虹桥航段

南郊河秀洲区航段施工现场

京杭运河思古桥段

船舶

嘉兴秀洲区境内河道纵横，船舶历来是水上运输的主要工具。马家浜文化罗家角遗址中出土“拖泥板”状的木器，经专家辩证是嘉兴最早的船只雏形。19世纪末，嘉兴秀洲区已有燃煤蒸气机轮船，20世纪初始有柴油内燃机轮船。

据民国24年（1935年）8月出版的《中国经济志·浙江省嘉兴县》记载：嘉兴境内交通有轮船二十五艘行驶各地外，尚有航船、民船、渔船、南湖船多种。全县计有航船116只，民船约34只，渔船约百只，南湖船56只。

中华人民共和国成立以后，嘉兴秀洲区水上货物运输仍以木帆船为主，生产效率低，尽管如此，船舶仍是水上运输的主要工具。机动船大多数为客轮。随着社会的发展，水上运输工具也随之更新变化。钢质船越来越多，木质船越来越少，水泥船被彻底淘汰。改革开放后，民间运输船舶空前发展，船只船吨明显增加。1990年年末嘉兴城郊区内河个体客货船舶：客轮12艘549客位，客驳1艘82客位，轮驳船18765艘232098吨位，非机动船106艘948吨位。1987年嘉兴民间运输船舶的数量一度增长过猛过快，到2010年，嘉兴秀洲区拥有内河营运货船635艘，147770载重吨。

笔舫

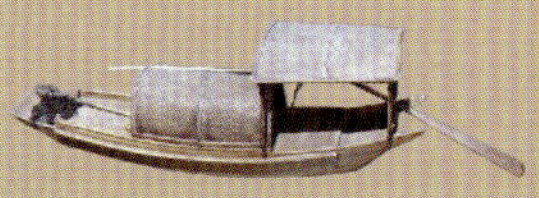

网船

西湖画舫

书船

罱泥船

拉渡船

20世纪40年代嘉兴撒网船

木帆船

20世纪30年代嘉兴农船

西樟船

客轮

摆渡船

水上运输船队

拆解水泥船

打捞船

高速海事巡逻艇

淘汰挂桨机船

船舶在装卸码头作业

造船业

原嘉兴市造船厂

原嘉兴造船厂旧船坞

春秋时期，吴越争雄，泛造战船，籍载春秋槜李池（在王江泾北），为吴（国）造舰处，是秀洲区最早造船地。

中华人民共和国成立前，秀洲区的船舶业和造船业的普遍情况是经营分散、技术落后、设备简陋。1954年，对船厂业主进行了初步组织，把资金少、不雇工、独立劳动的业主组成劳动者协会。

到2010年，秀洲区基本形成符合先进制造业基地要求的以内河船舶为主兼沿海船舶的修造船业，建成比较完备的现代化船舶制造、船舶修理、船舶配件生产、船舶及配套产品交易和船舶综合服务区的产业综合体系。到2010年年底，秀洲区有5家船厂：嘉兴市国兴船业有限公司船厂（原蚂桥船厂）、嘉兴市禾东船业有限责任公司、嘉兴市荣鑫船舶制造公司、嘉兴市秀洲区北郊河船厂、嘉兴市伟佳船舶制造有限公司。

嘉兴市国兴船业有限公司船厂（原马桥船厂）

嘉兴市荣鑫船舶制造公司（一）

嘉兴市荣鑫船舶制造公司（二）

嘉兴市秀洲区北郊河船厂

嘉兴市禾东船业有限责任公司

嘉兴市禾东船业有限责任公司造船车间

嘉兴市伟佳船舶制造有限公司造的港监艇

嘉兴市伟佳船舶制造有限公司造的游船

嘉兴市伟佳船舶有限公司（老船厂）

水上客运

停泊在嘉兴客运码头烟雨号游轮

京航运河上农客班正在停靠思古桥码头

清光绪八年（1882年），上海轮船招商局以“翔凫”号轮船开辟上海经嘉兴至硖石航线，为秀洲区最早的客轮。清末嘉兴王清记轮船公司创立，为嘉兴首个轮船行。

1949年，嘉兴县完成客运量93.32万人次，周转量1927.45万人公里。1950年，嘉兴县（市）19家轮船行（局、公司），19艘客轮行驶于嘉兴至湖州、苏州、双林、南浔、海盐、平湖、桐乡、乌镇、芦墟和县境内16条航线。

1985年，嘉兴村办、“两户”的农客班，有机动船28艘、1224客位、5649马力，客驳2艘、95客位，经营市郊、县境范围内航线27条68个班次，营运总里程354.3公里，客运量为2000~2500人次/天。此外，还有水运集体企业客轮2艘，经营3条区间航线，全年完成客运量12.35万人次，周转量93.13万人公里。

1990年年底，嘉兴客运站只有8条航线，嘉兴的农客班客运线也只有5条，班次减少更多。也因客流量的剧减，而先后停航。

2002年6月6日，嘉兴市南湖名胜发展有限公司成立，经营范围：嘉兴市境内水路旅客运输，有客船15艘、108客位。主要在南湖风景区水域从事水路旅游客运。

2010年7月9日，嘉兴市南湖旅行社有限公司因水路客运业务日趋减少办理了水路旅客运输业务的注销手续。至此，秀洲区真正意义上从事水路旅客运输的企业已经终结。

航运在未拓宽杭申线陡门航段的客轮

航运在乍嘉苏线航段的客轮

水上客轮

嘉兴南湖旅行社客轮在莲泗荡码头上客

嘉兴中山路桥轮船码头

嘉兴东门轮船码头

嘉兴南门轮船停靠码头

长虹桥客运码头（靠左边桥洞左边人行走的地方）

新塍客运码头旧址

油车港客运码头旧址

王店客运老码头（一）

王店客运老码头（二）

三姑庙轮船码头旧址

港口与码头

解放前，秀洲区大部分航区无固定码头停靠船舶。即使有少量固定码头，大多也是根据自然坡岸，或由当地人公助集资筹建于集镇的市梢。

客运码头：1991年以后，嘉兴已乡乡通公路，到1997年，航行于南汇至嘉兴这条唯一航线停运撤航，水上客运宣告结束，所有客运码头被废弃。

货运码头：生产性码头泊位主要分布于杭申线、乍嘉苏线、嘉于硖线、京杭运河等高等级航道的两岸，其他的支线航道上也分布着一些简易码头。截至2010年年底，秀洲区港区拥有生产性泊位194个，其中300吨级以下泊位102个，300吨级至500吨级以下泊位53个，500吨级及以上泊位39个。泊位岸线总长8180.32米，泊位年综合通过能力1241.95万吨，至2010年年底，秀洲区港区完成港口吞吐量717.88万吨。

港航管理人员在原嘉兴运集公司三塔港区检查工作

新塍货运码头

嘉兴市铁水中转港

王店饲料厂码头

油车港废钢铁码头

王店新塘桥码头

王江泾莲泗荡码头

嘉兴秀洲区交通局领导大年三十夜考察王江泾莲泗荡码头

嘉兴秀洲区第一期码头整治港
航管理人员在港区张贴公告

嘉兴秀洲区第一期码头整治（一）

嘉兴秀洲区第一期码头整治（二）

嘉兴秀洲区第一期码头整治（三）

嘉兴秀洲区第一期码头整治（四）

嘉兴秀洲区第一期码头整治（五）

渡口

秀洲区渡船正在摆渡

2002年冬季边胜荣站长检查王江泾西雁渡口渡船

张家浜渡口

王店新塘桥渡口旧址

油车港沉石塘渡口旧址

桃园乡钱码头渡口旧址

旧时秀洲区渡口按其设置性质可分为官渡和民渡两种。官渡由官府置舟并配船工，渡运过境官员和商旅。民渡则由地方士绅联合所在乡村民众筹资设置，确定渡工专管渡船和负责摆渡。解放前秀洲区渡口，除少数有渡工专门管理渡口，并负责渡运过客外，多数渡口是两岸绳索牵引的“拉渡”。

解放后，随着河道的疏浚和桥梁建设事业的发展，秀洲区大部分渡口先后修建桥梁，渡口逐渐减少。1985年，城、郊两区共有渡口24处，其中交通管理部门批准的乡镇渡口20处和南湖渡口1处；未经批准乡镇渡口2处，其他1处。经检验的非机动渡船22艘；其他渡船4艘；未经检验的渡船8艘。至1990年年末，郊区仍有渡口21处，其中王江泾片6处，新塍片5处，油车港片4处，洪合和王店片3处，大桥和新丰片3处，共渡船21艘，全部实现了钢质化。2005年12月31日，完成了秀洲区最后一个渡口王江泾镇“西雁渡”的撤渡任务，使水乡秀洲彻底告别了千年渡运历史。

渡船

新塍石汇头渡口旧址

班车客运

20世纪80年代杭枫线客运班车

20世纪80年代乍王线客运班车

民国23年（1934）1月，平湖至新丰通车，同年7月16日由新丰延伸至嘉兴通车，这是嘉兴首条公路通班车。

1985年8月30日，嘉兴汽车运输分公司与苏州地区汽车运输公司苏州客运分公司，共同签发了《平望会议纪要》，规定嘉苏线班车浙境停靠双桥、王江泾，苏境停靠盛泽、平望、平望大桥、胜墩、八拆、白龙桥。至嘉兴和苏州再延伸的各线班车，浙境内停靠濮院、乌船村、新丰、平湖、乍浦、王江泾、双桥，苏境内停靠盛泽、平望、八拆、吴江。后由嘉兴至苏州又开辟海盐、常熟、常州、沙州、宜兴、苏州、平望、盛泽、跨省客运线路9条32班次，总营运里程161公里。

党的十一届三中全会后，出现以国营企业为骨干，全民、集体、个体一起上的新局面，至1990年年底嘉兴客运线路达50条。

到2010年年底，秀洲区公路旅客营业性铺客车达322辆、3010客位。其中卧铺客车5辆，186客位；汽油车264辆，柴油车58辆。跨省班线18条，14866公里，日发班次65.48个。

到2010年年底，秀洲区公路客运站点6个，其中三级站1个，五级站5个，港湾式停靠站点200个。

班线车辆

嘉兴国鸿公司长途班车（一）

嘉兴国鸿公司旅游班车（二）

1990年8月嘉兴汽车西站搬迁

1993年至2000年嘉兴汽车南站

嘉兴汽车北站

新塍汽车站

油车港汽车站

王店汽车站

嘉兴汽车客运中心

公共交通

1984年嘉兴市公交公司通车典礼

1986年嘉兴市公交公司车辆

解放初期，秀洲区无公共汽车。1955年由嘉兴汽车中心站开办市区公共汽车，于同年4月16日起市区中百公司开往东栅第1路公共汽车行驶，不久由东栅延伸至十八里桥，并陆续增开中百公司至南堰，火车站至李家圩，中百公司至北圣湾等三条线路。自1960年起先后停驶。1963年7月应地方群众要求，原1路即中百公司至东栅口段公共汽车予以恢复，其余3条线路认为邻近郊区，未予恢复。1983年撤地建市后，嘉兴的公交客运正式起步，并不断发展。原嘉兴县成立为嘉兴市，并分设为城区、郊区，将原县城的市区部分为城区、农村部分为郊区。1999年6月郊区更名为秀洲区。1984年1月17日嘉兴市公共交通公司成立，这是首家公交客运公司，截至2010年年底，秀洲区内或途经秀洲区的城市公交线路共45条。秀洲区城乡公交车通达线路共33条，投入运营公交客车118辆。实现了“镇镇有等级站、村村有候车亭、沿途有停靠站”的目标。全区4个街道、5个乡镇、26个社区、115个行政村都通了公交车，二级、三级公交网络开通率达100%。全区实现村村通公交。公交出行分担率达20%。全区共拥有出租汽车264辆，并启动公共自行车系统建设。到2010年年底，秀洲区公路客运站点6个，港湾式停靠站点200个。

2005年城乡公交车

城乡公交一体化

学生乘坐公交车去上学

嘉兴开往洪合的公交车辆

嘉兴开往王店的公交车辆

嘉兴公交客运枢纽

秀洲公交车停靠站

新塍公交车停靠站

王江泾公交停靠站

王店公交停靠站

汽车北站公交枢纽

油车港公共交通停靠站点

蚂桥公交车停靠站

出租车

公共自行车

秀洲区现代物流业正式起步于2007年，自浙江省人民政府将大物流建设列为现代交通“三大建设”项目起，秀洲区政府高度重视物流业的发展。紧紧抓住这个机遇，交通运输业由单一运输方式发展向综合运输体系发展转变，秀洲区交通运输业正在实现由传统产业向现代交通运输业转型。

到2010年，秀洲区完成公路营业性货运量670万吨，周转量62356万吨公里，完成水路货运量1184.414万吨，货物周转量132611.6万吨公里。

截止2010年，物流园已引进各类物流企业17家，开发建设物流仓储及配套设施用地1400多亩，投入资金近10亿元。2010年年初，嘉兴现代物流园成为浙江省现代服务业示范区，并成为浙江省首批省级重点物流基地（全省共6个），以及部、省合作共建的重点物流基地。

秀洲区现有嘉兴宇石国际货代、嘉兴顺丰运输、浙江申通瑞银物流、嘉兴圆通速递、嘉兴伟盛国际货代、上海佳吉快运嘉兴分公司、宁波志成德邦物流、深圳海格物流嘉兴分公司、新安储运、祥顺运输、富通运输、东恒物流、宝兴运输等一大批较大的运输类及仓储类物流企业。

公交枢纽站

嘉兴现代物流园

嘉兴现代物流科技大厦

公路运输新车辆

嘉兴沃尔玛物流基地

嘉兴沃尔玛物流基地仓储中心

洪合羊毛衫市场

嘉兴蔬菜批发交易市场

内河集装箱码头

铁路

沪杭铁路系嘉兴境内最早的一条铁路。清宣统元年（1909年）闰二月二十五日（4月15日）长安至嘉兴段竣工，当时嘉兴县境内有嘉兴、王店两个站，1950年增设马王塘车站（俗称马王塘火车站）。2006年1月16日，王店站和马王塘站停止办理客运。

嘉兴境内有老货场危险品线（1996年停用）、民丰造纸厂线（2006年停用）、嘉兴粮食线（2006年停用）和外贸冷库线共4条铁路货运专用线。1993—1999年，先后新建嘉兴粮油、嘉兴永安石化危险品和嘉兴中央直属储备粮库专用线。2010年年末，境内共有铁路专用线5条。嘉兴机场铁路专用线，1953年，又建造了经嘉兴马王塘车站向西通往机场的专用铁路。

嘉兴县境内曾建有苏嘉铁路，自江苏苏州入嘉兴经王江泾到嘉兴站。1936年7月15日通车运营，1943年与1944年之交被日伪军分段全部拆除。

20世纪40年代嘉兴火车站

嘉兴老火车站碉堡遗址

嘉兴市市区铁路段

嘉兴火车站站台

嘉兴高铁动车站站台

嘉兴高铁南站

长水塘上的机场铁路线（一）

长水塘上的机场铁路桥（二）

嘉兴火车站

嘉兴火车站售票处

嘉兴火车站出站口

王店火车站铁路段

王店火车站

王店火车站站台

蚂桥火车站

蚂桥火车站站台

蚂桥火车站立交铁路段

交通管理

1951年嘉兴县交通由嘉兴县人民政府建设科管理，办公地址在新塍镇。1953年10月正式成立交通建设科，1954年上半年，交建科由新塍搬往东栅，1955年下半年又搬到南堰办公。1958年2月嘉兴县、市合并，6月成立嘉兴县工业交通局。1958年12月，成立嘉兴县交通局，办公地址在项家漾。1972年4月，中共嘉兴县委决定成立嘉兴县交通局领导小组，办公地址在冷仙亭航管站内。1978年4月17日，成立嘉兴县交通局。1983年10月，嘉兴市郊区人民政府设郊区交通局，负责嘉兴市郊区辖区内除铁路运输之外的水陆交通设施建设、公路养护、交通运输，汽车修理行业管理和水上交通安全、交通全行业管理等项工作。1985年11月，成立中共嘉兴市郊区交通局党组，局址在嘉兴火车站公园路口。

1999年6月24日，嘉兴市郊区更名为嘉兴市秀洲区，“嘉兴市郊区交通局”更名为“嘉兴市秀洲区交通局”，其他相应机构同时更名。

2012年4月6日，组建区交通运输局。将区交通局的职责整合划入区交通运输局，不再保留区交通局。

秀洲区交通大楼

秀洲区交通大楼

秀洲区交通局

城郊港航管理处

塘汇航管站（一）

塘汇航管站（二）

三塔航管站

思古桥航管站（一）

思古桥航管站（二）

思古桥航管站（三）

航标标志（一）

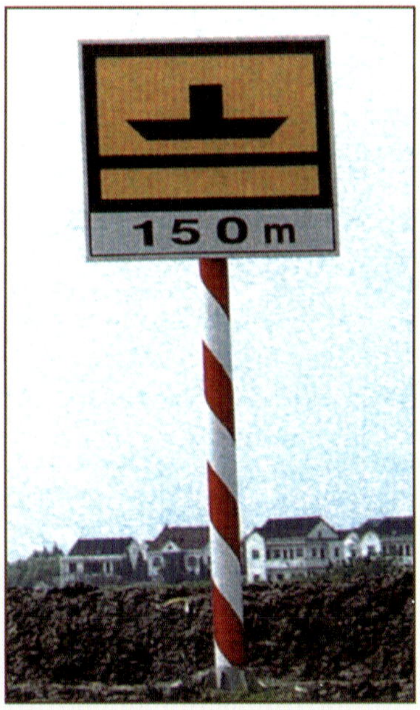

航标标志（二）

管线标

1954年6月，嘉兴航运管理处制作了首批内河航标，其中第一座本质白色三角浮标，设在嘉兴杉青闸河墩石基上。到2010年，嘉兴秀洲区内河航标共有159座，其中助航标志19座，安全标志86座，信息标志54座。

航道指路牌（一）

京杭运河嘉兴段航标

航道指路牌（二）

航标边上的宣传牌

电子指示牌

桥梁

20世纪40年代嘉兴西洋桥

京杭运河原思古桥

“九五”期间建设中的杭申线桥梁

嘉兴历史悠久，又是水乡泽国，因此桥多、源早。据不完全统计，到1985年，城区、郊区有不同规模的桥梁2360座。到2006年，秀洲区境内尚存古桥186座，多数为三孔无栏梁式石板桥。到2010年年末，秀洲区有公路桥梁805座计47585.35延米，1300座机耕路桥梁。2010年秀洲区主要航道桥梁：湖嘉申线8座、京杭运河1座、杭申线24座、乍嘉苏线24座、嘉于硖线13座。铁路桥梁：沪杭铁路全线所经之地多系平原水网地区，铁路桥梁多达178座，嘉兴市城郊两区境内有铁路桥36座（70~105号桥）。

古运河上长虹桥

杭申线北郊河油车港大桥

京杭运河思古大桥

公路立交桥

古桥

嘉兴市本级现存的古桥，有时间可考的最早建于500多年前，绝大多数重建于清朝至民国时期，以梁式结构为主，少量拱型结构。这些古桥工艺精湛、古朴典雅，桥板、桥墩和望柱土雕有龙、鱼、蝙蝠、狮子等吉祥图案，栩栩如生，有着较高的艺术欣赏价值。

元至元《嘉禾志》记载嘉兴军府桥梁164座，清光绪《嘉兴府志》记载嘉兴府桥梁559座，而明崇祯《嘉兴县志》记载嘉兴县的桥梁就有567座。清末，嘉兴府域共存驿路古桥383座，其中嘉兴府城94座，嘉兴县城外96座，秀水县城外83座。

截至2006年，秀洲区境内尚存古桥186座，多数为三孔无栏梁式石板桥。其中新塍镇64座，王江泾镇41座，王店镇35座，油车港镇25座，洪合镇9座，新城街道4座，塘汇街道4座，高照街道3座，嘉北街道1座。

20世纪30年代嘉兴北丽桥（一）

20世纪30年代嘉兴西丽桥（二）

嘉兴端平桥

京杭运河原思古桥

嘉兴秀城桥

新城街道里仁桥

嘉兴秋泾桥

嘉兴日旸桥

新塍镇周公石桥

新塍镇天竺桥

新塍镇白云桥

王江泾镇长虹桥

王江泾镇浔阳桥

王江泾镇闻店桥

王江泾镇济阳桥

油车港镇步云桥

洪合镇国界桥

油车港镇长生桥

洪合镇良三村升平桥

油车港镇鱼池汇桥

塘汇街道思贤桥

油车港镇南湖大桥

交通科技

科技是第一生产力。

“十一五”期间，嘉兴市城郊港航管理处建成了内河水上交通指挥中心。建设交通运输指挥中心，提高了交通运输管理信息化水平；应用新兴网络技术，加强网络建设，初步实现了办公自动化。

省内第一艘数字扫测艇

嘉兴市水上交通指挥中心

混凝土板桩技术在内河航道及码头工程中的应用

船舶科学定位

沥青路面就地热再生重铺机组

烤漆房油改电工程

驾驶模拟器在术科培训中的使用

新型预制混凝土劈裂砌块在南郊河航道护岸工程中应用

公路执法威武之师

为维护水运秩序，市港航监督部门积极开展专项整治：一是乡镇船舶专项整治。二是船舶、船员证照清理整顿。三是水路危险货物运输安全管理专项整治，使水路危险货物运输朝着安全有序的方向发展。四是内河客运安全专项整治。并在秀洲区航区内开展了七省一市联动的打击水上运输船舶超载统一执法行动。城郊航管所所辖的塘汇、思古桥、王江泾和巡航队，分别在京杭运河、杭申线和乍嘉苏线航道上设立了三个超载船舶卸载点，常抓不懈，船舶超载现象得到了有效地遏制。

嘉兴市秀洲区公路管理处路政支队成立了超限运输现场管理办公室，在嘉兴辖区内320国道、07省道、高速公路连接线采取不定点不定时现场查处。管理中采取教育为主，教育与处罚相结合的方法，并按规定做好卸载工作，有效扼制超限车辆行驶的现状。

嘉兴市秀洲区道路运输管理所加大对无证经营、违章经营加大了查处力度，除日常的现场稽查外，还采取组织全所人员突击查处和明查与暗查相结合，白天查与夜间查相穿插，分点查与联合查相交叉的稽查方式，经常性地对无证经营、违章经营等不良现象保持查处力度，从而运输行业的形象有了基本好转，信誉有所提高，经营行为逐步规范。

07省道嘉兴王江泾超限运输检测站

路政检查（一）

路政检查（二）

烈日下的路政队员

京杭运河船舶超载整治

公路风雪治超

危险品码头安全检查

水上大吨位船舶拦截检查

拆解水泥船

水上非客船违章搭客检查

京杭运河船舶违章整治

水上交通警巡查

水上安全检查

文明创建

田春良在巡航中

革命烈士张康杰

田春良先进事迹报告会

交通卫士杨彬

积极开展文明创建活动，不断提升交通形象。嘉兴市思古桥港航管理检查站先后获评浙江省保障干线航道安全畅通先进集体、浙江省交通行业“十佳文明示范窗口”、浙江省“群众满意基层站所（服务窗口）”、“全国工人先锋号”、全国海事系统文明执法示范窗口、市级服务民生满意站所、全省港航管理系统基层站所行风竞赛优胜单位。嘉兴市振禾出租车公司老兵爱心车队荣获“全国工人先锋号”、嘉兴市塘汇港航管理检查站、嘉兴市王江泾港航管理检查站荣获全省水运系统安全优秀班组等荣誉称号。

涌现了革命烈士——张康杰、田春良，“交通卫士”——杨彬，全国先进工作者、全国五一劳动奖章获得者吴建林，全国五一劳动奖章获得者周勇，“全国劳动模范”获得者朱明忠，全国交通运输系统劳动模范边胜荣，交通部文明样板航道先进个人李正国，省级“劳动模范”获得者张锦浩、康一强等英模人物。

秀洲区航区所辖京杭运河嘉兴段、杭申线嘉兴段被交通部评为“国家级文明样板航道”。

嘉兴市振禾出租车公司老兵爱心车队

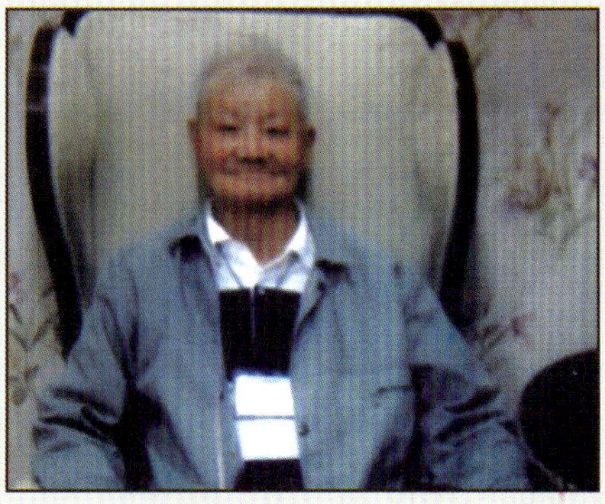

“全国劳动模范”朱明忠

全国五一劳动奖章获得者张锦浩

全国五一劳动奖章获得者周勇

省级“劳动模范”康一强

全国交通运输系统劳动模范边胜荣

全国先进工作者、全国五一劳动奖章获得者吴建林（右二）

交通文化

踏白船

交通文化是交通行业的灵魂，是实现交通又好又快发展的重要精神支柱。

嘉兴市秀洲区交通文化建设硕果累累。船文化博物馆是国内首家船文化博物馆，是嘉兴市交通文化品牌。赛龙舟、踏白船、网船会等是秀洲区交通文化一项特色。自2001年以来，嘉兴市秀洲区交通系统组建了交通职工篮球队、乒乓球队及合唱队，还定期组织职工文艺表演和摄影竞赛活动，各项活动都取得了丰硕成果。

赛龙舟

网船会

嘉兴船文化博物馆

嘉兴市交通系统职工文艺会演

城郊港航处职工江波参加铁人三项比赛

2006年建党85周年秀洲区交通局表演的《赞美你，养路工》文艺节目

交通职工聚焦康庄工程

篮球比赛

《秀洲区交通志》编纂委员会名单

编 委 会

主　　任：金旗明

副 主 任：钱　峰　张永德　张　郁　刘立伟　裴云豪
程继华　朱永祥　卜建林　吕镇南　裴晨彪
尚云龙　金福明

委　　员：颜惠萍　王曦东　张善华　王跃平　沈　玥
杨建良　钮　箭　胡佩英　屠夏英　黄建良

编 辑 部

主　　编：王曦东

副 主 编：裴云豪　颜惠萍

执行主编：吴安琪

执行副主编：阮连根

成　　员：薛成宛　孟立家　孟大荣

主要摄影人员：吴安琪　郑宏伟　王绍南

顾　　问：吴建民　吴婷竹　顾凤翔　吴海红　梅晓民
钱水观　钱宝云　周德林　张龙官　张维明
李忠林

序

嘉兴市秀洲区交通运输局组织编纂的区域历史上第一部《秀洲区交通志》即将付梓出版，这部具有深厚历史文化底蕴谱写交通文化的新篇的出版，令人欣喜，特致庆贺！

嘉兴市秀洲区是浙北门户，地处长江三角洲南翼，古为吴越接壤之地，今属上海经济区中心地带，揽京杭运河，居沪杭铁路、沪杭高速公路的中点，杭州湾大桥北端，扼我国东南水陆交通之要冲，物阜民丰，人杰地灵，素有“鱼米之乡，桑麻之地，丝绸之府，文化之邦”的美誉。秀洲区之于全国，无论在政治上、经济上、文化上都有着十分重要的影响。秀洲区的历史，与交通密切相关，可以说，秀洲区的发展史、文明史，也是秀洲区交通的开拓史和交通文化的发展史。

秀洲区交通，古往今来，天时地利，益以人力，源远流长。远在春秋战国时期，吴越两国南北风云角逐，有史记载的历史上有名的槜李之战，相传就在今秀洲区南片，当时南北草荡为吴越古战场，那里有国界河、国界桥，系吴越两国之国界。吴越争雄利用舟师，借助水道，在王江泾长虹桥东，有接战港，为吴越接战之处。这些形象的传说，虽难以稽查考证，但可以从中窥见当时水上交通之一斑。隋大业六年（610 年），凿开自京口（今镇江），经王江泾、嘉兴、石门、崇德、长安，直达余杭（今杭州）的南北京杭古运河，使“商旅往返，不绝于途”。唐大和七年（833 年）开挖汉塘，宋淳熙九年（1182 年）重疏横塘、魏塘等水运古道，明代广建塘埭，清康熙年间（1662-1722 年）、嘉庆年间（1796-1820 年），作较大范围疏河浚港，至民国初年嘉兴县已拥有“经水数百，支水数千”，干支相连，互为贯通，可通达杭州、苏州、湖州和上海等大中城市。

中华人民共和国成立后，人民政府为保障田户，利济舟楫，从 1950 年开始，对河道进行整治和常年维护，航道状况逐年改善，航道等级和船舶通航能力不断提高。改革开放后，特别是进入 21 世纪后，秀洲区交通运输局在嘉兴市委、市政府、浙江省交通运输厅和嘉兴市交通运输局及秀洲区区委、区政府的正确领导下，坚持以邓小平理论、“三个代表”重要思想和科学发展观为指导，围绕中心，服务大局，开拓进取，创业创新，交通建设突飞猛进，取得显著成效。

到 2010 年年底，全区有定级航道 27 条，航道总里程达 248.21 公里；航道密度达 43.9 公里/百平方公里。拥有各种船舶 635 艘，总吨位达 14.777 万吨；区内有大小码头 115 个，分布在 27 条河道上。

公路建设更是迅猛发展，至2010年年末，区内路基4.5米或路面3.5米以上的公路总里程达890.321公里。按行政等级分：国道58.711公里（含国家高速公路秀洲段），省道43.75公里（含申嘉湖、乍嘉苏高速公路秀洲段），县道193.192公里，乡道95.533公里，村道482.463公里，专用公路16.672公里，已形成高速公路网、干线公路网和农村公路网三个层次，公路通村率和公路硬化率均达100%。全区交通达到镇镇拥有高速公路出入口，与上海、杭州、苏州、宁波等城市形成了“一小时交通圈”，全面实现“镇镇10分钟、村村20分钟”上高速的建设目标。城乡公交快速发展，全面实现城乡公交一体化，城乡公交通村率达100%，实现了“镇镇有等级站、村村有候车亭、沿途有停靠站”的目标。

区内物流园得到快速发展，已引进各类物流企业26家，开发建设物流仓储及配套设施用地100多公顷，投入资金近10多亿元。嘉兴现代物流园已成为浙江省现代服务业示范区，并成为浙江省首批省级重点物流基地，以及部、省合作共建的重点物流基地。2010年，全区完成公路营业性货运量670万吨，周转量62356万吨公里，完成水路货运量1184.414万吨，货物周转量132611.6万吨公里。

秀洲区交通运输业的快速发展，不仅创造了物质文明，也锻炼了交通系统职工队伍，涌现了许许多多先进个人和先进集体，先后涌现了全国劳动模范、全国五一劳动奖章获得者、全国先进工作者和为交通运输事业而献身的英雄等一大批交通战线上的优秀人物。

交通运输是国民经济和社会发展的命脉，交通资源是不可替代的战略自然资源。秀洲区交通条件的不断改善，有力地促进经济社会的快速发展，必将为秀洲区带来新的繁荣。

编修志是我国特有的优秀文化传统，在当代则是社会主义文化建设系统工程的重要内容，意义非同寻常，《秀洲区交通志》充分体现了这一精神。编纂人员不辞劳苦，精心耕耘，将全区上下六七千年的交通史事，统合于一志之中，资料丰富，内容翔实，明古详今，难能可贵。全志具有鲜明的时代特征、地域特征和专业特征，融资料性、学术性、实用性于一体，是一部成功之作，相信面世之后定能发挥资治、存史、教化和交流的作用，为推进交通事业更快更好的发展做出历史性贡献。在此谨向本志编纂人员致以诚挚的谢意！

金旗明

2016年12月7日

（嘉兴市秀洲区交通运输局局长）

凡 例

一、本志以马克思列宁主义、毛泽东思想，邓小平理论、“三个代表”重要思想，科学发展观、习近平新时代中国特色社会主义思想为指导，以中国共产党十八大、十九大以来的路线、方针、政策为准绳，实事求是地记述秀洲区交通运输事业的历史与现状。

二、《秀洲区交通志》是一部地方性专业志，由概述、大事记、专志和附录组成。概述，综括交通全貌，总摄全书；大事记所载事物，是记述全区交通历史上所发生的大事要事；专志，以类系事，横分门类，纵叙史实，分编、章、节、目、子目5个层次编排，设水路、陆路、铁路联运与搬运装卸、交通管理、车船修造行业与人物等12编。概述、大事记和附录，不列入编的序列，也不设章、节、目。

三、本志是一部统合古今的交通专业志书，采用以志为主，志、记、传、图、表、录并用的综合体裁。

四、本志断限上始事物发端或资料可稽之时，下迄2010年，概述、大事记和其他个别事项记载有所延伸。本着立足当代、侧重近代、因事而异追溯古代和“详今明古”“详近略远”的原则，着重记述中华人民共和国成立以来的史实。

五、记述范围：秀洲区境域内，历史上以古近代实辖地域为基准，中华人民共和国成立以后，以原嘉兴县为前身，以原嘉兴县为基础，择要著述，1983年实行市管县体制后，以秀洲区为主，凡全区交通事业，不论其行政隶属关系如何，均作记载。

六、记事文体：概述，叙议结合，夹叙夹议；大事记，以编年体为主，对一些内容联系紧密、时间相距不远的事件，适当采用纪事本末体；其余均用记叙文体。本志用语文体，个别地方因运用历史原始资料，为保留原貌，有不厌求详和语言浅陋之处，未予改正，以存其真。

七、历史纪年，中华人民共和国成立前，一般先写朝代纪年，再夹注公元纪年，省略“公元”两字。清朝以前纪年用汉字，自中华民国始，用阿拉伯数字。1949年5月7日嘉兴解放，为文内所称“解放前”“解放后”的界限。

八、生人不立传。对在世人物的先进事迹，采取以事系人方法加以记述。中华人民共和国成立后被评为县级以上的劳动模范和市（地）级以上的先进模范人物，列入“群英谱”，其余因事系人。

九、所载1949年5月7日以后的各种数据，以交通统计部门的资料为准，计量单位尽量采用国务院1984年3月颁发的《中华人民共和国法定计量单位》，历史上使用的计量单位名称照实原料记载，未予换算。

十、本志书资料，历史部分多录用历代正史、旧志；近现代内容主要选自档案材料、有关刊物、报章、专著和各编志单位整理、校核的史实资料以及有关人士的回忆材料等，经考证鉴别载入。为节省篇幅，统一采用编后注。

十一、本志书中指公交出行分担率是按嘉兴市标准测算，2012年以后浙江省对公交出行分担率又有新的标准。

十二、凡照片中未注明摄影时间的，均为2010年拍摄。

目　　录

第二篇 水 路

第三篇 水路运输

第四篇 港口、码头、渡口

第五篇 公路运输

第六篇 铁路运输

第七篇 交通管理机构

第八篇　交通管理

第九篇 桥 梁

第十篇 交通科技

第十一篇 职工队伍建设

第十二篇 交通文化

概 述

秀洲区是1983年嘉兴撤地建市后成立的新区，开始时名为郊区，位于长江三角洲杭嘉湖平原，嘉兴的西北侧，东邻南湖区，南接海宁市，西南接桐乡市，西北与江苏省接壤，东北面接嘉善县，素有丝绸之府、鱼米之乡之称，为嘉兴副中心和产业集聚地。全区总面积542平方公里，2010年年末人口36.39万人，121行政村，42个居委会，人口密度为每平方公里6671人，1997年跨入小康县区。

秀洲区属亚热带气候区，温暖湿润，四季分明。年平均气温16.2℃，历史上极端最高气温40.5℃，极端最低气温—12.4℃。无霜期约220~270天，全年降雨分布不均，主要集中在3、6、8月，雨量充沛，总雨日140~170天。

秀洲区的前身是嘉兴县，始建于春秋时期。

1983年嘉兴撤地建市，把原嘉兴县部分农村建立为嘉兴市郊区，1999年更名为秀洲区。2000年7月嘉兴市对市本级实施行政区划调整，秀洲区所辖乡镇由1991年时的19个乡、9个镇，调整为8个乡镇、1个街道。2001年4月乡镇撤并后为3个街道、5个乡镇；2007年为4个街道、5个镇，即：新城街道、高照街道、嘉北街道、塘汇街道，王店镇、洪合镇、新塍镇、王江泾镇、油车港镇。其中嘉北街道、塘汇街道由嘉兴经济开发区代管。

自2000年行政区划调整后，秀洲区结束了有区无城的历史，并且随着“一区四带”产业布局规划的提出和实施，全区的产业集聚开始显现，功能区分更加合理，商务和物流成本优势开始显现，全区经济呈现总量提升、规模扩大、效益改善等特点。1992年全区生产总值（隶属）11.15亿元，2007年为130.08亿元，是1992年的11.67倍。

秀洲区地处沪、杭、苏中心地段。距上海、杭州、苏州均不超过90公里。沪杭复线铁路、320国道、京杭大运河贯穿全境。沪杭甬、乍嘉苏和待建的申嘉湖三条高速公路在区境内纵横相交，共设有5个互通立交出入口。距上海虹桥机场、上海浦东机场和杭州萧山机场均在100公里左右。水路与上海港、嘉兴港和京杭大运河相联，并已开通嘉兴至上海港的集装箱内河支线。五个镇四个街道与嘉兴城市成扇状形联成一体，并已构成20分钟交通圈。

秀洲区经过多年的公路建设，形成了以高速公路、干线公路为骨架和大量的县乡公路为网络的公路网。在1993年11月8日实现乡乡通公路的基础上，2005年年底实现村村通公路。截至2007年年底，全区拥有乡道及以上公路总里程365.602公里，村道475.47公里，公路密度达155.18公里/百平方公里。其中国道33.748公里（含沪杭高速14.947公里），省道67.489公里（含乍嘉苏高速25.832公里），县道185.419公里，乡道78.946公里。按技术等级分，高速公路66.34公里，一级公路66.698公里，二级公路37.507公里，三级公路149.062公里，四级公路308.574公里，等外公路210.907公里。等级公路里程占公路总里程的74.9%，有铺装路面和简易铺装路面（高级、次高级路面）占公路总里程的76.2%。公路通村率达100%，公路通村硬化率达100%。

为搞好公路养护管理，于1986年8月成立“嘉兴市郊区县乡公路养护站”负责区域内公路养护。1990年5月更名为嘉兴市郊区县乡公路养护管理所。1997年7月成立嘉兴市郊区县乡公路路政管理所，加强了路政管理。1999年12月更名为秀洲区公路管理段、秀洲区公路路政管理大队。至2007年年底，由区公路管理段养护的总里程为365.602公里，其中包括委托养护国道33.748公里、省道67.489公里。对农村道路的养护，区政府2005年颁发了《关于印发嘉兴市秀洲区镇村道路管理实施办法（试行）的通知》，根据通知的实施情况来看，农村道路的管理、养护工作取得了一定成绩，但也存在不足，为了农村道路管理养护工作更进一步适应区农村经济的发展需要，2007年又提请区政府出台《秀洲区农村公路管理养护办法》，进一步完善全区农村公路养护体制。随着公路交通的发展，与其相配套的公共设施建设亦得以完善，截至2007年年底，有5级客运站1座、简易客运站1座、在建2座，并建有港湾式停靠站51对、在建50对，回车场16个。

秀洲区境内水系发达，内河众多，根据2003年第二次全国内河航道普查显示，秀洲区有定级航道27条，航道总里程达238.15公里；航道密度达43.9公里/百平方公里；拥有各种船舶1492艘，总吨位达11.58万吨；设有码头54处，分布在11条河道上，码头占河岸线总长达3845米。

水路运输在秀洲区综合运输方式中占主导地位，承担着几乎全部石矿建材和大部分煤炭、粮食、石油等重要物资的运输任务。具有长距离、大批量、运输成本低的特点，使其成为不可替代的运输方式之一。由于秀洲区独特的地理位置，秀洲区经济与上海、杭州、湖州、苏州、无锡、常州等长江三角洲城市经济密切相连，内河航运在地区物资交流方面发挥了重要作用。秀洲区水路运输以货运为主，由于公路的快速发展，客运已退出水运市场。区内原有集体水运企业3家，1999年年初相继改制成股份合作制企业。2001年9月因行政区划调整，原秀洲区第三交通运输公司划归秀城区管理。2006年原秀洲区第一交通运输公司，因水运企业竞争激烈，经营陷入困境，而自动歇业。迄今，区内水运由个体和私营运输户为主。

区内公路货物运输原有一家集体企业，因市场竞争激烈，1998年该企业停止公路货运业务，该市场被个体运输户和私营运输户取代。截至2006年年底，全区共有载货汽车2768辆，吨位6978吨。农村客运市场已形成国有、集体、个体多元经营格局。2000年10月，原秀洲区汽车客货运输服务公司改制成股份合作制企业，2002年10月该公司进行股份转让并组成浙江嘉兴长运运输有限公司。经过多年的发展壮大，至2010年已成为区内客运市场的龙头企业，拥有跨省营运线路14条、跨市地线路8条、县内客运线路32条、投入营运车辆164辆；2007年年底全区共有出租车264辆。至2006年年末，全区年客运量1186.06万人次，旅客周转量29083.65万人公里，年货运量153.64万吨，货物周转量12081.23万吨公里。

到2010年，全区基本实现《秀洲区公路水路交通建设规划（2004—2010年）》规划目标，公路建设又有一个大的跨越，公路里程增加、等级提升，农村公路飞速发展。至年末，全区路基4.5米或路面3.5米以上的公路总里程达890.321公里，其中：高速公路67.172公里，一级公路69.866公里，二级公路38.279公里，三级公路177.072公里，四级公路270.921公里，准四级公路244.813公里，等外公路22.198公里。全区拥有货车3938辆14312吨位，当年完成客运量357.2万人、周转量10358.376万人公里；完成货运量670万吨、周转量62356万吨公里。内河航道到2010年年底，有跨省（三、四级）干线航道4条，六、七级支线航道23条，航道有了很大改善。当年拥有货船635艘、14.777吨位，完成货运量1184.414万吨、周转量132611.6万吨公里。

随着交通运输业的发展，带动了与交通相关行业的兴起，其中发展最快的是机动车维修业，至2006年年底，全区有209家机动车维修经营户；机动车驾驶员培训点2个；货运站场2个。

回顾数十年来交通建设历程，秀洲区各级党政领导带领交通系统广大干部、职工在十分艰苦的条件下，恪尽职守，含辛茹苦，绘制了秀洲区交通事业的宏伟蓝图，广大人民群众奋发图强，艰苦奋斗，为建成全区顺畅的交通网络做出了不可磨灭的贡献。

展望未来，前程似锦，“主动接轨上海，积极参与长江三角洲地区的合作与交流”，这是省委、省政府实施提前基本实现现代化战略中的重要一步。秀洲区作为长江三角洲都市圈的重要组成部分，又是浙江省与上海接轨的桥头堡，其交通地位不言而喻。新世纪初，秀洲区交通局以嘉兴市提出的“三纵（三桥）三横三连”的高速公路网和“一环四横五纵八射四连”的干线公路网为骨架；水路交通则以嘉兴市提出的“三横二纵三连二延伸”的内河航运网为依托，制定了至2010年的交通建设规划，完成了秀洲区高速公路网建设任务，形成“二横一纵”的高速路网，重点抓好连镇公路建设，基本形成干线公路网，使公路交通建设适应国民经济发展的要求；除高速公路外，二级公路通达全区各镇，通过公路实现等级化、硬化，实现村村开通城乡公交。以秀洲新区为中心，构建高速公路、国道、省道、市政道路的交通大框架，大交通网络基本形成，实现镇镇10分钟、村村20分钟上高速公路的便捷交通网。全区上下及交通线战广大干部职工，决心励精图治、开拓奋进，为路网结构合理化、道路运输现代化，推动经济快速发展而团结拼搏。

深信秀洲区的交通事业必将与日俱进，创造新的佳绩。

大 事 记

（远古—2010 年）

春秋时期

● **吴阖闾元年**（前 514 年） 置为长水。

● **吴夫差二年**（前 494 年） 治北三十里，有槜李池，为吴造战舰处。

秦

● **秦始皇三十七年**（前 210 年） 秦始皇东巡，渡浙江，上会稽。至长水，闻土人谣曰：水市出天子。于是凿山夺天星穴，开长水塘，改长水为由拳县。

三国吴

● **三国吴黄龙三年**（231 年） 由拳县“野稻自生”，时以为祥兆，改曰禾兴县。

● **吴赤乌五年**（242 年） 改禾兴县为嘉兴县，并逐渐形成交通中心。

隋

● **大业六年**（610 年） 炀帝命穿江南河，发众凿渠，起余杭，终京口（今镇江），广 10 余丈，入府境历崇德、桐乡、秀水三县，凡 127 里。

唐

● **太和七年**（833 年） 开汉塘河，自嘉兴府城东流 50 里入平湖县境，今名平湖塘。

宋

● 宋漕运司治在府治东北一百步，当瓶山南，宋御千户所。

● **淳化三年**（992 年） 开招宝塘。

● **嘉祐五年**（1060 年） 转运使王纯臣修做秀州田塍，使民间道路延伸。

● **熙宁元年**（1068 年） 十月，治杭之长安（今属海宁市）、秀之杉青、常之望亭三堰。

● **元符三年**（1100 年） 二月，诏苏、湖、秀州，凡开治运河港浦沟渎，修叠堤岸，开置斗门堰等，设役开江兵卒。

● **绍兴元年**（1131 年） 秀州积水害稼，为员外杨及疏浚。

● **淳熙九年**（1182 年） 守臣赵善悉重浚运河官塘，自天宁寺桥至常丰闸 33 余里。

● **嘉定元年**（1208 年） 举人陶大猷，重建陶庄流庆桥（石拱一孔，又名人字桥）。赵彦卫著《云麓漫钞》记载，浙西一带已有载客航船。枫泾镇南华亭塘边，已设有驿站，名“白牛驿”。

● **景定三年**（1262 年） 建刘王庙，每年正月二十为开印，入月十四日为诞辰。届期凡江浙之渔船咸集荡中（今市郊荷花乡刘王庙址），数以万计，演剧献牲，岁以为例。至二、三月之交，集船多于前数，谓网船会。

元

● **至正十六年**（1356 年） 史文炳以水师数万攻嘉兴，杨完者以大军四伏，使小舟数十百艘饵之，直追至杉青。

明

● **永乐五年**（1407 年） 修吴江、昆山、华亭、钱塘、仁和、嘉兴堤岸。

● **永乐九年**（1411 年） 修长洲（今苏州）至嘉兴石塘、土塘、桥涵 70 余里，泄水洞 121 处。

● **景泰元年**（1450 年） 建秀城桥。

● **弘治七年**（1494 年） 治浙西水利，次年四月告成。又浙江参政周季麟修嘉兴旧堤 30 余里，易之以石。

● **嘉靖二十六年**（1547 年） 嘉兴知府赵瀛浚治运河，筑语儿塘。疏浚市河，将淤泥垒于南湖，筑湖心岛。

●**嘉靖四十三年**(1564年) 郡侯吴国仕自杉青闸直抵王江泾一带，官塘旧土石倾圮尽，以石某某，不惟牵挽平坦，而西来之水籍以节宣，免溢涸之患。

●**万历二十年**(1592年) 水利佥事薛梦雷檄县令李培，起陡门至王江泾界，集附近居民疏浚。

●**万历三十九年至天启元年**(1611—1621年) 嘉兴知府吴国仕始建长虹桥，该桥为三孔石拱桥。

●**万历四十四年**(1616年) 桥南建三官堂，民间又称三官堂桥。

清

●**康熙十二年**(1673年) 水溢塘圮，秀水知县季见龙修筑帮涧堤岸。

●**康熙三十二年**(1693年) 县令吕犹龙倡建三孔石拱桥，里人称为吕公桥。

●**康熙四十四年**(1705年) 三月，南巡御舟，由松江循华亭塘至枫泾，经武塘(今魏塘镇)而至嘉兴。

●**康熙四十六年**(1707年) 十一月，福浙总督梁乃鼎奉旨发帑疏浚杭嘉湖三府支河港荡，巡抚王然题明动帑，委嘉兴府知府开浚淤浅处，西丽桥85丈，北丽桥95丈，端平桥85丈，浚深俱5尺，广皆5丈有奇。又浚各乡诸港，于是蓄水溉田，舟楫往来，农商皆庆。

●**康熙六十年**(1721年) 春，知府吴永芳捐奉兴工修筑苏杭驿路南塘加石培土，令益高厚；北塘自城外至王江泾30里于旧塘外增筑石岸。

●**雍正五年**(1727年) 奉旨发帑开浚河道，修理城亘堤岸，巡抚李卫委员，修筑西北二路堤岸，行旅往来称便。

●**光绪八年**(1882年) 国营招商局的"翔凫"号轮船航行于硖石至上海之间，途经嘉善、嘉兴、硖石等码头设员专司码头的航政管理工作。

●**光绪三十二年**(1906年) 九月，沪杭铁路浙路兴工修筑。

●**光绪三十三年**(1907年) 三月，沪杭铁路沪嘉段开工兴筑。

●**宣统元年**(1909年) 四月十五日，杭州至嘉善铁路建成通车。

●**宣统元年**(1909年) 七月二十八日，沪杭铁路在枫泾接轨，全线通车。

●**宣统元年**(1909年) 四月十五日，沪杭铁路杭(州)嘉(兴)段告竣，列车通至嘉兴。八月十三日沪枫、杭枫段在枫泾接轨。九月十二日，苏、浙两路互售火车票，沪杭铁路全线贯通。

中华民国

民国元年(1912年)

●6月15日，新增嘉兴至平湖轮船1艘开驶。

●是年，苏省铁路公司及浙省铁路公司同意将沪杭铁路全路让为国有。

民国3年(1914年)

●4月11日，袁政府交通部与商办浙江全省铁路有限公司股东代表签订《接收商办浙江铁路合约》，将杭州至枫泾段铁路交归国有，公司所有股本由政府偿还。

●6月18日，商办浙江全省铁路有限公司改名为交通部直辖甬嘉铁路管理局。

●10月24日，将沪枫、甬嘉两路实行统一，改称交通部直属沪杭甬铁路管理局，设总局于上海。

民国10年(1921年)

●8月初，中国共产党第一次全国代表大会会议进行到最后一天，由上海转移到嘉兴南湖一艘游船上继续举行，在这里宣告中国共产党诞生。

民国11年(1922年)

●6月4日，嘉兴通益、同利、翼轮、双利、四达、利济等6个小车公司车夫举行罢工，要求增加收入。罢工结果以车价加二成，于同月6日出车。

民国12年(1923年)

●10月10日，嘉兴南汇至嘉兴开驶汽轮。

●11月17日，嘉兴商民购永济轮，行驶嘉兴至濮院、陡门等地，每日两班。

民国13年(1924年)

●9月，江浙军阀齐建元、卢永祥混战，沪杭铁路遭受破坏，交通中断。10月，战争结束。12月，通车始正常。

●9月23日，沪杭铁路王店与嘉兴间78号钢桥和嘉兴东门菱塘桥(即71号桥)均被炸坏，上下行客车停驶。两桥分别于10月2日和10月12日修复通车。

●10月26日，嘉兴至嘉善开驶汽轮。

●11月3日，嘉兴至上海开驶汽轮。

●12月26日，孙传芳调兵数千人上午起分批赴嘉兴，嘉兴船只被封征用，嘉平、嘉乍各轮及各种汽轮、航船、人力车等停驶。

民国15年(1926年)

●12月，沪杭路客车不通，嘉兴拉夫，劳动苦力被拉者一千余人。内河小轮，全部被部队封用。

民国17年(1928年)

●3月，开始对城区西起安桥，东至日晖桥一线的18

座石桥，改低铺平，使黄包车可以通行。

民国19年（1930年）

●1月12日，嘉兴天气奇寒，连日降雪，河道冻冰，内河小轮船均停驶。

民国20年（1931年）

●1月23日，沪杭甬铁路管理局于七星桥设计建造车站，开始打桩、填土。

●7月中旬，嘉兴连日暴雨，河水陡涨，北乡一带已成泽国，阡陌不分，各埠小汽轮停驶。

民国22年（1933年）

●4月，嘉兴汽车站建成，站址在环城东路。

●6月18日，乍嘉公路嘉兴至王江泾段竣工通车。

●6月21日，城区黄包车夫罢工，在资方同意减租后复工。

●7月，浙赣铁路与京沪、沪杭甬铁路签订协议，办理货物联运，嘉兴、王店分别列为指定站之一。

●是年，江苏省建设厅与浙江省建设厅订约，以闵行至金丝娘桥一线互通王江泾至嘉兴一线，相互取得行驶路权，订期4年。

民国23年（1934年）

●1月1日，乍王公路平湖至嘉兴段建成，使杭金公路与苏嘉公路衔接。

●2月，平湖至嘉兴公路建成。

●3月16日，嘉兴北门望吴桥设汽车分站，站址在望吴桥西利益丰酒店内，并于当日售票。

●7月16日，乍王公路平湖至嘉兴段正式通车。

民国24年（1935年）

●2月，苏（州）嘉（兴）铁路开工修筑。

民国25年（1936年）

●4月28日，苏嘉铁路74.4公里，全线接轨。

●5月，苏嘉公司向江苏省建设厅租借苏嘉线，计长76公里，签订专营合同。

●7月15日，苏嘉铁路举行通车典礼。当时在王江泾设立一个火车站，为三等站，车站建有站房一座、到发线一条、月台两座。

●7月，苏嘉公路由公营转为商办，原湖嘉、苏嘉两公司合并改称“湖嘉苏嘉两路长途汽车公司”。

●11月15日，湖嘉路长途汽车公司在湖州汽车南站举行通车典礼。

●11月16日，杭善路（杭州至枫泾）82.33公里竣工后正式通车。次年上半年延伸至枫泾。

民国26年（1937年）

●是年，抗战暴发。战区各商办长途汽车公司先后停业。

●9月，为准备抗战突击修建的焦善（嘉兴焦山门至嘉善）简易公路竣工。

民国28年（1939年）

●10月18日，行政院颁布《汽车管理规则》，并宣布全国汽车一律靠左行驶。

民国30年（1941年）

●8月20日，日本侵略军一列军用车在苏嘉铁路嘉兴北郊被预埋地雷击中，两个车头被震入河中，敌军伤亡百余人。

民国31年（1942年）

●9月21日，由于汪伪进行清乡，苏嘉、沪杭两铁路交通中断，嘉兴至各地水陆交通均被封锁。

民国33年（1944年）

●是年，苏嘉铁路被日本侵略军拆除，钢轨、钢梁、枕木等被运往津浦线使用。

●4月28日，平湖开往嘉兴早班轮船途中遇日本侵略军与抗日游击队战斗，乘客死12人，伤数人。

民国35年（1946年）

●1月1日，全国汽车一律实行靠右行驶。

●12月，苏嘉湖嘉汽车公司由平望延伸至嘉兴，苏嘉全线通车。

民国36年（1947年）

●4月，苏嘉湖嘉公司职工为司机关隘道被无辜拘捕事，组织罢工请愿。

●7月14日，嘉兴新昌车行三轮车20辆检验获准，正式给照行驶。

●9月1日，湖嘉、苏嘉路长途汽车公司与京沪区铁路管理局洽办旅客和行车联运。

民国37年（1948年）

●4月，苏嘉湖公司与浙江省公路局续订承办苏嘉线王嘉段客运业务合约。

民国38年（1949年）

●5月，乍嘉公路东王坟桥为国民党军队烧毁、交通中断。中国人民解放军第三野战军自杭州方面向上海挺进，于5月7日解放嘉兴。

●5月8日，华东军区杭州军事管制委员会财经部铁道处接管沪杭甬铁路杭州至嘉兴段。

●6月3日，杭金公路（现为杭枫公路）杭州至嘉兴段抢修完竣，通车。

●7月17日，顺兴号客轮从嘉兴驶往上海，途经枫泾，突遇突袭，客轮因躲避飞机而失控翻沉，旅客死亡17人（其中孕妇1人）。

●8月1日，沪杭铁路修复通车。

●9月，完成抢修嘉兴至乍浦公路木桥。

●9月，市区码头工人组织起来，成立码头工会。

中华人民共和国

1949年

●11月，嘉兴市区人力车工人组织起来，成立人力车工会。

●12月，成立浙江航务管理局浙西航务管理所嘉兴分所，负责当地各港埠航运航线与船舶的检查，发放航运证件。嘉兴分所辖嘉兴、桐乡、海宁、嘉善、平湖、海盐。

●12月，嘉兴市区建筑搬运工人组织起来，成立建筑搬运工会。

1950年

●3月，嘉兴市区砻糠搬运工人组织起来，成立砻粮搬运工会。

●5月7日，嘉兴市搬运工会(筹)成立。

●6月，公营浙赣运输公司嘉兴分公司成立。

●浙江省交通管理局核准，交由苏嘉湖公司开驶客运班车。

●10月1日，国营华东联运公司浙江省公司嘉兴办事处成立，经营水陆联运兼办押汇保险，地址在建国路360号。

●10月8日，嘉兴市搬运公司(筹)成立，军代表董奎富任筹委主任。

●10月10日，浙江省航运公司嘉兴营业处成立并开业。工农业处与省航管局嘉兴分所合并办公。

●是年，由搬运公司在嘉兴火车站西侧，开辟铁水中转港，担负货物的起水进站，出站下水中转运转业务。

1951年

●1月1日，浙江省航运公司嘉兴营业处与浙江省航务局嘉兴公所、国营华东联运公司嘉兴办事处合并办公，成立国营华东内河轮船公司嘉兴营业处。

●12月1日，公营浙赣运输公司嘉兴分公司并入华东联运公司嘉兴办事处。

1952年

●11月1日，乍(浦)平(湖)嘉(兴)公路42.13公里工程改建开工。

●12月20日，嘉兴市在全省首先实行浙西木帆船统一运价试点。

1953年

●1月15日，国营华东联运公司浙江省公司嘉兴办事处升级为浙江省联运公司嘉兴分公司，经管原嘉兴、湖州办事处及所属各联运站。

●2月，结合镇压反革命、“三反”运动，水陆交通单位开始进行民主改革，陆续建立水上治安管理制度，自己制定制度和建立船民协会。

●6月1日，嘉兴联运分公司并入浙江省航运管理局嘉兴分所。

●7月1日，正式成立浙江省航运管理局嘉兴航运管理处。

●7月25日，经过水上民主改革，将木帆船联合运输社一律改称民船联合运输社。

●9月3日，改建乍(浦)平(湖)嘉(兴)公路工程竣工。

●11月1日，浙江省公路运输局杭州运输处嘉兴中心站成立，经营杭州至乍浦、嘉兴至乍浦客运。

●11月，乍(浦)平(湖)嘉(兴)公路恢复营运。

1954年

●5月，杭嘉湖地区发生特大洪水，嘉兴各地抽派轮船、驳船、民船抢运低仓物资和抗洪救灾物资。

●是年，嘉兴市私营轮船业进一步实行社会主义改造，进行分行分业联营，嘉兴有7家轮船行联营。

1955年

●4月16日，嘉兴市区第1路公共汽车开驶，自环城东路老汽车站经第一百货公司、火车站等站而至东栅。

●5月1日，公私合营嘉兴轮船公司成立。

●是年，嘉兴航运管理处与华东内河轮船公司嘉兴营业处合署办公，实行两块牌子、一套班子。

1956年

●1月1日，成立嘉兴市第一造船生产合作社，入社社员80余人。

●1月，嘉兴市航快船运输合作社成立，有社员384人，拥有木质船66艘、552吨位。

●7月1日，嘉兴市第二造船生产合作社成立，以修造农船为主，兼营租赁船舶。

●8月1日，强台风过境，最大风力11级以上，公路水毁，航运中断，损失巨大。

●是年，交通部部长章伯钧来嘉兴视察交通航运工作。嘉兴县搬运公司购置三吨货运汽车1辆。为中华人民共和国成立后全市第一辆货运汽车。浙江省轮船公司嘉兴分公司撤销并入嘉兴市航运管理处。

1957年

●6月25日，嘉兴至濮院行驶客运班车，每日往返3次。

1958年

●1月1日，撤销浙江省轮船公司嘉兴营业处，成立浙江省嘉兴区航运局。

●4月，嘉兴区航运局所属嘉兴客运营业所成立。

●6月，嘉兴区航运局修船厂建立。

●7月1日，铁路嘉兴中心站从长安镇迁移至嘉兴办公。嘉兴第一、第二两个造船生产合作社合并成立嘉兴造船合作工厂。

●9月25日，嘉兴县地区国营嘉兴交通运输公司成立（由嘉兴市县水陆运输企业合并组成）。

●11月24日，成立嘉兴专区公路运输公司，设嘉兴中心站。

●11月，嘉善县并入嘉兴县。成立嘉兴县三轮车小货车服务站。

●12月，嘉兴交管局随行署迁址，从嘉兴西迁，改驻湖州市闻波斗。

●是年，成立嘉兴市交通运输指挥部，以协调铁、公、水运输。

1959年

●2月19日，铁路嘉兴站调车不当，发生车辆正面冲突，调度员魏炳奎碰死的重大事故。

●5月，嘉兴汽车客运班车由濮院延至桐乡、崇福。

●9月，由嘉兴县交运公司船厂承建“中共一大”纪念船（仿制品）——单夹弄丝网船，于国庆十周年前夕完工，锚泊于南湖革命纪念馆湖滨展出。

●是年，嘉兴市物价委员会、嘉兴市交通局制定《嘉兴市搬运装卸费率计算标准和管理规则（试行草案）》。

1960年

●12月，全长21公里的红旗塘开挖工程竣工。

1961年

●2月15日，普降大雪，20点45时始铁路通信中断，至18日凌晨才修复。此间影响列车118列，经济损失6万元。

●5月，恢复船舶进出口签证制度。

●9月16日，铁路南湖站正式办理行车。

●11月15日，嘉兴航快船运输站成立，拥有货轮4艘、货驳74艘。

1962年

●8月1日，浙江省杭嘉湖航运局嘉兴分局成立。

1963年

●1月，地方国营嘉兴交通运输公司体制开始分解与轮化，原货运站（航运）、造船厂和嘉兴县搬运公司合并为嘉兴县运输公司（集体企业）。

1964年

●4月，嘉兴市水泥造船厂（由南门造船社合并而成）建立，为浙江省定点生产水泥船的重点骨干企业，专业生产钢丝网水泥船。

1965年

●1月1日，嘉兴区航运局改名为浙江省轮船运输公司嘉兴分公司。

●11月，嘉兴航运管理处对开辟定期定线机动船、航快船规定了审批权限。是年，木帆船运输一社、二社合并为木帆船运输社。

●是年，明确嘉兴辖境公路归嘉兴养路总段管养（仍设海宁、嘉兴两工区）。

1966年

●1月1日，浙江省轮船运输公司嘉兴分公司改名为浙江省航运公司嘉兴分公司。

●3月10日，嘉兴县物价委员会、嘉兴县交通局联合颁发《嘉兴县城镇搬运装卸运价计算管理试行规则》。

●10月，嘉兴县木帆船运输社改名为嘉兴县木帆船运输站。

●同年下半年，“文化大革命”开始，交通运输生产秩序失常。

1967年

●8月15日，嘉兴发生冲突，二派对垒，浙航嘉兴分公司全部客货轮停航达4天之久，造成巨大经济损失。运输公司礼堂被焚。

1968年

●2月26日，武斗使客货轮船全部停航，持续2天。

●8月，由各街道搬运站合并建立嘉兴镇东方红运输装卸站。

●12月，嘉兴县运输公司更名为嘉兴县红旗运输公司。

1970年

●7月，杭州至枫泾公路全线恢复通车。

●是年，新建于环城东路的嘉兴汽车站竣工并投入使用。站屋794平方米。

1971年

●6月，嘉兴县联合运输指挥部成立。

●是年，嘉兴至西塘公路始告修复，属平丘四级公路标准。

●11月6日，设嘉兴客运联合售票处于建国路189号，预售铁路、公路、水路客票和“一条龙”联运客票。

1972年

●1月，撤销嘉兴养路总段，按行政区域划分以县为单位，成立嘉兴公路段，实行块块管理。

1973年

●1月1日，嘉兴地区交通邮政局、农业局发出通知：对手扶拖拉机纳入机动车管理范围、无牌证的不准在公路上行驶。

1974 年

● 10 月，浙航嘉兴分公司以“厂社挂勾”形式，联办余新水泥造船厂，专门为嘉航分公司制造 60 吨水泥驳、维修货驳。

1976 年

● 是年，“航运工会”名称恢复为“中国海员工会”。

1977 年

● 下半年，嘉兴县交通局开始改建嘉兴—南汇航线的太平桥；嘉兴—新篁航线的永新桥、杨庙桥；新塍—卜院航线的道成桥等 6 座桥梁。最大跨径 25 米，最小 20 米。共计净跨 135 米。地区交通局共补助 5.9 万元。改建桥梁工程于 1978 年年初完成。

● 12 月 11 日—14 日，浙江省航运局在嘉兴召开会议，对嘉兴木帆船运输站船厂试制 15 吨机动驳船进行技术鉴定。会上还推广了柴油机惯性增压新技术。

1978 年

● 是年，嘉兴航快船运输站更名为嘉兴县第三航运公司。

● 是年，铁路嘉兴火车站发展集装箱运输，陆续有 1 吨、5 吨集装箱到发。

1979 年

● 3 月，嘉兴汽车中心站开展旅游业务，配置专用车辆，开辟嘉兴至苏州、无锡、宜兴(善卷洞、张公洞)几日游客运等路线。

● 4 月，嘉兴县红旗运输公司撤销，分别成立嘉兴县搬运装卸公司、嘉善县搬运公司、嘉兴县造船厂、嘉兴县汽车修造厂等 4 个单位。

● 8 月，嘉兴县木帆船运输站改名为嘉兴县第二航运公司。

1980 年

● 6 月，组织机关、企事业单位汽车，实行统一管理，由公路运输管理站统一调配，参加社会物资运输，以弥补专业汽车货运力量的不足。

● 7 月 10 日，嘉兴县交通局、嘉兴县公安局联合制定《嘉兴港内河航行、停泊暂行规定》，于同年 8 月 1 日起执行。

1981 年

● 5 月，嘉兴县改为县级市，经调整，建立嘉兴市航运公司。

● 8 月，嘉兴县搬运装卸公司更名为嘉兴市运输装卸公司。同月，嘉兴县三轮车、小货车服务站更名为嘉兴市第二运输装卸公司。

● 10 月，嘉兴镇东方红运输装卸站更名为嘉兴市第三运输装卸公司，并开始办理汽车集装箱运输。

1982 年

● 是年，经浙江省府批准，从 3 月 1 日起，嘉兴地区按运费 3%征收航道护岸费。由航运管理部门负责代征，全部用于河岸护坡治理和养护，以确保内河水运事业的发展。

● 5 月 26 日，嘉兴市造船厂又制造 20 吨级钢质机动驳船，一次试航成功。

1983 年

● 11 月 26 日，根据嘉兴市郊区人民政府《关于郊区政府工作部门设置的通知》成立嘉兴市郊区交通局。成立时办公地址在嘉兴市公园路 1 号。

● 12 月 14 日，嘉兴市郊区公路运输管理站成立。

1984 年

● 5 月 16 日，周振球任嘉兴市郊区公路运输管理站站长。

● 11 月 28 日，钮怡怡任嘉兴市郊区交通局副局长。

1985 年

● 1 月 15 日，张学思任嘉兴市郊区交通局正局级巡视员，免去副局长职务。

● 1 月 31 日，嘉兴市郊区交通勘测设计室成立。

● 4 月 16 日—17 日，嘉兴市郊区人民政府召开乡村道路建设工作会议。会议提出，一定要利用当前商品生产发展的大好形势，抓住群众修筑乡村道路的迫切要求和愿望，积极努力，量力而行，扎扎实实加快乡村道路建设，实现 3 年内力争 2/3 的村通上水泥路的奋斗目标。

● 4 月 30 日，嘉兴市郊区人民政府发出《关于加快乡村道路建设的决定》，要求切实加强对乡村道路建设的领导，乡村道路建设要与小集镇建设，与公路、机耕路、桥梁修建等相结合。

● 11 月 2 日，嘉兴市郊区交通局党组成立，屠锦明任党组书记，张学思、李锡恩、杜纪林、周振球等四人任党组成员。

1986 年

● 4 月 3 日，建立不锈钢制品总厂等四单位联合党支部。

● 7 月 3 日，对郊区交通战备领导小组进行调整，王国和任组长，孟庆俊任副组长，钮怡怡兼办公室主任。

● 8 月 18 日，嘉兴市郊区县乡公路养护站成立。

● 10 月 1 日，王店至嘉兴公路建成通车

1987 年

● 5 月 14 日，嘉兴市郊区通车公路达 81.98 公里。

● 7 月 1 日，郑耀光任嘉兴市郊区交通局局长。

● 9 月 20 日，嘉兴市境内短航线客票价调高 40%。

● 9 月 26 日，郑耀光任嘉兴市郊区交通局党组书记，免去屠锦明嘉兴市郊区交通局党组书记职务。

●12月16日，“嘉兴市郊区公路运输管理站”更名为“嘉兴市郊区公路运输管理所”。

1988年

●5月25日，嘉兴市物价局、交通局发出《关于调整汽车客票票价的通知》，规定从7月1日起，按现行票基本票价调高30%。

●5月28日，东栅至凤桥、余新公路通过验收，基本符合三级公路技术标准，交付使用。

●6月16日，嘉兴至新篁公路、东栅至凤桥段等公路验收通车。

●8月30日，嘉兴市郊区政府同意各乡镇建立水上交通管理站，交通局设安全管理办公室。

●12月22日，新塍至桃园公路通过验收，符合三级公路技术标准，交付使用。

1989年

●7月10日，腾云至虹阳公路通过验收，符合三级公路技术标准，交付使用。

●7月15日，郊区双虹（双桥—虹阳）公路建成通车。

●9月5日，水上客运票价调整，每人公里0.035元。

●9月18日，洪合至硖石公路油路改建工程郊区段通过设计、预算。

●10月11日，320国道杭枫线嘉兴过境公路塘汇至七号桥12.1公里提前竣工。

●11月5日，位于腾云至栖真公路的南虹大桥正式竣工验收，该桥单跨70米，为嘉兴全市单跨径最大的公路桥。

1990年

●3月30日，“嘉兴市郊区县乡公路养护管理站”更名为“嘉兴市郊区县乡公路养护管理所”

●7月15日，嘉兴市交通局同意新建王店公铁立交桥西塘接线公路。

1991年

●12月21日，竹林、净湘公路正式通过验收，24日，正式通车。

●12月30日，嘉兴市交通局同意新丰西至竹林、叶家桥至净湘两条公路交付使用。

1992年

●1月4日，晚上11时45分，堵航时间长达12天的京杭运河嘉兴航段和杭申甲线，杭申乙线、长湖申线恢复通航。

●4月8日，嘉兴垃圾场至高照公路通过验收，基本符合部颁三级公路技术标准，交付使用。

●7月12日，高照乡“陶家笕东”渡口撤消。

●8月1日，为认真贯彻省港航监督局浙监航字（1993）第1号航行通告，嘉兴市航管处在塘汇、王江泾、思古桥、平湖大桥设置的四个水上交通控制点于8月1日零时起正式开展工作，实行24小时日夜监控。

●8月14日，嘉兴市郊区交通局纪律检查组建立。

●11月5日，嘉兴市交通局同意嘉兴市郊区养护管理所创办“嘉兴市郊区交通工程材料供应站”，为集体所有制企业，隶属郊区养护管理所。投入资金30万元，经营场地在郊区养护管理所内。

1993年

●2月10日，嘉兴市郊区人民法院交通执行室成立。办公地址：郊区公路运输管理所内。

●2月24日，郑福根任嘉兴市郊区交通局党组书记，同时免去郑耀光局党组书记职务。

●3月，嘉兴市郊区交通局办公地址由公园路1号迁至中山西路156号。

●4月17日，新丰至海盐公路郊区段油路改建工程通过竣工验收。

●4月23日，在嘉兴宾馆召开沪杭高速公路嘉兴段沿线座谈会，浙江省副省长许运鸿、交通厅厅长邵尧定、副厅长蔡体楞到会听取意见。会后，省交通厅领导到区交通局检查工作。

●5月25日，郑福根任嘉兴市郊区交通局局长。

●7月12日，高照乡“陶家笕东”渡口撤销。

●7月27日，中共嘉兴市郊区交通联合总支委员会建立，下设公管所（公管所、养护所、安全办）、装潢厂、汽运公司三个支部。郊区交通联合支部同时撤销。

●8月7日，嘉兴市郊区区委书记吴德孚、区长王国和、副区长戴德根检查嘉兴市桥梁队工作。

●9月7日，嘉兴市郊区区人大常委会主任林忠贤、副主任邓春生带班视察北片三个乡镇公路建设情况，荷花、田乐乡、南汇镇负责人表态发言，区交通局负责人汇报全区乡镇通公路情况。

●11月3日，北片荷花、南汇、田乐三个乡镇公路竣工验收。8日，王江泾至荷花、南汇、田乐公路建成通车典礼在南汇镇举行，浙江省、市、区有关领导前往参加。至此，嘉兴市郊区全区25个乡镇已实现乡乡通公路。

●11月26日，王江泾至田乐、建有至南汇公路通过验收，符合三级公路技术标准，交付使用。

●12月16日，大横港河道开挖工程全线竣工并顺利通过省、市联合验收。嘉兴市郊区区委、区政府及区大横港工程指挥部在工地现场举行大横港工程竣工典礼，并炸坝放水。大横港工程于12月1日全面开工，全线人工开挖河道1712米，投入民工15000名，完成土石方量41.17

万立方米。经省、市联合验收组检测验收，被评为优良工程。

●12月22日，杭申线、乍嘉苏线航道改造工程在嘉兴市通过初步设计审查。

●12月27日，沪杭高速公路嘉兴市郊区建设指挥部建立。

1994年

●1月19日，嘉兴市郊区交通局设立“交通行政监察室”。

●2月7日，嘉兴—王江泾公路改造工程指挥部第一次会议，会议明确了征迁及三改等政策意见、工程时间要求。嘉兴市郊区副区长戴德根、区交通局局长郑福根参加。

●2月23日，嘉兴市郊区交通管理总站成立。

●5月9—10日，世界银行内河项目组考察杭申甲线陡门至嘉兴段、嘉兴铁水中转港、京杭运河思古桥至乌镇段现场。

●8月15日，召开沪杭高速公路嘉兴郊区段拆迁动员大会，嘉兴市副市长杨荣华、市指挥部倪慈云、陈先林，嘉兴市郊区区长王国和、副区长戴德根等出席。

●10月7日，嘉兴市郊区交通局撤销人秘股，成立局办公室。

●10月15日，320国道郊区段拓宽工程开始定桩放样，进入拆迁实施工作。10月28日，区320国道交通安全设施工程指挥部建立。320国道交通安全设施工程是嘉兴市重点工程、世界银行贷款项目。嘉兴段全长86公里，其中郊区段全长12.4公里，涉及洪合、七星2个乡镇8个行政村。按设计要求，在原路基础上拓宽11米，分四车道，中间有横隔离。工程要求11月搞好拆迁征地，1995年交付施工。

●12月2日，蚂桥乡四联村“石牌堰”渡口撤销。

1995年

●3月1日凌晨，平湖市总工会职工疗养旅游服务部一辆载客49人的大客车途径乍王公路郊区新丰镇东青龙桥段时，从桥的北侧坠入河中，造成23人死亡、8人重伤、13人轻伤的特大交通事故。

●4月26日，在王店举行沪杭高速公路嘉兴段开工仪式。嘉兴市郊区区长王国和、副区长戴德根等区指挥部成员参加。5月11日，沪杭高速公路召开征迁工作会议，浙江省交通厅副厅长蔡体楞、嘉兴市指挥部常务指挥倪慈云到会讲话。

●4月30日，世界银行代表在嘉兴市指挥部副总指挥陈先林陪同下，检查嘉兴市郊区曹庄乡永利村征迁补偿到位情况。

●5月12日，嘉兴市郊区政府召开内河航道乍嘉苏线征迁工作会议。

●5月14—15日，嘉兴市市长夏益昌、副市长杜云昌、杨荣华到嘉兴市郊区检查沪杭高速公路郊区段前期准备工作，郑福根代表区指挥部汇报工作。

●5月31日，召开内河航道改造征迁工作会议，洛东、八字、高照、洪合四个乡镇代表参加，嘉兴市内河航道改造指挥部到会指导工作。

●9月16日，浙江省副省长张启楣、交通厅厅长郭学焕和省计委、省公路局有关负责人在嘉兴市副市长杨荣华、市指挥部倪慈云、市交通局徐忠汉陪同下，考察检查了沪杭高速公路、320国道建设，嘉兴市郊区交通局局长郑福根汇报工作。

●9月23日，嘉兴市委书记王国平、政协主席徐良骥、副市长杨荣华到嘉兴市郊区建设乡检查征迁工作。

●9月28日，嘉兴市政府建立嘉兴市南排北郊河工程指挥部。

●10月11日，国务院副总理邹家华、交通部部长黄镇东等一行，在浙江省常务副省长柴松岳、省交通厅领导的陪同下，考察嘉兴内河航道。

●11月16日，嘉平公路拓宽工程完成后在新丰镇召开表彰大会。

1996年

●1月11日，嘉兴市郊区交通局被嘉兴市政府授予1995年度市综合治理先进集体荣誉称号。

●2月1日，新塍至潘家浜公路、新塍至市农垦场公路通过公路验收。

●4月，嘉兴市桥梁队张锦浩被评为浙江省劳动模范，同时获全国总工会五一劳动奖章。

●5月25日，嘉兴市内河航道工程全面开工典礼在新丰镇举行，浙江省交通厅、航运局、嘉兴市委、市政府、人大、政协及承包商代表百余人参加开工典礼。

●6月5日，嘉兴市不锈钢制品总厂通过浙江省级文明单位考核。

●7月12日，嘉兴市副市长姚金林考察乍嘉苏线13标段嘉兴八字桥至王江泾航道改造情况，该标段是浙江省政府确定当年必须完工的内河航道改造项目。

●7月30日，浙江省、市沪杭高速公路指挥部有关领导到嘉兴市郊区段检查工作。

●10月19—20日，嘉兴市副市长姚金林在市交通局领导陪同下，考察内河航道改造工程。姚副市长就乍嘉苏线征迁工作难度较大的新丰镇提出具体要求。

●10月，实现乡乡通油路。嘉兴市郊区县乡公路总里程124.41公里。

●11月24—26日，交通部基建司内河建设处处长陈雄率检查组在浙江省交通厅、航运局领导陪同下，来嘉兴市检查内河航道改造工程。

●11月28日，南排北郊河工程郊区栖真段正式进场施工。南排北郊河工程位于嘉兴市区西北外围，系嘉兴市市委、市政府于1995年年底决定开挖的集水利、交通、城建功能三位一体的建设工程。其中嘉兴市郊区栖真段，全长1公里，总土方量25.8立方米，由郊区南排指挥部承担施工。

●12月11日，杭申线北郊河工程嘉兴市郊区栖真段河道土方正式破土动工，标志着该项工程已进入全面实施阶段。

●12月27日，油车港镇“轮船码头”渡口撤销。

1997年

●4月27日，浙江省副省长卢文舸到嘉兴市郊区检查沪杭高速公路建设情况，嘉兴市委书记陈加元陪同。

●5月20日，嘉兴市副市长杨荣华到嘉兴市郊区检查王店连接线工程进展情况。

●5月22日，油车港至天凝公路通过验收，符合三级公路技术标准，交付使用

●6月6日，嘉兴市郊区交通局内设机构定为：办公室（交通战备办公室）、运输管理科、交通工程科、财务统计科。

●7月11日，嘉兴市郊区政府同意成立“嘉兴市郊区县乡公路路政管理所”，与区县乡公路养护管理所合署办公。

1998年

●1月12日，桃园乡张墩村“张墩”渡口撤销。

●3月13日，荷花乡东荷村“北白荡”渡口撤销。

●4月10日，与嘉兴市郊区人民政府法制局、郊区物价局、嘉兴市工商行政管理局郊区分局、嘉兴市地方税务局郊区分局联合拟订《嘉兴市郊区整顿道路货运市场秩序实施意见》。

●5月20日，嘉兴市郊区北排、红旗塘工程指挥部成立。北排工程和红旗塘工程总工期为四年。7月1日，浙江省治太北排工程开工典礼在嘉兴市郊区田乐乡举行。杭嘉湖北排通道（郊区段）工程共9个河段，全长9.34公里；计划拓浚河道土方59.76万立方米，填筑堤防土方15.61万立方米，新建护岸10.79公里，桥梁10座。工程计划投资7000多万元。

●6月2日，郊区交通局制定《交通系统企业产权制度改革实施意见》。

●7月15日，经嘉兴市郊区发改局同意，对洪合—建设、新丰—新篁、腾云—油车港、王江泾—田乐、新塍—洛东、新塍—桃园的六条公路、12个路段进行中修，长度为19公里；对嘉兴—农场2个路段进行大修，长度为6公里。

●7月17日，成立嘉兴市郊区乍嘉苏高速公路建设指挥部，韩月忠担任指挥，周大水担任常务副指挥，郑福根担任副指挥。

●9月11日，因“嘉兴市郊区交通材料供应站”改制，免去张鲁文“嘉兴市郊区交通材料供应站”经理职务。

●10月30日，凤桥—新篁公路通过工程验收。

●11月27日，嘉兴市郊区“两海”公路改建工程办公室成立。

●11月30日，嘉兴市郊区交通局党组改建为中共嘉兴市郊区交通局委员会，局党委由郑福根、周大水、赵海荣、蔡平江组成。郑福根担任党委书记，周大水担任党委副书记。嘉兴市郊区交通局纪检组改建为中共嘉兴市郊区交通局纪律检查委员会，局纪委由蔡平江、李松尧、唐金昌同志组成，蔡平江任纪委书记。

●12月17日，李正国任嘉兴市郊区交通局副局长，明确为正科级领导。

●12月21日，高照至潘家浜段、余新至海盐交界段、南汇至金珍段公路工程通过验收，交付使用。同日，凤桥至新篁公路也通过了验收，交付使用。

●12月29日，沪杭高速公路嘉兴段通车，其中嘉兴市郊区段长34.449公里。

●12月，海宁、海盐公路改建工程（郊区段）动工兴建。

1999年

●4月28日，乍嘉苏高速公路嘉兴段举行开工典礼，其中郊区段长38.114公里。

●5月28日，周大水任中共嘉兴市郊区交通局委员会书记。免去郑福根的中共嘉兴市郊区交通局委员会书记、委员职务。

●5月31日，郑福根任嘉兴市郊区交通局（正科级）巡视员。

●6月23—6月30日，嘉兴市秀洲区暴雨成灾，公路损害严重，直接经济损失达1.08亿元。

●6月24日，嘉兴市郊区更名为嘉兴市秀洲区，嘉兴市秀洲区交通局更名为嘉兴市秀洲区交通局。

●6月27日，撤消了嘉兴市郊区交通联合党总支部。

●8月10日，步云乡丰南村“塘桥浜”渡口撤销。

●8月27日，《嘉兴市公路养护、路政管理体制调整方案》出台。

●11月2日，大桥乡十八里村“十八里”渡口撤销。

●12月10日，由浙江省副省长章猛进及水利部太湖局、省水利厅有关领导参加的太湖流域红旗塘（浙江段）开工典礼在嘉兴市秀洲区举行。红旗塘工程（秀洲区段）需开挖和拓浚河道总长16.48公里，河道工程共需开挖、疏浚

土方75万立方米，填筑堤防土方27万立方米，新建块石护岸33.3公里，新建和重建跨河桥梁17座，新建水闸9座。计划投资1亿元。

●12月17日，嘉兴市秀洲区县乡公路养护管理所更名为嘉兴市秀洲区公路管理段；秀洲区县乡公路路政管理所更名为秀洲区公路路政管理大队。

2000年

●3月27日，栖真乡池湾村"石匠浜"渡口撤销。

●4月11日，《嘉兴市秀洲区镇(乡)村公路管理实施办法》出台。

●4月13日，成立嘉兴市秀洲区交通建设投资公司。

●4月29日，高照乡陶泾村"陶家览"渡口撤销。

●4月，杭申线(秀洲区段)护岸完善工程进入建设阶段。至2002年8月23日完工，被鉴定为优良工程。

●5月24日，《嘉兴市秀洲区交通系统防汛防洪防台抗灾抢险预案》出台。

●7月18日，塘汇乡南阳村"南阳"渡口撤销。钱家桥村"蝴蝶港""钱家桥"渡口撤销。

●9月29日，嘉北、塘汇两乡范围内的县乡公路及其养护和路政管理工作从即日起移交至秀洲区交通局。具体路线为县道4条(新塍公路嘉北境段，长4.3公里；义庄公路北郊河以外路段，长约1.4公里；高照公路北郊河至秀清桥(嘉北与高照交界)段，长约1.3公里；劳教所弯道，长0.2公里)；乡道2条(目前由乡政府负责管养)：嘉北义庄至沈家桥，长2.8公里；塘汇至杨庙交界，长5.0公里)。

●10月27日，建立中共秀洲区公路管理段支部委员会。

2001年

●4月5日，嘉兴至江苏铜罗(嘉兴段)公路工程，进入工程可行性研究报告组织评审阶段。6月15日，浙江省交通厅对嘉兴—铜罗公路工程可行性研究报告给予批复。2002年5月10日，浙江省交通厅批准嘉铜公路初步设计方案。至2005年4月28日，嘉铜公路第一合同段进行交工验收。

●4月28日，中国交通部副部长翁孟雄在浙苏两省交通部门领导的陪同下，考察嘉兴思古桥航管站。

●5月8日—9日，南排大横港工程、莲花桥港工程和海盐塘北段秀洲区桥梁等3个项目通过水利部太湖局等有关部门的验收，被评为优良工程。

●5月10日，嘉兴市秀洲区公路养护中心成立，属集体经营性质。

●5月24日，《嘉兴市秀洲区交通系统"三防"预案》出台。

●7月15日，汽车北站正式启用，汽车南站在同日关闭，汽车西站的部分线路班车移至北站。

●10月，秀洲区交通局办公地址由中山西路迁至洪兴西路1501号。

●12月26日，嘉兴市秀洲区交通局工会第三届委员会组建，委员会由赵海荣、黄才观、傅爱华三人组成，主席：赵海荣。

●是年，根据交通部、国家统计局的要求，进行全国第二次公路普查工作，全面准确掌握嘉兴市秀洲区公路发展现状。

2002年

●1月15日，王店镇"新塘桥"渡口撤销。

●1月22日，金忠被任命为中共嘉兴市秀洲区交通局纪律检查委员会书记。

●2月4日，嘉兴至海宁公路(秀洲区段)完成交工验收工作。12月23日通过竣工验收工作。

●2月28日，确定秀洲区交通局的内设机构有：办公室、建设规划科、运输安全科。

●5月29日，开展"安全生产月"活动，从2002年起，把每年的"安全生产周"改为"安全生产月"。

●7月8日，原秀洲区汽车运输公司党支部书记、经理谢某某被开除党籍。

●10月28日，乍嘉苏高速公路建成通车，成为秀洲区连接沪杭的又一快速通道。

●12月23日，王江泾镇东荷村"丁家坟"渡口撤销。

●12月25日，周大水在浙江省高速公路建设中荣立个人二等功，受到浙江省人民政府表彰。

2003年

●1月10日，选举产生秀洲区交通局出席中国共产党嘉兴市秀洲区第六次代表大会的代表。周大水、张松明当选为代表。

●3月21日，嘉兴市秀洲区政府印发《嘉兴市秀洲区2003—2007年交通建设计划》。

●4月17日，沈新耕任秀洲区交通局(正科级)巡视员。

●4月28日，秀洲区交通系统非典型性肺炎预防控制工作领导小组成立，并出台了应急方案。组长：周大水、副组长：赵海荣、李正国。

●6月6日，与秀洲区公安分局联合出台《打击公路无证经营客运车辆专项整治工作实施方案》。

●同日，确定公路段股室设置：办公室、养护工程股、财务股、路政股、超限载检查站。

●7月18日，洪合镇"老岳庙"渡口撤销。

●8月1日，秀洲区创新城乡客运模式率先实行城乡公交一体化，打破城市公交与农村客运二元分割的局面，实行"定线路、定票价、定班次、定站点、定发班时间"的城乡公交一体化客运运营机制，促进城乡公交运营网络。

●8 月 6 日，新塍镇“石汇头”渡口撤销。

●8 月 12 日，嘉兴市秀洲区副区长陶金根召开城乡公交一体化协调会议。

●8 月 15 日，成立区公路段党支部委员会。

●9 月 11 日，嘉兴市副市长王洪涛带班到洪合检查农村危桥改造。

●9 月 28 日，北郊河桥梁粉刷工程交工验收。

●10 月 20 日，出台秀洲区交通系统《预防控制突发公共卫生事件应急处置预案》。

●11 月 7 日，秀洲区人大组织视察公路建设。

●11 月 18 日，秀洲区政府办发出《嘉兴市秀洲区乡村康庄工程建设实施意见的通知》。

●12 月 1 日，秀洲区政府发出《嘉兴市秀洲区 2003—2007 年道路运输业发展规划的通知》。

● 同日，秀洲区政府转发秀洲区交通局《关于加强全区道路货物运输服务业管理意见的通知》。

●12 月 11 日，全区乡村康庄工程专题会议召开，秀洲区副区长陶金根到会讲话。

●12 月 21 日，浙江省康庄办检查秀洲区乡村康庄工程建设。

●12 月 24 日，召开申嘉湖高速公路沿线拆迁调查摸底工作会议。

●12 月，320 国道嘉兴市区过境段与 07 省道互通式立交工程建成。2004 年 4 月，该互通式立交工程通过嘉兴市交通工程质量监督站组织的交工质量鉴定，被评为优良工程。2004 年 6 月 3 日，工程全线通过验收。

2004 年

●1 月 6 日，嘉兴市秀洲区交通局领导到新塍镇钱码头村慰问贫困户。

●1 月 15 日，嘉兴市秀洲区交通局召开全区交通系统春运、安全、综合治理工作会议，签订责任书。

●2 月 6 日，北片 10 条城乡公交线开通。

●2 月 9 日，嘉兴市秀洲区副区长陶金根听取区交通局交通建设项目汇报。

●3 月 18 日，嘉兴市秀洲区政府召开全区交通工作暨乡村康庄工程建设会议。

●3 月 25 日，在嘉兴市委书记黄坤明等领导的陪同下，浙江省委书记习近平到嘉兴船文化博物馆视察。并说：办得非常好，很超前，很有意义，适合各界人士参观。特别是对中小学生很有教育意义，要让他们都来参观。

●3 月 31 日，浙江省康庄办组织湖州、丽水市康庄办人员对秀洲区康庄工程建设进行全面检查。

●4 月 16 日，秀洲区政府召开全区水上安全管理暨淘汰水泥船工作会议，副区长陶金根代表区政府与各镇（街道）签订水上交通安全管理责任书。

●5 月 18 日，秀洲区政府召开申嘉湖高速公路秀洲段建设工程征迁动员大会，各镇（街道）沿线村和有关部门主要负责人到会，秀洲区区长祝亚伟作重要讲话。

●5 月 24 日，秀洲区政府发出《嘉兴市秀洲区人民政府关于加快全区交通建设的意见》。

●6 月 8 日，嘉兴市交通局党委副书记洪国良等领导到秀洲区交通局调研文明机关创建工作，秀洲区交通局党委书记、局长周大水接待并汇报工作。

●6 月 25 日，秀洲区副区长沈兰冠到 07 省道王江泾治超站检查，秀洲区交通局局长周大水等陪同。

●8 月 3 日，油车港镇“荡滩头”渡口撤销。

●9 月 23 日，由嘉兴市、区有关部门和各镇（街道）分管领导参加的《秀洲区农村公路建设规划 2003—2010 年》评审会议在秀洲区会展中心举行。

●9 月 29 日，秀洲区委裘东耀一行到油车港百花村检查康庄工程。

●12 月 15 日，秀洲区人大常委会组织对全区道路交通和康庄工程建设进行视察。

●12 月 20 日，王店连接线、嘉湖一级公路建成试通车。

2005 年

●1 月 5 日，浙江省交通厅专家考察杭申线嘉兴段文明航道。

●1 月 11 日，浙江省交通厅表彰授予秀洲区乡村康庄工程“双百”达标单位。

●1 月 20 日，王店连接线、嘉湖一级公路交工验收。

●2 月 2 日，秀洲区交通局党委召开保持先进性教育活动动员大会，会议由秀洲区交通局党委书记周大水主持，秀洲区副区长张国平发表讲话。

●2 月 6 日，嘉兴市副市长王洪涛到王江泾刘公园进行节前安全检查。秀洲区副区长张国平、秀洲区交通局局长周大水等陪同。

●4 月 11 日，嘉兴市秀洲区高速公路建设指挥部成立。总指挥：张国平；常务副总指挥：周大水；副指挥：步琛雅、沈海泉、金忠。办公室主任由金忠兼任。

●4 月 26 日，07 省道嘉王段拓宽工程开工。10 至 12 月重点实施修复改造，实际完成工程总投资为 89.6 万元。

●6 月 1 日，嘉兴市国鸿集团汽车工贸公司青年员工、嘉兴市反扒志愿者、新塍人张康杰，见义勇为，晚 8 时许在友谊路与洪兴路口追赶两名歹徒至银泰花园小区内，被歹徒用尖刀刺伤胸口，经抢救无效，于 6 月 26 日凌晨英勇牺牲，年仅22岁。张康杰牺牲后，被追认为“革命烈士”“浙江省见义勇为勇士”“嘉兴市劳动模范”“嘉兴市首届道德模范”，并授予“浙江青年五四奖章”等荣誉称号。

●6月15日，秀洲区政府、嘉兴市交通局在秀洲区会展中心组织对《嘉兴市秀洲区公路、水路交通建设规划（2004—2010年）》进行评审。

●6月20日，秀洲区政府发出《嘉兴市秀洲区镇村道路管理实施意见办法（试行）的通知》。

●7月20日，浙江省治超工作领导小组授予秀洲区治超办2004年度全省治超工作先进集体称号。

●7月21日，秀洲区政协组织部分政协委员，对全区连村到组道路建设情况开展民主监督活动。

●8月26日，新塍镇“钱码头”渡口撤销。

●8月29日，杭申线秀洲段被命名为交通部文明样板航道；李正国被评为文明样板航道先进个人。

●9月1日，嘉兴—王店122路城乡公交夜班车开通。

●9月15日，组织专家对王店李家浜桥进行验收。

●9月16日，南郊河工程秀洲段和贯泾港水厂在王店镇四联村举行开工仪式。

●12月13日，秀洲区委书记、区人大常委会主任裘东耀，区委副书记、区长祝亚伟，分管副区长张国平等领导由秀洲新区管委会、区建设与规划局、区交通局、洪合镇政府等有关单位负责人陪同调研交通工程建设情况。

●12月20日，秀洲区的部分嘉兴市人大代表在嘉兴市交通局党委副书记洪国良、秀洲区副区长张国平和区交通局局长周大水的陪同下，视察秀洲区交通建设情况。

●同日，秀洲区交通局办公地址由洪兴西路1501号迁至新秀路351号大树三期18幢8楼。

●12月26日，经浙江省人民政府批准，经秀洲区发展计划与统计局立项批复，同意在秀洲区07省道52K+800位置上建设超限运输检测站。其中建设业务用房、仓库计1400平方米，场地10000平方米，项目总投资795万元。2006年4月，S202省道嘉兴王江泾超限运输检测站投入使用。

●12月31日，秀洲区最后一个渡口——王江泾镇“西雁”渡口撤销。至此，秀洲区结束了悠久的摆渡历史。

2006年

●1月5日，申嘉湖高速公路秀洲段油车港、新塍互通连接线工程在嘉兴市招标、投标中心进行招投标。

●2月28日，秀洲区政府召开全区交通工作会议，秀洲区政府区长祝亚伟，嘉兴市交通局党委副书记洪国良到会并讲话。

●3月16日，乍嘉苏航道秀洲段护岸完善工程通过交工验收。

●3月31日，通过GPS调查的秀洲区农村公路电子地图问世。

●6月1日，全市新版的道路运输证正式启动，2006年12月1日起旧证废止。

●6月9日，秀洲区纪检监察局检查区交通局党风廉政建设。

●6月11日，申嘉沪高速公路秀洲区段油车港、新塍连接线工程在新塍镇洛兴村举行开工仪式，项目总投资1.6亿元。秀洲区副区长张国平主持，嘉兴市区有关领导出席。申嘉湖高速公路秀洲段连接线工程至2007年11月9日交工验收。2008年1月28日，申嘉湖高速公路主线正式通车运行。

●6月22日，秀洲区交通局组织对嘉兴至江苏铜罗公路（秀富路至桃园公路段）绿化工程共三个合同段进行工程竣工验收。

●7月1日，秀洲区交通局机关工作人员为南湖革命纪念馆重建捐款4600元。

●7月8日，秀洲区交通局副局长赵海荣陪同嘉兴市局领导检查洪新公路中修现场。

●8月7日，秀洲区交通局制定印发《嘉兴市秀洲区交通建设项目管理制度（试行）》。

●9月13日，红旗塘工程（秀洲区段）河道疏浚及堤防单位工程通过省级验收。此次验收的红旗塘工程（秀洲区段）河道疏浚及堤防项目全长15.8公里，共完成土方90.88万方，拆迁房屋274户，拆迁面积4.87万平方米，征用土地66.87公顷，工程总投资4048.66万元。

●10月26日，秀洲区政府区长张明超、副区长张国平带领区有关部门负责人对秀洲区交通基础设施建设进行专题调研。

●同日，秀洲区最大的城市景观桥梁——洪兴西路跨北郊河大桥建成通车，命名为“殷秀大桥”。大桥总跨度640米，桥面宽达40米，双向六车道，总投资3500万元。

●10月27日，杭申线秀洲段被交通部评为文明样板航道。同日，秀洲区政府滕根林、张国平两位副区长带班，组织秀洲区公安分局、区交通局等部门有关人员对全区道路交通安全开展专项检查。

●11月3日，油车港镇东方路大桥工程奠基开工。

●12月15日，秀洲区交通系统召开全体党员大会，选举产生中国共产党嘉兴市秀洲区第七次代表大会代表。

●12月18日，秀洲区公路稽征所挂牌成立，与运管所合署办公。

2007年

●1月22日，乍嘉苏线浙境段航道护岸完善工程（一期)竣工验收，秀洲区段工程质量等级为优良，正式交付使用。

●3 月 1 日，秀洲区区长张明超、嘉兴市交通局局长孙建华在秀洲区交通局局长周大水的陪同下，到王江泾镇太平村等地调研城乡公交通达情况。

● 同日，经秀洲区发改局批复，同意建造嘉兴王江泾客运站。这将是秀洲区规模最大的客运场站，总投资 2400 万元。

●3 月 26 日，沈金富任中共嘉兴市秀洲区交通局委员会委员、书记。免去周大水中共嘉兴市秀洲区交通局委员会书记、委员职务。

● 4 月 3 日，沈金富被任命为嘉兴市秀洲区交通局局长。

● 4 月 19 日，秀洲区全区交通工作会议召开，秀洲区区长张明超发表讲话，同时与各镇街道签订 2007 年度交通工作目标考核责任书。

● 4 月 29 日，召开“作风建设年”动员大会，秀洲区交通局局长沈金富进行动员部署。

● 5 月 22 日，嘉兴市督查组到秀洲区检查“百项百亿工程”进展情况，听取新洪公路、新塍大道以及秀洲新区的道路建设情况汇报。

●5 月，配合嘉兴市政府积极开展“创建全国绿化模范城市”活动，期间对 320 国道三环段、嘉海公路、嘉湖公路、嘉铜公路以及洪新公路进行了全面整治，共计补植 320 国道绿化 3000 平方米，补植嘉海线、嘉湖线、嘉铜线、洪新公路的绿化 30 余公里。

●6 月 5 日，秀洲区交通局党委书记、局长沈金富一行到新塍镇钱码头村就连村到组道路建设等问题进行蹲点调研，并慰问了该村低保户龚某某一家。

●6 月 22 日，赵海荣任局工会第四届主席，任期三年。

● 7 月 4 日，秀洲区交通局局长沈金富到王店镇庄安村走访慰问联系村困难党员。

●7 月 18 日，嘉兴市委副书记朱伟率市“双百工程”督查组一行，在秀洲区区长张明超、副区长沈兰冠等领导的陪同下，到秀洲区督查申嘉湖高速公路连接线工程。

● 同日，嘉兴市交通局组织市公路管理处、市康庄办人员检查秀洲区农村公路建设养护管理情况，秀洲区交通局副局长李正国进行专题汇报。

●7 月 31 日，中共嘉兴市秀洲区纪律检查委员会研究决定，对 07 省道超限运输检测站站长胡某某的严重经济违法违纪问题予以立案。

●8 月 7 日，修订印发《嘉兴市秀洲区交通系统防汛防洪防台抗灾抢险预案》。

● 8 月 10 日，同意注销秀洲区汽车维修行业协会登记。

● 8 月 31 日，秀洲区北部三镇交通规划论证会召开，会议由秀洲区交通局局长沈金富主持，秀洲区副区长沈兰冠及嘉兴市交通局领导出席会议。

●9 月 10 日，申嘉湖高速公路新塍连接线延伸段工程开工，全长 0.85 公里，12 月底完工。

●9 月 19 日，在秀洲区全区开展严惩“双超”保护桥梁安全的专项整治活动。

● 9 月 23 日，由浙江省公路局牵头，成立桥梁专家组到秀洲区进行桥梁隐患复查，秀洲区交通局副局长李正国陪同检查了 320 国道上的短浜桥和 07 省道上的北郊河大桥，并提出修复意见。

● 10 月 17 日，秀洲区区长张明超到秀洲区交通局听取工作汇报，并就 2008—2011 年交通建设计划和北部三镇交通规划提出明确要求。

● 10 月 19 日，嘉兴市交通局副局长王强带队检查秀洲区“双超”专项整治工作情况。

●11 月 1 日，嘉兴市交通局副局长张伟林一行对秀洲区城乡公交一体化工作、安全生产管理及行政执法工作进行检查。

● 11 月 7 日凌晨 3 时 18 分，乍嘉苏高速公路王江泾治超站治超分队长、共产党员杨彬，在王江泾治超检测站依法对超限运输车辆例行检查时，被该车拖带了 1000 多米，不幸以身殉职，年仅 32 岁。2008 年，获“感动嘉兴—2007 年度最具影响力人物”“嘉兴青年五四奖章”“浙江青年五四奖章”“交通卫士”等荣誉称号。

● 11 月 27 日，嘉兴市秀洲区人民法院公开审理一起无证货运代理经营户状告秀洲区公路运输管理所的行政诉讼案件。这是新的《浙江省道路运输管理条例》自 2006 年 1 月 1 日正式实施以来，涉及秀洲区运政执法的首宗行政诉讼案件。最终结果是原告主动撤诉。

● 11 月 29 日，新塍镇钱码头等八个行政村开通三级公交班线。

●11 月 30 日，秀洲区政府办公室发出《关于印发秀洲区农村公路管理养护体制改革工作方案的通知》，秀洲区人民政府授权秀洲区交通局主管农村公路管理养护工作。

● 12 月 13 日，秀洲区政府组织区交通局、安监局、经贸局、消防大队、城郊港航管理处等单位，对全区 12 个水上加油站(点)开展综合整治联合检查工作。

● 12 月 14 日，嘉绍跨江通道举行开工仪式。

●12 月 18 日，位于苏嘉运河上的王江泾大桥正式通车。

● 12 月 29 日，任命金德贵为嘉兴市秀洲区交通局副局长(正科)。

●12 月 30 日，秀洲区的宝华村、南梅村、钱码头村、古塘村等八个行政村通达公交车。至此，秀洲区全区公交线路达 32 条，公交通车率 99.13%。

2008 年

●1 月 7 日，沪杭高速公路王店连接线改建工程项目通过竣工验收，正式交付使用。

●1 月 11 日，嘉兴至江苏铜罗（秀富路至桃园公路段）改建工程竣工验收会议在秀洲区政府召开。2 月 5 日，该段公路（秀富路至桃园公路段）改建工程项目通过竣工验收，正式交付使用。

●1 月 18 日，嘉兴市委常委、常务副市长裘东耀在秀洲区委书记祝亚伟等有关领导的陪同下，到 07 省道王江泾春运服务站检查春运安全工作。

●1 月 22 日，嘉兴市交通局局长孙建华、副局长张伟林带领运管处等有关人员到长运公司检查春运工作，秀洲区交通局副局长金德贵陪同。

●1 月 23 日，春运开始，为期 40 天。其间遭遇 50 年一遇的极端冰雪灾害天气，交通系统积极应对，确保春运工作平稳完成。

●1 月 26 日—2 月 3 日，全系统启动冬季公路防冰雪处置应急预案，并积极参加抗雪救灾。

●2 月 20 日，张永德被授予抗雪救灾先进个人的荣誉称号。

●2 月 29 日，秀洲区交通工作会议召开，秀洲区区长张明超、嘉兴市交通局副局长张伟林出席并发表讲话，会议由秀洲区交通局局长沈金富主持。

●3 月 20 日，嘉兴至湖州公路（秀洲区段）工程完成竣工验收，正式交付使用。

●4 月 2 日，秀洲区投资 600 多万元，用于 22 座通村公路危桥和 14 座县道危桥改造，已全部竣工并通过验收。

●5 月 14—19 日，因 5 月 12 日四川汶川地区发生里氏 8 级大地震，为支援灾区抗震救灾，秀洲区交通系统干部职工积极为灾区捐款 25770 元，党员干部另行交纳“特殊党费”11210 元，并有 66 名同志报名参加四川灾区建设。

●5 月 30 日，秀洲区政府召开全区农村公路管理养护工作会议，秀洲区副区长沈兰冠主持并发言，秀洲区交通局局长沈金富参加并提出意见。

●6 月 5 日，秀洲区交通局局长沈金富赴 07 省道王江泾超限运输检测站检查治超工作，秀洲区公路段段长张永德等陪同。

●6 月 13 日，嘉兴市交通局局长孙建华一行检查了秀洲区交通局的安全生产隐患治理和奥运安保及反恐工作，秀洲区交通局局长沈金富陪同参加检查。

●6 月 18 日，浙江省运管局局长陈永林在嘉兴市运管处、秀洲区交通局领导陪同下，检查王江泾汽车站建设情况。

●7 月 10 日，浙江省公路局路政处副处长陈冬生率检查组到 07 省道嘉兴王江泾超限运输检测站进行执法督查，秀洲区交通局局长沈金富、嘉兴市公路管理处副处长叶永平陪同督察。

●7 月 14 日，嘉兴市运管处处长陈连根带领检查组到秀洲区检查城乡公交站场建设情况。秀洲区全年计划完成王江泾镇客运站建设，开工建设王店、洪合、油车港三个镇公交客运站，完成 66 对港湾式停靠站建设。

●7 月 31 日，原秀洲区公路管理段副大队长兼 07 省道王江泾超限检测站站长胡某某因涉嫌受贿罪被逮捕。12 月，被判有期徒刑 5 年，并处没收财产人民币 2 万元。

●8 月 11 日，嘉兴市交通局发出《关于明确高速公路连接线公路路政管理工作的通知》，通知明确，由嘉兴市公路路政管理支队高速公路大队将高速公路连接线的公路路政管理职能移交所在地县（市、区）公路管理机构。

●8 月 12 日，制定出台《秀洲区农村公路管理养护检查考核实施细则》。

●8 月 29—30 日，秀洲区交通局在海盐召开区农村公路管理养护工作培训会议，嘉兴市公管处副处长方建义、总工程师范永根、秀洲区交通局局长沈金富等领导参加会议。

●10 月 10 日，嘉绍跨江大桥北接线秀洲段征迁工作动员大会召开，该高速公路项目被浙江省和嘉兴市列为今年确保动工建设的重点工程项目

●11 月 2 日—29 日，秀洲区启动公路运输量专项调查。

●11 月 12 日，成立秀洲区交通局事业单位改革领导小组。组长：沈金富。副组长：金德贵、金忠、易庆平。

●11 月 13 日，城郊港航管理处王江泾港航管理检查站边胜荣，被交通运输部授予“全国交通行政执法文明标兵”称号。

●11 月 17 日，发出《关于印发秀洲区交通局事业单位改革工作实施意见的通知》，重点是深化中介服务类和生产经营类事业单位的改革工作。

●同日，秀洲区辖区内 66 对港湾式停靠站建设竣工。

●11 月 18 日，制定出台《嘉兴市秀洲区交通大物流建设实施意见》。

●同日，秀洲区交通局事业单位改革动员大会在桥梁工作队召开，秀洲区交通局党委书记、局长沈金富主持会议。

●12 月 12 日，组织对城郊港航管理处的创建申请进

行验收，决定授予京杭运河、杭申线、乍嘉苏线航道“平安航道”称号。

●12 月 14 日，嘉绍跨江通道举行开工仪式。

●12 月 16 日，秀洲区公路运输管理所和公路管理段确定为副科级事业单位，副科级干部任命由区委组织部门按有关程序操作。

●12 月 17 日，嘉兴至海宁公路改建工程(蚂桥至沪杭高速段)工程开工。

●12 月 23 日，申嘉湖高速公路油车港、新塍两条互通连接线延伸段工程通过竣工验收，并于 12 月 28 日通车。

●12 月 25 日，湖嘉申线航道嘉兴段一期工程正式开工建设。

2009 年

●1 月 1 日，嘉兴市全市交通系统歌手大赛在嘉兴市交通局举行，秀洲区选手王斌获得一等奖。

●1 月 14 日，在浙江省全省“迎奥运、文明出行”道路交通安全主题宣传活动中，浙江嘉兴长运运输有限公司的余金应、孙成林被表彰为出租车优秀驾驶人；曹渝江、陆伟被表彰为公交车优秀驾驶人。

●1 月 22 日，秀洲区交通局组织港航、运管等有关行业管理部门，赴王江泾刘公园检查春运安全工作。

●1 月，嘉兴市桥梁工程队、秀洲区公路货运配载服务部两家生产经营类事业单位顺利完成产权制度改革。桥梁工程队国有资产整体转让，秀洲区公路货运配载服务部注销。

●2 月 3 日，嘉兴市交通局副局长王强一行到秀洲区调研农村公路管理养护工作。

●2 月 16 日，嘉兴市港航局城郊港航管理处思古桥检查站执法人员田春良，为救落水船员而因公殉职，于 2010 年 12 月 22 日，被追认为“革命烈士”，2011 年被评为“感动嘉兴——2010 年度最具影响力人物”。

●3 月 21 日—22 日，首届“江南网船会”民俗活动在王江泾镇启动。

●3 月 25 日，经秀洲区发改局批复，同意建设湖嘉申线航道秀洲区段一期工程拆迁安置小区项目，总投资 1400 万元，总建筑面积 13000 平方米。

●3 月 26 日，秀洲区委常委、组织部部长徐建役到秀洲区交通局进行学习实践科学发展观调研活动。

●4 月 14 日，秀洲区政府组织召开湖嘉申航道秀洲区段工程建设动员会，会议由秀洲区交通局局长沈金富主持，秀洲区常务副区长祁海龙和嘉兴市港航管理局局长顾国强参加并发表讲话。

●4 月 17 日，秀洲区交通局召开学习实践科学发展观专题报告会，秀洲区副区长沈兰冠到会并讲话。

●4 月 28 日，秀洲区区长张明超主持召开区长办公会议，原则同意湖嘉申航道南张浜桥设计项目采用邀请招标。

●5 月 12 日，嘉兴市市级汽车维修工职业技能竞赛在嘉兴市职业技术学院落下帷幕，秀洲区代表队获得团体一等奖。

●5 月 21 日，08 省道延伸段(王店至新塍)工程可行性报告通过浙江省交通运输厅评审。浙江省公路局副局长洪秀敏、嘉兴市交通局局长孙建华、秀洲区政府常务副区长祁海龙等领导参加评审会议。

●5 月 26 日，浙江省交通运输厅副厅长储雪青率省“双服务”专项工作组到秀洲区调研，走访考察沪杭高铁客运专线秀洲段及王店现代物流园。

●5 月 31 日，嘉兴市道路运输协会会长刘建甫、嘉兴市运管处副处长陈伟祥一行到秀洲区调研道路运输行业节能减排工作。

●6 月 2 日，秀洲区交通局召开学习实践活动民主恳谈会，秀洲区交通局局长沈金富主持并介绍工作，同时听取部分人大、政协领导对秀洲区交通局当前存在问题的意见和建议。

●6 月 11 日，经秀洲区发改局批复，同意建造油车港镇南张浜桥桥梁工程，项目总投资 3600 万元。至 2013 年 3 月 20 日，南张浜大桥完成交工验收。该工程全长 731 米，其中主线长 637 米。

●6 月 29 日，郭荣根任中共嘉兴市秀洲区交通局委员会委员、副书记(正科)。

●7 月 7 日，经秀洲区发改局批复，同意建造公路管理及公路运输管理管理业务用房，项目总投资 3500 万元，建筑面积 10000 平方米。

●7 月 14 日，浙江省公路局路政处副处长施明一行到 07 省道嘉兴王江泾超限运输检测站进行督查指导，秀洲区交通局副局长金德贵陪同。

●7 月 14 日—15 日，浙江省交通运输厅副厅长储雪青一行到嘉兴召开现代综合物流园区专家咨询会。秀洲区委书记祝亚伟、常务副区长祁海龙、秀洲区交通局局长沈金富等领导出席会议。

●7 月 18 日，秀洲区常务副区长祁海龙在秀洲区交通局局长沈金富等人的陪同下，看望慰问在高温一线的交通建设者。

●7 月 21 日，秀洲区交通战备办公室被表彰为 2008 年度浙江省交通战备工作先进单位。

●7 月 28 日，湖嘉申航道(一期)秀洲段开工建设。

●8 月 3 日，秀洲区交通局同意秀洲区公路管理段设立超限运输车辆流动治超检查点。

●同日，浙江省公路局副局长张德理到秀洲区检查战备钢桥管理工作。

●9月4日，秀洲区运输企业举行文明驾驶签名仪式。

●9月10—12月20日，开展以“规范源头、严格卸载”为内容的百日治超工作。

●9月，长水塘航道养护工程(二期)工程开工建设。

●10月10日，修订印发《嘉兴市秀洲区交通系统预防控制突发公共卫生事件应急预案》。

●10月14日，嘉兴市交通局党委副书记洪国良一行考察秀洲区文明公路创建工作，秀洲区交通局党委副书记郭荣根等领导陪同。

●10月28日，320国道拓宽建设工程新洪公路通过竣工验收，该项目总投入资金2800万元。

●11月12日，秀洲区顺利完成全区城乡公交车辆改革工作，实现公车公营，全面同城市公交接轨。秀洲区全区港湾式停靠站达389个，平均站距缩短到0.72公里，全区群众出行乘车更加经济、便利。

●11月20日，嘉兴市区15个片区、37条线路、202辆车全部完成了车辆收购，市区公交全部实现国有化经营。

●11月28日，同意嘉兴市不锈钢制品总厂第三分厂停业。

●12月8日，长虹桥防撞墩改造工程通过验收。

●12月10日，湖嘉申线嘉兴段航道一期秀洲区段工程正式开工建设，该项目是省、市重点水运建设项目，计划2012年完工。

●12月25日，秀洲区纪委监察局陈虎培书记到秀洲区交通局参加科局级领导干部述职述廉报告会议，并发表讲话。

●12月29日，秀洲区两支出租车队荣获2009年度省级“文明出租车车队”称号。

2010年

●1月7日，秀洲区政协副主席金颖英一行到秀洲区运管所调研全区城乡公交工作。

●1月22日，秀洲区交通局上海世博会安保工作协调领导小组成立。

●2月3日，嘉兴市交通局副局长张伟林、运安处处长帅朝晖、运管处副处长傅学练等领导一行到秀洲区检查春运安全工作，重点对嘉兴长运运输公司落实安全生产责任制进行现场督查。

●同日，为方便居民旅行需要，嘉兴火车站在王江泾镇设立火车票代售处，系嘉兴市本级第一家。

●2月10日，秀洲区委书记祝亚伟一行到王江泾刘公园检查节日安全工作。

●2月12日，秀洲区交通局党委同意中国共产党嘉兴市桥梁工程队支部委员会更名为中国共产党浙江嘉桥交通建设有限公司支部委员会。

●2月24日，秀洲区交通局成立机关离退休支部委员会，郑福根为支部书记。

●2月25日，在中国海员建设工会全国委员会、交通运输部安全委员会公布的2009年全国水运系统船舶、班组安全竞赛活动表彰决定中，嘉兴塘汇港航管理检查站被评为2009年全国水运系统安全优秀班组。

●3月9日，秀洲区交通局副局长张永德带队到湖嘉申线航道秀洲区段建设工地检查防汛工作。

●3月22日，嘉兴市港航局局长顾国强、副局长步海兵一行到秀洲区油车港镇现场督导湖嘉申线航道秀洲段的建设工作。

●3月23日，秀洲区运管所荣获“创建省级文明行业先进单位”和“省级出租车监管先进单位”两项浙江省省级先进荣誉。

●3月24日，秀园路跨运河大桥主桥施工通过方案评审。该大桥全长483米，主桥单跨82.5米，宽达32.5米，总投资4988万元。

●3月26日，来自杭州、嘉兴、湖州、绍兴、金华、丽水、衢州等7个地市港航系统的200多位代表，在嘉兴市塘汇港航管理站举行上海世博会水上安保誓师大会。

●3月30日，秀洲区全区交通行业世博安保暨季度运输安全工作会议在区运管所召开，秀洲区交通局与各单位签订了世博安保责任书，秀洲区交通局局长沈金富出席会议并讲话。

●同日，经秀洲区发改局批复，同意县乡公路桥梁洛东2号桥等八座桥梁改建工程立项。

●4月7日，秀洲区委组织部部长徐建役、秀洲区交通局局长沈金富一行现场督导湖嘉申线航道秀洲段的建设工作。

●4月11—12日，2010中国江南网船会开幕式暨民俗文艺演出在王江泾镇举行。

●4月20日，秀洲区区长盛付祥、常务副区长祁海龙一行到秀洲区交通局调研全区交通工作，秀洲区交通局党委书记、局长沈金富汇报了秀洲区交通局整体情况和在建交通重点工程推进情况。

●4月23日，嘉兴市港航局副局长步海兵一行到秀洲区油车港、王江泾镇，现场指导湖嘉申线航道秀洲段的建设工作。

●4月26日，秀洲区开展道路运输世博安保应急救援演练。

●4 月 28 日，秀洲区路政大队组织以“世博与我同行，交通标志我知道”为主题的学习活动，将世博交通安全知识深入学校课堂。

●5 月 8 日，秀洲区交通系统廉政警示教育大会在区会展中心召开，秀洲区第五纪工委书记倪银明到会做警示教育辅导，秀洲区交通局党委书记、局长沈金富与局下属各事业单位及局机关各科室签订廉政责任书。

●5 月 11 日，秀洲区交通局党委书记、局长沈金富经批准，赴英国、西班牙、意大利进行经贸交流。

●5 月 20 日，同意王江泾镇迎宾路铁店港大桥工程施工图设计。

●5 月 21 日，嘉兴市秀洲区交通管理总站更名为嘉兴市秀洲区交通工程质量安全监督站。

●6 月 22 日，嘉兴市委书记陈德荣在塘汇港航管理检查站登船，在船上召开现场会，调研航道绿化工作。

●6 月 28 日，嘉兴市战备钢桥仓库（嘉湖公路站）一期工程建设管理工作正式开工，并列入交通运输部“全国中心库十二五”规划。2011 年 7 月 21 日，嘉兴市战备钢桥仓库（嘉湖公路站）一期工程办公用房、仓库一、二、车库工程竣工验收。2012 年 1 月 18 日，嘉兴市战备钢桥仓库完成竣工验收。

●7 月 7—8 日，浙江省交通厅工程质量监督局副调研员江立生带队，对湖嘉申航道嘉兴段一期工程进行质量、安全及造价综合执法大检查。嘉兴市交通局总工程师严凤祥、嘉兴市港航管理局副局长步海兵、秀洲区交通局副书记郭荣根等全程陪同检查。

●7 月 21 日，秀洲区发改局批复同意嘉绍高速公路王店连接线（08 省道合并实施段）工程可行性研究报告，该项目总投资 17674.7 万元。

●8 月 3 日，嘉兴市交通局副局长王强一行对湖嘉申航道秀洲段开展建设现场督查。

●8 月 4 日，浙江省公路局副书记洪建浦带队慰问秀洲公路段一线路政和养护人员。

●8 月 18 日，王江泾镇迎宾路铁店港大桥开工建设。该大桥建成后全长 475 米，其中桥身长 175.56 米，桥梁宽 36.5 米，道路宽 42 米，工程总投资 2000 万元。

●8 月 19 日，嘉兴市人大常委会副主任钱满程一行到部分开通的湖嘉申航道秀洲段现场调研。

●8 月 25 日，嘉兴至海宁公路改建工程（蚂桥至沪杭高速段）通过交工验收。

●9 月 1 日，长水塘航道养护工程（二期）工程完成交工验收。

●9 月 2 日，嘉兴市交通局党委书记、局长张文华一行调研秀洲区交通工作，秀洲区交通局党委书记、局长沈金富陪同参观嘉兴现代物流园沃尔玛配送中心。

●9 月 16 日，秀洲区委常委、区公安分局局长高海忠到秀洲区交通局调研指导创先争优工作，秀洲区司法局局长杨摄智等人陪同调研。

●9 月 17 日，交通部领导检查湖嘉申线嘉兴段一期航道，秀洲区交通局党委副书记郭荣根陪同。

●10 月 26 日，秀洲区发改局和秀洲区交通局联合召开王建公路改建工程（洪硖公路至建设集镇段）初步设计审查会议。

●10 月，被列入 2010 年计划的洪新线、嘉塍线、腾油线、嘉铜公路至荫家桥等六条农村公路大中修工程提前完工。

●11 月 24 日，沈金富同志 2007—2009 年连续三年考核优秀获三等功；金德贵、吴仙容获 2009 年度优秀公务员称号。

●11 月 30 日，开展浙江省全省公路车辆起讫点情况（公路 OD）调查。

●12 月 21 日，公路管理和公路运输管理业务用房开工建设。

●12 月 23 日，长虹桥大修工程启动。长虹桥是嘉兴市最大的石拱桥，也是大运河上罕见的巨型三孔实腹石拱大桥，先后被列为市级、省级、国家级文保单位。本次修复资金总投入近 100 万元，工期近一个月。

●12 月 30 日，事业单位岗位设置方案由秀洲区人事局批复。

●12 月，完成交通“十二五”规划审查。

第一篇 道路

秀洲区前身嘉兴县的陆路起始久远，嘉兴市郊出土的马家浜遗址，证明了在嘉兴这块土地上，早在6000年前就有人类在这里生息、繁衍、生产、生活。人类活动必然会开辟原始陆路。后来嘉兴又有了运河塘路，驿道，干路、支路。到了20世纪20年代初期开始有了公路。民国21年至23年（1932—1934年）乍浦至王江泾段公路建成，民国25年（1936年）杭枫公路临平至枫泾段建成，两条公路线贯通嘉兴，也穿越现在的秀洲区域，这也是秀洲区的公路之始。

嘉兴由于水运发达客、货运输主要依赖水运，因此公路建设一直不予重视，新中国成立后公路建设依然缓慢。改革开放后，公路建设逐步加快，特别是到了21世纪公路建设突飞猛进。秀洲区公路总里程（含通村公路）2000年就达240.38公里。

根据上级要求，全区围绕“153060”（即各乡镇15分钟进入高速公路网；中心城市30分钟到达各副中心城，；境内任何两个重要节点之间60分钟可以互通）规划，逐步建成中心城市—副中心城市—中心乡镇—行政村三级交通运行网络，形成相互衔接、布局合理、方便快捷、畅通有序的城乡交通一体化格局。2003年，区委、区政府提出以公路标准等级化、路面铺装高级化、网络结构合理化、管理养护规范化、城乡客运公交化的“五化”目标，在全区全面实施农村交通基础设施历史性变革的“乡村康庄工程”，修好农村路，服务城镇化，让农民兄弟走上水泥路和沥青路。2004年，全区通村公路全部改建成水泥路、沥青路。2005年，实现通村公路等级化，基本完成农村危桥改造。秀洲区经过多年的公路建设，形成了以高速公路、干线公路为骨架，大量的县乡公路为联系的公路网，截至2007年年底，全区拥有乡道及以上公路总里程 365.602 公里，村道475.47公里，公路密度为155.18公里/百平方公里。其中国道33.748公里（含沪杭高速14.947公里），省道67.489公里（含乍嘉苏高速25.832公里），县道185.419公里，乡道78.946公里。按技术等级分，高速公路66.34公里，一级公路 66.698 公里，二级公路 37.507 公里，三级公路149.062公里，四级公路308.574公里，等外公路210.907公里。等级公路里程占公路总里程的74.9%，有铺装路面和简易铺装路面（高级、次高级路面）占公路总里程的76.2%。

到2010年全区公路总里程达890.32公里，十年时间公路增加里程，成几倍的增长，公路等级不断提高。

2010年末，秀洲区路基4.5米或路面3.5米以上的公路总里程为890.321公里。按行政等级分：国道58.711公里（含国家高速公路39.932公里），省道43.75公里（含申嘉湖高速公路25.556公里、乍嘉苏高速公路1.684公里），县道193.192公里，乡道95.533公里，村道482.463公里，专用公路16.672公里；按技术标准分：高速公路67.172公里，一级公路69.866公里，二级公路38.279公里，三级公路 177.072 公里，四级公路 270.921 公里，准四级公路244.813公里，等外公路22.198公里。等级公路里程占公路总里程的 97.51%。公路总里程中高级路面 677.54 公里，占76.10%，次高级路面65.43公里，占7.35%，中级路面147.36公里，占16.55%。公路通村率达到100%，公路通村硬化率达100%，实现“153060”通达目标。

第一章 古 道

嘉兴境内古代交通以水路为主，陆路交通也较发达。据嘉兴市郊马家浜遗址发掘的新石器时代晚期文化遗存来看，在距今6000年前，这里就有人类原始部落生息、繁衍，他们濒水而居，以采集、狩猎、捕捞为主。为了便于从事农业、畜牧、渔业等各种生活、生产活动，各部落内部开辟了原始道路交通。

据《至元·嘉禾志》载："故(古)战场在县南四十五里夹谷中，即秦长水县，古槜李城也。"春秋时，越败吴于槜李。这场春秋末期的吴越槜李之战，甲士水陆上行军。越灭吴后，勾践"与齐晋诸候会于徐州，致贡于周。周元王使人赐勾践胙，命为伯"，这时，诸夏和东南的交通，比吴王夫差时，活动范围更大可以包括今日的浙江、江苏省在内。战国时，楚国置长水县，为浙江境内建县最早的县城之一。嘉兴古代交通水陆并行，秦时，据《越绝书》载："秦始皇造道陵南，可通陵道，到由拳塞，……治陵水道到钱塘，……通浙江。"陵道即塘岸，足见当时境内、南北已开辟水陆并行的道路。隋开大运河贯通嘉境，河堤即成为陆行官道。唐宋时，吴江县先后筑太湖东岸大堤和长桥，嘉苏间陆上交通遂畅通无阻。唐中后期至五代时，嘉境在大规模横塘浦圩田建设中，注意修筑农村道路，"上则有涂(路)，下则有船"。此后，境内逐渐形成以运河和各主要河道的塘岸为干线的陆路网。

第一节 运河塘路

隋大业六年(610年)命穿江南河，自京口(今镇江)经毗陵(今常州)、无锡、吴县(今苏州)，始入嘉兴北境闻川(今王江泾)，又经三塔、陡门、濮院、皂林(今桐乡县炉头)、崇德(今崇福)、石门，出境而至杭州。隋炀帝开挖京杭大运河，长达八百余里，广十余丈，与邗沟、济渠相通。在大运河旁建有塘路，这条塘路被称为官路，成为连接南北方陆路要道。历代均重视维护修整，筑桥、植树、固岸、修堤。在嘉兴境内(含桐乡)长66公里。唐朝建立之后，中国封建社会进入鼎盛时期，朝廷为政治、军事和经济上的需要，在全国各水陆要道上广设馆驿，构成以首都长安(今西安)为中心，通达全国各地的驿路网。由长安至浙江的驿路，系经东都(洛阳)、郑州、汴州(开封)、扬州、苏州，再沿江南运河塘路入嘉兴境而至杭州。作为入浙门户的嘉兴，唐时已大规模整治塘路，修建桥梁。有关江南运河塘河的修建情况，宋代以后，史载尚多，择要记述如下：宋元符三年(1100年)，诏苏湖、秀州，凡开治运河港浦沟渎、修叠堤岸，许役开江兵卒。明永乐元年(1403年)，命户部尚书夏原吉治水江南，永乐五年修吴江、华亭和嘉兴等处堤岸，永乐九年修苏州至嘉兴二石塘桥路70余里。其后通政赵居仁自崇德北抵吴江植树固堤。巡挠周忱运堤，创桥通道。弘治八年(1495)左参政周季麟修嘉兴北塘，易土塘为石塘，长30余里。后南塘也加固为石塘。嘉靖二十六年(1547年)嘉兴知府赵瀛筑语儿塘，石塘起杉青、迄闻川(今王江泾)，袤凡27里，土塘起语儿(即古槜李)，迄西水(今三塔)。万历十五年(1587年)霪雨尽淹，万历二十一年知县李培议富民出资，贫民出力修筑堤岸运堤。万历四十年知府吴国仕勘议郡城自杉青闸直抵王江泾一带官塘，旧系土石各半，岁久倾圮，具文申请尽以石瓷，秀水、桐乡、崇德三县共计建筑3207丈7尺。清康熙十二年(1673年)水溢塘北，知县李见龙督人修筑，帮阔堤岸。康熙六十年春，知府吴永芳鉴交接苏杭驿路，南路稍固也多倾坍，北塘一线雨日皆浸，苔水时常冲突，土石易于崩坠，邮驿铺递常古颠簸，虽随废随修，但不能长久，吴捐俸兴工复募诸有力者，南塘加石培土，令益高厚，北塘自城外至王江泾30里旧塘外，增筑石岸，时适开浚城河，即以所疏之土，运送筑塘，土厚石坚，高宽平坦，可骑可步。雍正五年(1727年)奉旨发帑开浚河道，修理城坦堤岸，巡抚李卫委员勒帑修筑西北二路堤岸，行旅往来称便。

第二节 驿 道

【驿政】

古代，在交通要道上置驿以传命贡物，接待来往官吏，称为驿传或邮驿。驿传之意，“以车曰传，以马曰驿”。嘉兴驿传制度，始于商周。在秦汉时期，当时作为会稽郡治的吴县（今江苏省苏州市）是全郡的政治、经济中心，也是商业兴盛城市，郡治与南方县城之间的交通路线，从吴县出发，经由拳（今嘉兴）、海盐、余杭、钱塘一直延伸到鄞县。汉以法曹主驿传。西晋末年，黄河流域，遭受战乱，大量人口南迁，传入北方文化和先进的生产技术，经东晋、南北朝至隋统一，上下200年时间，使浙江北部经济和郡县之间的道路交通有了发展。隋开运河，在运河旁建有塘路，运河塘路对隋交通，至关重要。隋以驿传属兵部之驾部郎。唐朝建立之后，中国封建社会进入鼎盛时期，朝廷为政治、军事和经济上的需要，在各水陆要道上广设馆驿，构成驿路网，由首都长安（今西安）至浙江驿路，系经东部（洛阳）、汴州（开封）、苏州，由闻川（王江泾）入嘉兴境，而至杭州。唐代驿传隶属驾部，诸道观察使各设馆驿使。而各驿则有驿吏，驿夫由百姓充役，每30里设一驿，总天下设驿1639所。嘉兴驿传，在海宁县治盐官西北20里，贞观五年（631年）置桑亭驿。贞观八年改义亭驿（今海宁长安镇），西接临平驿，北接石门驿。在石门镇，唐有石门驿，故市名石门。宋承唐制，30里有驿。《梦溪笔谈》载：“驿传旧有三等，曰步递、马递、急脚递是也。急脚递能日行四百里，军兴则用之。”宋熙宁中，又有所谓金字牌急脚递，古云羽檄漆黄金字于木牌之末，光明炫目，望者避路，日行五百里。自建隆二年（961年）始，驿夫由兵士充当。宋代在各驿之间增设驿铺，其设备也屡有变动。嘉兴所置驿铺，宋胜于唐。籍载，嘉兴急递铺凡10里一设，每铺设铺长1名，铺兵要路10名，僻路4至5名，“官使往返，不绝于途”。据清《嘉庆·嘉兴府志》载：“安远驿，在望吴门外，宋宣和间秀州守曾纡重建。”清《康熙·嘉兴府志》载：“急递总铺，在府治抚字坊下，宋置铺兵。”

元朝的驿政，在元太祖成吉思汗时就有设置，蒙古语谓称站赤，在全国各行省普设站赤。《元史·兵志·站赤》称：“元制站赤者，驿传之驿名也。盖以通达边情，布宣号令。”元代的驿道，称为大道，由于元代以马作为官用交通工具，所以，驿道以陆路为主，而且重要的驿道都是陆道。杭州至崇德、嘉兴、王江泾北去的驿道，是水陆并用，但占主导地位的是陆路交通。南宋，杭州是全国最大城市，方圆百里，当时中书省所辖胶里站赤198处，而江浙行省所辖有262处，占全国各行省第一位。嘉兴当东南水陆交通枢纽，设置驿站、递铺颇多。据清《康熙·嘉兴府志》所载，在阜城门外西丽坊置西水驿。在西丽桥西百步许，嘉禾马驿址。元代，每10里设一铺，嘉兴县急递铺17处，其中东塘6铺：马桥铺、半敢铺、下汇铺、高桥铺、魏塘铺、张泾汇铺；东接松江府枫泾铺。西塘5铺：通越门铺、赵家铺、深叶铺、马泾铺、杨梗泾铺，西接崇德县官窑铺。南塘3铺：高家湾铺、许浦泾铺、济川铺，南接海盐县莫泾铺。北塘3铺：施家舍铺、狄茂铺、北界首铺，北接平江路吴江县界铺。

明代，京师达于四方，设有驿，在京称会同馆，沿途置水、马驿，并递运所，以便公差人员往来，其间有军情重务，必给验符，以防作伪。明分嘉兴为秀水、嘉兴两县。嘉兴府有西水驿、皂林驿，负“传命贡物”使命，有嘉禾递运所，主要作用为“运递粮物”。洪武间定制“凡10里设一铺”，每铺设铺长1名，铺兵要路10名，僻路5名或4名。

清代，废递运所。顺治二年（1645年），定州、县设铺司、铺兵制度，禁止私役。同治六年（1867年），浙抚咨准部复以嘉兴一带驿路坍塌，准暂雇船代马驰递文报，修复后，“买买实驿，而归定制”。据清《光绪·嘉兴府志》载：“特设驿递，以通中外紧急文报，又设铺兵，以达郡县之往来，是驿速而铺缓，驿冲而铺偏，驿纲而铺纪也。”嘉兴府以府治为中心，驿路东抵乍浦，南达海盐，西通石门，北出吴县，东北经嘉善延至各县。在这5条主要干道上，设有6个驿站，41个驿铺。清末，我国与外通商后新式交通工具逐渐输入。光绪三十二年（1906年）废驿改邮，撤急递铺，建邮传部，但驿站继续存在，直至民国3年（1914年）驿站全部撤销，历经2000余年的邮驿制度，宣告结束。

【干路】

古代，嘉兴道路网以运河塘路、捍海塘路2条为主干线。清代，嘉兴府共辖6县，除海宁设州，隶属杭州府外，其余与今日嘉兴市行政区域基本相似，其中石门，桐乡设县治于嘉兴府，运河塘路即是干路。府城也分别有干路通往平湖、嘉善两县治，《重修浙江通志稿》载：“清顺治二年，定州县铺司铺兵之制。”以嘉兴府为中心，主要干路有5路：

东路：嘉兴府前铺东10里至嘉兴县南铺，18里至十八里铺，18里至新丰铺，20里至平湖县前铺。

南路：嘉兴县南铺南10里至落纤铺，10里至钟塘铺，

13 里至马泾铺，14 里至黄泥铺，10 里至周墩铺，10 里至朱公亭铺，10 里至海盐县前铺。

西路：嘉兴府前铺西 10 里至三塔铺，14 里至分乡铺，13 里至越墙铺，13 里至桐乡县永新铺，10 里至皂林铺，10 里至桐乡县前铺，10 里至西蒋铺，18 里至邵泾铺，10 里至上漠铺，10 里至石门县前铺。

北路：嘉兴府前铺北 10 里至杉青铺，13 里至金桥铺，14 里至市闻店铺，12 里至江苏吴江县界。

东北路：嘉兴县南铺北 10 里至常丰铺，东北 10 里至团港铺，1 里至隆华铺，14 里至张泾铺，10 里至江苏娄县界。

第三节　驿站与铺递

【驿站】

驿站是在古驿道中的站点，馆、驿、铺均为古代交通传邮机构和设施。嘉兴为古驿道入浙门户，“上通八闽，而旁达江右”，陆有马，水有舟，憩息有亭有馆。由于历史的变迁，嘉兴驿站其兴起、发展、更易、衰退史实，有载籍稽考的，自唐代始，兴衰起伏，几经演变。

西水驿

嘉兴郡城在唐贞观二十三年（649 年）建立有安远驿（禾兴馆前身），宋代为嘉禾驿，属马驿，其地址在府城西门西丽坊（今西丽桥附近）。据明《弘治·嘉兴府志》载：在府治西 3 里，通越门外，元初置船 30 只，船户 300 户，至正末毁于兵。明初称西水驿，明洪武元年（1368 年）四月授站提领为驿丞，重建驿站，建有厅堂廨舍，设站船 29 只，红船 58 只，水夫 740 名，防夫 40 名，馆夫 36 名。清康熙十一年（1672 年）守宪李显荣檄知府王师重建，造夫房 20 间，厅堂 3 间，卷轩 3 间，仪门门楼具备。乾隆五十二年（1787 年）秀水县知县纪有堂建迎晖亭。咸丰十年（1860 年）毁。同治八年（1869 年）建驿房 7 间。清末撤销，辛亥革命后毁废。该驿历史上接待过无数过往官员，明代曾有朝鲜使臣崔溥停息于此，题诗句“今日又过嘉兴府，人自繁华竹自苞”。嘉兴西门外古代为水陆交通枢纽，到清末时犹见报载嘉兴府官员日常在该地排班鸣炮，接送官员。

嘉禾递运所

据清《光绪·嘉兴县志》载，在西丽桥百步许，西水驿西南，元嘉禾马驿址，马驿马 90 匹，马户 830 户，水驿船 80 只，船户 760 户。明宣德间知府齐政重修，万历七年（1579 年）裁并西水驿，改为龚太守生祠。

安远驿

清《嘉庆·嘉兴府志》载：“在望吴门外，宋宣和间秀州守曾纡重创，避朝散大夫闻人安远讳，由安远驿改名为禾兴驿。”

【铺递】

清代，嘉兴府并辖各县铺司计 41 铺，另海宁州 15 铺，共 56 铺。

嘉兴县：设县前铺、常丰铺、落纤铺、团港铺、十八里铺、新丰铺、钟塘铺、马泾铺。共 8 铺，铺司兵 36 名。

秀水县：设府前铺、三塔铺、分乡铺、赵墙铺、杉青铺、金桥铺、闻店铺、隆华铺。共 8 铺，铺司兵 48 名。

【规格】

据元《至元·嘉禾志》所记，元代官驿分马驿和水驿两种。马驿：嘉禾驿，马 50 匹，马户 448 户。录事司，马 2 匹，马户 19 户。其中嘉兴县马 16 匹，马户 149 户。水驿：船 80 只，船户 760 户，其中西水驿，船 30 只，船户 300 户。

清顺治初，驿马各按驿路冲僻额设马匹一二十匹至一二百匹不等。马快船各按水驿冲僻设船 5 至 20 只不等，每船量设水夫，其船有毁废及修补裁汰，历年增减不一。清同治年间，铺递设置，渐归定制。据清《光绪·嘉兴府志》所载，嘉兴府府属 5 驿，规模不等。西水驿：驿差 144 名，驿皂 2 名，船 11 只，水手 48 名。嘉兴县驿：马 10 匹，马夫 5 名，水驿夫 209 名。秀水县驿：马 10 匹，马夫 5 名，水驿夫 220 名。

第四节　民间道路

【干路】

嘉兴县境内的民间道路，起源甚早，原始社会时就已形成，历经数代增筑，不断延伸和发展。旧时的民间道路大都为坎坷的泥路，偶而见有石板路、煤屑路。清末，修建了铁路，民国21年至23年（1932年—1934年）开始通了公路，由于铁路、公路数量少，班次少，穿越范围小，嘉兴城与邻县及各乡镇村落之间的往来仍然依赖民间道路。县际民间道路称为干路。其干路有6条：

嘉兴至平湖

据民国4年（1915年）《旧嘉兴府分域》所载，出嘉兴东门至东马桥，东行至大溪家桥，东行至俞家桥、东行过东栅口至会坝桥，东南行至汉塘桥，东南行至复兴桥，东南行至麒麟坝桥，东南行至张家桥，东南行至十八里桥，东南行至二坝桥，东南行至四坝桥，东南行至焦山门桥，东南行至塘耀桥，东南行至西塘桥，东南行过和平桥至中塘桥，东南行至新丰镇西，东南行至大船桥，东南行至油车桥，东行至西杨泾桥，东行至界泾桥，东行入平湖县西门（毓秀门）。民国17年（1928年）《嘉兴新志》所载，出嘉兴东门逾宣公桥向东，沿角里街、经东塔南首，逾吴家桥至俞泾桥，自东门至北约4里半径，又改筑碎石路及煤屑路，可行人力车等。逾俞泾桥、双溪桥，即入东栅镇，凡2里至会龙桥，渡角路而南，沿至平湖塘南岸至十八里桥，焦山门桥，逾桥至平湖塘之北岸，至新丰镇，东行至平湖县城。此路长43里。

嘉兴至海盐

自嘉兴东门外南行至盐仓桥，东南行至南堰桥，南行至丰年桥，南少西行至东马塘泾桥，南行至小五环洞桥，南行至大五环洞桥，南行至石堰桥，南行至廿里桥，南行至余贤埭镇龙桥，南少东行至小石桥，南少东行至茜泾大桥，南行至马泾桥，南行至黄道闸桥，入海盐县界，东南行至望晖堰桥，东南行至永度塘桥（即沈荡大桥）东，东南行至孟家堰桥，东南行至钦城镇，东南行至三环洞桥，东少南行至小栅桥，东少南行而入海盐县西门（望吴门）。全程65里1分。

嘉兴至桐乡

自嘉兴西大门外，西行至西丽桥，西行至荣禅寺，西行至学肃塔，西南行至三观桥，西南行至新庙笕桥，西南行至何家笕桥，西南行至何戴家笕桥，西南行至岳庙笕桥，西南行过万寿桥至陡门，西南行至南新河桥，西南行至三家笕桥，西南行过正家桥至正家桥西入桐乡县界，西南行至永新桥，西南行至毛家渡桥，西南行至皂林桥，西南过众建桥至登云桥，东南行至来远桥，南行入桐乡县北门（来远门）。全程47里8分。

嘉兴至吴江

自嘉兴北门外北行至端平桥，北行至百步桥，北行至金桥，北行至长虹桥，北行至王江泾镇北，北行入江苏省吴江县界。全程17里。路面为石板铺砌。

嘉兴至嘉善

自嘉兴东门（春波门）外东行至东马桥，东行至大溪家桥，东行至俞泾桥，东行过东栅至会龙桥，东少南折而东少北至七里店桥，东北行至西白露泾桥，东少北行至高丰庙桥，东北行至夏汇桥，东北行至陈家埝桥，东北行至兴秀桥，东北行至九里湾，东北行至六里桥，东北行至三里桥，东北行至跨塘桥，东行入嘉善县西门（太平门）。全程32里4分。

嘉兴至海宁

清时，海宁置州，属杭州府。有捍海塘路，横贯海宁，直通杭城。海宁至嘉兴，虽无直接干道相通，但间接干道有二途，其中一途，出盐官南门（镇海门），自海塘头堡东行历二堡、三堡、四堡、五堡、八堡、十一堡、十五堡、十八堡、海防公所、炮台山、螳螂山脚、谭仙岭、入海盐县界。或自硖石镇竦秀桥出海宁境入海盐县经丁公堰桥、大施带桥、山野桥、得胜桥、黄泥堰桥、钦城入海盐至嘉兴路。硖石至嘉兴计程约80里。另一途，自盐官北门（拱辰门）往西北，经义惠桥、圣帝殿、太平桥、青莲寺至长安镇，再往北行经庄婆堰、八里亭入桐乡县。自长安镇北行经三里铺至崇福，而入运河塘路。盐官至崇福，全程39里7分。

【支路】

嘉兴至各镇、村之间或两镇（村）之间的民间道路称为支路，大都为田间阡陌，路宽仅敷两人摩肩而过、供肩挑贸易往来的步行道。民国17年（1928年），嘉兴县有支路28条，长度为407里5分。主要支路有：

新塍路

由嘉兴北门起，经栅堰桥西北行，过三官桥、板桥、折西行、过万福桥至马家浜杨家桥、奚家桥、周家坝、观音桥，直抵新塍镇。路长27里。另一路，由九里汇北行至周家坝，与新塍路合。较远4里。

九里汇路

嘉兴北门栅堰桥西行，经阴家桥、和睦桥、庙江村西北至里仁桥，即九里汇。路长12里。

新塍至青镇（今乌镇）路

自新塍西南门，过五家桥，经张家斗南行，过淇国桥至周家汇，西行至虹桥村、下塔庙、中塔庙、戴家埭而抵青镇东栅。路长25里。

嘉兴、双桥至王江泾路

自嘉兴北门，经栅堰桥、三官桥、板桥，北抵北圣桥，过沙河桥、陈家桥至双桥，路长14里5分。由双桥北行，经柴家浜、乌灯浜，过海云桥，直抵王江泾镇，路长10里2分。另外，王江泾路，也可自嘉兴北门杉青闸沿运河塘路西岸北行22里至王江泾镇。

嘉兴、塘汇至杨庙路

由嘉兴北门东北行3里至太平桥，更东北行3里至塘汇，经绵羊里，过义和桥、鱼市桥、庙桥，经一带庙出县境北行，过里和桥、联珠桥、折东行，经普南房直抵杨庙。全路长 23 里。

杨库至马库汇路

自杨库南行，经南桥、孔家桥至马库汇，东行，过高桥南行至太平桥，与塘汇路合。全路长 16 里。

王江泾至南汇路

自王江泾长虹桥偏北行，经沈家浜、石桥头、冯家桥、张连村、园通桥、大中桥，即抵南汇镇。路长 13 里。

王江泾至甸上路

自王江泾东行 3 里至甸上。

王江泾至盛家廊下路

自王江泾长虹桥东北行，经大有桥、张连村、水桥、丰北抵盛家廊下。路长 14 里。

马库汇、栖真寺至池湾路

自马库汇东行，折东北经善安桥，北行至栖真寺，凡 6 里，更东行 1 里至池湾。

濮院路

自嘉兴南门起，经梅湾里，过王龙桥，沿河岸而西南至真如寺，北折而西北，向三塔而行，过厚兴桥，折西南过古高桥、长玉桥、俞家桥、张家桥，折西过黄金桥，入濮院镇。路长 28 里。若未至古高桥，即折而西，过铁仙桥、陶家桥、姚家桥，也可至黄金桥，路长相差无几。濮院路屈曲异常，故行旅常遵运河塘路至陡门桥，乃折向东南入濮院镇。此路长 31 里。

马王塘至馀贤埭路

自马王塘桥东行，过青龙桥、长兴桥至馀贤埭镇。路长 11 里。

濮院至马王塘路

自濮院东行，过黄金桥、张家桥，东行 9 里至马王塘桥。此路长 16 里。

马王塘桥至王店路

自马王塘桥南行，过乐嘉桥、赵家石桥、太平桥、宝胜桥，即入王店镇。路长 14 里。

濮院至王店路

自濮院东南行，过北幽河桥、行担子桥、轻介桥、太石桥、何家桥，入王店镇。路长 19 里。

第五节　乡镇路街巷弄

【王店镇】

王店历史悠久，镇名始于五代后晋天福年间（936—944 年），早在后晋时代已有街路构筑。古诗载：“地称王店由来久，父老犹称后晋街。”明清时期，全镇街路沿市河两岸而筑，具有水乡特色。明万历年间（1573—1620 年），将街路逐段筑成条石路。街路名称，习惯以沿街屋数为名。如“十间楼”“廿间”“四十二间”等。清代始，以自然区域划分街坊。街坊名称，多以吉祥和睦之意命名，或以桥定名。梅里志载，时有坊名 35 个。民国期间，街坊名称又有变动，有街坊 27 个：铁路东有栏杆坊、万安坊、五龙坊、大桥坊、长生坊、朱家湾、冯家埭、廿家下、扇子汇、西米棚下、东米棚下、梅湾街、北梅溪、顾家汇；铁路西有：夺锦坊、聚奎坊、永锦坊、石浦汇、板桥坊、天主堂街、大井坊、四十二家下、六十家下、里仁街、南塘街、北塘街、塘桥街等。中华人民共和国建立后，逐步改坊为街，1967 年划定镇区 5 条主街，并定街名。铁路东港南为工农街、港北为人民街；铁路西港南为解放街、港北为反帝街；南塘街、北塘街、塘桥街合称庆丰街。1981 年地名普查，对全镇 10 条主要街路，以标准名称命名，更名为梅溪街、人民街、解放街、四喜街、庆丰街、广平路、梅园路、百乐路、车站路、塘东街。

王店镇主要街路构筑：在解放前，均以条石铺路。因年久失修，又遭战乱破坏，条石路面断缺破损甚多。到二十世纪六七十年代，逐步改造老街，拆除四喜街沿河危房，拓宽街路，改条石路为沥青路。至 80 年代中，逐段拆除沿河旧房、危房，总面积为 12323.8 平方米。并拓宽人民街、四喜街、庆丰街南段 3 条主街，先后在全镇 5 条主街，分段筑成水泥混凝土路面 4400 多米。同时在四喜街东段后侧，筑成广平路、梅园路、车站路、育才路等 4 条水泥路，共长 1020 多米。在广平路南端，新筑与嘉兴公路相连接的水泥路，定名百乐路。在十年中，共筑水泥路面 4.53 万多平方米，整修市河帮岸 2258 米，修建河埠 73 只，安装市河栏杆 1295 米。至此全镇现有街、路、巷、弄全部改筑水泥路面。全镇街路共 15 条，总长 7.6 公里，面积 37402 平方米。1981 年路名普查，有标准名称的巷弄共 12 条。至 2010 年止，王店镇又新增三条主干道，即兴乐路，在镇政府前，西起嘉海公路东到沪杭铁路，全长 2000 米；花园路，南北向，南起曝书亭北到梅北路，全长近 3000 米；梅北路，与兴乐路平行，西起王店吊顶城东到沪杭铁路，全长 2500 米。另外还有一条梅嘉路，即是嘉海路在王店镇域段。

【新塍镇】

新塍明清时有东杨、福德、雨金、太平、月河、日新、丰乐、南北问松、南北庆元、三元、百岁、二致等14个街坊；有皂隶、虹桥、张厅、香花桥、祥弄、新车、孟家、西小桥、务场、圣堂、蔡厅、仲厅、大弄、小弄、范家、柴家、吴家、湾车、单家、秀水、钮家、花棚22条巷弄。此后，街坊为保甲所代替。民国18年(1929年)，改坊为街。全镇共有街道12条，即：东北大街、丰乐街、中北大街、西北大街、东南大街、郎中埭、寺街、百岁街、三元街、西南大街、北栅大街、南栅大街。后巷弄大部被废，至20世纪90年代，仅存西小桥、务场、圣堂、单家、秀水、范家、大弄7条旧弄。

新塍东栅港南，原先因漾口无桥，东南交通阻隔。1937年，在今人民桥址建剑石桥。抗战胜利后，辟成东自竹行弄，经由该桥向西接郎中埭道路，延伸东南大街至寺后门桥。新辟路段铺设碎石路面。同时，辅成中学在原百岁街(今勤俭桥东堍下岸)两旁废墟上建民房二排20余间。此路段改称辅成街。

解放后，结合填平河浜和危桥拆建，开始建筑马路，并有计划地改建全镇老街、巷弄及修建新区通路。至1990年，共新建主干道路10条，总长4923米，总面积4.5万平方米；翻建石板街道，硬化巷弄及新建小道总长7900米，总面积1.77万平方米。现在全镇主要街道有：人民东路、人民西路、朝阳路、新洛东路、新洛路、少年路、益友路、凤舞路、虹桥路、东升路、镇东路、塘路、东北大街、丰乐街、中北大街、西北大街、三元街、西南大街、北栅东街、北栅西街、南栅街等21条。其中最长的为人民路，全长916米；最宽的为朝阳和新洛西路，路面宽为16米。

【王江泾镇】

王江泾镇，在县北二十五里，运河之西岸。明清时镇上有3街、10坊、5埭、26弄。3街：一里街、丝行街、百岁街；10坊：闻店坊、射襄坊、济阳坊、浔阳坊、欢乐坊、万福坊、定中坊、会源坊、太平坊、郁家坊；5埭：高家埭、河西埭、南埭、三官埭、河北埭；26弄：李家弄、陶家弄、计家弄、万家弄、面店弄、箝店弄、堂楼弄、淘沙弄、金家弄、混堂弄、屈家弄、四店弄、桐油弄、当弄、横弄、财神弄、张家弄、钱家弄、牛窝弄、臭弄、钮家弄、大弄、小弄、鱼行弄、仓场弄、轿子弄。店坊林立木。街市繁荣。可是“咸丰兵燹，尽会一炬”。后有所恢复还是“不及盛时二十分一”。抗战时期，又被日本侵略军放火焚烧三天三夜，王江泾又成废墟。

解放初，王江泾镇只剩一里街，老街下岸，进深不足10米，屋宇相间。上岸在宅群之间形成几条古弄。20世纪80年代起，王江泾成为建制镇后，镇区先后筑了万福路、北虹路、闻川路等。至2010年王江泾镇有闻川路、北虹路、长虹路、万福路四条主要商业街，拥有500多家商店。一里街贯穿东西，全长584米，宽3米。其他路街弄已是很难计数。王江泾镇已是一个浙北经济重镇，每到夜晚，整个集镇灯火通明、人头挤挤、热闹非凡。

【油车港镇】

油车港镇的形成凭借于榨油业的兴起。太平天国运动爆发前，该地已成北乡一榨油中心，渐成市镇。民国后，榨油业衰落，但米业、窑业代之而起。抗战爆发后，大批城市居民逃难于此，人口剧增，老集镇的格局基本定型。沿澄溪两侧有港北街、港南街。与港镇北街成丁字形交叉的小巷有：吕家弄、楚云街(又称新街)、石路、邱家弄、许家弄。

解放后，油车港集镇的面貌逐步有所改变。1986年油车港成为建制镇。1994年新镇区建有骨架街路：澄溪南路、澄溪北路、镇乡中路。到2010年油车港老新镇区路街有：澄溪南路、澄溪北路、港南大街、澄溪大街、镇中路、天油路、石路、新澄路、菱浜路，广福路、马库路、东方北路、黄字圩东路、将军路(南段)、正原北路、怡纺路、菱纺路、茶园北路、北阳路(南段)、正龙路(北段)、陈家坝路、天星路、乐源路、正阳东路、正阳西路、濮家湾路、汇源路、兴港东路、兴港西路、奥星路。

【新丰镇】

新丰镇自明代至民国，一直堪称嘉兴郡治东南巨镇，数次兴盛，市面相当繁华。但其镇形状比较单一，历来只在塘北有一条长长的双面老街，老街下岸(街道南侧)傍河，进深不足20米，屋宇相接。其上岸(街道北侧)，在宅群之间形成几条古弄。塘南虽有店面，但街道短窄。20世纪80年代随着南北道路的形成，公益事业和企业的发展，街面向塘北繁荣，民丰二村延伸形成了许多巷弄。1992年后，市镇中心移向塘南，政府、金融、邮电及许多工贸机构和企业建筑相继落址塘南，三座跨塘大桥的重建和几条街道的新建，重构了塘南的路网格局，形成了新丰镇新的金融商贸中心。

据统计，至2010年全镇有路、街、弄60余条。主要街道东西向有：平林路、广场路、双龙路、丰南路、盛家汇路、汉塘路、万丰路、新荷路等8条；南北向有：登云路、袜厂路、中兴南街、盐丰北路、丰盛路、人民路、新阳路、妙峰路、新竹北路等9条。主要巷弄南北向有23条，东西向有8条。另外还有一些新形成的巷弄和一些小弄尚未命名。新丰镇已是一个路街巷弄交叉的繁华的经济重镇。

新丰镇在1983年撤地建市时，划给郊区，到2000年7月行政区划调整后，划给了城区。

第二章 高速公路

1998年以前秀洲区境内无高速公路，自1998年嘉兴市拥有了第一条沪杭高速公路后，秀洲区境内也有了首条高速公路，里程为14.95公里。2002年，乍嘉苏高速公路建成通车，境内有了第二条高速公路，里程为53.1公里。2008年1月28日，申嘉湖高速公路建成通车，秀洲区境内有了第三条高速公路，境内里程为25.54公里。经过短短十年的努力，高速公路密度位居长江三角洲角地区同等市区之首。全区所有乡镇基本上实现15分钟上高速公路的目标。

第一节 G60沪昆高速公路

图1-2-1 *沪杭高速公路嘉兴段*

G60沪昆高速公路是沪杭高速公路的延伸，因此嘉兴人习惯叫沪杭高速公路。沪杭高速公路总工程分上海段和浙江段。于1993年3月经国家计委批复同意建设，为世界银行贷款建设项目，被列为国家“九五”重点工程。沪杭高速公路起于上海莘庄，经上海闵行、松江、金山，进入浙江嘉善、嘉兴、桐乡、海宁、余杭，止于杭州东郊彭埠与沪甬高速公路相接。全长151公里。其中浙江段长103公里，嘉兴段长88.198公里。工程涉及郊区境内建设、王店、蚂桥、余新、曹庄、大桥、步云共7个乡镇、27个行政村、65个村民组，全长34.449公里（其中：建设乡5.076公里，王店镇7.269公里，蚂桥乡2.603公里），连接线25公里，投资总额近13亿多元。按照项目业主责任制的要求，郊区于1993年12月27日成立指挥部，对征迁等进行调查。郊区段用土地3309亩，其征地费用计

8400 万元；主线内拆迁房屋 291 户、2542 间、61114.7 平方米；房屋拆迁补偿费 1339.776 万元。为进一步搞好沪杭高速公路嘉兴郊区段建设配套服务工作，郊区成立了“嘉兴市郊区益通开发公司”，沪杭高速公路郊区段的配套服务由该公司具体实施。沪杭高速公路浙江段 1995 年开工，1998 年 12 月建成通车。设计宽 26 米，双向四车道，车速每小时 120 公里。2001 年 12 月，通过国家验收，被评为优秀工程。后经行政区划调整，其中(秀洲段)起点位于 99K+ 400，终点位于 114K+350，穿越秀洲区王店镇，全长为 14.95 公里，中间设有一个出口处（王店出口处），一个服务区（嘉兴服务区）。沪杭公路建成通车后，车流量以年均近 20%的速度增长，日混合交通流量 5.2 万多辆，超出原有四车道的设计流量，成为当时全国车流量最繁忙的高速公路之一。2003 年，省委、省政府提出沪杭高速公路八车道改拓宽工程。沪杭高速公路（秀洲段）拓宽工程于 2003 年开工，至 2005 年 12 月改建完成。工程途径秀洲区王店镇，全长 15.2 公里，涉及红联村、庄安村、宝华村、太平桥村、建农村、镇西村、花鸟港村、南星桥村、建南村等 9 个行政村 59 个生产组，征用道路建设用地 205.9 亩。

沪杭高速公路王店连接线一级公路改建工程，起于 320 国道相交处，止于王店镇环岛，全长 8.353 公里。其中大桥 1 座 404 延米、中桥 4 座 194 延米、小桥 8 座 228 延米，路基宽度 36.5 米，路面宽度 24.5 米。设计时速 80 公里。2003 年 7 月开工，2004 年 12 月竣工，总投资 23333 万元。

路面结构层：一、老路面：宕渣+石灰粉底基层+水泥稳定碎石基层+沥青封层+沥青混凝土 AC-25I+沥青混凝土 AC-20I+沥青混凝土 AC-16I。二、拓宽路面：宕渣+水泥稳定碎石（掺水泥 3.5%）+水泥稳定碎石（掺水泥 5%）+沥青封层+沥青混凝土 AC-25I+沥青混凝土 AC-20I+抗滑表层 AK-13A。

该工程分左右幅，双向八车道，路基宽度 41.5 米，组合为 75（土路肩）+300（硬路肩）+3*375（二、三、四车道）+350（一车道）+75（路缘带）+300（中分带）+75（路缘带）+350（一车道）+3*375（二、三、四车道）+300（硬路肩）+75（土路肩），路面宽度为 2*18.5 米。

2010 年，国家调整高速公路网命名和编号，原沪杭高速改称为沪昆高速，即上海至昆明的高速公路。道路编号为“G60”。

第二节 S11 乍嘉苏高速公路

图 1-2-2 乍嘉苏高速公路嘉兴段

S11 乍嘉苏高速公路起自海盐县境内东西大道(新沪杭公路)杨树桥村西,路线自南向西北,跨盐平塘、海盐塘,沪杭高速公路、沪杭铁路、320 国道等,于北城浜跨大溪河后进入江苏省境内。乍嘉苏高速公路浙境段工程,是浙江省公路建设规划的全省路网主干线“两纵两横五连”中的“一连”,是连接浙北与苏南地区的交通快速通道,它的建成将对完善长江三角洲地区的交通网络,带动区域经济发展,促进苏、嘉、杭黄金旅游城市带的进一步发展和综合开发起到巨大作用。

乍嘉苏高速公路浙境段经省人民政府和省计经委批准立项,是以“四自”形式建设的省级 A 类重点工程。乍嘉苏高速公路嘉兴段全长 53.832 公里,工程采用原微丘高速公路设计标准,全封闭、全立交,双向四车道,路基宽度为 28 米,桥涵设计荷载汽—超 20,验算荷载挂—120。设计时速 120 公里。工程于 1999 年 6 月 1 日正式开工,2002 年 10 月 8 日完工,12 月 28 日举行通车典礼,投入试运营。乍嘉苏高速公路由嘉兴市高速公路建设指挥部组织建设,浙江省交通规划设计研究院设计,东盟营造工程有限公司、中铁二十局集团第一工程有限公司承建。工程总投资 26.44 亿元人民币。2004 年 7 月通过竣工验收。乍嘉苏高速公路在秀洲区境内穿越王店镇、高照街道、新城街道、新塍镇、王江泾镇,里程达 25.83 公里,其中有较长一段重复于常台高速公路。2005 年 1 月 18 日,乍嘉苏高速公路荣获建设部中国建筑鲁班奖(国家优质工程奖)。

第三节 S12 申嘉湖高速公路

S12 申嘉湖高速公路(嘉兴段)起自上海市枫泾镇北,接上海市东塔线高速公路,由东北向西经嘉善县、秀洲区、桐乡市,至乌镇南进入湖州市南寻区练市境内,止于湖州市杭宁高速公路鹿山枢纽。全长 101.078 公里。其中嘉兴段长 59.1 公里。按双向六车道高速公路标准建设,路基宽度 35 米,设计行车速度 120 公里/小时,全线桥涵于路基同宽,桥涵设计荷载汽—20,挂—120。工程于 2004 年 1 月 6 日经(浙江省发改委〔2004〕6 号)文件批复,并经(浙江省发改委〔2004〕174 号)文件批准建设,总概算投资为 51.69 亿元。工程于 2004 年 11 月动工,2007 年年底建成,2008 年 1 月正式通车。2010 年,国家高速公路网调整命名和编号,简称申嘉湖高速,道路编号为“S12”。

申嘉湖高速公路秀洲段,起点桩号位于 J4 标 K21+530,终点位于 J8 标 K47+070,即起于油车港镇澄溪村,止于新塍镇新庄村,穿越油车港、王江泾、新塍 3 个镇,全长 25.54 公里。区境内共有互通 4 处,分别为油车港互通、王江泾互通、观音桥枢纽、新塍互通。设有 2 处连接线,分别为油车港互通连接线(全长 3.1 公里)和新塍互通连接线(全长 6.352 公里),连接线路基宽为 17 米。在王江泾镇境内设有管理中心 1 处,建筑面积 3779.5 平方米。申嘉湖高速公路建设中,秀洲区境内总拆迁房屋 424 户。其中主线和互通、枢纽房屋拆迁 350 户;跨线桥、改河等房屋拆迁 66 户。秀洲段总征地 256.35 公顷,其中主线为 229.55 公顷,跨线桥、改河、改路为 26.83 公顷。

路基填筑平均高度为 3 米,填料以外购宕渣为主。路面主线路面结构上面层:4 厘米细粒式改性沥青混凝土(AC-13);中面层:6 厘米中粒式改性沥青混凝土(SUP-20);下面层:8 厘米粗粒式沥青混凝土(SUP-25);封层:1 厘米预拌沥青碎石单层表处:基层:36 厘米水泥稳定碎石(5%水泥);底基层:20 厘米水泥稳定碎石(3.5%水泥)。硬路肩部分采用与行车道路面相同的结构组合和厚度;中央分隔带开口部分为兼顾行车,亦采用与行车道路面相同的结构组合和厚度。土路肩为防止雨水冲蚀土路肩,以及土路肩泥土污染路面,全段土路肩均采用 5 厘米现浇混凝土板加固,其下填筑碎石垫层。

全线共有桥梁 31479.815 米/118 座,其中:特大桥 8570.72 米/6 座,大桥 20238.84 米/56 座,中桥 2140.32 米/39 座,小桥 529.93 米/17 座。全线设有涵洞、箱涵 89 个,通道 134 道。其中秀洲区段共有桥梁 13933.381 米/49 座,其中:特大桥 2450.52 米/2 座,大桥 10524.5 米/27 座,中桥 847.16 米 /16 座,小桥 111.2 米/4 座;通道 40 个。

图 1-2-3 申嘉湖高速公路秀洲段

第四节　嘉绍高速公路

嘉绍高速公路又称嘉兴至绍兴跨江公路通道，项目分北岸接线、跨江通道和南岸接线工程，全长69.46公里。其中北岸接线工程起点为乍嘉苏高速公路嘉兴南湖大道的交叉口处，向南沿线经秀洲区、海盐县、海宁市，止于海宁尖山互通，全长43.26公里。包括主线和王店连接线，总投资11.76亿元。共征用土地106.18公顷(包括农户安置用地)，折迁农户150户、企业3家，共46580平方米。该高速公路在秀洲区境内设有通道20个，枢纽互通1个，全长8.548公里，王店互通连接线4.9公里。工程于2009年5月开工建设，至2013年6月底全线完工。工程全线按双向八车道高速公路建设，设计行车速度120公里/小时，跨江大桥设计行车速度100公里/小时。嘉绍高速公路重合于常台高速公路。

第五节　高速服务区建设

【嘉兴服务区】

嘉兴服务区，全称为沪昆高速嘉兴服务区。位于王店镇镇西建农村、刘家坝自然村，距嘉兴市区约20公里。服务区占地面积约8.67公顷，营业面积1.1万多平方米，总投资2000万元，1996年开工建设，1999年5月正式运营。2005年年初至2006年年末，进行改扩建工程，完善服务区的休闲购物环境。服务区除自营的餐饮、超市外，还设有加油站、土特产、书报亭、工艺品等各类外包项目，是一个集加油、餐饮、购物、休息于一体的综合性多功能服务区。

【新塍服务区】

新塍服务区，全称为常台高速新塍服务区。位于G15w常台高速106千米处，即新塍镇观音桥村北边，紧邻浙江、江苏两省边界，占地面积6.53公顷，营业面积6000多平方米，停车面积2万多平方米，可停靠车位374个。至2010年，新塍服务区主要提供餐饮、购物、加油、车辆维修、土特产销售、各类小吃等服务项目，是集加油、餐饮、购物、休息为一体的综合性多功能服务区。新塍服务区坚持“以人为本，规范管理，诚信经营，创造品牌”的服务理念，引进了专业的服务区管理团队。服务区餐厅打造阳光厨房，除了延用“小圆满”快餐品牌连锁经营外，新增小圆满自助餐，积极引进地方特色菜肴，推出新塍香酥肉等特色菜，小圆满餐厅曾获“浙江省高速公路服务区饭菜可口度评选第三名”荣誉称号。便利店选用“中驿”品牌经营。中驿便利商场精心挑选当地著名商品，集各地土特产销售，品种繁多，有临安特产、无锡特产、宁波海鲜、嘉兴酱菜、桐乡菊花等特产销售。美食广场联合地方企业举行土特产展销活动，经营区推出新塍月饼、新塍年糕、嘉兴粽子、嘉兴南湖菱、嘉兴酱鸭等特色产品销售。小吃区选用“康之宝”小吃品牌系列，经营多品种面食、小吃等，满足各种口味、各类层次的消费需要。2015年，新塍服务区荣获三星级服务区荣誉称号。

第三章 国道、省道

第一节 历史沿革

秀洲区内最早的国道是320国道，320国道自上海经杭州、南昌、昆明至畹町线。其中秀洲区段的前身是杭枫公路的一段，路基土方于民国24年(1935年)工赈完成，宽9米。路面材料系碎砖瓦作路面骨料。桥梁均为石台木面或石台木排架木面，全部工程于民国25年(1936年)10月13日完成。抗战期间遭日军破坏。解放后逐步修复通车，后不断进行路基改造拓宽升级，于1981年11月，国家计委、经委、交通部划定为国家干线公路网320国道中的一段。

改革开放后，公路发展十分迅速，很快沪杭高速公路穿越秀洲，沪杭高速公路(秀洲段)于1995年9月正式动工，至1998年12月竣工，区内全长14.95公里。后该高速公路延伸至云南昆明，成了区内第二条国道。紧接着乍嘉苏高速公路建成通车，它重合于常州至台州的高速公路，成了区内的又一条国道。工程于2009年开工，至2013年6月底完工的嘉绍高速公路，境内8.5公里，重复于常台高速，使区内国道又有了延伸。

区内省道有普通公路和高速公路两部分组成。秀洲区境内最早的省道是07省道秀洲段。07省道秀洲段即嘉兴至王江泾段，是一条于民国21年(1932年)6月开始修筑，于次年3月竣工的老公路，全长14.39公里，路基宽7.5米，路面宽3米，下层用碎砖，上层用碎石路面。后因战争，公路、桥梁毁损严重曾停行，至1949年6月6日修复通车。后经多次拓宽改造，于1990年，该路全线被定为07省道。1993年12月29日，07省道嘉兴至王江泾段作为一级公路改建，成了秀洲区也是嘉兴市首条一级公路。后来乍嘉苏、申嘉湖高速公路省道出现在秀洲区境内。于2007年建成的申嘉湖高速公路，横贯秀洲区北部，区内长达25.54公里。

第二节 国道

嘉兴市秀洲区境内国道由两部分组成：国家高速公路(国道部分)和普通公路(320国道)。

【常熟—台州高速公路】

简称常台高速，编号G15W，里程24.873公里。秀洲区境内路段：乍嘉苏高速(吴江大溪港—南湖青龙港)。

【上海—昆明高速公路】

简称沪昆高速，编号G60，里程15.059公里。秀洲区境内路段：沪杭高速(余新—屠甸)。

【杭州湾地区环线高速公路】

简称杭州湾环线高速公路，编号G92，里程15.059公里。秀洲区境内路段：沪杭高速(余新—屠甸)(与G60重合线)。

【320国道】

自上海—杭州—南昌—昆明—畹町的公路线。嘉兴市辖段(杭枫公路)从上海市枫泾沪浙省界处，经嘉善、嘉兴、桐乡、崇福至市界临平，全长85.75公里。沿线有大、中、小桥梁83座，公路是填方路堤，最大填土高度(桥头)2~4米，一般填土高度1米左右。

民国22年(1933年)浙江省公路管理局重订第二次公路路线网计划，杭州至枫泾公路称杭善路，为七省联络公路的杭松线(杭州至上海内线公路)之一段。其中嘉兴附近利用嘉兴飞机场公路11公里。路基土方于民国24年完成，宽9米。路面材料征工采集，因当地缺乏石料，系用碎砖瓦作路面骨料。桥梁均为石台木面或石台木排架木面，全部工程于民国25年（1936年）10月13日完成。该路施工由全国经济委员会拨借款。建筑经费442417元（法币）。抗战期间该路遭日军破坏。

中华人民共和国成立后，于1952年，嘉兴至马王塘8.42公里，由空军方面提出，经省财政经济委员会核准拨款。7月，由浙江省公路局工程建筑总队嘉兴分队施工，路基一律加宽至7.5米，路面加宽到5米，修理木桥面4座，同年11月竣工，投资7.94万元（折新人民币）。

1969年，嘉兴至枫泾段28.92公里、临平至崇福段19.04公里，均同时开工，技术标准采用六级甲，路基宽度7.5米，路面宽度5.5米（泥结碎石），桥梁为永久式，桥面净宽7米，载重按汽—13、拖—60设计，两段公路分别于1970年6月9日和7月8日完工验收，共投资267.439万元。至此杭枫公路全线恢复通车。

1976年至1977年嘉兴县境从濮院至东进段公路26.82公里，路基加宽为9米，行道树全面更新，并改建为黑色路面。

1975年至1981年，该线路面进行技术改造，由泥结碎石路面改建成沥青（渣油）表面处置，路面宽度7米，总投资289.3万元。

1981年11月，国家计委、经委、交通部划定该线为国家干线公路网320国道上海—昆明线中的一段。

1985年省交通厅决定对320国道杭枫段公路按平丘二级（加宽）公路技术标准，进行全面技术改造。年底即开始路基放样、备土和部分土方填筑等，由于路基填筑质量等方面存在不少问题，1986年6月，经省、市商定，从1987年1月改由省第一、二、三公路工程队施工，路基宽度15米，路面宽度12米，路面两侧各设1米宽的沥青表处硬路肩和各0.5米宽度的土路肩，平曲线最小半径400米，最大纵坡3%，路面横坡2%，路肩横坡3%。桥涵设计荷载等级按汽—20，挂—100；新建大中桥车行道宽12米，两边各设宽1.5米的人行道；新建小桥、涵洞与路基同宽；凡利用老桥的，拼宽7米。路面荷载标准为黄河JN-150。改建工程路面标线采用中线为白色虚线；路面两边距中线3.5米处设白色反光分道块；全线设置柱式钢质标志牌和水泥混凝土里程碑。

全线浇筑22厘米厚水泥混凝土路面长60.74公里（基层30厘米二灰碎石）。浇筑10厘米厚沥青混凝土路面25.016公里（基层为26厘米二灰碎石）。新建改建桥梁87座3615米（大桥9座、中桥35座、小桥43座），涵洞386道。改建后公路全长85.75公里，其中老路拓宽总长为63.973公里，新辟线路有桐乡市崇福镇、虎啸乡、梧桐乡、嘉兴机场与秀洲、南湖两区的市区外环线，总长21.783公里。全线共设计填筑土方31.0654万立方米、石方96.438万立方米。共耗用水泥8.2万吨、钢材5009吨、木材3995立方米、沥青4423吨。全线共征地2121.6亩、拆迁房屋22354.79平方米、迁移电力、电信（含电缆）、军用、广播线路1952杆629.23公里。工程总投资为1.6208亿元，由国家基建资金、交通部、省财政补助和省公路养路费四部分组成。

1985年改建工程，加宽二级，路基宽26米。行车道宽15米，设两侧绿化隔离带2×1.5米，非机动车道2×3.5米。工程于1989年12月2日交工验收。1990年11月29日通过交通部验收，改建工程总评为优良工程。

320国道嘉兴段交通安全设施工程，全长85.75公里，路基宽26米，设四快二慢车道，改造主要交叉口26个，1999年11月底竣工。

2000年至2001年改造成一级公路，路基宽26米，设双向四车道，设置中间隔离带2.0米，两侧设钢质护栏。

2000年，320国道全线被交通部列为创建文明建设样板路路段。为完成创建任务，嘉兴市实施了320国道上海枫泾至塘汇段22.33公里路面大修改造工程；320国道市区过境段（外环线）主体工程及附属设施；新建嘉兴、桐乡两个公路站；七号桥和塘汇收费站点迁建工程；路面80000平方米砼板块和桥面修复；上海枫泾交界处高标准景点绿化；开展创建交通青年绿化工程示范段活动。320国道枫泾至嘉兴段路面大修改造工程全长22.33公里，概算投资8640.1万元。工程当年开工当年完成交付使用，并被评为优良工程。通过开展文明建设样板路创建活动，320国道嘉兴段已成为一条畅、洁、绿、美、安的文明公路，成为嘉兴社会经济发展的黄金大道。

图1-3-1　320国道嘉兴段

第三节 省 道

秀洲区境内省道由高速公路和普通公路两部分组成，现为省道3条。

【乍浦嘉兴—苏州高速公路】

简称乍嘉苏高速，编号S11，秀洲区境内路段：乍嘉苏高速（余新—南湖青龙港），里程1.684公里。

【上海—嘉兴—湖州（杭州）高速公路】

简称申嘉湖（杭）高速，编号S12，申嘉湖高速（杨庙—民合），里程25.556公里。

【07省道乍王公路（秀洲段）】

07省道又称乍王公路（S202）。起自乍浦东方大道与嘉兴东西大道相交处，经嘉兴港区、平湖市、南湖区、嘉兴市经济开发区、秀洲区，止于江浙两省交界的太平桥桥头，全长58.288公里，贯通320国道、东西大道、杭浦高速公路、杭州湾跨海大桥北岸接线、申嘉湖高速公路，全线为一级公路标准，其中，秀洲区段（嘉兴至王江泾段）长16.510公里，路基宽45米。

嘉兴至王江泾段最早修筑于民国21年（1932年）6月，全长14.39公里，路基宽7.5米，同年10月完成。路面宽3米，下层用碎砖，上层用碎石，次年3月竣工。沿线涉及桥梁18座，其中运河桥为钢筋混泥土桁梁桥，8孔，长76米；其余17座均为木桥，长度6~26米不等。于民国22年（1933年）4月初竣工，6月6日正式通车，工程总投资164938元。后因战争，公路、桥梁毁损严重，嘉兴至王江泾段于1949年6月6日修复通车。

后乍王公路经多次拓宽改造，1975年至1979年，嘉兴至王江泾段路面改建成沥青路面，宽度为7米。1982年被列为省道，称乍王线，路线编号为浙506。1990年，该路全线被定为07省道。1993年12月29日，07省道嘉兴至王江泾段作为嘉兴市首条一级公路改建工程开工，工程起自杭枫公路（即320国道）与苏（州）嘉（兴）公路平交环岛处，桩号K46+625，终于王江泾太平桥，桩号K58+489，全长11.84公里，为全省首批公路“四自工程”（自行贷款、自行建设、自行收费、自行还贷）项目。按平原微丘一级公路标准改造，设计行车速度100公里/小时，路基宽25米，行车道宽4×3.75米，采用水泥混凝土路面，中央设1.5米宽的分隔带，非机动车道2×3米，采用沥青路面，路缘带长2×0.25米；机动车与非机动车道间设有防撞护栏；全线大中小桥梁13座，总长1000米，其中特大桥1座，计长570.27米；涵洞27道，计长1005米；平交道65道；桥涵设计荷载为汽-20，挂-100，桥面净宽2×11.5米+4×0.5米，中小桥涵与路基同宽，并设防撞护栏，行车道采用等厚式水泥路面。改建总投资1.6618亿元。工程于1996年6月30日完工，7月1日实现双幅路面通车。2005年5月，经嘉兴市发改委嘉发改〔2005〕126号文批准，嘉兴至王江泾段再次进行改造，此次改造起点为07省道北郊河大桥处，路线基本沿老路两侧拓宽改建，终于江浙交界的太平桥桥头，路线长9.7公里，路幅宽度由原设计32米调整为45米，采用沥青路面。工程于2005年8月26日开工，2007年4月28日交工投入使用。

图1-3-2 07省道王江泾段

第四章　乡村康庄工程（县道、乡道、村道）

中共十六大提出了全面建设小康社会的目标。为贯彻党的十六大和中央农村工作会议精神，2003年年初，交通部党组提出了“修好农村路，服务城镇化，让农民兄弟走上油路和水泥路”的目标。从2003年起，交通部加大了农村公路建设投资支持力度。浙江省把农村公路建设提升为“康庄工程”加以重视，并设立了浙江省乡村康庄工程办公室，认真贯彻交通部文件精神。市、区也都建立了乡村康庄工程领导小组和办公室，加强领导，精心组织，扎实工作。

秀洲区根据上级要求，结合该区实际，把农村危桥改造、建桥撤渡和城乡一体化与乡村康庄工程建设结合起来同步实施。坚持“民办公助，以民为主”，采取上面补点、财政挤点、乡镇筹点、群众捐点、受益企业出点等方式多渠道融资，使乡村公路建设步入快车道。大家克服了地下水位高、路基填方量大、土方来源缺乏、地基承载力低、桥梁多等种种困难加快乡村公路建设。到2010年，全区农村公路(含县道、乡道、村道)771.188公里，其中县道193.192公里，乡道95.533公里，村道482.463公里，实现了“通村到组达户”，公路硬化率、上等级率均达100%。全区的危桥得到改造，广大农民和城里人一样，轿车开到家门口，享受到现代交通的文明生活。2004年，区交通局被省交通厅授予乡村康庄工程“双百”达标单位。

图1-4-1　嘉兴至油车港县道

第一节　农村公路建设起步较快

【制定发展规划，实现乡乡通公路】

嘉兴市郊区所辖范围即是原嘉兴县的农村部分，区成立前境内公路基础很差，不少公社还没有通公路。郊区成立前夕，嘉兴市(县级市)交通局于1983年8月5日已制定了《嘉兴市交通运输十年规划(“六五”—“七五”)》，规划中在公路建设方面针对道路狭窄，分布不均，以及尚有18个公社还未通车的实际情况，确定先解决市与社通车，后解决社与社通车，实行两步走战略。计划第一批先新建公路9条、通9个公社，里程61.48公里，桥梁56座，总跨径1092米，公路标准为三级。它们是：洪建公路、王店公路、净湘公路、竹林公路、新王公路、洛东公路、凤桥公路、曹庄公路、余新公路。规划在“六五”(1980—1985年)期间进行。

计划第二批再新建公路9条、通9个公社，里程54.30公里，桥梁55座，总跨径1320米，公路标准也为三级。它们是：桃园公路、高照公路、栖真公路、澄溪公路、荷花公路、虹阳公路、南汇公路、田乐公路、马桥公路。规划在“七五”(1986—1990年)期间进行。当上述两个计划实现后可达到个个公社通公路的目标。

1983年10月郊区成立后，区延用了这一规划，加快公路建设。1983年当年就动工修建洪合到建投、王店公路，新丰到净相、新篁公路，新丰到竹林公路，新塍到洛东、思古桥公路，总长40.7公里。郊区农村公路建设起步早、抓得紧、步子快。1985年又完成新建公路3条，总长18.24公里；完成公路桥梁10座，总跨径187米；完成农村桥梁76座，总跨径1282米；完成市镇桥梁2座，总跨径30米。到1985年年底全区通公路的乡、镇从13个增加到15个。从1985年到1993年，郊区人民坚持人民道路人民办的方针，积极向上争取，发动群众参与，鼓励单位个人资助捐助，先后修通了嘉兴到王店、建设，新塍到洛东、桃园，嘉兴到余新、凤桥，双桥到虹阳，新丰到竹林、净相，王江泾腾云到栖真、油车港等公路。1993年11月8日，在南汇举行王江泾到荷花、南汇、田乐公路通车典礼，至此，郊区已实现乡乡通公路的目标。

公路建设是经济建设的基础，是关系到郊区实现跨世纪发展战略目标的重要工程。1998年为加快公路建设，由区计经委、区交通局等有关部门组织制定了《嘉兴市郊区1998—2002年公路建设计划》（以下简称《公路建设计划》）并得到政府常务会议通过。《公路建设计划》是针对区内县乡公路等级不高，大部分道路、桥梁为三级；还没有形成以中心城镇为中心的块状辐射网络；公路等级不适应车量急剧增长的需要，造成车辆拥堵、事故频发；乡村道路等级低，数量少，与个体私营经济和农业产业化发展的要求尚有较大差距等状况而制定的。目标任务是：以中心城镇和毗邻县市沟通为重点，以提高公路等级、完善交通网络、村村通公路为目标，加快公路建设，为经济建设服务。一是区域内以高等级公路为框架，以嘉兴市区为中心，使嘉兴通中心城镇公路等级达二级以上标准，改善区域中心的交通状况；二是以中心城镇为基点，加快乡村公路建设，进一步完善块状公路辐射网。还明确七大主要建设项目和乡村级公路建设任务。1999年，郊区交通局又制定了《关于郊区交通建设“十五”计划的报告》，对郊区公路建设提出了更长远的规划。

【制定措施扎实，加快公路建设】

为加快郊区农村公路建设，不仅有了明确目标，区里还制定了鼓励措施，为解决资金紧缺问题，认真贯彻“民办公助”和“谁受益、谁出资、谁使用、谁管理”的方针，以及谁的积极性高，谁先安排的办法，依靠乡镇的支持，以保证资金的到位。这一措施调动了乡镇的积极性，郊区北片的荷花、田乐、南汇三个乡镇在公路建设中自筹资金160余万元，特别田乐乡在几天内就筹集32万元，得到广大农民的支持。

郊区政府于1998年12月份印发的《嘉兴市郊区1998—2002年公路建设计划》（嘉郊政发〔1998〕153号）中，不仅提出了公路建设的目标任务，还为加快公路建设明确了补助、奖励等政策措施：一是新建公路，凡列入区公路建设计划并经立项批准的项目，如是二级公路，区承担桥梁主体工程和砂改油路资金；如是三级公路，区承担桥梁主体工程，砂改油路资金的50%。二是改建成三级以上标准的公路，凡列入区建设计划并经立项批准的公路，其路面之前的投入（包括征迁、三线迁移、涵洞、土方、水利设施等）全部由涉及乡镇承担，路面和桥梁全部由区承担。三是乡镇与村沟通的公路，由乡镇自主建设、自主管理，区政府实行奖励政策。凡每年新建2公里以上（含2公里）并达到四级公路标准的，经区验收合格，每公里奖励0.5万元。四是县乡公路的中修，区每年安排30公里，由区交通部门提出计划，经计经委立项批准，经费全部由区承担。五是县乡公路的小修养护，每年由区安排，每公里2000元的养护经费等等一系列政策措施，同时明确了区、乡（镇）、村的主要职责和保证质量的监督措施，进一步调动了乡镇的积极性。

“若要富、先筑路，要快富、筑油路”在全区上下形成共识，有力地推进全区公路建设步伐。到建区十周年的1993年实现了乡乡通公路。全区县乡公路从建区时的6公里，发展到1993年的130.41公里，十年时间新建公路18条，新增公路124.41公里，使全区各类上等级的公路总里程达162.08公里。后来几年公路建设仍以较快速度发展，到2002年全区公路总里程达263.78公里，其中国道33.75公里，省道41.98公里，县道146.17公里，乡道41.88公里。

第二节　乡村康庄工程建设高速发展

2003年年初，交通部提出“修好农村路，服务城镇化，让家民兄弟走上沥青路和水泥路”的工作目标后。区政府于2003年3月和5月分别印发了《嘉兴市秀洲区2003—2007年交通建设计划的通知》（秀洲政发〔2003〕8号）、《秀洲区人民政府关于加快全区交通建设的意见》（秀洲政发〔2004〕22号），针对到2007年加快农村公路建设目标，作了进一步的明确。区给合当地实际，将乡村康庄工程建设与危桥改造、建桥撤渡给合起来，抓住康庄工程这个机遇加快、加大公路建设力度，全区公路建设进入高速发展期。全区公路总里程从2002年年末的263.78公里，增至2005年年末的781.44公里。其中发展最快的是农村公路（含县、乡、村公路），即县道164.32公里；乡道49.63公里；村道491.77公里。农村公路2003年为188.05公里，到2005年达705.72公里，其增长幅度十分惊人。

【从乡乡通公路到公路村村通】

1993年11月8日郊区实现乡乡通公路的目标后，农村公路建设的主要任务是完善乡村公路，实现公路村村通的目标。即一是改造通乡公路，由砂石路改为柏油路；二是修筑通往各村的公路，构筑农村公路网的“网眼线”。2003年秀洲区实施乡村康庄工程建设，9月份区成立了乡村康庄工程建设领导小组，规划领导乡村道路建设工作。各镇成立了相应的领导小组和办工室。到2003年年底，投资1731万元，完成通村公路38.7公里。2004年5月，区政府出台了《关于加快全区交通建设的意见》（秀洲政发〔2004〕22号），明确了康庄工程建设资金补助政策，下达了2004年度乡村康庄工程建设计划任务，同时还印发了《嘉兴市秀洲区乡村康庄工程建设检查考核办法》（秀洲政办发〔2004〕39号）。区政府与各镇（街道）签订了《嘉兴市秀洲区2004年度乡村康庄工程建设工作目标责任书》，进一步明确职责，加大各镇、街道的工作压力。为了解决建设资金问题，除了上级的补助资金外，区政府出台奖励政策，极大地调动了各镇、街道的积极性，进一步推进乡村公路建设。2004年8月，全区55条通村公路全部开工，总投资7355万元。2004年年底，建设完成公路路基133公里、路面135.1公里通村公路改造，达到路面硬化和上等级两个100%合格率。

截至2005年1月，全区共投资17159万元，使行政村的通村公路、桥梁改造三年计划全部完成，到2005年底全区村道公路达491.77公里，实现了“村村通”的目标。

【康庄工程推进农村桥梁建设】

秀洲区地势平坦，河道交织，水网密布。随着公路增加，桥梁越来越多，基本上每公里有1.2座桥梁。秀洲区交通局于2002年7月，曾向区政府和市交通局等上级单位作过《我区县乡公路桥梁存在安全隐患的情况反映》，反映中说：秀洲区境内县乡公路桥梁众多，县乡公路桥梁大都是七八十年代建造，由于设计等级低，通行能力差，承载力有限。还说随着国民经济的发展和社会运输市场日益繁荣，大型载重卡车、平板车和集装箱运输车等急剧增加，公路运输车辆超限行驶现象越来越多，公路超负荷运行状况日趋严重。据初步调查已有几十座桥梁不同程度受损，公路桥梁存在严重安全隐患。危桥的存在，直接影响着交通运输安全和农村经济的发展。实施农村危桥改造已迫在眉睫。

2003年2月，嘉兴市政府成立“市区农村危旧桥梁改造工作领导小组”，并于2003年3月市政府办公室下发《印发关于加快市本级农村危桥改造工作实施意见的通知》（嘉政办发〔2003〕29号）。在实施意见的通知中，要求结合农村公路建设，按照“两年基本完成，三年扫尾”的目标，用三年时间完成危桥改造任务。秀洲区政府成立了“区农村危桥改造工作领导小组”，2003年3月区政府办公室印发了《关于加快秀洲区农村危桥改造工作实施意见的通知》（秀洲政办发〔2003〕13号）。2003年，区启动了乡村康庄工程建设，并把乡村康庄工程建设和加快农村危桥改造结合起来。2003年当年完成农村危桥改造180座。为加快农村危桥改造进度和质量，区康庄工程办公室积极做好桥梁施工图纸设计审查、质量监督工作，并及时上报工程进度，下拨补助资金，支持农村危桥改造建设。2003年至2005年全区累计完成农村危桥改造616座。

第三节　农村公路继续新增和等级提升

秀洲区的公路建设，经过20多年的努力，特别是乡村康庄工程的实施，取得了突飞猛进的大发展，但随着经济的快速发展，依然适应不了经济发展的需要。2005年，秀洲区政府会同市交通局对秀洲区交通局修编后的《秀洲区公路水路交通建设规划（2004—2010年）》作了批复（嘉交建规〔2005〕283号），对下一步的交通发展提出了新的规划。认为，秀洲区是嘉兴城市的副中心，是嘉兴市的现代产业集聚区，是长江三角洲的核心区域和交通枢纽，其社会经济发展要求接轨上海、融入长江三角洲，实施城乡一体化。为此提出了秀洲区公路网建设计划，按三个层次规划：第一层次为“二横一纵”高速公路网；第二层次为“五横三纵三射八连”约416公里的秀洲区干线公路网；其他公路统一为第三层次即一般公路。从而继续加大区内公路建设力度和公路等级提升，至2010年全区公路建设又有一个大跨越，公路等级提高，农村公路飞速发展，至年末高速公路67.172公里，一级公路69.866公里，二级公路38.279公里，三级公路177.072公里，四级公路270.921公里，等外公路只有22.198公里。

【县道】

上世纪60年代末，秀洲区境内尚无县道。嘉兴至新塍的公路是抗战初期突击修筑的军用公路，并长期废置，

70年代末才修复通车，这是秀洲区境内第一条县道。改革开放后，公路发展很快，特别自2003年乡村康庄工程在区内实施后，全区境内县道得到迅速发展，到2005年年底县道总里程达164.32公里。后来几年县道继续得到较快发展并不断改造和提升，2010年县道达21条193.192公里。县级公路逐年增加，这21条县道均为沥青混凝土或水泥混凝土路面。这几条县道中，除马家浜到新塍间有0.297公里为四级公路外，其余均为一至三级公路。这21条县道路线的基本情况如下。

嘉湖线秀洲段 嘉兴至湖州公路，起于中山西路，止于嘉兴运河农场，全长4.405公里。设桥梁4座、205延米，其中中桥3座、小桥1座。为一级公路标准。设双向四车道，沥青砼路面，路基宽36.5米，路面宽24.5米，中央设防护绿化带。设计标准荷载。工程自2003年8月动工建设，2004年12建成通车。其工程由浙江省交通工程建线设集团有限公司实施。总投资4208.5万元。

嘉海线秀洲段 嘉兴至海宁公路，起于盛安桥K9+917，止于王店镇建林村K23+000，全长13.083公里，为一级公路。沥青砼路面路，中央设防护绿化带。其中K9+917—K18+154段(盛安桥至王店)，路基宽36.5米，路面宽24.5米，设六车道，工程于2003年动工兴建，2010年8月建成通车；K18+154—K23+000段(王店至建林村)，路基宽25.5米，路面宽15米，设四车道，于2001年2月建成通车。

嘉湖线(老)秀洲段 嘉兴至湖州公路(老)，起于秀洲工业区象贤村，止于嘉兴运河农场，全长7.282公里，设双向四车道，沥青砼路面。其中K0+000－K1+615段为一级公路，路基宽25.5米，路面宽16米；K1+615-K11+882段为三级公路，路基宽度8.5米，路面宽度7.0米。工程于2001年建成通车。

乍王线秀洲段 乍浦至王江泾公路，起于公铁立交桥K35+113，止于三店塘桥K37+411，全长2.066公里。设双向六车道，沥青砼路面，路基宽40.0米，路面宽36.5米。工程于2005年12月动工兴建，2006年4月建成通车，为一级公路。

嘉桐线秀洲段 嘉兴至桐乡公路，起于320国道处K0+000，经洪合镇，止于桐乡濮院镇K9+256，全长9.256公里。工程于2005年动工兴建，2007年5月建成通车。全线为沥青砼路面，设双向六车道。其中K0+000—K0+438段路基宽37.0米，路面宽25米；K0+438—K9+256段路基宽45米，路面宽37米。中央设防护绿化带，为一级公路。

嘉铜线秀洲段 嘉兴至铜罗公路，起于秀洲工业区洪高路K0+000，止于新塍镇思古桥K13+549，全长9.549公里。其中K0+000—K7+403段于2002年动工兴建，2004年12月建成通车。路基宽18.5米，路面宽16米，中央建防护绿化带；K7+403－K13+549段于2006年12月动工兴建，2007年11月建成通车。路基宽17.0米，路面宽14.0米。全线设2车道，沥青砼路面，为二级公路。

申嘉湖至油车港线 秀洲区段起于申嘉湖高速出口处K0+000，止于油车港镇马厍村K3+402，全长5.198公里。工程于2006年12月动工兴建，2007年11月建成通车。全线沥青砼路面，设2车道，路基宽度17.0米，路面宽度14.0米，为二级公路。

南王线 南北湖至王店公路。秀洲区段起于海盐百步胜利村处K50+957，止于嘉海线K55+565，全长4.608公里。2005年12月，完成沥青路面向沥青砼路面的中修工程整治后通车，全线设2车道。其中K50+957—K53+169段为二级公路，路基宽10米，路面宽9米；K53+169—K55+565段为三级公路，路基宽8.5米，路面宽7.0米。

洪新线 洪合至新塍公路，起于洪合镇320国道处K0+000，止于新塍镇区K15+526，全长15.526公里，设双车道。其中K0+000—K6+666段(320国道至水泥厂)为二级公路，路基宽10.0米，路面宽9.0米，2002年完成砂石路面向沥青砼路面整治后通车；K6+666—K15+526段(水泥厂至新塍)为三级公路，路基宽8.5米，路面宽7.0米，2006年完成沥青路面向沥青砼路面的大中修工程整治后通车。

余王线 余新至王店公路，起于王店镇假山村K5+294，止于王店镇凤珍村K8+719，全长3.425公里，设双车道。2002年12月，完成砂石路面向沥青砼路面的大中修工程整治后通车，路基宽8.5米，路面宽7.0米，为三级公路。

王建线 王店至建设公路，起于王店镇政府东K0+000，止于王店镇先锋村K11+087，全长11.074公里，设双车道。2002年1月，完成砂石路面向沥青砼路面的大中修工程整治后通车，路基宽8.5米，路面宽7.0米，为三级公路。

洪硖线 洪合至硖石公路，起于洪合镇320国道处K0+000，止于王店镇三建村K11+267，全长11.267公里，设双车道。2000年完成沥青路面向沥青砼路面的大中修工程整治后通车，路基宽8.5米，路面宽7.0米，为三级公路。

嘉洛线 嘉兴至洛东公路，全长10.350公里。工程分两段，其中第一段起于秀洲工业区殷秀桥处K0+000，止于中山西路终点K2+708，为沥青砼路面；第二段起于新塍镇凤舞桥处K17+146，止于新塍镇思古桥处K24+788，2001年12月，完成沥青路面向沥青砼路面的大中修工程整治后通车。全线设双车道，路基宽8.5米，路面宽7.0米，为三级公路。

嘉塍线 嘉兴至新塍公路，原为抗战初期突击开辟的军用公路，后长期废置。1979 年，经嘉兴县人民政府批准修复，于翌年 1 月 24 日正式建成通车。起于 07 省道处 K0+000，止于新塍镇区 K10+191，为境内最早修建的一条县道。1986 年，嘉兴长途汽车站和市公交公司在嘉塍线上每天有客车 25 个班次，年客运量达 100 多万人次。2003 年，完成沥青路面向沥青砼路面的大中修工程整治后通车，全长 10.191 公里，设双车道，路基宽 8.5 米，路面宽 7.0 米，为三级公路。

新腾线 新塍至腾云公路，起于新塍镇区 K0+000，止于 07 省道王江泾腾云村处 K15+226，全长 15.153 公里。2003 年 10 月，完成沥青路面向沥青砼路面的大中修工程整治后通车，全线双车道，路基宽 8.5 米，路面宽 7.0 米，为三级公路。

腾油线 腾云至油车港公路，起于王江泾镇腾云村处 K0+000，止于油车港镇区 K11+429，全长 11.483 公里。2003 年 10 月，完成沥青路面向沥青砼路面的大中修工程整治后通车，全线双车道，路基宽 8.5 米，路面宽 7.0 米，为三级公路。

王黎线 王江泾至江苏黎里公路，起于王江泾镇 07 省道处 K0+000，止于江苏黎里镇 K14+235，全长 14.235 公里。工程于 2004 年 3 月动工兴建。2006 年 10 月，完成沥青路面向沥青砼路面的大中修工程整治后通车，双车道，路基宽度 8.5 米，路面宽度 7.0 米，为三级公路。

建汾线 建有至汾玉公路，起于王黎线 K0+000，止于嘉善汾玉镇 K11+461，全长 11.461 公里。2005 年 12 月，完成沥青路面向沥青砼路面的大中修工程整治后通车，双车道，路基宽 8.5 米，路面宽 7.0 米，为三级公路。

洛桃线 洛东至桃园公路，起始洛东，止于桃园，全长 5.968 公里，分两段，其中洛东至胜塘桥段，长 2.848 公里，系沥青混凝土路面，路基宽 8.5 米，路面宽 7 米；胜塘桥至桃园段，长 3.12 公里，系水泥混凝土路面，路基宽度 7 米，路面宽度 5 米。1997 年 10 月建成通车。全线设双车道，为三级公路。

乌新线 乌镇至新塍公路，起始乌镇新桥东坞 K11+931，止于新塍镇区 K16+440，全长 4.509 公里。工程于 2002 年 4 月动工兴建，设双车道。其中 K11+931-K16+143 段（新桥东坞至马家浜）为三级公路，2004 年 12 月完成砂改油工程整治后通车，路基宽 8.5 米，路面宽 7 米；K16+143-K16+440 段（马家浜至新塍）为四级公路，1999 年建成通车，路基宽 6 米，路面宽 5 米。

濮新线 濮院至新生公路，起始新运桥南 K4+216 处，止于新塍镇劳教所 K7+739，全长 4.439 公里。1998 年 10 月建成通车，设双车道，沥青砼路面，路基宽 8.5 米，路面宽 7 米，为三级公路。

图 1-4-2　嘉兴至王店县道

表 1-4-1

2010 年年底县道路线基本情况表

线路编号	线路名称	路线起点	路线终点	里程（公里）	技术等级	通车日期
X102	嘉兴—湖州	新陟公路	运河农场	4.405	一级	2004 年 12 月
X103	嘉兴—海宁	盛安桥	王店	8.237	一级	2010 年 08 月
X103		王店	建林村	4.846	一级	2001 年 02 月
X117	嘉兴—湖州（老）	新陟公路	农场	7.282	三级	2001 年
X202	乍浦—王江泾	铁公立交桥	三店塘桥	2.066	一级	2006 年 04 月
X209	余新—王店	假山村	王店	3.425	三级	2002 年 12 月
X301	王店—建设	王店	先锋村	11.074	三级	2002 年 01 月
X302	洪合—砝石	洪合	三建村	11.267	三级	2000 年
X303	洪合—新塍	320 国道	水泥厂	6.666	二级	2006 年
X303		水泥厂	新塍	8.86	三级	2006 年
X304	嘉兴—洛东	殷秀桥	象贤	2.708	三级	2001 年
X304		新塍	思古桥	7.642	三级	2001 年 12 月

续表 1-4-1

线路编号	线路名称	路线起点	路线终点	里程(公里)	技术等级	通车日期
X305	嘉兴—新塍	07省道	新塍	10.191	三级	2003年
X306	新塍—腾云	新塍	07省道	15.153	三级	2003年10月
X307	腾云—油车港	07省道	油车港	11.483	三级	2003年10月
X308	王江泾—黎里	07省道	黎里	14.235	三级	2006年10月
X309	建有—汾玉	王黎线	汾玉	11.461	三级	2005年12月
X310	嘉兴—铜罗	兴园路	来龙桥村	3.403	二级	2004年12月
X310		来龙桥村	思古桥	6.146	二级	2007年11月
X311	中嘉湖—油车港	高速出口	马厍	5.198	二级	2007年11月
X312	嘉兴—桐乡	320国道	农贸市场	0.438	一级	2007年05月
X312		农贸市场	濮院	8.818	一级	2007年05月
X313	洛东—桃园	洛东	胜塘桥	2.848	三级	1997年10月
X313		胜塘桥	桃园	3.12	三级	1997年10月
X604	南北湖—王店	百步胜利	花园桥	2.212	二级	2005年12月
X304		花园桥	嘉海线	2.396	三级	1997年
X811	乌镇—新塍	新桥东埢	马家浜	4.212	三级	2004年
X811		马家浜	新塍	0.297	四级	1999年
X814	濮院—新生	新运桥南	劳教所	4.439	三级	1998年10月
	县道合计			193.192		

注：资料来自嘉兴市秀洲区公路与桥梁数据库2010年12月《资料汇编》

【乡道】

改革开放前，全区境内还没有乡道，到2004年时区内乡道还只有41.88公里，但是乡村康庄工程实施后，乡道有了很快的发展，2008年就达78.95公里；2010年达16条95.533公里，乡道发展迅速，在这95.533公里乡道中，除0.492公里系泥结碎石路面外，其余都为沥青混凝土或水泥混凝土路面，均为二至四级公路。16条乡道路线具体情况如下。

图 1-4-3　王店蚂桥村乡道

表 1-4-2　　2010年年底乡道路线基本情况表

路线编号	路线名称	路线起点	路线终点	里程(公里)	通车时间(年)
Y301	嘉塍公路—桃虹公路	新塍公路	桃虹公路	6.265	1992
Y302	塘汇—栖真	塘汇	栖真	7.069	2000
Y303	塘汇—杨庙	塘汇	杨庙	7.324	2000
Y304	虹阳—盛泽	虹阳	江苏盛泽	2.498	1994
Y306	洛东—民合	洛东	民合	5.459	2009
Y307	顾家浜—义庄	顾家浜	消防大队	2.763	1998
Y307		消防大队	嘉塍公路	0.895	1998
Y308	乌新线—嘉湖线	乌新线	嘉湖线	6.752	1992

续表 1-4-2

路线编号	路线名称	路线起点	路线终点	里程(公里)	通车时间(年)
Y309	国庆—蚂桥	国庆村	四联村	5.497	2004
Y310	建设—濮院	建设	翁亭港	1.8	2004
Y310		翁亭港	320 国道	5.103	2004
Y311	腾油线—古窦泾	腾油线	古窦泾	6.068	2004
Y312	田青—南汇	田青	廊下	2.379	2005
Y312		廊下	坟东港桥	2.001	1998
Y312		坟东港桥	红联	0.254	1998
Y312		红联	南汇	0.319	2006
Y313	荷花—油车港	建汾线	民主小学	0.737	2003
Y313		民主小学	东荷	1.316	2002
Y313		东荷	合心	0.751	2002
Y313		合心	塍油线	3.42	2002
Y314	王店—蚂桥	王店	小区	1.062	2002
Y314		小区	铁路	0.492	2002
Y314		铁路	红联	5.561	2005
Y314		红联	蚂桥	2.368	1994
Y315	新塍—陡门	新塍	陡门	8.196	2007
Y315		陡门	洪新公路	0.464	2007
Y318	洪新线—天福村	洪新公路	天福村	4.029	1992
Y319	洪新线—大桥	洪新公路	二里桥	3.229	1992
Y319		二里桥	大桥	2.113	1992
	乡道合计			95.533	

注:资料来自嘉兴市秀洲区公路与桥梁数据库 2010 年 12 月《资料汇编》

【村道】

秀洲区境内地势平坦,河道交织,水网密布,过去人们外出习惯坐船划桨。农村道路一直来都是坎坷不平的阡陌小道,直到 20 世纪 60 至 70 年代农村为实施机电灌溉,普遍修建排灌渠道,同时在渠旁修筑了较为平直的道路,即为机耕路,但仍是泥路,雨天农民出门两腿泥水,路滑难行,到了 20 世纪 90 年代初期,村道基本还是这种状态,交通十分不便。

进入 21 世纪特别是 2003 年农村实施乡村康庄工程后,秀洲区的村道公路不仅实现从无到有,而且得到飞速发展,实现了通村到组达户。2000 年时全区还没有村道,可是到 2003 年至 2004 年,全区乡村康庄工程建成 150.1 公里,完成投资 9086 万元。至 2004 年年底,实现通村公路硬化率、等级化率 100%。2005 年,行政村通车率 100%,实现了“村村通”的目标。2010 年年末,全区有村道 398 条、482.463 公里。其中王江泾镇有村道 103 条、112.955 公里,油车港镇有村道 50 条、56.873 公里,新塍镇有村道 102 条、121.744 公里,王店镇有村道 53 条、87.322 公里,高照街道有村道 3 条、2.217 公里,新城街道有村道 3 条、5.486 公里,洪合镇有村道 81 条、96.6 公里,塘汇街道有村道 3 条、3.877 公里 。乡村康庄工程建设很快让秀洲区广大农民实现了“让农民兄弟走上油路和水泥路”的目标。398 条村道线路情况见下表。

图 1-4-4 王店蚂桥乡村道

表 1-4-3

2010 年年底村道路线基本情况表

序号	线路名称	里程(公里)	所在区域	序号	线路名称	里程(公里)	所在区域
1	C101330411 田黎线—双塔村	1.17	王江泾镇	40	C142330411 红联—莫家甸	0.879	王江泾镇
2	C102330411 南厅港—木行里	0.61	王江泾镇	41	C143330411 红联—横港桥	0.649	王江泾镇
3	C103330411 田黎线—栋梁村	1.179	王江泾镇		横港桥—姚家港	0.313	王江泾镇
4	C104330411 新农—王黎线	0.421	王江泾镇	42	C144330411 赵家浜—王黎线	4.892	王江泾镇
5	C105330411 王黎线—市泾村	0.958	王江泾镇	43	C145330411 升平桥—史家浜	0.322	王江泾镇
6	C106330411 村部—商字圩	0.544	王江泾镇	44	C146330411 唐浜底—吴家洋	0.708	王江泾镇
7	C107330411 东港—北港	0.341	王江泾镇	45	C147330411 北小港桥—唐浜底	0.742	王江泾镇
8	C108330411 老村部—王黎线	0.689	王江泾镇	46	C148330411 唐浜底—横港桥	0.385	王江泾镇
9	C109330411 王黎线—市泾港	0.372	王江泾镇	47	C149330411 工业小区—南埭	0.809	王江泾镇
10	C110330411 田乐—大坝	2.582	王江泾镇		南埭桥—南埭南	0.222	王江泾镇
11	C111330411 消家湾—北海圩	1.028	王江泾镇	48	C150330411 开发区—太平村	0.26	王江泾镇
12	C112330411 朱庆庵—朱家路	0.64	王江泾镇		新村部—垃圾中转站	0.641	王江泾镇
13	C113330411 朱庆庵—中学	0.365	王江泾镇		垃圾中转站—三长子	0.323	王江泾镇
14	C114330411 王黎线—东庄角	0.906	王江泾镇	49	C151330411 高家浜—木闸浜	0.393	王江泾镇
15	C115330411 后浜—师家浜	0.844	王江泾镇	50	C152330411 浩浜路口—浩浜	0.804	王江泾镇
16	C116330411 市泾北路—汝家角	0.385	王江泾镇	51	C153330411 田丰小区—东湾头	0.705	王江泾镇
17	C117330411 村部—项家厍	1.1	王江泾镇	52	C154330411 甸上—朝南埭	0.647	王江泾镇
18	C118330411 陆家池—七家扇	0.51	王江泾镇	53	C155330411 田丰小区—铁店港	0.927	王江泾镇
19	C119330411 大坝桥—史家村	0.735	王江泾镇	54	C156330411 大园—东木港	0.686	王江泾镇
20	C120330411 北家港—平家娄	1.059	王江泾镇	55	C157330411 安息堂—北虹东路	1.161	王江泾镇
21	C121330411 王黎线—青字	0.303	王江泾镇		北虹东路—莫家村	0.367	王江泾镇
22	C122330411 王黎线—田西	0.47	王江泾镇		莫家村—村部	0.631	王江泾镇
23	C124330411 建汾线—大家港	0.47	王江泾镇	56	C158330411 王黎线—民和	0.741	王江泾镇
24	C125330411 建汾线—小双圩	2.42	王江泾镇		北荷村—君家浜	1.598	王江泾镇
25	C126330411 大家港—八听港	0.621	王江泾镇		君家浜—民和	1.130	王江泾镇
26	C127330411 建汾线—南汇	1.632	王江泾镇		民和—民和亭子	1.189	王江泾镇
27	C128330411 华联—建汾线	0.375	王江泾镇	57	C159330411 建汾线—龙象庵桥	1.166	王江泾镇
28	C129330411 建汾线—华蝶港	0.909	王江泾镇	58	C160330411 龙象庵—厍浜	1.211	王江泾镇
29	C130330411 华溪—钮北	1.316	王江泾镇		荷花集镇一供电所	0.318	王江泾镇
30	C131330411 建汾线—小曲	1.154	王江泾镇	59	C161330411 建汾线—荷花丝织	0.331	王江泾镇
31	C132330411 建汾线—华联	0.721	王江泾镇	60	C162330411 毛坟港桥—建汾线	0.451	王江泾镇
32	C133330411 建汾线—花联	0.63	王江泾镇	61	C163330411 建汾线—东荷	0.705	王江泾镇
33	C134330411 金银浜—廊下	1.366	王江泾镇	62	C164330411 三贤寺浜—港东	0.391	王江泾镇
34	C136330411 忡家港—汇西公路	0.655	王江泾镇	63	C166330411 民主小学—民主村	0.388	王江泾镇
35	C137330411 九龙潭—忡家港	0.764	王江泾镇	64	C167330411 民主小学—新浜	0.326	王江泾镇
36	C138330411 汇西公路-世德桥	0.31	王江泾镇	65	C168330411 王家浜—杨家浜	0.981	王江泾镇
	世德桥—钉靴圩	0.776	王江泾镇	66	C169330411 东林港—张家浜	0.374	王江泾镇
37	C139330411 世德桥—长安路	0.465	王江泾镇	67	C170330411 民和凉亭—下北港西	0.493	王江泾镇
38	C140330411 廊下桥—后漾	0.778	王江泾镇	68	C171330411 下北港东—建汾线	0.737	王江泾镇
39	C141330411 红联—莫家甸	0.765	王江泾镇	69	C172330411 建汾线—三皇庙	0.56	王江泾镇

续表 1-4-3

序号	线路名称	里程(公里)	所在区域	序号	线路名称	里程(公里)	所在区域
70	C173330411 王黎线—花字圩	0.352	王江泾镇	104	C201330411 塘杨线—钱家桥	0.863	油车港镇
71	C174330411 新腾线—石家浜	1.07	王江泾镇	105	C202330411 塘杨线—古窦泾	1.942	油车港镇
72	C175330411 07 省道—古塘村	0.703	王江泾镇	106	C203330411 塘杨线—盛家浜	1.741	油车港镇
	自来水厂—村委	1.479	王江泾镇	107	C204330411 塘杨线—百花庄	2.517	油车港镇
73	C176330411 垃圾房-陶三浜	1.002	王江泾镇	108	C205330411 百花庄—濮家湾	1.078	油车港镇
74	C177330411 民政工贸—新开河	0.446	王江泾镇	109	C206330411 塘栖线—濮家湾	0.68	油车港镇
	新开河—西雁	0.502	王江泾镇	110	C207330411 北郊河—残联	1.409	油车港镇
75	C178330411 黄家楼—陈家桥	0.46	王江泾镇		陈家坝—高家浜	0.586	油车港镇
76	C179330411 味达港—计家桥	1.894	王江泾镇	111	C208330411 高家坝—塘栖线	1.544	油车港镇
77	C180330411 白洋湾—西双桥	1.029	王江泾镇	112	C209330411 徐林庵—河西	0.706	油车港镇
78	C181330411 07 省道—野毛汇	1.395	王江泾镇	113	C210330411 塘栖线—欢喜港	0.729	油车港镇
79	C182330411 07 省道—东风村	6.314	王江泾镇	114	C211330411 塘栖线—探花浜	0.6	油车港镇
	范滩界—东风村	0.004	王江泾镇	115	C212330411 探花浜—姚家埭	0.457	油车港镇
	东风村—计家桥	0.357	王江泾镇	116	C213330411 塘栖线—上睦村	2.528	油车港镇
80	C183330411 07 省道—收藏村	1.639	王江泾镇		杨库港—上睦港	1.237	油车港镇
81	C184330411 长浜—芦荡湾	0.75	王江泾镇	117	C214330411 罗家甸—吴家埭	2.921	油车港镇
82	C185330411 嘉塍线—宇四浜村西	0.973	王江泾镇	118	C215330411 吴家头—塘栖线	0.464	油车港镇
	苗头村—嘉塍线	0.485	王江泾镇	119	C216330411 吴家头—金家桥	1.337	油车港镇
83	C186330411 杨家桥—金家扇	0.549	王江泾镇	120	C217330411 塘栖线—胜塘	1.876	油车港镇
84	C187330411 嘉塍线—河泥浜	0.449	王江泾镇	121	C218330411 施家湾—钱家港南	0.704	油车港镇
85	C188330411 嘉塍线—金鱼桥村	0.637	王江泾镇	122	C219330411 塘栖线—姚河子浜	0.992	油车港镇
86	C189330411 沈家桥—虹阳	4.798	王江泾镇	123	C220330411 腾油线—张家甸	0.581	油车港镇
	合观桥—新腾线	1.105	王江泾镇	124	C221330411 腾油线—小圩	0.414	油车港镇
87	C190330411 东风桥—许家港	0.494	王江泾镇	125	C222330411 腾油线—东范埭	0.514	油车港镇
88	C191330411 顾斋浜—石汇廊	0.654	王江泾镇	126	C223330411 腾油线—南张浜	0.831	油车港镇
89	C192330411 西雁村—阳城村	6.039	王江泾镇	127	C224330411 南张浜—孙家滩	0.823	油车港镇
90	C193330411 乌沙河—外西港	0.522	王江泾镇	128	C225330411 腾油线—小学	0.592	油车港镇
91	C194330411 庄西—张家坝	0.877	王江泾镇	129	C226330411 南桥—坝浜	0.893	油车港镇
92	C195330411 水厂—天星	1.32	王江泾镇	130	C227330411 三水湾—腾油线	0.341	油车港镇
93	C196330411 石桥湾—西雁村	0.861	王江泾镇	131	C228330411 腾油线—西湖	1.657	油车港镇
94	C197330411 中城浜—盛泽	1.347	王江泾镇	132	C229330411 仓库—西湖	1.522	油车港镇
95	C198330411 西雁至虹北	0.424	王江泾镇	133	C230330411 塘家桥—卜家潭	0.631	油车港镇
96	C707330411 太平村—田丰	1.576	王江泾镇	134	C231330411 池湾—石匠浜	0.612	油车港镇
97	C708330411 虹阳—虹南	1.228	王江泾镇	135	C232330411 洪家浜—石匠浜	0.511	油车港镇
98	C709330411 西雁— 07 省道	2.754	王江泾镇	136	C233330411 腾油线—蒋家浜	0.492	油车港镇
99	C717330411 王黎线—西小港	0.595	王江泾镇	137	C234330411 河泥浜—腾油线	0.494	油车港镇
100	C719330411 栋梁公路—凌宇圩	0.57	王江泾镇	138	C235330411 腾油线—东王港	0.559	油车港镇
101	C720330411 钱家庄—凌宇圩	0.988	王江泾镇	139	C236330411 腾油线—东王港东	0.657	油车港镇
102	C722330411 钱家庄—芥字圩	0.268	王江泾镇	140	C237330411 西埭—南弹	0.674	油车港镇
103	C723330411 钱家庄—芥字圩	0.152	王江泾镇	141	C238330411 腾油线—鲍家湾	1.325	油车港镇
王江泾镇村道合计里程:112.955 公里				142	C239330411 腾油线—澄溪	0.963	油车港镇

续表 1-4-3

序号	线路名称	里程(公里)	所在区域	序号	线路名称	里程(公里)	所在区域
143	C241330411 腾油线—千金寺	1.63	油车港镇	180	C329330411 观音桥—新塍公路	1.637	新塍镇
144	C242330411 腾油线—杨溪	4.171	油车港镇	181	C330330411 新塍公路—老食堂	0.898	新塍镇
145	C243330411 杨溪—田丰	1.676	油车港镇	182	C331330411 新塍公路—观音桥集镇	0.669	新塍镇
146	C244330411 马厍—罗家埭	0.431	油车港镇		观音桥集镇—施家桥	0.525	新塍镇
147	C245330411 池湾—澄溪	0.672	油车港镇	183	C332330411 新塍公路—砖瓦厂	1.568	新塍镇
148	C246330411 栖真—胜丰	0.677	油车港镇	184	C333330411 寺桥—石家浜	0.555	新塍镇
149	C705330411 腾油线—改线	1.389	油车港镇	185	C335330411 对头浜—蔬菜基地	0.73	新塍镇
150	C706330411 麦家—胜丰	1.102	油车港镇	186	C336330411 日井港—外丝桥	0.707	新塍镇
151	C715330411 洪浜—嘉善杨庙	1.733	油车港镇	187	C337330411 南洋—吴家埭	2.938	新塍镇
152	C716330411 百花庄—濮家湾	0.362	油车港镇	188	C338330411 嘉铜公路—太平桥	1.398	新塍镇
153	C804330411 腾油线改线	1.133	油车港镇	189	C339330411 小金港—沙泥港	0.957	新塍镇
油车港镇村道合计里程:56.873 公里				190	C340330411 小金港—北圣滩	0.533	新塍镇
154	C302330411 新高路—坟庄浜	0.649	新塍镇	191	C341330411 桃虹公路—全家浜	0.864	新塍镇
155	C303330411 新高路—跃进桥	2.263	新塍镇	192	C342330411 桃虹公路—仲店木桥	1.308	新塍镇
156	C304330411 嘉铜公路—走星桥	0.816	新塍镇	193	C343330411 永红桥—据长桥	0.99	新塍镇
157	C305330411 新高路—火炬村	0.628	新塍镇	194	C344330411 庙桥—桃圆	1.016	新塍镇
158	C306330411 火炬—高照	1.529	新塍镇	195	C345330411 张家塔—麻菇桥	2.505	新塍镇
159	C307330411 老嘉湖线—砖瓦三厂	0.578	新塍镇	196	C346330411 桃西公路—钱码头	1.802	新塍镇
	1 号桥—砖瓦厂	1.725	新塍镇	197	C347330411 钱码头—石汇头	0.81	新塍镇
	砖瓦厂—砖瓦一厂	0.333	新塍镇	198	C348330411 钱码头—东浜	1.715	新塍镇
160	C308330411 高照—新高路	1.067	新塍镇		东浜—桃西线	0.637	新塍镇
	新高路—圣堂路	0.443	新塍镇	199	C349330411 桃西线—三家	0.789	新塍镇
161	C309330411 老嘉湖线—南张门	1.495	新塍镇	200	C350330411 鲁鱼港—南埭	0.668	新塍镇
162	C310330411 田畈里—施家浜	0.947	新塍镇	201	C351330411 嘉洛线—打落桥	1.04	新塍镇
163	C311330411 施家浜—运河塘	0.842	新塍镇	202	C352330411 嘉洛线—桃西路	1.78	新塍镇
164	C312330411 洪新公路—水泥厂	1.026	新塍镇	203	C353330411 桃洛路—朱家浜	1.269	新塍镇
165	C313330411 浪柱浜—陡门	1.287	新塍镇	204	C354330411 嘉洛线—毛桥	2.569	新塍镇
166	C314330411 南板桥—夏陈	2.616	新塍镇	205	C355330411 嘉洛线—蒋家阁	0.681	新塍镇
167	C316330411 天福—铏头浜	0.628	新塍镇	206	C356330411 象贤—斜街头	1.816	新塍镇
168	C317330411 天福—沈家石桥	1.87	新塍镇	207	C357330411 洪新线—庙运桥	0.779	新塍镇
169	C318330411 八字桥—彭家埭	0.765	新塍镇		庙运桥—文剑阁	0.293	新塍镇
170	C319330411 薛家浜—马家浜	2.305	新塍镇		文剑阁—喽家浜	0.344	新塍镇
171	C320330411 新乌线—小姚弄	0.439	新塍镇	208	C358330411 杨家门—杨家浜	0.98	新塍镇
172	C321330411 新腾线—别儿浜	0.852	新塍镇	209	C359330411 洪新线—六百圩	1.331	新塍镇
173	C322330411 嘉塍线—徐王庙	1.182	新塍镇	210	C360330411 洪新线—六百圩	1.074	新塍镇
174	C323330411 嘉塍线—万兴港	0.686	新塍镇	211	C361330411 洪新线—三观塘	0.593	新塍镇
175	C324330411 嘉塍线—石洋浜	0.794	新塍镇	212	C362330411 屠家埭—小桥头	2.892	新塍镇
176	C325330411 园田里—嘉塍线	2.343	新塍镇	213	C363330411 洪新线—新庄	2.017	新塍镇
177	C326330411 嘉塍公路—陈家埭	2.974	新塍镇		新庄—大寨路	0.983	新塍镇
178	C327330411 陈家埭—朱家汇	0.674	新塍镇	214	C364330411 大寨路—圣塘湾	0.81	新塍镇
179	C328330411 四号桥—仲昌桥	1.42	新塍镇	215	C365330411 大寨路—东纹浜	1.131	新塍镇

续表 1-4-3

序号	线路名称	里程(公里)	所在区域	序号	线路名称	里程(公里)	所在区域
216	C366330411 西竹管浜—东竹管浜	0.785	新塍镇	254	C805330411 新腾线改线	0.534	新塍镇
	新桃公路—东竹管浜	0.317	新塍镇		西港桥—向前港 2 号桥	1.045	新塍镇
	东竹管浜—长港	0.641	新塍镇	255	C806330411 农场劳教所至加油站	0.147	新塍镇
217	C367330411 新桃公路—东竹管浜	0.365	新塍镇		新塍镇村道合计里程:121.744 公里		
218	C368330411 新桃公路—吴家埭	0.721	新塍镇	256	C401330411 池廊—圩楼	1.276	王店镇
219	C369330411 桃园公路—康和桥	1.785	新塍镇	257	C402330411 海王公路—胜利	1.791	王店镇
	朱家舍—朱家舍内	0.414	新塍镇	258	C403330411 南坟浜—海王公路	1.746	王店镇
220	C370330411 朱家舍—新桃公路	1.174	新塍镇	259	C404330411 余王线—毛竹园	0.898	王店镇
221	C372330411 洛桃线—长家舍	1.979	新塍镇	260	C405330411 余王线—陆家埭	0.836	王店镇
222	C373330411 洛民线—蔡家浜	1.958	新塍镇	261	C406330411 余王线—长绿泾桥	2.033	王店镇
223	C374330411 洛民线—村西头	0.81	新塍镇	262	C407330411 余王线—庄安	3.519	王店镇
224	C375330411 洛民线—洛西村	1.372	新塍镇	263	C408330411 庄安—红联	1.64	王店镇
225	C376330411 洛民线—芦花浜	2.095	新塍镇	264	C409330411 余王公路—庄安	1.212	王店镇
226	C377330411 洛民线—思古桥村部	1.183	新塍镇	265	C410330411 海王公路—南梅	2.661	王店镇
227	C378330411 嘉洛线—思古桥	1.214	新塍镇		南梅—梅民桥	2.05	王店镇
228	C379330411 王家浜—山家浜	0.509	新塍镇	266	C411330411 高家桥—千四村	2.963	王店镇
229	C380330411 牌楼桥—徐家浜	0.367	新塍镇	267	C412330411 镇区—锅子汇	0.923	王店镇
230	C381330411 嘉洛线—汪芽浜	0.634	新塍镇	268	C413330411 懂家村—圣莱特	1.296	王店镇
231	C382330411 季家浜—杨家浜	0.641	新塍镇		农场—太平桥	0.604	王店镇
232	C383330411 洛民线—山家浜	0.325	新塍镇	269	C414330411 车浜头—踏墩头	0.693	王店镇
233	C384330411 嘉洛线—沈家浜	0.728	新塍镇	270	C415330411 嘉海公路—庆丰	0.462	王店镇
234	C385330411 嘉洛线—三家村	1.019	新塍镇		嘉海线—王建线	3.236	王店镇
235	C386330411 洛民线—白家港	0.393	新塍镇	271	C416330411 唐家浜—妙保里	1.056	王店镇
236	C387330411 洛民线—长浜	0.812	新塍镇		陈保庙桥—太平桥	0.785	王店镇
237	C389330411 大寨路—庄家石前	0.961	新塍镇	272	C417330411 南如桥—野猫汇	1.167	王店镇
238	C390330411 大寨路—东文浜	0.906	新塍镇	273	C418330411 王建线—建农	0.627	王店镇
239	C391330411 池鱼浜—滑渡桥	1.174	新塍镇	274	C419330411 车河头—懂家村	0.988	王店镇
240	C392330411 村部—百家路	0.973	新塍镇	275	C421330411 嘉海线—泰石	2.618	王店镇
241	C393330411 徐家浜—长浜	0.926	新塍镇	276	C421330411 嘉海线—姚家庄	0.416	王店镇
242	C394330411 徐家浜—廊柱浜	0.685	新塍镇	277	C422330411 火烧桥—红联	0.415	王店镇
243	C395330411 老嘉湖线—夏家桥	0.338	新塍镇		荣中桥—红联	0.567	王店镇
244	C396330411 庙云桥—新塍	0.522	新塍镇		红联—联星	1.067	王店镇
245	C397330411 西吴—新庄 1 组	0.633	新塍镇	278	C423330411 潘家头—长水塘	1.391	王店镇
246	C398330411 西吴—新庄 2 组	0.554	新塍镇	279	C424330411 陈家金港—大雷港	0.681	王店镇
247	C703330411 洛西—2 小组	0.969	新塍镇	280	C425330411 新民桥—林家浜	1.069	王店镇
248	C704330411 新腾线—改线	1.506	新塍镇	281	C426330411 梅红路—砖瓦厂	0.772	王店镇
249	C710330411 陆里塘桥—新庄长浜	0.294	新塍镇	282	C427330411 沙安埭—刁荡港	0.468	王店镇
250	C711330411 鲁家桥—陆里长浜	0.613	新塍镇	283	C429330411 长秦公路—朱板桥	0.454	王店镇
251	C712330411 庄家石前—天福孔家墙门	1.112	新塍镇	284	C430330411 蚂桥—荣中路	0.596	王店镇
252	C713330411 新乌公路—洛西村	1.472	新塍镇	285	C431330411 四联—砖瓦厂	1.519	王店镇
253	C714330411 桃西公路—盛泽	0.283	新塍镇	286	C432330411 四联—新农村	0.501	王店镇

续表 1-4-3

序号	线路名称	里程(公里)	所在区域
287	C433330411 嘉海线—盛安桥	0.78	王店镇
288	C434330411 嘉海线—众心桥	2.431	王店镇
289	C434330411 嘉海线—八联果园	2.49	王店镇
	八联果园—洪合	0.283	王店镇
290	C436330411 洪硖线—盛家头	0.682	王店镇
291	C437330411 洪硖线—三建	5.734	王店镇
292	C438330411 王建线—斜港桥	0.518	王店镇
	高速立交—王建线	1.53	王店镇
293	C439330411 王建线—浦家村	0.466	王店镇
294	C440330411 洪硖线—潘家头	1.019	王店镇
295	C441330411 王建线—南星桥	1.485	王店镇
	南星桥—西马浜桥	0.975	王店镇
	西马浜桥—大泽桥	0.667	王店镇
296	C442330411 吕家兜—联谊桥	2.429	王店镇
297	C443330411 联谊桥—南星桥	2.164	王店镇
298	C444330411 南星桥—五一	1.149	王店镇
299	C445330411 王建线—鸳鸯兜	0.389	王店镇
300	C446330411 王建线—李家弄	0.454	王店镇
301	C447330411 王建线—清泰桥	1.223	王店镇
	清泰桥—C675330411	1.429	王店镇
	C675330411—介留安	0.182	王店镇
	介留安—濮院	1.19	王店镇
302	C448330411 王建线—程家桥	1.84	王店镇
303	C449330411 张坝桥—王建线	2.762	王店镇
304	C450330411 建濮线—圣堂头	0.488	王店镇
305	C451330411 三建村—建南村	1.418	王店镇
306	C452330411 丰乐路—蚂桥自来水	0.419	王店镇
	丰乐路—国蚂线	0.534	王店镇
307	C453330411 庄安—余新	0.772	王店镇
308	C454330411 庄安—嘉海线	2.334	王店镇
王店镇村道合计里程:87.322 公里			
309	C501330411 嘉铜公路—荫家桥	1.151	高照街道
310	C502330411 荫家桥—喷织厂	0.566	高照街道
311	C507330411 高家桥—徒门	0.5	高照街道
高照街道村道合计里程:2.217 公里			
312	C503330411 新桥—公墓	0.958	新城街道
313	C504330411 蒋家浜—三十亩桥	0.42	新城街道
314	C505330411 嘉塍公路—秀洲大道	3.371	新城街道
	横板桥—龙王庙桥	0.737	新城街道
新城街道村道合计里程:5.486 公里			
315	C601330411 蒋家头—洪硖线	1.23	洪合镇
316	C602330411 张家湾—河南埭	2.717	洪合镇
317	C603330411 洪硖线—绿华观光园	1.019	洪合镇
318	C606330411 洪硖线—聚宝里	2.093	洪合镇
319	C607330411 顾家扇北—顾家扇	0.318	洪合镇
320	C609330411 洪硖线—高宝兜	2.062	洪合镇
321	C610330411 张家木桥—水清石桥	1.621	洪合镇
322	C611330411 蒋家头—张家湾	0.592	洪合镇
323	C612330411 洪硖线—王家埭	0.422	洪合镇
324	C613330411 李家埭—洪硖线	0.486	洪合镇
325	C616330411 张保里北—中王村	5.275	洪合镇
326	C617330411 推拔桥—洪硖线	1.475	洪合镇
327	C618330411 东邵保—王店变	0.717	洪合镇
328	C619330411 洪硖线—严家村南	0.739	洪合镇
329	C620330411 岳家浜北—王店变	1.647	洪合镇
330	C622330411 姚家弄—洪硖线	0.834	洪合镇
331	C623330411 砖瓦厂—蒋家头	0.751	洪合镇
332	C624330411 王店变—砖瓦厂	1.2	洪合镇
333	C625330411 砖厂—韩家圣堂	0.851	洪合镇
334	C626330411 东邵保—南张桥	0.35	洪合镇
335	C630330411 320 国道—冯家头南	2.395	洪合镇
336	C631330411 冯家头—倪家园	0.972	洪合镇
337	C632330411 王家桥—邵家浜	1.838	洪合镇
338	C633330411 泰石桥村—合勺桥	1.342	洪合镇
339	C634330411 西黎舍—徐家舍	1.993	洪合镇
340	C635330411 杨庵浜—王家桥	0.693	洪合镇
341	C636330411 高家浜—夏家头北	1.041	洪合镇
342	C637330411 张家头—合勺桥	0.847	洪合镇
343	C638330411 北扇浜—机场	3.786	洪合镇
344	C639330411 旗杆下—黑泥浜	0.83	洪合镇
345	C640330411 旗杆下—野竹梗	1.344	洪合镇
346	C641330411 倪家桥—320 国道	0.568	洪合镇
347	C644330411 洪新线—濮院	0.248	洪合镇
348	C645330411 庙后浜—姚家浜	2.128	洪合镇
349	C647330411 旺家桥—小园	0.74	洪合镇
350	C648330411 旺家桥—濮埭	0.62	洪合镇
351	C649330411 小园西—岳家门	0.57	洪合镇
352	C650330411 旺家桥南—项文浜	0.328	洪合镇
353	C651330411 横埭—张家浜	0.495	洪合镇
354	C652330411 南居浜—郁家门	0.792	洪合镇
355	C653330411 郁家门东—张家门	0.417	洪合镇
356	C654330411 村小学—太平桥	0.735	洪合镇

续表 1-4-3

序号	线路名称	里程(公里)	所在区域	序号	线路名称	里程(公里)	所在区域
357	C655330411 村小学—南张浜	0.778	洪合镇	379	C684330411 王家门—洪硖线	0.523	洪合镇
358	C656330411 崇福庵—洪昌桥	2.359	洪合镇	380	C685330411 洪硖线—铁丁浜	1.529	洪合镇
359	C657330411 染色厂—垃圾站	0.384	洪合镇	381	C686330411 凤桥里—泰石桥村	2.189	洪合镇
	雷达站—杨家湾	0.314	洪合镇	382	C687330411 南池浜—毛家桥	0.58	洪合镇
360	C658330411 污水处理厂—薛家湾	0.519	洪合镇	383	C688330411 毛家头西—毛家头东	0.552	洪合镇
361	C659330411 薛家湾东—薛家湾西	0.547	洪合镇	384	C689330411 南池浜—泰石桥村	1.322	洪合镇
362	C660330411 文耳浜—洪新线	0.952	洪合镇	385	C690330411 应声桥—凤桥里	0.822	洪合镇
363	C661330411 太平桥—文耳浜	1.133	洪合镇	386	C691330411 樟木桥—泾桥	0.817	洪合镇
364	C662330411 洪新线—薛家浜	0.311	洪合镇	387	C692330411 陈家浜—南池浜	0.8	洪合镇
365	C663330411 砖瓦厂—洪合镇	3.609	洪合镇	388	C693330411 庄家头—西朱家园	0.77	洪合镇
366	C667330411 洪新线—刘坟浜	0.365	洪合镇	389	C694330411 高家桥—濮院	0.418	洪合镇
367	C669330411 洪新线—汤外浜	0.334	洪合镇	390	C695330411 徐家兜—陈麦西桥	1.019	洪合镇
368	C671330411 洪新线—郁家浜	0.328	洪合镇	391	C696330411 南张兜—王家头	0.662	洪合镇
369	C672330411 文耳浜—卜家门北	0.779	洪合镇	392	C697330411 徐家新村—陈麦西桥	0.534	洪合镇
370	C675330411 西姚埭西—推拔桥	2.113	洪合镇	393	C698330411 万隆浜—叶家浜	0.449	洪合镇
371	C676330411 施家桥—冯家头	0.411	洪合镇	394	C701330411 新王桥—洪合	5.669	洪合镇
372	C677330411 苏头木桥—早菜浜	1.683	洪合镇	395	C702330411 洪合—新王桥	4.539	洪合镇
373	C678330411 早菜浜—姚家埭	0.833	洪合镇		洪合镇村道合计里程：96.6公里		
374	C679330411 早菜浜—建濮线	1.471	洪合镇	396	C801330411 振塘桥—姚河浜	2.256	塘汇街道
375	C680330411 建濮线—李家场	0.618	洪合镇	397	C802330411 秀才桥—秀才村	0.689	塘汇街道
376	C681330411 建濮线—西张桥	0.672	洪合镇	398	C803330411 庙下桥—王家浜	0.932	塘汇街道
377	C682330411 洪新线—小桃园	0.625	洪合镇		塘汇街道村道合计里程：3.877公里		
378	C683330411 320 国道—凤桥	1.347	洪合镇				

注:资料来源自嘉兴市秀洲区与桥梁数据库 2010 年 12 月《资料汇编》。

第五章 站 场

民国 22 年(1933 年),嘉兴至王江泾段公路建成通车,同年 4 月,荷花堤建起嘉兴第一个汽车站,从严格意义上来讲,当时还不能称之为车站,因为它是苏州客运公司在嘉兴设的一个配客站。到了 20 世纪 60 年代初,在环城东路现在的南湖大饭店附近,嘉兴真正意义上的第一个汽车客运站建立,俗称"东门车站"。后来迁移为客运南站、客运西站。

进入 21 世纪的头十年,嘉兴的站场建设发展很快。2001 年 7 月嘉兴汽车客运北站正式投入使用,占地 50898 平方米,设计日均发班次 1060 次,日均旅客发送能力 1 万人次,为一级客运站。到"十一五"期间,嘉兴市公路客货站场建设取得较大成绩,重点建设嘉兴综合交通枢纽(一期)、嘉兴市汽车客运中心、嘉兴王江泾三级汽车站、嘉兴现代综合物流园南区沃尔玛华东区配送中心项目、嘉兴现代综合物流园南区 AMB 物流设施项目、公交港湾式停靠站。至 2009 年 6 月底,嘉兴市城郊两区已建成农村客运等级站 8 个,港湾式停靠站 316 个,招呼站 560 个。基本建成了布局协调、衔接顺畅、安全便民的城乡公交站场体系,初步实现了"镇镇有等级站、村村有候车亭、沿途有停靠站"的目标。截至 2010 年年底,秀洲区有乡镇汽车客运站 5 个,港湾式停靠站 200 个。

第一节 汽车站

【嘉兴汽车站】

嘉兴首个汽车站

民国 22 年,嘉兴至王江泾段公路建成通车,并连接了湖州、苏州,于同年 4 月建起嘉兴第一个汽车站,位址在环城北路与少年路的交叉口即北门荷花堤。从严格意义上来讲,当时还不能称之为车站,因为它是苏州客运公司在嘉兴设的一个配客站。"北门荷花堤汽车站"算是嘉兴汽车客运站历史的起点,主要是为当时平湖开往苏州、盛泽、湖州等方向旅客服务,每天上下客很少只有约 10 多人,只有一个人在这里管理。到了 20 世纪 60 年代初,在环城东路现在的南湖大饭店附近,嘉兴真正意义上的第一个汽车客运站成立,俗称"东门车站",占地七八亩,站屋面积 794 平方米,已有了候车室、修理车间、宿舍、食堂等,车站设施较完善,并有了几辆客车。

嘉兴汽车客运南站

到了 20 世纪 70 年代,嘉兴道路运输慢慢发展起来,嘉兴建造了汽车客运南站,地址在环城南路与府南街口,占地面积 1.13 公顷。那时尽管正处在"文化大革命"时期,但客运南站建造的规模和各项设施都比原来东门的汽车站有了很大的发展。1970 年 6 月 20 日,浙江省汽车运输公司湖州运输段嘉兴中心站正式启用,俗称"南门车站",也称客运南站。客运南站有 4 个检票口,5 个售票窗口。线路主要是临平、杭州、苏州、乍浦及五县两区,总共 28 辆汽车。每天班次 100 多个,日客运量 1500 人左右,售票检票都是人工操作。当时道路状况不好,到杭州要 4 个多小时。当时的汽车都是些遗留下来的外国杂牌车,就算是国产的也是那种解放牌经过改装的半挂汽车(后面拖着一个大车厢的)。到 70 年代后期,随着客运量的不断增加,逐步开通了到江苏和上海的一些班车,运输范围有所扩大。到了 80 年代,随着改革开放的深入,经济快速发展,客流量不断增加,客运南站的规模与嘉兴整个城市的发展越来越不相适应,汽车南站的所在地也由于嘉兴的发展变化,变成了市中心地段。场地显得狭小,每天晚上停车都有困难。到了节假日,车站里更是人满为患,候车室里旅客上车往往会人挤人,简直是水泄不通。在地方政府及交通主管部门的关心下,到 80 年代后期,开始考虑选址建造汽车新客站问题。

图 1-5-1 1993 年至 2000 年嘉兴汽车南站

嘉兴汽车客运西站

1990 年嘉兴汽车客运西站建成，地址在嘉兴中山西路 268 号（现中山东路 1362 号），即中山路和越秀路交叉口，由嘉兴市汽车运输公司经营。该站由浙江省交通厅批准建造，投资 350 万元，浙江省建筑设计院设计，浙江省第三建筑公司施工，于 1988 年 8 月动工兴建，1990 年 8 月 1 日正式投入使用。占地面积 3.19 公顷，建筑总面积为 4760 平方米，其中售票大厅、候车大厅等站屋面积 3794 平方米，候车大厅高 8.9 米，宽 21 米，建筑面积为 1192 平方米，厅内设有单人座椅 13 排，每排可座 20 人的正座及单人座椅 6 排，每排可座 4 人的边座，同时可容纳 1500 旅客在大厅候车，有 13 个检票口；停车雨棚长 52 米，宽 12.8 米，建筑面积为 665.6 平方米；停车场和回车道达 1 万平方米；售票厅建筑面积为 224 平方米，设有 8 个售票窗口，行李房建筑面积 179 平方米，小件寄存、问询服务、商店、餐厅、招待所等配套设施齐全。汽车西站比汽车南站面积上扩大了几倍，在功能上也配上了比较先进的设备。当时定位就比较超前。由于客流量大量增加，到汽车西站就已有 400 多个班次。为考虑旅客乘车方便，一度已停止使用的客运南站于 1993 年 12 月 26 日，重新启用，这一启用，在嘉兴的历史上也就第一次出现了两个汽车站同时使用的情况。嘉兴市汽车运输公司体制改革后，汽车西站隶属于嘉兴市国鸿汽车运输有限公司站务分公司，是嘉兴市一家面向国有、集体、个体开放的国有性质的公用性车站，有职工 99 人。汽车西站于 2002 年 5 月进行一次改造和装修，使之焕然一新，布局更趋合理，服务设施和内容更加完善。站内设有 6 个微机售票窗口，可以与客运北站联网售票；车站划有 10 个发车位，实行电脑检票。2009 年，车站日运送旅客 6500 余人次，日发班 600 余班次，营运车辆档次齐全，可以适应各层次旅客的不同需求。车站有各类班线 29 条（其中省际班线 4 条、跨地市班线 6 条），包括到上海、杭州、苏州、南京、宁波、无锡的高速快客班线，以及到南北湖、乌镇等旅游景点的旅游班车。连续十多年获交通部、省交通厅授予"文明车站"荣誉称号。

图 1-5-2　嘉兴汽车西站

嘉兴汽车客运北站

由于嘉兴市区的不断扩展，旅客集中到西站上下，已十分不便，为方便旅客，在 90 年代末决定建造汽车客运北站。客运北站于 2001 年 7 月 15 日正式开张营业，位于嘉兴市北大门，中环北路和禾兴路交叉口。嘉兴汽车客运北站的使用开启了嘉兴市区历史上同时有两个汽车客运站之始。客运北站隶属于嘉兴市国鸿汽车运输有限公司站务分公司，现有职工 110 人，是一个面向国有、集体、个体开放的国有公用型汽车客运站。占地面积 40000 平方米，建筑面积 3000 平方米，其中候车室 1000 平方米，售票房、行李房 400 平方米，停车场、回车道面积 24000 平方米。车站配有中央空调、电脑售票系统、电视监控、电脑检票、班线动态显示屏、大型班车运行时刻、票价显示屏、多媒体触摸屏、自动广播系统、X 射线行包危险物品检测仪、行包微机开票核算等系统，系高科技现代设施。2009 年日发班车 1000 多班次。平均日送旅客 8500 人次，最高峰达 2.2 万人次。至 2010 年，班车通达江苏、安徽、山东、河南、上海、湖南、湖北、四川、广东、福建等 13 个省市及浙江省各地、市、县运营班线 121 条。车站已初步成为一个布局合理、功能齐全、技术先进、服务优质的集服务、商贸、旅游于一体的站务管理系统。

图 1-5-3　嘉兴汽车北站

嘉兴市汽车客运中心

随着城市不断向外围扩展，西站已处于城市中心地段，再加车流量年年快速提增，客车进出车站已出现道路拥堵状况。为缓解这一日趋突出的矛盾，市政府决定建造新汽车客运中心。2009 年 5 月，嘉兴汽车客运中心开工建设，占地面积 8.27 公顷，约 83000 平方米，设计日平均旅客发送量 2.2 万人次，总建筑面积 3.89 万平方米，其中地下车库 7700 平方米，业务楼、候车厅共两层，设计概算 2.73 亿元。至 2010 年，嘉兴客运中心建设正按工程设计要求稳步的推进中。项目按一级客运站标准建设，它将成为嘉兴规模最大、设施最优、环境最美的旅客集散中心和对外交流的重要交通枢纽之一。

2011年11月29日，汽车西站停用，新汽车客运中心于29日零时起正式启用。嘉兴汽车客运中心在规模上、设施设备上、服务功能上都大大超过目前的汽车客运北站。它建造在沪杭高速到嘉兴王店的出入口，还有一个是乍嘉苏高速到嘉兴马家浜的出入口（世贸花园大酒店），第二它坐落在320国道与万国路交叉口，紧连接高速公路和国道，给长途旅客的出行带来方便。

图 1-5-4 嘉兴汽车客运中心

新丰汽车站

新丰汽车站是嘉兴县境内最大、最早的镇一级汽车站，建于民国23年（1934年），比嘉兴汽车站晚一年。主要经营乍平嘉公路（今07省道）客运业务。新丰汽车站，位于盛家汇之南。民国24年冬，汽车站筑有通往市内街道的公路，为市民乘车带来方便。建国初期，汽车站还是一个大草房，站内人员仍为2名。1966年车站翻建成砖瓦房，于1982年改建成楼房，内设候车室、售票房和工作人员卧室。当时每天有长途汽车18班，往来于嘉、乍杭之间。业务量最大的年份是1985年，全年售票业务达106924元，全年旅客达304556人次。随着改革开放的深入，一般短途客运被公交车所代替，新丰汽车站在1992年撤销。

【秀洲区乡镇客运站】

至2010年，全区乡镇客运站共有新塍、王店、油车港、洪合、高照5个五级客运站。基本建成布局协调、衔接顺畅、安全便民的公交站场体系。

王江泾汽车客运站 原址位于王江泾集镇西侧。民国22年（1933年）6月初建，1978年5月重建，系境内第一家乡镇汽车站。建筑面积172平方米。1989年撤销。2001年8月，嘉兴国鸿汽车运输有限公司在07省道东侧、莲雁路变电所南侧兴建快客班车客运服务站。占地面积8019平方米，发售嘉兴汽车站开往苏州、湖州快客线路的客票。

新塍汽车客运站 1985年1月，新塍汽车东站（五级站）建成使用。位于镇东变电所西，占地面积0.23公顷，站屋面积431.9平方米。建有候车室、售票房、行李房及停车场等设施。1985年11月，在新塍镇月波桥西，新建了新塍汽车西站（永桥站），建筑面积266平方米。1993年10月，在新塍镇新洛路与虹桥路交界处，兴建嘉兴市新塍社会客运服务中心。设有候车厅、售票厅、修理服务部、卫生用房等配套设施。建筑面积394平方米，停车场1500平方米，总投资80万元。

王店汽车客运站 位于百乐路口，与曝书亭相对。1986年10月1日，王店镇临时汽车站建成使用。设有售票处及旅客候车棚。1987年，日往返车次4对，1990年，日往返车次增至7对。1989年，进出旅客67320人次，1990年，进出旅客增至158400人次。1999年，在王店镇花园路524号新建王店汽车客运站，占地面积8666平方米。

油车港公交汽车客运站 位于油车港集镇澄溪大桥南堍。1996年8月，开始兴建，于当年年底竣工，1997年春投入使用。汽车站占地面积1950平方米，建筑面积300平方米，投资45万元。

洪合汽车客运站 位于洪合镇国贸路。于2007年兴建，2008年投入使用。占地面积2660平方米，建筑面积500平方米，总投资80万元。

高照汽车客运站 位于高照街道高桥路。2008年兴建。占地面积2500平方米。

第二节 公交站场

随着社会发展和嘉兴城市的不断扩展，城市公交车辆迅速增加。嘉兴市及时成立了公共交通公司，公司成立初期，借用原城东路61号市房地产管理处预制厂部分场地作停车场地，后公交兼营的出租汽车公司成立，车辆增加，停放十分困难，于是公司立项公交停车场建设。从徐王第一个公交停车场开始，后来不断发展增加，到目前止，嘉兴市区内已有8个主要公交停车场。

图 5-1-6　嘉兴客运中心公交枢纽

【徐王公交停车场】

徐王公交停车场，在1984年12月10日经嘉建计〔1984〕298号批复，明确规模为停车15辆。1985年12月27日市政府审批同意征用后实施设计施工，于1986年5月公交第一处新建基地徐王公交停车场建成，于86年6月搬入使用。场地实际占地面积5228平方米，建有停车坪面积2622平方米，建筑总面积889.61平方米，其中建有储油20立方米加油库一座，建设总投资41.7万元。

【中山西路公交停车场】

撤地建立市后，城市建设加快，公交车不断增加，必须增建公交停车场。在1986年2月19日嘉市计〔1986〕34号转发了浙计经建〔1984〕90号通知，同意新建嘉兴市公交停车场，规模为停车40辆，并在市城建基建投资总额中计划补助60万元，经初次选址后易地建设，重新选址在原嘉北乡三塔村，现中山西路315号，共征用划拨土地38.1718亩（其中建社会停车场11.1718亩，划给市交警支队4亩）。1987年12月31日省人民政府审批同意征用，嘉市计〔1987〕183号批复同意公交停车场扩初设计，于1989年5月12日开工建设，1990年8月8日竣工，公交第二处新建基地中山西路公交停车场建成。于1990年9月30日公司搬迁使用。场地实际占地面积15001.2平方米，建有停车坪面积5160.15平方米，建筑面积2265.26平方米，其中建有修理车间1538.84平方米，储油量40立方米加油库一座，建设总投资235.055万元。1992年4月为拓宽公司经营范围，发展第三产业，在停车坪南侧中山西路延街立面报批建造了一层200平方米商业用房，1993年4月筹资与原城区物资公司合建西停建设项目二期九层办公综合楼工程开工，于1994年10月建成，建筑总面积4838平方米，其中权属公交建筑面积2219平方米，公司投资建设资金308万元。

【禾兴北路公交停车场】

公交设施规模已满足不了城市快速发展的需要，为了加快城市建设和改善城市出入形象，1999年5月市府会议研究决定，确定中山西路停车场基地土地出让，返回的出让金1518.7万元，用于新建城北、城东、城西三处公交基地。1999年11月16日嘉市计〔1999〕344号批复，同意公交公司新建禾兴北路公交停车场，停车规模55辆，公交北场选址在原城区嘉北乡陶家桥村——禾兴北路、同心路东路北侧，征用出让土地1.27公顷，于2000年6月12日嘉市计〔2000〕176号，文批复同意项目扩初设计。在2000年12月8日开工建设，于2001年3月30日竣工，公司第三处新建基地禾兴北路公交停车场建成。2001年5月28日搬入使用，停车场实际占地面积12696平方米，建有停车地坪8702.23平方米，建筑面积1482.33平方米，其中建有办公楼629平方米，修理车间716.1平方米，储油量110立方米加油库一座，建设投入资金582.97万元，其中征地费255.5万元，土建安装费271.26万元。

【城东路公交停车场】

公交北场建成使用后，1999年8月27日嘉市计〔1999〕265号，批文同意市公交公司新建城东路公交停车场，停车规模为80辆，公交东场基地选址在城区徐王村——城东路与东升路交叉口南侧，征用划拨土地31.14亩，2002年3月27日嘉计〔2002〕127号批复同意项目扩初设计。在2002年9月23日完成全部设计并开工建设，于2003年1月23日竣工，公交第四处新建基地城东路停车场建成，2003年1月28日搬入使用。暂时缓解了公交生产、生活、停车需要，基地实际占地面积20070.3平方米，建有停车坪12849平方米，建筑面积1006平方米，其中建有修理车间854.94平方米、储油量95立方米加油库一座。总投入资金678.43万元，其中征地费用274.7万元，土建安装费用280.07万元。

【南湖新区停车场】

根据城区规划：北控南移、东进西拓、中间完善、强化东南建设思路，考虑到公交在城南区无停车场配套设施情况，在2002年6月10日公司提交了关于在城南区新建西南路公交停车场的立项报告。于2002年8月16日嘉计〔2002〕382号文批复同意公司建造西南路公交停车场，因涉及土地问题，在2003年8月11日重新作出公交停车场易地建设立项报告，同年9月3日嘉计〔2003〕347号文批复同意公司在南湖新区易地重建公交停车场，规模为停车80辆及相应附属设施，公交南场基地重新选址城区南湖街道南湖村——姜水路与庄乾路交叉口东南侧，征用划拨土地32.35亩，其中带征土地12.06亩。于2005年10月14日市人民政府嘉土字〔2005〕25号文批准同意划拨征用。于2006年6月29日嘉发改〔2006〕261号文批复同意项目扩初设计，在2006年9月21日完成全部设计并开工建设，于2007年7月17日竣工，公交第五处新建基地南湖新区公交停车场建成，在2007年7月27日搬入使用，基地实际占地面积13511.6平方米，建有停车坪8229平方米，建筑总面积7142.88平方米。其中建有办公大楼6440.4平方米，修理车间587.77平方米，储油量203立方米加油库一座，建设总投资万元，其中征地费用145.96万元，土建安装费841.85万元。

【嘉兴大桥公交停车场】

市公交公司营运车辆快速增加，停车场地明显不足，在2004年9月8日公司提请了关于利用“嘉兴大桥下建停车场”的报告，同年9月30日市领导批示“可行”意见，后经市建设局安排，公司于2007年1月完成桥下停车场设计，同年3月25日开工建设，于2007年7月26日竣工投入使用，场地实际占地面积8632平方米，其中停车坪5804平方米，建设总投资178.97万元，其中土建安装费158.21万元。

【亚澳路公交始发场站】

为了加快城乡一体化建设，解决公交车始发场站困难，在2006年12月31日向嘉兴工业园区基础设施有限公司借用土地1.8亩，位址在亚太园区亚澳路竹丝浜桥边建公交始发场站，于2007年1月26日开工建设，2007年3月5日建成投入使用，场地实际占地面积1198.8平方米，其中停车地坪784平方米，建有彩钢站务房143平方米，建设总投资16.73万元。

【经济开发区公交停车场】

为实施公交优先发展的需要，经六届市政府7次常务会议审议，在2007年11月23日嘉发改〔2007〕502号文批复同意公交公司建造经济开发区公交停车场项目立项。停车规模为86辆，公交经济开发区停车场基地选址在禾兴北路底与320国道交叉口东南侧，征用划拨土地12134.2平方米，于2008年9月2日浙江省人民政府浙土字B〔2008〕200015号文批准同意划拨征用，于2008年9月26日嘉发政〔2008〕356号文批复同意项目扩初设计，在2008年12月完成全部设计并开工建设，于2009年8月竣工使用。基地实际占地面积12134.2平方米，设计建有停车坪7000平方米，建筑总面积1293.82平方米，其中建有管理办公楼279.24平方米，保养车间735.76平方米，储油量30立方米加油库一座，计划建设总投资1076万元，其中征地费用550万元，土建安装费300万元。

【社会车辆停车场】

嘉兴城、郊两区停车场，经过公安、工商、交通部门批准作为营业性的停车场，到1990年共计20家，其中较具规模的是嘉兴市社会停车场，归市城建委管辖，全民企业，1990年年末有职工51人(其中基本工30人)该场共征地12亩，设计可停标准车100辆，主营停车、住宿、饭店和修理（2保），有床位120人，大楼建筑面积2670平方米。1988年12月施工，1990年5月30日正式营业，总投资为250万元。

第三节　货运中心

【汽车货运站】

1995年嘉兴货运站场分布情况：

嘉兴零担货运站 嘉兴零担货运站场在客运汽车西站南侧，站场面积0.28公顷，建筑面积约869平方米，该站现已开通南京、上海、杭州、宁波、温州等省内外直达班线12条，另有湖北、广东、山东以远的中转班线12条，1995年日货物发送量14吨。

整车货运站 嘉兴整车货物运输站是由嘉兴交通运输集团公司（由原市运公司和三运公司联合组建而成）和二运公司中的货运车队、大件运输队和起重队组成。这些车队都有自己单独的场地，总占地面积71080平方米，建筑面积13100平方米，二运公司在秀州北路中段，占地面积0.85公顷，建筑面积1400平方米。这些站场是在运输发展过程中逐步形成，事先并无完整的规划，是以停车、检修为主的场地，仓库、站房、堆场、装卸机械等均不配套，根据嘉兴城市交通条件、经济发展规划、工业布局需要，这些站场需改建或另选点新建。

集装箱货运站 嘉兴国际集装箱中转站位于嘉兴环北路与320国道交叉口的东北角，于1991年建成，场地面积18500平方米，仓储面积8000平方米，装卸机械有30吨汽车吊、30.5吨龙门吊，设计年吞吐量为3000标箱，1995年已达6000标箱，已超过设计能力1倍，需扩建。

改革开放以来，由于道路货运市场的全面开放，原有货运站场由于不适应货运市场发展的需要，加之货源比较分散，承运车辆性质较复杂，集中到站点发送的货物数量不多，故现有的货物站点相对较少。货运行业发展逐步从分散个体经营向集约化、专业化方向转型发展，加快构建以物流园区为核心、物流中心为骨干，以配送中心为基础，以农村物流配送点为延伸的一体化现代物流体系。通过多式联运、海河联运的方式，进一步完善城市、城乡配送体系。

【货运专业市场】

20世纪90年代中期，随着市场经济体制的完善，秀洲区第二产业有了较大的发展，生产的产业化、专业化、规范化程度都有了很大提高。经过多年的发展，逐渐形成了北部王江泾镇、油车港镇一带的纺织业；南部洪合镇一带的羊毛衫业，王店镇的小家电产业，在这些区域形成了产、销的专业市场，并逐步形成了区内的货运市场。

1.两个货运专业市场（货散中心），分别是洪合毛衫城物流中心和王江泾南方联托运中心，主要从事当地货物的储存、包装、运输等业务。洪合物流中心建于1999年，占地面积0.91公顷，建筑面积3382.55平方米，拥有44条货运专线，全年货物吞吐量约3万吨。主要运输货物为洪合羊毛衫市场和周边地区的羊毛衫；王江泾南方联托运中心于2003年建立，占地面积3.07公顷，建筑面积7570平方米，有11家货运站进场经营，全年货物吞吐量约10万吨，主要从事纺织品的运输。洪合物流中心和王江泾南方联托运中心都上了等级，2010年均为三级货运站。

2.从事货运代理和仓储理货经营，在区域内有一定规模的从事货运代理和仓储理货经营的还有上海佳吉快运嘉兴分公司，现有库房面积3000平方米，场地面积3000平方米，全年货物吞吐量约2万吨。

图1-5-7 洪合羊毛衫市场

第四节 收费站点及标准

【嘉兴市“四自”公路概况】

改革开放以来，随着市场经济逐步建立和完善，公路状况和国民经济发展的矛盾日益突出，在国家投资有限的情况下，采取“四自”（自行贷款、自行建设、自行收费、自行还贷）的办法能加快公路建设。嘉兴市相继实行了利用贷款、集资和其它经济组织投资等多渠道筹集公路建设资金，加快公路、桥梁建设。“贷款修路，收费还贷”的政策，经历了探索、发展、成熟、完善几个阶段，并初具规模且政策已深入人心，加快了嘉兴市公路建设事业的发展。特别是“九五”以来，在建设形成的“四纵五横三连”的干线公路网中，发挥了积极的作用。

普通公路

1989年10月，320国道嘉兴过境段在嘉兴市境内率先实施“四自”工程建设政策。历经近15年，“四自”政策调动了各方面修建公路的积极性，相继建成了07省道嘉王线、乍浦至全塘线等共计12条线路。涉及国道、省道、市内区间道路，其中一级公路6条，二级公路2条，三级公路3条，一、二级混合型公路1条。12条线路中有干线公路7条。在短短的十余年间，至2002年年底，全市新建收费公路里程374.78公里，占全市一至三级公路总里程1176.44公里的31%。

高速公路

至2010年年底，市境内有高速公路6条：沪杭甬高速公路嘉兴段、乍嘉苏高速公路、杭浦高速公路嘉兴段、申嘉湖（杭）高速公路嘉兴段、杭州湾大桥北岸连接线及大桥、杭州湾绕城高速公路嘉兴段。沪杭甬高速公路嘉兴段归浙江沪杭甬高速公路股份有限公司管理和收费（浙江沪杭甬高速公路股份有限公司是浙江省交通投资集团公司旗下资产规模最大的一家子公司）。乍嘉苏高速公路归嘉兴市乍嘉苏高速公路有限责任公司管理和收费。申嘉湖（杭）高速公路嘉兴段、杭州湾大桥北岸连接线及大桥、杭州湾绕城高速公路嘉兴段，归嘉兴市交通投资集团有限责任公司管理和收费。

浙江沪杭甬高速公路股份有限公司是浙江省交通投资集团公司旗下资产规模最大的一家子公司，成立于1997年3月1日，公司下设杭州、绍兴、宁波、嘉兴、新天等5个管理处和监控收费中心、养护中心。其通行费收入是公司营收和盈利的主要来源。为改善道路形象，提升服务品质，适应日益增长的交通需求，根据省委、省政府的重大决策，2000年起，浙江沪杭甬高速公路股份有限公司对沪杭高速公路按双向八车道标准进行了拓宽改造。乍嘉苏高速公路，起于S101省道（东西大道）杨树桥村西，经平湖、嘉兴两市由北跨大港进入江苏省境内，全长53.832公里，是连接苏南经济区和杭（州）嘉（兴）湖（州）平原经济区的交通纽带。项目总投资约26亿元人民币。乍嘉苏高速公路由嘉兴市高速公路建设指挥部组织建设，浙江省交通规划设计研究院设计，东盟营造工程有限公司、中铁二十局集团第一工程有限公司承建。乍嘉苏高速公路由嘉兴市乍嘉苏高速公路有限责任公司管理和收费。

申嘉湖（杭）高速公路嘉兴段、杭州湾大桥北岸连接线及大桥、杭州湾绕城高速公路嘉兴段，归嘉兴市交通投资集团有限责任公司管理和收费。嘉兴市交通投资集团有限责任公司成立于2003年4月，公司注册资本8.35亿元，是受嘉兴市国有资产管理委员会监管的市属国有独资公司，主要承担嘉兴市委、市政府下达的各项交通基础设施的投资、建设与营运管理任务，并确保国有资产的安全运营、优化配置和保值增值。嘉兴市交通投资集团有限责任公司下属15家子公司。

【车辆通行费】

为促进市场经济发展，解决日益突出的公路交通状况不能适应国民经济发展需要的矛盾，在政府投资有限的情况下，国家采取"四自"工程的办法对加快公路建设起到了极大的促进作用。"贷款修路、收费还贷"是"四自"工程的主要内容。1984年，国务院作出贷款修路、收费还贷的决定，允许通过集资或银行贷款修建收费公路（桥梁、隧道），对通过收费公路的车辆收取过路（过桥、过洞）费，用于偿还贷款，有效地加快了公路建设进度。

浙江省第一个征收车辆通行费的公路交通项目是温州欧江大桥，始于1984年10月5日，征费对象为通过该桥的客货机动车（军车、执行任务的消防、救护、警备车、摩托车等免缴过桥费），征收标准按车辆载重量大小分6类，每辆次6~10元不等。收费全部用于公路建设。此后，浙江省人民政府又陆续批准新建的龙泉严山岭隧道、永嘉楠溪江大桥等多个隧道、大桥收取通行费。1988年4月1日起，允许过往上述收费桥梁、隧道的营运客车，向每位旅客征收每过桥梁、隧道一次一角的通行费。1993年12月14日起，对通过"四自"工程104国道绍兴段南北复线车辆收取通行费。至此浙江省已开启了对路、桥、隧道收费的先河。

省政府还明确：国家规定利用贷款（集资款）新建、改建的高级公路（高速公路、里程在10公里以上的一级公路、里程在20公里以上的二级公路）或长度在300米以上的大型桥梁和长度在500米以上的隧道，个别干线末梢路段上的桥梁长度可放宽到200米、隧道长度可放宽到300米。建成后，由省级交通主管部门归口，收费站点、标准、时间报经省人民政府批准，对过往车辆收取通行费，用于偿还建设贷款和集资款。

车辆通行费标准：浙江省车辆：二、三轮摩托车（含轻骑）2元/车次；载重在2吨以下（含2吨）和载客20人以下（含20座）的客、货汽车及简易机动车为5元/车次；载重在5吨以下（含5吨）和载客50人以下（含50座）的客、货汽车为10元/车次；载重在10吨以下（含10吨）和载客50人以上的客、货汽车为15元/车次；10吨以上的车辆（含大型平板车、特种车）按行驶证规定的载重吨位（特种车自重吨位）计征；超过40吨以上的部分按50%计征，收费标准为2元/车次吨。外省车辆按浙江省车辆标准乘2执行。

2000年8月17日，省交通厅、物价局联合下发《关于01省道嘉兴东西大道平湖收费站等3座收费站公路车辆通行费统缴方案的批复》，同意01省道嘉兴东西大道平湖收费站、01省道黄姑收费站、平湖新埭等收费站对嘉兴籍过境车辆实行统交。嘉兴籍车辆过境统交费标准为：二、三轮摩托车（含轻骑）20元/车月、50元/车季；手扶拖拉机40元/车月、100元/车季；20座以下（含20座）中巴车、2吨以下（含2吨）货车、简易机动车100元/车月、240元/车季；50座以下（含50座）客车、5吨以下（含5吨）货车160元/车月、400元/车季；50座以上客车、10吨以下（含10吨）货车200元/车月、500元/车季；10吨以上货车300元/车月、700元/车季。未实行统交的车辆，均按省政府批准的标准过站（点）收费。

鉴于01省道嘉兴东西大道平湖段二期工程竣工，2001年4月17日，省政府下发《关于"四自"工程01省道嘉兴东西大道平湖段二期工程收取车辆通行费的复函》，同意自5月10日起，调整平湖段公路的收费标准。同时将原01省道黄姑、平湖新埭两边界收费站调整为01省道嘉兴东西大道平湖收费站的补票点。调整后的收费标准为：二、三轮摩托车（含轻骑）为4元/车次；20座以下（含20座）和2吨以下（含2吨）的客、货汽车及简易机动车为10元/车次；50座以下（含50座）和5吨以下（含5吨）的客、货汽车为20元/车次;50座以上和10吨以下(含10吨)的客、货汽车为30元/车次;10吨以上车辆(含大型平板车、特种车)按行驶证规定的载重吨位(特种车自重吨位)计征。超过40吨以上的部分按50%计征。收费标准为4元/车次吨。外省车辆与本省车辆实行一个收费标准。

根据交通部、国家发改委《印发关于降低车辆通行费收费标准的意见》精神,为减轻企业负担,2004年12月24日,省政府下发《关于调整收费公路收费标准的复函》,同意自2005年1月1日起调整全省收费公路收费标准。普通收费公路10吨以上货车收费标准一律按三类货车即5吨以上10吨(含10吨)以下货车标准计征(30元/车次),取消摩托车通行费。

根据2001年6月22日,浙江省人民政府办公厅关于"四自"工程320国道嘉兴段收取车辆通行费的复函精神,鉴于"四自"工程320国道枫泾至嘉兴段已改造完成,省政府同意在七星收费站双向收取车辆通行费,收费标准为新标准乘3,收取的通行费由嘉兴公路建设投资有限公司用于还贷,同时对出嘉兴的车辆单向叠加收取320国道嘉兴市区过境段车辆通行费,标准为新标准。嘉兴至桐乡段收费目前仍按新标准乘2执行,待二期改建完成并交工验收合格之日起,在洪合收费站双向收取车辆通行费,收费标准为新标准乘3,收取的通行费由嘉兴公路建设投资有限公司用于还贷,同时停止省统收统支收费。另外,对出嘉兴的车辆单向叠加收取320国道嘉兴市区过境段车辆通行费,标准为新标准。嘉兴市城市"四自"工程收费仍按省政府办公厅浙政办发〔1998〕87号文件执行。

【收费站点】

1994年7月20日,国务院发文,禁止在公路上乱设站卡乱罚款乱收费,交通部门设置公路收费站须经各省、自治区、直辖市人民政府审批。

至2002年年底,经省政府批准,嘉兴市共计有12个收费站(含补票点),批准设置车道84个,实际开通车道65个,共计有收费公路374.78公里,收费桥梁348910延米,平均日交通流量为75940辆次。

至2007年年底,嘉兴市本级现有普通公路收费所2个:07省道嘉兴征费管理所、320国道嘉兴征费管理所。普通收费公路站点有3个:320国道洪合收费站、七星收费站、07省道嘉兴收费站。收费员工85人。

2010年2月28日23时58分,浙江省取消境内政府还贷二级公路收费。涉及嘉兴市域范围的有5个站点被撤销。

至2010年年底,嘉兴市秀洲、南湖两区共有公路收费站点16个。区境内尚有公路收费站点10个,即沪杭高速公路(G60沪昆高速)王店站;乍嘉苏高速公路(G15W常台高速)秀洲主站、秀洲副站、王江泾主站、王江泾副站;S12申嘉湖高速公路油车港站、王江泾站、新塍站;320国道洪合站;S202省道(07省道)王江泾站。

320国道洪合收费站 320国道洪合收费站,是原嘉兴收费站迁移到洪合而形成的。1989年嘉兴收费站就已开始收费,2001年嘉兴收费站迁址到洪合。洪合收费站区工程规模为双向8车道,其中两外侧车道为超高宽车道,钢网架收费棚855.5平方米,收费亭(钢制)及防撞架8只,收费亭7个,共占地面积0.94公顷。收费站房工程建设规模为综合管理用房(含车库)850平方米、配电房112平方米、管理区道路及停车场2300平方米。收费方式为各自双向收费。标准为新标准×2。至2010年年底,洪合收费站仍保持正常运作。

S202道(07省道)王江泾收费站 07省道王江泾收费站,于2006年12月28日正式启用,共有8个收费窗口。当时日均车流量达1.6万辆。随着07省扩建工程的完成,车流量不断增加,2010年,王江泾收费站日车流量达1.8万辆左右。至2010年年底,07省道王江泾收费站仍继续保持正常运作。

图1-5-8　07省道收费站

第二篇　水　路

秀洲区的前身是嘉兴县，始建于春秋时期。1983 年嘉兴撤地建市，把原嘉兴县农村部分建立为嘉兴市郊区，1999 年 6 月嘉兴市郊区更名为秀洲区。2000 年 7 月行政区划调整，将原嘉兴县西北的农村和部分市区划为秀洲区。

秀洲区境内水系发达，河道众多，水路运输在秀洲区综合运输方式中占主导地位，承担着几乎全部石矿建材和大部分煤炭、粮食、石油等重要物资的运输任务。其具有长距离、大批量、运输成本低的特点，使其成为不可替代的运输方式之一。由于秀洲区具有独特的地理位置，区内经济与上海、杭州、湖州、苏州、无锡、常州等长江三角洲城市经济密切相连，内河航运在地区物资交流方面发挥了重要作用。区内水路运输以货运为主，由于公路的快速发展，客运已退出水运市场。境内原有集体水运企业 3 家，1999 年年初相继改制成股份合作制企业。2001 年 9 月因行政区划调整，原秀洲区第三交通运输公司划归秀城区管理。2006 年原秀洲区第一交通运输公司，因水运企业竞争激烈，经营陷入困境，而自动歇业。至 2010 年，区内水运由个体和私营运输户为主。近几年，嘉兴市秀洲区加大了水运的投资力度和建设力度，水运事业有了较快的发展，水运环境也有了明显的改善。但从总体上看，嘉兴市秀洲区水运资源优势还没有得到充分的发挥，在如今经济增长方式不断集约化和注重经济社会可持续发展的时代，这方面的潜力和可为空间还相当大，建设水运强市的任务还相当艰巨。

第一章　航　道

图 2-1-1　秀洲区航道杭申线北郊河

航道即是江、河、湖等水域内，供船舶及排、筏等安全航行的通道。航道应具有一定的深度、宽度、弯曲半径、比较平稳的水流以及满足等级要求的保证率。

秀洲区对航道建设十分重视，对航道经常进行疏浚、拓宽。2005 年 12 月 27 日，市交通局和秀洲区政府批准了区交通局关于《秀洲区公路水路交通建设规则（2004—2010 年）》，“同意内河航道建设规划目标、内河航道网布局方案。秀洲区内河航道布局分三个层次。第一层次由‘二横二纵一连’干线航道组成，‘二横’即杭申线（三级）、湖嘉申线（三级）；‘二纵’即京杭运河（三级）、乍嘉苏线（四级）；‘一连’即嘉于线（四级）。第二层次为主要支线航道，由长水塘、陶建线、嘉乌线、嘉澄线、嘉桃线、王建线、新农线、新铜线等 9 条支线、六级航道组成。第三层次是由新洛线等 14 条六级以下航道支线的一般支线航道”。规划批准后，秀洲区交通局按批复精神积极筹措资金，认真组织落实。到 2010 年年底，全区有定级航道 27 条，航道总里程达 248.21 公里；航道密度达 43.9 公里/百平方公里。拥有各种船舶 635 艘，总吨位达 14.777 万吨；区内有大小码头 115 个。分布在 27 条河道上。2010 年水上货物运输量达 1184.414 万吨，132611.6 万吨公里。

第一节 航道历史演变

嘉兴很早就有了航道，春秋战国时吴越两国发生的槜李之战（在现嘉兴南部），就有大小船只到古嘉兴参战。随炀帝为连贯南北，开凿了京杭大运河，沟通了当时的水上交通网，大运河贯穿了嘉兴古城。嘉兴地处长江三角洲河网发达地区，航道很早就已畅通，水运条件十分优越，是全国内河航运最发达的地区之一。境内河流密布，航道密度达 50 公里/百平方公里。现今通航里程名列全省第一，主要有京杭运河、杭申线、东宗线和嘉于硖线 4 条四级干线航道，乍嘉苏线为五级干线航道，与长湖申线、杭湖锡线、钱塘江等相互贯通，共同构成浙北航道网。

【解放前嘉兴航道】

解放前嘉兴陆上交通运输较落后，因此水运成了客货运输的主要方式。水上航路往东可达上海，往南可至杭州，往北可通湖州、苏州，而嘉兴县城至各区、乡均有水运航道，完全占有“舟楫之利”。据《中国实业志》第十编“交通”第四章“水道”记载：浙江省境内，河港纵横，水运堪称便利，其中嘉兴等尤为便利。关于嘉兴当时的航道及其情况，现列表加以说明。

表 2-1-1

民国时期嘉兴县航道情况表

序号	县份	河港名称	嘉兴县内长度(公里)	深度(米)	宽度(米)	通行船只
1	嘉兴	运河	30.85	4.00	50.00	汽船快艇
2	嘉兴	平湖塘	24.90	3.40	30.00	轮船帆船航船
3	嘉兴	海盐塘	16.25	3.50	30.00	轮船帆船航船
4	嘉兴	嘉善塘	13.20	3.30	30.00	帆船航船
5	嘉兴	长水塘	20.00	3.40	40.00	帆船汽船

嘉兴尽管航道众多，条件优越，但由于国民党政府对交通建设不重视，加之连年战争，财政枯竭，无力治理这众多航道，致使一些航道经常断航。据《浙江省建设月刊》[民国 23 年（1934 年）]记载大旱之年通航情况，“崇德经桐乡至嘉兴沿运河各支河内，除康泾港（双桥至桐乡县城河道）已由县政府开浚，及通濮院镇、屠甸镇支河，通周王庙塘河尚可通行外，其余大都干涸，其已经由乡民临时开通水沟各处，均狭小异常，不足敷灌溉之用”等，多处仅“容一舟可通，河沙淤积颇高，水深不及膝，小船也需拖移，方能通过”的情况。

除此之外，战争的破坏也造成航道堵塞。据民国 37 年（1948 年）12 月《浙江省水利建设月刊・整治嘉属运河工程纪要》记载：“抗战以来河身未见变迁，惟若干处为敌人部队堵塞。在崇德县境太公渡及小羔羊，即有两处，共长 150 公尺以上之地区，须挖水下土方 12000 余立方，其他及沿塘港叉，因战争关系被敌阻塞者，计有十处，离运河塘较远，小港堵塞；尤多塘堤，亦随处塌陷。计缺口之段，低陷者四段，共长 30 里，桥梁毁损过半，其中完全破坏或毁弃者有 20 座，已成倾圮，或部分明坍损者 20 余座，以上种种影响于灌溉交通者，实非浅鲜。”再者有的航道两旁居民经常向航道内倾倒垃圾，而当地政府听之任之，日积月累造成某段航道狭窄（材料见《疏浚》一节）。

民国时期，嘉兴航道，在物资运输、人员运输及军需兵员运输上都占重要地位，所以国民党政府也曾在局部航道上进行疏浚、护堤，而作为航道的主管部门水利建设局也尽力派员进行勘查，制订计划，造预算、打报告，做了一些治理工作，但由于“治本工程，工巨费浩，限于人力财力一时难以实施，乃就为害最烈之处，先行紧急治标工程”（材料同上）。

【1949—1990 年嘉兴航道】

解放初期，嘉兴航道处于自然状态，只能通航 100 吨以下的船舶。不少航道还存在弯多、淤浅、曲率半径小、河岸塌方、航道狭窄、桥位不当等碍航情况，影响船舶周转和航运效益。中国共产党和人民政府对航运事业十分重视，但当时国家的实力还较差，嘉兴在国家没有投资的情况下，对航道的治理，采取航管部门、地方政府、水利部门联合集资的办法，综合利用，共同开发。航道改造工程也是小打小闸，每次都是一小段一小段地进行，最多改造两三公里航道。

改革开放后，进入"七五"期间（1986—1990年），嘉兴市水运的运量翻番，船舶成倍增加。新建船舶吨位越来越大，通航船舶越来越多。河道虽每年在疏浚治理，仍跟不上水运事业日益发展的需要。航道是航运的基础，是水运生产力的重要组成部分。针对面临的问题，根据"七五"期间浙江省交通工作会议精神，"坚持以水为主，水陆并举""先缓解、后适应"的指导方针，结合实际情况，按照"确保重点、兼顾一般"的原则，制订"七五"期间航道治理规划。期间，嘉兴市航管部门适度集中航养资金用于航道工程计有1187.5万元。为了把有限资金用于急需缓解之处，采取"治其一点、活其全线"的整治方案，着重对主要干线中"卡脖子"、事故多发航段的航道进行疏浚、拓宽、裁弯、取直工程。"七五"期间，共完成航道改造8.50公里，航道疏浚45公里，改造碍航危桥60座。使原来只通航60吨级以下船舶的航道，可通行100吨级船舶。事故多发航段及经常发生航道阻塞的地段，基本上达到畅通无阻，初步扭转了嘉兴航道基础与水运发展不相适应的局面。保障了船舶安全航行，加快了船舶的周转，社会效益及经济效益均有了明显提高。其间，航道改造的着重点在杭申甲线的三店塘、三塔湾裁弯等工程。

【1991—2010年嘉兴航道】

图2-1-2 1993年杭申线陡门航段堵航情景，城郊港监正在组织疏港

由于经济的快速发展，运量的成倍增加，到了二十世纪九十年代初，嘉兴航道赶不上水运市场需求的窘状日益突出，京杭运河、杭申线等几大主干线连续出现堵航，最严重的一次（1992年年底）历时近半个月，受阻运输船达数万艘，严重影响了浙江、上海和苏南地区的经济建设和人民生活，成为社会经济高速增长的"瓶颈"。1992年2月11日京杭运河发生堵航，从江苏的吴江一直堵到浙江的乌镇，连绵几十公里，把京航运河嘉兴段堵得个水泄不通。2月25日至28日，京杭古运河嘉兴航段又发生堵航。10月21日至24日杭申乙线乌镇段又连续发生堵航，受堵航段长达7、8公里。12月24日，因长湖申线江苏段堵航，船只纷纷改走杭申乙线，从而引发乌镇太史桥至郊区思古桥段堵塞。27日，又引发了杭申甲线陡门至陶家兜全面受阻，28日，嘉兴市河段发生堵塞。直到1993年1月4日晚上9时，杭申甲线，杭申乙线才恢复通航。这次堵航受阻船只2万多艘，堵航里程20多公里，堵航时间12天。成为杭嘉湖地区历史上受堵船舶最多、堵航里程最长、堵航天数最多的大堵航。1993年2月1日至4日、17日至19日再次堵航等堵航现象不断。当嘉兴水位超过危急水位时，嘉兴全线停航，全市在五天的停航中，共有万余艘船舶和数万名船员被困在水上。1993年8月29日，横跨杭申线的嘉桐2号桥被船舶触损后，致使该航道被迫断航。总之嘉兴的航道已不能适应水上运输的要求。

1993年，省政府本着"水陆并举、宜水则水、宜陆则陆"原则，决定在加快公路建设的同时，加快内河航道工程建设的步伐。1995年10月，全国首次内河航运建设会议在南京、杭州召开。邹家华副总理至杭申线嘉兴市河段考察并作指示。根据全国内河航运建设工作会议精神，提出对杭州、嘉兴、湖州地区航道网进行改造，并且审时度势提高了航道的建设标准。由此，嘉兴水运基础建设掀起了高潮，航道工程建设规模、速度和质量达到前所未有的水平。

"九五"期间（1996—2000年），嘉兴市交通建设按照"建设大交通、促进大发展，建立贯通全市、连接内外、通达周边的交通网络"的发展战略进行了统筹规划，提出了进一步抓好水运强市工程，强化了内河航道建设。加大了内河航道改造资金投入，甚至向世界银行借贷用于航道改造。项目从1995年3月开始逐步实施，于2002年全部建设项目竣工，嘉兴的航道建设发生了质的飞跃。

"十五"期间着重做好完善工作，完善了乍嘉苏线航道和杭申线航道，开工建设东宗线航道和嘉于硖线南郊河工程。通过"九五"的航道建设和"十五"的完善工程，已初步形成了以300～500吨航道为主骨架，50～100吨级航道为基础，以上海、嘉兴港为出海口，辐射浙北、苏南，与周边地市对接的高等级航道网络。使嘉兴内河航道基础设施基本适应运输发展的需要，内河航运的优势和规模得以体现，并步入良性发展阶段。

进入"十一五"后，除"十五"的续建项目外，启动了京杭运河嘉兴段"四改三"工程、湖嘉申线嘉兴段二期工程和丁诸线等航道的前期工作，相继又开工建设嘉于硖线航道嘉于段和于硖段工程、东宗线航道改造二期工程、湖嘉申线嘉兴段三级航道一期工程、何家桥线航道工程。2008年开工建设的湖嘉申线嘉兴段三级航道一期工程，是全省第一条三级航道的重要航段，计划投资 6.5 亿元，改造里程 14.76 公里，这是嘉兴建设航道等级最高的水运工程建设项目。

到 2010 年年底，秀洲区共有定级航道 27 条，航道总里程达 248.21 公里；航道密度达 43.9 公里/百平方公里。

第二节　跨省干线航道

秀洲区跨省干线航道有四条，即是京杭运河、杭申线、湖嘉申线一期、乍嘉苏航线。

表 2-1-2

2010 年嘉兴市秀洲区跨省干线航道一览表

	航道名称	等级	起讫(全程)	里程(公里)	备注
干线航道	湖嘉申线一期	三	红旗塘口—乍嘉苏线口	8.77	
	京杭运河	四	封家港—鸭子坝	8.75	
	杭申线	四	杨庙大桥—新运桥	23.37	
	乍嘉苏线	四	九里亭—北虹桥	14.49	
小计				55.38	

【京杭运河嘉兴段】

京杭运河嘉兴段自江苏吴江平望鸭子坝途经新塍镇钱码头村至桐乡乌镇幸福桥，全长 17.353 公里。京杭运河嘉兴段又名澜溪塘、烂溪塘。

据《嘉兴市志》记载：澜溪塘，五代吴越时开挖。此塘古时“两岸俱栽枫树”，红叶烂漫，因而得名。澜溪塘系江浙边界河流，流经嘉兴、苏州两市交界地段。经桐乡市和秀洲区，东北流向江苏境内，是嘉兴市域西北部经太浦河入黄浦江的主要排水通道。澜溪塘汇集了新市、练市、石门等地来水，经桐乡市乌镇附近的金牛塘、白马塘、横泾港汇入乌镇市河，从分水墩起向东北流经秀洲区新塍镇，在江、浙两省交界的鸭子坝进入江苏省境内，出省境后流经江苏省吴江市的盛泽镇、平望镇入草荡汇太浦河。

1995 年，根据全国内河航运建设工作会议精神，对京杭运河浙江段规划进行调整，将航道改造的标准从五级提高到四级。京杭运河嘉兴段由航道改造工程（由前期瓶颈专项改造、第一合同段组成）和护岸完善工程（包括绿化工程）组成，实际完成总投资 10562 万元。实际完成工程量：共开挖土方 172.33 万立方米，新建护岸 37.78 公里，新建桥梁 3 座，征地 837 亩，拆迁 0.95 万平方米。其中前期瓶颈改造工程由乌镇养鸭场至通河桥，全长 1.942 公里，改造标准五级，于 1994 年先期实施；第一合同段由鸭子坝至乌镇养鸭场，全长 15.411 公里，按四级标准，1995 年 10 月开始施工，1999 年全面完工。该工程属世行贷款建设项目，也是浙江省首次利用世界银行贷款进行建设的内河航道项目之一，共计利用世行贷款 1362 万元；护岸完善工程由通河桥至鸭子坝，全长 15 公里，结合航道改造工程同步实施，绿化工程实施绿化 18 公里。整条航道改造完成后，护岸整齐顺直，绿树成荫，航行标志设施齐全，能通航 500 吨级船舶，设计年通过能力为 5000 万吨。

近年来，随着长江三角洲地区经济的高速发展，运量的快速增长，急需进行京杭运河（浙江段）三级航道整治工程。该项目得到了国务院领导重视。

2001 年 9 月，京杭运河嘉兴段被交通部命名为“文明样板航道”。全线砌筑护岸并绿化（其中浙江一侧护岸 22.5 公里，绿化 12.6 万平方米），船舶日均流量约 1500 艘次，年通过货运量达 3000 多万吨。2000 年 11 月 29 日交通部对京杭运河浙江段改造工程进行竣工验收，被评为优良工程。2001 年 6 月 6 日至 8 日，交通部在浙江省杭州市召开京杭运河浙江段文明样板航道评审及验交会议。一致认为，京杭运河嘉兴段文明创建工作卓有成效，同意评定为文明样板航道。

图 2-1-3　京杭运河嘉兴秀洲思古桥航段

【京杭古运河嘉兴段】

京杭古运河是我国的一条南北水运大动脉，是世界上开凿最早、最长的一条人工河道。京杭古运河北起北京，南至杭州，经北京、天津及河北、山东、江苏、浙江，全长1747公里。京杭古运河从江苏平望陆家荡口入浙江境后经王江泾镇进入嘉兴市区再沿经秀洲区的嘉北、新城、高照三街道和新塍镇、洪合镇，然后进桐乡市的石门镇、崇福镇，至大麻镇与余杭博陆交界，即为运河嘉兴段，长81.22公里。分成三段：杭州塘、嘉兴市区河段和苏州塘。

杭州塘亦称嘉杭运河、杭申线，从桐乡大麻入境经崇福、石门至秀洲区进市区西丽桥，境内全长60.075公里，地势由西南向东北倾斜，其倾斜度比较平缓，东北流向。河底宽25.7～31.0米，河底高程－0.2～－0.5米。4米水位时过水断面积154～179平方米，5米高程时河面宽46.3～52.7米。

运河嘉兴市区河段，长2.165公里，环老嘉兴城段从西丽桥至北丽桥，再经分水墩，一路向北入苏州塘，一路向东入东环河。因城市防洪需要建闸控制改为市区内河，由新开北郊河替代。

苏州塘亦称苏嘉运河、乍嘉苏线，自嘉兴市区北丽桥起，向北经秀洲区王江泾、大坝，西北折至江浙交界处，全长18.98公里，河底宽52.7米，河底高程—1.0米。4米水位时过水断面积336平方米，5米高程时平均河面宽82.6米。

图 2-1-4 京杭古运河北郊河航段

【杭申线】

杭申线航道是长江三角洲两个中心城市上海与杭州之间的水上主通道。起自杭州三堡船闸，终于红旗塘与上海省界，全长141公里。其中嘉兴段南起杭州余杭的博陆，途径崇福、石门、嘉兴、西塘等城镇，至嘉善红旗塘上海省界，全长92.142公里。

90年代初，杭申线大部分航段仍处于自然状态，桥梁低矮，航道淤浅，航道等级低、通过能力小，特别是多处"瓶颈"航段严重制约水运的发展。为了缓解杭嘉湖内河航运紧张状况，省交通厅、省港航管理局决定先期对杭申线嘉兴段几个突出的"瓶颈"航段实施改造，1994年，秀洲区陡门等三航段按五级标准进行了改造。

1995年10月，首次全国内河航道建设工作会议召开，决定对杭申线浙江段进行规划调整，将航道改造标准从五级提高到四级。从1996年开始，杭申线嘉兴段开始按四级航道标准改造，包括航道改造工程和护岸完善工程。建设期从1996年至2000年年底。为创建文明样板航道，2000年年4月，由嘉兴市政府委托沿线各区、市、县政府负责实施杭申线嘉兴段航道护岸完善工程，由塘栖至红旗塘省界，全长70.74公里(单边)，至2002年6月全部工程完工。其中，杭申线嘉兴市河改造与杭嘉湖南排工程——北郊河的结合，体现了交通与水利建设的统筹兼顾，是航道工程与水利工程结合的典范。杭申线嘉兴段改造工程决算金额为58487万元，其中利用世行贷款12595万元。实际完成工程量：共开挖土方922.41万立方米，新建护岸172.118公里，修复护岸6.701公里，新建桥梁35座，征地3517.9亩，拆迁17.7048万平方米。杭申线浙境段航道改造工程获"九五"和"十五"期全国内河水运建设优秀项目。

2003年4月，嘉兴市开展杭申线嘉兴段创建"文明样板航道"活动。投入资金250万元对破损严重的护岸进行了修复，并与沿线企业签订护岸绿化包干养护责任书。同时，将科技手段运用到管理中，2004年建成水上交通指挥中心，不断提高管理和服务水平，提升突发事件处置能力。2004年1月，杭申线被省交通厅评为"文明航道"，2005年8月29日，被交通部授予"文明样板航道"称号。

图 2-1-5 杭申线嘉兴三塔航段

【乍嘉苏线】

乍嘉苏线浙境段是起自乍浦闸桥，经平湖市郊和嘉兴市南湖区、秀洲区，终于江、浙两省交界的江苏省硫酸化工厂，全长65.828公里。乍嘉苏线是浙江省内河航运发展规划的二十条骨干航道之一，是浙北高等级航道网的重要组成部分，也是浙北地区唯一出海口乍浦港的重要集疏运通道，承担了建材、煤炭等大宗货物的繁重运输任务。

图 2-1-6　乍嘉苏线王江泾航段

改造前，乍嘉苏线航道部分航段仅能通行 30 ～ 50 吨级驳船。为改变这一局面，在交通部、省交通厅的大力支持下，"九五"期间，利用世界银行贷款和国内资金对乍嘉苏线航道按五级航道技术标准实施改造，并对秀洲、南湖、平湖三市区航段实施了改线工程。工程自 1996 年 4 月开工，2000 年 5 月完工，实际改造长度 49.2 公里，工程质量优良。乍嘉苏线（浙境段）航道改造工程实际完成投资 15046 万元，其中世行贷款项目 3255 万元。实际完成工程量：共开挖土方 358.58 万立方米，新建护岸 31.482 公里，新建桥梁 18 座，征地 1208.88 亩，拆迁 4.98 万平方米。通过本项目的改造，全线 300 吨级驳船已畅通无阻。

"九五"期间，又对新拓宽和因浚深造成岸坡失稳段进行了护岸修建，及两岸遗留的大量未作修护的土坡和年久失修的水利部门早期做的简易护岸进行加固修筑。乍嘉苏线浙境段航道护岸完善一期工程自 2003 年 9 月开工，至 2005 年 11 月完成。完成工程量：开挖土方 71.98 万立方米，修筑护岸 35.22 公里。实际完成投资 5346.24 万元。一期工程总改造里程 32.90 公里，共分为两段，其中五里亭至省界段长 18.57 公里，按四级航道标准改建，其余 14.33 公里按五级航道标准改造。工程质量为优良。通过完善工程，秀洲区段已全部达到四级标准。

【湖嘉申线航道嘉兴段一期工程】

起于乍嘉苏航道口，向东新开挖 1.5 公里航道后入北官荡，北行接上嘉澄线，在秀洲区油车港镇与红旗塘相连，终于与杭申线交接处的杨树浜，全长 14.76 公里，概算总投资 6.5 亿元，于 2008 年开始实施，计划 2013 年建成。工程内容主要包括土方 248 万立方米，新建护岸 16.87 公里，新建芦花荡和嘉善两个锚泊服务区，桥梁 11 座，水闸 9 座，建设配套管理用房、航道标志、视频监控等设施及航道绿化工程。到 2010 年年底，湖嘉申线航道嘉兴段一期工程全面开工建设，年完成投资 5917 万元，累计完成投资 5.09 亿元，占总投资的 79%。开挖土方 81.09 万立方米，为总数的 45.48%，开挖护岸基础 7107 米，为总数的 53.7%；砌筑墙身 5666 米，为总数的 42.8%；3 座桥梁完成工程总量的 20.5%，2 座水闸已开工建设。

图 2-1-7　湖嘉申线

第三节　市干线航道

南郊河虽已建成，但南郊河秀洲区段因铁路桥还未建成，未通航（因此南郊河秀洲区段航道里程不计算在内）。

【嘉于硖线】

嘉于硖线航道起于嘉兴市西郊杭申线航道乍嘉苏高速公路桥东侧，沿乍嘉苏高速公路南下，穿 320 国道、沪杭铁路，过王店镇四联村进入海盐塘，在于城进入盐硖乙线，接长山河，止于硖石镇长水塘口，总里程 41.958 公里，投资概算 8.43 亿元。其中秀洲区段长约 9.8 公里。2005 年 1 月动工，按四级航道标准建设，新建桥梁 1 座，总投资约 5.4 亿元。该航道分南郊河西段、嘉于段和于硖段。

【南郊河西段】

其中秀洲区段起于嘉兴西郊杭申线航道，终于王店四联村，系嘉于硖线的一部分，航道全长 9.8 公里。于 2005 年 1 月开工建设，其中嘉杭大桥（纵二路桥）于 2007 年 7 月 1 日通车，完成土方 271.2 万立方米，新建护岸 20.5 公里，建设特大桥梁 1 座。投资约 5.4 亿元。桥梁、土方和护岸等 15 个单项工程均被评为优良工程。

图 2-1-8　南郊河

第四节 支线航道

到2010年年底，全区共有支线航道23条，总长192.83公里，其中新桐线为准七级外，其余的均为七级及以上等级航道。

表 2-1-3

2010 年嘉兴秀洲区支线航道一览表

航道名称	等级	起讫(全程)	里程(公里)
长水塘	六	105 铁路桥—西南湖	11.96
嘉澄线	六	天凝水产村—平安村	11.92
王建线	七	南司宫—建设	10.18
嘉乌线	六	杭申线北郊河—京杭运河石汇头	16.51
嘉南线	六	南汇—乍嘉苏线王江泾	8.58
鳗鲤港	七	西千亩荡—乍嘉苏线	5.33
嘉桃线	七	乍嘉苏线金桥口—桃园	12.15
新桃线	七	浪柱浜桃圆口—嘉乌线桃园 1 号桥口	3.21
南陆线	六	人民桥—陆家荡口	10.80
嘉建乙线	七	三姑庙—嘉兴建设砖瓦厂	7.75
陶濮线	七	洪合港口—向阳桥口	4.61
嘉建甲线	七	建设砖瓦厂叉口—杭申线陡门	11.50
新陡线	七	杭申线陡门—新塍镇南栅	9.92
嘉田线	七	斜路港口—大家甸	4.62
嘉高线	七	九里汇—高照	5.43
新运线	七	岳庙桥口—高照砖瓦二厂	7.10
新洛线	七	车头滨口—洛东丝厂	4.60
新铜线	七	二里桥口—铜罗港口	7.22
陶建线	七	宣家桥口—陶家笕	11.75
马王线	七	海盐塘马泾桥口—王店	9.61
南小线	七	南汇—小曲荡口	4.22
新农线	七	八字砖瓦二厂—吴家汇口	11.75
新桐线	准七级	新农线口—棋星村南长浜	2.11
小计			192.83

第二章 湖 泊

秀洲区境内湖泊（湖荡）众多，主要分布在秀洲区北部王江泾镇、油车港镇等地，水域面积在 1 平方公里以上的有梅家荡、莲泗荡、陆家荡、天花荡、田北荡等。湖泊的成因主要是古太湖的遗存。古时，杭嘉湖平原为长江与钱塘江海湾的一部分。距今 6000 多年前，由于长江和钱塘江所携带大量泥沙在河口地段不断淤积形成沙嘴并不断发育，海侵退后外缘形成海岸，海湾被封闭为一个大泻湖。在长江三角洲不断东伸扩大的过程中，随着大量泥沙淤积，泻湖逐步沼泽化，有些湖底逐渐抬高，成为平原，湖面被不断分割和缩小，逐渐形成当今的太湖及其周围的湖泊群。也有的原为陆地，后遭受海浸和地面沉降而成湖荡。湖荡水源除靠当地降水补给外，主要来自京杭大运河和其他邻近河流的补给，一般水深 2 ～ 3 米，个别最深处达 5 米左右。不少湖泊与航道串连相接，承载着航道的职能，有其航运交通之便。区内主要湖荡有以下这些。

【梅家荡】

梅家荡位于秀洲区王江泾镇，京杭运河之东。原东西长 2300 米，南北宽 2700 米，面积 3.72 平方公里，是嘉兴市最大的湖泊。据明、清各版《嘉兴府志》《秀水县志》记载，该湖宋代称闻湖，因当地有一闻姓尚书居住而得名。土话读“闻”为“门”，又讹为“梅”，后代遂写作梅湖，俗称梅家荡。明代大学士朱国祚著有《梅家荡棹歌》，可见当时已有此称。1984 年 6 月，为发展嘉兴市“商品鱼”基地，周边乡镇围湖 2.8 平方公里，建设鱼塘 310 个，使梅家荡面积减为 0.92 平方公里。

【涟泗荡】

涟泗荡位于秀洲区王江泾镇与油车港镇之间，近临京杭运河浙江入口处。据清末《闻川志稿》记载，该荡清代称思贤荡。因与东面涟三荡、西面陶家荡、四小荡连接一起，故被惯称为涟四荡，又写作涟泗荡。涟泗荡南北长 4100 米，总面积 3.595 平方公里，周长 17.8 公里，一般水深 1.5 ～ 2.0 米，最大水深 3.5 米。秀洲区有名的，与江南水乡渔民生产、生活习俗相关的民间水上庙会——网船会，就在此荡中开展活动。

【陆家荡】

陆家荡位于秀洲区王江泾镇和江苏省吴江市之间。总面积 1.575 平方公里，其中在王江泾镇内面积 0.95 平方公里，最大水深 5.0 米。

【天花荡】

天花荡又名尖墩角荡，也写作天荒荡，位于王江泾镇虹阳、范滩、古塘等村之间，面积 1.52 平方公里，最大水深 4.0 米。

【田北荡】

田北荡位于王江泾镇田乐村和田青村之间，面积 1.065 平方公里，最大水深 4 米。

【北官荡】

北官荡位于油车港镇栖真村和上睦村之间，面积 0.850 平方公里，周长 5.050 公里。

油车港镇除北官荡外，还有南官荡。为什么称“官荡”，其来由是：嘉兴市境历经南朝各代屯田开发，至唐中期嘉兴屯区曾分设 27 屯，环绕半个太湖，湖海江浦水利大兴。至晚唐、五代，逐步形成“五里或七里一纵浦，七里或十里一横塘”的塘浦圩田体系。从北宋起至南宋时期，塘浦圩田系统遭致破坏，主要是一批豪强巨族大肆围湖垦殖，侵占水道水体，围湖造田，从借口屯围、侵夺濒湖浅滩、创置所谓“坝田”，发展到凭借权势公然涸水为田；从包占草滩水荡，发展到围垦江湖水道。当时朝廷出于统治利益的考虑，下令将一些湖荡收归为官府所有，以抵制豪强巨族的势力。官荡一名由此而生。

【西千亩荡】

西千亩荡也称丁家荡位于油车港镇胜丰村、池湾村、麦家村和栖真村之间，面积 0.805 平方公里，周长 4.030 公里。

【北白荡】

北白荡位于王江泾镇东荷村，面积 0.698 平方公里，周长 3.790 公里。

【东千亩荡】

东千亩荡位于油车港镇池湾村和麦家村及嘉善县之间，秀洲区面积 0.690 平方公里，周长 3.000 公里。东西千亩荡古称麟湖。

【菩堤荡】

菩堤荡位于王江泾镇廊下村和栋梁村之间,面积0.662平方公里,周长3.577公里。

【六百亩荡】

六百亩荡位于油车港镇钱家桥村和嘉善县光明村之间,秀洲区面积0.659平方公里。

【小曲荡】

小曲荡位于王江泾镇华联村与嘉善县陶庄镇之间,秀洲区面积0.540平方公里,周长4.250公里。

【长荡(王江泾镇)】

长荡位于秀洲区王江泾镇与嘉善县天凝、陶庄之间,秀洲区面积0.575平方公里,周长4.512公里。

【沉石荡】

沉石荡古名陈盛荡位于油车港镇澄溪村、合心村和千金寺村之间,面积0.528平方公里,周长4.21公里。

【茅洋(毛漾)荡】

茅洋(毛漾)荡位于王江泾镇华联村、栋梁村和廊下村之间,面积0.490平方公里,周长4.736公里。

【西雁荡】

西雁荡位于王江泾镇西雁村内,面积0.485平方公里,周长2.78公里 。

【前(钱)家溪】

前(钱)家溪位于王江泾镇双桥村和范滩村之间,面积0.472平方公里,周长4.90公里 。

【河泥荡】

河泥荡位于王江泾镇民和村和莫家甸村之间, 面积0.415平方公里,周长2.800公里 。

【沈家荡】

沈家荡位于油车港镇澄溪村与合心村及嘉善县天凝之间,秀洲区面积0.410平方公里,周长1.770公里。

【北海荡】

北海荡位于王江泾镇田青村和田乐村之间,面积0.363平方公里,周长3.383公里。

【和尚荡】

和尚荡位于王江泾镇虹阳村,面积0.335平方公里。

【砻糠荡】

砻糠荡原名龙江荡位于油车港镇麦家村和胜丰村之间,面积0.324平方公里,周长5.145公里。

【丁(钉)靴荡】

丁(钉)靴荡位于王江泾镇红联村和廊下村之间,面积0.305平方公里,周长2.571公里。

【莳(寺)公荡】

莳(寺)公荡位于油车港镇千金寺村与西湖村之间,面积0.250平方公里,周长2.410公里。

【长荡(油车港镇)】

长荡位于油车港镇马厍村和陈家坝村间, 面积0.242平方公里,周长3.250公里。

【戴家荡】

戴家荡位于油车港镇杨溪村、千金寺村和西湖村之间,面积0.240平方公里,周长2.920公里。

【大洋(漾)荡】

大洋(漾)荡位于王江泾镇栋梁村内,面积0.220平方公里,周长2.315公里。

【蚕溪荡】

蚕溪荡位于王江泾红联村和南汇村之间, 面积0.180平方公里,周长2.293公里。

【火烧荡】

火烧荡位于油车港镇合心村与千金寺村之间, 面积0.155平方公里,周长1.860公里。

【丹牌荡】

丹牌荡位于油车港镇马厍村与上睦村之间,面积0.142平方公里,周长2.262公里。

【曹君(军)荡】

曹君(军)荡位于油车港镇合心村,面积0.125平方公里,周长1.930公里。

第三篇　水路运输

杭州萧山跨湖桥新石器遗址出土距今8000年的独木舟和木桨，可见我国水路运输历史的悠久。远在春秋战国时期，船舶应用已很普遍。我国有许多大江大河及湖泊，水路运输条件十分优越。隋炀帝为贯通南北，先后开凿了京杭大运河，沟通了当时的水上交通网，为发展水上运输创造了良好条件。

古代交通情况，大致为：北方平原广阔，以陆运为主；南方河川纵横，以水运为主。历代大多建都于北方的长安、洛阳、北京等地，即政治中心在北方，但粮食主要依赖江浙两淮。隋代运河开凿后，便于漕粮北运。历代漕粮的北运主要依赖水路，更显水路运输的重要。据《江南运河历史沿革资料·运河考溯绪言》记载："浙江之货固不论，其闽北、赣东、皖南等，亦智籍其筏船之便，转道杭州，循运河而东，道出嘉兴、湖属、嘉属等各县、镇，必须装载火车者，亦皆取道以至车站。"

清末和民国前期，嘉兴境内虽先后筑有沪杭铁路和杭善、乍(浦)王(江泾)等几条公路，客货运输却依然多走水路。解放后至改革开放前由于公路发展缓慢，嘉兴地区客货运输仍是以水运为主。

80年代起，特别是改革开放后，公路建设迅速发展，促进了公路客运的兴盛，加上乡镇自行车的普及和摩托车涌现，才使水上客运渐趋衰落，但水路货运仍以其"运量大、运价低、货损少"等特点逐年发展，基本建设所需的建筑材料的90%、生产和生活用煤的85%、石油的80%依然由水路运输来完成，重大工程项目建设所需的超长、超重物件也主要依靠水路运输，绝大部分危险品运输也是通过水路来完成。至2010年，秀洲区水路运量占水陆总运量仍在70%以上。

水路运输符合构建和谐社会、节约型社会和持续发展的要求。水路运输具有其他运输方式不可替代的优势，其优越性可用七个字概括：大、多、低、少、小、廉、高。大：运量大。据测算，四级航道年通过量相当于3条双向四车道高速公路或者是一条铁路干线的总运量；多：建设投入少，产出多。水运建设投资较省，特别是秀洲区，河流、湖泊较多，可充分利用现有河道；低：运输成本低。至21世纪初，我国长江三角洲内河航运成本为公路运输的1/2，随着航道改造，通航等级的提高，船舶大型化、标准化的推广，内河运输成本还会进一步下降；少：占地少。每公里铁路需要占地30～40亩，公路约占15亩，水运主要利用天然河道，除港口建设需要占用土地外，基本上不需要占用或很少占用耕地；小：能耗小。由于船舶、船队载重吨位大，单位马力拖带量高，充分利用水的浮力，可节约能源；廉：运价低廉。由于装载运能大，油耗低，运距越长运价越低，从杭州运钢材至上海，公路需45～55元/吨，而水路仅需14～15元/吨；高：水资源综合利用率高，社会综合效益显著。

水运正朝着运输、水利、居住、文化、生态、旅游、娱乐等多功能集一体的方向发展，适当的资金投入和开发可以带来长期的经济效益和社会回报，更有助于增强城市综合竞争力。水运具备的优点，决定了其可持续发展的地位，对缓解能源、土地、环保和公路拥堵等危机，建设节约型社会具有重要意义。

第一章 船舶

船舶即是水上运输工具，我国最早的船舶即是新石器时期出现的独木舟，后来到上古（夏、商、周）三代，由于生产力水平的提高和商品流通的出现，出现了木板船，再后来发明了舵、水密舱（隔舱板），还发明了船的推进器橹，这些都是我国船舶建造中的重大发明。随着社会经济的发展，船舶有了分工，出现了战船、客船、货船、渔船、游船等各种船舶，以及机动船、非机动船，木质船、钢质船、水泥船等。由于科技的发展船舶吨位越造越大，海上大的达几万吨、几十万吨的大货船，内河船舶一般在几千吨或几百吨，民间用的小船有的只有几吨。由于航道关系，嘉兴地区解放前后货运船舶只有几十吨大小，客轮一般在40~60客位。到了20世纪80年代初期，货船大的已达100~120吨级，客轮大的达130~160客位。改革开放后，随着经济的快速发展，航道不断改善，秀洲区内货运船舶向大吨位发展大的已达500~600吨级。

第一节 运输船舶

嘉兴境内河道纵横，船舶历来是水上运输的主要工具。嘉兴很早就有内河船、兵船和驿船，唐宋时的客货运船舶已称“航船”。

民国18年（1929年）浙江省第二区船舶管理所（现在的嘉兴、湖州两市及所辖县），曾对该区各类船舶进行一次调查统计，从统计表中可以看出，当时已有轮船、拖轮、游船、航船渡船等十多种内河船舶，现把当时的统计列表如下。

表3-1-1

民国18年（1929年）嘉兴航区船舶（艘）

	船只名称	数量（艘）		船只名称	数量（艘）
1	轮船	28	10	救生船	4
2	内河航船	554	11	螺狮船	95
3	内河营业船	10607	12	公用船	186
4	汽轮拖船	20	13	乞丐船	48
5	游船	19	14	江北贫农船	224
6	渔船	60	15	港埠搬运船	926
7	舢板类港湾驳船	30	16	沿海营业船	3
8	农户自备船	51	17	合计	12875
9	义渡船	20			

据民国24年（1935年）8月出版的《中国经济志，浙江省嘉兴县》记载：“嘉兴现有轮船公司八家，境内外行驶轮船二十五艘，可载重一百六十一吨，共计职员司机二百零六人”，“水上交通有轮船二十五艘行驶各地外，尚有航船、民船、渔船、南湖船多种，虽自轮船行驶以来，营业不及往昔之盛，然船舶经营者，乃赖此为生也。全县计有航船116只，民船约34只，渔船约百只，南湖船56只，总计船户约3300余户，11000余人”。

中华人民共和国成立后，嘉兴航区水上货物运输仍以木帆船为主，生产效率低，尽管如此，船舶仍是水上运输的主要工具。机动船大多数为客轮。随着社会的发展，水上运输工具也随之更新变化。钢质船越来越多，木质船越来越少，水泥船被彻底淘汰。改革开放后，民间运输船舶空前发展，船只船吨明显增加。见城郊两区客货船舶统计表。

表 3-1-2　　1949—1990 年嘉兴市交通部门城郊两区内河客货船舶统计表

年份	客轮		客驳		货轮		货驳		货拖		木帆船	
	艘	客位	艘	客位	艘	吨位	艘	吨位	艘	马力	艘	吨位
1949	19	1060	0	0	5	150	0	0	1	24	300	2663
1950	25	1325	0	0	4	100	0	0	1	24	400	4163
1951	23	1210	0	0	4	100	0	0	1	24	437	4733
1952	22	1279	0	0	2	60	0	0	6	338	425	4552
1953	23	1541	0	0	0	0	48	2297	6	338	572	6896
1954	24	1704	0	0	0	0	74	2990	6	338	544	6270
1955	24	1572	0	0	0	0	96	4710	9	633	466	5284
1956	25	1795	0	0	3	82	121	5720	8	499	417	4687
1957	25	1920	0	0	4	103	171	7102	13	753	409	4612
1958	18	1347	6	496	8	216	241	10101	0	0	471	4674
1959	17	1388	0	0	8	216	197	8845	30	1323	569	7009
1960	17	1388	0	0	8	216	171	8079	29	1918	610	8440
1961	16	1329	0	0	1	36	192	9250	26	1412	518	6503
1962	15	1234	0	0	2	56	253	12166	40	2383	445	5644
1963	20	1661	0	0	2	56	326	13475	32	1888	361	3492
1964	21	1819	0	0	4	81	298	12264	29	1767	430	5771
1965	22	2015	0	0	10	162	204	9993	34	1977	489	6437
1966	29	2448	18	1238	21	316	320	13068	38	2335	396	3630
1967	28	2464	18	1248	29	428	317	13219	36	2151	387	3850
1968	26	2288	18	1270	34	545	316	13329	38	2643	392	3990
1969	29	2592	20	1787	36	572	326	13732	41	3170	380	3945
1970	27	2649	19	1751	30	462	385	14558	41	3321	275	2682
1971	27	2634	18	1697	31	501	425	14905	43	3318	267	2683
1972	25	2491	17	1416	33	489	328	13985	43	3377	313	3216
1973	27	2809	17	1520	34	503	428	15617	45	3466	204	1713
1974	27	2752	17	1520	34	572	432	15734	47	3578	192	1644
1975	26	2900	15	1386	33	462	471	16440	46	3594	138	1128
1976	27	2975	14	1308	33	439	482	16382	46	3682	121	980
1977	28	3332	14	1386	33	556	525	18673	49	4138	97	818
1978	27	3281	14	1436	34	560	568	20261	51	4346	74	639
1979	26	3161	13	1358	35	606	577	22428	52	4592	74	754
1980	26	3222	14	1478	35	606	620	26208	56	4592	74	754
1981	27	3313	14	1478	34	553	619	28998	58	5512	79	831
1982	27	3128	15	1542	38	557	603	29868	62	6563	60	666
1983	28	3403	14	1464	36	570	640	34802	68	7549	56	663
1984	26	3352	14	1525	39	502	612	34647	68	7826	58	714
1985	29	3780	14	1551	41	546	628	36830	72	8179	47	578
1986	23	3221	11	1325	42	864	646	38629	86	9302	43	655
1987	19	2640	5	665	57	1530	611	42333	84	6823	40	729
1988	16	1716	5	512	57	1696	585	39231	76	6567	26	409
1989	15	1660	4	408	61	2108	552	38237	75	6644	26	843
1990	14	1560	4	408	63	2306	551	38252	72	6484	5	84

说明：1990 年年末嘉兴城郊区内河个体客货船舶：客轮 12 艘 549 客位，客驳 1 艘 82 客位，轮驳船 18765 艘 232098 吨位，非机动船 106 艘 948 吨位

第二节 非机动船

【划子船】

又称小划船、划排船。木质结构，船型狭长约 4 米，宽约 0.8 米，无舵，首尾较小，底平舱浅，形如竹叶，故有“一叶扁舟”之称，载重仅 0.2 吨左右，支流小港均可通行。渔民常用以兼作客运。船体用青桐油涂抹，拱形芦席作舱棚，中间舱内铺席，供乘客二三人坐卧。船家以单桨或双桨划行兼控制航向，时速约 4 公里。20 世纪 50 年代自然淘汰。

【丝网船】

又名南湖船，源于江苏无锡，木质结构。因渔民长年用以兼作客运，故装饰布置极为整洁。上棚为木制折装棚板，中间镶嵌玻璃推窗，上面覆盖筱篷。船体皆用青桐油和紫光漆。船分三舱，中间客舱，有低跟梁相隔。前半舱供旅客乘坐，后半舱铺有高舱板，上面铺有草席、被褥，设有板凳、搁几、茶具等物，随客坐卧。可乘七八人，大者可乘十多人。客舱与艄舱用推窗隔开，后舱为船家举炊住宿之处，上面搭有芦扉棚，为摇船时挡风遮雨。平时为乘客雇用，春秋时节为烧香客或旅游者所包用。可承包膳食或夜宿，具有旅游船性质。

【木帆船】

既可摇橹、拉纤，又可张帆的木质船统称木帆船。近代，嘉兴境内木帆船有西漳船、码头船、航船、圈棚船、菱湖船、窑坯船、杭驳船、苏州船、泰州船、包子船、芦墟船、里墅船、乌山船、浪船（香船）、荡滩船等十余种。其中常见的有以下几种。

西漳船

源于无锡西漳一带，是适航于江南的一种装运货物的优良船型，船长 12~13 米，宽 3~3.5 米，流线型船体，载重二三十吨。船首甲板上开有方孔，用板覆盖，内可贮物或住宿。中间有两道大梁，分头舱、中舱、后舱。船舷两侧设有戗水板，船上配有防雨篷，凡装运粮食等重要物资可以封舱。根据船吨大小，设有 1 支或 2 支桅杆，既可扬帆，又可拉纤。后艄舱上铺平甲板，前设月台棚，下为船员住宿处。船艄外挑，可避后船冲撞舵片及大橹。

码头船

产于上海一带，系货船，木质结构，首方船直，底平舱宽，板料厚实，结构坚固，吃水浅，稳性好，船长 13~16 米，宽 3~4 米。船分三舱，后舱上设艄棚，下为船员住宿。设有桅杆，可施帆。舷口铺有统舱上甲板，可供大件物资装载，取去上甲板可落舱装卸货物。两舷外侧置有护木，并设有戗水板。小的载重十几吨，大的载重三四十吨，适宜装运大重物件。

圈棚船

是嘉兴澄溪一带以装运砖瓦为主的船只。其船形特点，首尾小，肚子大，舱口装有傍板（俗称披塘），上盖竹篷，故称“圈棚船”。船长约 11.4 米，宽约 1~2 米。后艄上设有棚，置一橹，前舱可以张帆。载重一般 5~10 吨，能进小港支流。解放初期，嘉兴的澄溪和隔边嘉善的天凝，还拥有数量不小的圈棚船，用来装运砖瓦。

泰州船

是从江苏来嘉兴的，船前后分三舱，其特点是后舱最宽，多为船民生活所用。原来后艄无橹，靠船头二支桨划行前进。后在当地居久，改前桨为后橹，顺风也可利用风力张帆，但航速不快。嘉兴县内所见者，载重在 10 吨左右。

航船

俗称本乡船，木质结构。航船源于唐代，其名宋已有，据其型状大小分别称大航船和小航船，前者装货为主，后者载客为主。小航船膀高舱宽，稳性较好，两边船舷上端装木棚，开有一二个玻璃推窗，船体用桐油涂抹，顶盖本色或黑色夹油纸筱篷，后稍搭盖芦扉棚。除头舱外，中间为统舱，左右两侧均铺设坐板，后大梁处设坐柜，上可坐人，下可贮物，统舱可乘坐旅客 20 人左右。后舱为船员操作和生活之处。小航船由 2 名船员摇橹，以本乡本村为起点，进出支流小港，通向集市城镇，搭客装货极为方便。航船、航快船于辛亥革命前后定线定期开航。抗日战争前夕，嘉兴县有航船和航快船 116 艘。至 1956 年除少数航船纳入航快船运输社外，其余逐步淘汰。

【绍兴船】

是一个总称，它有几种船型，因源于绍兴，又有船蓬都抹黑色，这样的特色，故都称它为绍兴船。船型较木帆船轻快，木质结构，主要靠人力摇橹划桨，顺风以帆助航。有脚划船、快班船、乌艄船三种。

脚划船

因中舱多盖黑色篾蓬，又称乌蓬船，木质结构。源于绍兴，清代流入嘉兴，全由绍兴籍人经营。船体首尾较小，体似梭形，底平膀圆舱浅，舱板加铺草席，供三四乘客坐卧。

船员坐船后艄，以双脚蹬大木桨推进，手摇小桨兼操航向，时速约4公里。1956年起逐渐淘汰。

快班船

俗称绍兴快班船，木质结构。清代后期流入，大都由绍兴籍人经营。船体狭长，首窄尾翘，走水性能好，且用多橹摇驶，航速较快，故称快船。首尾各开圆孔，停泊时竹篙从中插入河底，无须扣岸缆。统舱上覆盖黑色瓦形壳筱篷。船体水线以上为红色或赫色，舱下可贮物。航快船以客运为主，兼营零担货运和传递邮件。小的载重三、四吨，可乘客人二三十人。船艄部位有正橹1支、大橹1支、边橹2支(船体较大的还有笃艄橹1支)，小木舵1扇，船橹均为直板橹，船头备板桨一二支。时速可达6公里。快班船定期定点、线开行。早在民国5年(1916年)，嘉兴至上海、平湖、嘉善、海盐、硖石、王店、新塍等城镇有快班船营运，班次视航线远近而定。20公里以内早出晚归，当日往返；稍远的隔日来回；长航线则逢三六九或二五八开班，故又称班头船。20世纪50年代中期，快班船与航船通称为“航快船”。原市区北京路就有“航快船”码头。

乌艄船

水线以上及箬篷全用墨灰拌桐油涂抹，故名乌艄船。船体瘦长，弧形底，可竖杆张帆。全船分三大舱，前、中舱为货舱，后舱为住人处。艄舱上甲板为驾船操作场所，上置箬篷作艄棚以遮阳挡雨之用。

【杭驳船】

源于杭州，因用于驳运，故名杭驳船。木质结构，船型平直，呈长方形，船底平，统舱宽。后艄较大，上有艄棚下为船家所居之处。船膀低，货物起落舱方便，驳运粮食尤为适宜。中长途可扬帆、背纤。

【驳船】

船型丰满，不配置橹桨，只配有篙，可单只使用，但只能短驳，如长途运输，需编队由机动船拖行。驳船分有客驳、货驳两种。80年代出现装有动力的“机动驳”。

客驳

拖带于客轮后面，主要有木、钢质两种。木质客驳长20~27米，宽3.5~4.5米，可乘坐80~130人。头尾均呈方形。客舱约占全长三分之二，客舱棚上面俗称“二棚”，较低，可坐客，但不能站立，舱内设木板座位，纵向排列。后艄船员握长柄舵操纵航向。顶为硬棚，可放附货。钢质客驳长20余米，宽4~5米，头尾均方形。舱内横排车厢式座位，于70年代投入营运。曾有水泥质客驳，80年代淘汰。

货驳

内河都由拖轮拖带，常由12艘联成船队，有木质、水泥质、钢质三种。木质货驳长10~22米，宽3~5米，载重10~60吨不等。头方舱深底平，头、中舱装货，中舱大，后舱甲板上船员操长柄舵。70年代后木驳逐渐为水泥驳和钢驳取代。水泥驳主要规格为40吨、60吨，船长20米左右，宽4~4.5米，深1.5米以上，以圆钢为骨架，铺钢丝网三四层，用425号以上标号水泥整体浇制而成。钢质货驳大量使用于80年代，船体用角钢、钢板焊接而成，结构坚固。有40吨、60吨、72吨、80吨、100吨、120吨等规格。60吨的长21米，宽4.27米，深1.67米。80吨的长23.24米，宽5.05米，深1.75米。装油的货驳称油驳。

其它船舶还有渡船、水泥农船等。水泥农船始于60年代，有3吨、5吨、7吨等规格，长4~6米，宽1.3~1.5米。农闲可兼货物运输。此外，近代还有常熟包子船、芦墟船、里墅船、菱湖船、窑坯船等多种船舶，在嘉兴水域上往来。

第三节 机动船

【客轮】

清光绪八年(1882年)，上海轮船招商局以“翔凫”号轮船开辟上海经嘉兴至硖石线，为境内最早的客轮。由于客轮制作材料的不同，有木质客轮，水泥质客轮，钢质客轮。

木质客轮

多为解放前使用的旧客轮。原型为尖头弧形尾，船体外部呈流线型。船身长9~19米，宽3~4米，深0.9~1.2米，时速10~15公里。客舱、机舱上装木板舱棚，铺油漆帆布，可坐客，天篷称百脚棚。客舱座位纵向排列。驾驶员在船头驾驶室操舵、递信号，指挥司机操作快慢、倒顺。60年代起，船体经改造逐步扩大，可载四五十人至百人左右。主机多为杂牌汽车引擎，逐渐更换为以主机为上海柴油机厂生产的135系列和无锡柴油机厂生产的锡柴110系列等国产柴油机，马力从20匹以下，可增大到40、60、80匹，燃料统一更换为柴油。70年代实现“机驾合一”，即驾驶员直接操纵快慢及倒顺车，安全系数增大，司机任务减轻。

机器快班船

木质结构。始于民国20年（1931年）前后，船体由绍兴快班船改造而成，俗称汽油船，又称汽轮船。半圆形船尾，装汽油引擎，船员在船尾操舵，拉铃向机舱传递信号。客舱两侧设座板，可载客30~50人。后来船体扩大，改船尾操舵为船头驾驶。60年代初，改软篷为木质硬棚。后又逐渐为水泥客轮取代。水泥质客轮始于1966年前后。船体以三角钢为骨架，圆钢为经，上扎钢丝网数层，内外敷以水泥。船体为流线型，客舱设车厢式长木椅，客位75~100座，“二棚”为散席，可坐25人。上棚为帆布天篷。70年代中期逐渐淘汰。

钢质客轮

1964年杭州造船厂制造了钢质客轮，后逐渐投入营运。以后钢质客轮均由嘉兴船厂制造。80年代取代木质、水泥质客轮。船体为流线型，以角钢为肋，用钢板焊接而成。长24~27米，宽4米。装4135或6135型柴油机，60~150匹马力。时速12~15公里，有夜航设备。客舱设车厢式硬座软靠，配有小搁几。一般定额80~100客位，大的100~170客位，舱内设有卫生间。后舱挑出如鸟尾，设炉灶等设施。机舱稍高。夏季增设通风器，上加帆布“百脚棚”遮阳挡雨。1978年浙航嘉兴分公司船厂制造的浙航406号（后改为402），船长30米、宽6米，主机为2台6135型柴油内燃机，248匹马力，液压系统操纵，209客位。客轮有单层和双层两种，单层客轮只能舱内坐人，双层客轮上层是散席，也只能坐不能站。中部可装附货。

【货轮】

有动力而载货的船舶为货轮。抗战胜利后，境内协记成等三家货运轮船公司用绍兴船改装机动船，自载30吨左右。80年代钢质取代木质。载重20~50吨，小的10吨，多数拖一二艘驳船。

货拖轮

专门用来拖带货驳，自身不载货。民国时期就有木质货拖轮拖带货驳航行。70年代航运企业开始使用钢质拖轮，安装机驾合一装置，改用柴油内燃机，速度有了提高。80年代钢质拖轮取代木质、水泥质拖轮，性能明显改善。拖轮一般长17.5米~19.9米，宽约4.6米。主机为6135、6160型柴油内燃机，120~200马力，可拖带600~1200吨船队。

油轮

运输散装燃油或食油钢结构专用船。70年代始有。船头较尖，前为驾驶室，中部为油舱，机舱在后部。可盛油20~100吨左右。

挂浆机船

一般为水泥质结构。后艄装一台10~12匹马力单缸柴油机（多为190型），带动螺旋桨推进，开动时接连发出砰砰响声，俗称“砰砰船”。80年代发展很快，有5吨、7吨、10吨、15吨等规格，时速约9公里，吃水浅，支流小港均可航行。船长超过15米，载重20吨以上的，规定需要安装两台挂浆机。船头、中舱无篷，仅后艄甲板上机手操作处有简易篷。个体、联户船舶绝大多数是这种挂浆机船，多用于运输沙、石、建材等。90年代后，挂浆机船逐渐淘汰。

自航驳

也名机动驳，在货驳内安装动力机，能自航，出现于80年代，船型和其他规格的货驳同。驾驶在前或在后。中间为货舱，后部下面为机舱，装一二台小型柴油机带动螺旋桨。90年代后，随着航道改造，大吨位的自航驳逐渐增多，在货物运输中占据重要位置。

钢质落舱机船舶

一般为钢质结构船体，始于二十一世纪初，后逐年增多，在江浙一带内河行驶，钢质落舱机船有100吨、200吨、300吨、500吨、800吨及1000吨等规格，一般后艄舱内装二台4135型柴油机（俗称落舱机），驾驶室在前面，机手掌舵前驶，时速约13公里，吃水2.0~2.5米，AB级航区均可行驶。一艘500吨级钢质落舱机船舶，大致标准如下：总长45米，水线长44米，型宽8米，型深3米，设计型深2.5~2.3米，货舱舱容620立方米，航速每小时13公里（不考虑水的流速），续航力110小时，主机功率110千瓦2台，航区B、A级，配备船员5人。

汽艇

也称交通艇，为小型快速机动船。多为钢质，60匹马力，一般长10.5米，宽约2米，尖头方尾，内燃机及驾驶室均设在前部，设10个左右座位，最高时速可达22公里。多为航运、港监等单位自备船。

表 3-1-3

2001—2010 年秀洲区水上运输工具统计表

年份	思古桥站		三塔站		王店站		塘汇站		王江泾站		小计	
	艘	吨位	艘	吨位	艘	吨位	艘	吨位	艘	吨位	艘	吨位
2001	593	45484	251	19002	92	4944	377	22948	300	13605	1613	105983
2002	924	53329	390	22280	143	5797	587	26906	467	15951	2513	124263
2003	822	49394	347	20636	128	5369	522	24921	416	14774	2235	115094
2004	719	67534	304	28214	112	7341	457	34073	363	20200	1954	157362
2005	277	34389	117	14367	43	3738	176	17350	140	10286	753	80130
2006	211	33826	92	13263	39	4071	148	18037	119	11420	609	80617
2007	164	27225	62	9772	34	3818	129	18209	87	9891	476	68915
2008	163	28456	48	8317	30	3441	106	16679	74	8282	421	65175
2009	165	31630	51	8861	31	4328	122	22195	75	9012	444	76026
2010	226	55956	70	15415	41	7648	202	54229	96	14522	635	147770

第二章　船舶修造

第一节　造船业历史沿革

【1949年以前嘉兴造船业】

据现有资料，造船始于新石器时代，杭州萧山曾出土距今8000年的独木舟；桐乡罗家角遗址中出土了两件"其形状为船底形宽板"的木质"拖泥板"，据鉴定属嘉兴马家浜文化早期，距今6000余年的遗物，被认为是当时人类祖先在泥泞海涂上使用的运输工具；杭州水田畈遗址，仅仅在一条水沟中就发现四支木桨，系良渚文化遗物，距今5000~4000年。看来这里的祖先早已"二子乘舟，泛泛其景"了，更说明浙北地区的造船史是多么的悠久。嘉兴的造船也有相当久远的历史，据唐人陆广微《吴地记》和南宋人范成大《吴郡志》都说在春秋战国时嘉兴县北有槜李池（籍载槜李池在王江泾北），是吴国造战舰处。说明在公元前500年前后嘉兴王江泾附近就有造船场了。嘉兴置漕运司治，漕运历经宋、元、明、清历代，经久不衰，它无不与造船业有着密切的联系。据《曝书亭集》记："国家岁转漕，每船六百石，官舱计所储，为解千二百。其初由海运，险越虎蛟脊，波涛恒簸荡，日月互跳掷。所以造舟时，不复算寻尺，人明改从河，水次尽置驿。"从江南水乡至京都的漕粮运输全赖上百艘船舶的情况表明，明代前后，嘉兴造船业的生产能力已达到较高的水平。清初，由于实行闭关自守的政策，长期海禁，造船业每况愈下。民国初期，嘉兴民间造船业鼎盛，凡客船、驳船、田庄船等均能制造。30年代以后，由于政局不稳，民生日困，经济凋败，造船行业步履艰难。中华人民共和国成立前，嘉兴境内只有几家规模极小的私营船厂开设，所造船舶均为木质船。船厂除造船外，还兼修理。船厂业主大部分本身就是手工业劳动者，往往是祖传手艺技巧，既修理又打造，既承包船只修造，又拥有几条船舶搞经营运输业，还接揽租赁船只。当时较大的船厂，雇用的伙计不过十来人，拥有的船只至多十余艘，而且均为三、五吨的小船。小的船厂往往一主一船，个体经营，忙时修船，闲时务农经商。

嘉兴的船厂业主祖辈相传，子孙繁衍聚居。这样就形成了船厂业的集居地，嘉兴县有船厂头，由于集居一地发展，从而形成了造船业中的大姓。如嘉兴县王店镇有姚姓各家船厂。工匠往往以地区分帮，嘉兴的造船工匠大体可分为三帮：苏北帮、绍兴帮和当地帮。所修造的船舶也随帮的不同而异。苏北帮工匠以修造无锡式西漳船、码头船、内河小客轮及小木驳为主；绍兴帮工匠以修造绍兴快班船、乌蓬船、乌山船、机器快班、小渔船为主；当地帮工匠则主要修造本地田庄船（农船）、搭子船（小驳船）、开梢船、躺板船、小网船及荡滩船一类的木船。

解放前夕嘉兴县城郊船厂（场）情况如下：当地帮：在嘉兴南门有王新民的王文记、周淑英的王文静记、王文元的信茂六记、钮妹妹的姚云记、姚凤翔的姚二记、钱玉书的钱玉记、张志萍的魏顺记、黄泉生的黄记、陆福宝的陆文记；西南河滩有唐金生等三户合办的唐公顺；南堰有胡松年、胡志根等三户合办的胡云记；菜花泾有李文吉的李永记。主要出租农船，修造搭子船、开梢船、躺板船、小网船、荡滩船、放鸭船等木船。苏北帮、绍兴帮：在嘉兴香橼浜有肖福连的肖福记，以修轮船（木质）为主；南河滩有高湘文的船厂，以修造西漳船、码头船为主；环城路秀州中学后面的有周金宝的周全记，以修绍式机帆船、乌山船为主；栅堰桥有孙九三的孙乐记、朱照荣的朱荣记、鲁阿水的鲁永记。这几家船厂均以修绍式机帆船、乌山船为主。除此之外，在环城东北路还有许其台的一家船厂，业务也以修绍式机帆船、乌山船为主。

中华人民共和国成立前，嘉兴县的船舶业和造船业总的情况是经营分散、技术落后、设备简陋，工匠常处于工作、生活均无保障的状况，不仅生意清淡而且角逐竞争激烈。尤其在抗日战争期间，船主为免兵灾，纷纷将船只自行凿沉河底，所以船厂修造业更是日趋萧条。

【1949—1990年嘉兴造船业】

1949年中华人民共和国成立，为了发展水运事业，政府部门对嘉兴地区各县的造船业给予充分的重视。对建国前处于社会下层的船工和技术落后、经济困难的修、造船业进行了具体的领导和帮助。嘉兴县在1951年成立了船匠业工会，隶属于中国海员工会嘉兴地方委员会。嘉兴县城的修造船工人由工会组织起来，并进行调配、安排工作。船工除了继续进行修造农用小型运输船和驳船外，还由工会出面和华东内河轮船公司嘉兴营业处协商，承接修理中型运输驳船。嘉兴县各集镇上的小船厂则安排参加当地手工业组织。船厂业主也组织成立了同业工会。工作上实行统一调度，业务上进行互济互帮。由于木帆船、航快船等运输工具长期失修，船体破旧、残损严重，海事频繁发生。为了改变这一状况，自1952年起，由当地政府领导航管部门、中国人民银行、海员工会、民船运输社、物资供应部门联合成立了“嘉兴地区民船护修委员会”。委员会负责全面调查，摸清木帆船、航快船等各种船只的损坏情况，提出逐年修理计划，并审批无息贷款，分批分期组织修理工作。1952年9月开展贷、修。浙西杭、嘉、湖地区共贷款318579.44万元（指当时的人民币）。1953年4月份开修，7月结束。共修竣船只1782艘，计28476吨。以后几年继续分批修理。

1954年，嘉兴市对船厂业主进行了初步组织。把资金少、不雇工、独立劳动的业主组成劳动者协会。1956年1月1日又进一步成立嘉兴市第一造船生产合作社。社长凌其生，社员共36人。地址在嘉兴西门，就是后来嘉兴市造船厂的地方。建立起了工场，修理业务也有所发展。主要承修嘉兴专署交通运输局所属航运企业的驳船和客运船舶。还为支援农业打造了一批抽水机船和木质运粪船。到了旺季，工场还去苏北雇佣临时季节工，职工多时达200人左右。1956年7月1日，又将资本较大，雇佣工人，且又兼营船只租赁业务的船厂业主组织起来，成立了嘉兴市第二造船生产合作社。社长胡志根，社员54人。组织起来后拥有出租小木船324只，入社估核财产五万余元。工作以修造农船为主，兼营船只租赁业务。第一、第二两造船合作社建立后均有所发展。但是生产能力远远不能适应内河水上运输日益发展的需要。因此，各航运单位纷纷自行筹建保养场。1953年7月1日成立嘉兴航运管理处，1956年8月进行体制调整，实行政企合一。浙江省联运公司嘉兴分公司、浙江省内河轮船公司嘉兴分公司以及各县的公私合营轮船公司先后并入航管处。航管处为了改变船舶维修的被动局面，于1956年筹建成立了保养场，自行修理运输船舶。地点设在嘉兴轮船码头北侧。这就是浙江省航运公司嘉兴分公司船厂的前身。该厂以此为起点，几经迁徙和扩大，发展成为嘉兴航区规模最大、实力最雄厚的专业造船工厂。1949年至1957年，嘉兴造船业处于组织自救时期。

1958年7月1日，嘉兴市第一、第二两造船生产合作社合并为嘉兴市造船合作工厂。1958年10月1日成立地方国营嘉兴县交通运输公司后，嘉兴县造船合作工厂，以及木帆船社、航快船社、搬运装卸站等企业全部并入公司，当时职工总数达4897人。合并后嘉兴县造船合作工厂以及其他木帆船社、航快船社和客运站等航运单位的船舶保养场，合并为交通运输公司下属的船舶修造厂（简称交运公司船厂）。与此同时，嘉兴专区航运公司以原在嘉兴县轮船码头北侧建立的保养场为基础，于1958年又在嘉兴镇光明街底的荒冢上建立起船舶修船厂基地，并且迅速投入使用。（注：1958年嘉兴撤销市级建制，恢复嘉兴县，原嘉兴市政府所在地改为嘉兴镇。）一面继续建设，一面开展修船业务。1961年5月，嘉兴、嘉善两县重行分置，将1958年两县合并时的嘉善部分，分开另行成立地方国营嘉善县交通运输公司，而隶属于嘉兴交运公司嘉兴船舶修造厂。根据1960年年底中共中央制定的国民经济“调整、巩固、充实、提高”的八字方针，以及中共中央〔62〕204号文件精神，该船舶修造厂，恢复为集体所有制工厂。1963年，贯彻“八字方针”，并提出把农业放在国民经济首位。造船业务也随之逐渐缩减。船舶修造厂成为木器造船合作社，并面向为农业生产服务，工作重心为木器和农具制造，造船部分名存实亡。1958年至1966年是中华人民共和国成立后，嘉兴市船厂发展史上第一个高潮。但由于处在“大跃进”的浪潮中，各地没有根据实际需要和自身的承受能力，更没有考虑到今后运输事业发展的船型、船质的需要，而凭一时的热情搞运输“托拉斯”，是一哄而上。致使国民经济调整时期，不少船厂处于困境被迫而退出。这是这一时期的一个特点。另一个特点是，出现了新的水泥船。当时都使用传统的木质船，可是当时造船的原料木材和油船的桐油严重不足，维修费用高，因此水泥船就应运而生。各造船厂纷纷改造水泥船。

1966年至1976年是“文化大革命”的十年。嘉兴的造船业和其他各行各业一样。开始一段时间出现了生产停滞、工作秩序失常的现象。以后的七八年中，随着形势的变化，时起时落。总的来说，运输船舶的生产发展缓慢。如全民企业的浙江省航运公司嘉兴分公司，1966年有拖轮22艘，货驳为10327吨。1976年拖轮为24艘，货驳为10835吨。生产经营清淡萧条，企业没有发展，1976年还出现严重亏损。对船舶修造业带来较大影响。但也有少部分船舶修造厂，根据当时实际，设计生产多品种船舶，主动对外承接修理或船舶加工业务，生产仍能维持，并有一定程度的发展。“文化大革命”时期特别是初期各船厂造船数量锐减，生产停滞不前。中期稍有复苏，尤其是水泥船的生产规模有所扩大。各船厂能自行设计制造60马力、80马力、120马力的水泥拖船及40吨、60吨的水泥驳船。

这一时期一些主要船厂，如嘉兴县交通运输公司船厂(1968年，更名为红旗运输公司船厂)，为了克服木材和其他原材料紧缺的情况，1965年年末试制成第一艘水泥货驳投入使用，又试制了多艘水泥船体拖轮。1971年3月船厂为逐步改变产品结构，开始向建造钢质船转化，为嘉兴电力局设计试制了10米钢质机动交通艇，1974年又为卫生部设计制造了卫生救护艇，为船厂开拓了造船的新途径。1976年10月，国家开始进入“拨乱反正，稳步发展”的新的历史时期。特别是党的十一届三中全会以后，党决定把工作重点转向经济建设。为实现四个现代化而奋斗，并贯彻执行“调整、改革、整顿、提高”的新八字方针。国民经济开始迅速好转，工厂企业得以稳步健康发展。

浙江省航运公司嘉兴分公司船厂，承接第六机械工业部下达军工任务，自1971年11月试建成功068军艇、069军舰和测量艇等军用船舰后，连续多年承建军用舰艇，支援了国防建设。嘉兴运输公司船厂在1973年间试制成功10.8米救护艇后，就开始投入批量生产。以后又在该艇的基础上，按不同工作需要适当更改船舶头舱装置。试制了同系列的交通艇、港监艇、公安艇、工作艇等。极大地开拓了船厂的业务领域，生产能力也不断提高。到1980年已达年产量32艘船艇。

嘉兴运输公司船厂于1978年正式停止水泥船的建造，完全转为生产钢质船舶。1979年4月，该厂更名为嘉兴市造船厂。产品种类逐年有所增加，经济效益年年提高。

1979年嘉兴恢复市级建制(仍属地区管辖)。航管部门对市所有航运企业进行调查、整顿。在1981年5月分别成立嘉兴市航运公司、嘉兴市第二、第三航运公司。这些航运公司成立后，对原有船舶维修、保养以及造船力量重新组织，成立了市航运公司保养场、二航公司船厂、三航公司船厂。并且在逐步提高技术水平、增添设备机械的基础上，发展成为既能修理又能制造的船舶修造单位。除了为本公司需要服务外，还承接外单位委托的船舶修造业务。属浙江省航运公司嘉兴分公司客运站的保养场(后更名为浙航嘉兴营业站车船修造综合厂)，地址在嘉兴东栅，也能承担船舶的维修和制造任务。1981年国家政策进一步开放，各乡镇船舶企业纷纷建立，并且不断扩充长大，成为嘉兴船舶业中不可忽视的一支重要力量。如嘉兴市造船二厂原名为余新水泥造船厂，是1974年10月由余新公社和浙江省航运公司嘉兴分公司以“厂社挂钩”办起来的知青点企业。经过几年艰苦创业，尤其是国家实行开放政策以后，发展很快。1985年获省、市级企业整顿合格证书。

1977年至1985年是中华人民共和国成立以来嘉兴造船业的又一个发展期。在党的十一届三中全会精神的指引下，造船业稳步发展，规模逐步扩大，技术、设备不断充实，生产品种不断增多，船质逐渐趋向钢质化。中华人民共和国成立以来，嘉兴的造船业有两个发展高峰期：第一个高峰期是1958年，这一年共建了7个船厂；第二个高峰期是1985年，这一年共建了6个船厂。这两个高峰期出现的情况又有明显的差别。前者，根基不甚牢固，1959年以后，有些船厂就不能维持生产而退出。后者，一般都是技术力量较强，造船、修船及检测设备都较完善，因此根基较扎实，具有较强的生命力。

表3-2-1　　嘉兴造船厂一览表(截至1985年年底)

序号	厂名	建厂日期	职工人数(人)	其中三级以上技工(人)
1	浙航加兴营业站车船修造综合厂	1975年上半年	34	29
2	嘉兴市第二航运公司船厂	1962年	74	46
3	嘉兴市第三航运公司船厂	1956年	57	
4	嘉兴市水泥造船厂	1964年4月	148	101
5	嘉兴市航运公司船舶修理厂	1981年下半年	91	37
6	嘉兴市造船厂	1956年	204	150
7	嘉兴市航运总公司船厂	1958年	367	366
8	嘉兴市造船二厂	1974年10月	115	7
9	嘉兴市光明船厂	1961年	41	25
10	嘉兴市郊区马桥造船厂	1958年9月	32	18
11	嘉兴市新丰运输站船厂	1974年	7	6
12	嘉兴市郊区第二交通运输公司综合厂	1984年8月	15	15
13	嘉兴市郊区第一交通运输公司船舶修造厂	1975年4月	22	6

【1991—2010 年嘉兴造船业】

1991—2007 年期间，随着改革的进一步深入及国民经济每年 10%以上的高速发展，水路货物运输量也出现前所未有的增长，嘉兴的造船企业有了大发展和大变化，企业的规模和档次都有大的提高。1991 年，嘉兴市航运总公司造船厂承造“浙嵊渔 01450”等 4 艘沿海钢质渔轮，为嘉兴造船业第一次打入沿海民用船舶市场。2002 年 12 月，嘉兴第一个海运公司，嘉禾船务有限公司成立，拥有登记船舶 12 艘，总吨位 5069 吨。

2008 年，受国际金融危机影响，国内钢材过剩，价格下跌，国家出台了扩大内需保增长的一系列政策措施及燃油税费改革等，加上浙北、苏南内河航道的改造升级，一系列利好政策，增强了船民建造大吨位船舶的积极性。2008 年至 2009 年，嘉兴造船业在经历前几年的低潮后迅速回暖，许多船厂订单满满。四通八达的航道条件大大促进了嘉兴水运经济的发展，同时也成就了嘉兴造船业的快速发展。涌现出一批上规模的船舶修造企业。嘉兴伟佳船舶有限公司、嘉兴第二船厂等造船企业都是上规模的船舶修造企业。嘉兴造船业走以建造内河大吨位散装货船为主和多元化发展相结合的道路，建造技术含量高、附加值高的船舶，既有高速接待艇、各类公务艇、内河游艇、工程船，又有大吨位散装货船、保洁船、航道扫测艇、客渡船等几乎囊括了内河所有船种。尤其是内河公务用艇和交通艇在国内有着较大的知名度。产品从贵州到新疆，从南到北几乎遍布了全国各地水域，上海、江苏、安徽以及山东等水运大省的公务用艇成为嘉兴船舶企业的最大客户群。建造内河公务用艇和交通艇成为嘉兴造船业的一大特色和一个知名品牌。

2009 年，嘉兴共有 4 家船用产品配套企业：嘉兴市锦泰电气有限公司，嘉兴市科讯电子有限公司，嘉兴市经开富城通讯设备厂等。嘉兴锦泰电气有限公司在确保产品质量的同时，依靠科技，创新思路，加强自身的研发，坚定不移走高端产品路线，经过六年的发展其生产的船用配电板、驾控台等系列产品大都通过 CCS 的检验，并获得了 BV 船级社的型式认可，得到了沿海一带广大用户的一致好评。2009 年，该厂正和上海海事大学共同研发船舶自动控制系统。公司是 ABB 公司授权的船用配电板特许制造商，享有 ABB 公司提供的全球产品服务。科讯电子和富城通讯设备厂都是船用通信设备的专业生产厂家，主要产品有：声力电话，报警装置，雾笛，通讯设备，传令钟，闪光灯铃组等等，产品在全国都有很高的知名度，两家产品的年工业产值都在 5000 万元以上。这三家企业已连续两届参加国际海事展览。

至 2010 年，秀洲区有 6 家船舶修造厂，即嘉兴市荣鑫船舶制造有限公司；嘉兴市伟佳船舶制造有限公司；嘉兴市秀洲区北郊河船舶修理厂；嘉兴市国兴船业有限公司；嘉兴市禾东船业有限责任公司；嘉兴市秀洲区新塍舟济船舶修造厂。

表 3-2-2　2010年秀洲区6家船厂一览表

船厂名称	船厂地址	注册资金	2010年职工数	2010年总产值
嘉兴市荣鑫船舶制造有限公司	油车港镇钳圩丰东侧，沉石荡西滩澄红亭畔	30万元	11	35万元
嘉兴市伟佳船舶制造有限公司	油车港镇正原路吉祥大桥东侧		56	1573万元
嘉兴市秀洲区北郊河船舶修理厂	嘉兴市杭申线北郊河芦荡湾	系个体经营户	5	12万元
嘉兴市国兴船业有限公司	王店镇蚂桥集镇	30万元	7	30万元
嘉兴市禾东船业有限责任公司	王江泾镇收藏村芦荡湾	新增注册资金100万元	65	980万元
嘉兴市秀洲区新塍舟济船舶修造厂	新塍镇			

第二节　嘉兴市区内的船舶修造厂

【嘉兴市造船厂】

嘉兴市造船厂是 1958 年 7 月 1 日由嘉兴第一、第二两个造船生产合作社合并而成的嘉兴造船合作工厂。厂址在嘉兴市西门栅堰路 34 号，当时全厂工人 130 余人。刚建厂时，经济效益很差，厂房是一个 400 平方米大的草棚，作修船车间之用，办公室和仓库为 70 平方米的平房，较大型木驳的修建都在露天操作。1958 年 10 月 1 日，地方国营嘉兴县交通运输公司成立，嘉兴造船合作工厂、木帆船社、航快船社、搬运装卸站和由嘉兴区航运局划出的嘉兴客运站等单位，全部并入县交通运输公司。嘉兴造船合作工厂转变为交运公司下属的船舶修造厂，从集体转为全民，船厂工人增至 200 多人。1962 年已隶属于嘉兴县交通公司的船厂又重新独立为造船合作工厂，恢复原来的集体所有制性质，下半年职工从 200 多人精简至 80 人。不久，又划归嘉兴县交通运输公司，改名为嘉兴县交通运输公司船厂。1968 年，嘉兴县交通运输公司更名为嘉兴县红旗运输公司，并成立革命委员会。船厂相应更名为嘉兴县红旗运输公司船厂。1979年4月，该船厂正式与嘉兴市运输公司脱钩，开始独立经济核算，更名为嘉兴市造船厂。其间造船车间不断增加，厂房不断改造，逐步由茅草棚改为砖瓦结构，特别到了1983年至1984年其间，厂房进行了较大改造。到1990年底，该厂拥有职工250人，固定资产179万元。全厂拥有土地面积22404平方米，其中厂房面积10134平方米，职工宿舍面积2502平方米。后因效益不佳，于2000年10月24日，嘉兴市秀城区人民法院根据嘉兴市造船厂申请，作出裁定，宣告嘉兴市造船厂破产（秀经破字〔2000〕第3—4号文）。

【嘉兴市光明船厂】

嘉兴市光明船厂1961年成立，乡办企业，位于嘉兴东栅乡下塘，共有工人41人。年修船能力25艘，200吨位，1250马力。1985年总产值20万元。2000年2月被嘉兴市禾东船舶制造有限公司兼并。

【嘉兴市航运总公司船舶修造厂】

建置之初，起于1955年，浙江省轮船公司嘉兴营业处在嘉兴西门建立了一个船体保养场，雇工修理木驳，仅派2名职工现场管理。另外在环城东北路原轮船码头北侧建立一个轮机保养场，约有工人六七名和两台老式皮带车床。当时两场总产值只有4.4万元。1957年年末，两个保养场合并，建立船舶修造厂，厂址选择在光明街底洋关。1958年1月嘉兴营业处体制变更改为嘉兴区航运局，同年6月12日，嘉兴区航运局船舶修造厂正式成立，有职工15名，两部皮带车床、一部落地钻床，设备简陋、技术力量薄弱，当时以修为主，主要为本企业轮、驳船维修保养服务。下半年，区局从货运轮船、驳船工人队伍中，抽调一批熟悉修船技术的老工人或机修人员充实船厂，招收一批新工人，并陆续添置了机械设备，培训了一批技术骨干。年末职工人数达337人，年产值为12.8万元。同年12月，嘉兴区航运局被撤消，成立嘉兴专区航运公司（设在湖州），船厂随之更名为嘉兴专区航运公司第二修造厂。60年代，航运机构隶属关系几经变更，船厂随之变化，1979年1月，更名为浙航嘉兴分公司船厂。1990年10月，浙航嘉兴分公司因体制改革脱离浙江省航运公司，成立嘉兴市航运总公司，所属船厂也随之改为“嘉兴市航运总公司造船厂”。2001年7月26日，浙江省嘉兴市中级人民法院依照《中华人民共和国企业破产法（试行）》第八条第一款之规定，裁定：宣告嘉兴市航运总公司破产［（2001）嘉经破字第6—1号］。嘉兴市航运总公司造船厂也同时宣告破产。

【嘉兴市水泥造船厂】

嘉兴市水泥造船厂是浙江省定点生产水泥船的重点骨干企业之一。始建于1984年4月，由嘉兴市南门造船社合并兴建，专业生产钢丝网水泥船。建厂二十多年来，以生产各种规格的小水泥船为主，逐步发展成为从钢材拉丝到织网配套的流水生产线。1985年起可生产13吨水泥运输船，并开始特种钢丝船生产。1990年，生产水泥船1884艘、9450吨，曾生产水泥船最大吨位18吨，总长15.28米，最大宽度3.36米。

【浙航嘉兴营业站车船修造综合厂】

浙航嘉兴营业站车船修造综合厂，于1974年由浙航嘉兴营业站财务股长吴鹏令和业务股长李照明两同志在嘉兴东栅下塘路河边征用5000多平方米稻田，从而开始筹建浙航嘉兴营业站车船修造综合厂，于1975年上半年建成，。浙航嘉兴营业站车船修造综合厂，主要任务是担任浙航嘉兴营业站（原名为嘉兴客运站）全站20多艘客轮和20多艘客驳的维修、保养以及一些车船修造任务，即为嘉兴客运站的保养场。2001年7月26日，因嘉兴市航运总公司破产其下属单位也随之破产。

【嘉兴市造船二厂】

嘉兴市造船二厂，是全市第二家以生产内河钢质小艇为主，辅以修造其他船舶的企业。嘉兴市造船二厂原名为余新水泥造船厂，1974年10月，浙航嘉兴分公司以“厂社挂钩”形式联办起来的企业。建厂初期有职工166名，其中城镇下乡知识青年103名，专门为浙航嘉兴分公司制造60吨水泥驳和维修货运驳船。1981年，余新水泥造船厂更名为余新造船厂。1984年3月8日更名为嘉兴市造船二厂。1986—1990年五年间，该厂前三年经营生产形势较好，后二年虽出现效益滑坡现象，但仍然取得了一定成绩。以“信”取胜，该厂在客户中享有良好的信誉。为此，从1986年起连续六年被嘉兴市郊区工商行政管理局命名为“重合同守信用单位”，又被评上市郊乡镇重点骨干企业。后改制为私有股份制企业。

【嘉兴市仁宝船舶修造有限公司】

嘉兴市仁宝船舶修造有限公司，于1993年5月建厂，原厂名为“嘉兴市余新长秦修船厂”，以修理船舶为主，2004年更名为“嘉兴市秀城区余新长秦船舶修造厂”。2004年至2008年间经认可进行30米以下钢质船舶的建造，2008年以后主要以修理钢质货船为主，在2013年更名为“嘉兴市仁宝船舶修造有限公司”，公司地址：嘉兴市南湖区余新镇长秦村，负责人：姚仁宝。

【嘉兴市禾东船业有限责任公司】

嘉兴市禾东船业有限责任公司，位于秀洲区王江泾镇收藏村芦荡湾。其公司前身，是嘉兴市造船厂。在嘉兴市造船厂破产前夕，2000年2月嘉兴市造船厂职工章文豪等人兼并了原嘉兴市光明船厂，组建了嘉兴市禾东船业有限责任公司。嘉兴市造船厂于2000年10月24日宣告破产后，嘉兴市禾东船业有限责任公司正式对外营业。2002年5月该厂又一次进行改制，新增注册资金100万元，添加了设备，扩大了造船场地，引进了更多的技术人才。该厂是中共“一大”南湖“红船”指定维护（科研）单位，专业生产各类船艇，产品遍及全国二十多个省、市、自治区。经浙江省船舶检验局认定，具有生产钢质船舶的Ⅰ类船厂建造资质和经农业部认定具有渔业船舶制造资质。2010年拥有职工65人，创产值980万元。

【嘉兴市伟佳船舶制造有限公司】

嘉兴市伟佳船舶制造有限公司位于油车港镇正原路吉祥大桥东侧，其公司 前身，是嘉兴市造船厂修理车间。2000年10月24日，嘉兴市秀城区人民法院根据嘉兴市造船厂申请，作出裁定，宣告嘉兴市造船厂破产。在嘉兴市造船厂破产前夕，2000年2月嘉兴市造船厂职工黄春洪等人组建了嘉兴市伟佳船舶制造有限公司。2002年7月正式挂牌对外营业。该公司前身为嘉兴市造船厂，90年代在高速公务艇建造方面曾经创造了一段辉煌，产品遍布全国主要内河省份。2001年嘉兴市造船厂进行了改制，成立了伟佳船舶制造有限公司，人员进行了调整，厂址进行了搬迁，新址占地面积8200平方米，上下岸线长200米。嘉兴造船厂积累下来的优秀建造工艺和建造技术得到了良好的传承。经过多年经营，已形成了良好的运营体系，具有较强的生产、研发、制造能力和经营实力。能修造8~35米各类钢质快艇，年生产能力约30~40艘。产品遍布全国主要内河、沿海省份，在全国公务艇建造方面创造了辉煌，树立了信誉，打响了品牌。公司年平均职工人数56人，2010年创产值1573万元。

【嘉兴市荣鑫船舶制造有限公司】

嘉兴市荣鑫船舶制造有限公司原名“嘉兴市油车港荣鑫船厂”，创建于1993年10月，座落在嘉兴市秀洲区油车港镇，钳圩丰东侧，沉石荡西滩的澄红亭畔。占地面积0.4公顷。在2006年9月更名为“嘉兴市荣鑫船舶制造有限公司”。该厂原以修理钢质船舶和建造30米以下的钢质货船为主，后发展为修造千吨级落舱机运输船舶，年产值300万元。注册资金30万元。2010年，拥有职工11人，创产值35万元。法定代表人为杨荣根。

【嘉兴市国兴船业有限公司】

嘉兴市国兴船业有限公司原名“嘉兴市蚂桥造船厂”，成立于1957年，已有五十多年的历史，从修造木质船起步，以后建造水泥船，从90年代开始建造和修理钢质船一直至今；2008年进行体制改制，从集体所有制改为股份制，并改名为“嘉兴市国兴船业有限公司”。注册资金30万元，有职工7人。2010年，创产值30万元。公司地址：嘉兴市秀洲区王店镇蚂桥集镇，法人代表沈国兴。

【嘉兴市秀洲区北郊河船舶修理厂】

嘉兴市秀洲区北郊河船舶修理厂成立于2002年，系个体经营户，座落于嘉兴市杭申线北郊河芦荡湾，以修理钢质货船为主，公司有职工5人。2010年，创产值12万元。负责人：徐春华。

第三章 水路运输

第一节 水路客运

【历史沿革】

嘉兴自古水运发达，河流上驿运客航不绝，早期客运，全赖水路。唐宋时期，官塘已成为海盐至嘉兴的驿运航线。民间以船代步，以当地小航船、绍兴快班船为固定交通航班或不定期航船，贯通城乡之间。另有丝网船，脚划船等随雇随开，辅助固定航班，各类船舶遍布各地。清陈有诗云：“茶湖买醉竹湖眠，红叶芦花两岸边，何事惯来惊客梦，小锣声在夜航船。”乡村航船在开船前，以吹海螺为信号，快班船则鸣小锣作区分，其时有“铜锣招主客，水关作招牌”之称。

清光绪八年(1882年)，上海轮船招商局以“翔凫”号轮船开辟上海经嘉兴至硖石航线，为嘉兴最早的客轮。清末嘉兴王清记轮船公司创立，为嘉兴首个轮船行。

清末和民国时期，嘉兴的旅客运输，虽然有铁路沪杭线和少数几条公路。但行驶的区域路线范围小，由于嘉兴水网密布，河道四通八达，天然条件优越。因此，当时的地方交通唯以水运为主。县际航快船装货搭客，沟通城乡交流，县境内及跨县的小客轮，则是地方客运的主要交通工具。民国12年(1923年)10月14日，南汇富商蒋氏开驶往返于南汇与嘉兴县城的汽轮，停靠油车港等站；民国18年2月，嘉兴新兴轮船公司开设嘉兴至硖石航线，每日往返2次，中间停靠蚂王塘桥、王店等站点，成了当地居民进城的主要交通工具。

据民国22年第二区船舶事务所辖区组别航线表显示，嘉兴客轮航线已有：嘉兴至杭州、嘉兴至吴兴、嘉兴至平湖、嘉兴至硖石、嘉兴至上海、嘉兴至苏州等6条。

【民国时期嘉兴县轮船客运业】

民国24年(1935年)，嘉兴县有轮船行8家25艘，兼载161吨，从业人员206人。民国25年至26年日军侵华前夕，嘉兴县的内河小客轮发展较快，先后增设了戴生昌、老公茂、新兴、谊兴等多家轮船公司，新增练市至嘉兴、枫泾至西塘至嘉兴、新塍至南浔等航线。县内有轮船行12家轮船32艘，最多时小客轮达88艘，行驶于嘉兴至上海、杭州、苏州、湖州、硖石、新塍及县内外城镇12条航线，是抗战前轮船客运业最好时期。民国26年抗日战争爆发，至抗战胜利，嘉兴县轮船运输业基本上属于瘫痪状态，客轮大部分停驶。旅客运输由航快船替代。

抗日战争胜利后，嘉兴客运轮船业又迅速发展。投资开设轮船行(局)的有工商界人士，有原航快船老板(把航快船改装或投资建造机动船经营客运航线)，也有国民党政府人员和在乡军官参加竞争，先后有浙西公司(由顺利、天风、一飞等轮船行合并经营仅隔数月就散伙，后各轮船行行驶各自航线和开辟新航线)、利新、新兴、振兴、振利、立基、梅利、长风、顺新、明达、万顺、光明、福昌、永和、新联、根利等轮船行(局)。由于当时竞争激烈，(其中有停业散伙的，有新开设的，也有改组另换牌号的)，最多时达18家轮船行(局)经营客运。一般一行(局)一轮，也有一行(局)二轮。当时船只大部分是旧的机器快班船，运力低，航速慢。经营客运航线有嘉兴至苏州、湖州、双林、南浔、桐乡、乌镇、濮院、平湖、海盐、芦墟、西塘、盛泽，及县境内的新塍、南汇、新篁、凤桥等16条客运航线。当时各客班，为照顾旅客往返方便，习惯分点设轮埠。东行的轮班停泊在东门东园茶店后面，有往海盐、平湖、新篁等客班。西去的停泊在北门荷花堤，分两处：一是在原摆渡口，有湖州、双林客班；二是原血防站后面，有南寻、乌镇、桐乡、濮院、新塍各个客班。往北的停靠在塘湾街(现北京路)复兴茶店后埠，有芦墟、西塘、南汇客班。两艘苏州班(其中一艘属苏州宝兴轮局)在塘湾街自设轮埠。民国34年10月，油车港人倪仕宏开行客轮，名为“南湖号”，运营至解放后，土改时期才停止运营。民国37年国民党在乡军官(即退伍军官)李国钧、廖家居、王凯等10人集资在嘉兴嘉禾桥西境(现勤俭路东侧)建造露天轮船公共码头，他们依靠政治背景，胁迫各客班集中停靠，提出按营业额的5%收取码头费(后经轮船业主向国民党政府请愿，减为2.5%收取)，并在码头两旁又造了一批平房开饭店、茶馆做生意和军官家属居住，从此嘉兴县各航线的客班就集中在公共码头停靠。

航线：县境航线可分为八大干线。新塍塘：长35里，阔40尺（在该县境内计算下同），自烂溪南流入境合入运河，有汽油船往返，每日5～6次。杭州运河：长21里，阔55尺，自万寿桥至北丽桥，轮船畅行，为杭沪交通要道。长水塘：长34里，阔50尺，自海宁硖石流入境，为嘉兴硖石水运要道。海盐塘：长26里，阔42尺，自海盐北流入境达彪湖，轮船均通。平湖塘：长42.5里，阔40尺，自南湖东流经新丰镇达平湖境，有轮船可通平湖，每日可往返两次。嘉善塘：长22.5里，阔43尺，自会龙桥与汉塘分流入嘉善境，水较浅，只能行帆船。长纤塘：长26里，阔40尺，自秋泾桥分水东北航达嘉善，可通轮、帆船。王江泾运河：长41.2里，阔55尺，自北丽桥东北流经平望镇达江苏吴江，轮船可以畅通，为沪杭交通要道。

表3-3-1　　民国时期嘉兴各轮局航线运力情况表

轮船局名称	船名	船身长（尺）	长宽广（尺）	阔宽深（寸）	吨数	马力（匹）	速率（华里）	起讫地点	经过何处	备注
宁绍	宁孚	38	10.5	20	5	45	20	嘉兴—海盐	南堰、余贤埭	
宁绍	盐平	46	9	25	9	30	20	海盐—平湖	新篁、新丰	该轮直经过嘉兴县境内
宁绍	宁平	36	7	40	4	36	20	嘉兴—苏州	平望、王江泾、八坼、吴江	
宁绍	宁安	36	7	40	4	36	20	嘉兴—苏州	平望、王江泾、八坼、吴江	
王清记	清扬	46	9.5	22	10	25	22	嘉兴—南汇	油车港、栖真寺、杨庙、塘汇	
王清记	新长安	27	8	25	4	16	20	杭州—苏州		该轮直经过嘉兴县县境
王清记	清和	40	11	26	5	24	20	杭州—苏州		该轮直经过嘉兴县县境
王清记	清翔	42	8.8	30	5	45	28	嘉善—黎里		该轮经过嘉兴县东北境
王清记	清平	/	9	4	7	36	11	杭州—苏州		该轮直经过嘉兴县县境
永济	清远	46	9.7	30	9	28	19	嘉兴—南汇	油车港、栖真寺、杨庙、塘汇	
永济	清裕	46	9	25	7	24	20	南汇—嘉兴	天凝庄、油车港、杨庙	
永济	清泰	57	12	35	5	36	20	嘉兴—新塍	日新桥	
永济	清兴	44	8	30	13	48	30	海盐—嘉兴	南埝、余贤埭	
通源	致正	42	12	45	9	50	20	嘉兴—新市	南浔	
通源		/	11	38	4	/	15	嘉兴—湖州	南浔、双林、新市	
通源	致平	42	12	/	5	/	18	嘉兴—盛泽	王江泾、平望	
通源	顺发	/	12	45	5	18	30	菱湖—嘉兴	双林、乌镇、炉头、桐乡、濮院	
通源	飞翔	48	11	45	5	/	18	嘉兴—湖州	南浔、双林、新市	
通源	同顺	/	11	5	/	/	18	嘉兴—湖州	新市、双林、南浔	
和济	鸿兴	32	10	20	6	14	18	新篁—嘉兴	凤喈桥、曹庄	
通济	久峰	38	8	2.5	10	/	/	嘉兴—新塍	日新桥	
乍嘉		38	/	3.5	10	35	28	嘉兴—乍浦	东栅口、新丰、平湖	
泰昌		35	/	2.5	5	35	20	嘉兴—平湖	东栅口、新丰	
泰昌		45	/	3.5	8	45	28	嘉兴—平湖	东栅口、新丰	
招商		/	9	4	7	36	11	嘉兴—湖州		

【1949—1985 年嘉兴轮船客运业】

1949 年 5 月，嘉兴县及毗邻各县解放。解放后在中国共产党和人民政府领导下，民族工商业得以重新复苏，为了促进客运航线的畅通，嘉兴县政府对私营轮船行业进行了调查、登记，督促和整顿，扶植破产停业的轮船局（行、公司）筹资重建，仅短短几个月，迅速得到恢复。1949 年，嘉兴县完成客运量 93.32 万人次，周转量 1927.45 万人公里（其中客运站完成客运量 82.85 万人次，周转量 1770.86 万人公里）。1950 年，嘉兴县（市）19 家轮船行（局、公司），19 艘客轮行驶于嘉兴至湖州、苏州、双林、南寻、海盐、平湖、桐乡、乌镇、芦墟和县境内 16 条航线。

1951 年，抗美援朝进入高潮时期，在朝鲜战场的中国人民志愿军伤病员，急需运往后方治疗。当时由铁路运送到嘉兴的伤病员，需经水路转运至吴兴县南浔镇、湖州以及江苏省吴江县震泽镇等地医院进行治疗。1951 年 9 月，嘉兴军分区专门成立“抗美援朝输送委员会”，担负伤病员转运工作。在嘉兴专员公署统一布置下，嘉兴县抽调谊兴轮为中队联络船，和其他各县抽调来的客轮、客驳一起参加运送伤病员。

1952 年，国营华东内河轮船公司嘉兴营业处，接收了由地方人民政府依法没收移交的“根利”“解放”“金平”“根发”等 4 艘小客轮，经营嘉兴至苏州、嘉兴至海盐、嘉善至芦墟、平湖至金丝娘桥等航线。这是中华人民共和国成立后，嘉兴水路客运线上国营经济之始。

1955 年年初，国家对私营工商业实行社会主义改造，嘉兴市（地辖市）各私营客运运输企业，通过“利用、限制、改造”政策，先后组成公私合营企业。嘉兴合营轮船行（由经营嘉兴西部航线的振利、振兴、新塍、福昌、顺新、光明、新联和同鑫等轮船行组成的私营合营）同“顺新一号”、永和、庆大、梅利、万顺、俭业等轮船行实行联合管理，由嘉兴市人民政府指派公方代表，并组成“交通改造”工作组进驻。经过近四个月调整，整顿和清产核资等筹备工作，于 1955 年 6 月 1 日成立公私合营嘉兴轮船公司。

1956 年，私营工商业社会主义改造发展至全行业实行公私合营，批准工联、长风、利兴、协记成、胜利、新兴、永利 7 家轮船行和项沈氏、项阿庆、项兴法 3 艘客驳，以及公私合营茂记转运行。经过经济改组并入公私合营嘉兴轮船公司，当时计有客轮 36 艘，客驳 4 艘，货轮 2 艘，上海零担货运班船 2 艘，职工 866 人，客运航线有嘉兴至湖州、菱湖、南浔、桐乡、乌镇、新塍、濮院、平湖、海盐、芦墟、盛泽、新篁、凤桥、南汇、新市等 17 条。当年嘉兴完成客运量 113.42 万人次，周转量 2075.71 万人公里，其中国营浙江省轮船公司嘉兴营业处完成客运量 31.84 万人次，周转量 468.74 万人公里。

后来客运体制不断调整，1958 年进入“大跃进”时期。当时，根据以条为主，条块结合，加强地、县航运管理权、航运企业经营权的指示，于 11 月航运机构进行调整。撤销嘉兴、湖州两个区的航运局，成立“嘉兴专区航运公司”（设在湖州）统一管理和经营全专区国营航运业务。嘉兴专区东片六县（嘉兴、嘉善、海宁、海盐、平湖、桐乡）设嘉兴、平湖两个营业站。与此同时，嘉兴航区各水陆运输组织，根据“大跃进”的精神，推行“托拉斯”经营管理方式。体制方面实行企、事业合一，全民、集体合一。

1962 年 7 月，上级决定成立浙江省杭嘉湖航运局，下设杭州、嘉兴、湖州 3 个分局。原嘉兴专区航运公司，仍分为嘉兴、湖州两个建制单位。嘉兴分局于 8 月 1 日宣布成立。原已下放到嘉兴县的嘉兴客运站，收归嘉兴分局统一经营管理。

1963 年，为贯彻中央提出的“调整、巩固、充实、提高”的八字方针，嘉兴区航运局所属各客运站开展深入农村，对客源流量流向进行调查。嘉兴客运站根据调查情况和农民的需要，调整客运运行布局。新开辟了余新—嘉兴、王店—嘉兴两条短途区间航线。其中，王店虽有铁路线，但火车运行时间不适应农民早出晚归，上城赶集的习惯，因此王店班开航后，客运量大有增加，深受欢迎。1964 年至 1965 年，开设嘉兴至建设航线的临时客运线，投入 60 客位 176 和 183 两艘支农号客轮及一艘 80 客位支农号客驳，沿线停靠近 10 个站点，从 1964 年一直开航到 1973 年止；洪合泰石至新塍桃园航线，投入 60 客位 178 和 183 两船支农秀客轮，沿途停靠 8 个站点，从 1965 年 12 月一直开船至 1967 年 1 月止。1964 年年底新建嘉兴客运码头，地点嘉禾桥堍，候船室面积 455 平方米，码头岸线长 66 米。与此同时，还改建和扩建了新塍、油车港等码头和候船室。不少招呼站也相应建起了一批小码头和候船亭，从而改善了客运设施，方便了旅客。

1966 下半年“文化大革命”开始，客运单位和全国各行各业一样，原有的规章制度被废除，企业管理无章，生产调度失灵，客班随意停航，给百姓出行带来不便。在这种情况下，打破了国有独家经营水上客运的状况，出现了计划经济时代少有的农客班。1969 年 3 月，栖真乡三水湾大队第三生产队，经过社员集体商量决定从事水上客运，船只为配棚 3 吨双橹手摇钢筋水泥船，起点站是荷花乡洪典大队，途经上睦等地，终点站为嘉兴北京路水果批发部河埠，在苏嘉运河行驶时以人拉纤助力，至 1971 年 4 月停航；1969 年 4 月，栖真乡三水湾大队第五生产队，也决定集体经营航船客运业务，该船的起始地为杨溪大队杨家浜，经停寒家湾、莫家浜、马家浜、北埭、南埭、塘上、上睦港口等码头，终点站为嘉兴北京路水果批发部河埠，船只配棚双橹手摇三吨水泥船，每天一班，1971 年 12 月停航。

“文化大革命”期间，船舶技术状况下降，客运生产停滞不前。航线维持原状，船舶增加不多。嘉兴客运量和周转量 1976 年为 257.48 万人次、3453 万人公里，与 1966 年的 234.31 万人次、3064 万人公里相比，10 年仅增长 9.89% 和 12.70%。1972 年，根据嘉兴地区革命委员会决定，客运体制再次调整，嘉兴客运站由原嘉兴地区嘉兴航运公司管理，划给嘉兴县管理。1976 年 10 月，粉碎了江青及革命集团，“文化大革命”结束，水上客运情况逐步趋于好转。1979 年 1 月，嘉兴客运站，重新归属浙江省航运公司嘉兴分公司统一经营、管理。由于社会稳定水上客运迅速好转。1980 年，嘉兴客运站完成客运量和周转量分别为 309.19 万人次和 4115 万人公里和 1976 年相比仅 4 年时间分别增长 20.08%和 19.17%；1985 年完成客运量和周转量分别为 346.59 万人次和 5326.56 万人公里，创历史新高。

1985 年嘉兴客运航线表

表 3-3-2

航线		全程公里（公里）	每天班次	经过站点	备注
起站	到站				
嘉兴	湖州	98.6	2	革命浜、莫家览、陶家览、陡门、运河农场、妙智、永兴、毛家渡、宗阳庙、炉头、晒浜、陈庄、乌镇、顾家塘桥、练市、水口、安丰塘桥、洪城、双林、长生桥、南葛桥、思溪、旦头、袁家汇、路村	两轮对开
嘉兴	海盐	38.4	2	新兴、石牌堰、余新、王道宅、半路、沈荡、孟家堰、欤城、三环洞	当天来回
嘉兴	西塘	35.2	2	塘汇、钱家桥、杨庙、九号桥、天凝、福善泾、洪溪、上旬庙、下旬庙	当天来回
嘉兴	新篁	31.1	4	东栅口、麒麟坝、八字桥、北塘桥、沙桥、南塘桥、石佛寺、凤桥、梅花桥、庄史。吴家塘桥、日月桥	两轮对开
马腰	嘉兴	57.2	2	四摆渡、东迁、南浔、震泽、后练、铜罗、思古桥、石汇头、胜荡桥、新塍、妙智港、阴家桥、九里汇、大德桥	当天来回
乌镇	嘉兴	36.6	2	九里亭、杨家浜、思古桥、石汇头、胜荡浜、新塍、妙智港、阴家桥、九里汇、大德桥	当天来回
步云	嘉兴	21.2	2	陈家浜、六里塘、光明桥、三塘桥、大桥、红庙、大船浜、高丰庙、东栅口	当天来回
南汇	嘉兴	26.9	4	戴西港、汪家坟、油车港、九号窑、杨庙、钱家桥、塘汇	两轮对开
善琏	嘉兴	61.7	2	盐境桥、福禄桥、练市~革命浜与湖州同线	当天来回
石门	嘉兴	35.6	2	大王渡、单桥、宗阳庙~革命浜与湖州同线	当天来回
盛泽	嘉兴	21.4	2	前跃桥、七里卡、长爿头、八一、建新、王江泾、上胜港、洪庙浜	当天来回
嘉兴	硖石	27.9	2	长生桥、机埠、马桥、新塘桥、三姑庙、王店	当天来回
嘉兴	余兴	12.6	2	区间航线与海盐线同	
嘉兴	南浔	46.2	2	区间航线与马腰线同	
嘉兴	新塍	15.3	2	区间航线与乌镇线同	
嘉兴	运河农场	17.4	2	区间航线与湖州线同	
嘉兴	王店	17.5	2	区间航线与硖石线同	

说明：材料统计数据来源于 1985 年嘉兴客运站

【1985 年后水上客运】

改革开放以后水上客运发生了很大变化。一是个体户、联户（简称“两户”）运输蓬勃兴起，农村实行联产到户的家庭承包经济责任制，提高了农民生产积极性。农民除从事农业生产外，剩余劳动力从事发展乡、镇工业和运输业。“两户”船舶随之兴起，从事营业性搭客兼附货的“农客班”发展迅速。他们立足为本乡、本村服务，具有轻巧、灵活、方便（随叫随靠）的优点，容易招揽旅客。据 1985 年资料统计，嘉兴村办、“两户”的农客班，计有机动船 28 艘、1224 客位、5649 马力，客驳 2 艘、95 客位，经营市郊、县境范围内航线 27 条 68 个班次，营运总里程 354.3 公里，客运量为 2000 ～ 2500 人次/天。此外，还有水运集体企业客轮 2 艘，经营 3 条区间航线，全年完成客运量 12.35 万人次，周转量 93.13 万人公里。

表 3-3-3　　1985 年嘉兴市郊区农客班航线表

所属县	航线	全程公里	班次	经过地点	客轮		客驳	备注
					客位	马力		
嘉兴郊区	古头泾—嘉兴	10.6	4	鱼池汇、仓鱼桥、塘汇、秋泾桥	42	12		
嘉兴郊区	田乐—嘉兴	31.9	2	大三万、双塔、大镇、长片田、市泾、建新、王江泾、长睦桥、红庙浜	80	80	60	村办
嘉兴郊区	栖真—嘉兴	14.7	2	麦家、劳丰、万北、百花、联丰、大平桥	82	35	35	村办
嘉兴郊区	马厍—嘉兴	9.4	2	朱家港、北月浜	32	24		村办
嘉兴郊区	澄溪—嘉兴	25	2	民主、将介浜、劲风、升平桥、三水湾	56	40		村办
嘉兴郊区	虹阳—嘉兴	17.8	2	尖墩角、北溪浜、南溪桥、双桥、虹庙浜、高家浜、跃进桥	77	40		两户
嘉兴郊区	吕塘—嘉兴	15.2	2	曹庄、合作桥、关家桥	47	24		村办
嘉兴郊区	高照—嘉兴	15.2	2	四号桥、五号桥、六号桥、九里湾	57	40		村办
嘉兴郊区	竹林—嘉兴	21.4	2	东风、永丰、焦山门、十八里桥、东栅	46	24		村办
嘉兴郊区	南汇—盛泽	10.6	2	胜荡浜、前进	54	24		村办
嘉兴郊区	桃园—新塍	7.5	2	叶家桥、金家浜、贾家桥、上入、闾阳桥	80	24		村办
嘉兴郊区	净相—新丰	9	4	界亚桥	50	40		村办
郊区交运公司集体	新塍—濮院	12	2	大板桥、龙口桥、新河桥、下仙、新桥、陡门	70	16	85	村办
郊区交运公司集体	王店—建设	9.7	2	莲花桥、张华桥、姜家桥、十店汇桥、斜江桥	51	16		一艘客轮开二条航线
郊区交运公司集体	王店—硖石	11.1	2	大洋桥、南施宫、王家浜、许家门、徐家汇、仲家汇				
郊区交运公司集体		32.8	6		2 艘 211	82	1 艘 85	

二是公路建设发展较快，水上客运客源流失严重，给水上客运带来一定影响。三是开辟旅游航线，由于水上客运有明显下降趋势，嘉兴客运站针对人民生活水平的提高，旅游市场的发展，率先成立嘉兴市南湖旅行社，这是嘉兴首家旅行社。利用水上客运具有安全舒适，晚间开航，早晨到达受游客喜欢的特点。积极开发旅游航线。

1985年后，水上客运业日渐衰落，客运量连年下降。嘉兴客运站完成客运量和周转量1985年为346.59万人次、5326.56万人公里，1986年为253.53万人次、4108.54万人公里，1987年为245.69人次、4206.96万人公里，1988年为224.32万人次、3833.01万人公里，1989年为162.66万人次、3283.54万人公里，1990年为111.75万人次、2432.24万人公里。这几年的数据比较，客运量的下降十分明显。客运航线也随之减少。1990年年底，嘉兴站只有8条航线：嘉兴—湖州、嘉兴—石门、嘉兴—南汇、嘉兴—南浔—横街、嘉兴—王店、嘉兴—海盐、嘉兴—凤桥、嘉兴—西塘。嘉兴的农客班客运线也只有5条：嘉兴—田乐、嘉兴—栖真、嘉兴—马厍、嘉兴—杨溪、嘉兴—南汇。班次减少更多。昔日生意一时兴隆的“农客班”，也因客流量的剧减，而先后停航。

由于水上客运量下降，促使单位成本大幅度上升。虽然客运票价于1987年、1989年进行过两次调整：1987年9月20日市境航线客票，从原来底分5分，80公里以内，每人公里2分，超过80公里以上每人公里为1分。调整为底分8分，每人公里2分8厘。跨省市每张客票底分仍为5分，每人公里为1分。1989年9月5日，每张客票调整为底分2角，每人公里4分。调整两次票价后，收人虽有所增加，但油料、钢材、木材等物资价格均大幅度上升，职工工资、福利等政策性开支，以及离退休人员增多，营业外支出也增长较快，票价调整增加的收入仍低于成本增加的支出。1986年千单位收入21.94元，成本24.80元，而1990年千单位收入45.89元，成本为49.94元，出现了水上客运业连年亏损的不景气局面。当然水上客运量的剧降是公路迅速发展，旅客弃水走陆，是人民生活水平提高和社会进步的体现。

水上客运连年亏损，客运站为减少亏损，积极开发横向经济，多种经营，成立了劳动服务公司。嘉兴客运站开设了车船修理综合厂、新客站招待所、水果批发部、客运饭店、老客站招待所、旅游服务部、综合商店等，通过多种经营来弥补水上客运的亏损。

1989年12月21日，原浙江省航运公司嘉兴分公司，经营管理体制下放给嘉兴市，为全民所有制市属企业。1990年4月，更名为嘉兴市航运总公司，其下属嘉兴等六个营业站（即客运站）更名为分公司。1994年4月，根据嘉兴市人民政府嘉政发〔1994〕17号和嘉交人〔1994〕115号文件的精神，嘉兴市航运总公司所属的平湖、嘉善、海宁、海盐、桐乡5个分公司，成建制下放给所在县（市）管理，为自主经营、独立核算的经济实体，具有法人资格。嘉兴客运分公司仍由嘉兴市航运总公司管辖。

客运体制下放后，水路客运业依然不断萎缩，航线和客运班次逐年减少。1993年11月8日，郊区荷花、南汇、田乐等乡公路通车，使嘉兴南汇班乘客明显减少，至1994年4月，嘉兴客运分公司最后一条水上客运航线，嘉兴南汇班被迫停航。至1999年农客班虹阳班，南汇班也相继停航。到2000年年初，原属嘉兴市航运总公司旗下的客船只乘下13艘，10年间客船艘数下降了75.47%，而到了2008年，原属该公司旗下的客船仅剩下3艘，主要用于不定期运送香客，全已转为旅游性质。

2002年6月6日，嘉兴市南湖名胜发展有限公司成立，经营范围：嘉兴市境内水路旅客运输，企业性质：有限责任公司（国有独资），客船15艘、108客位。主要在南湖风景区水域从事水路旅游客运。2006年，随着南湖风景区环境和各项功能的改善以及杭州湾跨海大桥的落成等因素，来嘉兴南湖“红船”特色游的游客增幅较大，绕环城河夜游逐步升温，南湖风景区的旅游客船从90年代初单一的以摆渡为主的3艘游船，发展到2008年既有165客位的较大游览船，又有20客位左右的小型电瓶游览船和小型手摇船等不同类型的客船，嘉兴市客运量有上升趋势。2006年，嘉兴市全年共完成客运量32.57万人，客运周转量265.41万人公里。2007年，全年共完成客运量32万人次，旅客周转量272万人公里。2009年，完成客运量43.9691万人次，周转量273.8082万人公里。2010年完成水路客运量46万人次，旅客周转量230万人公里。2010年7月9日，嘉兴市南湖旅行社有限公司因水路客运业务日趋减少办理了水路旅客运输业务的注销手续。至此，嘉兴真正意义上从事水路旅客运输的企业已经终结。

以后在市本级的水路客运企业，实际上是在南湖风景区水域和市区环城河水域从事观光旅游运输，平均运距较短，一般只有5公里左右。

第二节 水路货运

嘉兴地处长江三角洲角河网发达地区，境内航道密度达 50 公里/百平方公里，水运条件十分优越。充分发挥水运优势，对嘉兴市走新型工业化道路，建设先进制造业基地，接轨大上海，全面建设小康社会具有重要战略意义。

【历史沿革】

嘉兴河流交叉，深得舟楫之利，自古交通发达，水路货物运输十分便利。古代集中为漕运。漕运本意是水上运输，凡粮、茶、盐、布匹等各类物资用船运输者都叫漕运，但历来以运粮为主，这是正宗的水路货运。漕运是封建时代官办的水路运输。据《浙江通志·漕粮》载："唐贞元中，增浙江东西岁进米七十五万石，此两浙漕运之始。宋太平兴国初，两浙岁进米四百万石。至道元年，江浙所运由淮泗进京。"

明代，漕船至各地便民仓（粮仓）装载，满重船即开航至指定地停候，待 12 艘到齐成帮，便由运河北驶通州（今北京市通县）。清康熙二十五年（1686 年），海宁卫、所与嘉兴合并为嘉海卫、所，以浅船 46 艘共运漕粮。咸丰二年（1852 年），改河运为海运，据《浙江海运全案初稿》（清咸丰三年编）载，当时平湖漕运"交绍兴卫、嘉兴卫、严州所三帮漕船解运"，路线是由汉塘至嘉兴，沿运河北上。同治十一年（1872 年）起，南方漕粮均集中于上海以轮船装运，且多改官运为商运。辛亥革命后，漕粮改征包银，历时一千多年的漕运制度结束。

据光绪二十五年十月重刊之《浙江通志·卷八十一·漕运中》记载：清代向嘉兴、秀水两县征收漕粮数目是：嘉兴县漕粮正耗米 84403.844 石，遇闰减征米 35.5936 石，秀水县漕粮正耗米 73644.76 石，遇闰减征米 30.9232 石。当时清政府还向嘉兴府、湖州府两府征收白粮即白粳、白糯，其中嘉兴县漕粮正耗米 12320.8987 石，遇闰减征米 2676.6978 石，秀水县漕粮正耗米 10297.9952 石，遇闰减征米 2393.1549 石。嘉兴秀水两县的漕粮数相加都比其他县多，真是天下粮仓。天上粮仓促进嘉兴水上货物运输的发展。清代嘉兴诗人朱彝尊棹歌："父老禾兴旧馆前，香粳熟后话丰年。楼头沽酒楼前泊，半是江淮贩米船。"棹歌反映了嘉兴水路米粮运输景象。以上所有都证明了嘉兴水上货物运输自古就十分发达。

【民国时期嘉兴货物运输】

民国元年（1912 年）国民党政府成立交通部（系清代邮传部改组）内设航政司，主管全国航政事宜。但当时只重视上海港及长江线运输，对杭嘉湖内河运输很少顾及。据民国 18 年浙江省船舶事务所公布全省船舶数，属第二区（即现在的嘉兴、湖州两市及所属各县）的嘉兴市及所属平湖、嘉善、海盐、桐乡（当时海宁县属杭州市），仅有轮船 28 艘，内河航船 554 艘，内河营业船 10617 艘，基本都是小轮小船。

民国时期，嘉兴县境内多见于航船，大的以装货为主兼载客，小的以载客为主，兼载货。另一种快班船，以载客为主，兼营零担货运。嘉兴县出口大宗货物主要由木帆船承运，这种货船主要有：西漳船，船长 12~13 米，宽 3~3.5 米，载重量 20~30 吨；圈棚船，船长 11~12 米，宽 1~2 米，载重量 5~10 吨。都以手摇、拉纤、扬帆往来跨省、县际及县境各地。当时虽有轮船运输企业，但大多以客运为主兼附货物。

民国 24 年，嘉兴县有轮行 8 家 25 艘，兼载货 161 吨，从业人员 206 人。至抗日战争前，嘉兴县有轮行 12 家，轮船 32 艘，行驶于嘉兴至沪、杭、苏、湖、平湖、硖石、新塍及县内外城镇 12 条航线，客货兼运。抗战胜利后，航线相继恢复，嘉兴县先后开业过协记成、和兴轮船行等三家轮行（另有茂记等 17 家运输行、转运行），经营嘉兴至上海航线；捷达公司经营嘉兴至杭州航线。船舶均系 30 吨左右自载货轮（由绍兴式"乌篷船"改装的机动船），船只大部分是旧的机器快班船，运力低，航速慢。其时，还有通利、宝兴轮船局，经营嘉兴至苏州航线，以货运为主兼附搭客（船体中间腰弄和上棚装货，中舱乘客）。1949 年，嘉兴水上货运量 15.1 万吨，周转量 557.27 万吨公里。

【1949—1983 年嘉兴货物运输】

1949 年中华人民共和国成立。1950 年 10 月 10 日，浙江省航运公司嘉兴营业处成立并开业。由于当时自身还未有拖轮、货驳等运输工具，初期办理航运业务，主要承接物资单位委托以及为船户组织货源交由木帆船运输，货物运输量极微。同年 11 月，嘉兴成立"嘉兴民船业同业公会筹备会"，会址设在嘉兴新马路。因为有些民船不雇用船员很难界定和划分劳方、资方，故凡从事民船业运输者均可参加同业公会。在成立大会上一致选举王炳仁为民船业同业公会筹备会主席。

1951 年，嘉兴民船业实行联营，成立木帆船联营总社，丁阿大任经理，共有40多只船，每船吨位在20～30吨左右。社址设在新马路，下设木帆船联营一社、二社及民船短驳运输组。木帆船联营一社，社址设在东门公共码头，劳双喜任经理。有船10多艘，绍兴籍居多，每船吨位30多吨；木帆船联营二社，社址设在荷花堤，由吉金林任经理，有船20多艘，每船吨位20～30吨；“民船短驳运输组”设在中基路。收费标准：3公里内每吨0.80元，3公里以上每吨0.60元。

1952年，民船同业公会在北京路成立航快船社，余树林任社长，航快船兼营客运和货运有固定航线和停靠点，一般都是原来经营的航线。王阿灿原在木帆船业工作，对运输业务熟悉，后调入“联营社”做业务调配，任劳方代表。1955年，嘉兴民船业实行公私合营，私方人员按照量才录用，适当照顾的原则，均得到了妥善安排。嘉兴民船业同业公会退出历史舞台。1952年年底，国营华东内河轮船公司嘉兴营业处，将由浙西分公司调入租用分散自摇的货驳40艘，计吨位2297吨，和“鸿林”“源康”等拖轮，组成不固定编制的货运船队，经营嘉兴至上海货运航线。自此，国营华东内河轮船公司嘉兴营业处货物运输日趋稳定，并得到发展。

1953年6月，国营华东内河轮船公司嘉兴营业处改名为国营浙江省轮船公司嘉兴营业处，并与浙西公司分线经营，单独核算。1958年货运量达36.69万吨，周转量5247.72万吨公里。该企业后来发展为国有企业，其体制经多次调整更名，后来名为浙江省航运公司嘉兴分公司，1990年1月名为嘉兴市航运总公司。1983年时货运量突破200万吨。1985年拥有拖轮33艘，6330匹马力；货驳259艘，21915吨位；货轮3艘。全年完成货运量227.21万吨，周转量32168.42万吨公里。

解放后嘉兴在组建国营水上运输单位的同时，嘉兴市也在组建集体所有制水上运输企业。1956年1月25日，嘉兴市航快船运输社成立，有船66艘、572吨，社员384人；2月15日成立市木帆船运输一社，5月1日成立木帆船运输二社，不久嘉兴县又成立了新丰木帆船运输社，共有船276艘、3459吨，社员833人。后来经过调整更名成了：嘉兴市航运公司；嘉兴市第二航运公司；嘉兴市第三航运公司。1956年，嘉兴县完成货运量29.89万吨，周转量754.47万吨公里(不包括嘉航总公司下同)。1966年，嘉兴县完成货运量43.82万吨，周转量4860.15万吨公里。1978年，嘉兴县完成货运量145.54万吨，周转量7858.71万吨公里。

【1984—2010年郊区货物运输】

中共十一届三中全会后，交通运输在国民经济中的重要战略地位得到确立。嘉兴交通局认真执行“改革、开放、放宽、搞活”方针，改革交通管理体制，活跃了运输市场，扩大了运输能力，运输生产稳步发展。水运市场呈现开放活跃景象，交通专业运输部门独家经营格局发生变化，国营、集体水运企业开拓经营，个体户和联营户异军突起，形成了多层次、多形式、多家经营的水路运输新格局。

1983年，撤地建市后，嘉兴市郊区于1984年将王店的搬运站，组建为嘉兴市郊区第一交通运输公司；将新塍运输社，组建为嘉兴市郊区第二交通运输公司；将新丰木帆运输合作社，组建为嘉兴市郊区第三交通运输公司。

随着我国水路运输市场的放开，嘉兴的水路货运量不断上升，郊区三个交通运输公司都有了发展。1990年，郊区完成水路货运量28.19万吨，周转量2045.91万吨公里。其中郊区第一交通运输公司，完成货运量13万吨、周转量1562.90万吨公里，总收入149.33万元；郊区第二交通运输公司，完成货运量6.81万吨、周转量177.62万吨公里，总收入50.40万元；郊区第三交通运输公司，完成货运量8.37万吨，周转量305.38万吨公里，总收入59.70万元。第二交通运输公司，1991年拥有固定资产38.29万元，固定职工76人。第三交通运输公司，占有土地面积2350平方米，建筑占地面积1044平方米，90年代初有职工100余名。因郊区于1999年6月更名为秀洲区，因而三个交通运输公司于1999年6月也随之分别更名为：嘉兴市秀洲区第一交通运输公司；嘉兴市秀洲区第二交通运输公司；嘉兴市秀洲区第三交通运输公司。同年，三家交通运输企业都进行了产权制度改革，组成股份合作制企业。单位名称沿用原来名称。

秀洲区水上运输工具及运输量统计表

表3-3-4

年份	船舶		运输量	
	艘	吨位	万吨	万吨公里
2001	1613	105983	860.2052	79678.37
2002	2513	124263	868.1131	82412.75
2003	2235	115094	873.385	81631.62
2004	1954	157362	919.9538	89876.06
2005	753	80130	1223.969	127045.9
2006	609	80617	1339.121	145912
2007	476	68915	1306.466	143507.1
2008	421	65175	1064.59	117971.6
2009	444	76026	1113.359	123870.9
2010	635	147770	1184.414	132611.6

由于改革开放的不断深入，水上运输市场不再是国有企业、集体企业独霸的市场，而是国营、集体、个体一起上，于是个体户、联营户大量涌现，给国有、集体运输企业带来较大冲击，给秀洲区三家水上运输企业带来了很大困难。由于个体户、联营户的增加，到2003年全区仍然拥有各种船舶1492艘，总吨位达11.58万吨。因2000年7月行政区划调整，原秀洲区第三交通运输公司于2001年9月划归南湖区管理。由于公路建设的迅速发展，道路运输业快速兴起，以及水上货物运输市场的激烈竞争，水上运输业企业经营困难，秀洲区第一交通运输公司，于2006年8月自动歇业。第二交通运输公司最后也走上歇业之路。区内水路货物运输已成个体户、联营户等私营运输户的天下。正因为有了个体和私营运输户的积极参与，2001年至2010年的十年中秀洲区仍保有一定的运能和运量。根据思古桥、三塔、王店、塘汇、王江泾等五个航运管理站的统计，秀洲区这十年仍有一个较为可观的运能和运量（见表3－3－4）。

第三节 运输组织

【嘉兴市航运总公司】

嘉兴市航运总公司（原浙江省航运公司嘉兴分公司）地处嘉兴市城区东北部，占地面积3.3万平方米，是浙江省北部地区的水运中枢之一。嘉兴市航运总公司下辖嘉兴、嘉善、海宁、海盐、平湖、桐乡六个分公司（即原名为客运站），储运营业部，以及船舶修造厂、水泥厂、劳动服务公司及十多个货运船队。是嘉兴市唯一全民所有制的水运骨干企业。

嘉兴市航运总公司创建于1950年10月10日。几十年来，体制、机构、名称多次变更。50年代初为浙江省航运公司嘉兴营业处，先后改为国营华东内河轮船公司嘉兴营业处、国营浙江省轮船公司嘉兴营业处。体制曾实现政企合一。名称亦先后改为浙江省嘉兴区航运局、浙江省嘉兴专区航运公司、浙江省杭嘉湖航运局嘉兴分局、浙江省航运公司嘉兴分公司、浙江省嘉兴地区嘉兴航运公司，最后又改为浙江省航运公司嘉兴分公司。于1990年1月，体制下放到嘉兴市，为市属水运企业，改名为嘉兴市航运总公司。

1952年年初，国营华东内河轮船公司嘉兴营业处接收了由地方人民政府依法没收的敌产“根利”“解放”“金平”“根发”4艘轮船。1952年4月，又接收了中国人民解放军嘉兴军分区后勤处领导的劳营运输公司部分船舶和资产。劳营运输公司系解放初期，中国人民解放军运送军用及其他军需物资而组建的。当时移交的有“劳锐”“劳鸿”“劳涌”“劳锋”“劳龙”等轮船。

通过接收地方人民政府和劳营运输公司移交的船舶后，国营华东内河轮船公司嘉兴营业处开始有自己的运输工具，由此打下了发展基础，同时在接管中转来了大批人员使生产得到了发展，业务不断扩大。

1953年6月，国营浙江省轮船公司嘉兴营业处成立，并与浙西分公司实行分线经营，单独核算。1958年11月，根据以块为主、条块结合的方针。航运机构进行调整，撤销原嘉兴、湖州区航运局，成立“嘉兴专区航运公司”。公司设在湖州，嘉兴改为营业站。原嘉兴区航运局所辖各县客运机构体制下放地方，并入各县交通运输公司。1961年11月，航运机构隶属变更，嘉兴专区航运公司改名为浙江省嘉兴区航运局，直属浙江省交通厅领导。

1962年7月，为进一步贯彻“调整、巩固、充实、提高”的方针，成立了浙江省杭嘉湖航运局。下设嘉兴、湖州、杭州三个分局。同年8月1日，浙江省杭嘉湖航运局嘉兴分局成立。同年年底，收回原下放到嘉兴、嘉善、海宁、海盐、桐乡、平湖各县的客运站。

1963年1月，浙江省杭嘉湖航运局撤销，分别恢复成立浙江省杭州、湖州、嘉兴区航运局。1965年1月，交通运输管理体制实行政企分开。成立浙江省轮船运输公司。浙江省嘉兴区航运局改名为浙江省轮船运输公司嘉兴分公司。1966年1月，浙江省轮船运输公司嘉兴分公司更名为浙江省航运公司嘉兴分公司。

1971年1月至1978年12月浙江省航运公司嘉兴分公司名为浙江省嘉兴地区嘉兴航运公司。1979年1月，浙江省嘉兴地区嘉兴航运公司又恢复原名为浙江省航运公司嘉兴分公司。根据浙江省革命委员会〔1978〕170号文件精神，将1971年1月第二次下放给嘉兴等六县的客运站，重新归属浙航嘉兴分公司。80年代前5年该公司经营状况较好，1984年时拥有职工3991人，1985年时拥有固定资产3275.63万元，同年完成货运量227.21万吨、周转量3216.84万吨公里，完成客运量1398.89万人次，创历史新高。1990年1月，浙航嘉兴分公司下放给嘉兴市，更名为嘉兴市航运总公司。

1994年4月，根据嘉兴市人民政府嘉政发[1994]17号和嘉交人〔1994〕115号文件的精神，嘉兴市航运总公司所属的平湖、嘉善、海宁、海盐、桐乡五个分公司（原为客运站），成建制下放给所在县（市）管理。嘉兴分公司仍隶属市航运总公司管理。

1993年年初，嘉兴市航运总公司按市委，市府及市局要求，开始了海运开发工作。1993年，嘉兴市航运总公司申报立项，筹措资金，寻找合作伙伴，与浙江省海门海运公司商定共同组建“嘉兴海运有限公司”，并在1993年年底以760万元人民币购买了一艘载重量为6147吨的英国二手货轮，船名定为“浙海318轮”。1994年3月22日在办齐各项开业手续以后，嘉兴海运有限公司正式起步运行。浙海318轮投入了营运，实现了嘉兴海运“零”的突破。1995年，公司管理重心由海门迁来嘉兴。浙海318轮顶风破浪，北起丹东，大连，秦皇岛，南到深圳，靠泊过大小20多个港口，航线遍及我国东部沿海及长江下游部分地区。

由于318轮未能按原计划进入嘉兴电厂运煤，再加上当时海运市场下滑，到2000年4月底，处于资不抵债境况，本希望以海运来补救内河运输困境，结果雪上加霜。为从根本上解决嘉航总公司的出路，只有通过转制，才能求得出路。根据嘉兴市属企业改革工作领导小组（嘉改〔2000〕2号文）批复，嘉航将实行分立重组，组成若干个有限责任公司或股份合作制企业，按照双向选择，进入重组企业。然后余下的富余人员实施分流安置。

2001年7月26日，浙江省嘉兴市中级人民法院依照《中华人民共和国企业破产法（试行）》第八条第一款之规定，裁定：宣告嘉兴市航运总公司破产。[（2001）嘉经破字第6—1号]。

【联运公司嘉兴办事处】

1950年10月1日，在嘉兴市建国路36号，成立国营华东联运公司浙江省公司嘉兴办事处。经营水陆联运和代理运输业务，兼办保险。经理王连甫（兼）。

1951年12月1日，根据上级指示，公营浙赣运输公司嘉兴分公司（1950年6月成立，运输货种为粮食、黄麻、蚕茧）并入华东联运公司浙江省公司嘉兴办事处。主任王连甫（兼）。原浙赣运输公司嘉兴分公司副经理邵开先任副主任。1951年12月公营浙赣运输公司嘉兴分公司硖石办事处撤销，同时建立硖石联运站，副站长胡海豪。1951年2月平湖县设立平湖联运站，站长余立清，后由办事处副主任黄金元兼任。同年10月任命夏茂林、杨志飞为副站长，1953年1月7日免去黄金元兼职，任命夏茂林为第一副站长，负责全面工作。

1952年1月1日华东联运公司浙江省公司嘉兴办事处，在嘉善下甸庙设嘉善联运站。到年底，人员编制已从成立时的18人增至34人。后又在嘉善县洪溪、干窑、魏塘等地设工作组。主要是组织船只运输砖瓦。同年8月在海宁县长安镇设立联运站，编制5人，主要运输业务以麻、茧为主，至年底业务逐渐扩大，人员增至30人。

据1952年统计资料，浙江省联运公司嘉兴办事处及所辖各联运站，掌握的运输工具计有：大小木帆船3451艘、55849吨，竹筏434只、619吨，汽车20辆、66吨，各种人力货车137辆、67吨。嘉兴、湖州各单位全年的联运业务运量共计105.50万吨。运输物资主要是粮食、砖瓦、络麻、蚕茧等。据1952年完成运量统计资料，其中砖瓦48.70万吨，络麻6.66万吨。当时浙江省联运公司嘉兴办事处及所辖各联运站的工作方针是：面向国防，面向建设，面向农村。配合国家基本建设需要，及时运输建筑材料。如嘉善的砖瓦、梅溪的黄砂、海盐的石料等。还积极组织运输分散在区乡山村的货物。并深入农村，为滞销的土特产打开销路，为活跃城乡经济及物资交流服务。

1953年按浙江省联运公司（53）联办字第0014号通知，于1月15日，浙江省联运公司嘉兴办事处撤销，改组成立“浙江省联运公司嘉兴分公司”。嘉兴分公司经营原嘉兴办事处和湖州办事处及两处所属各联运站的业务，设置业务、财务、计划、人事、秘书五股。直接领导长安、硖石、平湖、嘉善联运站及桐乡、海盐工作组和湖州办事处，间接领导湖州办事处下设的长兴、菱湖、梅溪、泗安联运站，南海孝丰工作组。同年4月16日，嘉兴分公司购置嘉兴市芝桥街20、21号（后改芝桥街6号）房屋，改建成办公用房，并迁入该处办公。

1953年6月1日，浙江省联运公司并入浙江省内河航运管理局。联运公司全部产业、资金、人员、业务，由浙江省内河航运管理局接管。嘉兴分公司也相应并入嘉兴航运管理处。嘉善、长安、硖石、平湖等联运站则分别并入嘉善、海宁、平湖等县航管站。

1988年9月1日，嘉兴市联运公司成立。详见第四章铁路运输“嘉兴市联运公司”。

【嘉兴市航运公司】

嘉兴市航运公司是一家专营内河货运的集体企业。原名嘉兴县运输公司货运站。该公司原是1958年10月成立的地方国营嘉兴县交通运输公司下设的货运站。1963年1月1日恢复原集体所有制性质，经营航运业务。当时，仅有木质机帆船和拖轮9艘，主机功率295.2千瓦，木驳103艘、2490吨。在册职工386人。

1979年4月，经全面调整，成立为嘉兴县航运公司。

1981年5月，嘉兴恢复市（地属市），该公司更名为嘉兴市航运公司。

1988年，已发展成拥有船舶120艘、6200.5吨，拖轮主机功率978.2千瓦，职工606人的水运企业。全年完成货运量50.07万吨，周转量7198.75万吨公里。

1990年，拥有钢质拖轮12艘、挂浆机船4艘，主机总功率1205千瓦，40～80吨级钢质货驳97艘、5751吨。全年完成货运量31.74万吨，周转量4756.61万吨公里。有职工464人，其中，船员304人。

1990年年末，拥有固定资产原值606.65万元，净值355.15万元。全年营业收入319.8万元，运输收入316.9万元，运输总成本317万元，利润总额—40.4万元，税金10.5万元。

1991年6月，在职职工461人，计划外合同工37人，退休职工206人，总计754人。公司固定资产原值602.14万元，净值339.92万元。拥有船舶103艘、1206千瓦、5747吨。在城区使用土地11967平方米，外埠使用土地1643平方米，在城区拥有产权房屋7274平方米，外埠产权房屋618平方米，材料库存额21.92万元，应收款76.00万元，应付款92.89万元，欠贷164万元。该公司以内河运输为主，兼营劳动服务公司船用配件和码头装卸。

【嘉兴市第二航运公司】

该公司是一家专营内河货运的集体企业。原名嘉兴县木帆船运输合作社（一社、二社）。解放初期是在一船一户，个体分散经营的基础上建立起来的木帆船运输合作社逐步发展而成。

运输合作社成立于1956年2月，当时分木帆船运输一社、木帆船运输二社。船舶系木质、吨位小。均靠撑篙、拉纤、扬帆等方式作为船舶动力。主要是短途运输和市区驳运。1958年10月，并入地方国营嘉兴交通运输公司，变集体所有制为全民所有制。1962年11月，转出交运公司，恢复原集体裁所有制性质。

1965年，木帆运输一社和二社合并为嘉兴县木帆船运输站。并加强运输设备的更新改造。1966年开始有拖轮拖带驳船的生产方式，发展长途运输业务，拖轮马力、船舶吨位逐步增大，同时逐步新增水泥质货驳，生产组织已由单船运输组成船队运输。

1979年8月，“嘉兴县木帆运输站”改名为“嘉兴县第二航运公司”。嘉兴县改为嘉兴市后又改名为“嘉兴市第二航运公司”。

根据水运企业成本高、经济效益低（主要为社会服务）这一实际情况，挖掘潜力开展横向经营，实施以运为主多种经营，开办了华光铝合金制品厂、玻璃钢制品厂、船舶修理厂、劳动服务站和浦江百货商店，增加企业收入。

截至1991年6月，在职职工558人，退休职工316人，总计874人。拥有船舶89艘，其中钢质81艘，水泥质8艘，主机功率690.66千瓦、4619吨。公司固定资产原值416.55万元，净值254.28万元。土地面积8193.67平方米，房屋建筑5352.54平方米。

【嘉兴市第三航运公司】

市第三航运公司，原名嘉兴县航快船运输合作社，成立于1956年1月25日，是一家专营内河货运的集体企业，有社员384人，航快船66艘、552.3吨，船只折价入股共计22833.61元。其时兼营客运。地址嘉兴小西门，北京路设营业处，下设苏州、德清、新市、崇福、桐乡、海宁、海盐、乍浦、平湖、嘉善、乌镇、王店等11个营业站点或业务接洽处。

1958年10月1日，在“两个合一”（即全民与集体合一；企、事业合一）的体制贯彻下，嘉兴航快船运输合作社并入当时成立的地方国营嘉兴县交通运输公司，为公司下属的货运站的组成部分。1961年11月15日又从地方国营经济性质恢复集体所有制经济性质，成立为嘉兴县航快船运输站。拥有货轮4艘，70.5吨、101匹马力；货驳74艘、723.64吨，有职工339人。至1966年，已拥有货轮15艘、221.5吨、230匹马力；货驳58艘、556.4吨，有职工326人。

1978年，嘉兴县航快船运输站更名为嘉兴县第三航运公司（后又从县改为市），拥有货轮22艘、278.4吨、540匹马力，木质货驳49艘、549.5吨，水泥质货驳16艘、297吨，有职工428人。全年完成客运量5.97万人次、周转量60.14万人公里，货运量19.27万吨、周转量597.57万吨公里。

截至1991年5月，拥有职工680人，船舶84艘，其中拖轮8艘，机动货轮17艘，驳船59艘，动力856千瓦，3168吨，固定资产原值401.04万元，净值244.28万元。应收款55.8万元，应付款57.46万元。实现利润3.91万元。公司以内河运输为主，兼营工副业，商业。有蓄电池厂、运河商店、车运装卸。

1991年12月27日，由嘉兴市航运公司、嘉兴市第二航运公司、嘉兴市第三航运公司三家单位合并组建成立嘉兴市内河航运公司，办公地址在嘉兴市区环城西路119号。注册资金899.1万元。截至1991年10月，在职职工1643人，其中：固定职工1224人，合同制工人178人，计划外用工241人，退休职工665人。内河航运公司以内河运输为主，兼营工副业，商业。公司附属的铝合金制品厂、玻璃钢制品厂、蓄电池厂、聚氨酯制品厂、运河商店、劳动服务公司为企业内部二级核算单位。外线运输有13个船队，有拖轮 16 艘、1582 千瓦，货驳 156 艘、10600 吨（C 级吨位）。内线运输有拖轮 15 艘、546 千瓦，其中货轮装载吨 34 吨，货驳 67 艘、2120 吨（C 级吨位）。单机 22 艘、627 吨、256 千瓦。

【秀洲区第一交通运输公司】

（见搬运装卸节）

【秀洲区第二交通运输公司】

（见搬运装卸节）

【秀洲区第三交通运输公司】

（见搬运装卸节）

【乡镇运输业和“两户船舶”】

嘉兴航区的乡镇运输站（队），主要是从农村副业船发展起来的。它一直是内河运输的一支补充力量。中华人民共和国成立前，除联系城乡装货搭客的小航船外，还有在城乡码头集、疏物资和为季节性农副产品短途运输服务的农副业船。船员大都是农民，农忙种田，农闲搞运输。中国人民共和国成立初期无多大变化。后于土地改革和开展船舶登记时，副业船大都回归农村，用于农业。1958 年“大跃进”大办钢铁时期，内河运输量骤增，专业运输船舶未能与之适应。当时国家号召大办交通运输，随之部分人民公社办起副业运输队。1962 年下半年为执行中央提出的“调整、巩固、充实、提高”的八字方针，部分交通运输公司又下放给公社一批运输船。活跃在内河运输市场上的农副业船，尽管数量不多，但对缓和专业运输运力不足的矛盾，发挥了一定的辅助作用。70 年代，乡镇运输站（队）业务上由县联运指挥部指导、调度、安排货源。

80 年代初，中央对农村政策放宽搞活后，乡镇运输企业出现三种情况：一是多数单位经营较好，企业有所扩大发展。二是一部分单位经营一般，将部分船舶承包给联户或个体户。三是少数单位经营不善，客观条件较差，将船舶出售给联户或个体户后本单位解散。

嘉兴城、郊两区 1985 年有乡镇运输队 12 个，拖轮 12 艘、618 马力，挂浆机船 35 艘、592.5 马力，货驳 99 艘、2560.5 吨，全年完成货运量 24.68 万吨，11529.4 万吨公里。

运输联户或个体户（简称“两户”）的船舶，80 年代初，随着商品经济的发展，“两户”船舶随之兴起。国务院、交通部充分肯定了农村“两户”船舶对搞活水上运输和商品流通的积极作用，颁发了《关于农民个人或联户购置机动车、船和拖拉机经营运输的若干规定》和《关于积极扶植农村水运专业户的通知》。嘉兴市航管部门为扶植“两户”船舶的营运，加强航管工作，在“两户”船舶申请登记、检验发证和培训方面给予方便和帮助。

“两户”船舶中，在 20 世纪 80 年代极大多数是载重量为 10~20 多吨的小型挂浆机船，一部分是专业水运企业船舶更新时替换下来的水泥船和木质船。后来随着经济的发展，“两户”收入的增加，资金的积累，不少经营好的个体户或联户，陆续更新为大的上百吨级或更大的钢质双挂机船。秀洲区的“两户”在 2010 年拥有货船 635 艘、147770 吨，当年完成货运量 1184.414 万吨，周转量 132611.6 万吨公里。

第四篇 港口、码头、渡口

嘉兴很早就开港，由于经济落后等原因，港口建设一直得不到很好的管理建设，发展十分缓慢，往往依靠原始滩涂，而无固定码头停靠船舶。1949年中华人民共和国成立后，境内的主要集镇上逐年建起了码头，在主要航线上，也设立了站点埠头，改变了以前客货船舶依靠自然坡岸停靠的简陋状况。旅客上下、货物装卸的条件不断改善。1983年撤地建市后，成立了嘉兴市城郊港航管理处后，加强了对港口的管理。1986年，根据“一城一港、一县一港、一镇一港”的普查要求，确定了港口，嘉兴本级设城郊港区。从而港口、码头得到较快的发展建设，秀洲区到2010年码头达115个之多。秀洲区系水网地带，河道密布，渡口较多，随着经济发展，公路建设加快和桥梁的建造，渡口不断减少，到1990年，秀洲区仍有渡口21处，至2005年年末，才结束了千年渡运史。

第一章 内河港口

【中华人民共和国成立前嘉兴港口情况】

嘉兴于宋代开港，宋置漕运司治于瓶山南。元时尝调祁州翼万户镇守，清光绪八年(1882年)，专设司码头的航政管理。民国16年(1927年)设船舶管理事务所，民国19年成立浙江省航政局嘉兴事务所。中华人民共和国成立前，嘉兴航区大部分地区无固定码头停靠船舶。即使有少量固定码头，大多也是根据自然坡岸，或由当地里人公助集资筹建于集镇的市梢，并且客运与货运混用同一码头。乡村船舶大多依乡间货栈、米行而泊。集镇之间的航快船，则分航向分别停泊。

【1949—1990年嘉兴港口建设】

中华人民共和国成立后，1949年12月建立浙江省航务管理局浙西管理所嘉兴分所，1953年7月改名浙江省航运管理局嘉兴管理处，1958年1月嘉兴管理处被撤销，1963年成立浙江省航运管理局嘉兴管理处，及下属嘉兴航管站、所。1984年筹建并成立浙江省嘉兴市航运管理处。1983年撤地建市后，成立了嘉兴市城郊港航管理处，加强了对港口的管理。

中华人民共和国成立后，嘉兴在主要集镇上逐年建起了码头，在航线上也建起了站点、埠头，彻底改变了以前船舶在自然坡岸停靠的简陋状况。旅客上下，货物装卸的条件也大为改善。

1986年，根据《关于开展全国港口普查工作的通知》(交通部〔1986〕交函字149号)的精神，嘉兴市港航管理部门，成立了嘉兴市港口普查工作组。普查工作从1986年6月24日至8月28日，历时二个月零五天。根据“一城一港、一县一港、一镇一港”的普查要求，对码头、泊位进行了测量，统计了装卸机械设施，编制了港口的文字说明，填写、绘制大量表格、蓝图，明确了港口的基本面貌和现状，为编制港口建设长远规划，有计划、有重点地对港口进行技术改造提供了比较全面的基础资料。根据当时的要求，市本级确立了嘉兴港、王店港、新丰港、新塍港等港口名称。到了20世纪90年代，经济快速发展，码头不断新建扩建，开始弃用这一港口名称，直接称码头了。

嘉兴港

嘉兴港位于浙江北部嘉兴市，地处杭(州)、嘉(兴)、湖(州)平原水网地带，属运河水系。嘉兴市地理坐标：北纬30度18分至31度，东经120度18分至121度18分之间。

陆路交通有沪杭铁路、公路320国道和乍浦至苏州公路过境。北至苏州、上海，南往杭州、宁波、绍兴，西通湖州、皖南，东至平湖、乍浦。杭申甲线通过本港，上行到杭州，下行达上海，沿嘉（兴）平（湖）乍（浦）航道通乍浦，经京杭运河至桐乡和苏州，经海宁塘、长水塘、嘉善塘至海盐、海宁、嘉善等县（市）。嘉兴港水陆河海中转极为方便，铁路、公路、水路内接外连四通八达，是杭嘉湖平原的重要铁、公、水中转换装港口。解放初，港口大多是自然岸坡略加施工配上吊机而成的简易码头。嘉兴内河道纵横，周围河网密布。港区东起东栅，西至三塔，南起嘉（兴）桐（乡）公路4号桥，北至嘉北百步桥，分布在东西长6公里南北宽5公里的范围内。港区岸线11.77公里；水域面积30.6万平方米；陆域面积26.86万平方米。该港有9个装卸作业区，计有吊机87台，最大负荷15吨，其他机械79台（辆），人力板车636辆，主要装卸工艺为：船→吊机→水平运输机械（或人力车）→库场，船→抓斗→皮带机→场。1985年，嘉兴市运输装卸公司为开发国际集装箱中转业务，建造码头一个，岸线长度32.5米。嘉兴港包括货主码头在内的主要泊位共有235个（货主码头167个），其中客运泊位9个。码头总延长5745米，最大靠泊能力120吨（船）。沿港区河道有众多的工厂，大多利用自然岸坡进行装卸，利用自然岸坡装卸作业的地段长800多米。1985年全港货物吞吐量461.31万吨，其中进口254.81万吨，出口206.50万吨，客运吞吐量全年114.23万人次。1990年全港货物吞吐量385万吨，其中进口272万吨，出口113万吨。

王店港

王店港位于长水塘嘉兴市王店镇。沿塘北上16公里至嘉兴接杭申甲线，公路北行12公里连接沪杭公路干线；沪杭铁路从港区通过。水陆交通便利。王店港以王店区所属的王店、建设、蚂桥、洪合四乡为依托。出口以砖瓦、粮食、水泥为大宗物资，运往嘉兴市区、杭州、上海等地。进口有煤炭、钢铁、化肥、农药及日用工业品等。王店港区范围：东至梅溪街末端，西到海鸥电扇一厂，南到王店乡砖瓦厂，北至嘉兴建材厂，呈丁字形。港区水域面积1.78万平方米，陆域面积0.47万平方米，自然岸线长度1.81公里。全港共有码头15座（其中交通部门码头4座），泊位24个（其中交通部门泊位5个），码头总延长700米，最大靠泊能力100吨。有仓库2座，总面积210平方米，堆场6处，计面积9280平方米。交通部门有库场140平方米，吊机5台，最大负荷3吨。物资部门吊机9台，最大负荷10吨。港口有集体所有制专业装卸单位一个，职工127人。1985年港口货物吞吐量33.82万吨，其中进口7.14万吨，出口26.68万吨；旅客吞吐量7.63万人次。1990年全港货物吞吐量60.8万吨，其中进口40万吨，出口20.8万吨。

新丰港

新丰港位于乍平嘉航道嘉兴市新丰镇平湖塘，水路至平湖县城12.6公里，至乍浦港26.7公里，往西北到嘉兴市区17.5公里。陆路有乍浦至嘉兴的公路通过本港。新丰港以新丰镇及步云、大桥、净相、竹林、新篁、曹庄、七星等乡为腹地。港口所在地新丰镇，工业有水泥厂、电瓷厂等。1985年工业总产值1266万元，农业总产值1050万元。该港出口砖瓦、水泥、粮食，运往嘉兴、杭州、上海等地；进口主要有化肥、农药、煤炭、日用工业品等。新丰港区东起水产队，西至水泥厂，南至饲料厂，北至电瓷厂。港区总面积22585平方米，其中：陆域面积7235平方米，水域面积15350平方米。码头总延长339米，泊位总数21个，其中物资部门泊位15个。码头长321米，最大靠泊能力100吨。交通部门有吊机2台，最大负荷为3吨。库场面积有150平方米。主要装卸工艺流程：船→吊机或人力→板车→库场，港口有装卸专业单位一个，职工79人。1985年货物吞吐量31.42万吨，其中进口16.64万吨，出口14.78万吨。1990年全港货物吞吐量39.59万吨，其中进口21.35万吨，出口18.24万吨。

新丰港在2000年7月行政区划调整前属秀洲区，行政区划调整后新丰港划给南湖区所有。

新塍港

新塍港位于嘉兴至新塍航线秀洲区新塍镇，属长江水系。港区自然岸线长度0.56公里，水域面积1.93万平方米，陆域0.27万平方米。港区范围西起南亭子桥，东至电热厂，北起新塍饲料厂，南至新塍南黄站，港区呈十字型。主管单位城郊航管所新塍航管站。港口1958年货物吞吐量总计16.03万吨，其中出口5.86万吨。生产用码头泊位总延长564米，泊位30个，其中40吨级1个，30吨级7个，≤20吨级22个，有装卸搬运机械2台。1990年货物吞吐量50万吨，其中出口30万吨。

【2007年以后嘉兴市城郊港区情况】

2007年10月，嘉兴内河港总体规划经交通运输部和浙江省人民政府批复，将嘉兴市25个内河港口合并，设立嘉兴内河港，并以行政区划设置城郊港区、嘉善港区、海宁港区、海盐内河港区、平湖港区和桐乡港区。

随着物流业的快速发展，嘉兴内河港口物流企业迅速发展起来，如城郊港区的嘉兴市铁港粮食物流有限公司、浙江嘉兴嘉化物流有限公司等，但规模都不是很大。

城郊港区

流经城郊两辖区内主要有京杭运河、杭申线、乍嘉苏线、嘉于硖线等4条主干线航道。辖区有沿河码头企业230多家，形成了以杭申线、乍嘉苏线、长水塘、嘉于硖线为主的沿河码头企业产业带，主要装卸建材、煤炭、粮食、油料、散装化学品等。2009年完成港口货物吞吐量1875.7万吨。其中，建材码头企业主要集中在杭申线、乍嘉苏线、长水塘、嘉于硖线等4条航道两侧。主要骨干企业有嘉兴市龙业建材有限公司、嘉兴市蠡娃建材有限公司、浙江三狮集团嘉兴水泥有限公司、浙江宝兴新型建材有限公司、嘉兴锦江建材有限公司、嘉兴市汇丰储运有限公司、嘉兴市芽芽混凝土制品有限公司、嘉兴市芽芽水泥有限公司等。油料、化学危险品码头企业主要集中在杭申线塘汇辖区与乍嘉苏线新丰辖区，全年吞吐量约55万吨。主要骨干企业有浙江嘉化物流有限公司、嘉兴市中华化工有限责任公司、浙江卫星化工有限公司、嘉兴嘉联氯碱化工有限公司、中国石化浙江嘉兴石油分公司嘉兴油库等。粮食中转码头企业主要集中在杭申线塘汇辖区与乍嘉苏线新丰辖区，全年吞吐量约65万吨。主要骨干企业有嘉兴市粮食收储有限公司、中央储备粮嘉兴直属库、嘉兴市铁港粮食物流有限公司、浙江欣欣饲料股份有限公司等。钢材全年吞吐量约40万吨。主要骨干企业有嘉兴华洋仓储有限公司、嘉兴市耀华物流有限公司等。煤炭全年吞吐量约270万吨，以境内热电、化工、印染企业等自用为主。

第二章　客运码头

【解放后嘉兴客运码头情况】

解放初期，随着国民经济的逐步好转，城乡物资交流趋于频繁，旅客逐年增多。当时公路交通还很不发达，旅客往来大部分依赖水路。航运部门为了方便旅客，开辟了许多支航线，把航线深入到支流小港，并在各客运航线上新设了许多停靠点。但这些停靠点均无码头，客轮只能顶泥滩靠泊。河岸受到损坏，甚至造成塌方，农作物遭受损失，纠纷时有发生。为此，航运部门于1963年在农村停靠试设小码头。试用后，船员和旅客均反映良好，逐渐得到推广。1964年嘉兴客运站为了适应日益增多的客流量，建成了浆砌块石岸壁式码头，位于现勤俭路东头环城河西岸，岸线长100米，房屋建筑面积为1304平方米，其中候船室为476平方米，并安装吊机1台，起重能力为0.5吨。

自1965年以后，各地根据客流量大小等实际需要，自行安排建造站点，其中相当一部分还建造了候船亭。这些小码头的建造经费，除自筹外，还从省航养费中以及省航运公司补助一部分，共补助了36万元。

"六五"计划期间，嘉兴市水上客运空前兴旺。1985年完成客运量创历史新高，其中嘉兴客运站完成334.24万人次，5231.42万人公里。由于客流量大、客运码头站屋显得狭窄、拥挤，不能适应当时旅客运输增长的需要。因此，浙航嘉兴分公司在嘉兴市政建设的总规划下，新建、改建嘉兴客运码头。由浙江省交通厅投资250万元(内码头费用33万元)，在中山西路桥西堍建造新客运站。于1986年11月动工建设，该码头占地40.114亩(合26743平方米)，候船厅建筑面积1284平方米，可容旅客2578人。还建有综合设施大楼、售票房、问询处、行李寄存处、小卖部共4198平方米，道路场地2139平方米。码头采用块石混凝土重力式结构，总长为240米(客运码头170米，零担码头70米)，靠泊能力100吨级。前沿水深3.7米，横靠有8个泊位及零担泊位4个。于1988年12月10日竣工启用，是当时嘉兴航区内最大的客运码头。

表4-2-1　　1985年年底嘉兴城郊区主要客运码头一览表

码头名称	建成年份	码头高程（米）	码头长度（米）	泊位个数（个）	靠泊能力（吨）	客运设施	
						房屋建筑面积(平)	候船室面积()
浙航嘉兴分公司嘉兴客运码头	1964	3.79	66.5	9		1304	476
王店郊区交运公司码头		4.75	20	1	60		20
新塍东栅	1962	中4.2 低3.5	21.7	2	80	210.6	132.6
余新	1965	3.7	18	2	70	60	36
铜锣	1976	3.7	24	2	80	123.6	71.5
凤桥	1960	3.5	27	1	35	35	28.2
油车港	1963	3.5	18	1	60	60	36

【1991年后嘉兴城郊客运码头】

1991年以后，嘉兴已乡乡通公路，水上客运进入衰退期，嘉兴客流急剧下滑直接影响各路航线的正常营运。到1997年，航行于南汇至嘉兴这条唯一航线停运撤航，水上客运宣告结束，客运码头被废弃。在秀洲区境内被废弃的客运码头近35个。

嘉兴客运站

1955年1月，嘉兴合营、梅利、庆大、俭业、万顺、永和、顺新七家私营轮船行合并组成七行联管。在联管期间，七家私营轮船行的工具、人事、经济、运输生产集中起来实行联合管理。经过4个月自串联管筹备，于5月成立公私合营嘉兴轮船公司。共有轮船17艘，477匹马力，1117客位，

305.79吨，客驳2艘。

1957年4月，公私合营嘉兴轮船公司宣布并入国营，由嘉兴航管处经营，财务上由嘉兴营业处统一核算。1958年1月，撤消嘉兴航管处和嘉兴营业处成立嘉兴航运局，并下设嘉兴客运营业所和平湖、嘉善、海宁、崇德四个营业站（海盐当时划归平湖站管理）。1958年11月，嘉兴客运站和其他平湖、嘉善、海宁、海盐、桐乡等站（除平湖站保留平湖—上海、海盐—上海两条航线外），全部下放到地方，由所在县管理。1962年7月，浙江省杭嘉湖航运局成立，下设嘉兴、湖洲、杭州三个分局。嘉兴分局于1962年8月1日在嘉兴市勤俭路55号正式成立。原下放到嘉兴地区东片六县（即嘉兴、平湖、嘉善、海宁、海盐、桐乡）的客运站全部收归嘉兴分局统一领导、统一经营、统一管理。当时嘉兴客运站有职工206名，客轮15艘、455匹马力、1577客位，客驳8艘、1094客位，代客驳10艘，有航线16条。1963年浙江省杭嘉湖航运局嘉兴分局撤消，又恢复嘉兴区航运局，1965年1月嘉兴区航运局改名为浙江省轮船运输公司嘉兴分公司。1979年1月，将1971年1月第二次下放的嘉兴、平湖、嘉善、海宁、海盐、桐乡六县客运站又重新归属浙江省航运公司嘉兴分公司（后更名为嘉兴市航运总公司）。1994年4月，根据嘉兴市人民政府嘉政发〔1994〕17号和嘉交人〔1994〕115号文件的精神，嘉兴市航运总公司所属的平湖、嘉善、海宁、海盐、桐乡分公司，成建制下放给所在县（市）管理，但嘉兴分公司（嘉兴客运站）仍属嘉兴市航运总公司管理。

2001年7月26日，浙江省嘉兴市中级人民法院依照《中华人民共和国企业破产法（试行）》第八条第一款之规定，裁定：宣告嘉兴市航运总公司破产[（2001）嘉经破字第6—1号]。嘉兴市航运总公司嘉兴分公司同时也宣告破产。

嘉兴市航运总公司嘉兴分公司破产后，南湖旅行社有限公司将其原有的部分客船和部分职工收购收编后，于2001年5月31日，正式成立了嘉兴市南湖旅行社有限公司，经营范围为：省际客运。2009年年底时，拥有3艘客船，共356客位，因水路客运业务日趋减少而于2010年7月9日办理了水路旅客运输业务的注销手续。

第三章　货运码头

【解放后嘉兴货运码头情况】

嘉兴市属江南水网地区，水上运输历来发达。但是在建国前，货运船舶素无正规码头，只利用空旷坡岸，或依傍私家河埠，装卸货物均靠人力，码头装卸十分落后。1949年中华人民共和国成立后，随着工农业生产的恢复和发展，城乡物资交流频繁，货运量逐年增多。航管部门和运输装卸部门，为加速货物运输，保证安全，开始重视港口码头建设。嘉兴的码头建设逐渐由简趋繁，由小到大，设备也不断更新完善。许多工厂企业，由于生产需要，也自行修建码头。到1985年有部分码头还设有装卸机械。

1959年嘉兴开展装卸技术革命。第一季度在学习江苏省南京、无锡、苏州等地先进经验的基础上，发动群众，修筑了土码头，这些土码头可以用车子进行装卸。从此改变了依靠人工肩背、扛挑装卸的状况，不仅减轻了工人的劳动强度，而且劳动效率也成倍地提高。同年10月建成了嘉兴火车站杂货码头。码头位于火车站西侧洋桥边，全长60米。码头上装置了4台固定电动吊杆，每台起重能力为0.5吨。这个码头主要用于装卸水泥、机械零件、纸张等物资。日吞吐量一般在1500~2000吨，最高日装卸量为3500吨，是嘉兴港的主要码头。1961年，该码头部分驳岸倒塌，同年第二季度开始重建，全部采用浆砌块石，建成直立式码头。近水面用50厘米厚粗料石面层，并装置了4台塔式转动吊杆，每台吊杆的起重能力为1吨。码头至仓库呈2.5度的坡度，利用这个坡度，又筑了两道溜槽，使货物从码头通过溜槽直接运入仓库，既省时又省力。1965年该码头又进行了扩建，由省航第三工程队承建钢筋混凝土框架式码头一座，岸线长40米，装置了6台塔式起重机。

为加强产、供、运、销各部门的协作，减少货物装卸环节，保证货运质量，同时也为了解决嘉兴客运站客货混装较乱的问题。嘉兴航运部门于1984年1月16日组建了浙航嘉兴分公司零担站。零担站位于杭申公路4号桥。码头上设置吊机3台，实行自动装卸。码头前沿航道条件良好，100吨级驳船畅通无阻。站内拥有480平方米的仓库两座，露天场地1571平方米。码头岸线长166米。该站有60吨级铁驳组成的船队两个，航线延伸至嘉兴市各县，零担货物经上海中转至大连、青岛、烟台、天津等港口。

表4-3-1

嘉兴货运码头一览表

码头泊位名称		装卸货种	前沿水深（米）	码头长度（米）	泊位数（个）	靠泊能力（吨级）
交通部门	物资部门					
采凤桥码头		散杂货	1.6	30	2	100
装卸公司西门码头		散杂货	1.0	12	1	60
	烯料公司煤场码头	煤炭	1.1	450	15	120
	煤球厂码头	煤炭	1.18	32	1	120
	嘉绢煤库码头	煤炭	1.7	35	2	120
	嘉绢建材码头	散杂货	1.8	50	1	100
	嘉绢煤渣码头	散杂货	1.5	8	1	30
	嘉绢原料码头	散杂货	1.5	18	1	60
	市政工程公司码头	散杂化	1.05	55	2	60
	嘉毛原料码头	件杂货	0.5	80	4	20
	嘉毛基建码头	散杂货	1.84	15	1	60
	民丰纸厂前河码头	件杂货	1.0	90	6	120
	民丰纸厂后河码头	散杂货	1.8	240	8	100
	民丰纸厂水泥车间码头	件杂货	1.8	160	3	12
	化肥厂碳氨码头	件杂货	1.3	120	3	40
	化肥厂煤炭码头	煤炭	1.3	260	4	40
	化肥厂新码头	散盐	1.3	190	3	120
	物资公司南堰码头	件杂货	1.5	60	1	100
	物资公司牛场码头	件杂货	1.2	40	1	100

说明：材料统计至1985年，资料来源《嘉兴市航运志》

表 4-3-2 **嘉兴货运码头一览表**

码头泊位名称		装卸货种	前沿水深（米）	码头长度（米）	泊位数（个）	靠泊能力（吨级）
交通部门	物资部门					
	物资公司东门码头	件杂货	2	30	2	100
	化工厂码头	散杂货	1.7	60	2	120
	化工厂新码头	散 盐	1.7	15	1	60
	化建公司南门码头	件杂货	1.8	60	2	120
	化建公司豪股塔码头	散杂货	1.0	200	3	100
	西门米厂码头	件杂货	1.65	44.5	6	40
	面粉厂码头	件杂货	0.5	15	2	60
	粮食中转码头	件杂货	1.6	30	2	40
	油厂码头	散杂货	1.6	35	2	40
	秋泾桥米厂码头	散杂货	1.5	100	2	40
	嘉兴丝厂码头	煤 炭	2	15.2	2	120
	烟糖公司西门盐码头	件杂货	1.8	25	1	100
	烟糖公司荷花堤码头	件杂货	1.7	25	1	100
	烟糖公司塘汇糖码头	件杂货	1.5	24	1	100
	烟糖公司东栅码头	件杂货	1.7	23	1	120
	白酒仓库码头	件杂货	1.1	15	1	30
	黄酒仓库码头	件杂货	1.2	15	1	30
	西门糖仓库码头	件杂货	1.5	10	1	60
	酒厂码头	件杂货	1.6	5	1	50
	石油公司码头	成品油	2	30	3	120
	长秀予制厂码头	黄 砂	2.05	5	1	100
	丝绸公司茧库码头	件杂货	2.0	50	1	40

说明：材料统计至1985年，资料来源《嘉兴市航运志》

表 4-3-4 **嘉兴货运码头一览表**

码头泊位名称		装卸货种	前沿水深（米）	码头长度（米）	泊位数（个）	靠泊能力（吨级）
交通部门	物资部门					
	丝绸公司茧库码头	件杂货	2	50	1	120
	丝绸公司西门仓库码头	件杂货	1.5	80	2	60
	水产公司南门码头	件杂货	1.72	25	1	50
	水产公司冷库码头	散杂货	1.0	65	2	120
	冷冻厂码头	件杂货	1.8	76	3	50
	冶金厂码头	件杂货	1.47	20	1	6
	二轻公司码头	件杂货	1.6	15	1	20
	冷轧钢带厂码头	件杂货	1.5	50	2	60
	三建公司三塔塘码头	钢材	1	40	4	40
	农机公司码头	散杂货	2	20	1	60
	金属公司南门二号桥码头	件杂货	2.3	100	2	120
	金属公司豪股塔码头	件杂货	1.0	10	1	120
	石灰厂码头	散杂货	1.25	30	1	60
	浙航分公司水泥厂码头	件杂货	1.6	100	4	60
	外贸仓储支公司码头	件杂货	0.7	130	4	100
	房地产公司预制厂码头	散杂货	1.3	20	1	60
	三塔水泥厂码头	散杂货	1.5	117	4	60
	市建安装公司预制厂码头	黄砂	1.3	50	2	60
	市建雀墓桥仓库码头	散杂货	1.3	80	1	60
	用电管理所码头	件杂货	1.6	20	1	40
	南堰仓库码头	散杂货	1.6	60	1	80
	日用品公司陶瓷仓库码头	件杂货	1.4	20	1	60
	日用品公司南湖二仓码头	件杂货	1	15	1	30
	市府事务管理局码头	件杂货	0.7	41	2	120

说明：材料统计至1985年，资料来源《嘉兴市航运志》

表 4-3-5

嘉兴货运码头一览表

码头泊位名称		建成年份	装卸货种	前沿水深（米）	码头长度（米）	泊位数（个）	靠泊能力（吨级）
交通部门	物资部门						
浙航分公司零担码头		1984	件杂货	0.5	86	4	100
浙航分公司零担码头		1985	件杂货	0.5	80	2	100
浙航客运零担码头		1960	件杂货	1.5	20	1	60
市航零担一号码头		1956	件杂货	1.0	12.3	1	60
市航零担二号码头		1979	件杂货	1.0	31.7	2	60
市航物资中转码头		1966	件杂货	1.0	30	1	60
市航油库码头		1980	成品油	1.0	23.8	1	60
三航西门码头		1957	件杂货	1.5	65.5	3	60
三航北门码头		1956	件杂货	1.5	53	4	20
火车站平台码头		1958	散杂货	1.0	50	4	30
火车站食盐码头		1979	件杂货	1.0	17	2	30
火车站散物码头		1970	散杂货	1.0	50	4	30
火车站粮食码头		1958	件杂货	1.0	15	2	30
火车站中转码头		1975	木材	0.6	37	2	40
火车站木材码头		1967	木材	0.5	120	6	30
火车站黄沙码头		1973	黄砂	0.8	95	4	120
平湖码头		1968	散杂货	1.3	184	8	60
西大营码头		1982	散杂货	1.0	66	4	120
南湖中学码头		1984	散杂货	1.3	70	1	100

说明：材料统计至 1985 年，资料来源《嘉兴市航运志》

“七五”期间，嘉兴的经济发展较好，码头建设也有较快发展。新建码头有嘉兴热电厂吊机码头：该厂码头由嘉兴市建筑安装公司承建，投资金额 73 万元。码头结构形式为钢筋混凝土桩承台式，前沿水深 4 米，码头长 135 米，4 个泊位，靠泊能力 100 吨级船舶。装有固定吊机 4 台，每台负荷 5 吨，日装卸原煤 1000 吨。1989 年 11 月 23 日开工，1991 年 11 月竣工投入使用。

随着基本建设迅猛发展，电、煤、石油，以及工农业生产和生活必需品需求量大增，为适应需要，市城、郊两区不少工厂、公司都相继新建了仓库码头，包括部分工厂迁址后新建的码头，以及原有的码头因塌损或不适应需要而新建、改建码头。五年来，嘉兴市城、郊两区有 35 个，从而提高了装卸作业的能力，缩短了船舶留港时间，加快货物周转，为上海经济区、嘉兴市振兴经济、搞活流通，发挥了良好的作用。

表 4-3-6

1986—1990 年嘉兴新建、扩建货运码头一览表

码头泊位名称		建成年份	装卸货种	前沿水深（米）	码头长度（米）	泊位数（个）	靠泊能力（吨级）
交通部门	物资部门						
嘉兴市航运总公司锚地码头		1986	件杂货	4	273	10	100
嘉航储运营业部吊机码头		1986	件杂货	3	28	2	100
	市环城粮管所躺板式码头	1989	件杂货	2.5	3.2	1	100
	市环城粮管所踏步码头	1989	散杂货	1	30	1	20
	市嘉北搬运站吊机码头	1988	件杂货	2	50	5	80
	市燃料公司吊机码头	1990	件杂货	3	28	6	100
	秋泾桥粮管所码头	1990	件杂货	3	1.2	1	100
	城区工商局码头	1987	件杂货	1	2	1	6
	化肥厂纯碱吊机码头	1987	钢材	3	6	2	100
	城区建材公司杭申线仓库吊机码头	1987	散杂货	3	9	1	100
	市酿造厂河埠式专用码头	1988	件杂货	4	28	2	60
	市包装装潢厂专用码头	1988	件杂货	3	2	2	60
	市啤酒厂专用码头	1988	散杂货	1.4	10.9	1	6
	市人造舆皮厂吊机码头	1988	件杂货	1.5	15	1	40
	市金属材料公司码头	1988	件杂货	3	30	1	100
	嘉兴热电厂吊机码头	1990	散杂货	5	135	4	100
	市畜产品公司专用码头	1990	散杂货	1	10	2	25
	南堪老北仓库码头	1987	黄砂	2.5	6	1	40
	南堪新北合库码头	1987	散杂货	1.5	5	1	25
	南堪二角地仓库码头	1987	件杂货	2.5	2	1	60
	海盐塘鬓毛加工厂码头	1987	散杂货	2.5	4	1	25
	海盐塘鬓毛加工厂码头	1987	件杂货	2.5	2	1	25

表 4-3-7

1990 年嘉兴航区货运码头一览表

码头泊位名称		建成年份	前沿水深（米）	码头长度（米）	泊位数（个）	靠泊能力（吨级）
交通部门	物资部门					
	市环卫处南门通天河码头	1989	4	2.5	1	20
	市环卫处东门管理站码头	1989	4	17	1	20
	市石油公司七星油库码头	1989	1	4	1	12
市运输装卸公司米厂码头		1989	3	170	2	100
市运输装公司杉青闸仓库码头		1990	2	90	2	100
	农机公司吊机码头	1990	3	60	6	120
市航运公司吊机码头		1990	2	50	3	100
	嘉兴酒厂瓶装酒仓库卸货码头	1987	2	36	1	80
	嘉兴食品公司东栅食品组生猪码头	1987	3	5	1	40
	陡门砖瓦厂港池式码头	1989	1	3	1	4
	新丰粮油厂码头	1988	4	53	1	100
	嘉兴水泥厂新丰分厂码头	1989	2	50	1	60

【1991 年后嘉兴货运码头情况】

嘉兴内河港是长江三角洲地区重要的内河港口，是我国内河 28 个主要港口之一。地处杭嘉湖水网地带，区内通航河流众多，生产性码头泊位主要分布于杭申线、乍嘉苏线、杭平申线、嘉于硖线、东宗线、京杭运河等高等级航道的两岸，其他的支线航道上也分布着一些简易码头。

截至 2009 年年底，城郊港区拥有生产性泊位 308 个，其中 300 吨级以下泊位 137 个，300 吨级至 500 吨级以下泊位 99 个，500 吨级及以上泊位 72 个。泊位岸线总长 13070 米，占嘉兴内河港生产性泊位岸线总长的 20.1%。泊位年综合通过能力 2038 万吨，占嘉兴内河港泊位通过能力的 19.7%。拥有库场总容量 251 万吨，其中：生产性堆场 798940 平方米，容量 224 万吨；生产性仓库容量 27 万吨，其中仓库 73027 平方米，容量 18 万吨，圆筒仓 15000 立方米，容量 25500 吨，油库 88500 立方米，容量 70800 吨。各类装卸机械 282 台，其中起重机械 239 台，输送机械 21 台，专用机械 22 台。2010 年年底，城郊港区完成港口吞吐量 205.578 万吨。

到 2010 年年底，嘉兴市港区码头泊位基本情况：城郊港区码头主要分布于杭申线、乍嘉苏线、嘉于硖线等高等级航道两侧，京杭运河由于距离城区相对较远，码头泊位比较少。此外，其他支线航道上还分布着一些中小码头。城郊港区中规模比较大的码头包括嘉兴铁水中转港、浙江嘉化物流有限公司、嘉兴市汇丰储运有限公司、嘉兴市矗娃建材有限公司、嘉兴市龙业建材有限公司码头等，另外包括嘉兴新嘉爱斯热电有限公司、嘉兴市锦江热电有限公司、嘉兴市协鑫环保热电有限公司、嘉兴市中华化工有限责任公司、浙江嘉兴三塔建材股份有限公司、嘉兴市郊区水泥厂、浙江欣欣饲料股份有限公司等一批企业专用码头，主要经营煤炭、矿建材料、水泥、钢材、粮食、工业原材料及产品等货种运输为主。

【秀洲区现有码头统计汇总情况】

经济的快速发展，大小企业纷纷进入秀洲区这块宝地，王店、新塍、王江泾、洪合、油车港等镇都有大小企业入驻，为适应工农业的迅速发展，各地也都建起了码头。据统计至 2010 年年末全区有大小码头 115 个。其中：新塍镇 26 个，王江泾镇 25 个，油车港镇 22 个，王店镇 23 个，洪合镇 6 个，高照街道 9 个，新城街道 4 个。靠泊能力极大多数在 100 吨级以上，最大靠泊能力 500 吨级。

表 4-3-8

2010 年秀洲区货运主要码头情况表

码头名称	地点	码头泊位（个）	泊位长度（米）	靠泊能力（吨级）
嘉兴市大通水泥有限公司	杭申线航道 K95 航段左岸	5	365	500
嘉兴市中秀混凝土有限公司	杭申线航道嘉兴大通水泥有限公司航段左岸	2	104	500
嘉兴市南开水泥管道有限责任公司秀洲分公司	杭申线航道大通桥西侧右岸汊港内	2	102	300
洪合镇大友砂石经营部	杭申线航道大通桥西侧航段右岸汊港内	1	60	500
新塍镇斗门建材经营部	杭申线航道大通桥东侧航段左岸小浜内	1	36	500
洪合镇北窑砂石经营部	杭申线航道大通桥东侧航段右岸	1	50	500
洪合镇大桥沙石经营部	杭申线航道大通桥东侧航段右岸浜内	1	80	500
嘉兴协鑫环保热电有限公司	杭申线航道汉河西港航道洪业路南侧航段东岸	2	180	500
嘉兴市奥多兰工贸有限公司	杭申线航道 K94 航段左岸	2	95	300
新城街道秀新建材经营部	杭申线航道 K95 北岸叉河内	1	40	500
浙江嘉欣丝绸股份有限公司	杭申线航道 K95 航段左岸	1	46	500
嘉兴市万顺物资有限公司	杭申线航道 K96 航段左岸汊河内	1	50	500

续表 4-3-8

码头名称	地点	码头泊位（个）	泊位长度（米）	靠泊能力（吨级）
浙江福莱特光伏玻璃集团股份有限公司	杭申线航道乍嘉苏高速公路桥东 80 米	2	61	500
浙江福莱特玻璃镜业有限公司	杭申线航道汉河西港左岸	5	303	500
新城街道鸿运装卸服务部	嘉乌线大德桥以西 100 米北岸	1	40	100
嘉兴市耀华物资贸易有限公司	杭申线街道雁金桥北侧航段左岸	2	338	300
嘉兴市月盛新型建材有限公司	嘉建乙线支线薛家坝港	1	85	100
嘉兴市洪合第二砖瓦厂	嘉建乙线月河桥西	1	40	100
嘉兴市利吉墙体材料有限公司	杭申线航道 K94 航段左岸及左岸一凹荡内	3	240	500
嘉兴市高照砖瓦二厂	新运线航道嘉乌线口南侧右岸	3	80	100
新城街道建新材料店	杭申线 K93+338 左岸一小浜内	1	55	500
嘉兴市哲逸贸易有限公司	乍嘉苏航道王江泾南虹大桥南侧航段右岸上睦港内	1	58	300
高照街道陡门水上加油站	杭申线航道大通桥东侧北岸	1	112	500
浙江索纳塔建筑材料有限公司	杭申线航道 K89 航段左岸	1	55	300
王江泾镇广泉装卸服务站	杭申线航道支线华云港右岸	1	54	500
嘉兴市华东石油化工公司加油站	杭申线航道杨庙大桥西侧航段七三线汉河口	1	60	500
嘉兴市世纪交通工程有限公司乍嘉苏水上加油点	乍嘉苏线与北郊河交叉口西北岸	1	100	500
陈家坝码头装卸站	乍嘉苏线航道陈家坝村航段右岸	2	120	500
油车港镇钱家桥塘口装卸站	杭申线航道钱家桥村塘口航段左岸	2	112	300 * 1 500 * 1
嘉兴市锦江热电有限公司	乍嘉苏线航道王江泾大桥北侧西岸	4	255	300
嘉兴秀洲南方水泥有限公司	乍嘉苏线航道长虹桥南 360 米东岸	4	300	500
嘉兴市公兴混凝土有限公司	乍嘉苏线南虹桥南侧航段东岸	2	203	300
王江泾镇沙河桥沙石转运站	双桥村日晖桥港口沙河荡西南岸	3	102	50 * 1 100 * 2
王江泾镇强力装卸码头	乍嘉苏线申嘉湖高速公路桥南 153 米东岸	2	126	300 * 1 500 * 1
王江泾镇中虹吊机码头	乍嘉苏线虹桥北侧东岸	2	83	300
王江泾镇荷花建材经销处	嘉南线王江泾镇陶家荡北岸 40 米处	1	40	100
嘉兴市承天世纪房地产开发有限公司	乍嘉苏线王江泾青荷管道公司航段西岸	2	110	500
王江泾镇南虹砂石供应站	乍嘉苏线南虹桥北西岸	1	40	300

续表 4-3-8

码头名称	地点	码头泊位（个）	泊位长度（米）	靠泊能力（吨级）
嘉兴市新嘉爱斯热电有限公司	乍嘉苏线航道南虹桥南侧航段西岸一支流内	5	470	300
油车港镇江东码头	乍嘉苏线航道上睦港桥西侧航段左岸	1	45	300
王江泾镇虎哨浜砂石供应站	嘉南线航道虎啸荡航段东岸	1	50	100
嘉兴市新陆地沥青有限公司	嘉桃线航道左岸一汉河沙河荡南岸沙河桥西侧	1	40	100
嘉兴市姚氏新型建材有限公司	嘉桃线航道双桥东侧航段南岸汊河内	1	40	50
王江泾镇长虹砂石场	乍嘉苏线航道北虹桥北支港	1	41	300
油车港镇三多桥货运码头	湖嘉申线航道沉石荡航段南岸	1	48	100
王江泾镇虹达码头	乍嘉苏线航道王江泾镇北虹桥东岸南侧	1	48	300
油车港镇红明装卸码头	嘉澄线航道沉石荡南岸	1	40	100
王江泾镇北家港砂石经营部	嘉田线航道北海荡西岸	1	50	100
王江泾镇建友码头装卸站	乍嘉苏线苏嘉铁路垮塘桥桥墩北侧 250 米东岸	1	50	300
王江泾镇建荣砂石供应站	嘉田线航道庞家桥北侧 100 米左岸	1	50	100
王江泾镇海清建材经营部	嘉桃线航道支线沙河荡	1	100	100
油车港镇亿豪废金属收购点	嘉澄线航道支线莳公荡南岸	1	50	100
油车港镇兴亿废金属收购点	嘉澄线航道油车港池湾村航段左岸一叉河内	1	38	100
油车港镇金良废金属收购点	嘉澄线航道瑞丰桥北侧左岸	1	30	100
王江泾镇市泾码头	乍嘉苏线航道市泾港北侧东岸	1	48	300
王江泾镇孙丽码头	嘉桃线航道 07 省道桥东侧一小浜内	1	68	100
嘉兴市申嘉湖混凝土构件有限公司	嘉澄线航道沉石荡航段右岸	2	55	100
油车港镇永秋废金属收购点	嘉澄线航道沉石荡东岸	1	52	100
油车港镇邱金样废金属收购点	湖嘉申线航道(规划)油车港大桥东侧航段左岸	1	65	300
油车港镇金泉废金属收购点	嘉澄线航道一汉河窑煤港内	1	25.5	100
油车港镇世明废金属收购点	嘉澄线航道沉石荡东岸	1	18	100
油车港镇雪林废金属收购点	嘉澄线航道沉石荡东岸	1	53	100
油车港镇瑞丰桥废金属收购点	嘉澄线航道瑞丰桥南侧右岸	1	40	100
油车港镇启良废金属收购点	嘉澄线航道一汉港窑煤港内	1	35	100

续表 4-3-8

码头名称	地点	码头泊位（个）	泊位长度（米）	靠泊能力（吨级）
油车港镇富兴码头	嘉澄线航道沉石荡东岸	1	30	100
油车港镇爱明废金属收购点	嘉澄线航道千金寺村航段左岸一汉河内	1	15	100
油车港镇联众码头	湖嘉申线航道(规划)油车港大桥东侧右岸	1	50	300
嘉兴市昌新铸钢件有限公司	嘉南线航道大中桥北侧右岸	1	40	100
嘉兴市嘉禾美霖肥料有限公司	嘉澄线航道嘉澄线大桥北侧东岸	1	38	100
嘉兴市栖真池湾建材总厂七分厂	嘉澄编号线航道千亩荡北侧航段右岸	1	40	100
王江泾镇成强砂石销售店	嘉南线航道万安桥东侧航段右岸	1	40	100
新塍镇富园码头装卸站	嘉乌线航道富园村直汇港口航段南岸	2	80	100
嘉兴市友联新型墙体材料有限公司	新铜线航道洛东大桥南侧航段左岸	1	40	100
新塍镇东方砂石料装卸码头	嘉乌线新塍镇来龙桥村航段东岸	1	29	100
嘉兴市创伟新型建材有限公司	京杭运河 211 左岸一凹荡口	1	60	500
嘉兴市中信饲料厂	新铜线航道圣阳桥南侧航段东岸	1	43	100
新塍镇建坤砂石场	嘉乌线航道圣塘桥南侧 97 米西岸	1	40	100
新塍镇芳芳砂石场	嘉乌线航道新塍塘大桥东侧北岸一港池内	1	47	100
新塍镇意达砂石场	新桃线航道桃园港五号桥东侧北岸	1	30	100
新塍镇金港砂石料经营部	新桃线航道支流长港东岸	1	85	50
新塍镇钱码头水泥制品厂	新桃线航道麻皮桥东侧左岸	1	40	100
新塍镇沙家浜砂石经营部	嘉乌线航道一支线沙家浜航段	1	30	100
新塍镇双圣桥砂石场	新铜线航道双圣塘桥西侧北岸	1	40	100
嘉兴市华欣饲料有限公司	新铜线航道新塍镇西栅南岸一支线航道	1	40	50
嘉兴市天力生物技术有限公司	新农线航道万丰桥南侧航段左岸	1	40	100
嘉兴市八字天福水泥制品厂	新农线航道七一桥北侧右岸	1	40	50
中国石油化工股份有限公司浙江嘉兴分公司思古桥加油站	京杭运河航道 K211 航段南岸	1	102	500
嘉兴市日月米业有限公司	新铜线航道洛东大桥北侧航段左岸	1	35	50
新滕圣塘浜砂石场	嘉乌线航道胜塘桥东南侧	1	40	100
嘉兴市金福米业有限公司	嘉乌线航道支线新塍市河 1 号桥南岸	1	40	50

续表 4-3-8

码头名称	地点	码头泊位（个）	泊位长度（米）	靠泊能力（吨级）
新塍镇红星建筑材料经营部	新铜线航道洛东大桥南侧右岸	1	38	50
王店镇吉祥建材商店	长水塘航道王店地表水厂北侧航段右岸	1	50	100
王店镇兴业建材经营部	长水塘航道王店八联村西岸	2	95	100
嘉兴市建设炳嘉沙石商店	嘉建乙线航道常木桥西侧航段右岸	1	60	100
浙江上物金属有限公司	长水塘航道军用铁路桥南侧航段右岸	9	174	300
嘉兴市澳太新型建筑材料有限公司	长水塘航道西岸毛家塘口	1	50	100
嘉兴市德力康词料有限公司	长水塘航道庆丰桥北侧左岸	1	40	100
台华高新染整(嘉兴)有限公司	长水塘航道王店长乐桥北侧航段左岸支线内	1	100	100
王店镇志良建材商店	长水塘航道百乐桥北侧东岸	1	40	100
王店镇荣归桥砂石料供应点	王建线航道荣归桥西侧航段右岸汊港内	1	36	100
王店镇禾盛水泥制品厂	王建线航道常睦桥西侧航段右岸	1	30	100
王店镇祥龙沙石料经营部	王建线航道银河东桥南侧航段右岸	1	30	100
浙江龙源纺织股份有限公司	嘉建乙线与大横线一梧桐北港交叉航段左岸	2	26	50
嘉兴市邦大饲料有限公司	长水塘航道蚂蝗塘桥南段东侧一支流内	1	30	100
王店镇文辉砂石料经营部	长水塘航道蚂桥长水塘航道西岸	2	80	100
王店镇荷荣水泥制品厂	长水塘航道蚂蝗塘铁路桥北 436 米右岸	2	87	100
嘉兴市荣亿煤业有限公司	王建线航道沪杭高速公路桥东 50 米北岸	1	40	100
王店镇金洪沙石经营部	王建线航道王店镇建设村航段左岸浜内	1	40	50
王店镇兴乐建材经营部	长水塘航道兴乐桥北侧东岸支流内	1	40	100
浙江龙腾科技发展有限公司	杭申线航道秀洲新区航段左岸西港内	2	111	300
王店镇佳佳沙石料经营部	长水塘航道蚂蝗塘桥航段左岸	1	50	100
浙江宝兴新型建材有限司	长水塘航道机场铁路桥南侧航段右岸	2	246	300
王店镇蚂桥尔明砂石堆场	长水塘航道蚂蝗塘桥南 4 侧航段左岸	1	40	100
王店镇三星亮砂石经营部	嘉于线航道石牌堰航段右岸叉港内	2	90	300
嘉兴市荣耀针织漂染有限公司	王建线航道荣归桥东侧南岸	1	50	100

说明：资料由嘉兴市城郊港航管理处提供

第四章 渡 口

在秀洲区境内河道纵横，湖泊甚多，过去由于桥梁很少，过河主要依靠摆渡。嘉兴一带人们曾流传这样一句话：水网密布，十里九渡，(农民)出门靠支橹，上街要摆渡，因此渡口很多。就油车港镇在解放初期还有三四十个渡口。据走访调查显示，过去许多渡口都是由当地广大百姓或家境条件稍好的人士以慈善捐助的方式开渡。例如一直在油车港和天凝从商的郑舜卿及他的行医的儿子郑静山，他们看到油车港四面环水，出门办事购物交通十分不便，目睹油车港姜家湾附近的群众在渡口等船待渡受到日晒雨淋的艰辛，就慷慨解囊捐资建造沉石荡渡亭(也叫息凉亭)，还捐资两艘木质渡船用于往来于油车港与天凝镇南北两个渡口。另外还捐款建造两个息凉亭。现在摆渡已成历史，但那些曾为渡运出过力、捐过款的人们仍留给后人与敬意和怀念。

旧时境内渡船有两种：一种是有专人摇橹的渡船，俗称摆渡船；一种是渡船两头系有长索，过路人自行拉绳索引船过渡，俗称曳渡船。早期的渡船均为木质船，到了20世纪80年代逐渐以钢质船替代木质船，到1990年年底全部实现钢质渡船。随着公路的快速发展，渡口不断减少，至2005年年底秀洲区最后一个渡口撤销，结束了水乡秀洲的千年渡运史。

第一节 历史沿革

【中华人民共和国成立前嘉兴渡口情况】

嘉兴地处江南水网地带，河流纵横，有418平方公里的水域面积，道路往往被河道阻隔，过去桥梁极少，只有靠摆渡过河。因此，村口的渡船是以往许多农民出村进城的唯一选择。摆渡人摇橹划桨在河道上穿行，曾是水乡一道独特的风景线。

旧时嘉兴渡口按其设置性质可分为官渡和民渡两种。官渡由官府置舟并配船工，渡运过境官员和商旅。民渡则由地方士绅联合所在乡村民众筹资设置，确定渡工专管渡船和负责摆渡，年向两岸村庄每户收取谷物2.5至3.5公斤作报酬，对于非所在村庄的渡客则收取现金为渡费。

宋代前，在嘉兴渡船是河流两岸交通的主要工具。唐宋时嘉兴就设有官渡。明清以后，桥梁有所增加，渡口慢慢减少。

解放前嘉兴县渡口，除少数有渡工专门管理渡口，并负责渡运过客外，多数渡口是两岸绳索牵引的“拉渡”。

【中华人民共和国成立后嘉兴渡口情况】

解放后，随着河道的疏浚和桥梁建设事业的发展，全市大部分渡口先后修建桥梁，渡口逐渐减少。

1956年第一季度嘉兴航运管理处成立港航监督组织后，首先对南湖10余艘游览小渡船进行检查核准载客定额并发证。为了加强渡口、渡船的管理工作，嘉兴航运管理部门对管辖区内所有渡口、渡船作了一次普查和全面性检核。位于交通要道的渡船还填发了渡船航运证，确定了航运期限。又在主要集镇渡口设置了渡口、渡船安全标志，制定了渡船渡口安全守则。

1961年嘉兴区航运局进行了一次较大规模的渡口渡船大检查，协同公安部门制发了《渡口守则》，发至各乡、镇公共场所张贴。1965年12月，对渡口进行一次调查，嘉兴县除南湖渡口外，另外还有渡口33处。根据中共中央(70)71号抓好渡口安全管理工作的文件精神，于1972年又对渡口渡船进行全面复查。在检查中发现部分渡船年久失修，破烂不堪，部分渡船无人管理，以及超载严重等情况。造成渡口事故频繁，甚至出现落水溺亡事故。从而进一步加强管理和监督，促使渡运安全。

1985年嘉兴市航运管理部门对渡口进行调查核实，城郊两区共有渡口24处，其中交通管理部门批准的乡镇渡口20处和南湖渡口1处；未经批准乡镇渡口2处，其他1处。经检验的非机动渡船22艘；其他渡船4艘；未经检验的渡船8艘。

1987年，浙江省人民政府颁布了《浙江省渡口安全管理规定(试行)的通知》(浙政〔1987〕46号)文件,航管部门紧紧依靠政府,积极推进撤渡建桥、渡船更新改造及渡埠的维修工作。逐渐以钢质船替代木质、水泥船。通过财政挤一点,乡村集一点和交通补一点的办法,到1990年年底,城郊两区基本实现了渡船钢质化。

随着农村道路改善,一方面乡镇公路建设加快,也加快了建桥撤渡的进度,另一方面人们生活节奏加快,为了方便增设新渡口。至1990年年底,城郊两区仍有渡口26处,其中城区有渡口5处渡船7艘,即钢质机动渡船3艘,钢质人力渡船4艘(包括南湖渡口);郊区有渡口21处,钢质人力渡船21艘。这些渡口有的河面宽阔,有不少渡口分布在主航道上,肩负着渡运的重任。这些渡口在没有桥梁通行的情况下,担负着农业生产、城乡交流以及旅游事业的运输任务,为当地的经济发展发挥着十分重要的作用。

表 4-4-1

嘉兴市城郊两区渡口情况统计表(1990年年末)

项目 / 县别	渡口(处)			渡船(艘)							渡工(人)			年渡运量
	正式	非正式	小计	经检验			未经检验			合计	持证	无证	小计	人次(万)
				机动	非机动	小计	机动	非机动	小计					
城郊	26		26	3	24	27				27	45		45	126.5

表 4-4-2

嘉兴市城郊两区渡口一览表(1990年年末)

渡口名称	位置	渡船				渡口管理单位	渡运量人/年	渡距(米)
		渡工人数( )	载客定额( )	船质	艘数( )			
南湖渡	南湖纪念馆	5	82	钢质机动	3	城区秀水乡	393900	200
九里亭渡	乌桥村	1	18	钢质人力	1	新丰镇政府	15000	48
老岳庙渡	大桥村	1	18	钢质人力	1	洪合乡政府	7300	50
轮码头渡	双联村	2	18	钢质人力	1	油车港镇政府	127750	20
塔桥港渡	双塔村	3	18	钢质人力	1	田乐乡政府	109500	15
十八里桥渡	光辉村	3	18	钢质人力	1	大桥乡政府	20000	50
丁介坟渡	东二村	1	18	钢质人力	1	荷花乡政府	14600	50
石牌埝渡	四联村	3	18	钢质人力	1	蚂桥乡政府	10950	80
新塘桥渡	新塘桥	2	18	钢质人力	1	蚂桥乡政府	18250	40
南埝渡	南湖村	2	18	钢质人力	1	南湖乡政府	18250	25
陶家泾渡(东)	陶家泾村	1	18	钢质人力	1	高照乡政府	7300	50
陶家泾渡(西)	陶家泾村	1	18	钢质人力	1	高照乡政府	29200	40
塘滩头渡	双联村	2	18	钢质人力	1	油车港镇政府	7200	100
二里桥渡	新桥村	1	18	钢质人力	1	双桥乡政府	14600	100
莫家笕渡	莫家笕村	2	18	钢质人力	1	南湖乡政府	1800	60
北白荡渡	东一村	1	18	钢质人力	1	荷花乡政府	9125	180
西雁渡	麻溪港村	1	18	钢质人力	1	王江泾政府	1800	60
石匠浜渡	池湾村	1	18	钢质人力	1	栖真乡政府	29200	40
石汇头渡	钱码头村	1	18	钢质人力	1	桃园乡政府	7300	100
钱码头渡	钱码头村	1	18	钢质人力	1	桃园乡政府	10950	60
张墩渡	张墩村	1	18	钢质人力	1	桃园乡政府	18250	30
洪庙浜渡	丁浜村	1	18	钢质人力	1	双桥乡政府	7000	60
南阳渡	南阳村	1	14	钢质人力	1	塘汇乡政府	9125	60
塘桥浜渡	丰南村	1	14	钢质人力	1	步云乡政府	18000	30
钱家桥渡	钱家村	4	14	钢质人力	1	塘汇乡政府	36500	80
蝴蝶港渡	钱乡桥	2	14	钢质人力	1	塘汇乡政府	4000	20

【1991年以后郊区渡口情况】

郊区更是河道密布，特别王江泾镇和油车港镇两个片区河荡特多因而渡口也多。为了渡运安全，从1988年起对渡运加强管理，对每个渡口实行专人负责管理，专人负责渡运。据统计，至1990年年末，郊区仍有渡口21处，其中王江泾片6处，新塍片5处，油车港片4处，洪合和王店片3处，大桥和新丰片3处，共渡船21艘，全部实现了钢质化。进入90年代后，郊区政府及交通部门十分重视建桥撤渡工作，加快了公路建设，积极推进建桥撤渡工作。1993年至2000年7月共撤渡11只，方便了群众的出行，免除了人们摆渡过河遭遇落水的威胁。

2004年，嘉兴市委、市政府提出用3年时间完成全市撤渡建桥的目标。在市交通局的正确领导下，各级港航管理部门克服种种困难，积极争取撤渡建桥补助资金，加快了撤渡建桥的步伐。促使秀洲区在市委、市政府提出用3年时间完成撤渡建桥目标的第二年即2005年12月31日完成了秀洲区最后一个渡口王江泾镇“西雁渡”的撤渡任务，提前实现了撤渡建桥的目标，使水乡秀洲彻底告别了千年渡运历史。

第二节　主要渡口

【南湖渡口】

南湖渡口位于嘉兴城东南湖之滨。凡参观党的一大会址——中国共产党诞生地之一的南湖中共一大纪念船和游览名胜烟雨楼，必在南湖渡口乘渡船而至。

1921年7月，中国共产党第一次全国代表大会后期由上海迁嘉兴南湖游船上继续举行，诞生了中国共产党。

南湖渡口是全市重要渡口之一。解放后，中国共产党诞生地之一的南湖，党和政府十分重视，多次修缮烟雨楼，修建南湖渡口及设施。并于1959年建嘉兴南湖革命纪念馆。同年，为庆祝中华人民共和国成立十周年，嘉兴县筹备仿制建造南湖“中共一大”纪念船。于1959年9月底建成，锚泊在嘉兴南湖革命纪念馆湖滨展出。

南湖渡船（名南湖船、又名丝网船）：起源于江苏无锡丁港。船家原以捕鱼为生，兼搞运输，故较其他渔船整洁。当时是一种既供旅游又供宴饮的船只，往时的文人雅士常借此会文结社，泛舟南湖观赏秀丽的江南风光；欢聚宴饮品尝丝网船别具风味的醇酒佳肴。清末民国初，丝网船在嘉兴已经开始衰落，至1921年7月仅存无几。此时“女子摆渡船”兴起，俗名南湖摆渡船，为嘉兴特有。舟小如叶，上覆芦蓬，橹摇桨划，往来烟雨楼或三塔间。

解放后，于1956年年初嘉兴航管部门对南湖10余艘游览渡船，进行检查核准载客定额并发证。同时撤销狮子汇岸坡渡口，并在南湖畔设置渡口、渡船、安全标志，制定渡口、渡船安全守则。

2004年年底，南湖渡口改为游船码头。2004年12月22日，嘉兴市秀城区人民政府发文（秀城政发〔2004〕53号），将南湖渡口撤销。原南湖渡船作为游船由南湖名胜发展有限公司负责管理。

【荡滩头渡口】

秀洲区荡滩头渡口，位于油车港镇澄溪村的三小圩组，该村组四面环水，出村的唯一途径，只有摆渡过河，交通十分不便。该渡口设渡时间已十分久远。它承担着当地农民的出行和中小学生上学渡运的重任。荡滩头渡口荡面开宽，渡运距离较长，始终存在着严重的安全隐患。尽管这样该渡口还是为当地人民的生活和经济的发展发挥了重要作用。随着社会经济的发展和为确保人民群众的生命财产安全，特别是中小学生的安全，同时为解决群众出行、学生上学的方便，渡口所在村与嘉善天凝之间于2004年建起一座桥梁，并修筑了一道长1.5公里，宽5米的连接引路。荡滩头渡口于同年8月3日被撤销。为撤销该渡口总投入了60万元资金。

【钱码头渡口】

新塍镇钱码头村的钱码头渡口，位于京杭大运河畔，渡口存在历史已很久远，钱码头村的40户农户平时到运河对岸的270亩农田耕作，都需要通过钱码头渡口用渡船摆渡过运河才行，农民进出劳作十分不便，也带来安全隐患。

随着水运事业的发展，运河上往来船只密度高、吨位大，横穿在运河上的渡船安全隐患很大，已不能适应安全渡运的要求。为有利运河上的航运安全，并解决当地农民交通问题，在上级政府及有关部门大力支持下，于2005年初开始进行撤渡筑路工程建设，于同年8月26日完成了修筑一条连接钱码头村和洛东思古桥的硬化道路，路长7.2公里，路宽5米，投资350万元，并撤销了钱码头渡口。使钱码头村的广大农户能通过绕道到对岸农田耕作，免去了摆渡过运河带来不安全威胁。

【西雁渡口】

西雁渡口是一处人工渡口，位于麻溪港，处于秀洲区王江泾镇西雁村与江苏省吴江市盛泽镇杨扇村交界，过往行人较多，渡口存在已十分久远，由于种种原因一直没有建桥，平时仅靠一条渡船摆渡来解决两省群众的通行。麻溪港虽不是主要航道，但安全隐患始终存在，给当地群众的生产生活带来不便和不安全的隐患。由于交通不便，也影响了当地经济的发展。

为方便当地群众的生产生活和安全出行，在上级政府的支持和王江泾镇及区交通局等有关部门的努力下，在西雁渡口的麻溪港上建起了麻溪港桥，桥长 120 米、宽 5.8 米，投资 205 万元。

麻溪港桥的架起，极大地方便了两省群众的往来，也使秀洲区于 2005 年 12 月 31 日完成了最后一只渡口的撤渡任务，提前实现了建桥撤渡的目标。

【石汇头渡口】

石汇头渡口位于新塍镇钱码头村的石汇头自然村北，江浙两省交界处，跨越京杭大运河(澜溪塘)。来往区域范围很大，系当地老百姓的生产劳动、农产品上市交易、商人往来的必经之路，过往人群很多。为让百姓在等候渡船时有个避雨挡风和歇脚之地，在该渡口处还建了渡亭，并于清嘉庆二年(1797 年)四月在亭中央立有一块石碑，记有摆渡人员增拨农田的有关内容。该渡口至少已有 200 多年历史。

由于年代久远，渡亭破损严重，2000 年 4 月区交通部门拨款加以修理，柱脚改为混凝土。进入 21 世纪，区内公路快速发展，于 2003 年 8 月 6 日石汇头渡口撤渡。

【蝴蝶港、钱家桥两渡口】

蝴蝶港和钱家桥两渡口均在油车港镇的东片，邻近嘉善杨庙镇和南湖区七星镇，平时来往渡客较多。蝴蝶港渡口，在蝴蝶港西侧，解放初期有陈氏二兄弟用小木船摆渡，1958—1969 年改为自拉式渡船，后又改为村民轮流摆渡。1991 年木质渡船改为钢质渡船。2000 年蝴蝶桥建成，同年蝴蝶港渡口撤销。钱家桥渡口位于三店塘原轮船码头东侧 200 米处，1958—1962 年有看簖人用小木船渡客，后由生产队派劳力轮流摆渡，早期渡船为木质船，1991 年后改换成钢质渡船。也因蝴蝶桥的建成和交通条件的改善，于 2001 年撤渡。

【丁家圩荡渡口】

丁家圩荡渡口位于油车港镇姜家湾村，为“摆渡船”，南联姜家湾政收圩，北接荷花乡东二村，后期渡工由荷花东二村指派。2002 年建造东津浜公路大桥，随之渡口被撤销。

【沉石荡渡口】

沉石荡渡口位于油车港镇沉石荡的西滩，由于油车港镇四面环水，在过去陆路交通十分不便，居住在这里的百姓出门，必须依靠渡船摆渡。沉石荡渡口曾是油车港镇最繁忙的渡口，除了该镇姜家湾，还有嘉善县天凝镇的一些农民也要通过这个渡口上街购物办事。后来随着社会经济的快速发展，当地架起了桥梁，撤销了渡口。但在油车港镇沉石荡的西滩——现嘉兴荣鑫船舶制造有限公司内，现今仍能看到一间破旧简陋的小屋——息凉亭(也称憩凉亭)。此亭建于民国初期，已有近百年历史，这是油车港镇颇有名气的沉石荡渡亭。

渡亭，是等船待渡群众及渡船船工的息凉处，也是为过往的人们遮风避雨，免除人们待渡时遭受日晒、雨淋、风雪之苦。沉石荡渡亭用砖石木材建成，坐北朝南，四椽单擔，硬歇山顶，呈方形格局，檐高 2.4 米，占地面积 8 平方米，以 4 根花岗岩方柱支架，方柱上端榫接 4 根圆木檐梁，檐梁上横架蝴蝶飞掮梁，掮梁上朝东西南北 4 个方向斜铺椽子。朝南为出入口，东西北三面砌实墙，用来抵挡风雨，沿墙设三排坐凳，可容纳 10 余人入内候渡。阴阳土瓦覆盖，一条平脊，四坡落水，平脊两端饰两只竖起的脊耳，四只亭角向下低垂。亭柱上未刻楹联，也没有悬挂亭匾。

沉石荡渡亭建于何时，何人捐资建亭，没有记载，但据世代居住在此、一位已 70 多岁的老农说，这座亭在他很小时就已经有了，听他的父辈说是当年天凝镇上一位郑姓中医，看到油车港姜家湾附近的群众在渡口等船待渡受到日经晒雨淋的艰辛，便慷慨拿出行医得来的 100 块银圆建起了这座渡亭。原先渡亭东墙边还立有一根七佛柱，上面刻有七个佛祖的佛名，可惜此柱已被毁掉。

沉石荡渡亭因年久失修，亭柱表面风化起砂，木构件开始朽烂，亭身向一边倾斜，亭顶的椽子和瓦片被风雨掀翻脱落。此亭已是江南水乡少见的渡亭，但今天它已成为江南水乡交通发展的见证，沉石荡渡口的见证。

第五篇　公路运输

嘉兴公路运输较晚，20世纪20年代，嘉兴才开始有公路运输。民国21至23年（1932—1934年）完成乍浦经嘉兴至王江泾段公路，与苏州方向公路相接，民国25年（1936年）完成临平经嘉兴至枫泾的杭枫公路段，使嘉兴有了公路，通了汽车，开始道路运输。沟通了杭州、上海、江苏等省市的公路交通。但当时商品流通不多，加上嘉兴水运发达，运价低廉，因此民国时期嘉兴的公路运输多以客运为主，货运则寥寥无几。1949年5月嘉兴解放至1978年中国共产党十一届三中全会召开前，嘉兴的公路运输长期实行"三统"管理，地区分割、部门封锁，道路运输业发展比较缓慢。十一届三中全会后，全党工作重心转移到经济建设方面来，对内搞活，对外开放，道路运输市场也开始放宽搞活，在要至富先修路的口号下，公路建设加快，道路运输业发展迅速。

1985年以后，郊区政府十分重视公路建设，公路发展很快，1985年一年内续建通车公路7条、45.94公里，全区已通公路的乡镇达15个。1987年建成通车7.6公里，拓宽公路10.95公里，全区29个乡镇中已有21个乡镇通了汽车，通车乡镇占74%。1986年至1990年的"七五"时期，新建公路6条、50.71公里；完成公路油路改造4条、30公里；通汽车的乡镇达22个。到2000年秀洲区含通村公路总计240.38公里，其中国道33.75公里，省道16.14公里，县道148.61公里，乡道41.88公里。按技术等级分：高速公路14.95公里，一级公路29.43公里，二级公路31.29公里，三级公路109.35公里，四级公路39.21公里，等外公路16.15公里。到2010年全区含通村公路总计增加到890.32公里，其中国道59.58公里，省道43.75公里，县道193.19公里，乡道95.53公里，村道482.46公里，专用公路16.67公里。按技术等级分：高速公路67.17公里，一级公路69.87公里，二级公路38.28公里，三级公路177.07公里，四级公路270.92公里，准四级公路244.81公里，等外公路22.20公里。全区2010年的公路总里程与2000年的公路总里程一对比，呈成几倍增加，秀洲区的公路建设十分迅猛。

随着公路建设的快速发展，秀洲全区的车辆也得到迅速增加。1988年全区拥有客车103辆、876座，货车543辆、1326吨，当年完成客运量28.2万人次，周转量777万人公里，完成货运量24.12万吨，周转量1634.36万吨公里。1989年拥有客车131辆、1133座，货车521辆、1331吨，完成客运量30.3万人次，周转量815万人公里，完成货运量25.61万吨，周转量1735.32万吨公里。

1990年秀洲全区拥有客车增至158辆、1364座，货车增至572辆、1549吨，完成客运量42.6万人次，周转量1577.73万人公里，完成货运量26.69万吨，周转量1745.71万吨公里。10年后的2000年全区拥有的车辆成倍增加，完成的客运量、货运量更是成几倍的增长。当年拥有客车456辆、4708座，货车1707辆、2197吨，完成客运量451.31万人次，周转量12955.37万人公里，完成货运量161.29万吨，周转量8786.26万吨公里。到2010年全区客车比2000年有所减少，有322辆、3010座，但完成的客运量875万人次，周转量25605万人公里，均是2000年的将近一倍或超过一倍。货车比2000年增加一倍多，达3938辆，而吨位更是2000年的六倍多，达14312吨。当年完成货运量670万吨，周转量62356万吨公里，货运量是2000年的四倍多，周转量是2000年的七倍多。

2010年全区在道路货物经营中，从事货车运输经营户有3986户，拥有的货车中有牵引车、厢式货车、冷藏保温车、罐车等多种车型，可运载大宗货物外，还能运载危险货物、集装箱、大型物件等，能更好地满足社会的需要。

第一章　运输工具

运输工具的好坏和先进程度，是衡量交通运输发达的标志，更是体现一个国家、一个地区、一个历史明期的经济发达的标志。道路运输工具主要包括非机动车和机动车。

第一节　古代运输工具

秀洲区的前身嘉兴县的陆上交通运输方式和其他地方一样，长期停留在徒步肩挑、乘舆、畜驮的落后状态。清末有了铁路运输，民国时期出现汽车运输，但人力运输仍占重要地位。

【轿子】

轿子是原始的代步工具，历史已久远，世代相沿。轿子，又称肩舆。《隋书·礼仪制》载："今辇制象轺车而不施轮，用人荷之。"没有轮的"车"，用人抬着走，这便是肩舆了。肩舆的品种不少，有一种叫软舆，铺着厚厚的裀褥；有一种叫腰舆，不是抬在肩上，而是两人搭着，只有腰高，便于年老体弱者上下。在山区，这种肩舆就用得更多了，当年武则天到万安的玉泉寺去时，就因为山径危悬，要用肩舆上下，却被王方庆谏阻了——这证明当时是有人用肩舆上山的。《旧唐书·卢程传》说，卢程到晋阳宫去册封皇太后时，"山路险阻，安坐肩舆"。唐代规定"除有疾病为官者，不得随便坐轿"。五代时放宽禁令，轿子开始成为官方与民间的交通工具之一。另外还有一种篮舆，《资治通鉴》说篮舆"即今之轿也"，当时已很普遍。

近代嘉兴的轿子有官轿、民轿两类。官轿做工精细，装饰华美，轿身也比较大。按照官位品级有八人轿、四人轿、二人轿。清道光年间（1821—1850年），道台以上乘坐金顶绿呢八人抬轿，知县乘坐的是红漆朱顶蓝呢四人抬轿。还有一种为退职官员或有名绅董之家外出拜客、议事之用的"大桥"，式样与官轿相仿。

民轿有花轿、小轿、藤桥。花轿专作婚嫁迎亲之用，又名彩轿、珠桥，上有轿顶、缨络四垂、珠围翠绕，装饰华丽。小轿为竹木结构，造型简洁，供民间走亲访友、商业应酬、急事赶时等代步工具，医生出诊也有坐轿的，轿租由病家负担。藤桥、又称凉桥，形似藤椅，配上轿扛，轻巧灵便。嘉兴轿子始于何时，无从稽考。清代，轿子一度兴盛，民国时期，逐渐衰减。据民国《鼓兴快览》记载：嘉兴陆路交通，除人力车、脚踏车外，尚有轿子马房为辅，其价甚昂，少人顾问，轿子一坐最少小洋8角，较远者须1元至2元。婚用、丧用之轿，其价又当另议。民国5年（1916年）农历八月十八，孙中山偕夫人宋庆龄及蒋介石等共10人乘火车在周王庙站下车，随后各乘坐轿子到盐官观潮。观潮后，"总理以蓝呢大轿不便浏览沿途情状"，而换用藤椅作轿，乘坐至长安上车。

民国19年，嘉兴城有轿埠（即轿行）3家，其中坛弄义记四达总埠，维新街义记四达分埠和香花轿公泰轿埠各1家。解放初，嘉兴县尚存数顶桥舆，仅供婚嫁喜庆之用，至50年代，随着交通工具的改进和社会风尚的变化，轿子已逐渐废弃。

【马】

由于马具有奔跑快、对道路的要求不高的优点，因此自古以来马都被作为一种陆路交通运输工具来使用，马帮就是用马作为运输工具，拿它来驮运货物。中国人很早就用马来驾车、乘骑、驮运货物，马一直被中国人所普遍使用。特别北方使用得比较普遍，民间用马来驮运货物和乘骑人员。南方因水运发达，用马作为运输工具相对比较少，但也有。在春秋战国时期，吴越两国之间曾发生过一场"槜李之战"（在今嘉兴），《越绝书》说：双方战争时"大风发狂，日夜不止，车败马失，骑士坠死，大船陵居，小船没水"。这说明古代在嘉兴发生的这场战争，士兵们是骑着战马而战。宋代在嘉兴设有嘉禾驿，其地址在府城西门西丽坊（今西丽桥附近），驿是为古代交通传邮机构和设施。在嘉兴设立的嘉禾驿是一个马驿，有马90匹，当时就是在嘉兴这遍土地上用马来交通传邮。

【车】

人力车有包车和黄包车二种，包车为个人家庭所私备，但为数甚稀。黄包车均系营业性质，尽人可雇，车夫租自公司（车行）。人力车又称东洋车，系由日本流入我国，最早出现在上海。清宣统元年（1909年）沪杭铁路全线通车后，民国初黄包车即进入嘉兴等城镇。据民国10年（1921年）《申报》载："嘉兴有通益、双利、翼轮、同利等四家公司，每日行驶黄包车90辆"。民国17年《申报》又载："嘉兴人力车行先后呈准官厅行驶车辆者，已有17公司……共计现行人力车285辆"。民国24年《中国经济志》载："嘉兴人力车行有捷成、华成、四达……等34家，资本额14740元，营业额23412元，车辆285辆，车夫约500余人，职员19人，机匠16人，每辆人力车每日出租洋1角"。民国32年浙江省各县人力车调查，嘉兴县有人力车285辆。抗战胜利后，嘉兴人力车较战前减少，仅剩242辆。民国36年嘉兴县总工会呈嘉兴县政府文称："本县（营业）人力车240辆，车夫共600余人，连同眷属不下五六千人赖此为生。"据嘉兴市运输装卸公司沿革史记载："解放前夕全市有黄包车281辆，大板车12辆，人力车工人452名。"解放后，对人力车实行了改造，1956年7月底至9月，对尚剩85辆人力车改制，其中39辆改制为三轮车。1964年4月始，县城黄包车相继消失。

第二节 现代运输工具

【机动车】

摩托车

它具有轻便灵活，行驶迅速的优点，可用于客货运输及通信、巡逻等，是一种应用广泛的交通工具。车型进口的有铃木100、铃木50、雅马哈等；国产有嘉陵、幸福、黄河、友谊等。摩托车分轻骑、二轮、三轮三类；轻骑又称机器脚踏车，大都具有脚踏和机器驱动两种功能，有的专型制造，有的在自行车上加装汽油机和传动装置而成，它结构轻巧，行止方便。二轮摩托分越野型和公路型两种。三轮摩托有两种，一种是用功率较大的二轮摩托车加装一个有车轮的连斗而成的侧三轮摩托车；另一种是一轮在前居中，两轮在后的三轮摩托车，在车上装配相应的车厢，可用于城市旅客和货物运输。1960年嘉兴只有公安局有一辆二轮摩托车，以后各地逐步发展，特别是改革开放以后，发展更快，许多家庭也购买了摩托车。20世纪90年代，轻骑摩托入市，主要车型有本田、铃木、雅马哈等。后发展到踏板式摩托车，如新大洲、钱江、风速、豪爵等。极受年青人的喜爱。2010年，嘉兴市本级残疾机动三轮车就有近2000辆，除316辆是有嘉兴市残联登记编号外，大部分是拼装车和克隆车。2013年3月，根据嘉兴市政府的统一部署，由市公安局、市交通局、市工商局等6个部门联合发布《嘉兴市本级残疾人专用车（三轮车）退运工作通告》，经过多个部门合力协作，共同努力，嘉兴市本级残疾人专用机动车（三轮车），于同年6月1日之前全部退出营运。

拖拉机

拖拉机是现代化的农业机械，也是交通运输工具。60年代中期，国产拖拉机投入农田耕作，特别是手扶拖拉机因其适应性强，使用方便，普遍受到欢迎，发展较快。1960年嘉兴八一拖拉机站有热托拖拉机10台。拖拉机分轮式和手扶两种，轮式拖拉机都是牵引，载货需配置拖斗，均为四轮，有丰收35、上海50等型号，其马力大小是拖力大小的根据。手扶拖拉机一般为12马力，有工农12型、东风12型等。小方拖、也称小四轮，是手扶式拖拉机改型为方向盘式，安装4轮，这种小方拖参于了公路货物营运。

据嘉兴市农机监理所统计，上公路行驶的专门从事运输和既从事农田作业又从事公路运输的手扶拖拉机：1985年为1744辆、1986年为2653辆、1987年为4096辆、1988年为6103辆，同年轮式拖拉机153辆。1990年全区有手扶拖拉机7098辆，大中型号拖拉机21辆。随着公路运输业的发展，拖拉机的拥有量发生了较大变化，2000年，全区有手扶拖拉机4377辆、运输型拖拉机541辆。21世纪后，高速公路、物流业的迅猛发展，拖拉机运输业逐步退出营运市场，主要用于农田耕作、收割等。

汽车

汽车是现代重要的交通运输工具，按其用途可分为：轿车、客车、货车、牵引车、专用运输车、特种车等六类。民国时期在嘉兴行驶汽车很少，并均赖进口，有雪佛兰、福特、道奇、万国等，以雪佛兰占多数。客车客位最多29座，最少14座。装放行李的设备分三种：一为车身后部特辟行李间；二为车顶装设铁栏杆，以纳行李；三为挂运。此外，尚有一种双层式长途汽车下层专载行李，上层专载乘客。货车载重最大为3吨，最小为1.25吨。新中国成立初期进口东欧、苏联一些车辆，有布拉格、吉斯、嘎期、依法、却贝尔等。从五十年代以来，我国已能制造载货汽车、专用汽车、自卸汽车以及客车和轿车，汽车数量发展迅速，客车有解放、东风、黄河、骏马、海鸥等，客位最多的60座；货车有解放、东风、交通、黄河、大通、红岩等，载重最大可达40吨。改革开放后汽车发展更快，车型更加多样，轿车已进入家庭，涌现很多客货运专业户。2010年，秀洲区用于道路客货运输车辆有4260辆，其中客车322辆，货车3938辆。

【非机动车】

自行车

俗称脚踏车，是城市和农村的重要交通工具，具有经济、方便、不污染的优点。现代自行车类型有普通型、轻便型、载重型、赛车型、小轮型五种。民国24年(1935年)嘉兴县脚踏车行有云飞、李德昌、飞行等6家，资本额2000元，脚踏车54辆，每车每租1小时计小洋2角，全年营业额2670元。民国36年11月嘉兴县统计自备自行车350辆。民国37年11月嘉兴县警察局核发营业脚踏车行16家，车辆共137辆。随着城市和农村建设的发展，人民生活水平的提高，至二十世纪七八十年代，自行车是城乡人们主要的交通工具，自行车发展迅速，据统计，嘉兴城郊两区自行车保有量：1985年为180328辆；1986年为239635辆；1987年为287195辆；1988年为303160辆；1989年为339082辆；1990年为354782辆，1991年为389499辆。

2011年9月，嘉兴市成立了公共自行车服务有限公司，解决公交出行“最后一公里”问题，缓解城市交通“行路难、停车难”的绿色低碳交通体系。嘉兴市本级公共自行车交通服务体系于2011年12月26日试运营，12月31日正式运营，截止2013年12月底，先后经过一期、二期、三期建设，已拥有服务网点304个，公共自行车7000辆、锁止器11802套、停车棚700余个等设备设施的规模，达到市区三环内人口密集区全覆盖，服务面积141平方公里/小时，日均租用量达到6500余人次，免费使用率超过98.1%。

三轮车

自行车出现后，它和载客人力车或架子车结合，成为人力三轮车，行驶时则与自行车一样地用脚踏，用这种车子作为短途旅客或货物的运输工具，轻巧灵便，行驶迅速。人力客运三轮车起源于黄包车，黄包车是用手拉的，但人力客运三轮车是用脚踩的。20世纪40年代，黄包车就已经在嘉兴出现了，嘉兴县城始见于民国36年(1947年)7月14日经嘉兴县政府批准新昌车行三轮车20辆正式检验给照行驶。次年发展为32辆。但出现真正的人力客运三轮车是在1958年11月，随着二运公司的前身——“嘉兴县三轮车、小货车服务站”成立，黄包车真正演变成了人力客运三轮车。1958年嘉兴镇三轮车小货车服务站有三轮车48辆。改革开放后，运输市场放开，个体三轮车发展迅速，据统计嘉兴城郊两区1988年共有三轮车3881辆，其中三轮客车145辆，三轮货车3736辆；1991年共有小三轮车1742辆，三轮客车320辆，三轮货车3361辆。以前县城很小，人们的活动范围也小，人力客运三轮车基本上是唯一的公共交通工具，随叫随走，十分迎合市场需求。人力客运三轮车真正迎来鼎盛时期，应该是在20世纪90年代至21世纪初。90年代初，不少企业因改制出现了大量下岗失业人员，另外，随着城市不断向外围发展，因土地征迁，失地农民逐年上升，为了给这些下岗失业人员和失地农民解决就业问题。1993年，成立了嘉兴市顺达交通服务公司，有193辆人力客运三轮车。1995年，嘉兴市自强三轮车公司成立，有100辆人力客运三轮车。截至2003年，嘉兴市区人力客运三轮车经营企业有8家和3个个体小组，这给下岗失业人员和失地农民就业创造了条件。在当时嘉兴的公交车、出租车不多，人力客运三轮车的存在弥补了市区运力的不足，也解决了一部分下岗失业及失地农民的就业问题。从1996年开始，嘉兴市区对人力客运三轮车实施监管，由交通部门移交给公安交警部门管理。随着时间推移，人力客运三轮车出现了加装动力、随意出租给他人等问题，加装动力后车辆的安全隐患上升；随意将车出租给别人经营，租车人的交通安全意识、法制意识都十分淡薄，当时还出现“克隆”的黑车非法营运的情况，严重扰乱了客运市场。同时乱停车、逆向行驶、闯红灯给道路造成拥堵和安全隐患。针对这种情况，2001年3月，嘉兴市区曾对人力客运三轮车进行重点整治。整治之前，嘉兴市区人力客运三轮车有877辆，整治后为494辆。但是，由于后来仍然陆续有人力客运三轮车增加，到2010年，嘉兴市本级有八家经营单位，在非机动车管理所登记注册的人力客运三轮车有740辆(个人430辆、企业310辆)。2013年，根据市政府的统一部署，多部门联合开展对市区“三小车”的全面整治，并实施政府回购、安置、补助等优惠政策，截至2013年年底，减少到55辆。但随着社会的快速发展，人民物质水平的不断提高，它们体积大、功率小、速度慢，必将被淘汰……

人力货车

人力货车亦称劳动车、手拉车、钢丝车。由人力挽拉的两轮车，车身用木板或薄钢板制成，车轮为铁质，有车圈、车毂(花毂筒)和幅条组成，车胎为胶质，载重约300~400公斤，适用于一般货物短距离搬运，使用范围较广。在20世纪70年代后，农村载稻谷进城售粮，载生猪上街出售，拉化肥回农家，送猪羊灰到田头等活，一般都使用这种人力货车。城镇上码头搬运装卸、短途运输有的也使用这种人力货车。嘉兴市城、郊两区领牌照人力货车1988年有6951辆(其中平扳车3442辆,反斗车3131辆,什牌车214辆,临时车164辆)。1991年7165辆。

电动车

电动自行车,俗称电瓶车,20世纪90代中期,全市已有电动自行车,最初有人在自行车上安装电瓶,电动机传动作代步工具,也有少量飞利浦等品牌电动自行车。2001年1月,市公安部门开始对电动自行车核发牌证,当时规定,准予上牌的电动自行车其自重不得超过40公斤,最高时速不得超过20公里,并须有骑行装置(即可脚踏行驶)。之后,由于电动自动车生产厂家为迎合社会需求,不按规定标准生产,不断推出新型电动自动车,车型设计向美观、舒适、快速发展,至使大量超标电动自动车拥进市场。无牌无证车辆不断增多,给道路交通安全带来了不少隐患。2005年10月,市公安部门根据市人民政府文件,限期40天,给予超标电行自动车办理牌证,并在全市各乡镇设立办牌点。主要车型有:麦德发、麦科特、菲亚特、新大洲、欧豹、绿亮、神象、都市贝贝等。车型多数为踏板式,酷似轻型摩托,很受市民青睐,已成为人们出门主要代步工具之一。电动三轮车在1995年时,市内已有客运人力三轮车上安装电瓶动力,以求减轻劳力,增加速度。但因非正规装置,存在安全隐患,在客运人力三轮车整顿时,禁止使用。而电动三轮货车则日渐增多成为零星货物搬运工具。1998年,市公安部门开始办理电动三轮货车牌证,至2003年12月,嘉兴市本级已注册登记领取牌证的有6509辆;2004年4月后,公安部门停止办理电动三轮车的牌证,并不限制在城乡道路上行驶。因而电动三轮车继续增多,多数为三轮货车,代替人力货车,成为城镇主要搬运运输工具。从2005年起,嘉兴市公安局交警部门对电动三轮车采取限时间、限区域通行(二环内禁止通行),对违章者按规定给予相应的处罚。

第二章　客 运

道路客运早在唐代就有，当时客运主要依靠畜力车，大多是使用马车来承运。到了明代和清代，除了畜力车运客以外，还有用各种轿乘运客。南方由于水运发达，客运主要依赖水上，陆路客运多数为轿乘。随着现代机动车的出现和公路发展，道路客运逐渐发展到以汽车客运为主。到2010年，秀洲区拥有营运客车322辆、3010客位，客运量达875万人次、周转量达25605万人公里。道路旅客运输在综合运输体系中具有重要的地位和作用。

表 5-2-1

历年秀洲区客运运力和运输量情况表

年份	运力		旅客运输量	旅客周转量
	客车(辆)	座位(座)	万人	万人公里
1988	103	876	28.2	777
1989	131	1133	30.3	815
1990	158	1364	42.6	1577.73
1991	199	1807	64.07	2005.33
1992	261	2787	93.6	3386.08
1993	321	3510	152.51	5031.68
1994	471	4776	195.44	6094.14
1995	467	4753	304.37	7695.81
1996	497	4854	366.26	10347.58
1997	505	4999	349.59	13282.92
1998	496	4938	428.2	15052.82
1999	508	5105	465.69	12576.19
2000	456	4708	451.31	12955.37
2001	457	4648	583.37	18500.17
2002	455	4638	591.11	20179.87
2003	451	4545	840.23	19828.2
2004	463	5808	1149	20107
2005	465	5998	1208.97	22919.61
2006	425	5819	1186	29084
2007	429	5952	1185.53	31830.77
2008	444	5966	1107	26761
2009	318	3111	930	26993
2010	322	3010	875	25605

第一节 班车客运

【1949年前嘉兴客运线路】

乍嘉王线

嘉兴在明清时期分为嘉兴和秀水两县，辛亥革命后，两县又合并为一个县即嘉兴县。秀洲区是1983年撤地建市后设立的区，原是嘉兴县的一部分。

民国21年(1932年)10月，乍浦至平湖段公路建成通车，民国23年1月，平湖至新丰通车，设有平湖、西门、九里亭、新丰等4个停车站，均设立站牌，实行车上售票，平湖至新丰票价一角八分。同年7月16日由新丰延伸至嘉兴通车，这是嘉兴首条公路通车，嘉兴至平湖27.8公里，沿途设有平湖、新丰、十八里桥、东栅、嘉兴5个车站。嘉兴站有职工4人，客车2辆，每月营收1600元左右。嘉兴至平湖来往客车，每小时开1班。次年4月4日起增开乍浦至嘉兴直达车，发售往返直达车票，票价为八角七分。另一段，嘉兴至王江泾段，于民国23年建成通车，接通苏州和湖州，称苏嘉公路和嘉湖公路。民国24年8月，江浙两省公路局协议，苏州至乍浦实行联运。民国25年7月因江苏省公路局将苏嘉公路出租给商营苏嘉湖汽车公司经营，苏乍公路联运业务停止。据民国25年10月份统计：平湖至嘉兴段客运行车20139公里，乘客14348人次，旅客周转量288858人公里，营收5355.40元。平湖公司经营，苏乍公路联运业务停止。抗战爆发后，省公路管理局因大部分车辆征调军用，乍嘉线客车一度停驶，后经省政府督促，于民国26年8月25日起恢复开驶客车，每日嘉兴至乍浦对开各四班，嘉兴至平湖对开各1班，不久日军入侵遂告中断。嘉兴沦陷时期，日本兴亚院与伪南京维新政府合办“华中铁道股份有限公司”(简称“华铁”)，享有统制经营江、浙、皖三省公路运输权，该公司在浙江省设“杭州自动车(汽车)区”，乍嘉线归其经营，嘉兴至平湖段在民国30年1月通车营业，有3辆客车行驶。平嘉段于民国34年8月日本投降时停运。嘉兴至苏州线在民国28年7月通车营业，每日往返4-7班次，民国34年8月停运。该公司于民国32年营运情况为：嘉兴行车32353公里，营收6441元(日元)；平湖行车26151公里，营收5226元(日元)。抗战胜利后，民国34年10月，嘉兴县政府批准商营“捷安汽车公司”行驶乍平嘉线。商营中华汽车公司及复兴汽车公司亦竞相行驶该线。民国35年8月乍平嘉线由公路总局第一运输处杭州业务所设站营运，商营车辆由于设备简陋、经营管理不善，同年复兴、中华、捷安三家商营公司车辆相继停驶。民国35年3月后，该线由浙江省公路联营运输处第三运输段经营。民国36年10月，省交通管理处长、业务主任等视察该路称“客运颇形发达，应酌加车辆，以资应付”。民国37年2月行车班次增加：乍浦至嘉兴每日对开5次；平湖至嘉兴每日对开5次；乍嘉线运量：民国36年10月为36590人次，旅客周转量669514人公里；11月为33234人次，旅客周转量629730人公里，民国37年2月为29000人次，旅客周转量570132人公里。

杭枫线

杭州至枫泾公路于民国25年(1936年)11月15日通车营业，沿途设有杭州、临平、崇德、桐乡、濮院、嘉兴、嘉善、枫泾等共20个站点。民国26年5月，杭州至枫泾班车每天共14班次（包括区间车），票价极低，杭州至嘉兴东站91.6公里，单程客票为1.23元，来回客票为2元。民国26年10月6日起票价均作提高，按每公里2分计算，并因车辆班次未能确定，停售来回票。由于抗战爆发，大部份车辆征调军用，同年8月该线除杭州至嘉兴每日勉强通运一班客车外，嘉兴至枫泾段客车一度停驶，后经省政府督促，于8月25日才恢复客运。同年10月3日起开办沪杭直达通车，由军事委员会、经委会主持交由浙江省公路管理局办理。每年派遣巡逻警一名，随车维持秩序。中途设崇德、嘉兴、嘉善、松江四站，每日对开一班，租用上海南方汽车公司客车2辆，票价为每公里不超过4分。后因日军入侵，沪杭直达通车停驶。嘉兴沦陷期间，杭枫线仅嘉兴至桐乡段公路通车，由日伪合办“华铁”经营，民国28年12月通车，每日往返4个班次，民国34年8月停驶。“华铁”在民国32年桐乡行车9615公里，营收1923元(日元)。

新塍濮院线

民国26年(1937年)国民党政府为备战需要，修筑由嘉兴至双桥、新塍至濮院军用路(也称汽车路)一条。宽约3米，碎石屑路面，沿路均系木桥，或为新建，或在原石桥上铺设木结构桥面。新嘉线全长约21公里，其中新双路段长12公里，其东端在双桥与苏嘉公路衔接。道路建成后，曾有军队和军车通行。民国27年，为拦截日军，游击队拆除桥梁，掘断路基，公路陷于瘫痪。此后一直未修复，至解放后仅留有残存路基。抗战胜利后，民国35年5月，由商办嘉桐汽车公司投入客车2辆，行驶于嘉兴至桐乡。民国37年5月4日起，省公路联营运输处开行嘉兴至濮院区间班车，并在濮院设立丙等站，照料行车事宜。嘉濮间班车每日往返各3次并与沪杭铁路嘉兴站上下行各次列车时刻衔接。

抗日战争前省营嘉兴公路通车路线表

表5-2-2

民国25年12月

通车年月	路线	起止地点	公里	备注
民国23年7月	平嘉	平湖——嘉兴	27.80	省筑省营
民国25年10月	杭善	临平——枫径	92.60	省筑省营

抗日战争后嘉兴公路通车路线客运情况表

表5-2-3

民国37年1月20日

区别	承运单位	名称	路段	起讫地点	里程	通车年月
公营路线	浙江公路联营处	省道	桐嘉段	桐乡——嘉兴	16.8	民国37年5月
公营路线	浙江公路联营处	省道	乍平嘉段	乍浦——嘉兴	41.48	民国36年5月
商营路线	湖嘉公司承租	省道	湖嘉段	吴兴——嘉兴	56	民国35年12月

【1949—1990年嘉兴客运线路】

解放后，1949年6月6日嘉兴至苏州线修复，嘉兴至平望、苏州间班车每天往返5次。乍平嘉线因桥涵损坏甚多，虽由人民解放军搭设便桥，但坡度太陡，泥泞异常，车辆往来危险，一直到9月桥梁修复，仅有私营小客车6辆在该线经营客运。

1953年9月，嘉兴至乍浦公路改建竣工，同年11月嘉兴中心站经营杭州至乍浦、乍浦至嘉兴客运。1954年年底，嘉兴中心站客运车辆由4辆增加到7辆，行车班次由每日往返6次，增加到17次，客运量每月由近20万人次，增加到44万人次，车公里由每月9000车公里增加到22000车公里。1954年嘉兴中心站完成客运量184278人次，旅客周转量3898539人公里；公私合营苏嘉湖汽车站完成客运量45965人次，旅客周转量4372981人公里。

乍嘉线自1953年11月恢复客运后，嘉乍间每日对开各4个班次，1958年增为每日对开8个班次。

杭枫线嘉兴至濮院段17公里，嘉兴中心站于1958年6月25日恢复班车，每日往返3次，沿途设7个停靠站，实行随车售票，票价为每人公里0.0232元。1959年5月，桐乡、崇福间公路修通后，班车延伸至崇福。闸口至硖石线亦于1959年3月建成，由嘉兴中心站行驶班车。

1954年嘉兴中心站完成客运量184278人次，旅客周转量3898539人公里；公私合营苏嘉湖汽车站完成客运量45965人次，旅客周转量4372981人公里。1955年嘉兴中心站完成客运量426115人次，旅客周转量5653937人公里；1956年完成客运量1016614人次，旅客周转量12615398人公里；1959年完成客运量1703327人次，旅客周转量34442472人公里，嘉兴中心站拥有客车19辆，665客位。营业站点9处。

1970年7月，杭州至枫泾全线建成通车，至此嘉兴与江苏、上海、杭州及市属各县全部沟通，汽车客运由恢复转为日趋发展。1985年8月30日，嘉兴汽车运输分公司与苏州地区汽车运输公司苏州客运分公司共同签发《平望会议记要》，规定嘉苏线班车浙境停靠双桥、王江泾，苏境停靠盛泽、平望、平望大桥、胜墩、八拆、白龙桥。至嘉兴和苏州再延伸的各线班车，浙境内停靠濮院，乌船村，新丰、平湖、乍浦、王江泾、双桥，苏境内停靠盛泽、平望、八拆、吴江。后由嘉兴至苏州又开辟海盐、常熟、常州、沙州、宜兴、苏州、平望、盛泽、跨省客运线路9条32班次，总营运里程161公里。

自1978年至1987年年底，嘉兴汽车运输公司将嘉兴、新塍、西塘、桐乡、崇福、乌镇、盐官、硖石、海盐、六里、乍浦、平湖至上海的客运班车，其中与上海市客运服务公司（原上海市公交公司汽车三场）合办开往的有海盐、平湖、嘉兴、乌镇4条线路，其余线路与上海市长途汽车运输公司合办，上海的按发车点设在上海公兴码头长途汽车客运站。为方便旅客，在人民公园设有售票点，人民广场、徐家汇、上海设有停靠站。

特别在党的十一届三中全会后，县乡公路建设迅速发展，运输市场逐步放开，出现以国营企业为骨干，全民、集体、个体一起上的新局面，逐渐改变公路客运由省汽运公司独家经营的格局。至1990年年底嘉兴客运线路达50条（见下表）。

表 5-2-4 1990年嘉兴客运路线里程表

顺序	线别	起点站	终点站	里程(公里)	日发班次
1	跨省	嘉兴	盐城	384	1
2	跨省	嘉兴	常熟	115	2
3	跨省	嘉兴	无锡	132	2
4	跨省	嘉兴	常州	178	1
5	跨省	嘉兴	沙州	160	1
6	跨省	嘉兴	宜兴	166	2
7	跨省	嘉兴	苏州	71	13
8	跨省	嘉兴	平望	32	7
9	跨省	嘉兴	盛泽	23	3
10	跨省	新塍东	上海	139	2
11	跨省	嘉兴	上海西	122	1
12	跨省	嘉兴	金山	46	4
13	跨市	嘉兴	绍兴	165	2
14	跨市	嘉兴	杭州	92	8
15	跨市	嘉兴	临平	62	4
16	跨市	嘉兴	练市	47	2
17	跨市	嘉兴	湖洲	91	5
18	跨市	嘉兴	南浔	57	4
19	跨市	嘉兴	地铺	158	1
20	跨市	嘉兴	长兴	117	1
21	跨市	嘉兴	武康	100	2
22	跨市	嘉兴	义乌	249	1
23	跨县	嘉兴	西塘	35	6
24	跨县	嘉兴	枫泾	35	11
25	跨县	嘉兴	嘉善	22	9
26	跨县	嘉兴	海盐	46	7
27	跨县	嘉兴	六里埝	67	1
28	跨县	嘉兴	乍浦	45	4
29	跨县	嘉兴	平湖	30	13
30	跨县	嘉兴	崇福	44	6
31	跨县	嘉兴	乌镇	43	4
32	跨县	嘉兴	桐乡	27	8
33	跨县	嘉兴	硖石	32	10
34	跨县	嘉兴	洲泉	51	1
35	跨县	嘉兴	新生	28	2
36	跨县	嘉兴	屠甸	37	1
37	市郊	嘉兴	新篁	32	3
38	市郊	嘉兴	新塍	19	6
39	市郊	嘉兴	洛东	24	2
40	市郊	嘉兴	王店	28	7
41	市郊	嘉兴	建设	24	3
42	市郊	嘉兴	大桥	17	4
43	市郊	嘉兴	步云	20	4
44	市郊	嘉兴	劳教所	25	2
45	市郊	嘉兴	虹阳	17	4
46	市郊	嘉兴	余新	21	4
47	市郊	嘉兴	凤桥	23	11
48	市郊	嘉兴	曹庄	14	1
49	市郊	嘉兴	马桥	12	2
50	市郊	嘉兴	河山	47	1

【1990年后秀洲区班车客运】

二十世纪八九十年代，公路运输业迅速发展。1989年下半年，嘉兴郊区新农乡办集体运输企业，购太湖牌客车2辆(每辆37座)，经运洛东至嘉兴、桃园至嘉兴定线客运。

1991 年随着个私经济发展，郊区新增 17 辆中巴车投入客运。其中王江泾 8 辆，油车港 3 辆，王店 1 辆，新塍 5 辆。1992 年 3 月定线班车：王江泾新增 10 辆，油车港新增 6 辆，王店新增 4 辆，新塍新增 4 辆，高照新增 2 辆，新增计 26 辆，合计定线班车 43 辆 664 座。为了加强管理和统配能力，更好地为发展郊区经济服务，1993 年 12 月由郊区交通局筹建了嘉兴市郊区汽车客货运输服务公司，个私车辆自愿加入，实行联营管理。1997 年有载客汽车 383 辆。

2002 年 10 月，原嘉兴市郊区汽车客货运输服务公司股份转让，浙江嘉兴长运运输有限公司成立。该公司在运力上，除社会车辆加入外，还设法筹措资金添置新车辆，提高车辆档次；在经营上，深入调查研究，开行农村公共汽车、长途跨省、市班车。先后开通跨省长途线路 14 条，跨市地线路 8 条，区内公交客运线路 32 条。其间，嘉兴振禾出租汽车公司、嘉兴市鑫达陆运汽车有限公司、嘉兴市秀洲区汽车出租有限公司等经营汽车客运单位陆续成立，至 2010 年秀洲区公路旅客营业性营运客车达 322 辆、3010 客位，客运量 875 万人次、周转量 25605 万人公里。其中卧舖客车 5 辆，186 客位；汽油车 264 辆，柴油车 58 辆。具体 2001 年至 2010 年客运班线情况见下表。

表 5-2-5

2001 年—2010 年秀洲区客运班线分类情况一览表

跨省班线	合计		日发班次合计	浙江省车辆				
				辆	客位	线路条数		日发班次
	条数	公里				条数	公里	
2001 年	0	0	0	0	0	0	0	0
2002 年	0	0	0	0	0	0	0	0
2003 年	3	2100	1.5	3	145	3	2100	1.5
2004 年	5	5190	2.2	6	298	5	5190	2.2
2005 年	8	6813	10.2	13	451	8	6813	10.2
2006 年	10	6986	63	27	840	10	6986	63
2007 年	10	6986	63	29	924	10	6986	63
2008 年	14	10266	56.8	29	932	14	10266	56.8
2009 年	15	19859	64.5	31	1008	15	19859	64.5
2010 年	18	14866	65.48	34	1195	18	14866	65.48

表 5-2-6

2001 年—2010 年秀洲区客运班线分类情况一览表

跨地市班线	合计		日发班次合计	浙江省(市)车辆				
				辆	客位	线路条数		日发班次
	条数	公里				条数	公里	
2001 年	6	767	6	6	113	6	767	6
2002 年	6	767	6	6	113	6	767	6
2003 年	7	1203	12.5	7	134	7	1203	12.5
2004 年	7	1203	12.5	7	153	7	1203	12.5
2005 年	8	1671	12.5	8	176	8	1671	12.5
2006 年	8	1576	14	8	193	8	1576	14
2007 年	7	1296	11	7	183	7	1296	11
2008 年	8	1576	14	7	150	8	1576	14
2009 年	10	1980	12	10	277	10	1980	12
2010 年	10	2310	13	10	263	10	2310	13

表 5-2-7　　2001 年—2010 年秀洲区客运班线分类情况一览表

跨县班线	合计		日发班次合计	浙江省(市)车辆				
				辆	客位	线路条数		日发班次
	条数	公里				条数	公里	
2001 年	4	107	56	10	188	4	107	56
2002 年	4	107	16	10	188	4	107	16
2003 年	3	92	32	8	152	3	92	32
2004 年	6	152	84	21	399	6	152	84
2005 年	19	363	1280	134	3254	19	363	1280
2006 年	0	0	0	0	0	0	0	0
2007 年	0	0	0	0	0	0	0	0
2008 年	0	0	0	0	0	0	0	0
2009 年	0	0	0	0	0	0	0	0
2010 年	0	0	0	0	0	0	0	0

注：秀洲区于 2003 年 9 月率先为全省实施城乡公交一体化试点，经过近 3 年的努力，城乡客运管理模式，打破了城市公交与农村客运二元分割的局面，形成城乡公交资源共享、相互衔接、布局合理、方便快捷、畅通有序的一体化机制。因此，2006 年后跨县班线统计纳入城乡公交线路统计，所以后面的统计数为零

【公路客运票价】

民国 19 年(1930 年)，省公路局规定，客车、包车均以里程计费，普通客车每人公里法币 0.024 元，当时乍浦至杭州全票 2.33 元。民国 19 年客车为按规定时间开驶，载客以座满为度，票价以一人为单位；包车为旅客向车站随时租用，载客每辆不得超过四人，票价以辆为单位。每日开行杭州至乍浦班车 2 班（往返），并开行杭州至盐官、盐官至长安、乍浦、袁花等区间班车，客票价每人公里 0.022 元，售票分别采用站售和车售二种。民国 35 年 10 月，计价为每人公里 80 元，平湖至嘉兴票价为 1500 元。民国 36 年 10 月，每人公里 600 元，民国 37 年 5 月增至为每人公里 7000 元，8 月猛增为 7 万元，较民国 19 年增 291.66 万倍。同年 11 月 6 日，国民党政府实行币制改革，法币 300 万元换金圆券 1 元，每人公里折合金圆券 0.05 元。后物价继续飞涨，客票相应调价 10 余次。

民国 38 年 4 月平湖至嘉兴 78000 元，计在金圆券发行 169 天内，涨价 48 万倍，是年单位仍难以维持。

解放后，1953 年每人公里旧人民币 320 元。1955 年币制改革，旧币 1 万元换新币 1 元。1956 年元旦起，汽油客车每人公里 0.0256 元，木炭车每人公里 0.0208 元，行李包裹一律每公斤公里 0.0002 元。直快客车每人公里 0.033 元，超过 1.3 米的儿童购买全票，身高 1.1 米至 1.3 米的儿童购买半票，残废军人凭证购买半票，享受全票待遇。每一全票可免费随带身高 1.1 米以下儿童 1 名(不供给座位)。超过 1 名时，应按超过人数购买儿童票。行包运价每公斤公里 0.00024 元，行李、包裹每票起码计费分别为 0.05 元和 0.10 元。

1988 年 3 月，省交通厅、物价局颁发《浙江省公路汽车客运实施细则》，对运价结构不合理部分作适当调整，普通客车每人公里调整为 0.024 元，二、三座软席高背客车每人公里 0.028 元。同年 7 月 1 日起，随省境内客票加收公路建设专用基金，每人公里 0.01 元。同年 12 月 19 日，省计划经济委员会、省物价局、省交通厅颁发《关于整顿公路和航运客运运价的通知》，规定汽车客运基本票价每人公里不超过 0.033 元，高靠软座客车每人公里 0.043 元。1989 年 11 月 29 日，省交通厅、物价局发出《关于调整公路汽车客运运价的通知》，自 1990 年 1 月 7 日起，基本运价每人公里调整为 0.036 元，每张客票尾数以角为单位，角以下四舍五入。同年 12 月 14 日，嘉兴市交通局、物价局《关于贯彻省调整公路汽车客运运价的通知》规定，凡嘉兴市境内区间班车，按人公里 0.043 元执行，凡县(市)境内班车行驶在县乡公路上的按人公里 0.046 元执行，行驶在国、省干线上的按人公里 0.043 元执行，分段计价，加总后一次进整。

第二节 出租汽车客运

【嘉兴出租汽车客运业的起步与发展】

嘉兴市在1983年撤地建市前是一个县城，因当时的县城范围较小，出租汽车客运行业起步较晚，在1985年前也只有以机动三轮车、方向式机动三轮车、厢式货车为主要运输工具充当出租车从事客运服务。这还算不上出租“汽车”客运。1986年起才开始有几辆老旧轿车如菲亚特125型(4座)、菠罗乃茨等从事客运出租行业。1987年有部分上海淘汰的夏利、桑塔纳进入嘉兴市场从事客运出租行业，嘉兴出租汽车客运业才真正开始起步。90年代初，随着改革开放的深入，个体出租车客运逐渐增多。出租车客运当时仅限于包车营运，城市出租车市场尚未形成。同一时期，个体出租车客运户青睐于厢式货车从事出租客运，车型都为昌河、大发、长安等。和同类型面包车相比，因缴纳公路规费明显较少，所以发展较快。1987年至1995年嘉兴市本级拥有客运出租汽车150辆，主要是等客上门、驻点经营。1995年10月1日起，在嘉兴市运管部门的大力支持下，以李家骏、陆家栋、傅显龙、张杭兴等为首的30辆出租汽车经营者自发组织，在嘉兴市区实行一价制(7元)，进行流动经营，这标志着嘉兴市区“打的市场”正式起动。

到了20世纪90年代末，嘉兴出租汽车客运逐步走上规范化运作，1999年1月29日嘉兴市区首次对新增50辆客运出租汽车的经营权进行公开招投标。2000年1月21日、2001年5月31日、2002年12月20日又分别对新增的50辆客运出租车的经营权进行公开招投标。2000年3月份调整嘉兴市区客运出租汽车运价结构。在2004年引进上海巴士集团的成功经验上，2004年新增100辆出租汽车。2007年，按集约化经营、规范化运作、员工化管理的思路，以服务质量竞标为主、定价出让为辅的方式在市本级成功新增50辆出租汽车。从1999年开始，嘉兴市区新增出租汽车运力都采取招标投放，经营权使用期限为10年。2009年，嘉兴市区首批招标投放的出租汽车经营权使用到期，按照利益兼顾、服务质量为主、有偿使用为辅等原则，出台了到期出租汽车经营权重新配置政策，较好地解决了到期出租汽车经营权重新配置问题，也建立了到期出租汽车经营权重新配置工作机制。

【区出租汽车客运企业】

90年代随着嘉兴出租汽车客运业的逐步发展，区出租汽车客运企业也逐渐产生。成立于1994年的嘉兴市郊区汽车客货运输服务公司（于2002年11月11日改制为浙江嘉兴长运运输有限公司）在从事公路县内班车客运、县际班车客运、市际班车客运、货运场站经营等业务的同时，也投入出租汽车客运，成了秀洲区首家出租汽车客运企业。接着于1995年8月31日嘉兴市鑫达陆运汽车运输有限公司成立，1996年5月嘉兴市秀洲区汽车运输有限公司成立，1997年5月嘉兴振禾出租汽车有限公司成立，它们都投入到出租汽车客运业务。

到2010年年底，秀洲区已拥有桑塔纳、捷达、现代等各类出租车共264辆，出租汽车客运企业4家，其中规模最大的为浙江嘉兴长运运输有限公司旅租分公司，拥有出租汽车90辆，规模最小的为嘉兴市鑫达陆运汽车运输有限公司，也拥有出租汽车28辆。四家出租汽车客运企业2010年概况如下。

嘉兴振禾出租汽车有限公司

嘉兴振禾出租汽车有限公司，成立于1997年5月。主要从事汽车客运、普通货运服务。注册资本30万元。到2010年拥有桑塔纳、捷达、现代等各类出租车共77辆，驾驶从业人员180名。在1999和2000年度分别被嘉兴市公路运输管理处和秀洲区公路运输管理所评为“经营管理先进企业”和“经营管理优胜单位”。在2001年度被嘉兴市公路运输管理处评为“二星”级管理先进单位。公司地址在越秀南路453号。

浙江嘉兴长运运输有限公司旅租分公司

浙江嘉兴长运运输有限公司，是由嘉兴市秀洲区汽车客货运输服务公司（成立于1994年）于2002年11月11日改制后依法设立。公司主要从事公路县内、县际、市际、省际班车客运和县、市、省际包车客运、客运公交、客运出租、货运场站经营。享有道路客运一类线路及货运场站经营资质。下设：客运分公司，公交分公司，旅租分公司，驾培分公司。公司总部于2008年搬迁至中山西路老爷车大厦内，浙江嘉兴长运运输有限公司旅租分公司职工人数：22人，到2010年拥有各类出租车共69辆。

嘉兴市秀洲区汽车出租有限公司

嘉兴市秀洲区汽车出租有限公司，成立于1996年5月，到2010年公司注册资本100万元，管理人员4人，驾驶从业人员155人，拥有出租车90辆，公司地址在城东路299号3楼。

嘉兴市鑫达陆运汽车运输有限公司

嘉兴市鑫达陆运汽车运输有限公司，是一个股份制私营有限责任公司，成立于1995年8月31日，经营出租汽车客运业务，到2010年公司拥有出租汽车28辆。公司地址设在越秀北路百花停车场。

第三节 公交客运

【城市公交客运】

城市的公交状况，体现一个城市的繁华程度。嘉兴的公交客运起步情况是：

民国35年(1946年)12月，有位李修齐者，向嘉兴县政府申请组设"鸳湖公共汽车公司"，拟先以汽车2辆，行驶市区。同月，嘉兴县政府批示"准暂试办"，但开业情况无查考。

解放初期，市区无公共汽车。1955年由嘉兴汽车中心站开办市区公共汽车，于同年4月16日起市区中百公司开往东栅第1路公共汽车行驶，不久由东栅延伸至十八里桥，并陆续增开中百公司至南堰，火车站至李家圩，中百公司至北圣湾等三条线路。由于汽油紧缺，自1960年起先后停驶。1963年7月应地方群众要求，原1路即中百公司至东栅口段公共汽车予以恢复，其余3条线路认为邻近郊区，乘客稀少，路障较多，油料供应尚紧，未予恢复。以后这些线路除南堰外均列为嘉兴汽车站经营的市郊线路。1983年撤地建市后，嘉兴的公交客运正式起步，并不断发展。

开始起步阶段(1983年至1987年)

1983年8月，嘉兴撤地建市。1984年1月，嘉兴市公共交通公司正式挂牌成立，当时公司没有办公用房，借用房地产管理处预制厂部分场地作基地，生产条件十分简陋，有职工66名，大客公交车6辆，当年10月1日，南堰至百花首条公交线路通车运行，这是嘉兴市区首条公交线路开行，总长5.5公里，固定资产33.77万元。接着11月开行火车站至郊区新塍线，这是郊区首条公交线路。1985年2月开行了火车站至郊区王江泾线，6月开行了原中医院至东栅线，12月开通了原中医院至郊区新丰线等公交线路。1986年6月，新建的徐王公交停车场建成并投入使用，场地实际占地面积5228平方米，建有停车坪2622平方米，建筑总面积889.61平方米，其中建有20立方米储油库一座，建设总投资41.7万元。嘉兴的公共交通经过四年的起步发展，到1987年底，共开辟公交营运线路5条，线路总长69公里，发展营运公交车25辆，年行驶里程79.4公里，年客运量258.8万人次。公交线路的开通，为郊区农民进城提供了方便。

表5-2-8　1987年嘉兴市区公共汽车线路表

线路	起讫站	途经道路	途经停靠站点
1	南堰—高专	南湖路、中山路、吉水路、文昌路	南湖小学、南湖渡口、火车站、粮油商场、瓶山商场、江南大厦、轮船码头、少年宫、文昌路口
2	钢铁厂—东栅	苏嘉公路、环城北路、禾兴路、中山路、环城东路、角里街	百花新村、博物馆、江南大厦、瓶山商场、火车站、毛纺二厂、民丰纸厂、冶金厂、东大营
10	火车站—新塍	环城北路、勤俭路、禾兴路、环城北路、苏嘉公路、新塍公路	物资中心、博物馆、钢铁厂、嘉北、胜利、为民桥、升罗桥、观音桥、沙家浜、一号桥
12	火车站—王江泾	环城北路、勤俭路、禾兴路、环城北路、苏嘉公路	物资中心、博物馆、钢铁厂、嘉北、胜利、双桥、农场、新桥
13	中医院—新丰	勤俭路、禾兴路、中山路、角里街、乍嘉公路	江南大厦、火车站、东栅、长丰桥、煤气站、雀幕桥、工农桥、十八里桥、焦山门、麦芽厂、新丰西

进入探索阶段(1988年至1999年)

随着改革开放的不断深入，嘉兴的道路客运市场也随之放开，在短短几年中，个体客运车辆发展迅速，逐步形成一个由国营、集体、个体共同参与的公路客运市场新格局，使城市公共交通受到较大冲击。为使城市公交有序运营，开始探索城市公共交通的改革发展之路。

1988年，市政府组织有关部门及专家开始对客运市场现状和发展前景进行调研，提出城市公共交通管理体制和经营机制改革。同年7月，嘉兴市本级首推实行个人承包经营责任制。在探索发展过程中，在经营机制和方式上进行了多种尝试和不断推新：1989年5月，首次引进4辆旅行车(俗称中巴)投入首条小公交线(内环线)的运行，实行途中招手停车、就近下车的运营方式；1991年，推动实行第二轮领导班子集体承包经营责任制；同年9月，又发展了一批中巴车，试行小公交车线路承包、租赁承包及挂靠运营多种经营模式；同年11月起，实行内部经济责任承包制，取得了一定的社会效益和经济效益。1993年底承包经营期满时，拥有运营公交车53辆，固定资产580万元，拥有运营线路9条，线路总长度96公里，年运营里程194万公里，年客运量501.4万人次，年运营收入241万元。

随着客运市场改革的不断推进，城市公交客运逐步走向市场化。1994年8月，嘉兴从荷兰引进外资，兴办了中外合资嘉兴嘉荷公交有限公司(简称嘉荷公交)，由外方控股、管理，经营市区公共汽车客运，同年11月，嘉荷公交首次引进的双层大客车4辆，投入中山路3路公交线运营，成为当时中山路一道亮丽的风景线。1997年5月，不到三年嘉荷公交因经营管理不善等原因，导致连年亏损，要求提前终止合同。5月22日，嘉荷公交停止经营，办理移交，嘉兴市公共交通公司负责接管，同时恢复正常经营。1998年3月，在2路线推行“无人售票”制，并逐步推广到每条公交线路。同年，开辟了首条夜间线路51路，随后几年中落续开辟了多条夜间线路，方便居民夜间出行的需求。据统计，到1999年年底，嘉兴公交共投入运营车辆74辆，拥有运营线路14条，运营线路总长度149.6公里，年运营里程271.7万公里，年客运量635.9万人次，年运营收入714.8万元，固定资产875.8万元。

快速发展阶段(2000年至2010年)

2000年7月行政区划调整，秀洲区所辖乡镇由1991年的19个乡、9个镇，调整为8个乡镇、1个街道，改变了秀洲区有区无城的状况。后又经二次撤并调整，至2007年区辖有4个街道、5个镇，秀洲区的城区面积有了较大扩展，区内的城市公交线路大大增加。

2003年5月后，嘉兴公共交通公司的隶属关系划归嘉兴市嘉通投资集团有限责任公司，2004年10月，市政府发文明确由交通部门统一负责全市公交行业管理，从而实现了行业归口，理顺了多年以来管理体制不顺的弊端，明确职权，实行规范化管理。2005年9月国务院办公厅转发建设部等六部委《关于优先发展城市公共交通的意见》(以下简称《意见》)后，市委、市政府遵照六部委《意见》把优先发展城市公共交通作为一项重点工作来抓，提出“全面整顿嘉兴城市客运市场，大力发展大公交”的要求，加大了对“公交优先”发展政策的扶持力度。从此，城市公共交通开始步入快速发展的轨道。

2000年，嘉兴市公共交通发展采取多元化筹资办法，投资550万元，新购豪华低地板等公交车44辆，公交营运车辆数达到107辆，首次超过100辆。当年新辟公交营运线路4条，调整延伸线路4条，线路长度达到197公里。下半年起全面更新改造市区公交线路站牌，并新建候车亭14只，年底禾兴北路公交停车场开工建设，市区公交线路全面实现了无人售票车与票价一票制。后来几年公交车辆不断增加，线路年年新辟，并不断调整、延伸，同时还开辟专线。2001年至2005年嘉兴市公共交通公司新购公交营运车319辆，其中空调车46辆，另配置公交急修车3辆。新辟公交线路25条，调整延伸线路35条，为商场、医院等特殊场地开辟专线30条，开辟接送班线9条，较快地拓展了公交服务。到2005年，在秀洲区内或途径秀洲区的城市公交线路达24条(含夜间线路3条)。这些线路是：2路，科技馆—华荣电池厂(雀幕桥村)；3路，火车站—秀洲区行政中心；4路，东方路—火车站；5路，三水湾小区—昌盛北路；8路，汽车北站—嘉兴市一中；9路，三水湾小区—大润发超市；10路，汽车北站—新塍；11路，火车站—七星；12路，汽车北站—王江泾；15路，秀州中学—建陶市场；18路，南湖乡政府—同德路；19路，火车站—机场；20路，汽车北站—汽车西站；21路，汽车北站—秀园路；22路，汽车北站—火车站；23路，秀州中学—秀洲区行政中心；25路，洪浜—农产品市场；26路，洪浜—塘汇；27路，市行政中心—云海路；28路，秀洲区行政中心—嘉兴一中；30路，大润发超市—大桥镇十八里站；53路(夜间)，阳光小区—大润发超市；55路(夜间)汽车北站—三水湾小区；57路，塘汇—南湖大桥。

在这期间，市区公交站牌及立柱全部完成更新，并开辟了火车站广场公交车专用道，更新了调度房，新建了港湾式公交停靠站17个，市区公交车全部安装了电子报站器，更换了新一代电子路牌，司乘、站务人员全部实行了统一着装，亮证上岗服务。市区公交车营运间隔加密至5~10分钟，投资开发了可视距离大于200米公交车载电子头尾牌。建成了 GPS 卫星定位系统。经过6年的快速发展，据统计，到2006年年底，嘉兴共有城市公交线路45条，公交车420辆，公交累计年完成运营里程2219万公里，客运量5768万人次，营运收入5752万元。

为满足城市快速发展的需要，提高城市交通出入形象，加大对公交站场建设的投入，公共交通设施得到全面快速发展。1999年5月，将原来中山西路公交停车场基地土地出让，返回的出让金1518.7万元，用于新建城北、城东、城西三处公交基地。2001年5月，禾兴北路公交停车场投入使用，停车场实际占地面积12696平方米，建有停车地坪8702.23平方米，建筑面积1482.33平方米，其中建有办公楼629平方米，修理车间716.1平方米，储油量110立方米加油库一座，建设投入资金582.97万元；2003年1月，公交第四处新建基地城东路停车场建成并投入使用，及其他停车场地的新建，大大改善了公交基地生产环境，提高了运营效率。

在这几年间，加大对公交企业科技的投入和应用，先后建立了公交IC卡管理系统，实现了智能电子无人售票，安装了GPS车辆监控管理系统，实施了公交车辆行运的科学调度；还建立了公交企业局域网和1AN虚拟局域网，完善了网络安全系统，使公交各站场、部门信息得以联网，公交内部管理资料数据共享，并开发了嘉兴市区、海宁、桐乡及杭州“交通一卡通系统工程”，实现了公交IC卡互通。同时先后开发应用了车载电子线路牌、自动语言报站器及报站显示屏系统、视频监控、场站红外线错触发周边安防警报系统等设备，改变了公交几十年的传统管理模式和管理手段，从而提升了公交服务质量与服务品牌。

2007年市政府出台了《嘉兴市优先发展市区公共交通的实施意见》，“公交优先”被列入2007年市政府十大民生工程之一，市公共交通公司于同年新购公交营运车辆107辆，其中空调高档车96辆，新辟公交营运线路3条，调整延伸线路7条，开辟公交专线9条。2008年嘉兴市公共交通公司新购公交营运车150辆，新辟公交营运线路11条，其中夜间线路3条，调整延伸线路9条，开辟公交班线4条，开辟第一条公交专用车道，车道全长5.4公里，专用通道共有153路、99路、84路等共计6条线路运行，设置站点15对，方便了乘客候车。

这期间，为了贯彻落实《嘉兴市优先发展市区公共交通实施意见的通知》精神，广泛听取民生建议，根据每年“两会”的各项提案，对公交线路进行经常调整和完善。先后对市区16条公交线路进行了调整和新增，将线路延伸到新的商业中心和居民小区，为了满足部分居民的出行需求，对24条原有线路进行了加密，重点解决了部分百姓反应强烈的问题，增加了公交线网的覆盖范围，提高了公交运行组织效率，优化了公交线网布局。2010年1月，首次引进的30辆12米（一级踏步）低地板车辆投入使用。7月份，市区公交站点候车亭新建改建工程相继竣工，共建造港湾式停靠站437个、候车亭659个，给市民提供了良好的乘车环境。提升城市文明“窗口”的形象，推进了城市公共交通事业的全面发展。

据统计，到2010年年底，在秀洲区内或途径秀洲区城市公交线路达44条，其中夜间线路8条，投入运营公交车340辆。运营时间早上首班车最早为5:50时，下午末班车最晚至18:00时；夜间线路运营时间末班车最晚至23:10时，极大地方便了居民的出行。具体公交线路如下。

表5-2-9　至2010年秀洲区内或途经秀洲区的城市公交线路一览表

线路	起讫点	投放车辆（辆）	沿途停靠站点	投运时间
02路	经开区行政中心—雀墓村桥	12	经开区行政中心、二环西路、嘉州美都（实验小学）、洪波公园、科技馆、友谊街、洪越路、洪兴路、越秀北路凯旋路、交通银行、安乐路、江南大厦、省荣军医院（嘉兴商城）、环城东路、火车站、六里街、民丰医院、冶金厂、东大营、双溪桥、张家弄、吴泾路、东栅、雀墓村桥	1985.6
02路（夜）	经开区行政中心—雀墓村桥	6	经开区行政中心、二环西路、嘉州美都（实验小学）、洪波公园、科技馆、友谊街、洪越路、洪兴路、越秀北路凯旋路、交通银行、安乐路、江南大厦、省荣军医院（嘉兴商城）、环城东路、火车站、六里街、民丰医院、冶金厂、东大营、双溪桥、张家弄、吴泾路、东栅	2003.1.1
03路	火车站—高照客运站	16	火车站、环城东路、省荣军医院（嘉兴商城）、江南大厦、安乐路、交通银行、中山东路越秀路（市中医院）、二环西路、招商银行、财富假日酒店、大润发超市、中投证券（秀洲公园）、秀洲大道、秀园路、嘉兴丝绸工业园、五芳斋产业园、乙铨机械、康和路、高照客运站	1990.7.29

续表 5-2-9

线路	起讫点	投放车辆（辆）	沿途停靠站点	投运时间
04 路	和风路—火车站	10	和风路、平五路、正原路、平安路、昌盛东路、古运河大桥、阳光小区、汽车北站(农工商超市)、西马桥小区、青少年宫、清河东区、嘉禾北京城、北丽桥(嘉兴二院)、华庭街、中和街、省荣军医院(嘉兴商城)、清真寺、文化园宾馆、火车站	1993.12.18
05 路	中南公寓—云海路	10	中南公寓、同济大学、市妇幼保健院、巴黎都市、南湖区政府、万家花园、三水湾小区、景湖路、滨河路、火车站、南湖大饭店、秀州中学分部、嘉兴二院、荷花堤、城北路、同乐路、百花新村、百花菜场、永安路、二环北路、汽车北站(农工商超市)、阳光小区、秀州中学、阳海景怡、禾平街、嘉兴电力园、云海路	1994.7.10
08 路	秀州中学—高中园区	12	秀州中学、阳光小区、汽车北站(农工商超市)、西马桥小区、青少年宫、东升路、勤俭路、育子弄、戴梦得购物中心、市社保局、环城南路、南湖大桥、南溪路、革命纪念馆、南湖会景园、烟雨小区、图书馆、博物馆、嘉兴一中、曙光医院、都市文涛苑、巴黎都市、市妇幼保健院、景宜路、高中园区	2001.7.1
09 路	国际中港城—江南摩尔	16	国际中港城、景宜路、市妇幼保健院、巴黎都市、南湖区政府、万家花园、三水湾小区、三水湾菜场、东塔桥、民丰医院、角里街、火车站、嘉禾桥、招商银行南湖支行、少年路、勤俭大桥、妇儿活动中心(船文化博物馆)、洪波路菜场、邮电路、电子小区、越秀北路、洪越路、洪兴路、陆家苑、友谊街、二环西路(洪兴西路)、市运管处、常秀街菜场、财富假日酒店、大润发超市、中投证券(秀洲公园)、江南摩尔	2000.2.7
09 路（夜）	国际中港城—江南摩尔	12	国际中港城、景宜路、市妇幼保健院、巴黎都市、南湖区政府、万家花园、三水湾小区、三水湾菜场、东塔桥、民丰医院、角里街、火车站、嘉禾桥、招商银行南湖支行、中和街、江南大厦、勤俭大桥、妇儿活动中心(船文化博物馆)、洪波路菜场、邮电路、电子小区、越秀北路、洪越路、洪兴路、陆家苑、友谊街、二环西路、市运管处、常秀街菜场、财富假日酒店、大润发超市、中投证券(秀洲公园)、江南摩尔	2000.5.28
11 路	火车站—水陆口岸	8	火车站、新东门农贸市场、大新路、公交凌塘路场站、创业路、城东路菜场、公交东场、中元混凝土构件厂、塘汇、茶香坊、张字圩村、湘家荡旅游区、七星油库、七星公路、七星汽车站、兴桥中路、潭湘路、杨庙路口、水陆口岸	1989.4.1
14 路	嘉兴学院—新义村	8	嘉兴学院、越秀南路、文纬路、越秀南路中山东路、中山东路越秀路(市中医院)、二环西路、招商银行、财富假日酒店、大润发超市、中投证券(秀洲公园)、秀洲大道、秀清路、洪运路、华建公司、秀园路、好一家家居、洪兴西路、象贤、洪贤路、洪高路、锦绣公寓、加创路、秀新路、新义村	2003.8.1
15 路	公交禾兴北路场—建陶市场	14	公交禾兴北路场、秀州中学、阳光小区、汽车北站(农工商超市)、西马桥小区、青少年宫、东升路、勤俭路、勤俭大桥、妇儿活动中心(船文化博物馆)、洪波路(电子市场)、洪兴路、越秀北路凯旋路、越秀南路中山东路、越秀南路吉杨路、文纬路、嘉兴学院成人教育学院、颐高广场、梁三路、中环南路、嘉兴职业技术学院、建材水果市场、综合物流园(建陶市场)	2000.3.16
15 路（夜）	公交禾兴北路场—嘉职院东门	4	公交禾兴北路场、秀州中学、阳光小区、汽车北站(农工商超市)、西马桥小区、青少年宫、东升路、勤俭路、勤俭大桥、妇儿活动中心(船文化博物馆)、洪波路(电子市场)、洪兴路、越秀北路凯旋路、越秀南路中山东路、越秀南路吉杨路、文纬路、嘉兴学院成人教育学院、颐高广场、梁三路、中环南路、嘉职院东门(嘉兴市高级技工学校)	2010.8.7
18 路	人才公寓—同德路	10	人才公寓、创新路、城南街道市一院、中环广场、嘉兴学院、真合里、真合路东、文昌路、城南花园、沈钧儒故居、环城南路、市社保局、戴梦得购物中心、育子弄、勤俭路、荷花堤、嘉禾北京城、清河东区、广播电台、城北路、老年公寓、嘉州美都(实验小学)、二环西路(东升西路)、经济开发区行政中心、广电中心、嘉北街道、昌盛花园B区、振兴路、同德路	1996.2.15

续表 5-2-9

线路	起讫点	投放车辆（辆）	沿途停靠站点	投运时间
20路	汽车北站—市第一医院南大门	5	汽车北站(农工商超市)、西马桥小区、求珠苑、百花菜场、百花新村、城北路、老年公寓、越秀北路、洪越路、洪兴路、越秀北路凯旋路、越秀南路中山东路、文纬路、越秀南路、嘉兴学院、姜家村、城南路、乐家浜桥、市第一医院南大门	2001.7.15
21路	秀州中学—高照街道	8	秀州中学、阳光小区、汽车北站、西马桥小区、求珠苑、三官塘、百花菜场、百花新村、同乐路、城北路、勤俭路、育子弄、安乐路、栅堰新村、洪波路(电子市场)、陆家苑、友谊街、二环西路(洪兴西路)、市运管处、洪兴花园、昌盛路、秀州区政府、殷秀村、新安国际医院、秀州区实验学校、秀园路、象贤、洪兴西路、好一家家居、玻璃厂、运河路、化纤公司、捷顺、洪业路、加创路、陶泾村、高照街道	2002.9.1
22路	汽车北站—火车站	6	汽车北站(农工商超市)、西马桥小区、青少年宫、东升路、荷花堤、嘉兴二院、秀州中学分部、嘉禾桥、火车站	2001.7.15
23路	秀州中学—好一家家居	14	秀州中学、阳光小区、汽车北站(农工商超市)、西马桥小区、三元路、市人力资源中心市场、嘉禾北京城、北丽桥、华庭街、中和街、江南大厦、安乐路、交通银行、中山东路越秀路(市中医院)、二环西路(中山西路)、招商银行、财富假日酒店、大润发超市、新秀路、秀洲区政府、殷秀村、新安国际医院、秀洲区实验学校、秀园路、象贤、洪兴西路、好一家家居	2001.3.17
24路	火车站—南洋职业技术学院	12	火车站、环城东路、中和街、华庭街、北丽桥、嘉禾北京城、市人力资源中心市场、落帆亭、闸前街、菜花泾、秋泾桥、江南太阳城、热电厂、和风路、平五路、正原路、岗山路、茶园路、昌盛路、塘汇街道、新禾家苑、塘汇实验中学、南洋职业技术学院	2003.7.1
25路	茶香坊—建陶市场	12	茶香坊、塘汇、中元混凝土构件厂、公交东场、城东路、凌塘路、菜花泾、闸前街、秀州北路、嘉兴二院(秀州路)、梧桐树街、秀州南路、紫阳街、中国人保财险、环城南路、城南花园、文昌路、文昌路菜场、嘉兴市委党校、嘉兴学院成人教育学院、颐高广场、嘉兴检验检疫局、梁林帆影庄(高级技工学校)、浙江科技工程学校、蔬菜水产品市场、粮油市场、综合物流园(建陶市场)	2001.9.1
26路	洪浜—南洋职业技术学院	6	洪浜、钱家桥、光明、南阳、古窦泾、染店浜、三阳村、百花庄村、莫家浜、道人浜、正阳村、曙光路、昌鸣路、新禾家苑、塘汇街道、南洋职业技术学院	2002.2.5
27路	府南三区—云海路	8	府南三区、府南二区、府南一区、会展中心、市建委、嘉兴日报社、市行政中心、南湖大桥、子城广场、省荣军医院(嘉兴商城)、中和街、少年路、勤俭大桥、妇儿活动中心(船文化博物馆)、洪波路(电子市场)、洪兴路、洪越路、越秀北路、嘉州美都(实验小学)、二环西路(东升西路)、开发区行政中心、广电中心、嘉北街道、昌盛花园B区、振兴公寓、云海路	2002.8.10
28路	秀洲区政府—南湖区政府	12	秀洲区政府、春晓源、佳园小区、嘉兴高级中学、市运管处、二环西路(洪兴西路)、中丝苑、友谊街、越秀北路、电子小区、邮电路、洪波路菜场、栅堰新村、安乐路、戴梦得购物中心、市社保局、环城南路、南湖大桥、市行政中心、市信访局、博物馆、嘉兴一中、曙光医院、都市文涛苑、市妇幼保健院、巴黎都市、新南社区、怡和园、南湖区政府	2002.1.10
30路	好一家家居—南江路(临时点)	6	好一家家居、洪兴西路、秀园路(单向)、秀洲大道、中投证券(秀洲公园)、大润发超市、财富假日酒店、招商银行、二环西路、中山东路越秀路(市中医院)、交通银行、安乐路、戴梦得购物中心、市社保局、环城南路、南湖大桥、市行政中心、嘉兴日报社、市建委、嘉兴大剧院、曙光医院、都市文涛苑、巴黎都市(市妇幼保健院)、景宜路、国际中港城、高中园区北门、南江路(临时点)	2003.5.3

续表 5-2-9

线路	起讫点	投放车辆（辆）	沿途停靠站点	投运时间
32 路	公交禾兴北路场—大桥镇汽车站	5	公交禾兴北路场、秀洲中学、阳光小区、汽车北站（农工商超市）、西马桥小区、青少年宫、东升路、勤俭路、育子弄、江南大厦、省荣军医院（嘉兴商城）、环城东路、火车站、新东门农贸市场、大新路、公交凌塘路场站、创业路、城东路菜场、公交东场、嘉城绿都（临时）、嘉化公司、嘉兴农药厂、角里街、雀墓桥村、工农桥、十八里村、大桥镇汽车站	2003.12.1
33 路	亚厦风和苑—汽车商贸园	10	亚厦风和苑、江南摩尔、昌盛路、洪兴花园、市运管处、二环西路（洪兴西路）、友谊街、陆家苑、越秀北路凯旋路、交通银行、安乐路、江南大厦、省荣军医院（嘉兴商城）、环城东路、火车站、滨河路、景湖路、南湖高级中学、水仙坊、万家花园、南湖区政府、巴黎都市、市妇幼保健院、景宜路、国际中港城、高中园区北门、万好家居、汽车商贸园	2004.9.9
38 路	府南三区—东方路	8	府南三区、府南二区、府南一区、文桥路、市建委、市体育场、市信访局、南溪路、南湖大桥、环城南路、市社保局、戴梦得购物中心、江南大厦（单）、省荣军医院（嘉兴商城）、环城东路、火车站、新东门农贸市场、大新路、城东路、秋泾桥、江南太阳城、热电厂、二环北路（东方路）、韩泰轮胎有限公司、昌盛路、东方路	2004.4.21
39 路	高桥客运站—新淤村	3	高桥客运站、圣堂桥、上仁浜、万民村、农场、劳教所、新运桥、新淤村	2005.8.1
53 路（夜）	阳光小区—秀洲区政府	10	阳光小区、汽车北站（农工商超市）、西马桥小区、青少年宫、清河东区、嘉禾北京城、北丽桥（第二医院）、华庭街、中和街、江南大厦、安乐路、交通银行、中山东路越秀路（市中医院）、二环西路、招商银行、财富假日酒店、大润发超市、新秀路、秀洲区政府	2000.7.2
54 路（夜）	南洋职业技术学院—火车站	6	南洋职业技术学院、新禾家苑、塘汇街道、昌盛路、茶园路、岗山路、正原路、平五路、和风路、热电厂、江南太阳城、秋泾桥、菜花泾、闸前街、落帆亭、市人力资源中心市场、嘉禾北京城、荷花堤、勤俭路、育子弄、江南大厦、省荣军医院（嘉兴商城）、环城东路、火车站	2007.12.31
55 路（夜）	汽车北站—三水湾小区	4	汽车北站（农工商超市）、西马桥小区、求珠苑、三官塘、百花菜场、百花新村、同乐路、城北路、荷花堤、嘉兴二院、秀州中学分部、嘉禾桥、火车站、滨河路、景湖路、三水湾小区	2002.1.1
57 路（夜）	茶香坊—府南三区	4	茶香坊、塘汇、中元混凝土构件厂、公交东场、城东路菜场、创业路、公交凌塘路场站、城东路、青龙街、秀州中学分部、招商银行南湖支行、中和街、江南大厦（单）、戴梦得购物中心、市社保局、环城南路、南湖大桥、市行政中心、会展中心、文桥路、府南一区、府南二区、府南三区	2002.7.1
70 路	秀洲区政府—八字桥村	3	秀洲区政府、新秀路、蓬莱路、大润发超市、嘉兴检验检疫局、嘉职院东门（高级技工学校）、嘉兴职业技术学院、建陶水果市场、万国路、月河菜场、里浜、八字桥村	2005.9.29
71 路	经济开发区行政中心越秀南路中山东路	4	经济开发区行政中心、广电中心、嘉北街道、湿地公园、秀圣路、秀庄路、木桥港路、大德路、秀洲新区管委会、义庄村东大门、九里路、木桥港新村、秀洲大道、新安国际医院、殷秀村、秀洲区政府、新秀路、蓬莱路、亚厦路、杭州塘大桥、常秀街、越秀花园、越秀南路中山东路	2006.8.1
72 路	汽车北站—秀洲区政府	4	汽车北站、西马桥小区、求珠苑、百花菜场、百花新村、城北路、老年公寓、嘉洲美都、二环西路、开发区行政中心、广电中心、常秀街、高级中学、佳园小区、春晓源、秀洲区政府	2006.11.18
73 路	新三环—殷秀小区	4	新三环、华云路、昌盛花园（东）、星洲小区、常秀街、市运管处、洪殷路、洪兴花园、昌盛路、秀洲区政府、殷秀小区	2008.9.16

续表 5-2-9

线路	起讫点	投放车辆（辆）	沿途停靠站点	投运时间
74 路	二环西路（东升路口）—浙江科技工程学校	4	二环西路（东升路口）、嘉洲美都、越秀北路、电子小区、邮电路、洪波路菜场、栅堰新村、交通银行、越秀南路中山东路、越秀南路吉杨路、文纬路、成人教育学院、颐高广场、嘉兴检验检疫局、梁林帆影庄（高级技工学校）、浙江科技工程学校	2008.9.16
83 路	茶香坊—中山保健品市场	6	茶香坊、塘汇、中元混凝土构件厂、公交东场、城东路、凌塘路、菜花泾东区、闸前街、落帆亭、市人力资源中心市场、清河东区、广播电台、城北路、老年公寓、越秀北路、洪越路、洪兴路、陆家苑、友谊街、二环西路、市运管处、洪兴花园、昌盛路、秀洲区政府、聚贤路、中山保健品市场	2007.12.31
85 路	南郊花苑—新安国际医院	8	南郊花苑、府南三区、府南二区、府南一区、会展路、放鹤路市一院、城南路、真合路、文昌路（吉水路上）、明月路、越秀花园、常秀街、财富假日酒店、大润发超市、新秀路、秀洲区政府、般秀村、新安国际医院	2008.2.1
86 路	大树银河湾东大门—洪运路	4	大树银河湾东大门、仪器厂、骏力路、金穗太阳城、城南路小学、二环西路、金穗月亮湾、创新路、市人才公寓、科创中心、姜家村、嘉兴外国语学校、中环南路、桐乡大道、嘉职院东门（高级技工学校）、嘉兴检验检疫局、大润发超市、昌盛路、秀洲区政府、聚贤路、中山西路、洪运路	2008.1.18
87 路	公交禾兴北路场—公交东场枢纽站	4	公交禾兴北路场、秀州中学、阳光小区、汽车北站（农工商超市）、西马桥小区、青少年宫、东升路、荷花堤、嘉兴二院、秀州中学分部、南湖大饭店、火车站、六里街、民丰医院、东塔桥、三水湾菜场、三水湾小区、南溪路、农翔路菜场、云洲苑、巴黎都市、南湖区政府、康桥花园、格林路、国际中港城、南湖国际实验学校、庆丰路、北师大附属学校、公交东场枢纽站	2008.1.8
93 路	公交禾兴北路场—嘉兴高铁南站	8	公交禾兴北路场、秀州中学、阳光小区、汽车北站（农工商超市）、西马桥小区、求珠苑、百花菜场、百花新村、同乐路、城北路、勤俭路、育子弄、戴梦得购物中心、市社保局、环城南路、南湖大桥、市行政中心、嘉兴日报社、会展路、府南一区、府南二区、府南三区、南郊花苑、南湖大道、植物园、石堰、嘉兴高铁南站	2010.2.12
93 路（夜）	公交禾兴北路场—嘉兴高铁南站	4	公交禾兴北路场、秀州中学、阳光小区、汽车北站（农工商超市）、西马桥小区、青少年宫、东升路、勤俭路、育子弄、戴梦得购物中心、市社保局、环城南路、南湖大桥、市行政中心、嘉兴日报社、会展路、府南一区、府南二区、府南三区、南郊花苑、南湖大道、植物园、石堰、嘉兴高铁南站	2010.6.1
97 路	秀洲区政府—嘉兴高铁南站	10	秀洲区政府、大润发超市、招商银行、市中医院、越秀南路中山东路、越秀南路吉杨路、文纬路、嘉兴学院、姜家村、乐家浜桥、长新公寓市一院、府南二区、南湖大道、植物园、嘉兴高铁南站	2010.10.25
99 路（往返环线）	市体育场—市体育场	8	市体育场、曙光医院、都市文涛苑、市妇保院、巴黎都市、南湖区政府、南溪路、南湖创业园、城东路、长铁桥、正原路、东方路、汽车北站、邮政局、城北路、开发区行政中心、广电中心、嘉北街道、洪殷路、洪兴西路、大润发超市、嘉兴检验检疫局、嘉职院东门、中环南路、外国语学校、中环广场、放鹤路市一院、市建委、市体育场	2009.9.20

说明：资料由嘉兴市公共交通公司提供

【城乡公交客运】

城乡公交一体化，是全面建设小康社会和新农村建设的基本要求，是民心工程、德政工程、老百姓的实事工程，同时也是城乡一体化进程的必然选择。市委、市政府根据国务院办公厅转发建设部等六部委《关于优先发展城市公共交通的意见》的精神，先后出台了《嘉兴市人民政府关于嘉兴市区城乡公交运营体制改革的实施意见》《嘉兴市本级城乡公交一体化实施规划》《嘉兴市全面实施城乡公交一体化的若干意见》等文件，秀洲区委、区政府下发了《关于同意实施秀洲区城乡公交一体化计划的批复》《关于同意建设秀洲区2007年度城乡公交一体化站场建设工程的批复》等有关文件，积极推进城乡公交一体化建设。并将城乡公交一体化建设作为城乡一体化建设的基础。通过实现农村客运班车通达化、城乡公交一体化、公交公营集约化三大步，至2010年全面实现城乡公交一体化。秀洲区城乡公交通村率达100%，实现了“镇镇有等级站、村村有候车亭、沿途有停靠站”的目标。

班车客运不能适应发展需要(2003年以前)

秀洲区建区前公路交通条件较差，农民出村进城主要依赖速度缓慢的水上客轮，交通十分不便。建区后，加快了公路建设，农村公路得到迅速发展，到1993年11月实现了乡乡通公路。2003年以前，随着公路的不断发展，努力提高农村客运班车通达率。当时全区农村公路客运以普通班车的形式存在，这些班车有国营、集体、个体等多种成分并存，以承包挂靠为主的经营模式，实行不分站点招手停车的方式，在一段历史时期内方便了农民进城返乡，发展农村经济起到了积极作用。长期以来，由于农村范围广、客源少，客运热线热、冷线冷，因受利益驱使，普遍存在“三乱三差”现象(即乱停车、乱班次、乱涨价，服务质量差、车辆车况差、安全保障差)，运营不规范，而且班次时间得不到保障，有的“车主到处绕，不拉满一车不肯走；见人就停，本来半个小时能到的，结果一个小时还到不了，这种无序竞争很不安全”，老百姓反映很强烈。主要原因：一是农村客运市场这种经营模式粗放，个体车主间无序竞争，暴露出了一些问题和不足，已不能满足消费者的需求，又不能适应城市化进程推进的需要；二是这种个体经营及单车承包租赁这种落后经营机制已不能适应新的发展要求，不利于将公交客运市场做大、做强；三是城市公交与农村班车客运之间在管理体制、缴纳规费、经营方式的不同，形成了不公平竞争，与城市客运二元分割局面严重，两者的矛盾日益突出。总之，城乡公交现行以承包挂靠为主的经营模式，已不适应当前的经济社会发展，也满足不了城乡居民日益提高的出行需求，城乡公交运营体制改革已迫在眉睫。

推行城乡公交一体化改革(2003年至2008年)

2003年7月，嘉兴市人民政府印发了《关于同意嘉兴市本级实施城乡公交一体化指导意见的批复》(嘉政办发〔2003〕97号)，明确要：“按照市委、市政府《关于加快推进农业农村现代化建设的若干意见》提出的‘农村交通公交化’工作目标要求和《嘉兴市本级城乡公交一体化实施规划》，以建设城乡公交一体化为目标，改革现有城乡客运管理模式，打破城市公交与农村客运二元分割的局面，形成城乡公交资源共享、相互衔接、布局合理、方便快捷、畅通有序的客运网络运行机制”，积极推进城乡公交一体化进程。

2004年，市政府印发关于《嘉兴市全面实施城乡公交一体化若干意见的通知》，提出了城乡公交一体化工作目标和要求，即按照“六统一”的模式(即统一管理体制、统一税费政策、统一运价标准、统一公交资源、统一服务标准、统一发展规划要求)，为落实城乡一体化建设目标，集中力量，形成合力，力争完成公车公营改造，调整完善公交线路网络，提高公交出行的便捷性、舒适性。将农村客运班车改造为城乡公交，构筑起中心城市——副中心城市——中心镇——行政村的三级公交网络，打破城乡二元分割局面，实现从农村客运向城乡公交一体化的转变。在农村客运班车改造为城乡公交实施中，将客运中巴通过兼并、线路置换、股份制、收购改造等形式，确定经营主体，实行集约化经营。企业的经营范围按线路经营改为划区经营，原则上确定为谁家的片区由谁家的企业经营，经营区域划分为：主城区由城市公交公司负责，秀城区由南湖旅行社负责，秀洲区由长运公司负责。西南片区即高照、新塍、洪合、王店乡镇及其行政村的城乡公交线路和城北片区即新塍(老线)、王江泾、油车港镇及其行政村的城乡公交线路，属秀洲区范围，由嘉兴市长运运输有限公司负责经营。这样既解决了“热线”过热、“冷线”过冷的矛盾，以及“宰客、卖客、兜客”现象，又有利于对城乡公交客运的管理。具体实施分两步走。

市本级主要任务是，2003年9月底之前完成西南片、东南片、城南片改造，同时进行市区到各县(市)公交化改造前期准备工作；年底前市本级基本完成改造任务及一条以上跨县公交化线路改造。

表 5-2-10 2004 年嘉兴市本级城乡公交化改造运力置换方案表

地区	片区	线路	现行运力分布		第一步实施后运力分布情况		第二步实施后运力分布情况	
			公司	车辆数	公司	车辆数	公司	车辆数
秀城区	城南片区	1.嘉兴—余新	南湖旅行社	4	南湖旅行社	8	南湖旅行社	9
			长运公司	4				
			协通公司	1	协通公司	1	协通公司	1
			国鸿公司	1	国鸿公司	1		1
		2.嘉兴—凤桥	南湖旅行社	7	南湖旅行社	12	南湖旅行社	12
			长运公司	6	国鸿公司	1		1
			南方旅行社	1	南方旅行社	1	南方旅行社	1
	东南片区	3.嘉兴—步云	长运公司	3	国鸿公司	3	南湖旅行社	3
			协通公司	1	协通公司	1	协通公司	1
		4.嘉兴—大桥	长运公司	3	国鸿公司	3	南湖旅行社	3
		5.嘉兴—新篁	南湖旅行社	1	南湖旅行社	1	南湖旅行社	1
			长运公司	4	国鸿公司	5		5
			国鸿公司	1				
		6.嘉兴—竹林	协通公司	1	协通公司	1	协通公司	1
			国鸿公司	1	国鸿公司	1	南湖旅行社	1
秀洲区	城北片区	1.嘉兴—王江泾	长运公司	13	长运公司	13	长运公司	13
		2.嘉兴—油车港	长运公司	12	长运公司	17	长运公司	17
			国鸿公司	5				
			协通公司	1	协通公司	1	协通公司	1
			南方旅行社	1	南方旅行社	1	南方旅行社	1
		3.嘉兴—南汇	长运公司	9	长运公司	18	长运公司	18
			国鸿公司	5				
			南湖旅行社	4				
		4.嘉兴—连泗荡	南湖旅行社	1	长运公司	1	长运公司	1
		5.嘉兴—田乐	长运公司	9	长运公司	9	长运公司	9
		6.嘉兴—洛东	新塍服务部	1	新塍服务部	1	新塍服务部	1
		7.嘉兴—桃园	新塍服务部	1	新塍服务部	1	新塍服务部	1
		8.嘉兴—虹阳	长运公司	6	长运公司	6	长运公司	6
		9.嘉—栖真	由油车港线循环					
		10.嘉兴—新塍	长运公司	17	长运公司	21	长运公司	21
			国鸿公司	4				
			协通公司	1	协通公司	1	协通公司	1
			新塍服务部	1	新塍服务部	1	新塍服务部	1
秀洲区	西南片区	11.嘉兴—王店	长运公司	17	长运公司	22	长运公司	22
			南湖旅行社	4				
			国鸿公司	1				
			协通公司	2	2	2	协通公司	2
		12.嘉兴—农场	长运公司	2	2	2	长运公司	2
		13.嘉兴—建设	长运公司	4	4	4	长运公司	4
		14.嘉兴—蚂桥	长运公司	2	2	2	长运公司	2

2003年9月，区率先成为全省实施城乡公交一体化试点区。为更好地实施城乡公交一体化，区政府于2004年4月印发了《嘉兴市秀洲区人民政府关于同意实施秀洲区城乡公交一体化计划的批复》（秀洲政函〔2004〕24号），区城乡公交一体化计划：“拟在本区域内投入1186万元，置大型客车21辆、中小型车辆131辆，开通城乡二级公交线路18条，三级公交线路14条。同时全区建准四级客运站4个，港湾式停靠站40对（站），终点回车场11个，终点候车亭20个，设置站点站牌300个，为2007年底基本达到全区村村通公交车打好基础。”区政府批复要求：在实施中，必须按照《秀洲区2003—2007年城乡一体化网络建设规划表》和《秀洲区2003—2007年城乡公交一体化场站建设规划表》的要求，根据区的实际，严格按计划要求组织实施，加强交通基础设施建设，推进城乡公交一体化，充分利用交通资源，确保城乡协调发展。2004年嘉兴市政府又提出了《嘉兴市全面实施城乡公交一体化的若干意见》，同年7月秀洲区委、区政府印发了《嘉兴市秀洲区城乡一体化发展规划纲要》的通知（秀洲委〔2004〕14号），全力推进城乡一体化和社会主义新农村建设的战略部署，并将城乡公交一体化建设作为城乡一体化建设的基础，强调城乡公交一体化建设。结合乡村康庄工程建设，加快了乡村公路建设和乡村公路通达率，严格按照市里提出的“公路建设标准化，路面铺装高级化，道路结构网络化，管理养护规范化，城乡公交一体化”的目标，实行了“五定、四统一、两保”的管理，即定线路、定班次、定时间、定票价、定站点；统一排班、统一调度、统一结算、统一售票；保“零距离”换乘、保安全有序运行。至2005年，在秀洲区内或途经秀洲区境内的城乡公交线路：二级公交18条，三级公交14条。这些线路是：

二级公交18条：嘉兴—王店：121路、122路；嘉兴—横港：123路；嘉兴—建设：125路；嘉兴—蚂桥：126路；嘉兴—洪合：127路；嘉兴—新塍：128路（老线）；嘉兴—王江泾：132路；嘉兴—南汇：133路；嘉兴—田乐：135路；嘉兴—莲泗荡：136路；嘉兴—虹阳—桃园：131路；嘉兴—油车港：老137路；嘉兴—马厍—油车港：新138路；嘉兴—农场：139路；嘉兴—庙云桥：140路；嘉兴—新塍：129路，嘉兴—沈家桥：141路。

三级公交14条：新塍—洛东：233路，新塍—桃园：235路，新塍—洪合236路，王店—余新：237路，王店—镇西：231路，建设—卜院：238路，王江泾—虹阳：239路，古窦泾—王江泾：242路，新塍通各村：233路和235路延伸，洪合通各村—新塍：241路，王店通各村：125路和126路延伸，洪合—建设—王店：240路。

表5-2-11　　2003—2007年秀洲区城乡公交一体化网络建设规划表

网络等级	线路起讫	路车	受益情况		计划投入（万元）	计划开通时间
			沿线镇	行政村		
二级	嘉兴—王店	121	洪合、王店	锦福、洪合、新王桥、凤桥、泰石桥、泾桥、建农、庆丰、镇西	120	2003.9
	嘉兴—王店	122	王店	国庆、蚂桥、八联、太平桥、镇西、镇中	88	2003.9
	嘉兴—横港	123	王店	国庆、蚂桥、八联、太平桥、镇西、镇中、凤珍、假山	32	2003.9
	嘉兴—建设	125	王店、洪合	锦福、洪合、新王桥、凤桥、泰石桥、花鸟港、建南、建设	40	2003.9
	嘉兴—蚂桥	126	王店	国庆、蚂桥	16	2003.9
二级	嘉兴—洪合	127	洪合	锦福、洪合、新王桥、新美	32	2004.5
	嘉兴—新塍（老线）	128	王江泾、新塍	收藏、双桥、腾云、金鱼桥、观音桥、沙家浜、来龙桥、富园	154	2004.2
	嘉兴—王江泾	132	王江泾	收藏、双桥、腾云	104	2004.2
	嘉兴—南汇	133	王江泾	收藏、双桥、腾云、长虹、荷花、民主、民和、莫介甸、红联、南汇、华联	114	2004.2
	嘉兴—田乐	135	王江泾	收藏、双桥、腾云、长虹、北荷、田乐、田青、栋梁、双塔	72	2004.2
	嘉兴—涟泗荡	136	王江泾	收藏、双桥、腾云、长虹、荷花、民主	8	2004.2
	嘉兴—虹阳—桃园	131	王江泾、新塍	收藏、双桥、腾云、范滩、虹阳、阳城、小金港、桃园	40	2004.2
	嘉兴—油輔 嘉兴—马豕油车港	老137 新138	王江泾、油车港	收藏、双桥、腾云、上睦、西湖、千金寺、澄溪、栖真、池湾、胜丰、马厍、濮家湾、陈家坝	56	2004.2
	嘉兴—农场	139	新城、新塍	象贤、新义、高家桥、陶泾、火炬、潘家浜、万民、大通	58	2004.5
	嘉兴—庙云桥	140	新城、新塍	象贤、新义、高家桥、陶泾、火炬、潘家浜、万民、庙云桥	8	2004.5
	嘉兴—新塍	129		嘉铜公路沿线	108	2004.1
	嘉兴—沈家桥	141			32	2005

续表 5-2-11

网络等级	线路起讫	路车	沿线镇	行政村	计划投入（万元）	开通时间
三级	新塍—桃园	235	新塍	来龙桥、康和桥、桃园、南洋	24	2004.2
	新塍—洪合	236	新塍	富园、新庄、庙云桥、火炬、陡门、大桥、良三、新美、新王桥、洪合、锦福	24	2005.5
	王店—余新	237	新塍、洪合	镇西、镇中、凤珍、假山、庄安	32	2004.1
	王店—镇西	231	王店		16	2003.11
	建设—濮院	238			8	2005.12
	王江泾—虹阳	239		新桥、古塘、西雁、虹北、阳城	48	2005.12
	古窦泾—王江泾	242		麦家、池湾、栖真、西湖、洪典、太平、王江泾	16	2005.12
	新塍通各村	233 延伸 235 延伸		思古桥、钱码头、小金桥、南洋、观音桥	16	2006.1
	洪合通各村·新塍	241		新美、大桥、陡门、大通、潘家浜、庙云桥、新塍	16	2006.1
	王店通各村	125 延伸 126 延伸		建南、清泰、南新桥、先锋、红联、四联	16	2006.1
	洪合—建设—王店	240		新王桥、凤桥、建北、建设、泾桥、乌船 村、建农、镇西、王店、镇中、南梅	16	2006.1
	合计				1186	

注:1.一级县(市区)公交网由市规划。2.投资额主要为经营单位置车投入

2004 年秀洲区城乡公交一体化计划表

表5-2-12

日期:2004 年 4 月 12 日

项目		建设规模	所在地或路段	总投资额（万元）	投资情况(万元)					责任单位
					省	市	区	镇	其他	
网络	二级	11 条线	城北片、庙云桥、农场、嘉铜公路	810					810	区交通局、运管所、当地镇政府或业主
	三级镇际	3 条线	新塍、王店(余新)洪合	64					64	
准四级客运站		2 个	油车港	80	20		10	50		
			洪合	80	20		10	50		
港湾式停靠站		6 对站	嘉铜公路	120	12		108			
		7 对站	沪杭王店连接线	140	14	126				
		7 对站	嘉湖秀洲段	140	14	126				
终点	回车场	6 个	洛东、桃园、建设、蚂桥、王店、北站	200		100	100			区交通局、运管所、当地镇政府或业主
	候车亭	5 个	王店、洪合 2、蚂桥、建设	2					2	
站点站牌		66	西南片	1.98					1.98	
		96	城北片	2.88					2.88	
合计				1640.86	80	352	228	100	880.86	

2003—2007年秀洲区城乡公交一体化场站建设规划表

表5-2-13

日期:2004年4月12月

项目	建设性质	工程规模	所在地或路段	总投资额（万元）	投资情况(万元)					责任单位
					省	市	区	镇(业主)	其他	
准四级客运站	新建	4个	油车港、洪合	160	40		20	100		区交通局、运管所、镇政府或业主
			王江泾、刘公园	160	40		20	100		
港湾式停靠站	新建	6对	嘉铜公路	120	12		108			区交通局、业主
		7	320洪合段	140	14	126				
		9	07秀洲段	180	18	162				
		7	沪杭王店连接线	140	14	126				
		4	王店至海宁	80	8		72			
		7	嘉湖秀洲段	140	14	126				
终点回车场	新建	11	建设、蚂桥、王店、永泰北站、南汇、小曲、田乐、双塔、桃园、洛东	380		北站永泰200		180		区交通局、运管所、镇政府
终点候车亭		20		6					6	长运公司
站点站牌		300		9					9	长运公司
合计				1515	160	740	220	380	15	

注:1.镇内终点回车场要求每站600平方米,投入20万元(不含土地);2.北站、永泰站每站1500平方米,投入100万元(不含土地)

全面实施城乡公交一体化(2009年至2010年)

城乡公交一体化，随着改革的深入而不断向前推进，2009年9月，市政府实施了以充分体现公交“公益性”为主要目标、以强化国有主导优化经营格局为重点、以鼓励提前终止经营，到期无条件退出为总体政策的市区城乡公交运营体制改革实施意见。10月12日，嘉兴市启动公交运营体制改革工作，着重做了两项工作。一是在管理体制上，打破城乡分割，实行资源共享，将城市公交和城乡客运合为一体，总称城乡公交，市交通局作为行业主管部门，实行统一领导、统一规划、统一建设、统一管理；二是在经营机制上，将原来承包、挂靠经营改革为公车公营，明确嘉兴市公共交通公司、嘉兴市国鸿公司为市区公交客运的经营主体，实行“集约化经营、员工化管理、公司化运作”的公车公营模式。通过改革实施，形成“国有主导、集约经营、优质安全、畅通有序”的公交运营体系，使公交线路、运力资源得到合理配置，提高营运效率与服务质量，实行城乡公交一体化经营。实现了“国有主导、集约经营”的公交运营目标。

城乡公交运营体制改后，城乡公交实行一票制，由原来3元至5元直接降至2元，IC卡刷卡减半，一小时内换乘再优惠0.5元，特殊人群票价减免，与城市公交票价完全一致，真正实现了城乡公交票价一元化。政府加强财政扶持力度，2009年以后，对集约化经营的城乡公交企业实行“三补一奖”的财政政策，即：政策性亏损政府全额补贴，购置新车政府补贴2/3，科技信息化改造政府补贴1/3，对企业增收按照年增收额的50%标准进行奖励。2010年对市区220辆城乡公交车的财政补贴额达到3900万元。同时明确逐年增加，资金上有了政府的保障，企业消除了后顾之忧。从而运营企业能按客运市场情况和老百姓的实际需求为出发点，不断加强运力投放，提高运行效率，加快车辆更新步伐，鼓励发展中高档、低地板、安全、节能、环保的车辆，淘汰环境污染严重、技术条件差的车辆。几年来，基本完成了公交车辆的新旧替换，将原来能耗高、污染多、性能差的车辆退出市场，全部更新为能耗低、污染少、性能可靠的绿色环保公交车型，使嘉兴的公交车越来越舒适。

到2010年秀洲区城乡客运网络基本形成。至年底，区投入运营公交客车118辆，城乡公交通车线路达33条，运营时间早上首班车最早6:00时，下午末班车最晚至18:00时。全区4个街道、5各乡镇、26个社区、115个行政村都通了公交车，二级、三级公交网络开通率达100%。实现了“镇镇有等级站、村村有候车亭、沿途有停靠站”的目标。2010年年底秀洲区城乡公交线路情况见下表。

表5-2-14　至2010年秀洲区内或途经秀洲区城乡公交线路表

线路类型	线路编号	起讫点	沿途停靠站点	班次	车辆数（辆）	里程（公里）	开通年份
二级	K122	新安国际医院—王店	新安国际、江南摩尔、秀洲公园、大润发超市、财富假日酒店、招商银行、二环西路、中山路市中医院、越秀路吉安路（老西站）、文纬路、嘉兴学院、姜家村、二号路、金穗月亮湾、二环西路、嘉康公司、汽车客运中心（圣堂路）、汽车综合检测站、禾源新都、万国路天带桥路、白云桥、蚂桥路口、现代物流园、八联村、九联村、太平桥村、小家电城、王店医院、百乐路、加西贝拉、曝书亭、梅里小学、金桥房产、王店车站	80	8	26.6	2009
二级	K125	新安国际医院—建设	新安国际、江南摩尔、秀洲公园、大润发超市、财富假日酒店、招商银行、二环西路、中山东路越秀路（市中医院）、越秀南路吉杨路（老西站）、文纬路、嘉兴学院、姜家村、二号路、金穗月亮湾、二环西路口、嘉康公司、汽车客运中心（八号桥）、嘉兴机场、八一饭店、煤气站、洪合路口、国道口、太河浜、农业园区、陈家桥、泰石桥村、杜家桥、泰石公墓、李家弄、砖厂、美澳农庄、泾桥村、工具三分厂、乌船村、乌船村南、浦家村、张家浜、龙源公司、邮电局、建设、建设中学、建设中心小学、邵家桥、翁亭桥、施家桥、建北村	80	8	34.1	2009
二级	K126	新安国际医院—蚂桥（红联）	新安国际、江南摩尔、秀洲公园、大润发超市、财富假日酒店、招商银行、二环西路、中山东路越秀路（市中医院）、越秀南路吉杨路（老西站）、文纬路、嘉兴学院、姜家村、二号路、金穗月亮湾、二环西路口、嘉康公司、汽车客运中心（圣堂路）、汽车综合检测站、禾源新都、万国路天带桥路、白云桥、嘉海路口、希望小学、蚂桥医院、蚂桥车站、三星桥村、蚂桥村、荣中、梅家桥、荣中实业、红联站	48	4	22.6	2009
二级	K127	汽车西站—洪合	越秀路公交枢纽站（老西站）、二环西路、招商银行、财富假日酒店、大润发超市、秀洲公园、江南摩尔、聚贤路、秀洲大道、秀园路、嘉欣丝绸工业园、五芳斋产业园、亿铨机械、康和路、高家桥、陡门、大通村、大通桥、陡门村口、长运浜、大桥村、汤家浜、刘文浜、吴家兜、独石桥、玻璃厂、洪合小学、洪合中学、洪运桥、洪合供电所、信用社、镇政府、洪合公园	40	4	23.2	2009
二级	K128	汽车北站—新塍	汽车北站、阳光小区、穆溪左岸、食品工业园、昌盛北路城北路、云海路口、依云小镇、宇四浜村、新南洋路、为民、金跃小学、沈家桥、升罗桥、竹管泾桥、观音桥村部、观音桥、北长浜、沙家浜、江南润园、镇政府、虹桥路口、能仁寺、朝阳路、月波桥、新塍邮电局、新塍汽车站	120	12	16.1	2009
二级	K129	汽车西站—新塍	越秀路公交枢纽站（老西站）、二环西路、招商银行、财富假日酒店、大润发超市、秀洲公园、江南摩尔、殷秀村、新安国际医院、秀洲实验中学、秀园路、洪贤路、洪高路、锦秀公寓、加创路、秀新路口、新义村、洛东路、兴园路、枫桥村、强盛路、兴新路、嘉乐公寓、富园新村、虹桥新村、虹桥路口、能仁寺、朝阳路、月波桥、新塍邮电局、新塍汽车站	100	10	18.2	2009
二级	K131	汽车北站—桃园	汽车北站、阳光小区、穆溪左岸、食品工业园、昌盛北路城北路、云海路口、胜利、元丰大道、陈家村、双桥、农场、虹阳路口、杨柳港、范滩、李家坝、东南村、加油站、虹阳卫生院、虹阳车站、虹阳电站、北家村、庄西、桃虹桥、桃虹桥西、原仲店村、小金港村、桃园东、桃园邮电局	60	6	17.9	2009
二级	K132	汽车北站—王江泾	汽车北站、阳光小区、穆溪左岸、食品工业园、昌盛北路城北路、云海路口、胜利、元丰大道、陈家村、双桥、农场、虹阳路口、腾云路口、古塘路口、新桥头、中学路口、长虹路口、王江泾、王江泾邮电局、北虹桥、长虹公园、社会停车场	100	10	15.1	2009

续表 5-2-14

线路类型	线路编号	起讫点	沿途停靠站点	班次	车辆数（辆）	里程（公里）	开通年份
二级	K133	汽车北站—南汇	汽车北站、阳光小区、穆溪左岸、食品工业园、昌盛北路城北路、云海路口、胜利、元丰大道、陈家村、双桥、农场、虹阳路口、腾云路口、古塘路口、新桥头、中学路口、长虹路口、王江泾、王江泾邮电局、北虹桥、服务中心、纺机市场、连成制造、吴家桥、创业桥、荷花村、前进开发区、民主村、民和村、三隍庙路口、亭子、纺织园区、医院路口、南汇车站	60	6	23	2009
二级	K135	汽车北站—田乐	汽车北站、阳光小区、穆溪左岸、食品工业园、昌盛北路城北路、云海路口、胜利、元丰大道、陈家村、双桥、农场、虹阳路口、腾云路口、古塘路口、新桥头、中学路口、长虹路口、王江泾、王江泾邮电局、北虹桥、服务中心、纺机市场、连成制造、吴家桥、建友、甘家浜、北荷村、八一、斜路港、市泾村、市泾北路、新农、永聚南路、田乐、田乐卫生院、田西港桥、田青	50	5	24.3	2009
二级	K136	汽车北站—油车港	汽车北站、阳光小区、古运河大桥、昌盛路、东方路、官荡大桥、陈家坝、朱家港、残奥中心、油车港中学、上南港、高速连接线、劳丰村、千亩农庄、水产码头、栖真幼儿园、栖真寺、栖真卫生院、池湾村路口、河泥浜、西湖村口、变电所、瑞丰桥、澄溪村、冯家港、千金寺路口、油车港南、油车港停靠站	20	2	17	2009
二级	K138	汽车北站—油车港	汽车北站、阳光小区、古运河大桥、昌盛东路、平安路、吉祥大桥、庙下桥、丽苑小区、濮家湾、竖头港、马厍农贸市场、马厍卫生院、油车港中学、上南港、高速连接线、劳丰村、千亩农庄、水产码头、栖真幼儿园、栖真寺、栖真卫生院、池湾村路口、河泥浜、西湖村口、变电所、瑞丰桥、澄溪村、冯家港、千金寺路口、油车港南、油车港停靠站	100	10	17	2009
二级	K139	汽车北站—徐家港	汽车北站、阳光小区、古运河大桥、昌盛东路、平安路、吉祥大桥、庙下桥、丽苑小区、濮家湾、恒威电池、百花庄、三阳村、染店浜、古窦泾、一担庙、铁家浜、麦加南、麦加村部、麦加北、麦加港、河泥漳、串港、池湾村部、冯家浜、栖真小学、池湾村路口、河泥浜、西湖村口、变电所、瑞丰桥、澄溪村、冯家港、千金寺路口、千金寺、敬老院、徐家港	24	2	21	2009
三级	K201	余新—王店	高速铁路、余北村加油站、塘河桥、同创别墅、余新中心医院、余北大街、镇西路、钟响桥、金星社区、金星 9 组、黄金桥、郎船浜、明星牧业、明星村、休闲农庄、优浜、红金桥、红星老村、红星新村、新建桥、庄安村、假山石桥、假山村、西校桥、凤珍村、耶稣教堂、亚宏工贸、梅里小学、金桥房产、王店车站	24	2	26	2009
三级	K240	王店—宝华	王店车站、菜场、王店镇政府、梅北路口、台华高新、万福桥、宝华	10	1	4.8	2009
三级	K241	王店—南梅	王店车站、金桥房产、梅里小学、茅亭桥、干四村、蒋中村、南梅村	10	1	5	2009
三级	K242	王店—建林	王店车站、金桥房产、梅里小学、曝书亭、加西贝拉、百乐路、建林	10	1	4.2	2009
三级	K243	王店—先锋	王店车站、王店菜场、王店镇政府、建林、陈家村、三建、煤场、荣归桥、果园路口、建设路口乌船村南、浦家村、张家浜、龙源公司、邮电局、建设车站、建南村、王保村路口、双木桥、南星桥村路口、先锋村大队、先锋村	10	1	12.5	2009
三级	K244	王店—横港	王店车站、金桥房产、梅里小学、亚宏工贸、耶稣教堂、凤珍村、北美科技、海王管电、五丰桥（胜利村）、五丰工业园、左家木桥、绢纺厂、横港开发区、横港	30	3	10	2009

续表 5-2-14

线路类型	线路编号	起讫点	沿途停靠站点	班次	车辆数（辆）	里程（公里）	开通年份
三级	K250	洪合—王店	洪合中学、洪运桥、洪合供电所、信用社、镇政府、司法所、国道口、太河浜、农业园区、陈家桥、泰石桥村、杜家桥、泰石公墓、李家弄、砖厂、美澳农庄、泾桥村、工具三分厂、鸟船村、建设路口、果园路口、荣归桥、煤场、三建、陈家村、建林、王店镇政府、菜场、王店车站	20	2	14.9	2009
三级	K260	新塍—天福	新塍汽车站、新塍邮电局、月波桥、新塍医院、凤舞桥、八字菜场、镇南村、新庄村口、敬老院、庙云桥村、八字小学、八字桥东、洪家浜、张浦汇、天福	12	1	10.3	2009
三级	K261	新塍—洪合	新塍汽车站、新塍邮电局、月波桥、新塍医院、凤舞桥、八字菜场、镇南村、新庄村口、敬老院、庙云桥村、八字小学、潘家浜、上仁浜、电子36所、大通村、大通桥、陡门村口、长运浜、大桥村、汤家浜、刘文浜、吴家兜、独石桥、玻璃厂、洪合小学、洪合中学、洪运桥、洪合供电所、信用社、镇政府、洪合公园	30	3	18.7	2009
三级	K262	新塍—白家桥	新塍汽车站、新塍邮电局、月波桥、新塍医院、洛东村、季家浜、洛东社区、惠思路口、池安浜、西文桥社区、好又多、王安庄、洛东大桥东、洛西村部、后浜、山家浜、杨山村、杨山桥、沈家浜、白家桥	40	4	12.7	2009
三级	K263	新塍—思古桥	新塍汽车站、月波桥、新塍医院、洛东村、洛东社区、惠思路口、池安浜、西文桥社区、好又多、思古桥	12	1	8.4	2009
三级	K264	新塍—钱码头	新塍汽车站、新塍中学、金星桥、火烧浜、吴家浜、西浜桥、杨秀浜、康和桥、麻皮桥、桃源村部、倪家桥、来凤村、年安桥、东浜村、钱码头	12	1	10.4	2009
三级	K265	新塍—南洋	新塍汽车站、新塍邮电局、月波桥、朝阳路、能仁寺、虹桥路口、镇政府、江南润园、沙家浜、北长浜、观音桥、对头浜、丁家桥、高家浜、南洋村	12	1	10.9	2009
二级	K266	新塍—高家桥	新塍汽车站、新塍邮电局、月波桥、朝阳路、能仁寺、虹桥路口、虹桥新村、富园新村、兴园路口、杨安桥、马和桥、火炬村、浦鞋浜、高桥花园	12	1	9.9	2009
三级	K270	王江泾—双塔	社会停车场、长虹公园、服务中心、纺机市场、连成制造、吴家桥、建友、甘家浜、北荷村、八一、斜路港、市泾村、市泾北路、新农、永聚南路、车站、田乐卫生院、田西港桥、田青、栋梁村、双塔、双塔新桥	30	3	15.3	2009
三级	K271	王江泾—金珍	社会停车场、长虹公园、国家电网、王江泾、王江泾邮电局、北虹桥、服务中心、纺机市场、连成制造、吴家桥、创业桥、荷花村、前进开发区、民主村、民和村、三隍庙路口、亭子、纺织园区、医院路口、南汇车站、小学路口、南汇村、钮北大桥、钮北村口、华蝶港、华联村、北埂、金珍	30	3	16	2009
三级	K272	王江泾—大坝	社会停车场、长虹公园、服务中心、纺机市场、连成制造、吴家桥、建友、甘家浜、北荷村、八一、斜路港、市泾村、市泾北路、新农、永聚南路、车站、大坝开发区、大坝	12	1	13	2009
三级	K273	王江泾—东荷	社会停车场、长虹公园、服务中心、纺机市场、连成制造、吴家桥、创业桥、荷花村、前进开发区、民主村、民主小学、东荷	12	1	9	2009

续表 5-2-14

线路类型	线路编号	起讫点	沿途停靠站点	班次	车辆数（辆）	里程（公里）	开通年份
三级	K274	虹阳—洪典	虹阳、东港、阳城村、虹北自来水厂、虹北村、虹北葡萄园、西雁、西雁小区、古塘村、科技路、新桥开发区、王江泾中学、迎宾路口、太平村、洪典开发区、唐浜、洪典	36	3	14.7	2009
三级	K280	腾云—马厍	腾云村、热电厂路口、南虹大桥、上睦村、三水湾村、桃墩、栖真菜场、栖真邮电所、栖真卫生院、池湾村路口、栖真小学、冯家浜、池湾村部、串港、河泥漳、麦加港、麦加北、麦加村部、麦加南、铁家浜、一担庙、古窦泾、染店浜、三阳村、百花庄、(恒威电池)、竖头港、马厍农贸市场、马厍卫生院、油车港中学	12	1	18.1	2009

注：资料由嘉兴市公共交通公司提供

第四节　旅游客运

嘉兴汽车旅游客运起步较晚，1990 年嘉兴市区经营旅游客运业务的企业共有 6 家：嘉兴市汽车运输公司、嘉兴市运输装卸公司旅游服务部、嘉兴市公交公司出租车营业处、嘉航总公司嘉兴分公司旅游部，嘉兴旅行社，中国东方航空公司嘉兴代理处。

中共中央 1984 年 1 号文件贯彻执行后，出现个体联户以大中型客车参加社会旅游客运。嘉兴郊区新农乡乡办集体运输企业，1989 年下半年起有太湖牌客车(每车 37 客位）两辆经营洛东至嘉兴、桃园至嘉兴客运。

随着长三角的经济的发展，道路旅游观光业蓬勃兴起，为适应发展的需求，1993 年，郊区汽车客货运输服务公司建立旅游分公司，投入 8 辆旅游车营运。为开发旅游客运资源，促进嘉兴市旅游经济的增长，嘉兴市运管处于 2003 年 3 月 28 举行了 30 辆旅游车辆客运经营权招投标，成功投放了 30 辆旅游运力，招标中有 8 家具备资质的企业参加了投标，嘉兴市长运公司也获得 5 辆旅游车辆经营权。2006 年 9 月嘉兴市长运公司又组建旅游二车队，投入旅游车 10 辆。2007 年底，该旅游公司拥有旅游车 18 辆，704 座。秀洲区的旅游客运基本上以嘉兴长运运输有限公司(旅游客运部）为主。

2001 年—2010 年期间，嘉兴市区经过变革调整，先后有嘉兴国鸿汽运公司(旅游客运）、嘉兴市南湖旅行社有限公司、嘉兴长运运输有限公司(旅游客运部)、嘉兴世邦商务旅游客运有限公司、嘉兴市外事旅游客运有限公司等企业组建或解体，到 2010 年年底，嘉兴市区有旅游客运企业 3 家：嘉兴市国鸿商旅客运公司、嘉兴市外事旅游客运有限公司、嘉兴长运运输有限公司(旅游客运部)。

2001—2010 年秀洲区旅游客车统计表

表 5-2-15

年份	总计		其中大型客车		其中中型客车	
	车辆（辆）	客位（座）	车辆（辆）	客位（座）	车辆（辆）	客位（座）
2001	2	55			2	55
2002	2	55			2	55
2003	12	451	9	291		
2004	12	441	11	422	1	19
2005	12	441	11	422	1	19
2006	12	444	8	354	4	90
2007	13	472	10	404	3	68
2008	13	472	10	404	3	68
2009	13	501	11	463	2	38
2010	13	501	11	463	2	38

注：统计资料来自《嘉兴统计年鉴》

【旅游客运企业】

浙江嘉兴长运运输有限公司

长运运输有限公司成立于 2002 年 11 月，由秀洲区汽车客货运输服务公司改制依法设立，公司注册资本 1000 万元，原嘉兴国鸿汽运有限公司总经理王再良任董事长、总经理。

在积极发展客运资源的同时，看准时机，在2004年成立了汽车租赁分公司，在2005年成立了驾培公司。并且在2007年成立了王江泾客服有限公司，准备在王江泾筹建汽车站，长运汽车站于2012年5月正式开业，成为嘉兴最北的一个综合客运站。

公司下设长途客运分公司、旅游客运分公司、出租分公司、租赁分公司、驾培子公司、车站子公司，拥有各类车辆250余辆，从业人员400余人。荣膺道路旅客运输三级资质企业、安全标准化二级企业、全国文明交通示范单位、嘉兴市道路运输协会副会长单位等荣誉称号。

第五节 三轮车运输

人力客运三轮车起源于黄包车，黄包车是用手拉的，人力客运三轮车是用脚踩的。黄包车在20世纪40年代就已经在嘉兴出现了。民国36年（1947年）7月14日经嘉兴县政府批准新昌车行三轮车20辆正式检验给照行驶，次年发展为32辆。但真正的人力客运三轮车的出现是在1958年11月，随着二运公司的前身——“嘉兴县三轮车、小货车服务站”成立，由于社会需要，黄包车真正演变成了人力客运三轮车。1958年嘉兴镇三轮车小货车服务站有三轮车48辆。进入20世纪80年代运输市场放开后，个体三轮车发展迅速，据统计嘉兴城、郊两区1988年共有三轮车3881辆（其中三轮客车145辆，三轮货车3736辆）；80年代末小三轮机动车日增，1991年有小三轮车1742辆，其中三轮人力客车320辆。以前县城较小，人们的活动范围也小，人力客运三轮车基本上成了唯一的公共交通工具，随叫随走，十分便利。人力客运三轮车真正迎来鼎盛时期，还是在20世纪90年代至21世纪初。

20世纪90年代初，不少企业因改制出现了大量下岗失业人员，另外，随着城市不断向外围发展，因土地征迁，失地农民逐年增加，为了给这些下岗失业人员和失地农民解决就业问题。1993年，嘉兴市顺达交通服务公司成立，有193辆人力客运三轮车投入市场。1995年，嘉兴市自强三轮车公司成立，有100辆人力客运三轮车投入市场。截至2003年，嘉兴市区人力客运三轮车经营企业有8家和3个个体小组，这给下岗失业人员和失地农民就业创造了条件。当时嘉兴的公交车、出租车数量较少，运力不足，人力客运三轮车的存在，确实成为一个极好的补充。也解决了一部分下岗失业及失地农民的就业问题。

嘉兴市区对人力客运三轮车的监管，从1996年开始，由交通部门移交给公安交警部门管理。随着时间推移，人力客运三轮车出现了加装动力、随意出租他人等情况，从而带来了安全隐患，损害旅客的利益。针对这一情况，2001年3月，嘉兴市区曾对人力客运三轮车进行过一场重点整治。整治之前，嘉兴市区人力客运三轮车有877辆，整治后为494辆。由于市场的需要人力客运三轮车仍有增加。2009年市公安交警支队又对人力客运三轮车进行喷漆、换牌、车容整洁的整治。同年11月20日，市公安局交警支队完成了对市本级739辆人力客运三轮车做了喷漆、换牌及检验工作。

到2010年，嘉兴市本级有三轮车经营单位八家，在非机动车管理所登记注册中仍有人力客运三轮车740辆（个人430辆、企业310辆）。2013年，根据市政府的统一部署，多部门联合开展对市区“三小车”的全面整治，并实施政府回购、安置、补助等优惠政策，截至2013年年底，减少到55辆。随着社会的快速发展，嘉兴市区内公交车辆的大量投入和人民生活水平的不断提高，最终它们必将被淘汰。

电动三轮车：1995年时，市内出现有人在客运人力三轮车上安装电瓶动力，这样可以加快速度，减轻劳力，但同时也带来了安全隐患。为此在客运人力三轮车整顿时，禁止使用，作拆除处理。从2005年起，嘉兴市公安局交警部门对电动三轮车采取限时间、限区域通行（二环内禁止通行），实施处罚。

1988—2010 年嘉兴市各类非机动车保有量统计表

表 5-2-16

单位:辆

年月	自行车	电动自行车	电动三轮车	人力货运三轮车	人力客运三轮车	助动车
1988	303160			3736	145	
1989	339082					
1990	354782					
1991	369499			3361		
1998.3	152046	60		3014	986	13241
2000.11	218516	532	2716	3629	877	22688
2001.2	222516	1160	3580	4472	656	22688
2002	257647	12550	4203	5389	616	22453
2003	283537	32710	6152	5770	739	21894
2004	296994	51500	6509	6063	739	
2005	300781	100460	6509	6307	739	
2006	301708	127550	6509	6360	739	
2007	301708	153830	6509	6360	739	
2008	301708	165000	6509	6360	739	
2009	301708	167382	6509	6360	739	
2010	301708	167382	6509	6360	739	

注:从 2004 年 4 月起,市公安部门停止办理电动货运三轮车的牌证,所以 2005 年至 2010 年有证电动货运三轮车数量不变,但实际上 2005 年至 2010 年无证电动货运三轮车要比有证电动货运三轮车数量多得多

第三章 货运

嘉兴一带古时的货物运输主要依靠船舶进行水路运输，陆路货运主要靠人力肩挑背驮，也只是水路运输的连接和补充，运量、运距都有限。只是有了汽车后，才真正有了道路货运。

第一节 汽车货运

【历史沿革】

嘉兴系水网地区，河道纵横，沪杭铁路早在清宣统元年七月二十八日(1909年8月12日)正式通车，铁路横贯嘉兴，使嘉兴很早就有水路、铁路运输的便利条件。因而公路发展较晚，民国21年至23年(1932—1934年)完成乍浦经嘉兴至王江泾段公路，与苏州方向公路相接。民国25年才完成临平经嘉兴至枫泾的杭枫公路段。当时嘉兴公路重客轻货，货运全依赖水路和铁路。因此嘉兴县的道路货物运输起步较晚，解放前没有汽车货物运输单位。解放后50年代嘉兴县、镇才组织成立以人力车搬运装卸为主的“运输装卸公司”，如经多次调整更名后的嘉兴市运输装卸公司、嘉兴市第二运输装卸有限责任公司、嘉兴市第三运输装卸公司等陆上运输企业，但到了七八十年代这些企业才增设汽车货物运输业务。

郊区道路货运市场分为三个阶段：

起步阶段(80年代以前)。由于嘉兴的水路四通八达，水运相当便利，因此当时的货物运输主要靠水运来完成，道路货运只是作为一个补充，再加上受计划经济体制的制约，货运车辆发展极其缓慢，仅有少数企业拥有少量的自备货车，国有专业运输企业的规模也较小，其经营方式因运量大于运力的原因，一般都是等货上门。

初步发展阶段(1980—1992年)。80年代在“有路大家走”的政策引导下，道路货运市场全面放开，国有、集体、个体一起上，彻底改变了国有专业运输企业独家经营的局面，运输市场主体呈现多元化。1983年嘉兴撤地建市后，郊区成立郊区汽车运输公司。1985年有载货汽车203辆。1988年，全区有货运汽车543辆、1326吨位，货运量24.12万吨，周转量1634.36万吨公里。1990年有载货汽车572辆。郊区个体运输专业户大量涌现。就新塍农村载重汽车拥有量日益增多，至1991年新塍镇拥有货车51辆，镇乡合计共有货运汽车82辆，由于个体运输户灵活方便，很受用户欢迎。但在1992年以前，由于受到管理体制的约束，对营业性货车的审批实行“先审批，后购置”的额度管理，全市货运车辆的发展还比较缓慢，此时的货运市场发展比较平稳、有序，同时也存在着运力短缺的现象，不能满足当时经济发展的需求。到1992年，郊区货运车辆达到732辆、1988吨位，货物运输量达58万吨，周转量5174.91万吨公里。

快速发展阶段(1992年以后)，1992年后，市场经济体制开始确立，国民经济发展迅猛，经济总量高速增长，使货物流通量迅速上升，公路货运“门到门”的方便、快捷的方式，得到了充分的发挥。同时公路通车里程的快速增长和干线公路的大规模改造，使得运输生产力进一步解放，社会运力以惊人的速度发展，一些雏形的货运市场逐渐出现，运输服务业也由此而生，道路货物运输市场空前繁荣，一个多种经济成分并存，运力结构初步完善的货运市场已基本形成。嘉兴郊区的货运业到90年代已改变了过去车型、车种单一的落后状态，逐步发展成拥有普通货车、厢式货车、集装箱专用车、罐车及冷藏车等多种车型，在一定程度上满足了货主的不同需求。货车多以挂靠车辆为主，1997年有载货汽车2012辆、2964吨位，到1999年，全区共有营运货车2572辆、3170.82吨位。其中小于2吨的有2321辆、1970吨，大于2吨小于4吨的有67辆、213.03吨，大于4吨小于等于8吨的有169辆、858.95吨，大于8吨小于等于20吨的有15辆、128吨。2000年，全区拥有营运货车1697辆、2142吨位，公路货运量104万吨、货物周转量8131万吨公里。

危险品货物运输市场也得到很快发展，区内危险货物运输单位也随之产生。2002年7月成立了嘉兴市新城工贸储运有限公司，2006年6月，新城工贸储运有限公司经分立又成立了第二家公司即嘉兴市新安储运有限公司。由于市场需要，区内有一家专门经营大件和笨重货物运输业务企业，即嘉兴市东恒物流有限公司。

到2010年已有货运专业户4744户，拥有货运车辆3938辆，总吨位14312吨，完成货运量670万吨、62356万吨公里。到2010年区内已拥有危险货物运输车辆132辆、880吨位。危险货物挂车13辆、243吨位以及集装箱运输车、大型物件运输车等多种类型运输车。

1988—2010年秀洲区货运运力和运输量统计表

表5-3-1

年份	货车(辆)	吨位	运力(万吨)	运输量(万吨公里)
1988	543	1326	24.12	1634.36
1989	521	1331	25.61	1735.32
1990	572	1549	26.69	1745.71
1991	658	1723	29.78	1819.09
1992	732	1988	58	5174.91
1993	872	2344	64.7	5828.68
1994	1172	2930	174.61	5380.58
1995	1436	3211	194.07	5970.82
1996	1481	2712	169.36	6078.09
1997	2012	2964	178.62	6812.58
1998	2291	2907	177.36	7635.3
1999	2572	3170.82	156.54	7166.77
2000	1697	2142	104	8131
2001	1824	2331	110	8134
2002	2042	2593	76	6171
2003	1965	2752	81	7047
2004	2391	3997	118	9371
2005	2502	4915	107	8880.2
2006	2768	6978	139	12081
2007	3152	8678	182	15793
2008	3704	10474	269	20175
2009	3485	10711	628	53383
2010	3938	14312	670	62356

【物流运输】

现代物流在国内正处于起步阶段。20世纪90年代中期，随着市场经济体制的完善，秀洲区第二产业有了较大的发展，生产的产业化、专业化、规范化程度都有了很大的提高。经过多年的发展，逐渐形成了北部王江泾镇、油车港镇一带的纺织业，南部洪合镇一带的羊毛衫业，南片王店镇的小家电产业，在这些区域形成了产、销、储、运的专业市场，并逐步形成了货运联运中心。

2005年12月，秀洲区编制《秀洲区城乡协调发展规划》，首次提出对王店镇发展现代物流产业进行了明确定点与定位。2006年6月，区政府委托复旦大学上海物流研究院编制《嘉兴市秀洲区现代物流发展战略规划》。7月，区建设局组织有关部门进行了方案论证。2008年9月，区政府印发《嘉兴市秀洲区现代物流发展战略规划》。规划指出，嘉兴现代物流发展目标定位：立足嘉兴、服务长三角，建设以陆路枢纽为基础，区域配送为特色，产业物流为主导，第三方物流集聚和物流资源整合为核心、原材料加工分拨为拓展，物流科技应用为支撑的长三角制造业、商贸业、物流业三业联动的现代物流示范园区。至2010年年末，境内有物流园区3家，并有多家物流企业进驻。

【物流中心】

嘉兴毛衫城物流有限责任公司

位于洪合镇嘉洪大道1559号，320国道旁。1999年5月，嘉兴市洪合羊毛衫市场联托运有限责任公司成立，注册资金50万元。2005年更名为嘉兴毛衫城物流有限责任公司。公司占地面积6878平方米，建筑面积2961平方米，固定资产总投资522.8万元，注册资金50万元，有职工11人。主要经营洪合羊毛衫市场和周边地区羊毛衫的货物托运业务。至2010年年末，拥有托运线路44条，全年货物吞吐量约2万吨。进入9月份市场旺季，日吞吐量可达225吨，淡季日吞吐量为65吨。市场开通义乌、温州、乌鲁木齐、石家庄、成都、西安、南昌、合肥、蚌埠、上海等地的货物运输。2010年，被评为三级货运站。

王江泾南方联托运中心

前身为王江泾联托运市场。成立于2001年，位于王江泾镇07省道东侧、莲雁路北侧、王江泾变电所旁。2003年，由民营企业嘉兴市秀洲区南方联托运中心有限公司投资建设王江泾南方联托运中心市场，占地面积约3公顷，建筑面积7488平方米。其中一期市场南侧25间二层营业房，建筑面积2500平方米，于2004年5月竣工投入使用；二期北侧32间三层营业房，建筑面积4988平方米，于2007年9月落成；1万平方米停车场油面硬化工程于2007

年12月份完工。总投资约3000万元。先后入驻有经营部13个，主要从事全国各地的纺织品货物托运业务。市场开通广东、武汉、福建、河北、北京、天津、山东、温州、柯桥、义乌等12条纺织物流运输线路，采取“一点一线”，即一个专业户承包一条运输线的经营管理模式。

为进一步规范联托运行业，推动王江泾镇纺织产业的健康发展，王江泾镇政府成立王江泾镇联托运市场管理委员会，入驻市场监督管理。2010年1月，区政府下发《促进全区专业市场内货运服务行业健康发展若干意见》，全面引入市场竞争机制，并参照周边盛泽联托运市场管理模式，取消“一点一线”承包经营管理模式。同时将市场经营部整合为11个。至年末，王江泾联托运市场全年货运量为21.575万吨。其中嘉兴市秀洲区王江泾镇嘉捷货运站，年运量6.6万吨；嘉兴市秀洲区王江泾镇浦义柯货运站，年运量1万吨；嘉兴市秀洲区王江泾镇嘉迅货运站，年运量0.16万吨；嘉兴市秀洲区王江泾镇佳鑫货运站，年运量1.6万吨；嘉兴市秀洲区王江泾镇宏盛货运站，年运量3.3万吨；嘉兴市秀洲区王江泾镇京津货运站，年运量0.06万吨；嘉兴市秀洲区王江泾镇俊舟货运站，年运量0.7万吨；嘉兴市秀洲区王江泾镇军达货运站，年运量0.8万吨；嘉兴市秀洲区王江泾镇温通货运站，年运量0.055万吨；嘉兴市秀洲区王江泾镇普宁货运站，年运量5万吨；嘉兴市秀洲区王江泾镇易成货运站，年运量2.3万吨。同年，王江泾联托运市场被评定为三级货运站。

嘉兴现代物流园

位于王店镇，紧邻沪杭高速、乍嘉苏高速出入口和320国道。距乍嘉苏高速公路出入口、320国道、嘉兴新客运中心约3公里；距沪杭高速公路王店出入口约6公里。2005年12月，王店镇政府编制《嘉兴市秀洲区王店综合物流园区控制性详细规则》。2006年9月，由秀洲区规划委员会组织对《嘉兴市秀洲区王店综合物流园区控制性详细规则》进行会审，并根据市政府〔2006〕107号专题会议精神更名为《嘉兴市西南物流基地控制性详细规划》。10月，《嘉兴市西南物流基地控制性详细规划》在秀洲区城乡规划委员会第十四次全体会议上原则通过。2007年5月，秀洲区政府批准同意实施；6月，嘉兴市发改局正式批复同意嘉兴市西南物流基地首期基础设施建设项目，总投资1.82亿元，规划建设道路7条、桥梁5座。总规划面积11.5平方公里，其中，一期规划4平方公里。2008年11月30日，成立嘉兴现代物流园管理委员会，负责主导园区的投资开发建设工作。园区主要经营物流基础设施开发建设、第三方物流集聚、供应链集成管理、区域配送、物流科技等产业板块。2009年被评为浙江省政府与国家交通运输部“省部共建”五大重点物流基地之一、省“三个千亿工程”重点项目、省级交通重点扶持物流基地、省级国际服务外包示范园区、省级现代服务业集聚示范区。2009～2010年，园区引进各类物流企业26家，其中有安博二期、川山甲全球工业辅料第一服务中心项目、上物金属（嘉兴）钢材服务中心项等一批浙商回归重大项目。开发建设物流仓储及配套设施用地100多公顷，投入资金10多亿元，规划区域内物流企业实现税收2192.8万元。

【物流企业】

沃尔玛嘉兴配送中心

2009年1月5日，成立沃尔玛（中国）投资有限公司嘉兴配送中心，入驻嘉兴现代物流园区，法人代表山姆?沃尔顿，美籍。配送中心的主要职责是对其总公司进口或在境内采购的商品或物料进行仓储、包装、配送和分拨服务。中心租用“普洛斯”开发的物流设施项目，总占地面积12万平方米，库区面积4.4万平方米。中心拥有收货车位85个（包括18个稳定库存收货门）；出货门72个。配送中心现服务于华东地区93家门店和5个配送中心，收货能力高达25万箱/日，发往各地商场货柜超过70条货柜/日。2010年获得嘉兴市秀州区优秀服务单位、嘉兴现代物流园区示范企业荣誉称号。

浙江速银通仓储物流有限公司

位于王店蚂桥吉祥东路，2009年6月9日，由黄新、周锦华、许作舟3人共同成立的一家私营有限责任公司，法人代表黄新。注册资本2000万元。公司总占地面积42390平方米，总建筑面积为37019.37平方米，项目总投资6500万元。其中，固定资产投资8000多万元。项目投产后年产值2120万元。主要经营仓储管理服务、配送服务、家用电器及家用电器售后服务。

申通快递浙北中转中心

公司成立于2010年4月28日，入驻嘉兴现代物流园。项目总占地面积26528平方米，总建筑面积20726.92平方米。公司负责对省内转运中心和直营公司的业务指导和管理，同时将嘉兴地区范围内的快件和包裹通过本中心进行中转并发往全国各地，以及将全国其他省、直辖市、自治区通过申通网络到达嘉兴地区的快件和包裹通过该中心进行中转收入和发出。

安博（嘉兴）仓储有限公司

位于王店镇加嘉海公路东侧。公司成立于2007年10月22日，是一家由外国法人独资的有限责任公司，法人代表本·马格尔·科尼斯。公司注册资本1740万美元，占地面积133062平方米。主要经营国际先进物流仓储设施的开发建设，引入DHL、德邦物流等国内外的物流企业入驻。

上海佳吉快运嘉兴分公司

位于秀洲区江源路87号。公司成立于1997年，注册资本6060万元。法人代表刘亚君。公司拥有仓储库房面积3000平方米，场地面积3000平方米，项目总投资500万元。主要经营国内外的陆运、海运、空运的代理和仓储业务。2010年，年货物吞吐量约2万吨。

浙江汇联物流有限公司

浙江汇联物流有限公司成立于2007年11月，注册资金5000万元，董事长徐良川。是2010年嘉兴地区最大的自行筹资建造、自行经营管理，融合运输业、仓储业、货代业和信息业等的复合型现代化第三方物流企业。公司位于浙江省嘉兴市经济开发区华玉路1598号，紧邻07省道和320国道，交通便利，占地7万多平方米，总投资人民币1.2个亿，建有5000平方米的停车场、24000平方米的多功能标准仓库、11500平方米的办公楼及综合配套楼；各类运输车辆和外协车辆共50多辆；有员工91人，其中大中专以上毕业生65人，占全部员工总数的71.4%。公司主要为各大、中型企业专业提供物流项目总包、全国干线运输、零担配载、货运代理、区域配送、市内配送、仓储中转、包装加工分拣、物流方案策划、物流信息咨询等全方位的物流服务。已开辟专线26条，设立平湖、桐乡、衢州、上海、杭州、广州等分公司（办事处）12个，计划分期组建70个分公司（办事处），网络辐射全国180多个大中城市及周边地区。2010年实现营运收入达到2082万元，2011年预计营运收入可超过3000万元，公司将进入发展的快车道。

嘉兴市大安汽车运输有限责任公司

嘉兴市大安汽车运输有限责任公司，成立于1996年，至2011年从事危险品运输工作已15年，经2011年4月增资扩股之后现公司注册资本已达1000万元人民币。拥有各类危险化学品专用车辆120辆，其中重型半挂牵引车48辆；重型罐式半挂车22辆，吨位达503.95吨；重型集装箱半挂车23辆，吨位达674.24吨；重型普通半挂车19辆，吨位达363吨；总装载量近1600吨，是嘉兴地区规模最大，起步最早、车型、设备最全的危险化学品物流企业。公司主要从事除爆炸品和放射性物质以外的所有危险化学品，重点服务于以嘉兴地区为主的化工生产企业，形成了以长三角地区为主的运营网络。公司现有员工127人，各级管理人员20名。全体管理人员、驾驶员、押运员、装卸工全部经由上级主管部门专业培训，取得相应从业资格证，持证上岗率达100%。2010年公司货运营业收入2280万元，运输各类化工品总量达55.4万吨。上缴各种税费186万元，其中上缴营业税等地方税收124.5万元，另缴纳“四自”工程费37.8万元，因新购置营运车辆而上缴车辆购置附加税23.7万元。

浙江卫星化学品运输有限公司

是浙江卫星控股集团下属一家全资子公司，其前身是成立于2004年5月嘉兴市卫星化学危险品运输有限公司。2008年11月因业务发展需要更名为浙江卫星化学品运输有限公司。公司注册资本500万元，主要经营范围包括普通货物运输、国内集装箱运输、危险化学品运输等。公司总资产1500万元，从业人员100人，是嘉兴市一家专业化程度较高液体化工运输企业。公司已有43台各类车型车辆，包括槽罐车23台（含集装箱罐式车6台），板车20台，公司车辆资产（原值）达到1400万元，车辆资产自有率达到100%，一次性装卸量800余吨。2008年公司运输量20万吨，营收1780万元，2009年运输量达到25万吨，营业收入达到2200余万元，预计2010年运输量突破30万吨，营业收入超3000万元。公司逐年环比增长幅度均在20%以上，发展势头很好。

浙江中坤东方物流有限公司

于1997年注册成立，注册资金600万元，是经营国内公路普通货物运输，国内、国际集装箱运输、危险品货物运输、仓储、配送、货运代理的综合性物流公司。公司自建停车场地6200平方米，在建停车场、仓储面积20000平方米，员工人数150人，拥有各类货车92辆，总装载量2370吨，危险品运输车辆11辆，总装载量321吨。同时在全国建立了60多家理货网点，是注册登记载运海关监管货物企业，也是嘉兴市获得上海陆管处进入上海港运输许可的企业。

嘉兴市伟盛国际货运代理有限公司

嘉兴市伟盛国际货运代理有限公司于1997年成立，原名称为嘉兴市伟盛货运有限公司。公司经过十多年的基础业务拓展，从一个几个人运作的小型车队，逐步发展为初具规模、拥有专业团队，成为年产值近5000万元的综合型物流企业，并已经在团队的制度建设、市场拓展、业务模式创新等方面走上良性发展的道路。截至2010年年底，公司注册资金500万元，总部注册地迁移到嘉兴现代物流园内，受物流园管委会委托管理20000多平方米的综合物流场站，其中大型停车区占地10000多平方米，综合办公区占地2000多平方米，综合住宿区占地2000多平方米，简易普货仓库占地2000多平方米，综合食堂占地500多平方米，大型修理厂占地1000平方米，拥有海关监管车辆近30辆（外协可调配车辆超过150辆），可支配总运力规模达数千吨。公司正在筹备新购重型集装箱卡车10辆，增加自有运力300吨，2010年货运营业收入已达3000多万元。

嘉兴顺丰运输有限公司

位于王店镇蚂桥希望路2号。公司成立于2007年6月27日，法人代表徐丽平，注册资金1000万元，是顺丰速运（集团）有限公司的全子公司。主要经营国际、国内快递、仓储及报关、报检保险等业务。公司已发展有129个营业网点、6个仓储配送中心、1个中转场、131台自有专业运输车辆、2869名服务人员。年实现销售额近5亿元。

2010年，公司被评为嘉兴市十强物流企业，嘉兴市交通重点扶持龙头企业、嘉兴市服务业重点企业，秀洲区优秀服务业企业等多项荣誉。

第二节　危险货物运输

【历史沿革】

道路危险货物运输是面向社会的服务性行业，也是高风险的行业，道路危险货物运输安全生产是道路运输行业管理永恒的主题。

二十世纪九十年代以前，嘉兴的危险品运输市场主要是为加油站、液化汽提供服务，还基本停留在自货自运的状态。随着现代科学技术、化学工业的迅速发展和不断扩大，以及人民生活水平的提高，汽车运输危险货物的品种和数量日益增多，嘉兴市的汽车危险品运输也发生了很大的变化。

到1999年年底，嘉兴市危险品运输单位和危险品运输车辆有明显增加，但专业化程度不高，作为全市唯一危险品专业运输的大安危险品运输公司也没有一辆罐装车，只在改装后的普通货车上吊放一槽罐，况且只承运嘉化公司（同一集团的两子公司）的业务，很少对外营运。

2000年，针对危险货物运输主体散、乱、小的状况，注销了部分从事危险品运输业户和车辆，着手引导各分散主体组建危险品专业运输公司，新组建的一家危险品专业运输公司基本实现了规模经营。

随着经济的快速发展，危险品货物运输市场也得到很快发展，区内危险货物运输单位也随之产生。2002年7月成立了嘉兴市新城工贸储运有限公司，为区第一家危险货物运输企业，从事气体类项、易燃液体类、腐蚀性物质类等危险货物的运输；2006年6月，新城工贸储运有限公司经分立又成立了第二家公司即嘉兴市新安储运有限公司，该公司从事汽体类一项、二项、三项、易燃液体类、腐蚀性物质类危险货物的运输。

到2010年区内已拥有危险货物运输车132辆、880吨位。其中：大型75辆、792吨位，中型16辆、47吨位，小型41辆、41吨位。危险货物挂车：13辆、243吨位。

【危险货物运输企业】

嘉兴市大安汽车运输有限责任公司

（见P140同名条目）

嘉兴市捷安运输有限公司

公司地址在浙江省嘉兴市东升路与越秀北路交叉口东升苑商铺二B17＃－18。公司经营危险品经营范围：2类——运输气体1项和2项。2010年有危险品专用车7辆，总吨位45吨。其中罐式车6辆、43吨，普通车1辆、2吨。同年公司从业资格实际人员15人，持证数15张，其中驾驶员7人，押运员7人，装卸管理员1人。

嘉兴市锦力危险品运输有限公司

地处浙江省嘉兴市秀洲区昌盛路67号，主营项目：运输化学品。法人代表：张怡，注册类型：173，员工32人。公司经营危险品范围：2类——运输气体，3类——运输易燃液体，4类——运输易燃固体，易于自燃的物质和遇水放出易燃气体的物质，5类——运输氧化性物质和感染性物质，6类——运输毒性物质和感染性物质，8类——运输腐蚀性物质。2010年有危险品专用车21辆、323吨，其中：罐式车12辆、272吨，普通车9辆、50吨。2010年公司从业资格人员47人，持证数53张，其中驾驶员证25张，押运员证27张，装卸管理员证1张。

嘉兴市新安储运有限公司

该公司位于嘉兴市新塍镇益友路29号，于2006年6月成立，是从具有危险品运输资质的嘉兴市新城工贸储运有限公司分离出来的。注册资本50万元。主要经营：null等产品，经营危险品范围：2类——运输气体1项和2项，3类——运输易燃液体，4类——运输易燃固体，易于自燃的物质和遇水放出易燃气体的物质1项和2项，5类——运输氧化剂物质和感染性物质1项，8类——运输腐蚀性物质。2010年有危险品专用车132辆、880吨。其中罐式车68辆、684吨，厢式车2辆、32吨，普通车62辆、164吨。2010年公司从业资格实际人员267人，持证数351张，其中驾驶员证163张，押运员证185张，装卸管理员证3张。2010年，完成运输量19.71万吨。

嘉兴市中际实业有限公司

坐落在嘉兴市经济技术开发区，1997年经管委会批准进行股份制改制，该企业是生产、销售、运输、储存于一体的专业性企业，依托中国石化、中国石油两大集团所属多家大型炼油厂建立长年合作关系。公司靠信誉、靠实力，自公司改制以来产值效益连年翻番，1999年和2000年产值均超亿元，产品广泛应用于石油、化工、溶剂、三苯、医药、橡胶、油脂、染整、油墨、印刷油漆等众多邻域。销售渠道已复盖广东、福建及江浙沪等地区，已与近300家企业建立良好合作关系，该公司有8辆专用槽车，储存库距铁路危险品专用站仅2公里，同时可直接提供各大炼厂码头交货等服务，储存库(位于320国道108公里+80处)第一期工程1998年完工，可储存各种品种约5000吨。经营范围：6#溶剂油；90#溶剂油；120#溶剂油；190#溶剂油；200#溶剂油；260#溶剂油；30~60＃石油醚(医药级)；69~90＃石油醚(医药级)；90~110＃石油醚(医药级)；60＃，90＃，120＃石油醚；30~60＃石油醚(化工级)；60~90＃石油醚(化工级)；90~120＃石油醚(化工级)；140~250＃石油醚(化工级)；二甲苯(石油级)；甲苯(石油级)；纯苯(石油级)；各类白油；丙酮；醋酸丁(乙)脂。公司经营危险品经营范围：3类——运输易燃液体。2010年有危险品专用车21辆、158吨。其中罐式车14辆、134吨，普通车7辆、24吨。2010年公司从业资格实际人员47人，持证数75，其中驾驶员证34张，押运员证40张，装卸管理员证1张。

嘉兴志诚储运有限公司

位于嘉兴市秀洲区振兴路158号。公司经营危险品范围：2类——运输气体1项，3类——运输易燃液体，5类——运输氧化性物质和感染性物质，6类——运输毒性物质和感染性物质，8类——运输腐蚀性物质。2010年有危险品专用车14辆、315吨。其中罐式车14辆、315吨。2010年公司从业资格实际人员29人，持证数29张，其中驾驶员14人，押运员14人，装卸管理员1人。

第三节　集装箱运输

【历史沿革】

公路集装箱运输是一种先进的运输方式，是一种成组的运输，运输过程中货物不需要换装，因而具有包装简单、装卸作业量小，送达速度快、货损货差小、机动灵活、门到门运输的优势。

嘉兴最早办理集装箱运输的是第三运输装卸公司，于1981年10月开始办理铁路集箱箱运输业务，集装箱载重分1、3、5、10吨，用大中型拖拉机、通用货车或采用改装的箱货两用半挂车运输。

1983年2月，嘉兴地区外贸公司，在省外运分公司的指导下，第一次作集装箱运输的试行工作，同年12月2日，该公司正式接受省公司下达的由省公司组织货源的集装箱运输任务，当月该公司2辆日产三菱20吨车完成20英尺集装箱21个的运输任务。1984年完成20英尺集装箱266个。装货点从一开始仅有杭州、安吉等几个点，逐步发展到包括全市在内数十个装货点，在嘉兴有服装公司的服装，汽钢厂的钢圈，海盐无线电厂的器材，长安丝厂的丝绸，桐乡的菊花和彩蛋等，都是把集装箱送到厂里，门对门进行装货出运的，该公司1988年有不同车吨的货车19辆、215吨位，1990年年底有不同车吨的货车20辆、217吨位。

该公司从1983年以来经营的汽车集装箱运输，大部分是以通用货车，少量采用改装的箱货两用的半挂车运输，集装箱汽车装载部位的尺寸按标准订装箱尺寸来确定，并在相应于集装箱底部四角的位置上，设有固定集装箱的扭锁装置。该公司汽车集装箱的型号为20英尺和40英尺两种。20英尺标准箱与国际标准集装箱型号1CC相同，外部尺寸(毫米)为高2591，宽2438，长6058，总重20320公斤；40英尺标准箱与国际标准集装箱型号1AA相同，外部尺寸(毫米)为高2591，宽2438，长12192，总重30480公斤。

嘉兴国际集装箱中转站是于1989年根据该地区外向型经济和对外贸易发展的需要，经省、市主管部门批准，纳入由国家计委批准、交通部实施的“七五”重点项目——以上海为枢纽港的国际集装箱运输系统工业性试验项目公路运输站点之一。1989年5月，嘉兴市运输装卸公司根据交通部贯彻国家计委(1988)计科技954号批复精神，筹建国际集装箱中转站，同年6月省交通厅批复同意建站，纳入上海港的沪、苏、浙国际集装箱疏运线。年底前办妥了征地17.9亩手续，购入40英尺(即30吨)集装箱专用车2辆，改造平板车为平板集装箱两用车6辆，1990年又新增40英尺集装箱车2辆，40英尺牵引车2辆，于1989年12月13日开始投入试运转。到1990年末，共完成国际出口集装箱(标准箱)490个；进口集装箱(标准箱)206个；国内集装箱(标准箱)138个，共计标准箱834个(自然箱734个)，箱内货重9724吨，行车168476公里。出口物资有湖州、安吉等地竹器；嘉兴棉布、服装、菊花、机器螺丝、丝瓜筋等。进口物资以设备为主，全年营收896327.66元，利润

35600元。该站于1991年建成投产并通过项目验收，对改善嘉兴市和周边地区投资环境，促进外向型经济发展起到良好作用。当时因属试验阶段，设计规模小，年集疏运能力仅为3000集装箱(20英尺)。建站后，国际集装箱运量逐年增长，

嘉兴进出口集装箱源将会十分充足，根据长江三角洲上海经济区一体化发展的要求，江苏、浙江、上海的集装箱车辆，采用统一资质标准，相互认可，自由出入，其他省市的过境集装箱车辆，可纳入驻沪运输管理，逐步取消“过境证”，实现上海市和外省籍车辆统一费税标准。结合浙江省对于集装箱车辆吨位在15吨以下按实际吨位征收，15吨以上的一律按15吨征收，提出嘉兴集装箱运输发展应该依托上海港发展国际集装箱运输，依托嘉兴港资源发展港口集装箱物流，依托信息技术发展公铁水联运的集装箱发展思路，目前嘉兴市集装箱运输发展势头良好。

1993年嘉兴“三资”企业已有1000多家，进出口货物31万吨，其中适箱货物1万标箱，1994年进出口货物45万吨，其中适箱货物1.5万标箱。“九五”期间，嘉兴市国民经济增长率15%，外贸增长率20%，从外贸角度均应推行集装箱运输。嘉兴及周边地区进出口货物适箱量以30%的速度递增。

1994年嘉兴市运输装卸公司和第三运输装卸公司合并组建成嘉兴市交通运输集团有限责任公司。

1994年嘉兴国际集装箱中转站运量已达到5806TEU，超过设计能力近一倍。1994年嘉兴国际集装箱中转站占地面积11933平方米，修筑重、空箱堆场及回车道、停车场8387平方米，房屋建筑面积1400平方米，其中拆装箱库及货物仓库500平方米，修理车间600平方米，业务用房等300平方米。还有配电间、食堂等配套设施。装卸机械设备有30吨轨道龙门吊机1台，32吨汽车起重机1台，5吨码头吊机1台等。主要运输设备有：40英尺集装箱车20辆，20英尺集装箱车12辆，设计能力3000集装箱(20英尺)。1996年经省、市计经委批准(嘉经技改〔1996〕191号)嘉兴国际集装箱中转站在原有基础上增加征地32亩、堆场6000平方米。国际集装箱堆场：堆放重箱174个箱位，堆三层；堆放空箱57个箱位，堆三层；停车场6000平方米；道路：场内车辆及机械回转道路平均宽15米，总长240米，合计3600平方米；拆装箱库及货物仓库2700平方米；修理车间700平方米；业务用房、配电间、食堂等配套设施1584平方米；40英尺集装箱车10辆，20英尺集装箱车14辆；装卸机械设备有32吨轨道龙门吊机1台，15吨叉车1辆，40英尺、20英尺集装箱吊具各一套；配置电子计算机及EDI系统设备等配套设施。

【区集装箱运输企业】

至2010年秀洲区内有2家从事集装箱运输业务，即“嘉兴市永欣运输有限公司”“嘉兴市新泰国际货运代理有限公司”。

嘉兴市永欣运输有限公司

位于嘉兴市越秀北路新秀桥西北侧百花村，法人代表余尉。公司以“互利多赢、共谋发展”为经营理念，营造一个互信、互惠、和谐、包容的合作氛围，致力于建立一个和谐、透明的产品供应链。将公司做强以此来回报国家、回报社会、回报用户、回报股东、回报员工，为社会的文明和人类的进步贡献自己的力量。始终贯彻“以人为本，客户至上”的管理理念。经营理念：科学技术为先导，现代管理为核心，企业品牌为标志。

嘉兴市伟盛国际货运代理有限公司

位于嘉兴市王店镇蚂桥吉蚂西路135号，1997年成立，注册资本2000万元。主要经营国际货代、运输配送、仓储运营等业务。公司拥有牵引车、集装箱挂车等类货车。2010年，运输量为3.72万吨。

嘉兴市新泰国际货运代理有限公司

位于嘉兴市新塍镇工业园区兴镇路。2000年6月成立。注册资本300万元。主营国内集装箱、货运代理等的运输。公司拥有的设备主要是普通货车、集装箱车。2010年货物运输量为1.68万吨。公司秉承“顾客第一，勇攀高峰”的经营理念，坚持“诚实守信”的原则为广大客户提供优质的服务。法人代表：周勇。

第四章　搬运装卸

第一节　搬运装卸沿革

解放初，交通部第一届全国航务、公路工作会议上制定了“依靠工人、低利多运、自力更生、改善公私关系、发展群众运输”的方针，各地政府加强对搬运工作的领导，并逐步实行了统一货源、统一调度、统一运价的“三统”管理。1950年至1957年各地成立搬运公司(搬运服务站)，既解决搬运任务的需要，又解决原有的搬运工人和部分闲散人员的出路，搬运企业发展较快。80年代后，开放运输市场，提出国营、集体、个体一起上，鼓励多家经营，开展竞争，从而调动了各方面办运输的积极性，到1990年搬运装卸单位更多。但随着社会发展公路和汽车的迅速增加及厂矿企业自备货车的增加，“门对门”的运输增多，搬运装卸业务逐渐下滑。

【铁路搬运装卸】

解放前的搬运装卸作业长期由包工头与车站签订合同、雇员负担铁路的搬运装卸工作，客运除装卸行李包裹外，还代旅客接送行李进出站台，头上戴有识别鲜明的红色号帽及牌号，习惯称他们为“红帽子”；货运整车、零担搬运装卸的叫“扛搬夫”。收费由包工头按铁路规定费率与车站结算，并从中提取管理等费用后，与工人实行拆帐分配。1947年6月1日正式成立装卸事务所，指定各站站长兼任各站装卸管理员。1948年年底，沪杭线嘉兴至闸口13个站签订合同的装卸人员881人，这些人员的有关生活福利均“自给自足”。

解放后，开始成立装卸区社，1952年8月改为杭州装卸供应社，明确规定为铁路外围企业机构、财务和支出系统独立，在分局运输科直接领导下工作，装卸职工不属铁路职工，佩戴证件与工作证均区别于铁路，分配上实行以作业所为单位的计件工资，财务上自负盈亏。1955年1月改为装卸作业所，受上海铁路局商务处和分局双重领导，以商务处为主。1957年1月，装卸作业所划归分局直接领导。1958年实行“站装合一”，为车站的运输附属企业，从分局装卸作业所到基层均实行独立核算、自负盈亏、利润上交国库。1959年12月上海铁路局批准第一批装卸合同工转为长期工，从此，装卸工人改为铁路正式职工。此后在体制变革中，先后多次调整，文化大革命期间，撤销装卸作业所，在货管科设员管理业务。1970年分局成立装卸科，人、劳、财、计分别由分局有关科归口管理。1978年分局成立装卸管理分所，受上海铁路局装卸管理所和分局双重领导，全面负责装卸作业、技术、设备、计划、财务、材料、人事、劳动工资以及委外作业人员的组织管理工作，并领导各站、段的装卸作业所。1982年5月，分局装卸管理分所由分局长全面领导，各车务段，直属站的装卸作业所，由段、站长全面领导。1983年10月分局装卸管理分所改为装卸管理科至今，有关经营管理等工作分别划交有关科室归口管理、基层单位也同样处理。1985年年末，嘉兴车务段装卸作业所由杭州分局装卸管理科领导。

1990年铁路嘉兴车务段装卸作业所下设门一、门二、门三、卸机、电吊、叉车、行包、维修等工班，固定职工139人。另外设管委会、管理委外作业的农民工，分嘉兴队(103人)等组，主要机械设备有20吨、30吨、门吊各一台；卸煤、卸沙、卸石机各一台；电并铲车3台，5吨至8吨电轨吊6台，行李牵引车3台等。

1990年共完成装卸作业量250.4813万吨，其中自行作业量87.3726万吨；委外作业量163.1087万吨。劳动生产率(路工)每人月为523.8吨，机械化比重占33.1%，装卸总收人155万元，上缴利润60万元。

【码头搬运装卸】

嘉兴是鱼米之乡，一向以盛产稻米著称，早在清末民国初已有为米商运输大米的木帆船和从事码头装卸的“脚班”出现。这此“脚班”工人主要来自镇郊农民。他们靠出卖劳动力，在规定地段内为米行等商家所雇佣。当时新塍镇上就有这样的“脚班”在码头上以装卸稻米等物资为职业。解放前王店镇从事搬运装卸的搬运工人也称“脚班”，他们还分本地帮和苏北帮两个帮派，每帮有领班。嘉兴镇在解放前，也早有码头搬运、人力车运输、建筑搬运、砻糠搬运等几个行业。码头搬运装卸业沿袭封建割据方式，划分为若干装卸作业地段，即所谓"段头"。段头有"霸头"把持，因此各地段形成派别，各派把持自己地段，如欲在其地段内作业，须向霸头纳金租用，方能从事装卸。嘉兴镇上分有中基路、端平桥、望吴桥、东月、南门、南堰、绢纺厂、东栅口等 8 个段派，共 131 人。

解放后，1949 年 6 月至 1950 年间，党和政府派出工作队进行政治工作、发动工人组织起来。至 1950 年 3 月，先后成立码头、人力车、建筑搬运、砻糠搬运等工会，在此基础上于 1950 年 7 月成立嘉兴县搬运工会筹备会，同年 10 月 8 日起由公司（筹）统一调配劳力，管理生产。1950 年 8 月新塍脚班成立码头工会，有会员 40 多人，总部设在唐家桥北堍，并于东栅万恩桥、西栅凤舞桥设立业务处。同年也是 8 月王店镇 67 名搬运工人组成码头工会。1951 年根据政务院《关于废除搬运事业中封建把持制度暂行处理办法》，开展反霸斗争，封建霸头 6 人受到政府惩办。后来嘉兴县逐步组织成立搬运公司，1954 年 10 月 5 日正式批准为"嘉兴市搬运公司"；新塍于 1957 年 4 月，建立新塍搬运站，通过合并更名，于 1984 年 7 月更名为嘉兴市郊区第二交通运输公司；1957 年 5 月，王店码头工会更名为嘉兴搬运站王店分站，经合并最后于 1984 年 6 月，更名为嘉兴市郊区第一交通运输公司，当时有职工 227 人，其中临时工 121 人。更名后的嘉兴市郊区第一、第二两个交通运输公司，仍然任担搬运装卸业务。王店的郊区第一交通运输公司 1989 年完成装卸量 10.10 万吨，1990 年完成装卸量 11.43 万吨。

【1991 年后搬运装卸业】

1991 年，嘉兴货物运输市场进一步放开，由于计划途径物资运量大幅减少，公用码头货物转运装卸业务日渐清淡，搬运装卸企业不断向专用码头、企业自备码头发展装卸作业点。零星搬运队也不断增加，一些从事建材、土方装卸运输的搬运队以劳务形式承揽业务、结算运费，渐脱离行业管理。

1992 年上半年开始，嘉兴市在整治货物搬运装卸秩序中，先后建立起县、市级各级运输服务站，统一搬运装卸业务管理，统一开票结算运费，形成松散型合作机制，曾起到了维护搬运装卸行业公平竞争，稳定运输市场经济秩序的作用。

随着公路建设的发展和经济的繁荣，传统港埠装卸日渐衰落。1994 年后，搬运装卸量渐减，汽车"门对门"运输代替了大部分的内河短途运输。工矿企业自备装卸机械化程度加强和运载机械的增多，人力装卸市场逐渐消失。因此曾经配有立式吊车 3 台、劳动车 39 辆、拖拉机 2 辆、起重车 1 辆、起重设备 1 套、龙门船吊 1 台、船台 1 座、锯板机 1 台、船舶上下排使用的卷扬机 1 套等装卸设备，并在 80 年代搬运装卸作业就基本实现半机械化的、具有一定装卸实力的嘉兴市郊区第一交通运输公司（1996 年 6 月更名为嘉兴市秀洲区第一交通运输公司）因上述原因及企业改制等因素，到了 90 年代后期退出了搬运装卸业务。曾于 1991 年还能完成装卸量 6.5 万吨的嘉兴市郊区第二交通运输公司（1996 年 6 月更名为嘉兴市秀洲区第二交通运输公司）也在 90 年代后期取消了搬运装卸作业。

后来从事搬运装卸业的大部分单位，没有固定的作业场所和业务来源，和原来传统的港埠搬运装卸作业完全不同，流动性很大，没有固定劳力（以外来人员为主），靠人力和电瓶三轮车作业的业户占了极大多数，工人劳动强度很大。搬运装卸业还处在人力搬运为主，半机械化作业为辅的落后状态。

2003 年起，搬运装卸量已不列入嘉兴市道路运输行业统计范围。随着现代物流业的兴起，搬运装卸业由现代物流业所替代。

第二节 运输装卸企业

秀洲区设有搬运装卸业务的单位主要有两个：一是嘉兴市秀洲区第一交通运输公司；二是嘉兴市秀洲区第二交通运输公司。

【嘉兴市秀洲区第一交通运输公司】

嘉兴市秀洲区第一交通运输公司，是新中国成立后慢慢发展起来的企业。建国后，王店镇上的搬运工、船工和船主走组织起来的道路，于 1950 年 8 月镇上的 67 名搬运工人组成码头工会。1957 年 5 月，王店码头工会更名为嘉兴搬运站王店分站，属集体企业。后与其他单位合并，并经多次更名，于 1984 年 6 月更名为嘉兴市郊区第一交通运输公司。后来随着郊区的更名于 1999 年 6 月企业也随之更名为嘉兴市秀洲区第一交通运输公司。该公司位于王店镇塘桥街中段，隶属于秀洲区交通局。在 80 年代中期拥有固定资产153.3万元。运输工具有：拖船4艘、货轮11艘、水泥驳船3艘、铁驳19艘。配有立式吊车3台劳动车39辆、拖拉机2辆、起重车1辆、起重设备1套、船舶上下排卷扬机1套、船台1座、锯板机1台、龙门船吊1台等搬运装卸设备。搬运装卸作业屡经改进，基本实现半机械化。该公司于1989年拥有职工227人，其中临时工121人。完成货运量12.19万吨，周转量1378.32万吨公里，装卸量10.10万吨，总收入126.58万元。1990年完成货运量13.01万吨，周转量1562.90万吨公里，装卸量11.43万吨，总收入149.33万元，税金4.29万元，利润总额3万元。1999年8月进行产权制度改革，组成股份合作制企业，单位名称仍沿用嘉兴市秀洲区第一交通运输公司。后因水运、装卸市场竞争激烈，企业难以经营，于2006年8月自动歇业。

【嘉兴市秀洲区第二交通运输公司】

该公司前身是由解放前新塍俗称"脚班"的搬运装卸工人和从事水上运输的木帆船工组成。1950年8月"脚班"成立新塍码头工会，当时有工人40多人，总部设在新塍镇唐家桥北堍，并于东栅万恩桥、西栅凤舞桥设立业务处。此后，结合民主改革，取消行帮和地段分割，改变了搬运作业各霸一方的局面。至1957年4月，建立为新塍搬运站，系县属集体所有制企业。1951年民间木帆船运输自救组织"新塍船民协会"成立，于1956年6月，建立为新塍运输合作社，有十余户船民参加，为集体所有制性质。1958年6月，新塍搬运站和新塍运输合作社合并为嘉兴县交运公司新塍营业站，隶属于嘉兴县交通运输公司。1961年12月，恢复建立新塍运输站，当时有从业人员110人。1984年7月，更名为嘉兴市郊区第二交通运输公司，当时该公司拥有拖轮5艘220匹马力，运输船31艘757吨位，以及吊车、板车、油车等设备。后因郊区更名为秀洲区，该公司于1999年6月随之更名为嘉兴市秀洲区第二交通运输公司。1990年，该公司完成货运量6.81万吨，周转量177.62万吨公里。1991年，拥有固定资产38.29万元，固定职工76人。完成货运量7.22万吨，周转量228.45万吨公里，装卸量6.5万吨，总收入59.37万元。该公司还附设有建于1956年6月的修船厂，有工人15人，从事内部船舶修理和保养。1991年该厂拥有固定资产2.47万元，完成修理收入6.53万元。1999年4月该公司进行产权制度改革，组成股份合作制企业。单位名称仍沿用嘉兴市秀洲区第二交通运输公司。最后也和第一交运公司一样走上歇业之路。

【嘉兴市秀洲区第三交通运输公司】

秀洲区第三交通运输公司，是中华人民共和国初期由新丰搬运工人组织发展起来的企业。1957年，为了解决社会待业人员和闲散劳力的安置就业和运输中的实际困难，经政府批准，成立新丰搬运分站，并成立木帆船运输社，属高级社性质，资产入社，人员、船只、资金统一调配，属嘉兴县交通局管辖。1961年4月，搬运分站下放到新丰镇，后合并为新丰搬运站，时有工人60余人。同年11月，新丰搬运站又划归嘉兴县交通局管辖，并更名为新丰运输站。该站位于新丰镇汉塘街丰乐桥北堍西侧。七八十年代全站总面积2350平方米，建筑占地面积1044平方米，职工近80人。1983年撤地建市设立郊区后，该企业被命名为嘉兴市郊区第三交通运输公司。到九十年代初，有职工100余人，当时主要业务是为新丰粮油厂、新丰饲料厂搬运粮食、饲料等物资，当时业务量较大，工作十分繁忙。1990年年末，拥有轮驳船舶30艘、624吨位，主机功力88千瓦。有职工118人，其中船员75人，修理工25人。当年完成货运量8.37万吨、305.38万吨公里。拥有固定资原值53.5万元，净值30.6万元，全年总营收59.7万元，上缴税金2.1万元，利润6万元。1999年6月因郊区更名为秀洲区随之企业也更名为嘉兴市秀洲区第三交通运输公司。后来随着改革开放的不断深入，农村拖拉机、运输船和个体驳运装卸大量涌现，公司的运输装卸业务量迅速下滑。1999年1月进行产权制度改革，组成股份合作制企业，单位名称仍沿用原来名称。2001年9月，因行政区划调整，该企业划归南湖区管理。

第三节　搬运装卸工具

长期以来，嘉兴的货物运输以水运为主，一般货物上下船和进出仓，采用肩挑、背驮、杠抬，使用扁担、绳索.杠棒、箩筐、跳板等简单工具，工人负重100~150公斤，要步行数十、百公尺，有时还拾级上台阶，甚为艰苦。对重件货物的装卸搬运，则使用绞车、滑车、钢管、钢丝绳、千斤顶、垫木托板等。1958年为加速车船周转、压缩搬运装卸时间，各地交通部门以自力更生、土洋结合，开展技术革新，实现"搬运车子化"，当年嘉兴县搬运公司所使用的人力货车有：榻车76辆，平板车20辆，钢丝车24辆，畚斗车58辆，独轮车12辆，油桶车1辆，纸板车1辆。次年又自制输送机12台，电动吊杆2台，进一步提高搬运装卸机械化程度。八十年代后，随着汽车货运大量发展，特别是集装箱和大件货物运输要求机械化装卸设备不断发展。1990年后，港口搬运装卸已使用皮带输送机、吊机、铲车、货车等设备，已基本实现机械化和半机械化。

【人力工具】

人力工具包括扁担、杠棒、绳索，钩子、箩筐、跳板、淌梯等手工工具和以人力推拉的板车等，品类较多，择其主要者如下。

杠棒

一般为竹制，少数木制。将毛竹整段锯下即可制成，直径约10厘米，长约1~2米，常用于2人扛抬重物之用。

跳板

木制，一般阔25~40厘米，长3~6米，一端置于岸边，一端搭在船上，为工人上下船从事装卸必备工具，今尚如此。

淌梯

竹木结构，乍油制成，长数米，阔约1~7米，表面光滑，一端置原上，一端搁舱内，水泥等袋装货物可从梯面滑入船舱，简便省力。

榻车

用两只汽车轮胎，装置轴承，在两轮之间固定架设一块长方形大木板，作为装货平台，车辆前装有两个铁制撑脚，形如卧榻，故名榻车。是一种大型人力货车，最大载重量可在2吨左右。多用于搬运笨重物件。

平板车

是一种载重量较大的手拉(推)货车，以长方形框架内铺铁皮或木板为车架，下装两个钢丝胶胎车轮，车柄前亦装有撑脚，车身停放时形如平板，故名平板车，载重量在1吨左右。

畚斗车

又称翻斗车，是一种小型手拉(推)货车，车身形如畚斗，故名畚斗车。高举车柄可将货物翻出车斗，适用于码头货物装船，如黄沙、水泥、灰浆、石子等短距离运输，载重量在200~250公斤。

油桶车

专门用于油桶运输，车架用两根长约1.8米铁件，两端焊接半园形铁管，车架前端装两个短齿，后端装一个可推动的槽形钢钳，装桶时用短齿，钢钳分别扣住油桶，一人即可推运。

滑车

俗称“葫芦”，用绳索或链条依次绕过若干滑轮，所组成的简单起重牵引装置。用人力驱动的称“手动葫芦”，俗称“神仙葫芦”，可省力起重物件，葫芦规格一般0.5~20吨不等，提升高度在3米左右。

千斤顶

俗称“压勿刹”是一种起重工具。起重量大，常用5~50吨，而举升高度不大，一般不超过20厘米，有螺旋、齿条和液压等几种形式，多为人力驱动。

【动力装卸机械】

动力装卸机械，一般由电力或内燃机驱动，主要的有起重机、输送机、叉车、装载机。

起重机

俗称吊车，起升降并搬移重物的机械设备，大都由电力或内燃机驱动，轻便的可用人力驱动。市内分固定吊和流动吊两类。固定吊，多数设货运码头以电力驱动，有少先式、固定式和变幅式之分。少先式为简易吊机，升降靠电动，旋转靠人力推扳，起重能力0.25~0.5吨。变幅式可改变吊臂外伸距离。塔式固定吊机起吊能力为1~15吨，卧式变幅吊机起吊能力为3~5吨。吊机可配上抓斗，装卸煤炭、砂石等物，抓斗分有功(有电动机)和无功抓斗二种，容积0.75~1立方米。流动吊，可流动操作，以内燃机驱动，有履带式和轮胎式两种，最大特点是可以移动位子，到没有起吊设备的地方起吊装卸，一般作为临时性流动装卸之用。

皮带输送机

亦叫输送机，以电力驱动。由皮带紧套在两个轮子上组成。两轮分别装在主动轴和传动轴上，利用皮带与两轮间摩擦，以传递运动和动力，将皮带上货物送至卸落地点，适合于煤炭、砂石等大宗散装物资。

叉车

亦称铲车，以内燃机或蓄电池为动力。由内外门架、货叉、货叉架、挡货架、升降油缸、起重链等组成，货叉间的距离可根据货物尺寸加以调整，前轮驱动，后轮转向，转向半径小，操作灵便，适用于笨重货物，大型捆件的起重和搬运、堆垛作业，起重能力为3~5吨。

装载机

又名铲斗车，以内燃机为动力，利用铲斗装载物料的机械。铲斗装在机械前部，机械向前运行并铲装物料后，由汽缸或钢索将铲斗提起，驶向卸料地点进行卸料，适用于堆场上煤炭、砂石等物资铲装搬运。

第四节　搬运装卸费率

解放前，搬运装卸计费无统一计算标准，费名繁多，计费方法不一，费率很高，一般由搬运行业负责人与同业公会商定或由承、托运双方临时商定运价。解放初期，搬运没有整顿，一般沿用老习惯，1951 年 9 月省交通厅制定了“浙江省各城镇搬运装卸费标准暂行办法”统一计费方法，简化了运费手续，降低费率为 20%~67%。1954 年 5 月省又修订了“浙江省搬运装卸费标准”，确定粮食由 3 等品降为 5 等品，费率运距平均降低 35%左右；肥田粉、豆饼、菜饼由 3 等品降为 4 等品，平均降低 25%；建筑材料、木料降低 60%；砖瓦降低 40%左右，其他物资也不同程度的降低。1956 年 2 月为支援农业生产，省又规定新式农具、抽水机、农药器材、树苗、果树、小猪、种子等 7 类一律降低运价 20%；其他肥田粉、草籽等 15 种肥料，一律降低运价 10%。1958 年 9 月 1 日，浙江省人民委员会又下达“关于浙江省搬运装卸费率计算标准暂行办法（草案）”，对 1954 年标准作了重点修改，全省统一费率，把装、卸船（车）分别规定费率，调整了距离间的差比，调整了货物分等级之差等。

1959 年嘉兴市物价委员会、嘉兴市交通局，联合制定了《嘉兴市搬运装卸费率计算标准和管理规则（试行草案）》，将货物分 5 个等级，车船装卸以 25 米为一段，按段计算，并以 250 米为限。装卸船（车）分别规定费率。1966 年 3 月 10 日，嘉兴县物价委员会、交通局又联合颁发“嘉兴县城镇搬运装卸运价计算管理试行规则”，对运价又作适当调低 11.64%。1980 年 1 月 1 日起，经嘉兴县计划委员会批准，同意恢复 1959 年计费标准，对笨重物资的收费加成标准进行补充增加，对装舱收费从装卸费中划出单独计算，每包、件、箱每吨为 8 分，谁装谁收，对黄砂散装费规定每吨 1 角计算。同年 6 月 5 日起嘉兴县物价委员会、交通局又联合修订部份搬运装卸费率标准和规则，主要修订内容为：钢丝车运货由 3 个等级改为 5 个等级计费；市内汽车、榻车、钢丝车运价统一为一个计算标准；直接用于农业生产的各种肥料、农药、农机具、种子等就低计费，一律按 5 级品计费等共 12 条。1983 年 5 月，嘉兴市物委、交通局又对计费标准进行修改补充，主要内容为修改整理点工、理货工作，一般点工及修订笨重货物加成标准。

撤地建市后，嘉兴市物价局、交通局于 1986 年 2 月 12 日联合颁发《嘉兴市城、郊区搬运装卸费率计算标准和管理规则》，原《嘉兴市搬运装卸费率计算标准和管理规则（试行草案）》同时废止。新的标准自 1986 年 2 月 20 日起执行，新标准将货物划分为 4 个等级：装卸船（车）同一费率计算；港口装卸以 25 米为一段，按段计算，并以 250 米为限；市内车运以站计算，货物重量以吨为计算单位；点工不满一日作一日计算，超过二小时作半日计算。并规定各项费率标准，运费较 1959 年标准上调 20%左右。

1989 年 6 月 26 日，嘉兴市物价局、交通局又联合发出《关于整顿城、郊区搬运装卸费率的通知》，制定了《嘉兴市城，郊区搬运装卸计费规则》，从 7 月 1 日起施行，原《嘉兴市城，郊区搬运装卸费率计算标准和管理规则》同时废止。各县（市）搬运装卸费率可结合当地实际参照执行。铁路装卸费率按铁路部门规定。此次费率调整幅度较 1986 年标准上调约 40%左右，简化了一些收费加成标准，轻泡类、粉尘类由 3 类并为 2 类，易碎品、危险品由二类、三类并为一类。为了有效管理运输市场，并规定必须使用交通、财税部门制定的统一运输发票，其它票证一律无效。

【搬运装卸费率】

1989 年 7 月 1 日起施行的“嘉兴市城、郊区搬运装卸计费规则”，将货物分为 4 个等级、装卸船（车）分别规定费率。货物重量一律按毛重以吨为计算单位。车船装卸以 25 米为基本计费段，超过部份以 25 米为一段加收费用，船舶装卸以 250 米为限，超过 250 米者，按 25 米船舶装卸费加人力车装卸费加车运费计算。对笨重、有毒危险品、超长、超高、超宽、轻泡、易碎，散装、粉尘货物费率加成加收，零星货物装卸费按零星货物装卸费计算。

货物装卸费率表

表 5-4-1　　单位：元/吨

项目／费率／货物等级	船舶装卸		货车装卸	
	25 米之内	以后每段（25 米）增加数	25 米之内	以后每段（25 米）增加数
一等品	1.25	0.25	1.20	0.25
二等品	1.15	0.24	1.10	0.25
三等品	1.00	0.23	0.95	0.25
四等品	0.80	0.22	0.75	0.25

零星货物装卸费率表

表 5-4-2

单位：元

每件重量（公斤）	每件收费	
	25 米以内	以后每段（25 米）增加数
30 公斤以内	0.10	0.02
31 公斤~100 公斤	0.30	0.05
101 公斤~250 公斤	0.60	0.10

注：以上费率包括起、装舱费

单件笨重货物重量在 250 公斤以上者按费率加成加收标准：

250~500 公斤加收 50%

501~750 公斤加收 100%

751~1000 公斤加收 200%

1001~1500 公斤加收 350%

1501~2000 公斤加收 450%

2001~3000 公斤加收 550%

3001~5000 公斤加收 650%

5001~7000 公斤加收 750%

7001~10000 公斤加收 850%

单件重在 10 吨以上，承托双方可以面议价格，并签订合同。

超长（6 米以上）超高（2.7 米以上）超宽（2.5 米以上）按费率加收 30%。

易碎品按费率加收 30%；

散装品按不同货物每吨加收 0.25~1.20 元。

粉尘类按不同货物每吨加收 0.2~0.6 元。

有毒、危险腐蚀物品按费率加收 30%。

轻泡类货物按费率加收 30~50%。

【车运费率】

市区车运经 500 米为一站，郊区 250 米为一站，起运为二站。如果超过站点，市区 100 米，郊区 50 米各作一站计算，每站车运费每吨 0.3 元，对笨重，有毒危险品、超长、超高、超宽、轻泡、易碎、散装、粉尘货物费率加成加收，其加成加收标准与搬运装卸同。

【铁路装卸费率】

由火车运输货物的装卸费率，由铁路部门统一规定收费标准如表。

铁路整车货物装卸费率表

表 5-4-3

单位：元/吨

分类 \ 数量		费率号	装卸费	附注
袋装粮量，油料作物、薯及种子类		1	1.00	
普通货物（不属于表内其它各项）		2	1.10	1.件数超过 2000 件加成 20%； 2.电视机、电冰箱、洗衣机、收录机、玻璃加成 40%； 3.坛装酒、坛酱菜、瓷器、啤酒、缸、箱装自行车、乌煤粉、陶土粉、白泥、纯碱加成 30%； 4.未装容器的活禽、畜、装一层按货车标重 1/2，装二层以按货车标重计费
只按重量承运，不计算件数的货物		3	0.90	
木材类、毛竹、建筑用水泥制品、水泥轨枕、电柱矿井支架		4	1.20	元木单根长度超过 8 米，重量超过 501 公斤按 7 号费率计算，其他木材类不适用 7-10 号费率
危险货物（部颁《危规》货物品名）		5	1.30	沥青加 50%
体轻货物		6	1.40	1.每立方米不足 300kg 和明定品名附件三； 2.毛料、烟叶、空桶加成 20%
笨重货物	每件实重 501 公斤至 3000 公斤	7	3.00	1.自轮运转的各种车辆、机械的装卸，用人力推上推下的按杂作业人工费计算，不能用人力推上推下的按货物实重分别按该项费率计算； 2.超过车站最大起重能力的货物按所在地、市、县装卸费率； 3.超过 30 吨以上的货物面议； 4.成捆的角钢、扁钢、圆钢、钢管机器每根台重量超过 250 公斤至 500 公斤，按 7 号费率的 70%计算
	每件实重 3001 公斤至 8000 公斤	8	5.00	
	每件实重 8001 公斤至 15000 公斤	9	7.00	
	每件实重 15001 公斤至 30000 公斤	10	10.00	

第六篇　铁路运输

沪杭铁路系嘉兴境内最早的一条铁路。沪杭铁路初名为苏杭甬铁路，预定由苏州经杭州至宁波为终点。后确定先建沪杭铁路，江浙两铁路公司以枫泾为界。浙江路段于清光绪三十二年九月（1906年10月）分段开工。宣统元年（1909年）闰二月二十五日（4月15日）长安至嘉兴段竣工，在嘉兴举行通车典礼，六月嘉兴至枫泾段竣工。宣统元年六月二十八日（1909年8月13日），沪枫、杭枫段接轨，同年七月二十八日（9月12日）沪杭铁路正式通车。当时嘉兴县境内有嘉兴、王店两个站，1950年增设马王塘车站。

解放后沪杭线多次进行整治，铁路设备逐步完善，技术状况不断进步。以50公斤/米新轨先后两次更换旧轨，并逐步向60公斤/米重轨过渡；以钢筋混凝土轨枕替代全部木枕，始终保持良好状态，行车速度得以稳步提高，曾一度达到120公里/小时。进入70年代，随着国民经济的迅速发展，这条铁路尽管几经补强改造，常处在超负荷运行中，沪杭线上的嘉兴口成了全路的四大限制口之一，建设沪杭复线，迫在眉睫。1978年起逐年投资，在站间距离较长的地段进行双线插入工程和复线建设。1981年12月29日，七星桥至嘉兴东复线开通，1986年10月8日，马王塘至王店复线开通，1989年12月26日，南湖至马王塘复线开通，1990年12月26日，嘉兴至南湖复线开通，1991年10月9日，嘉兴东至嘉兴复线开通，同年12月26日，沪杭复线全线区间贯通。2005年年初沪杭复线电气化工程开工建设，2006年9月15日全线开通。

沪杭客运专线系嘉兴境内唯一的高速铁路，该铁路自2009年2月29日动工建设，2010年10月26日正式通车。

嘉兴县境内曾建有苏嘉铁路，自江苏苏州入嘉兴经王江泾到嘉兴站。1935年2月22日铁路开工修筑，1936年3月主体工程竣工，4月25日全线接轨，7月15日通车运营。太平洋战争后期，因日本国内钢铁资源极度匮乏。于是，自1943年与1944年之交被日伪军分段全部拆除。现还留有少量路迹。

第一章　铁路建设

第一节　线　路

【沪杭线】

沪杭铁路系嘉兴境内最早的一条铁路线，过塘汇街道，穿王店镇，全线长200.3公里。嘉兴境内（含嘉善、海宁段）为90.3公里。另有企业专用线0.69公里和马王塘至机场专用线。

沪杭铁路初名苏杭甬铁路，最初预定由苏州经杭州，以宁波为终点，为清光绪二十四年七月二十一日（1898年9月6日）总理衙门准英商承办五路之一。同年九月初一（10月15日）由督办铁路总公司大臣盛宣杯与英商怡和洋行（代表中英银公司）订定借款，起草合同四款，由于英从事南非殖民地战争，未议订正约。至光绪二十九年春，盛以英方搁置过久，限英方六个月内勘路估价，否则废约。英方仍搁置不动。于是浙江绅商李厚祐、沈文孙两人，申请集资，自筑杭州江墅铁路（江干闸口至湖墅拱宸桥），一时商办之议，风靡全国，至此，银公司开始重视废约之事，催盛议正约。

光绪三十一年美商培次想承造江西和浙江的铁路，一方面向在上海的浙江绅商沈仲礼等游说，另一方面由美国驻杭州领事向杭州洋务局电请。在英、美谋我路权的情况下，浙江绅士力主废约，且于光绪三十一年发起成立浙江省铁路有限公司。翌年四月，银公司代表濮兰德与沪宁铁路大臣唐绍仪磋商，仍持不能作废之说。唐据实呈报商部，复民奉谕收回自办。五月，商部批准浙江铁路章程，并所拟路线。六月，英使照会外部，以该线与前约违背，以侵害既生权利为理由，要求缔结正约，屡经交涉，终无成效。至光绪三十三年八月，清政府以废约势在难行，派梁敦彦与银公司议定，铁路由中国自办，除原有股本尽数使用外，即向银公司筹借，另指的款抵押，银公司不能干预路事，经批准，借款额为1395000镑。然而，江浙两公司坚不承认，电商部，由部担借担还，路局概不负责。后议定以该款作为部借，由部再转借于两公司为调停办法。光绪三十四年二月（1908年3月6日），经外部右丞胡惟德，右参议高尔谦，铁道总局局长梁士诒与英国中英银公司代表濮兰德商定，订借款合同24款，路归苏、浙绅商筑，由英商给贷款1500000磅，按九三折扣交纳，常年5厘利息，以30年为期；聘英国人为总工程师。同时将苏杭甬铁路起点改为上海，以同沪宁铁路相衔接，遂改苏杭甬铁路为沪杭甬铁路，即日批准签押。清政府既借英款后，乃与苏路、浙路两公司另定存款章程：苏路36哩（56.7公里）担负五百万，浙路78哩（125.5公里）担负八百五十万两。

借款筑路，虽使商办名义得以保持，但实际却受英国控制，故消息一经传出，即遭苏、浙两省绅商及学界的坚决反对，并掀起保路护权运动，得到全国各地支持，嘉兴各界也积极参加。至宣统三年，清政府不得不放弃原议。江浙各界自行认股集款。

经费

清光绪三十一年九月（1905年10月），浙江省铁路有限公司成立招股时，以100元为整股，10元为零股，先集800万元为优先股，副总理刘锦藻首先入股60万元（以后扩大筹股时又入股50万元），其他富商认股自1万至29万元不等，一年间优先股集到485万余元，为稳妥保管这笔巨款，该公司又呈准商部设立浙江省兴业银行，经营银行业务，由银行股东会选举胡藻青为总经理，孙向卿、蒋海筹、沈新兰为董事。至光绪三十四年，浙路公司扩大招股范围，计划凑集新股535万元，以供完成杭甬铁路之用。至宣统元年沪杭铁路全线接轨时，浙江铁路公司计收老股本489.9万元，新股本504.7万元。截至宣统三年，浙江省铁路有限公司集资额已达1065.1万银圆，江苏省铁路有限公司达468.3万银圆。

建设资金来源，分借款和部款两项，共计3179.3万元。其中借款，光绪三十四年二月（1908年3月）由清政府外务部，邮传部与中英银公司订定合同款1500000磅，按九三折扣除，实收1395000英镑，按当时市场价折合银圆1683.8万元。其中部款：历年偿还借款，收回浙路接轨、购地款及支出超过收入时，由部拨款，所拨款额各项共计1595.4万元。

光绪三十四年支杭（州）嘉（兴）建设费洋507138.11元；宣统元年，支杭嘉线建设工费洋305121.10元；宣统二年，支杭嘉线建设费洋291749.28元。

建造

光绪三十二年（1906年）股款既集，江苏省铁路有限公司和浙江省铁路有限公司立即邀请中国工程师负责勘测、设计和施工。沪杭铁路勘测制图者为铁道建筑专家徐骝良（系海宁人）先生。苏、浙两路以枫泾为界，往北至上海站由江苏省公司承筑；往南至杭州闸口，由浙江省公司承筑。

苏路于光绪三十三年二月（1907年3月）动工兴筑，苏路完工先于浙路。宣统元年（1909年）呈报沪枫全线竣工后，清政府邮传部派道员詹天佑偕同工程人员验收并称：工坚料实，建筑合度。

浙路于光绪三十二年九月（1906年10月）开始分段开工，光绪三十四年（1908年）四月，自闸口至临平竣工，十一日试车，五月一日营业；九月，自临平至长安竣工，此段曾在长安、硖石两地遭地方反对，至与乡民冲突，使该两处线路不能如意进行，全线以绕避古墓，致弯曲较多。宣统元年闰二月二十五日（1909年4月15日）自长安至嘉兴竣工，在嘉兴举行通车典礼。六月自嘉兴至枫泾竣工。（嘉兴至枫泾段所垫枕木，采用奉天白松，因质松易朽，4年后更换成新加坡枕木）。宣统元年六月，杭嘉段通车。另据民国25年（1936年）《浙江新闻报》（上册）载：杭州至嘉兴段乃光绪三十三年（1907年）正月开工，至宣统元年（1909年）四月告成。杭州至硖石一段先于二月通车。闰二月，王店至嘉兴各段通车。杭枫段首站杭州闸口，经南星桥、杭州城站、艮山门、笕桥、临平、许村、长安、周王庙、斜桥、硖石、王店、嘉兴、嘉善、而至枫泾，共15个站，计长124.7公里。

宣统元年六月二十八日（1909年8月13日）沪枫、杭枫段接轨，同年七月二十八日（9月12日）沪杭铁路正式通车。苏、浙两公司彼此互售车票，至此，枫泾站就无须换车，沪（上海）杭（杭州）直通。沪杭铁路总公司设于上海。

宣统三年苏路公司经费不足呈邮部募债接济，当时部议干线均归国有。民国2年该公司感筹款困难，而沪杭甬铁路借款英人不许挪用，因此于4月2日召开股东大会，讨论国有问题：多数股东赞成，即公举杨廷栋为代表与交通部磋商，6月12日交通部部长朱启铃与杨签订按股合同13条，公司将沪枫段让归国有，于民国3年1月1日正式接收，其购路款由沪杭甬借款项下划拨。2月14日交通部部长朱启钤与中英银公司代表梅尔思特订立购回上海至枫泾铁路条约6条。苏路变为国有。

沪杭甬铁路苏路沪枫段即归国有，浙路杭枫段势难立异。商办各路中，工程用费少者，实以浙路为最，适浙财政也十分竭蹶。民国3年3月1日浙江铁路公司召开股东大会，议决浙路让归国有，选举虞和德等3人为代表与交通部磋商。4月11日双方议定接收合同13条，将杭枫段、江墅段、宁曹段及未筑杭曹段等交归国有，所有股本，借款1600余万元，由交通部分3年还清，先给有期证券。6月2日，交通部派钟文耀兼甬嘉局长，接收浙路。9月19日，朱启钤与梅尔特复订收回沪杭甬之浙路条款，取消沪枫、甬嘉名目，正名为沪杭甬铁路。10月24日，交通部发令，改称交通部直隶沪杭甬铁路管理局，设总局于上海。

沪杭铁路原自上海南站至杭州闸口，全长186.17公里，属Ⅰ级线路。该路路基宽度，艮山门至硖石为6.09米，硖石至枫泾为5.486米，线路所经之处广为平原，极大部分为填土，挖方极少。全线均采用购自汉阳钢铁厂法国式钢轨，重75英镑/码（折37公斤/米），价格较低，每吨平均价值为当时旧币72.84元；轨距：为标准轨距4.8英尺（折1.435米）；所垫枕木除嘉兴至枫泾段采用奉天白松外，其余均由日本引入橡木；沪杭线地势平坦，铁路最大坡度，杭枫段原建筑为4‰，自民国4年至民国7年间已改为直线上为3.3‰，弯线上为3‰，沪枫段，民国4年重铺路面，以减少斜度，节省石渣，在直线上为3.3‰，弯线上为3‰。铁路无险要之处，除杭州城站附近和枫泾有最小弯曲半径外，硖石、斜桥间弯道较小，其弯曲半径为440米。杭枫段原有铁路桥梁共125座，其中钢梁桥118庭，总长1912英尺，石桥（包括混凝土拱桥）7座，总长52英尺，木桥2座。涵洞106座，总长158.9英尺。

为沟通沪（上海）宁（南京）、沪杭甬2线铁路，苏路自龙华新站至上海北站止建接轨线，长16.6公里，设车站4处，工程于民国4年3月动工，民国5年11月竣工，12月9日通车。至此，上海始发站由南站改为北站，经梵王渡、徐家汇、龙华、梅家弄、莘庄、新桥、贸星桥、樵江、石期蒲、枫泾、嘉善、嘉兴、王店、硖石、斜桥、周王庙、长安、许村、临平、笕桥、艮山门、杭州、南星桥，而达闸口，全线里程为195.66公里。抗日战争期间，沪杭甬铁路在沦陷前被毁，日军侵占后重建，由华中铁道株式会社管理，线路维持通车。抗日战争胜利后，民国政府对线路进行整治，钢轨以90镑/码替代75镑/码，并更换部分枕木、道岔等设施。

1949年5月7日，嘉兴解放。5月8日华东军区杭州军事管制委员会财经部铁道处接管沪杭甬铁路杭州至嘉兴段。12日杭州至硖石间开行客车，31日下午4时，杭州至嘉兴段客车恢复，正式售票。6月12日沪杭全线恢复行车。

解放后，党和国家对铁路建设十分重视，颁布了各项规章制度、规范、标准。沪杭铁路也多次进行整治改造，使铁路设备逐步完善，技术状况不断进步。以50公斤/米新轨先后二次进行全面更换旧轨，并逐步向60公斤/米重轨过渡；以钢筋混凝土轨枕替代木枕；线路通过计划预防性维修养护，始终保持在良好状态，行车速度得以稳步提高，曾一度达到120公里/小时。至1985年，区间允许速度下行：七星桥至许村100公里/小时；上行：许村至K153为80公里/小时，K153至庆云为100公里/小时，庆云至金利为80公里/小时，金利至七星桥为100公里/小时。

铁路信号

杭铁路嘉兴、王店等站，早在民国时期，就设有信号及通讯设备。嘉兴站信号设备首建于民国6年（1917年），为臂扳信号联锁箱联锁设备，有6架信号机，进站信号股道2个，为单路签闭塞。解放前，信号一直维持在室外分散操作的臂扳信号状态。1950年，嘉兴站信号设备改建为臂扳电锁器联锁，有4个股道用信号接发列车。60年代行车室操作的色灯由锁器联锁，区间信号改建为半自动闭塞设备。70年代初，杭州铁路分局首先从临平、钱塘江等中间站开始兴建小站电气集中。1975年嘉兴站改建电气集中信号设备。

简易接触式机车信号于50年代末在嘉兴安装。1981年安装了新型感应式移频机车信号的发码和接收装置，与机车上的自动停车装置和无线列调配套使用，成为保证行车安全，提高运输效率的三项重要设备，称为“行车三大件”，可以防止列车冒进信号事故，对行车安全作用很大。到1990年年底，已扩大应用于市境所辖各站。

铁路通信

通讯电线路设备，最早开通于民国2年（1913年），由商办浙江省铁路公司创办杭州通往上海南站的双线电报线1路，单线电话线2路。沪杭铁路各站（除个别外）均设置电报所，其时电话尚不发达，各站用电报办理站间行车及其他公务，由站长操作。为便利市民，还曾代办相当于铁路电报业务量1/3的商务电报。至民国26年2月，通信设备有所改善，沪杭线改装成单线式电报电话双用共同线路制式，增加了嘉兴电话所。抗日战争胜利后，电线路作适当改善，并增加调度电话及载波电话。解放后，杭州至上海增设配车电话及中继线各1对。1951年电线路已增加到双线6对，单线2根。杭嘉段既有线路于1960年大修，并先后多次中修。至2010年，通信线路增至12对，杆面型式为标准Ⅲ型，即一根电杆上系有3道木横担。

电报设备，民国2年电线路建成时，嘉兴及相邻各站均设有电报所，各装置老式纸条收发报机1台。1935年仿效沪宁线，改装为莫尔斯音响电报机，1958年改为音频式电报机，1981年改用打字电传机至2010年。各小站的电报机在安装电气路签机后作相应搬消。

嘉兴站于民国26年首次安装电话交换总机，为磁石机，连通各有关车站，80年代，改为共电式。1971年，改为纵横制80门自动交换总机；1980年扩建为JTZ型纵横制200门自动总机。1980年完成杭州铁路分局对沿线直属站、段长途电话直拨，杭（州）嘉（兴）间纳入以杭州铁路分局为中心的自动电话网。

沪杭全线均设置行车调度电话建，立杭（州）嘉（兴）、沪（上海）嘉（嘉善）两个货运调度系统，对铁路行车及货物运输指挥甚为灵便。

列车无线调度电话（简称无线列调）等移动通信于1969年为首先在部分机车及杭嘉段应用，经大修更新后，至1990年年底，嘉兴路区各站均已配置使用。

嘉兴站在解放前没有载波电话机设备，60年代方安装3路载波机，至2010年仍为BDZ型3路，载波机4台，分别用于上海、杭州方向各2台。

沪杭微波通信新技术正在实验运用。嘉兴站现已安装微波设备，作为沪杭微波的中间转接站。沪杭微波于1990年下半年一度试用，但因杭州新建邮电大楼高层建筑影响接收而停止使用。

【沪杭复线】

沪杭复线改造工程全长200.3公里。主要设计标准为：铁路Ⅰ级干线双线，限制坡度4‰；最小曲线半径一般地段1000米，个别地段800~1000米；牵引种类：货运由蒸汽机车过渡到内燃机车，客运为内燃机车；牵引定数近期3000吨，远期3500~4200吨；到发线有效长：近期850米，远期预留1050米；闭塞方式：继电半自动，全部复线建成时采用自动闭塞。

1978年开工，1990年年底基本完工。1991年10月9日嘉兴东站至嘉兴站2.9公里复线开通，同年12月26日长安镇区1.37公里完成辅轨，12月27日下午2:30时，沪杭复线开通典礼在铁路长安镇站举行。市境共有18个区间，正线铺轨91.8公里，中桥3座，小桥89座，立交桥16座，并有大量通信、信号和电力配套工程。复线全部接通后，全线日行车能力由1978年43.6对提高到84.7对，车速达100公里/小时，客货运量大增，沪杭线“咽喉口”之一的嘉兴站运输紧张状况得以缓解。

沪杭复线电气化工程

2005年初开工，2006年9月15日全线开通。工程范围：上海西至杭州站，全长202公里（市境91.8公里），工程总投资11.8亿元，全线架设电气化铁路链型悬挂接触网950公里，并进行全线自动闭塞信号改造。嘉兴车务段和嘉善火车站配合施工队做好挖掘基坑、架塔、立竿、架梁等工作，协助抓好电气化配套工程——变电站、信号楼、接触网工区、输电线路、道岔等设施建设。嘉善、海宁新建牵引变电站。行车信号由“三显示”（红、绿、黄）改为“四显示”（红、绿、黄、绿黄）。拆除所有人行平交过道（市区19处，新建立交12处）实现“全封闭、全立交”。牵引列车由内燃机车改为电力机车，列车密度由180对增加到240对，平均每6分钟有一对列车经过嘉兴。

【专用线】

境内有嘉兴老货场危险品线（1996年停用）、民丰造纸厂线（2006年停用）、嘉兴粮食线（2006年停用）和外贸冷库线共4条铁路货运专用线。1993—1999年，先后新建嘉兴粮油、嘉兴永安石化危险品和嘉兴中央直属储备粮库专用线。2010年年末，境内共有铁路专用线5条。

嘉兴粮油专用线

位于嘉兴东站货场，转运港北侧，1993年2月动工，1996年8月完工，单股道，有效长152米。产权属铁路部门。

嘉兴永安石化危险品专用线

位于嘉兴东站西侧，1995年3月开工建设，1997年10月18日启用。建到发线一股道1070米，化工线二股道（化1线239米，化2线525米），液化石油气线二股道（液3线261米，液4线344米）。产权属地方。

嘉兴中央直属储备粮库专用线

位于市区塘汇街道周安浜村，与嘉兴东站和市铁水中转港毗邻，1999年5月18日开工，同年11月30日建成，总投资250万元。专线从嘉兴东站货场嘉兴铁水中转港线开岔延伸至库区，库区外为单股道，进入库区后采用双股道，全长1037米，设道口房、扳道房各1座。产权属地方。

嘉兴外贸冷库线

1976年8月启用，长度为双线247米。

嘉兴机场铁路专用线

1953年，经中央军事委员会同意，建造了经嘉兴马王塘车站向西通往机场的专用铁路。始建于1953年春，当时解放军和当地民工一起修建，于当年年底通车，全长近5.1公里。铁路从沪杭线马王塘车站开岔经马桥村过长水塘进国庆村，再到洪合镇洪合村入机场。铁路在长水塘上建有一座钢梁大桥，刚建好时在大桥的东侧设有岗亭，由机场卫兵日夜站岗放哨，后来岗亭不设了。

【沪杭客运专线】

沪杭客运专线系境内唯一的高速铁路，全线长158.8公里，正线数目为双线，设计最高时速350公里，2009年2月26日动工建设，2010年10月26日正式通车，总投资概算285亿元。高铁自北而南，通过南湖区进入秀洲区王店镇，再到桐乡。嘉兴市境内有85公里(含嘉善、桐乡、海宁段)，嘉兴设有客运站，习惯称嘉兴南站。

前期工作

1995年，铁四院受浙江省委托进行沪杭客运专线规划研究。2002年11月，铁四院编制完成预可行性研究(送审稿)，11月，铁道部发展计划司组织对沪杭客运专线预可行性研究(送审稿)进行了审查。

同年12月25日嘉兴市根据铁四院要求，在嘉兴召开了情况介绍会，市级有关部门和沿线各县(市、区)人民政府派员参加了会议。2003年3月26日，嘉兴市府办以《关于铁路沪杭客运专线嘉兴市境内线路走向的意见建议》(嘉政办函〔2003〕4号)向铁四院作了反馈。

2004年12月31日，铁道部以《新建上海至杭州铁路客运专线项目建议书》(铁计函〔2002〕538号)向国家发改委上报。2005年4月，铁四院完成沪杭段定测工作。

2006年1月18日，铁道部与浙江省对沪杭铁路客运专线项目出资比例进行了商谈，确定部、省出资比例为5：5，根据浙江省人民政府办公厅〔2006〕9号《会议纪要》文件，省、市出资比例为3：7。后经嘉兴市政府领导和市级有关部门争取，省政府同意进行调整，承担资本金的28%(比原来方案下降七个百分点)，共20.21亿元。

2007年12月27日，铁四院致函嘉兴市人民政府《关于征求沪杭甬客运专线上海至杭州段线路走向及车站设置等方面意见的函》(四院线函〔2007〕689号)。

2008年1月10日，嘉兴市发改委召集沪杭客运专线嘉兴境内沿线地方政府及相关部门和单位征求意见；1月11日，嘉兴市发改委参加了在浙江省发改委(省铁办)召开的关于征求沪杭客运专线线路走向及车站设置等方面意见的会议；1月15日，市发改委再次召集沪杭客运专线嘉兴境内沿线地方政府及相关部门和单位征求意见，铁四院作了情况介绍；2月13日，市政府召开了“沪杭客运专线线路走向及车站设置事宜”专题会议，会议在市发改委介绍有关项目前期工作等情况的基础上，听取了沪杭客运专线嘉兴段沿线县(市、区)和市级有关部门的意见，并形成共识；11月11日国家发改委批复新建上海至杭州铁路客运专线项目建议书(发改基础〔2009〕3043号)。

2009年1月22日，分别获得国土资源部土地预审和国家环保部批复(国土资预审字〔2009〕29号、环审〔2009〕61号)。2月23日，国家发改委批复新建上海至杭州铁路客运专线可行性研究报告(发改基础〔2009〕542号文件)。3月完成铁道部、浙江省、上海市对初步设计批复的三方会签工作。3月20日，嘉兴市政府组织召开了沪杭铁路客运专线工程建设动员会，3月23日成立嘉兴市沪杭高铁客运专线建设领导小组。4月1日嘉兴完成站前施工，市境内共涉及四个标段：四标中铁十二局(嘉善)、五标中铁十局(南湖、秀洲区)、六标中铁十一局(桐乡、海宁)、七标中铁一局(海宁、余杭)。6月10日完成四电集成招标。7月31日完成了主线交地及房屋拆迁工作，主线交地3052.6492亩，完成房屋拆迁984户433544.98平方米。根据施工建设的需要，借用梁场、拌和场、钢筋加工场、施工便道等临时用地共计约2562亩。10月30日完成站房工程施工招标。

主体工程

全线采用Ⅰ型板无碴轨道，岔区采用轨枕埋入式无碴轨道，正线焊接采用钢轨60公斤/米、100米定尺长、无螺栓孔U71Mn(K)热轧新钢轨；轨道板为工厂预制成品，标准长4930毫米，厚度190毫米，宽2400毫米。路基区间双线直线路基面宽度13.6米，线间距5.0米，路基工程有路基边坡防护、软土及松土地基处理以及路基支档加固等。填料有第四系全新统坡残积层粉质黏土夹碎块石料和硬质岩岩块、弃碴填料两类，正线采用2X25千伏(AT)供电方式，嘉兴南站新设牵引变电所。嘉兴市境内实体工程施工，于2009年4月13日正式开始，4月20日全线第一桩在五标步云特大桥开钻，5月30日，全线第一墩在六标桐海特大桥131#墩浇筑完成，6月18日，全线第一片箱梁在五标桐乡梁场浇筑成功，7月12日，全线第一块无砟轨道板在五标嘉兴轨道板场浇筑成功，6月17日，四电施工单位进场施工，9月18日，全线首孔箱梁架设在六标桐乡梁场开架，11月15日，站房单位进场施工。2010年4月20日嘉兴段完成架梁，5月17日上午嘉善惠民镇镜内的自锚上承式混凝土转体拱桥成功合拢，创造了三个世界第一，即高速铁路自锚上承式钢筋混凝土拱桥跨度160米世界第一；世界上第一座在软土地基上建造的跨度160米自锚上承式钢筋混凝土拱桥世界第一；单边转体自重达16800吨，为世界同类转体桥梁之最。5月底完成无缝轨道底座施工，6月25日开始进入无缝钢轨铺设阶段，8月7日在嘉善县惠民街道境内的自锚上承式混凝土转体拱桥段完成了最后25米的无缝钢轨铺设。主体工程于2010年8月底完成。

【苏嘉铁路】

民国21年(1932年)“1·28”淞沪抗日战争爆发后，

南京政府与日军签订了《淞沪停战协定》，其中规定中国军队不得在上海及苏州、昆山以东驻军，军队调动不能经过上海。这样沪宁、沪杭甬两条铁路被切断，军事活动无法正常进行，南京亦受到威胁。为抵御日军进一步的侵略和战时部队调动的方便，南京政府决定修建苏州至嘉兴的铁路，为沪宁、沪杭两路的联络线。苏嘉铁路起自京沪线之苏州站，大抵循大运河西岸，向南达沪杭线之嘉兴站，与沪杭铁路接轨，形成以上海为顶点，该路为底线的近似等腰三角形。该路全长74.48公里，路基全部为填土，最大坡度为6.32‰，最小弯道径为320米，全线桥梁77座，均为木便桥，最长者为67.0米。枕木来自加拿大。钢轨在车站范围内，系用33公斤/米钢轨，车站以外线路，则用胶济铁路平底式美国旧轨，重30公斤/米。全线皆用洋松枕木，惟桥上使用硬枕木。计划建筑费280万元，因当时料价上涨，又向浙江兴业银行借款50万元，实际支用建筑费307万元。苏嘉铁路设车站6处，即相门、吴江、八坼、平望、盛泽、王江泾，各站均为三等车站，有站房1所，月台2座，蜷线1条，约780米之标准蜷线，靠站房一侧月台长150米，对面月台长30米，用木壳制成。

民国23年春，南京政府铁道部委令京沪、沪杭甬铁路管理局（两路局）代为测量设计。12月1日，“铁道部苏嘉铁路工程处”成立，由工程师陈思诚主持施工。民国24年2月22日破土动工，全线从嘉兴起分三段施工。民国25年3月，主体工程基本完成。民国25年4月25日17时全线接轨，4月28日进行首次试车，7月15日正式通车。通车后苏州嘉兴间铁路运输距离较经上海缩短110公里，行旅称便。

苏嘉铁路占地总计6231.958亩，每亩给价40元，两路局于民国25年11月16、17两日抵嘉兴给价。苏嘉铁路营运业务由京沪、沪杭甬铁路管理局（两路局）代管，通车后，因与京沪、沪杭甬线连接，客票价目，按京沪、沪杭甬路客票基本运价计算，计三等每公里收一分三厘五，二等照三等加80%，头等照三等加170%。苏嘉铁路每日开4对客车，苏州至嘉兴，一等特快车票价3.45元，二等2.20元，三等1.20元。普通客车一等2.8元，二等1.90元，三等1.05元。货物运价亦按沪杭甬线运价计算。两路局为纪念通车，优待旅客，自通车日起5天内，苏州至嘉兴单程票加盖纪念戳记，可作来回票使用

苏嘉铁路惟以路基不固，通车后车行速率迟缓，客车时速为35公里，货车为30公里，旅行时间为2小时55分。因班次较公路汽车为少，旅客犹感不便，民国25年10月1日起，将该路二等车座取消，所有该路各站间之二等旅客及经该线之二等联运旅客，准通融乘坐头等车座，又该路于10月1日起，将行车时刻缩短，增加班次，以与京杭及沪杭甬路上下行班次吻接，以方便旅客。

抗战初期，该线成为淞沪前线与后方的主要交通线，故时遭敌机轰炸，但随炸随修，始终维持通车，后日军侵占华东，淞沪撤守，该路随沦敌手。日军为封锁苏嘉铁路，沿线各站均建有碉堡，原王江泾火车站旁三座碉堡至今保存完好。1939年4月26日，苏嘉铁路全线修复，由新成立的日伪合组的“华中铁路株式会社”接管。因日本发动侵略战争，国内原材料极度匮乏，该铁路于民国32年、民国33年之交被日伪军全部拆除，其钢轨、铆梁、枕木等分别经苏州、嘉兴转运至津浦等线使用，抗战胜利后，此线没有修复。此路当时实际只运行不足8年。

中华人民共和国成立以后，国家未议修复苏嘉铁路。此线撤废之后，沿路大部分路基被垦作拼地，不少地方在路基段建造民房、水灌站、汽车站、农场及架设电力线等，并有拔取铁路桥梁木基桩，挖掘路基土方等情况，日复一日，路基尚存无几。1961年12月21日，铁道部上海铁路总局以上铁总〔1961〕军密字第98号致函嘉兴专署，为保护原苏嘉铁路路基。函文称：原苏嘉铁路是我国华东地区重要的国防铁路之一，在国防上有着重要的意义。根据南京军区司令部的意见，目前铁路局正在进行该线复旧设计测量工作，以便必要时能立即投入施工，保证国防需要。函文又称：据调查，现该线尚有60%左右的路基仍属完整，还能利用进行旧基施工，为了该线不再遭到损坏，拟请指示有关地方政府和部门保护原苏嘉铁路的路基，并要求立即停止有损路基的各种行为。

王江泾火车站

是苏嘉铁路线上六站（不含铁路两头的苏州站、嘉兴站）下之一，也是嘉兴境内唯一的火车站（不含嘉兴站）。1936年7月15日，苏嘉铁路正式通车，当时在王江泾设有火车站，为三等站，建有站房一座、到发线一条、月台两座。据1936年6月28日《申报》载，王江经火车站的职员，除向京沪、沪杭两路各站调充，以补充熟练者外，另外还对新进职员进行招考。铁路局委任尹寿华为王江泾站站长，盛泽鲍配合。行车时刻：上行车，终点吴县82次王江泾开7点31分；84次王江泾开11点31分；86次王江泾开下午2点31分；88次王江泾开下午6点30分。下行车，终点嘉兴：81次王江泾开9点46分；83次王江泾开12点56分；85次王江泾开下午4点46分；87次王江泾开下午7点56分。

1937年11月，嘉兴县沦陷后，迫使数千民工加紧修复铁路，欲使铁路成为其侵略工具，实现其所谓的“以战养战”的方针。1939年4月26日全线修复完毕。同年4月30日，日伪“华中铁道株式会社”成立，苏嘉铁路为“华铁”霸占。苏嘉铁路王江泾站站长、司机、职员，甚至检票员几乎都是日本人，中国员工只能担任杂役。1939年，苏嘉铁路全线恢复通车后，每日开行混合车3对，但主要开行军用

列车。1940年后，汪伪政府以铁道部名义管辖铁路，但仍为“华铁”和日本军方直接控制。王江泾火车站处于日本的管辖之下。1944年3月，日军拆除苏嘉铁路，苏嘉铁路废弃，王江泾火车站结束使命。“王江泾火车站”站碑被搁置于沟边草丛中，于2013年水利设施改造时被发现，清理后置立于王江泾镇广电中心苏嘉铁路遗址边上。站碑长216厘米、高56厘米。此碑见证了日军的侵华暴行。

第二节 设 施

【车站】

沪杭铁路初建时，嘉兴县境内仅有嘉兴、王店两个火车站。后屡有修造。到1990年，城郊两区内有火车站5个，即嘉兴(二等站)七星桥、马王塘、王店(四等站)、南湖(五等站)。沪杭复线开通后，于1992年12月铁路嘉兴东站建成启用，南湖、七星桥站于1997年12月停止使用，王店站于2006年1月16日停止使用；2010年沪昆铁路嘉兴场站有3个，它们是铁路嘉兴站、铁路嘉兴东站、铁路马王塘站。

嘉兴站

嘉兴站位于市城区东南端，沪杭铁路线北侧，东北距七星桥站7公里，西南距南湖站约3公里，是沪杭线上的一个分界站，中心线在沪杭线K97+995米，属嘉兴车务段领导的二等客货运站。清光绪三十三年(1907年)建站，站名沿用至今。初建时，站屋为二层楼，占地4800英方尺，共房屋18间，造价旧币14110元，民国4年(1915年)屋顶改造。上行月台长650英尺，宽30英尺，岛形月台长840英尺，宽27英尺。穿越路轨地道1座。民国23年嘉兴车站共有职员38人，全年经费1.6万元，其营业收入、进出口货物及旅客人数，据当时有关资料，上下三年，取其平均，列表如6-1-1。

解放后，国家曾多次对嘉兴站进行扩建、改造。1969年，嘉兴股道有正线1股，840米，到发线2股，1715米，货物线3股，926米。货物仓库3个，使用面积494平方米。站台长度888米，候车室使用面积202平方米，随着客货流量的日益变化，站线设施相应有了增加，截至1990年年底，嘉兴站站线已达15股，长度达6987米，其中正线1股，861米长，到发线3股，2526米长，货物线7股，2378米长，专用线3股，694米，其它线2股，558米。

民国23年(1934年)上下三年嘉兴站平均营收和旅客、货物进出情况表

表6-1-1

项别	收入银圆（元）	旅客人数（名）		货物	吨数（吨）
客票	242405	进站	300785	进站	26996
运货票	24189	出站	260058	出站	20871
合计	266594	合计	560843	合计	47867

70年代末，嘉兴站整个车站占地面积有28378平方米，已拥有新建售票厅361平方米，候车室657平方米，行包房562平方米，雨棚2个，5159平方米。1990年年底，有旅客站台2座，其中一号站台、二号站台各500米，广播室1个，4平方米，旅客厕所3个，37平方米。拥有职工192人，全年完成旅客发送量124.4万人次，货物发送量26.66万吨，其中零担9.1万吨，货物到达74.133万吨，其中零担12.89万吨。

嘉兴站客货运输情况表

表6-1-2

年份	旅客发送量（万人）	行包发送量（万件）	货物发送量（万吨）	货物到达量（万吨）	装车数（车）	卸车数（车）	客运收入（万元）	货运收入（万元）
1965	66.32		14.72	35.40	4459	8961	100.9	297.2
1972	71.61		17.42	49.09	5161	12431	147.6	320.0
1976	135.61	0.38	27.64	79.71	6809	14853	495.2	993.9
1980	106.43		17.81	86.37	4697	18290	228.1	430.5
1985	146.43	0.34	23.01	74.99	5702	13088	453.4	845.5
1986	135.51	0.38	27.64	79.71	6809	14853	495.2	993.9
1987	135.07	0.41	29.90	76.98	7576	14035	520.6	1045.2
1988	160.13	26.08	29.51	66.47	7248	12448	649.4	1063.5
1989	146.63	24.01	28.65	58.92	6602	11602	856.7	1093.2
1990	124.44		26.66	70.43	6262	13990	1181.4	1338.24

1990年的嘉兴站大多站屋仍是30年代建筑，狭窄拥挤，设施陈旧，并留有日本侵华时修筑的炮楼，与嘉兴这个党的一大会址所在地和对外开放的新兴工业城市的地位极不相称，也难以适应铁路运输和地方经济迅速发展的需要，铁道部于1975年，在《关于沪杭复线初步设计的批复》中，有关嘉兴站的改造问题明确二个意见：一是采用客货分流；二是对客站进行改造。几年来在铁路部门和有关方面的共同努力下，货场搬迁已动工，移迁菱塘桥，并建立嘉兴货运东站，嘉兴新客站将以集聚2000人，站房面积7000平方米的规模易地改建。

新客站于1996年2月12日开工，1997年1月16日建成，位于原铁路嘉兴站东侧，属嘉兴车务段，二等客货运站（按：2007年4月15日货运业务转移至铁路嘉兴东站，铁路嘉兴站不再办理货运，2009年停止行包业务）；站屋主轴线为铁路里程自上海站起K109+981，当时按照沪杭复线总体设计，最高聚集人数为1000名，后经市政府同上海铁路局商定，按最高聚集人数1500名规模设计，铁路按原铁道部批1000名规模出资，市政府出资增建500名规模，决算费用为1158.8万元，嘉兴市承担506.6万元，其余由铁路承担，总建筑面积5045.14平方米；车站站线5股道（2正3到），牵出线2股（东牵出和西牵出），1道有效长880米、2道有效长924米、3道有效长850米、4道有效长852米、5道有效长898米（按：5道为货运线，2007年高站台改造后改为客运线），并连接民丰纸厂专用线2股、冷库专用线2股和粮食专用线一股（按：民丰专线和粮专线2006年停用）；建有旅客地下通道一道；站屋3861平方米、行包房778.54平方米、变电室72.48平方米、进出站雨棚114.5平方米及出站用房184.85平方米；主站屋为二层，中间为中央大厅和软席候车室，楼上为旅客休闲厅，楼下两侧为东、西候车厅，分别为下行线（杭州方向）、上行线（上海方向）旅客候车，面积均为635平方米，各设500个彩色玻璃钢座椅（按：2010年更换为合金座椅、新装铁栅栏），软席候车室100平方米（按：2010软席候车室改造，改造后的软席候车室为180平方米），10个售票窗口；主要配套工程有站前广场8800平方米，地下盖河暗渠、地下人防工程、地下自行库。

2006年，嘉兴市向上海铁路局争取开通运行嘉兴至上海铁路旅客始发列车，经深入研究可行性的基础上，在京沪铁路电气化初步投入使用同时，增开嘉兴至上海南站始发旅客列车两对：N892次，嘉兴7∶45开，8∶57到上海南站；N894次，嘉兴19∶18开，20∶50到上海南站。2007年4月18日，全国铁路第六次大提速，沪杭线部分客运列车实行动车组运行，铁路嘉兴站由于站台等设施影响，不具备动车组停靠条件，为此，市委、市政府和上海铁路局经过反复磋商，7月20日市政府与上海铁路局共同签订《铁路嘉兴站改扩建工程高站台改造项目投资分工协议》，双方分别承担50%的建设费用，按照“一次规划，分期实施”的原则，先期实施高站台改造项目，首期改造项目在市发改委及市有关部门和铁路嘉兴车务段的共同努力下，8月15日项目通过设计审查，9月20日开工建设，改造项目涉及改造1号基本站台为高站台、新建5号高站台及雨棚、延长原有人行地道至5号高站台，新建动车组专用候车室及扩建售票房（按：新增3个售票窗口），新建和改扩建通信及信号、电力及牵引供电、其他运营设备等；项目于12月28日通过上海铁路局组织竣工验收并交付使用，2008年1月1日，3对动车组列车正式停靠嘉兴站。2008年4月配备安检仪和专职安检人员，LED电子显示屏信息系统从2001年开始改造，至2011年完成。2010年初日均列车有每天118趟停靠，至2010年10月26日嘉兴南站启用，部分动车组列车不再停靠嘉兴站，班次减为88趟，其中直达旅客列车2列，特快旅客列车15列，快速旅客列车67列，普通旅客列车4列，日均发送旅客约7500人，实际上车人数约10500人/天，日均旅客流量约21500人/天。

铁路嘉兴东站（俗称嘉兴东站）

位于秀洲区塘汇街道境内、中心里程沪昆线自上海站起K106公里958米处，为三等货运站，属嘉兴车务段。1989年5月5日在嘉兴召开铁路嘉兴东站站场规划方案研究，6月21日，站场平面图技术讨论会再次在嘉兴召开，站场由铁路投资，按一次性规划，分期实施的办法进行。一期于1991年底开工，1992年12月建成；二期于1993年2月动工，1996年8月完工。年货运吞吐量为109万吨，年到发量约150万吨、装卸车约1.7万辆。车站建筑面积801平方米，占地面积3200平方米，货场总面积8183平方米。原归铁路嘉兴站管辖，2007年8月从铁路嘉兴站划出（按：2007年4月9日铁路嘉兴站货场整体搬迁至嘉兴东站）。站内干部职工71名，设行车班组、调车班组、货运班组三个组。货场由二股正线引进，一股牵出线，股道11股，其中货1至货7为货场线，接铁水转运港2股和粮油批发公司专用线1股，并连接中央储备粮嘉兴直属库专用线1股、嘉兴永安石化有限公司危险品装卸专用线1股；基本仓库2栋，面积7375平方米；货7道小仓库面积110平方米；货7道仓库面积837平方米；货7道雨棚面积659平方米；分别建有货2号、货5号、货7号东站台。主要设备有：卸煤机设置货6道，生产能力550（吨/小时），门吊两台设置货5道，生产能力36吨，电动吊两台，设置在港池南岸，生产能力8吨。主要是为嘉兴市周边地区的国防、工业、农业生产及市民生活，所用的生产日用品、原材料、粮食、化肥等物资担当了重要的运输保障。

马王塘站（俗称马王塘火车站）

位于秀洲区王店镇境内、中心里程沪昆线自上海站起120公里146米处距马王塘小镇一公里左右。建于1950年，隶属嘉兴车务段，为四等站。有站长一名，副站长一名，职工9名，共计11人。站内有四股道，二股正线，二股到发线，接机场专用线。客运：办理旅客乘降，行李、包裹托运（按：2006年1月16日停止办理客运）。货运仅办理专用线、专用铁道整车货物到发。行车设备有控制台、道岔、信号机、通信、CTCS设备，主要办理接发列车安全、专用线取送车安全、试风等。

嘉兴南站

嘉兴南站俗称高铁南站，位于南湖区长水街道建成村，距市区沪杭铁路嘉兴站9公里，车站中心里程距铁路虹桥站84公里，距铁路杭州站85公里。2010年2月22日开工建设，2010年10月26日正式投入使用。车场规模为4站台8线，岛式站台2座，侧式中间站台1座，基本站台1座，建有站台雨棚，正线2条有效长各580.5米、到发线6条有效长各610米，道岔26副，均为18#道岔。站房平面呈矩形，平面轴线面宽120米，进深36米，其中出站层面宽48米，进深36米，候车大厅柱网为12米×36米的大跨度。售票大厅面积570平方米，人工窗口17个，其中应急售票窗口2个，自动售票机9台，2块电子显示屏，一块显示余票信息及公告，另一块显示最近时间段内开行车次；候车大厅面积3295平方米，分为上下两层，座位400个，工商银行VIP候车区1个，贵宾室一个，3块旅客电子显示屏，8台壁挂式PDP显示屏，在一、二层候车室分别设置有自动查询机，进站口设2台三品检查仪，共有21台自动检票机，一层候车室5台，二层候车室10台，出站口6台；车站最高聚集人数为2000人，站内共有自动扶梯13部，无障碍电梯4部。站前广场总用地16.21万平方米，总建筑面积16.39万平方米，分二期实施，一期和车站同步建成，总投资概算51468.31万元，占地面积77000平方米（116亩），建筑面积约36400平方米，停车库36400平方米，道路24000平方米，绿化景观9500平方米，硬质铺地13000平方米，停车场地30500平方米，铁路站房地方配套工程（高架平台2045平方米及匝道2741平方米）以及出站厅及出站口下沉等。广场左侧为进市区K93、K95、K96、K97、K98五路公交；广场中部是到新丰、王店的108和201路城乡公交；广场右侧为出租车停车场，预计设有停车位500个。

王店站

王店车站与沪杭铁路同时建造，位于沪杭铁路线南往杭州74公里，北去上海127公里的王店镇。竣工于清宣统元年（1909年），同年7月正式通车，火车穿镇而过，跨越市河。所建铁路桥，与古桥卖鱼桥相邻。站设于铁路桥之北约半里。清末民初，曾设站长、电报员、引货员各1人，并有路警、分路夫、工役等共计13人。1937年年底，日军从上海南下侵占杭州，沪杭线沦陷，日军为进一步侵略和掠夺的目的，在王店火车站旁建有两座碉堡和一座附属房，呈"一"字形排开，皆为砖混结构。两个碉堡直径均为3.8米，东侧高4米，西侧高5.2米。中间的附属房为两层，平面边长7.1米成正方形，高6.2米。这此碉堡是日军侵略中国留下的实物例证。

1985年12月26日，在复线建设中，改建成新火车站。新站在旧站之北，占地789平方米，站屋面积850平方米，比旧站面积扩大1.9倍。新站设有两个新型站台，分立于铁路两边，下筑地道相通。建有候车室、行包房，四则林木成荫。80年代中期王店火车站复线开通，1988年4月21日，王店站办理客运，因各类快车增加，日到站客车由原来3对改为2对。站里有职工28人。新站建成后，旧站已废。近年来，随着经济发展，旅客增多。1987年，全年客运量19万人次，发送行包28237件，收入237346元；1990年因车票价调整全年收入422475元。

该站在强化管理的基础上，对职工加强安全意识教育，到1990年年底，创造了连续近6000天无事故、无事故苗子安全行车新纪录。1979年12月，被上海铁路局授予红旗车站称号；1984年11月，被杭州铁路分局授予文明车站称号；1989年，被上海铁路局评为1989年度铁路先进班子。2006年1月16日，王店站停止使用。

第三节　桥　梁

（见第九篇第三章铁路桥梁）

第二章 铁路运输

铁路运输是使用铁路列车运送客货的一种运输方式。主要承担长距离、大数量的旅客、货物的运送，在没有水运条件地区，大批量货物运输主要依靠铁路，是在干线运输中起主力运输作用的运输形式。

速度快是铁路运输的最大优点，铁路运输不大易受自然条件限制，且载运量大，运输成本较低。其缺点是灵活性差，只能在固定线路上实现运输，需要以其他运输手段配合和衔接。铁路运输经济里程一般在200公里以上。

第一节 沪杭铁路客运

【旅客列车】

解放前

清末，沪杭铁路通车后，即办客运业务。宣统元年六月二十三日(1909年8月8日)杭嘉枫段开行为2对旅客列车，同年七月二十八日(9月12日)，增开为3对直通旅客列车。

民国初年，铁路运输以旅客运输为营业大宗，约占总收入的80%以上。因经费微薄，客运设备简陋，车站候车室、站台缺乏配套设施，雨篷多为临时性建筑。民国5年(1916年)，沪杭甬及沪宁两路接轨工程告竣，择定12月12日开始营业，除区间车仍由上海南站始发外，所有上海至杭州快慢车以及特快车，其前段所从上海北站始发的与上海南站出发之后段的各客车相衔接，据《上海申报》当时公布，沪杭线所有上下行列车时刻如表6-2-1。

民国12年11月，沪杭铁路经嘉兴境内各站行车时刻如表6-2-2。

民国26年1月1日起，调整旅客列车行车时刻和旅客列车始分为头等、二等、三等、四等票之分，票价各等均异。嘉兴站开有：嘉(兴)闸(口)二、三等混合区间车7:25开至10:25到。嘉(兴)沪(上海)二、三等混合区间车7:00开，至10:00到。

抗日战争爆发时，沪杭铁路运输全线中断。民国26年11月，淞沪战线后撤开始，沪宁、苏嘉、沪杭甬三线机车车辆和路料车都经由已在当年9月26日通车的钱塘江大桥撤至浙赣和粤汉两路应用。

抗日战争结束后，自民国35年10月10日起，京沪区路增驶“金陵”“钱塘”号，京杭直达特别快车，并调整其他各车次时刻，在沪杭线运营的客车中，以“西湖”号票价最昂贵，“金陵”、“钱塘”号略低，其次是特快车，普通车最低。详见表6-2-3。

沪杭甬与沪宁两路接轨通车时刻表

表6-2-1 民国6年(1916年)12月12日执行

上海至杭州	上海北站开	梵王渡开	徐家汇开	上海南站开	嘉兴站到开	杭州到	杭州至上海	杭州站开	嘉兴站开	上海南站到	徐家汇开	梵王渡开	上海北站开
快车	上午7:30	8:00	8:11	8:00	10:25到 10:35开	12:46	快车	上午7:35	9:30到 9:40开	12:06	11:58	12:07	12:30
慢车	上午8:50	9:20	9:31	9:20	12:26到 12:36开	下午3:16	慢车	上午8:40	11:20到 11:30开	下午2:23	2:16	2:27	2:50
特快车	下午2:00	2:36	2:36	2:30	4:36到 4:46开	6:42	特快车	下午2:40	4:28到 4:38开	6:50	6:41	5:56	7:16

表 6-2-2

民国 23 年(1934 年)沪杭线列车时刻表

夜间车*	快闸 客车禾	快车	慢车*	特别 快车	快禾 客沪车*	站名	特别 快车*	慢车	快车*	快沪 客禾车*	夜间车*	快禾 客闸车
22:50 到		19:10	16:20	12:00	10:10	上海 (北)	8:00	9:00	13:20	15:35	19:15	
20:46		16:52	13:26	10:02	7:39	嘉善	10:01	11:17	16:43	18:08	21:16	
20:24	18:10	16:24	12:50	9:39	7:15	嘉兴	10:31	12:40	16:16	18:30 到	21:46	7:05
19:45	17:32	15:37	11:13	9:00		硖石	11:02	13:32	16:56		22:17	7:45
19:14	16:50	15:00	10:45	8:29		长安	11:36	14:23	17:40		22:51	8:31
18:25	15:35	13:50	9:15	7:40		杭州	12:30	16:00	18:50		23:45	9:43
18:00	15:05	13:20	8:40	7:15		闸口	12:45 到	16:30 到	19:10 到 19:10~4		24:00 到	10:05 到

注:1. 表内有*符号者,与沪宁车衔接。2. 民国时,海宁政府设在盐官,故特别快车在长安停靠

表 6-2-3

杭州至上海(北)上行行车时刻表

民国 36 年(1946 年)10 月

车次 站名	92 嘉沪头, 二,三等 特快车	42 杭沪 二三等 客车	2 金陵号头, 二等杭京 直达特快车	68 杭沪 四等 混合车	26 杭泸头, 二,三等 特快车	22 西湖号 游览车	62 杭沪 二,三等 客车	94 杭嘉头, 二,三等 特快车
杭州开		6:10	8:00	8:30	14:00	16:00	16:25	18:25
长安到镇开		7:22	8:54	10:27	15:02		17:37	19:25
		7:27	8:58	10:40	15:05		17:42	19:34
嘉兴到站开		8:55	10:04	12:45	16:11	17:47	19:12	20:50
	6:35	9:04	10:13	13:10	16:20	17:54	19:25	
松江到站开	7:47	10:38	11:21	15:22	17:39		20:54	
	7:51	10:44	11:26	15:29	17:48		21:00	
上海北站到	9:15	12:15	13:25		18:55	20:05	22:30	

解放后

沪杭铁路客流量逐年增加,全市客运量呈上升发展趋势,以主要代表年份旅客发送量列举如下:1952 年 124 万人次,1957 年 169 万人次,1962 年 356 万人次,1965 年 207 万人次,1970 年 215 万人次,1975 年 244 万人次,1980 年 317 万人次,1985 年 423 万人次,1988 年 432 万人次。

1989 年至 1990 年,由于铁路客运运价调高,铁、公、运输合理分流,全市铁路客流量呈下降趋势,略低于 1988 年最高水平。从 1978 年实行改革开放后;铁路客运工作发生显著变化,旅客运输量急剧上升,铁路部门着眼于内涵,努力挖掘潜力,加强客运组织,并采取"挤货让客"、旅客列车开办自理包裹、加挂直达包裹车业务等措施,以及在生产运输管理领域和客运服务系统应用微机等手段,使有限的运力发挥最好的水平,较好地完成新时期铁路运输任务。1990 年,通过嘉兴的旅客列车有 22 对,嘉兴至全省铁路沿线各站均可转乘过往的各种客车抵达全国长沙、重庆、南宁、昆明、厦门、贵阳、南昌、福州、广州、无锡、南京、北京、沈阳等地。同年,沪杭线杭(州)嘉(兴)段定开旅客列车 22 对、货物列车 27 对,分别比 1978 年 8 月 1 日的客车 12 对、货车 25 对增加 83.3%和 8%。1990 年,通过嘉兴旅客列车对数、车次如下。

特别快车 9 对:沪杭 95/96 次、京福 45/46 次、沪穗 49/50 次、沪昆 78/80 次、无锡 11/12 次、沪渝 71/72 次、沪甬 97/98 次、沪厦 75/76 次、沪昌 77/78 次。其中京福 45/46 次、沪昆 79/80 次、杭锡 11/12 次嘉兴站不办客。

直达快车 5 对:京杭 119/120 次、沪贵 151/152 次、沪昌 179/180 次、沪长 207/208 次、宁西穗 211/212 次。

旅客快车 6 对:沪杭 361/362 次、363/364 次沪杭、沪衢 355/356 次、杭沈 133/134 次、沪甬 361/362 次、363/364 沪甬。

普通旅客列车 2 对:沪甬 451/452 次,453/454 沪甬。

1991 年沪杭复线开通,铁路嘉兴站日通过客车由 1990

年的22对增加到42对。随着铁路嘉兴新客站建成和火车的多次提速，铁路嘉兴站客运量上升，1997年嘉兴新客运站建成的第一年，客运量达145.35万人次；2004年4月18日，全国铁路第五次大提速，车速从140公里/小时提高到160公里/小时，同年客运量达251万人次；2007年第六次列车提速，时速200公里及动车组的开行，同年客运量达311万人次；2009年客运量为383万人次。为方便旅客购票，2009年7月增加城南路车票代售点，2010年5月开通了POS机购票业务，2010年8月30日分别增加了中山路、禾兴北路代售点，2010年开通了电话订票。同年初日均列车有每天118趟。同年10月26日嘉兴南站启用，铁路嘉兴站客发量为273.75万人次。

【客运设备】

解放前，民国22年（1933年）沪杭线嘉兴至许村间共7个车站总建筑面积为1388平方米；有站台13个，总长1819米。

解放后，客运设备逐步改善，首先在嘉兴站增设母子候车室和军人候车室，设小件行李寄存处，以后又在嘉兴新建售票处，面积351平方米，车站站台逐步实现硬面化。截止1990年10月，嘉兴站有候车室557平方米，售票厅361平方米，共5个窗口，行包房5平方米，广播室4平方米，雨棚2个，计5169平方米，旅客站台2个，计714米，跨线地道1座，旅客厕所3个，计37平方米。

【客运运价】

民国时期

自民国12年（1923年）起对沪杭线客运运价作了重行更订，其计算标准50公里以下头等每公里运价2.835分，二等1.890分，三等1.050分，四等0.683分；51至100公里递减率2.5%；101至150公里递减率5%；151至200公里递减率7.5%。其最小运费：头等0.15元，二等0.10元，三等0.05元。特别快车加价费每100公里头等0.60元，二等0.30元，三等0.15元。

表6-2-4

民国12年（1923年）长距离旅客运价递减表

距离	递减	每公里运价			
（公里）	率%	头等（分）	二等（分）	三等（分）	四等（分）
50以下	——	2.835	1.890	1.050	0.683
51~100	2.5	2.764	1.843	1.024	0.665
101~150	5	2.693	1.795	0.998	0.648
151~200	7.5	2.622	1.748	0.971	0.637

表6-2-5

民国12年（1923年）沪杭段票价表

站名	闸口至各站票价			站名	上海（北）至各站票价		
	头等	二等	三等		头等	二等	三等
闸口	（元）	（元）	（元）	上海北	（元）	（元）	（元）
南星桥	0.15	0.10	0.05	龙华新站	0.70	0.45	0.25
杭州	0.30	0.20	0.10	松江	1.80	1.20	0.65
艮山门	0.45	0.30	0.15	枫泾	2.70	1.80	1.00
笕桥	0.70	0.45	0.25	嘉善	3.00	2.00	1.00
临平	1.25	0.85	0.45	嘉兴	3.65	2.45	1.35
长安	1.80	1.20	0.65	王店	4.35	2.90	1.60
斜桥	2.20	1.45	0.80	硖石	4.60	3.10	1.70
硖石	2.70	1.80	1.00	斜桥	5.15	3.45	1.90
王店	3.00	2.00	1.10	长安	5.55	3.70	2.05
嘉兴	3.65	2.45	1.35	临平	6.10	4.05	2.25
嘉善	4.35	2.90	1.60	笕桥	6.65	4.45	2.45
枫泾	4.60	3.10	1.70	艮山门	6.90	4.60	2.55
松江	5.55	3.70	2.05	杭州	7.05	4.70	2.60
龙华新站	6.65	4.45	2.45	南星桥	7.05	4.70	2.60
上海北	7.15	4.80	2.65	闸口	7.15	4.80	2.66

抗战胜利后，铁路客运运价在物价飞涨、货币贬值的情况下，调整十分频繁，就京沪铁路局而言，多则一年内调整次数达10次以上，调整幅度在50%以上。以民国35年（1946年）沪杭全线为例，“西湖”号为2.5万元；“金陵”“钱塘”号头等为1.9万元；特别快车头等票为1.8万元；普通车头等票为1.4万元。1947年一年内沪杭线调整10次。民国37年4月5日，客运票价已调整至前年的20~30倍以上，其分项票价如下。“西湖”号：头等（无二等）上海至嘉兴60万元，上海至杭州76万元；“钱塘”号：二等（头等与西湖号同）上海至嘉兴40万元，上海至杭州51万元；特别快车：上海至嘉兴（嘉善同）头等45万元，二等36万元，三等18万元，上海至杭州（硖石、长安均同）头等69万元，二等46万元，三等23万元；普通客车：上海至嘉兴（嘉善同）头等30万元，三等15万元，四等10万元：上海至杭州（硖石长安同）二等38万元，三等19万元，四等13万元。另月台票张4万元。

中华人民共和国成立后

全国统一铁路客运运价，客票种类的票价由铁道部统一规定。至80年代，由于铁路客运运价相应偏低，运力不足，1987年3月，国家为理顺价格体系，进一步振兴铁路交通事业，第一次在全国范围内200公里以下，作铁路客运价格的调整，其幅度在原基价上浮50%。

1989年9月5日票价调整为：平均每人公里由0.02元提高到0.04元多一点，平均提高112%，其中100公里以内提高60%，101公里以上提高120%。客票为软座、硬座、市郊、棚车；附加票分加快票（特快、普快）、卧铺票（高级软卧、软卧、包房硬卧），空调票；另外还有小孩半价票；伤残军人半价票，学生减价票。棚车票，按硬座客票半价计算。棚车小孩票，按硬座小孩票价50%计算。包房式硬卧票价，分别按普通硬卧中、下铺票价另加30%计算，有空调设备的车辆，除广九线外，均按空调费表计算。车票的起码票价里程：客票按20公里；加快票按100公里，卧铺票按400公里计算。车票票价计算，根据发到站间运价里程，按旅客票价表计算。票价见下表。

旅客票价表

表 6-2-6

1989年9月5日　单位：元

里程	硬座	软座	里程	硬座	软座
1~30	1.00	2.00	121~140	5.00	8.00
31~40	1.50	2.00	141~150	6.00	10.00
41~50	2.00	3.00	151~170	7.00	11.00
51~60	2.00	4.00	171~180	7.00	12.00
61~70	3.00	4.00	181~190	7.00	13.00
71~80	3.00	5.00	191~200	8.00	13.00
81~90	3.00	6.00	201~220	8.00	14.00
91~100	1.00	7.00	221~240	9.00	16.00
101~120	5.00	8.00	241~260	10.00	17.00
261~280	10.00	18.00	581~610	21.00	37.00
281~300	11.00	19.00	611~640	22.00	38.00
301~320	12.00	21.00	641~670	23.00	40.00
321~340	13.00	22.00	671~700	24.00	41.00
341~360	13.00	23.00	701~740	25.00	43.00
361~380	14.00	24.00	741~780	26.00	45.00
381~400	15.00	25.00	781~820	27.00	47.00
401~430	16.00	27.00	821~860	28.00	48.00
431~460	17.00	29.00	861~900	29.00	50.00
461~490	18.00	31.00	901~940	30.00	52.00
491~520	19.00	32.00	941~980	31.00	54.00
521~550	19.00	34.00	981-1020	32.00	56.00
551~580	20.00	35.00			

注：半价票为全价票的一半，尾数5分进整为角

旅客票价表

表 6-2-7

1989 年 9 月 5 日　单位:元

硬卧				软卧		
里程	上铺	中铺	下铺	里程	上铺	下铺
1~430	11.00	12.00	13.00	1~400	29.00	32.00
431~460	12.00	13.00	14.00	401~430	30.00	33.00
461~490	12.00	14.00	15.00	431~460	32.00	36.00
491~520	13.00	15.00	16.00	461~490	35.00	38.00
521~550	14.00	15.00	17.00	491~520	37.00	40.00
551~580	14.00	16.00	18.00	521~550	38.00	42.00
581~610	15.00	17.00	18.00	551~580	40.00	44.00
611~640	15.00	17.00	19.00	581~610	41.00	46.00
641~670	16.00	18.00	20.00	611~640	43.00	47.00
671~700	17.00	19.00	20.00	641~670	45.00	49.00
701~740	17.00	19.00	21.00	671~700	46.00	51.00
741~780	18.00	20.00	22.00	710~740	48.00	53.00
781~820	19.00	21.00	23.00	741~780	50.00	55.00
821~860	20.00	22.00	24.00	781~820	53.00	58.00
861~900	20.00	23.00	25.00	821~860	55.00	60.00

注:半价票为全价票的一半,尾数 5 分进整为角

旅客票价表

表 6-2-8

1989 年 9 月 5 日　单位:元

空调费表			加快票		
里程	硬座	软座	里程	特快	普快
1~150	1.00	1.00	1~190	2.00	1.00
151~260	1.00	2.00	191~340	4.00	2.00
261~360	2.00	3.00	341~490	6.00	3.00
361~460	2.00	4.00	491~670	8.00	4.00
481~610	3.00	5.00	671~860	10.00	5.00
611~740	4.00	6.00	861~1020	12.00	6.00
741~900	4.00	7.00	1021~1250	14.00	7.00
901~940	4.00	8.00	1251~1450	16.00	8.00
941~1020	5.00	8.00	1451~1720	18.00	9.00
1021~1200	5.00	9.00	1721~1960	20.00	10.00
里程	硬卧	软卧	1961~2200	22.00	11.00
1~490	2.00	5.00	2201~2410	24.00	12.00
491~580	2.00	6.00			
581~700	3.00	7.00			
701~820	3.00	8.00			
821~900	3.00	9.00			
901~940	4.00	9.00			
941~1060	4.00	10.00			
1061~1200	4.00	11.00			
1201~1350	5.00	12.00			
1351~1500	5.00	13.00			
1501~1660	5.00	14.00			
1661-1780	6.00	15.00			

注:半价票为全价票的一半,尾数 5 分进整为角

第二节　高速铁路客运

【列车运行】

2010 年 9 月 1 日沪杭客运专线进入联调联试和试运行阶段，9 月 28 日国产“和谐号”CRH380A 新一代高速动车组最高时速达到 416.6 公里(按：刷新了当时全国运行试验最高速度)。同年 10 月 26 日正式运行，当日首发列车 G7384 次，10：09 时从杭州城站火车站出发，经桐乡站(二等座 28 元、一等座 44 元)、嘉兴南站(二等座 41 元、一等座 66 元)(10：36 时到达)、嘉善南站(二等座 49 元、一等座 79 元)，于 11：10 时到达上海虹桥站。沪杭客运专线开通，共有 80 对列车运行，高速列车 50 对，动车组列车 30 对。76 趟列车停靠嘉兴南站，杭州和上海方向分别有 48 趟和 28 趟列车，“G”字 36 趟和“D”字 40 趟(按：“G”字打头的为高速动车组列车，开行时速达 350 公里；“D”字打头为动车组列车，运行最高时速从原来的 160 公里提高到 250 公里)，停靠时间为当天 6 时 55 至 22 时 21 分。

沪杭高铁嘉兴南站列车运行情况表

表 6-2-9

列车方向／列车类型	上行（上海方向）	下行（杭州方向）	合计
G 字头高铁	23 趟	29 趟	52 趟
D 字头动车组	17 趟	24 趟	41 趟
合计	40 趟	53 趟	93 趟

既有沪杭铁路嘉兴站列车运行情况表

表 6-2-10

列车方向／列车类型	上行（上海方向）	下行（杭州方向）	合计
普通列车合计	45 趟	46 趟	91 趟

【客运流量】

沪杭高铁开通初期，铁路嘉兴站取消了“D”字头动车组列车，其中发往福州、温州、厦门、宁波、衢州等方向的 10 多趟动车组列车均转移至沪杭高铁运行。2010 年，嘉兴南站客发量 24.32 万人次，日均发送旅客 3741 人次。

2012 年，嘉兴站每天停靠列车 91 趟；嘉兴南站每天停靠“G”字头动车组 52 趟(与运营初期相比增加 16 趟)，停靠“D”字头长途动车组 41 趟(与运营初期基本持平)。总体而言，高铁运营两年多来，嘉兴地区铁路客运能力有了较大提升，旅客出行有了更多选择。客流方面，嘉兴站每天客发量约 7200 人次(根据票房售票量，因为异地票的缘故，实际客发量要多一些)，嘉兴南站每天客发量约为 5400 人次，两大站每天客发量约为 12600 人次，这与沪杭高铁开通前嘉兴站每天 11000 人次左右的客发量相比，已有所提升。2012 年，嘉兴站年日均上海客流 1851 人次，杭州客流 402 人次(嘉兴前往杭州多数车次停靠于萧山的杭州南，客流较少)，嘉兴南站年日均上海客流 1966 人次，杭州客流 1842 人次，市区两大火车站年日均上海客流 3817 人次，杭州客流 2244 人次。

第三节　货　运

【货运组织】

解放前

沪杭铁路自清宣统元年六月二十八日（1909 年 8 月 13 日）沪枫、杭枫段接轨，同年七月二十八日(9 月 12 日)全线正式通车后，即办理货物运输。截至同年十二月底，客货运输营业额、行李包裹和货物经营数量嘉兴站为 40971.306 元，5.5 担，20135 吨；王店站为 7304.070 元，11 担，212 吨。

嘉兴地处交通要冲，自沪杭铁路通车经营后，嘉兴火车站营业收入较之硖石、长安、嘉善站为之最。民国期间，营业收入来源大致有三方面：客运、货运及杂项，其中以客运收入最多，货运次之，杂项最少。据《中国经济志》载，民国 23 年(1934 年)嘉兴站每日上下行客货车约二十余次，运货费收入 24189 元，进站货物 26996 吨，出站货物 20871 吨，并“三年填报，虽略有多少，然无特殊变化，不会大增大减”。

解放后

解放初期，建立了全国统一的运输调度指挥系统，组成全国统一的铁路运输网，建立统一的规章制度，统一客货运价。1949 年 8 月，在上海铁路管理局的组织下，嘉兴站参加上海、南昌间的直达货物运输。1950年后，贯彻执行铁道部关于《铁路月度货物运输计划编制方法》，与地、县主要物资部门联系，运用签订合同等方式组织编制月度运输计划。1951年7月1日起，铁路全面开办货物负责运输。1953年起，开始对铁(路)、公(路)、水(路)等运输部门进行经济调查，摸清产、供、销、运的情况，组织平衡运输工具，使社会运输力统筹合理使用，嘉兴辖区如嘉兴等各中心站、主要站都成立了组织货源小组，落实人员，定期召开货主会议，平衡计划，逐步形成制度。1955年试办水陆联运，随后于1956年扩大到铁、公、水三方面的联运。嘉兴站为杭州铁路分局所辖七个指定换装点之一，把地区范围内所要联运的货物紧密衔接，避免计划落空，对促进联运，保证物资畅流起到了一个加速作用。1978年10月，嘉兴站体制变化，撤销中心站，成立了嘉兴车务段，同时，成立业务室，配备货运组织员，负责管区内各货运站编制年度计划和月度运输计划，并逐月上报月度运输计划和路料运输计划，及时办理补充计划，历年执行，渐成制度。

1990年年末，嘉兴辖区境内有5个货运站，占全部火车站15个的1/3。由于沪杭铁路复线的修筑和局部竣工、投入使用，使原来区间因单线而影响站场作业能力，及正线通过能力紧张的状况得到了缓和，扭转了挤货让客的被动局面。沪杭线1990年货物列车固定为27对，比1978年8月的25对，仅增加2对，而客车由1978年8月份的12对，到1990年12月增加到固定的22对，有较大幅度的增加。

集装箱运输，是1978年以后发展起来的，主要对易碎、怕湿、贵重货物组织集装箱运输，也有对散、堆装货物组织集装运输。首先由嘉兴站开始，陆续有1吨、5吨集装箱到发。据统计，1981年，嘉兴站集装箱发送1787箱，计5550吨，集装箱发送吨位重量仅占普通零星货物23181吨的25%，集装箱门到门的比重占集装箱总数的25.1%。到1990年，嘉兴站集装箱发送量上升到，运送货物28175吨，集装箱发送吨重量占普通零星货物的比例上升到50%，门到门的比重占集装箱总数的95%，集装箱运输发挥了迅速、方便、安全、保密的作用。

90年代初铁路嘉兴、嘉兴东、马王塘、王店火车站均办理货运业务，嘉兴东站是唯一仅办理货运的车站，主要办理建材、煤炭、粮食、化肥、纸张等货物的到发，由于嘉兴城市建设的加快，建材的货运量最大，煤炭在嘉兴化工厂停产后不再办理。随着经济体制改革的深入，1996年拆除1970年成立的嘉兴地、县统一运输指挥部。为和国际接轨，逐步取消1、5、6、10吨集装箱，到2000年全部改为20英尺集装箱，2003年增加了40英尺集装箱。

2004年货运量96万吨，达历年来货运量最大，主要以粮食中转为主。同年后，王店火车站停止使用，不再办理客货运；马王塘火车站由客货运站改为货运站。2007年4月15日铁路嘉兴站停止办理货运。由于公路运输、水路运输的发展和嘉兴玉米中转量减少，铁路货运量逐年减少，2010年嘉兴市货运量为26万吨。

1992—2010年若干年份境内铁路运量表

表6-2-11

年份	货运量(万吨)
1992	71
1993	61
1995	74
1997	60
1999	64
2001	67
2002	69
2004	96
2005	75
2006	64
2007	42
2008	29
2009	26
2010	26

【货物运价】

铁路货物运价，因各个时期的货币、计量单位、货物等级分类以及运输距离的不同而发生差异。

解放前

民国12年(1923年)6月1日起对沪杭铁路货物运价作了重行改订，凡在60公斤以内者，其标准价目(银圆)：一等货(二十分之十四)分即五厘六毫；二等货(三十分之七)分即二厘三毫三丝；三等货(七分之一)分即一厘四毫三丝；四等货(二十一分之二)分即九毫五丝；五等货(十五分之一)分即六毫六丝；六等货(一百二十五分之七)分即五毫六丝。

自101公里至200公里递减百分之一。

公吨运价按照50公斤运价以各等货之递减率计算，其每公吨价目：头等货(十一又五分之一)分；二等货(四又三分之二)分；三等货(二又六分之七)分；四等货(一又二十一分之十九)分；五等货(一又三分之一)分；六等货(一又二十五分之二)分。

25吨整车运价按照公吨运价，以各等货之递减率计算，其减率：头等货65%；二等货40%；三等货42%；四等货

4833%；六等货 48%。30 吨整车递减率：头等货 45%；二等货 40%；三等货 35%；货 30%；五等货 25%；六等货 20%。

表 6-2-12

1936 年 2 月嘉兴、王店站铁路整车货运运价表

站名	里程公里	由该站起运至杭州闸口					
		每公吨运价(元)					
		一等	二等	三等	四等	五等	六等
嘉兴	98	5.98	6.24	1.60	0.95	0.88	0.72
王店	81	5.19	2.19	1.39	0.83	0.76	0.63

抗战胜利至解放前，物价暴涨，货物运价变动频繁，调整幅度很大。

解放后

全国统一铁路运价，各铁路起运站可将货物发至全国各办理营业的任何站。1950 年开始，为满足发展生产，繁荣经济，加强城乡商品交流的要求，曾降低过货运运价。1955 年 6 月，为适应社会主义有计划的建设需要，对运价进行改革，对主要货物：煤、焦炭、铁矿石、木材、钢材等单独规定了运价号，为限制不合理的过远和对流运输，规定了若干提高和降低的特定运价。

1961 年 3 月 1 日起，实行了更具体的整运价和零担运价，整运价分为 28 个运价号，零担运价分为 11 个运价号。以后运价号经过多次修改实施。经国务院国发（1985）68 号文批准，由铁道部于 1985 年 5 月 3 日公布《关于实行铁路规途货物运输附加费的通知》（铁运字〔1985〕462 号），自 1985 年 5 月 15 日起，实行铁路规途货物运输附加费：200 公里以内，整车货物每吨加 4 元，零担货物每 10 公斤加 4 分，5 吨集装箱，每箱加 12 元，1 吨集装箱，每箱加 4 元，长途货物运价仍保持不变。

1990 年 3 月 15 日为进一步协调各种运输方式，理顺运输价格和商品比价，实行货运新动价，平均每吨公里提高 5 厘，外加 200 公里以内短途与长途运价衔接“顺坡”，总提价为 5.8 厘。经调整、完善，现行货物运价率就整车货物、零担货物和集装箱货物分别规定，其中整车货物运价率以发到站间运价里程为基础，就每一种运价号分别规定每吨货物或货车每袖的运费标准；零担货物运价率以发到站间运价里程为基础，就每一种运价号分别规定每 10 公斤货物的运费标准；集装箱货物运价率以发到站间运价里程为基础，就一吨箱和五吨箱分别规定每箱的运费标准。铁路货物的运费按下式计算：

运价里程包括运价率

运价率加减成合短途*货物计费重量=运费

运价号运输附加费

整车货物运价是以整车运送货物所规定的运价。运价为表 1 号至 12 号。计费金额以元为单位，计费重量以吨为单位。

1990 年 3 月 15 日整车货物运价率表

表 6-2-13

100~250 公里运价号 1~12 号　单位：元/吨

运价率(元) \ 里程(公里) \ 运价号	100	101~130	131~160	161~190	191~220	221~250
1	5.70	5.80	6.00	6.20	6.40	6.50
2	5.70	5.80	6.10	6.30	6.50	6.70
3	6.10	6.20	6.50	6.70	6.90	7.20
4	6.10	5.20	6.50	6.80	7.10	7.30
5	6.30	6.60	6.90	7.30	7.70	8.00
6	6.40	6.60	7.10	7.50	7.90	8.30
7	6.90	7.20	7.70	8.20	8.80	9.20
8	7.10	7.40	8.00	8.50	9.10	9.60
9	7.40	7.70	8.30	8.90	9.50	10.00
10	7.60	7.90	8.60	9.30	9.90	10.50
11	7.70	8.00	8.70	9.40	10.10	10.70
12(每辆)	7.70	8.10	10.30	12.40	14.50	16.60

注：1. 计算货物运费的起码里程为 100 公里。2. 发货人的自备货车或租用铁路货车空车挂运时按 12 号运率计费

零担货物运价是以零担运送货物所规定的运价。运从21号至25号，计算重量以10公斤为单位。零担货物的起码运每批0.60元。

1990年3月15日零担货物运价率表

表6-2-14

100~250公里运价号21~25号 单位:10公斤

运价率（元）＼里程（公里）＼运价号	100	101~130	131~160	161~190	191~220	221~250
21	0.08	0.08	0.10	0.11	0.12	0.13
22	0.09	0.10	0.11	0.12	0.13	0.14
23	0.10	0.11	0.12	0.13	0.15	0.16
24	0.13	0.14	0.16	0.19	0.21	0.23
25	0.18	0.20	0.23	0.27	0.30	0.34

集装箱货物运价是以集装箱运送货物所规定的运价价率表为1吨和5吨、6吨、10吨和20英尺、40英尺六种箱型，物分书、其他货物两类，计费金额以元为单位，元以下一位小数。计算以箱为单位，按箱计费。

1990年3月15日集装箱货物运价率表

表6-2-15

100~250公里 单位:元/箱

箱型	运价率（元）＼里程（公里）＼货物名称	100	101~130	131~160	161~190	191~220	221~250
1吨	书	7.10	7.70	8.70	9.80	10.80	11.20
	其他货物	7.80	8.30	9.30	10.30	11.40	12.40
6吨	书	27.60	30.30	35.60	41.00	45.90	49.20
	其他货物	36.60	40.60	48.80	57.00	64.80	70.90
6吨	书	34.70	37.60	43.40	49.20	54.80	59.50
	其他货物	45.50	51.50	63.50	75.40	87.30	98.60
10吨	书	55.20	60.50	71.20	81.90	92.10	99.80
	其他货物	73.10	82.50	101.20	119.20	138.20	153.90
20	英尺	192.60	205.20	230.50	255.80	279.80	297.00
40	英尺	365.00	410.30	460.90	511.60	559.50	594.00

注:书与其他货物在一箱内混货时，按其他货物运价率计算

【货运设备】

解放前

货运设备比较简单，沪杭甬铁路在民国22年（1933年）6月共有11个货栈，总面积为8837.84平方米，总容量为4965公吨（杭州分局内），其中最大的是闸口货栈，最小的是长安货栈，其面积为72.46平方米：容量为50公吨。

（1932年7月至1933年6月）嘉兴、王店货栈情况表

表6-2-16

名称	面积（平方米）	容量（公吨）	价值（元）	落成日期
嘉兴货栈	510.97	200	10175	1915年4年12月
王店货栈	133.78	120	700	浙路所建

解放后

铁路货运设施为适应国民经济发展需要，因地制宜，分期分批建设。1950年以后对原有的货运设备进行整治和改造。1960年以后，中央提出各行各业都来支援农业，铁路为改变货运设施较差的状况，对没有仓库的小站，新建了支农仓库或货棚。70年代，特别是中央十一届三中全会以后，全国经济迅速振兴发展，迫使铁路增加货运能力，对各货运站都相继不同地增建了货物栈、仓库，扩大了货场和设施，增加了装卸起重设备。至1990年年末，嘉兴车务段主要有嘉兴等8个货运站，货场总面积为84674平方米，拆合318个货位。货物仓库41座，使用面积为4535平方米，货物雨棚793平方米，货物站台7座，4291平方米，露天货场16处，21678平方米，装卸11股，可容车181辆，配有各种装卸货物的机械几十台。

嘉兴铁路货运自清末至2010年，随着历史的发展和国民经济生产需要，货运量日趋增大，嘉兴地处江南水乡，农副产品资源丰富，铁路货运种类出口以稻、麦、丝、棉、麻、猪、禽等农副产品和砂石料、矿建、日用工业品，另担为多。进口以原煤、钢材、木材、化肥、石膏、化工（硫酸）、化肥、另担等工农业产品为主。另外，开辟了沿线专用线三条（马王塘机场专用线除外），一条是嘉兴民丰造纸厂线，于嘉兴站出岔，长205米，1958年12月启用。另一条是嘉兴市食品冷库线，长度为双线247米，1976年8月启用。还有一条是嘉兴市粮库线，也为嘉兴站出岔，长110米，1986年6月启用。三条专用线产权均属地方。

党的十一届三中全会后，实行改革开放政策，搞活了经济，铁路运输进人新的发展时期，客货运量急剧上升。1986年，沿海长江三角洲列为对外开放地区，嘉兴的城乡经济进一步繁荣，集市贸易明显活跃，从事长、短途贩运的旅客日益增多，加上铁路客运票价相对公路较低，使铁路客货流量相对集中，在开放搞活的新形势下，铁路运输能力日显不足。为适应新形势的需要，铁路加快了枢纽改建速度，积极采用新科技，主要干线区段已建成双线并努力挖掘潜力，加强货物运输组织工作，进行货物组织分流，从而缓解了运力与运量的矛盾。

第四节　联　运

【铁路联运】

联合运输，最早始于铁路。民国期间，各路局铁路线间的计费与规则不尽相同，两局间的运输就称联运。民国22年（1933年）7月1日起，浙赣铁路与京沪、沪杭甬铁路签订协议办理货物联运，并规定：联运货物范围，以铁路负责者为限，铁路不负责之货物暂不办理，指定浙赣线9站，京沪线8站，沪杭甬线9站：上海北站、麦根站、上海南站、日晖港、松江、嘉兴、硖石、长安、拱宸桥，同年8月又增加王店站。

民国37年11月12日实行京杭（南京至杭州）联运对号特快快车。其时刻表如表6-2-17。

从表中，可以看出，当时铁路已办理客运联运。解放后，1949年8月，上海铁路局组织杭州铁路分局所辖嘉兴、硖石、长安镇、杭州等11个站与麦根站、日晖缎、上饶、贵溪、弋阳、鹰潭、温家圳、南昌间相互办理整车直达货运业务。从此，全国所有铁路各营业站之间都可相互发往货物，铁路站间运输就不称为联运。

京杭联运对号特快列车时刻表

表6-2-17　　1948年11月12日实行

102次		上行／站名＼下行	101次	
京沪线	17:07	到南京	8:30开	京沪线
	14:09 14:03	开常州到 到开	11:19 11:26	
	13:16 12:57	开无锡到 到开	12:10 12:15	
	12:17 12:11	开苏州到 到开	13:04 13:10	
沪杭线	10:50 9:50	开上海北站到 到开	14:40 13:25	沪杭线
	9:34 9:32	开上海西站到 到开	15:42 15:45	
	7:30 7:21	开嘉兴站到 到开	17:43 18:00	
	5:25	杭州到	20:05	

【铁、公、水联运】

铁路、公路之间的联运，是铁路、公路二程运输衔接的一种联运组织形式，稍迟于铁路联运，但在不同时期，有不同的要求与内容。

解放前

民国23年（1934年）5月，上海交通股份有限公司与浙江省公路局、江苏省公路管理处签订闵行论渡联运合同，实行沪（上海）、平（平湖）、乍（乍浦）旅客一票到底的联合运输，为最早的公、水联运。民国36年9月1日，湖嘉、苏嘉长途汽车公司与京沪区铁路管理局为谋旅客往来便利起见，洽办联运，所有平望、盛泽与上海、杭州间往来旅客均以嘉兴为联接站，规定由湖苏嘉长途汽车公司发车按班接送，当时以联运旅客和行李为限。公布之日起，即遭嘉兴人力车夫及三轮车夫反对，当时嘉兴县府邀集各机关团体会商处理，公路方面原定每日开行14班，为兼管照顾车夫生计，暂定试办2班，并以购买联票之旅客方准乘坐。9月4日正式实行铁公联运。民国时期的铁公联运，一般由运输行代办办理。

解放后

铁、公、水联运事业得到振兴和发展。1950年5月，在华东军政委员会交通部的领导下，在上海成立"新华联运公司"，为国营企业，其分机构遍布华东各省、市，开通18条联运线，形成联运服务网。华东联运公司浙江省公司嘉兴办事处于1950年10月1日建立，在嘉兴市建国路360号，经营水陆联运兼办押汇保险业务。1951年12月1日，根据上级指示，公营浙赣运输公司嘉兴分公司（1950年6月成立）并入华东联运公司浙江省公司嘉兴办事处。同年12月公营浙赣运输公司驻硖石办事处（1950年10月成立）归并华东联运公司，由嘉兴办事处在硖石设联运站。1952年1月1日，嘉兴办事处在嘉善下甸庙设置京善联运站，洪溪、干窑、魏塘等地设置工作组。同年8月，为开展黄麻运输，在长安镇设长安联运站。继后，在平湖县设立平湖联运站。此外，还先后建立起吴兴县菱湖镇联运站、长兴联运站及递铺、孝丰2个工作组。据1952年统计资料表明，当时华东联运公司浙江省公司嘉兴办事处及所辖各联运站的运输工具共计有大小木帆船3451艘、55849吨，竹筏434个、619吨，汽车20辆、66吨，各种人力货车139辆、67吨。此时的联运工作，主要是铁、水中转联运，运输物资主要是粮食、砖瓦、络麻、蚕茧等。1952年，嘉兴、湖州各单位全年联运业务运量共1055万吨。

1953年1月，为加强各省联运公司对所属组织机构的领导与管理，不再冠以华东联运公司之名。

1953年1月，省联运公司嘉兴办事处和湖州办事处合一为嘉兴分公司，直接领导长安、硖石、平湖、嘉善联运站、桐乡、海盐工作组和湖州办事处。同年6月，嘉兴联运分公司并入嘉兴航管处。

1958年，交通运输运力紧张，各县、市普遍成立运输指挥部，下设运输协作办公室，由铁、公、水等运输部门和主要物资部门负责人协同组成，联合办公，并运用行政管理手段，实行"扎口运输"，统一调度车船运力，统一送货到家，统一银行划拨结算，集中力量疏运港站和厂矿企业专用铁道上积压的货物。

1961年10月，铁交两部联合颁布《铁路和水路货物联运规则》，各级联运部门为体现"两个服务"（为旅客、为货主）的宗旨，采取集中计划运輸，合理分流，优惠运价，换装包干、分理负责的原则，统一安排，货运运输铁、公、水联运服务工作，负责协调搬运、装卸。并对车、船、装卸实行统一计划，统一调度，统一运价，统一票证，统一结算的"五统"管理。1963年，随着国民经济的调整，恢复成立嘉兴地区联运处。各县相继恢复成立联运站。1970年11月至1971年9月贯彻中央关于开展铁路、公路、水路联合运输的指示精神，陆续成立嘉兴地、县统一运输指挥部。在当时，起到积极作用，但终因"外联内不联"，未能发挥长久作用，各联运指挥部先后自行消失。

1971年11月6日，建立旅客联运服务，嘉兴建国路189号设嘉兴客运联合售票处。预售铁路、公路、水路客票及水—铁、铁—公、公—水相互联结的一条龙联运客票（一次售票，分乘车船），方便旅客。

1988年9月1日，嘉兴市联运公司成立，为撤地建市以后，铁路与水路联运的统一协调机构。

【嘉兴市联运公司】

嘉兴市联运公司于1988年9月1日成立，系全民所有制性质的联托运企业，位于城东路49号，隶属于嘉兴市交通局。有职工27名，注册资金28.8万元。公司经理任振强。下设办公室、业务科、计财科等3科（室）。设有分机构3个：嘉兴铁路整车联运办事处、嘉兴市公路货运配载服务部和嘉兴市公路货配部中山西路站。主要业务是：为两种以上运输工具或同一种运输工具，中转换装的水、陆到货物资，组织联合运输和为物资单位代办整车（批）、零担、集装箱联运货物的托运、中转换装；包装整理、仓储保管以及公路运输货物配载、客票联售业务等。

嘉兴市联运公司建立以来，为满足社会需要，提高社会经济效益，解决嘉兴市进、出口物资集、疏、运问题，为工农业生产服务，做出了一定成绩。由于实行了"一次托运，代收代付，送货上门，取货到家"的联运方法，手续简便，运输迅速，深受货主单位的欢迎。1989年至1991年主要经济指标见表6-2-18。

表6-2-18　　1989—1991年嘉兴市联运公司主要经济指标统计表

项目		单位	1989年	1990年	1991年	备注
货运量	合计 其中:铁路到发车 铁路到发量 水路联运 公路配载 客票联售	万吨 车 万吨 万吨 万吨 万吨 张	10.99 1997 10.13 0.87 — —	18.89 34.24 19.97 0.92 1011	22.25 3614 19.29 2.23 0.73 1710	公路货配 1990年5月开办
联运量比重		%	69.33	95	90.12	
营业收入	合计 其中:铁路中转 水路联运 公路配载 客票联售	万元 万元 万元 万元 万元	12.03 10.76 1.17 / 0.1	26.64 18.04 2.29 5.95 0.36	34.48 18.64 2.76 12.48 0.6	
生产成本		万元	6.3	14.27	16.46	
营业税金		万元	1.4	1.4	1.65	
实现利润		万元	8.26	11.63	16.54	

嘉兴市联运公司1989年9月参加中国联运联合会，于同年参加浙江省联运企业经理联络会。嘉兴市联运公司与公路货运配载服务部，实行一套班子两块牌子合署办公，受嘉兴市公路运输管理处委托，代签公路行车路单，代为货主受理运输保险，代为公路运输单位配载货物，并提供货运信息。下设公路货配部中山西路站，为与城建系统的“社会停车站”联营，主要业务与上述内容相同。营业地点在嘉兴火车站内的铁路整车联运办事处，经营范围主要是代办铁路整车中转联运，组织形式为市联运公司与嘉兴车务段联合经营，人员、资金共同投人，利益共享，风险同担。

1992年5月19日，嘉兴市联运公司由经济联合体，新建为独立经营的经济实体，隶属于交通局领导的国有企业，公司正职领导由交通局提名，市经委考察批准任命。1992年10月19日，嘉兴市交通局党委任命章润根任中共嘉兴市联运公司党支部书记。1992年11月21日，嘉兴市经济委员会任命章润根任嘉兴市联运公司经理。

1995年12月14日，市联运公司和交通材料供应站合并。

1995年12月28日，为加速企业经营机制转换，提高企业的规模经济效益，嘉兴市交通局发文(嘉交企〔1995〕265号文)同意市联运公司、市联运职工合股会、市交通运输集团有限责任公司共同出资参股成立嘉兴市联运有限责任公司。公司地址：嘉兴市中山路68号综合大楼6楼。注册资金5074106.49元。出资方式：市联运公司(含交通材料供应站)1264898.90元，市交通运输集团有限责任公司3709207.59元，市联运职工合股会10万元。经营范围主营：办理铁路、公路、水路的整车与另担、集装箱托运，承担国内集装箱运输、公路货运、仓储与中转，异地托运，承担铁路、港口货物集疏运等；兼营：客票、包裹联运，客运，建材代购代销，钢材化工原料(不含危险品)，柴油机和船用辅机及配件、机电设备(不含汽车)，橡胶制品，船用五金。经营方式：运输、服务、代购、代销、批发、另售。

2004年12月13日，为深化企业改革，嘉兴市属企业改革工作领导小组发出了《关于嘉兴市联运有限责任公司深化改革方案中有关政策问题的批复》的文件(嘉改〔2004〕7号)，指出：嘉兴市联运有限责任公司深化改革基准日为2004年6月30日。公司在2001年股权转让中的集体资产评估缺口由原股东按比例承担。2005年4月6日，嘉兴市国有资产监督管理委员会发出了《关于嘉兴市联运有限公司国有资产处置的批复》(嘉国资〔2005〕46号)文，指出：嘉兴市联运有限责任公司资产已由嘉兴联新资产评估有限公司评估，评估基准日为2004年6月30日。评估后的资产总额为12272021.73元，负债为7090025.61元，净资产为5181996.12元。其中国有股占股本金的

24.93%，净值为816168.31元，职工合股会占75.07%，净值为2457671.70元。关于这次股本结构的调整，国有资产要承担费用为1562589.85元，而嘉兴市联运有限公司国有资产净值为816168.31元，经支付应承担的费用后，尚有762421.54元的缺口。鉴于此次深化改革国有资产应承担的费用已经超过固有资产净值，因此，国有资产以零资产退出，由改制企业职工募集股本，原债权债务由新股东承担。

2010年，嘉兴市联运有限责任公司已发展为市属专业集装箱、货物运输企业。公司已具有四级公路货运企业与国内货物代理资质。注册资本五百余万元，从业人员近100人。2000年被中共嘉兴市委、市政府授予嘉兴市级文明单位称号。公司主要经营国内、国际集装箱运输与普通货物运输、仓储、装卸、理货、包装整理物流配送和铁、公、水联运服务。公司和铁路方面十多年联营集装箱运输，同时开办铁路整车到、发业务。公司所属汽车队，集装箱运输站两部门是集装箱、货物运输的中转、配送、仓储中心，占地面积20000平方米，自有30吨、20吨、10吨各种集装箱运输车辆和大型装卸机械设备30余台，标准封闭式仓库和全天候作业仓库3000余平方米，具有大型货车和集装箱运输资格专业驾驶员20余名。公司获得浙江省华银信息咨询开发公司企业信用等级AA级和嘉兴市工商行政管理局首批免检企业之一。年完成货物运输量1300万吨公里，国内集装箱运量15000标箱，国际集装箱运量5000箱，仓储业务4万余吨。先进的设备、设施公司拥用多台叉车、汽吊等装卸运输设备，库房之间布局合理、流向科学，通道畅通、装卸车十分便利便捷，货场及库区的电力供应能力380KW，可根据客户需要保证24小时不间断作业，通信设施齐备、ADS1网络的高速数据传输服务功能为客户提供快速、便捷的信息沟通渠道。公司地址：嘉兴市城东路1681号。

2012年，因嘉兴市城东路嘉兴市联运有限责任公司所在地段拆迁需要，宣告破产。

第七篇　交通管理机构

交通管理包括道路运输管理、港航管理、路政管理、稽征管理、铁路管理、安全生产管理等方面。它是确保交通设施完善、维护正常运输秩序、提高运输效率、维护国家利益和人民生命财产安全，关系交通行业经济效益和社会效益必不可少的手段。区交通局及下属各管理部门历来十分重视和加强交通管理，以促进交通事业快速、健康发展。20世纪90年代后，全国信息化建设高速发展，微机、网络的广泛应用，使交通管理的手段、方法与设备发生了极大变化，区交通管理部门与企业积极采用先进、科学的管理设备和方法，向现代化、信息化管理不断迈进。

区交通管理机构分行政管理机构和事业管理机构。行政管理机构属区人民政府的职能部门，代表政府行使行政管理职能。事业管理机构或受国家法律授权、或受政府职能部门委托行使政府行政管理职能，在管理体制上，实行双重领导，行政、人事及贯彻党和政府政策法令上以地方政府领导为主；业务及业务政策法规上以系统行业指导为主，并由当地政府予以配合协调。

第一章　秀洲区交通局

嘉兴市郊区交通局前身是嘉兴县交通局。1983年撤地建市后，成立嘉兴市郊区交通局。1999年6月24日，根据浙政发〔1999〕147号文件，嘉兴市郊区更名为嘉兴市秀洲区，“嘉兴市郊区交通局”更名为“嘉兴市秀洲区交通局”，其他相应机构同时更名。

1949年5月7日，嘉兴解放。同月，嘉兴县人民政府设立实业科。1950年5月，嘉兴县实业科改称建设科兼管交通。1951年，嘉兴县、市分家，县属交通由嘉兴县人民政府建设科管理(包括农业、水利、水产、蚕桑)，办公地址在新塍镇。1954年11月，建设科改称交建科，由新塍搬往东栅。1955年下半年，又搬迁至南堰。1958年6月，成立嘉兴县工业交通局，内设交通股。同年12月，成立嘉兴县交通局，与地方国营交通运输公司合并办公，位于项家漾。文化大革命期间，正常工作被迫停止，由人武部生产指挥组处理交通工作。1971年1月，建立工交办公室，1972年4月，复建嘉兴县交通局，并成立局领导小组，办公地址在冷仙亭航管站内。1978年4月，撤销局领导小组，成立嘉兴县交通局。1981年3月县交通局更名为市(县级市)交通局。

第一节　区交通局成立与局党政负责人

1983年7月，嘉兴市升格为省辖市，1983年10月，嘉兴市郊区人民政府设郊区交通局，为郊区人民政府主管郊区交通工作的职能部门，行政、业务分别受郊区人民政府和嘉兴市交通局双重领导，负责全辖区内除铁路运输之外的水陆交通设施建设、公路养护、交通运输，汽车修理行业管理和水陆交通安全、交通全行业管理等项工作。局址在嘉兴火车站公园路口。1985年11月，建立中共嘉兴市郊区交通局党组。1998年11月中共嘉兴市郊区交通局党组改建为中共嘉兴市郊区交通局委员会。同时局纪检组改为纪检委。当时局下属有13个企事业单位，即郊区公路运输管理所、县乡公路养护所2家事业单位；桥梁工程队、汽车联营公司，郊区第一交运公司、第二交运公司、新丰运输站、不锈钢总厂、一分厂、二分厂、三分厂等11家企业单位。共拥有职工780人，其中全民干部21名，企业干部47名。1999年6月24日，嘉兴市郊区更名为嘉兴市秀洲区，“嘉兴市郊区交通局”随之更名为“嘉兴市秀洲区交通局”，其他相应机构同时更名。2012年4月6日，秀洲区机构改革，组建区交通运输局。将区交通局的职责整合划入区交通运输局，不再保留区交通局。

表 7-1-1　　1983年—2015年区交通运输局(交通局)历任党委(党组)正副书记一览表

机构名称	姓　名	职　务	任职时间
区交通局党组	李锡恩	书　记	(1979)—1983.11
	屠锦明	书　记	1985.11—1987.9
	郑耀光	书　记	1987.9—1993.2
	郑福根	书　记	1993.2—1998.11
	周大水	副书记	1998.5—1998.11
区交通局(交通运输局)党委	郑福根	书　记	1998.11—1999.5
	周大水	副书记	1998.11—1999.5
	周大水	书　记	1999.5—2007.3
	沈金富	书　记	2007.3—2011.12
	郭荣根	副书记	2009.7—2011.7
	金　忠	副书记	2009.12—2011.3
	王建良	书　记	2011.12—2015.1
	姚福祥	副书记	2011.8—2013.1
	朱　飞	副书记	2013.6—
	金旗明	书　记	2015.3—

表 7-1-2　　1983—2015年区交通运输局(交通局)历任正副局长一览表

机构名称	职　务	姓　名	任　期	备　注
嘉兴市秀洲区(郊区)交通局(交通运输局)	局　长	李锡恩	1983.11—1983.12	
		郑耀光	1987.6—1993.5	
		郑福根	1993.5—1998.5	
		周大水	1998.5—2007.3	
		沈金富	2007.3—2011.12	
		王建良	2011.12—2015.1	
		金旗明	2015.3—	
	正局级巡视员	李锡恩	1984.1—1987.12	
		张学思	1985.1—1987.11	
		金　忠	2013.8—	
	副局长	张学思	1983.11—1985.1	
		吴大网	1983.11—1983.12	
		张海涛	1983.11—1983.12	
		蒋知濂	1983.11—1983.12	
		钮怡怡	1984.11—1998.7	
		夏学富	1987.12—1991.12	
		刘庆祥	1992.10—1997.1	
		周大水	1994.4—1998.5	
		赵海荣	1998.7—2006.12	
		李正国	1998.12—2007.12	
		王建良	2003.12—2004.8	
		易庆平	2004.9—2009.12	
		金德贵	2007.12—2009.12	
		吴仙容	2009.12—2015.11	
		张永德	2009.12—	
		姚福祥	2011.8—2013.1	
		李川瑜	2012.6—2013.10(挂职)	2012年4月更名为交通运输局
		张　郁	2013.5—	
		朱　飞	2013.6—	
		钱　峰	2015.11—	

局办公地址：1993 年 3 月迁至中山西路 156 号；2001 年 10 月迁至洪兴西路 1501 号；2005 年 12 月迁至新秀路 351 号大树三期 18 幢 8 楼；2013 年 1 月迁至新平路 117 号秀洲交通大楼。

第二节　科室的设置与各科室负责人

郊区交通局成立后，于 1985 年 4 月，局内设有企业管理股、人秘股2个科室。1994 年10月，根据嘉郊编〔1994〕14 号文件，郊区交通局撤消人秘股，成立办公室。1997 年 6 月，根据郊政办〔1997〕11 号文件，郊区交通局科室设置为：办公室（交通战备办公室）、运输管理科、交通工程科、财务统计科，人员编制 11 名（含局长 1 名，副局长 2 名）。2002 年 2 月 28 日，根据秀洲区政办发〔2002〕10 号文件，秀洲区交通局设 3 个职能科室：办公室、建设规划科、运输安全科，人员编制 8 名（含局长 1 名，副局长 2 名）。2012 年 5 月 4 日，根据秀洲政办发〔2012〕42 号文件，秀洲区交通运输局（2012 年 4 月区交通局组建为区交通运输局）设 4 个职能科室：办公室、建设规划科、运输安全科、法制宣传科（行政许可科），人员编制 8 名（含局长 1 名，副局长 3 名）。其间，科室负责人见下表。

表 7-1-3　　至 2015 年区交通运输局(交通局)科室负责人任职状况一览表

科室名称	姓　名	职　务	任　期
办公室(原人秘科)	杜纪林	主　任	1990.8—1997.12
办公室(原人秘科)	蔡平江	主　任	1998.4—2000.2
办公室(原人秘科)	黄才观	主　任	2000.2—2006.9
办公室(原人秘科)	吴仙容	主　任	2006.12—2011.8
办公室(原人秘科)	刘立伟	主　任	2011.8—2013.5
办公室(原人秘科)	颜惠萍	主　任	2013.9—
办公室(原人秘科)	刘立伟	副主任	2010.3—2011.8
办公室(原人秘科)	颜惠萍	副主任	2012.2—2013.9
办公室(原人秘科)	楼琳琅	副主任	2012.11—
办公室(原人秘科)	姚建根	副主任	2013.9—
建设规划科(原交通工程科)	韦定国	科长(负责人)	1998.4—2002.3
建设规划科(原交通工程科)	张海金	科长(负责人)	2002.3—2002.6
建设规划科(原交通工程科)	韦定国	科长(负责人)	2002.6—2009.2
建设规划科(原交通工程科)	王曦东	科长(负责人)	2009.3—2010.7
建设规划科(原交通工程科)	孙雪强	科长(负责人)	2010.8—2014.8
建设规划科(原交通工程科)	王曦东	科长(负责人)	2014.9—2015.10
建设规划科(原交通工程科)	杨建良	副科长(负责人)	2015.11—
运输安全科	沈福忠	科　长	1998.4—2002.2
运输安全科	李正国(兼)	科　长	2002.3—2002.7
运输安全科	王跃平	科　长	2002.7—2012.11
运输安全科	裴云豪	科　长	2012.11—
法制宣科(行政许可科)	王跃平	科　长	2012.11—2015.6
法制宣科(行政许可科)	郑卫杰	科　长	2015.11—
法制宣科(行政许可科)	郑卫杰	副科长(负责人)	2015.6—2015.11

第三节 交通工程质量安全监督站

交通工程质量安全监督站(简称质监站),于2010年5月正式成立。其性质为事业单位。其职能是:受秀洲区交通局委托,具体实施交通建设工程质量和安全生产监督管理以及工程监理、试验检测行业管理工作,履行相应行政执法职能。

【质监站的沿革】

改革开放后,交通运输政策逐渐放开,个体运输户不断涌现,特别水上个体运输户发展很快,出现水上交通秩序混乱状况,为有效处理交通秩序,1988年8月30日,区政府下发了(嘉郊政〔1988〕95号)文件,同意各乡镇建立水上交通管理站,区交通局设安全管理办公室。1994年2月23日,区下发了《关于建立嘉兴市郊区交通管理总站和核定各镇交管站人员编制的批复》(嘉郊编〔1994〕2号),明确区成立交通管理总站,性质为全民事业单位,编制7人,归交通局领导。交通管理总站的主要职责:贯彻国家及上级交通主管部门有关交通管理的方针政策、法律、法规,并做好宣传教育工作;协助做好辖区内水陆运输市场和公路路产路权的管理,维护运输秩序,纠正违章行为;开展经常性的安全检查,及时发现并解决不安全隐患,同时指导、协调乡镇交通管理站等工作。2010年5月21日,根据《关于同意嘉兴市秀洲区交通管理总站更名的批复》(秀洲编〔2010〕11号),秀洲区交通管理总站更名为秀洲区交通工程质量安全监督站。

2010年7月29日,张善华被任命为交通工程质量安全监督站站长;

2013年9月27日,杨建良被任命为交通工程质量安全监督站副站长。

第二章　港航管理机构

第一节　嘉兴市城郊港航管理处

【历史沿革】

浙江省嘉兴市城郊港航管理处是负责嘉兴市南湖区和秀洲区内河水路运政管理、水上交通安全监督管理、船舶检验、内河港口管理和航道规划、建设、养护管理，以及港航事业费征收和稽查等职能的事业单位。

1949年5月，嘉兴解放，县军事管制委员会建立，为对水上运输实行统一管理，浙江省人民政府征得上海航政局同意后，将各地航政机构暂由当地军管会接收管理，办理航船通行证等事项。至1950年7月，浙江省航务局嘉兴分所成立（隶属浙西航务管理所），负责领导和管理嘉兴、嘉善、平湖、海盐、海宁、桐乡、崇德等7县的航政事务。1951年12月开始，嘉兴分所改名为浙江省内河航运管理局浙西嘉兴分所，承办嘉兴、嘉善、平湖、海盐、海宁等地的航政管理工作。1953年7月，改建浙江省航运管理局嘉兴航运管理处。以后，随着交通体制的变化，航运体制几经更易。

1957年12月，浙江省交通厅发了(交人字(57)9874、8926)两个文件。从1958年1月1日起，撤销省航运管理局所属各航管处、站和省轮船公司有关分公司、营业处，成立杭州、嘉兴、湖州、钱江、舟山区航运局和交通厅驻沪经营处，各区航运局设立港航监督科，负责办理本局范围内的船舶检验、签证、船员培训、考核、发证等工作。原航管处民船管理职能移交当地。地、县(市)成立民船管理处和所，嘉兴专署交通运输管理局，按文件精神，1958年1月1日成立嘉兴专署民船管理处，各县也先后撤销航运管理站，建立民船管理所，负责辖区内的木帆、航快船运输社和民间运输船舶的管理。1月1日嘉兴航运管理处撤销后，嘉兴市与嘉兴县分别成立民船管理所。市所设在城区，县所设在南堰。

1958年年初，撤销地、县各级航管机构后，到1962年底共五年时间，这一时期，专区一级没有设置过专职航管机构。县一级交通行政体制曾作过几次调整和撤并，一度也设过航运管理所。

1958年下半年，嘉兴市并入嘉兴县。原嘉兴市建制(县级)改为嘉兴镇。随之市民管所同时并入县民管所，1958年10月，嘉兴县各集体水上运输，搬运装卸企业以及全民的客运站合并成立地方国营嘉兴县交通运输公司。当时，县交通局、民管所、交运公司三位一体合署办公。交通局设港监股，办理港航管理方面的事宜。水上运输业务(除浙航嘉兴分公司)由交运公司受理。民管所工作人员一部分转入交通局港监股，一部分调至交运公司。因此民管所已名存实亡。这一体制形式一直延续到1963年1月航管体制的恢复。

1963年1月，全省航管体制得到恢复，成立了浙江省航运管理局嘉兴地区管理处。机构设在湖州。由李坤任主任，王杰、胡锋虎任副主任，各县成立航运管理站和联运营业站（属浙江省交通厅运输局）两块牌子、一套班子。以条为主，条块结合，业务、经济归省领导，行政归当地领导。嘉兴站由李修元任站长。

“文化大革命”期间，各县革命委员会，根据生产发展的规模，分别设立工业交通局或交通邮政局或交通局。后经常撤、建、分、合，机构变动频繁。

1967年年底，航管系统曾筹措临时领导小组，主持日常工作，1969年4月嘉兴地区航管处革命委员会宣告成立。1969年4月邹鸿烈、黄德业任副主任。1970年上级派荣振芝任主任，各县航管站也纷纷成立革命委员会或革命领导小组。

1968年8月，嘉兴县航运管理站革命领导小组成立，组长刘德才。

1971年12月，嘉兴地区革命委员会，批转嘉兴地区革命委员会生产指挥组《关于地属交通企事业单位下放的报告》(嘉地〔1971〕38号)。主要内容是：(1)嘉兴地区航管处，公路总段车辆监理所的基层单位下放到各县，组织形式上也相应加以改变，撤销地区航管处和公路总段，建立地区交通工程队，担负全区主要航道养护和干线公路、大型桥梁的施工任务。地区车辆监理所改称为地区交通管理所，负责全区机动车辆、船舶的检验和机驾人员的考评，证照发放以及水陆交通安全管理工作。以上机构的撤、建工作于12月底以前完成，1972年1月1日起实行新方案。

（2）各县设交通局（注：部分是原交通、邮电合并为交通邮政局），把下放航管站中的运输管理业务划到局内运输组。并以此为基础，把当地运输企业的运输业务人员联合起来，组成联合运输指挥部的办事机构，把公路道班、航道养护和县原有的桥工队合建为交通工程队。在交通枢纽和港口设交通管理站。

1971年12月底，各级航管机构撤销，原航管处工作，规费收入、运输管理、航道工程计划，划归嘉兴地区交通邮政局，运输管理对外由统一运输指挥部出面。工作人员属局编制，港监、船检划归嘉兴地区交通管理所，航道养护划归嘉兴地区交通工程队等4个单位。除浙江省航运管理局嘉兴管理所以外，各县的水陆交通管理机构，均按照这一精神，进行了撤、并、建。

1973年10月，嘉兴地区交邮局交通、邮电两部分，合而又拆，分别建制，恢复建立嘉兴地区交通局。1975年7月嘉兴地区交通局发文，撤销交通工程队。分别建立嘉兴地区航道工程队和公路工程队。

1979年2月1日，根据浙江省革命委员会（浙革〔1978〕170号）文件中有关调整交通管理体制的指示精神，浙江省嘉兴地区航运管理处再度建立（驻湖州）。内设办公室、运输科、港监科、机务科、政工科，任命江曲为主任兼党总支书记，冯朝全、黄德亚、王洛为副主任。在行政业务上，航管处接受浙江省航运管理局和嘉兴地区交通行政主管部门双重领导。在此同时，嘉兴县的航运管理所恢复。县航管所的财务、物资、劳动工资、基建计划和运管、港监、航道养护等业务归入地区航管处，行政、干部管理则分别接受地区航管处和县交通局双重领导。仍由刘德才任支部书记，全面负责党政工作。

1979年5月，浙江省编制委员会发文成立嘉兴县新塍、王店航管站。负责境内港航管理方面的事宜。新塍站第一任站长许建中，王店站第一任站长林和兴。隶属于嘉兴县航运管理所领导。1980年新丰航管站成立，第一任站长姚鑫荣。

1983年7月，嘉兴撤地建市，同年10月21日，浙江省交通厅发布《关于建立湖州市、嘉兴市交通机构的通知》（浙交〔1983〕第301号），正式确定撤消原嘉兴地区航运管理处，分别建立嘉兴市和湖州市航运管理处。同年12月28日，中共嘉兴市委以（干字〔1983〕23号）文，任命房爱民为嘉兴市航运管理处主任。

1985年6月29日，经省厅航运管理局批准，设立嘉兴市城郊航运管理所。编制定员为25人，其中干部20人，工人5名。担负嘉兴市本级水上安全监督、运输经济管理、船舶检验、航道工程养护和规划建设，以及航政规费稽征等职责。同年9月20日，建立中共嘉兴市城郊航运管理所支部。

1985年10月，建立塘汇航管站。第一任站长楼德兴。1986年1月1日起，下设新塍、王店、新丰航管站重新挂牌成立并启用新印章。

1986年2月24日，据嘉市航管政字〔1986〕第27号文件精神，城郊航管所确定为正科级单位。

同年11月10日，新建王江泾航管站，并于11月18日起对外办理船舶签证工作，办公地点王江泾镇闻店桥北。第一任站长姚鸿章。

1989年8月14日，城郊航运管理所外港运输船舶管理站成立。

1990年8月18日，据嘉编〔1990〕52号文，城郊航运管理所定为副科（局）级事业单位。

1991年11月，因中山东路拓宽和新建客运站，移地建造业务用房800平方米及仓库200平方米，投资60万元。

同年2月23日，在郊区油车港镇水上交通管理站设立乡镇船舶进出港口签证点，自1991年3月5日起对外开展签证工作。7月23日，在塘汇航管站设立船舶进出港口签证点，自1991年8月1日起对外开展签证工作。

1992年3月17日，在新篁水上交通管理站设立乡镇船舶签证点，自1992年3月25日起开展签证业务。同年11月16日，在南汇水上交通管理站设立乡镇船舶签证点，自1992年11月20日起开展签证业务。

1993年2月25日，建立嘉兴市城郊航运管理所思古桥管理站。第一任站长郑克宣。3月10日，在思古桥站、凤桥水上交通管理站设立船舶签证点，自1993年3月20日起开展签证业务。

同年3月25日，郊区人民法院与城郊航管所联合发文设立"嘉兴市郊区人民法院航管执行室"。主要任务：受理辖区内港航监督、运输管理、航道管理等部门申请执行已发生法律效力的行政处罚决定或经行政诉讼已终结的案件。

1994年3月25日，城郊航管所及下属航管站增挂机构牌子，其中城郊航运管理所增挂"嘉兴市城郊航道管理所""嘉兴市城郊港航监督所""嘉兴市城郊船舶检验所"；下属航管站增挂"嘉兴市城郊港航监督所新丰监督站""嘉兴市城郊港航监督所新塍监督站""嘉兴市城郊港航监督所王江泾监督站""嘉兴市城郊港航监督所塘汇监督站""嘉兴市城郊港航监督所三塔监督站""嘉兴市城郊港航监督所王店监督站""嘉兴市城郊港航监督所思古桥监督站"。并于同年5月1日起启用以上机构印章。以上机构实行一套班子。人员编制、经费渠道、隶属关系不变。

1994年11月21日，为加强辖区船舶签证管理，决定在嘉兴铁水中转站货运检查组、百步桥检查组、王江泾监控站设立签证点，自1994年12月1日起开展签证工作。1995年5月城郊航管所搬迁至栅堰路42号办公。

1997年8月20日，为适应对船、艇和各类技术设备的管理，城郊航运管理所增设技术设备股。1999年7月15日，行政股更名为党政办公室，财务股更名为财务稽征股，工程股更名为航道工程股，运输管理股增挂内河港务管理股牌子。

1999年7月16日，增设“铁水中转港航运管理站”。

2000年9月26日根据浙江省人民政府《关于治理水路乱设站乱收费乱罚款的通知》(浙政发〔2000〕215号)设立：王店、新丰、王江泾、塘汇、三塔、思古桥6个检查站。新塍航管站并入嘉兴市思古桥港航管理检查站。

2002年8月30日，原“嘉兴市城郊航运管理所”更名为“浙江省嘉兴市城郊港航管理处”；原“浙江省嘉兴市城郊港航监督所”更名为“浙江省嘉兴市城郊地方海事处”；原“浙江省嘉兴市城郊航道管理所”更名为“浙江省嘉兴市城郊航道管理处”；原“浙江省嘉兴市城郊船舶检验所”更名为“浙江省嘉兴市城郊船舶检验处”。下辖思古桥、塘汇、三塔、王店、新丰、王江泾六个港航管理检查站，同时增挂“浙江省嘉兴市城郊地方海事处××海事所”牌子。机构更名后，仍实行一个机构、四块牌子、一套工作班子；机构规范、人员编制等均不变。

同年10月17日，原航道工程股更名为航道工程科；原港监船检股更名为港监船检科；原运管港务股更名为运管港务科；原财务稽征股更名为财务稽征科。

2003年2月13日，因处办证大厅迁址市政府办证中心合并办公。决定增设证照管理科。配备科长1人，工作人员5人。具体负责港监、船检、运管、港务、航道等部门的行政审批及办证事宜。

2004年5月10日，嘉交人〔2004〕101号文件转发市编委嘉编〔2004〕12号文件，嘉兴市城郊港航管理处(嘉兴市城郊船舶检验处、嘉兴市城郊地方海事处、嘉兴市城郊航道管理处、嘉兴市城郊航政管理大队)，监督管理类，相似科级，由市港航管理局领导。其主要职责是行使嘉兴市本级航区内水上交通安全监督管理、水路运政管理、内河港口管理、航政管理、船舶检验、港航事业费征收、内河水上救助等职能。按照其工作职责，核定人员编制120名，其中科级领导职数4名。

2005年10月28日，根据市编办机构级别调整通知，(嘉港航〔2005〕76号)明确城郊港航管理处的机构级别为正科级。

2010年3月11日，处运管港务科更名为运输管理科；处航道工程科更名为航道(港口)管理科。内河港口管理工作职能从原处运管港务科调整至航道(港口)管理科；港航单项养护工程管理工作职能从原处航道工程科调整至处设备管理科。

办公场所地址变更：1985年6月在嘉兴市火车站公园路1号办公；1995年6月在栅堰路42号办公；2009年1月起在中环西路709号办公。

【城郊航运管理所成立后重要人事变动情况】

1985年9月16日，孙祖意任城郊航运管理所所长；杜小年任城郊航运管理所副所长。

1985年9月20日，孙祖意任城郊航运管理所支部书记。

1986年10月29日，李健任城郊管理所副所长；免去杜小年城郊航运管理所副所长职务。

1987年8月27日，王绍南任中共嘉兴市城郊航运管理所支部副书记。

1988年1月6日，增补罗木林为中共嘉兴市城郊航运管理所支部委员会委员。

1988年7月15日，陈吉瑚任市城郊航管所副 所长。

1988年8月30日，增补李健、陈吉瑚为中共嘉兴市城郊航运管理所支部委员会委员。

1989年2月11日，王绍南任嘉兴市城郊航管所副所长。

1990年2月9日，免去李健嘉兴市城郊航运管理所副所长职务。

1990年7月4日，王绍南任城郊航运管理所所长。

1990年5月23日，楼德兴为嘉兴市城郊航运管理所副所长兼塘汇管理站站长。

1990年7月18日，增补楼德兴为中共嘉兴市城郊航运管理所支部委员会委员。

1991年2月23日，王绍南任支部书记，楼德兴任支部副书记。

1992年4月24日，免去陈吉瑚市城郊航运管理所副所长职务。

1993年6月16日，王绍南、楼德兴、罗木林、顾国强五位组成中共嘉兴市城郊航运管理所支部委员会，王绍南任支部书记，楼德兴任支部副书记。

1993年10月12日，罗木林任嘉兴市城郊航运管理所副所长，聘任周大勇为嘉兴市城郊航运管理所副所长。

1996年9月19日，叶军聘任城郊所副所长，徐祥聘任嘉兴市城郊航运管理所所长助理。

1996年9月11日，免去周大勇嘉兴市城郊航运管理所副所长职务。

1998年1月16日，沈立为嘉兴市城郊航运管理所所长；免去王绍南城郊航运管理所所长职务。

1998年2月17日，增补沈立为中共嘉兴市城郊航运管理所支部委员会委员。

1998年8月17日，城郊航运管理所支部换届改选。新任城郊航运管理所支部委员会由王绍南、沈立、罗木林、叶军、徐祥、许建忠、邹金海七人组成。王绍南任支部书记、沈立任支部副书记。

2000年8月15日，免去罗木林、楼德兴嘉兴市城郊航管所副所长职务。

2000年8月16日，顾凤翔为中共嘉兴市城郊航运管理所支部委员会委员、书记；免去王绍南城郊航运管理所支部委员会委员、书记和中共嘉兴市航运管理处委员会委员职务。

2000年8月22日，叶军为城郊航运管理所副所长；邹金海为城郊航运管理所副所长；徐祥为城郊航运管理所副所长。

2002年11月11日，沈立任嘉兴市城郊航运管理处处长。

2002年11月11日，顾凤翔任中共嘉兴市城郊港航管理处支部委员会书记。原任党内职务同时免去。

2002年11月13日，叶军聘任为城郊港航处副处长；邹金海聘任为城郊港航处副处长；徐祥聘任为城郊港航处副处长。

2005年11月29日，朱永祥任嘉兴市城郊港航管理处支部委员会委员、书记。

2005年12月7日，顾凤翔任城郊港航处正职调研员；朱永祥任城郊港航处处长，免去其局内港科科长职务。

2006年1月18日，孙巍为嘉兴市城郊港航管理处副处长、党支部副书记。免去叶军嘉兴市城郊港航管理处副处长职务。

2006年9月28日，黄飞、卜建林任处长助理。

2006年10月28日，黄飞、卜建林任中共嘉兴市城郊港航管理处支部委员会委员，免去许建忠中共嘉兴市城郊港航管理处支部委员会委员的职务。

2008年12月4日，黄飞为市港航管理局办公室副主任。孙巍为城郊港航管理处副处长、副书记。徐祥为城郊港航管理处副处长。卜建林为城郊港航管理处副处长。姜东明为城郊港航管理处副处长。以上人员其原任职务同时免去。

【2010年城郊港航管理处基本情况】

2010年嘉兴市城郊港航管理处支部成员一览表

表7-2-1

姓　名	职　务	任职时间
朱永祥	书　记	2010.01—2010.12
孙　巍	副书记	2010.01—2010.12
徐　祥	委　员	2010.01—2010.12
卜建林	委　员	2010.01—2010.12

2010年嘉兴市城郊港航管理处行政领导班子一览表

表7-2-2

姓　名	职　务	任职时间
朱永祥	处　长	2010.01—2010.12
孙　巍	副处长	2010.01—2010.12
徐　祥	副处长	2010.01—2010.12
卜建林	副处长	2010.01—2010.12
姜东明	副处长	2010.01—2010.12

2010年嘉兴市城郊港航管理处科、室负责人任职情况表

表7-2-3

科室名称	职　务	姓　名	任　期
党政办公室	主　任	裴晨彪	2010.01—2010.12
党政办公室	副主任	孟立家	2010.01—2010.12
计划财务科	科　长	孙　雁	2010.01—2010.12
设备管理科	副科长	吴爱泉	2010.01—2010.12
稽征督察科	副科长	何晓红	2010.01—2010.12
运输管理科	科　长	陆建忠	2010.01—2010.12
海事科	科　长	薛黎明	2010.01—2010.12
海事科	副科长	金福明	2010.01—2010.03
海事科	副科长	沈　剑	2010.03—2010.12
航道(港口)管理科	副科长	沈　剑	2010.01—2010.03

续表 7-2-3

科室名称	职　务	姓　名	任　期
航道(港口)管理科	科　长	金福明	2010.03—2010.12
船舶检验科	科　长	康一强	2010.01—2010.12
船舶检验科	副科长	郑宏伟	2010.01—2010.12
证照管理科	科　长	张必胜	2010.01—2010.12
三塔港航管理检查站	站　长	沈国正	2010.01—2010.12
三塔港航管理检查站	副站长	杨　海	2010.01—2010.12
塘汇港航管理检查站	站　长	汤全荣	2010.01—2010.12
塘汇港航管理检查站	副站长	吴建林	2010.01—2010.12
塘汇港航管理检查站	副站长	张为民	2010.01—2010.12
王江泾港航管理检查站	站　长	张继德	2010.01—2010.12
王江泾港航管理检查站	副站长	陆　臻	2010.01—2010.12
思古桥港航管理检查站	站　长	张万喜	2010.01—2010.12
思古桥港航管理检查站	副站长	吴永军	2010.01—2010.12
思古桥港航管理检查站	副站长	李险峰	2010.01—2010.12
新丰港航管理检查站	站　长	吴家良	2010.01—2010.12
新丰港航管理检查站	副站长	黄星江	2010.01—2010.12
王店港航管理检查站	站　长	陈旭光	2010.01—2010.12

【嘉兴市城郊港航管理处机构设置】

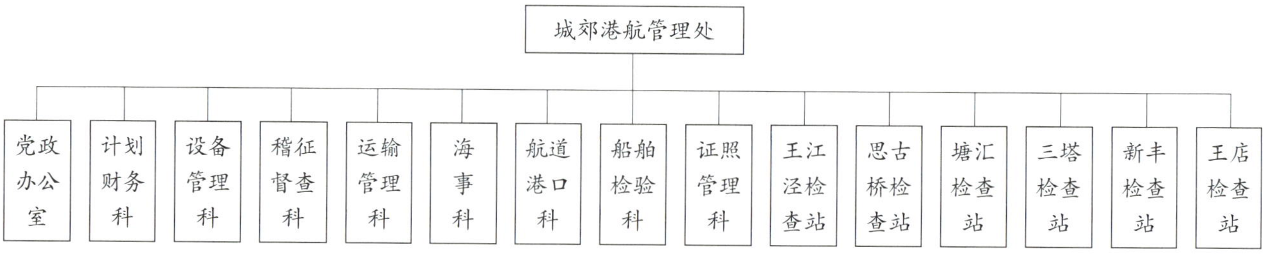

第二节　港航管理检查站

【嘉兴市王江泾港航管理检查站】

办公地点王江泾镇闻店桥北，成立于 1986 年 11 月 10 日，同年 11 月 18 日起对外办理船舶签证工作。王江泾站第一任站长姚鸿章。2010 年，有工作人员 11 人。主要承担着乍嘉苏线秀洲区段及周边水域的水上安全监督、水路运输管理、航道管理、港口管理及船舶检验等工作任务。曾先后被授予嘉兴市港航系统三星级文明示范窗口、嘉兴市交通运输系统共产党员示范岗、全省水运系统安全优秀班组等荣誉称号。

【嘉兴市王店港航管理检查站】

位于秀洲区王店镇百乐路 32 号，1979 年 5 月，浙江省编制委员会发文成立嘉兴县王店航管站。第一任站长林和兴，隶属于嘉兴县航运管理所领导。1985 年 6 月 29 日，经省厅航运管理局(浙航局劳〔1985〕322 号)批准，设立嘉兴市城郊航运管理所。1986 年 1 月 1 日起，王店航管站隶属于嘉兴市城郊航运管理所领导，并重新挂牌启用新印章。

该站主要承担着辖区内水域的水上安全监督、水路运输管理、航道管理、港口管理及船舶检验等工作任务。至 2010 年，有工作人员 6 人。曾先后被授予嘉兴市卫生先进单位、嘉兴市交通运输行业文明示范窗口、嘉兴市港航系统二星级文明示范窗口、王店镇优秀服务单位、全省水运系统安全优秀船舶等荣誉称号。

【嘉兴市三塔港航管理检查站】

座落在杭申线沿岸，成立于 1992 年 3 月，第一任站长卜建林。2010年，有工作人员9人。建站初期在一艘水泥趸船上办公和生活，1992年在原嘉兴市航运管理处职工学校内建3间平房办公，2000年9月搬迁至目前站房。主要承担着辖区内杭申线航段及相邻通航水域的水上安全监督、水路运输管理、航道管理、港口管理及船舶检验等工作任务。

【嘉兴市思古桥港航管理检查站】

位于江、浙交界处的秀洲区新塍镇洛东村，主要承担着京杭运河嘉兴秀洲段8.5公里航道及相邻通航水域的水上交通安全管理、水路运输行政管理、航道行政管理、港口行政管理、船舶检验等工作任务。第一任站长郑克宣。

思古桥站前身为思古桥监控站，始建于1993年3月，建站初期在一艘趸船上办公，工作和生活条件十分艰苦，在上级领导的关心下，于1996年搬入新址办公，2000年新塍港航管理站并入思古桥港航管理检查站，经过近十年的配套建设和绿化美化，如今思古桥站已成为办公、生活设施齐全的港航管理基层站所。2010年，有工作人员22人。先后荣获嘉兴市先进班组、浙江省保障干线航道安全畅通先进集体、浙江省交通行业"十佳文明示范窗口"、浙江省"群众满意基层站所(服务窗口)"、"全国工人先锋号"、全国海事系统文明执法示范窗口、市级服务民生满意站所、全省港航管理系统基层站所行风竞赛优胜单位、嘉兴市三星级服务民生满意站所等荣誉称号，所辖京杭运河嘉兴段被交通部评为"国家级文明样板航道"。

【新塍航运管理站】

位于新塍大桥东堍。系水上航运安全和船泊运输的监督管理机构，负责境内船舶登记、签证、检验、征收航政规费及水上安全检查和交通事故处理等工作。初由嘉兴县航运管理所领导，后来隶属于嘉兴市城郊航运管理所。该站成立于1979年5月，第一任站长许建中。占地0.1公顷，建筑面积150平方米。配备工作人员4名，时速18公里75匹马力港监艇1艘，通信半径50公里对讲机2部。1990年，征收船只护岸费9万多元，航养费、货物港务费及船港费30多万元。2000年新塍航运管理站并入思古桥港航管理检查站。

【嘉兴市塘汇港航管理检查站】

位于嘉兴经济开发区东侧，杭申线与乍嘉苏线航道交叉口。成立于1985年10月。建站初期在一艘水泥趸船上办公和生活。1988年租用小普陀船厂的两间平房办公，1991年9月搬入位于塘汇街道上字圩的站房工作。第一任站长楼德兴。2000年北郊河通航后，于当年9月搬入现址。2010年，有工作人员15人。主要承担着辖区内水域的水上安全监督、水路运输管理、航道管理、港口管理及船舶检验等工作任务。曾先后获得全市交通行业文明行业示范窗口、全市交通系统共产党员示范岗、全国水运系统安全优秀班组等荣誉称号。

【嘉兴市新丰港航管理检查站】

坐落于南湖区新丰镇，成立于1980年，第一任站长姚鑫荣。主要承担着辖区内水域的水上安全监督、水路运输管理、航道管理、港口管理及船舶检验等工作任务。2010年，有工作人员8人。曾先后获得嘉兴市港航系统三星级文明示范窗口、省水运系统安全竞赛安全优秀船舶等荣誉称号。

第三章　公路管理机构

第一节　嘉兴市秀洲区公路运输管理所

【沿革情况】

嘉兴市秀洲区公路运输管理所系行政监督管理类事业单位（副科级），为秀洲区公路管理机构，负责全区道路运输工作的具体实施和公路相关规费的征稽。

1983年12月，根据嘉兴市郊区人民政府嘉郊政〔1983〕010号文件，成立"嘉兴市郊区公路运输管理站"，为郊区交通局所属的事业单位。1987年10月，根据嘉兴市郊区人民政府嘉郊政〔1987〕125号，"嘉兴市郊区公路运输管理站"更名为"嘉兴市郊区公路运输管理所"，隶属关系不变。1988年5月，建立王江泾公路运输（稽征）检查站，实行两块牌子，一套班子，隶属市公路运输管理处、公路稽征处管理。1993年7月，郊区公路运输管理所建立党支部；1999年6月郊区更名为秀洲区，郊区公路运输管理所随之更名为秀洲区公路运输管理所。2006年12月，经秀洲区编委批复同意成立秀洲区公路稽征所与区公路运输管理所合署办公，分设3个稽查中队。

嘉兴市秀洲区公路运输管理所（秀洲区公路稽征所）隶属秀洲区交通局领导，实行条块结合，以县（区）为主的管理体制，党政、人事、财务由秀洲区交通局负责，嘉兴市公路运管稽征处实施业务指导和行业管理。

1993年7月，省政府发布《浙江省道路运输管理办法》，区运管所作为行业管理职能部门受区交通局委托，以区交通局名义行使行政执法权；2004年4月，《中华人民共和国道路运输条例》公布，嘉兴市秀洲区公路运输管理所（秀洲区公路稽征所）以国家行政法规授权的法定地位，在区交通局领导下，实施全区道路运输行业管理。该所原办公地址在市区公园路1号，1992年8月迁入市区三水湾杜鹃坊3幢商品住宅作为临时办公地，1994年8月迁入越秀南路453号新办公大楼。

2010年年末，嘉兴市秀洲区公路运输管理所（秀洲区公路稽征所）下设办公室、运输安全股、维修驾培股、行政许可股、违章处理中心及运征稽查大队。在职人员37人（含聘用协管员13人），其中初级以上技术人员5人。

【自成立至2010年年底运管所重要人事变动】

党支部书记

1983.12—1996.10 周振球为站党支部书记；

1996.10—1997.12 蔡平江为所党支部书记；

1997.12—2003.06 杜纪林为所党支部书记；

2003.06—2010.12 程继华为所党支部书记。

党支部副书记

2003.06—2008.05 杜纪林为所党支部副书记；

2010.09—2010.12 屠夏英为所党支部副书记。

所长

1984.05—1988.05 周振球为运输管理站站长；

1990.08—1997.11 周振球为运输管理所所长；

1997.11—2008.05 杜纪林运输管理所所长；

2008.05—2010.12 程继华为运输管理所所长。

副所长

1988.05—1990.08 周振球为运输管理所副所长；

1990.08—2003.06 张金成运输管理所副所长；

1997.01—2008.05 程继华为运输管理所副所长；

2003.06—2010.12 裴云豪运输管理所副所长；

2003.06—2010.12 钱罡运输管理所副所长。

第二节　嘉兴市秀洲区公路运输管理稽征所

【党政班子及科室负责人】

2010年嘉兴市秀洲区公路运输管理稽征所
支部班子一览表

表7-3-1

姓　名	职　务	任职时间
程继华	书　记	2010.01—2010.12
屠夏英	副书记	2010.09—2010.12
裴云豪	委　员	2010.01—2010.12
钱　罡	委　员	2010.01—2010.12

2010年嘉兴市秀洲区公路运输管理稽征所
行政领导一览表

表7-3-2

姓　名	职　务	任职时间
程继华	所　长	2010.01—2010.12
裴云豪	副所长	2010.01—2010.12
钱　罡	副所长	2010.01—2010.12

2010年嘉兴市秀洲区公路运输管理稽征所
科室负责人一览表

表7-3-3

科室名称	姓　名	职务	任期
办公室	屠夏英	主任	2010.01—2010.12
运输安全股	郑卫杰	股长	2010.01—2010.12
维修驾培股	董禾云	股长	2010.01—2010.12
行政许可股	唐金昌	股长	2010.01—2010.12
违章处理中心	马　联	主任	2010.01—2010.12
稽查一中队	周福明	队长	2010.01—2010.12
稽查三中队	钱海波	队长	2010.01—2010.12

【1983—2010年期间党、政领导班子变动情况】

嘉兴市秀洲区公路运输管理稽征所
历任支部成员一览表

表7-3-4

姓　名	职　务	任职时间
周振球	书　记	1983.12—1997.12
杜纪林	书　记	1997.12—2003.06
程继华	书　记	2003.06—2010.12
蔡平江	副书记	1997.12—2002.02
杜纪林	副书记	2003.06—2008.05
屠夏英	副书记	2010.09—2010.12
张金成	委　员	1990.08—2003.06
程继华	委　员	1997.01—2003.06
裴云豪	委　员	2003.06—2010.12
钱　罡	委　员	2003.06—2010.12
屠夏英	委　员	2003.06—2010.09

嘉兴市秀洲区公路运输管理稽征所
历任行政领导一览表

表7-3-5

姓　名	职　务	任职时间
周振球	所　长	1983.12—1997.12
杜纪林	所　长	1997.12—2008.05
程继华	所　长	2008.05—2010.12
张金成	副所长	1990.08—2003.06
程继华	副所长	1997.01—2008.05
钱　罡	副所长	2003.06—2010.12
裴云豪	副所长	2003.06—2010.12
杜纪林	协理员	2008.05—2010.12

【嘉兴市秀洲区公路运输管理稽征所机构设置】

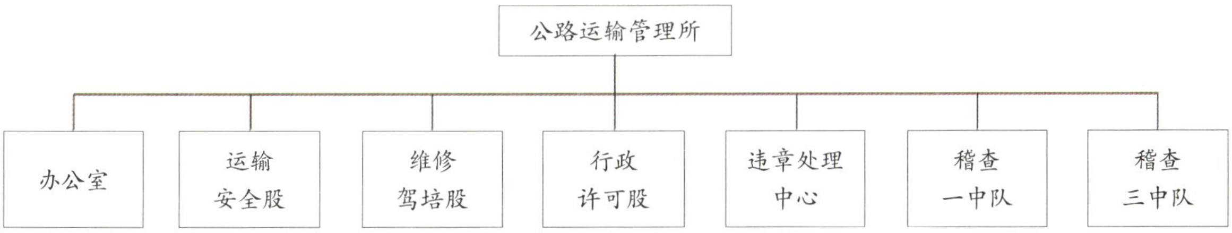

第三节　嘉兴市秀洲区公路管理段

秀洲区公路管理段位于嘉兴市新平路117号，为承担行政职能的事业单位，副科级。其主要职责是：贯彻执行国家公路建设、养护、管理工作的方针、政策和法规，从事公路养护管理、指导检查监督、路政巡查执法、超限运输管理、公路行业信息服务，为区公路畅通提供公路养护行业监管与路政管理执法保障。指导王江泾、新塍、洪合、王店、油车港5个乡镇及新城、高照2个街道的农村公路养护站开展日常管养工作。

1986年9月22日，根据“分级管理”原则，嘉兴市郊区成立县乡公路养护站，负责区域内县乡公路养护。1990年5月，嘉兴市郊区县乡公路养护站更名为嘉兴市郊区县乡公路养护管理所。1997年7月13日，建立郊区县乡公路路政管理所，有专职路政人员3人。为自收自支全民事业单位，与区县乡公路养护管理所合署办公。

1999年6月，嘉兴市郊区更名为嘉兴市秀洲区，嘉兴市郊区公路养护管理所即更名为嘉兴市秀洲区公路养护管理所，嘉兴市郊区公路路政管理所更名为嘉兴市秀洲区公路路政管理所。同年12月17日，秀洲区县乡公路养护管理所、秀洲区县乡公路路政管理所分别更名为秀洲区公路管理段、秀洲区公路路政管理大队。

2003年5月31日，嘉兴市公路段因体制改革，原市公路段撤销，将相关业务并入秀洲、南湖两区。有42名职工、14名退休工人以及6名遗属、精减人员一同并入秀洲区公路管理段，路政管理人员增加至18人。内设办公室、财务股、路政股、工程养护股4个业务科室，有超限运输检测站、公路养护道班（嘉兴站、双桥站）3个基层站点。同年12月，事业单位改革，区公路路政管理大队调整为监督管理类事业单位。2007年，区公路段分设2个巡查中队和1个机动中队，队员7人。

2009年5月，秀洲区公路管理段人员由原来34人增加到37人。同年8月28日，秀洲区公路管理段（路政大队）原内设机构撤销，改设办公室、财务科、工程养护科、农村公路管理科、路政综合办、07省道王江泾超限运输检测站、路政巡查中队（一中队、二中队）。

至2010年年末，区公路段内设有办公室、财务科、工程养护科（农村公路管理科）、路政综合办、路政巡查一中队、路政巡查二中队、07省道嘉兴王江泾超限运输检测站。共有编制40人（公路局管理段37人，路政管理大队3人），占编制39人，其中专业技术人员14人（高级职称2人、中级职称6人、初级职称6人）。公路管养里程823.149公里，其中国道18.779公里、省道16.506公里、县道193.192公里、乡道95.533公里、专用公路16.672公里、村道482.463公里。

1986年7月至2010年12月秀洲区公路管理段主要负责人一览表

表7-3-6

单位名称	职　务	姓　名	任职
郊区县乡公路养护站	法人代表	王培坤	1986.09—1997.03
郊区公路养护管理所	副所长	张鲁文	1997.03—1998.03
	所　长	张鲁文	1998.03—1999.07
郊区县乡公路路政管理所	副所长	施太成	1998.03—1999.07
秀洲区公路养护管理所	所　长	张鲁文	1999.07—1999.12
秀洲区公路路政管理所	副所长	施太成	1999.07—1999.12
秀洲区公路管理段	段　长	张鲁文	1999.12—2008.05
秀洲区公路路政管理大队	大队长	赵海荣(兼)	1999.12—2000.06
	大队长	张鲁文	2000.06—2003.08
	大队长	施太成	2003.08—2008.05
	副大队长	施太成	1999.12—2003.08
	副大队长	胡新荣	2003.08—2008.05
	副大队长	张永德	2003.08—2008.05
秀洲区公路管理段、秀洲区公路路政管理大队	段长、大队长	张永德	2008.05—2010.12
	副段长、副大队长	张志却	2003.08—2008.05
		黄建良	2008.05—2010.12
		黄志忠	2008.05—2010.12

第四章　乡镇交通管理站

第一节　交管站职责

宣传、贯彻、执行党和政府有关交通的方针、政策、法规以及上级交通主管部门的决定和指示；拟订乡镇交通建设发展规划和年度工作计划，并按程序和要求组织实施；发动群众和组织车辆参加民工建勤，修路建桥；管理乡镇水路、陆路运输市场；对辖区内各种经济成份的运输车、船主和从业人员进行宣传教育（含安全教育和规章制度的学习）；管理乡镇搬运装卸市场；负责乡镇运输船舶、渡口以及小河支流的安全管理；管理乡镇汽车修理业和船舶修造业；在授权范围内负责乡村道路的路政管理；受船舶检验部门的委托，负责办理本乡镇十米及十米以下非机动船舶的检验和勘划载重线，签发适航证书；受委托征收运输管理费，农业拖拉机、摩托车和非机动车养路费，乡镇船舶管理费以及政策规定的有关费用；建立健全各种运输工具和收费台帐，做好交通统计报表工作。

【乡镇交管站沿革】

20世纪80年代，农村实行家庭联产承包责任制后，农户船只大幅增加，水上交通秩序混乱，无证航行状况较多，交通事故不断发生。郊区领导针对这一情况，于1986年9月先在原油车港镇成立水上交通管理站，为郊区试点单位，以处理水上交通秩序。1988年8月，郊区人民政府下发嘉郊政〔1988〕95号文件，同意各乡镇成立水上交通管理站，郊区交通局成立安全管理办公室。各乡镇水上交通管理站行政上由各乡镇人民政府领导，管理人员由各乡镇聘用，业务上由区交通局负责指导。人员配备1~4人。乡镇水上交通管理站成立初期，各站站长均由分管乡镇长担任，另设一名副站长全面负责。

1993年，南汇镇、田乐乡公路通车，各乡镇水上交通管理站均更名为乡镇交通管理站。（有的前两年已更名为乡镇交通管理站）。

1994年2月，郊区编委下发《关于建立嘉兴市郊区交通管理总站和核定各镇交管站人员编制的批复》，明确新成立的嘉兴市郊区交通管理总站为全民事业单位，编制人员7人。归郊区交通局领导，乡镇交通管理站为集体事业编制，15个镇交管站人员编制40人。

交管总站和各乡镇交管站的主要职责：贯彻国家及上级交通主管部门有关交通管理的方针政策、法律、法规，并做好宣传教育工作；协助做好辖区内水陆运输市场和公路路产路权的管理，维护运输秩序，纠正违章行为；开展经常性的安全检查，及时发现并解决不安全隐患。

各镇交管站的成立，为区贯彻落实国家有关交通工作的方针政策，开展宣传教育，加强辖区内各乡镇船舶、渡口及各镇道路管理、养护、维护运输秩序，确保交通安全发挥了积极作用。

继2000年7月市行政区划调整，秀洲区由原来的28个乡镇调整为8个乡镇、1个街道，2001年4月，秀洲区乡镇撤并后为3个街道、5个镇。乡镇交管站并入镇、街道新成立的城市管理行政执法中队，并明确各镇、街道落实一名领导分管交通工作，管理人员由原交管站在编人员中充实。

2007年年末，各镇、街道在编交管员18人，这些同志继续在乡镇交通管理工作中发挥积极作用。

第二节　交通管理站

秀洲区各乡镇街道交通管理站的具体情况如下。

【洪合镇交通管理站】

洪合镇交通管理站是由水上交通管理站演变而来。1988年10月，成立水上交通管理站。主要职能是负责该辖区内水上交通安全和管理、征收乡镇船舶管理费、交通业务培训。由乡政府领导杨寿观兼任水上交通管理站站长，工作人员1人，编制1名。办公地点在泰旗路与洪汇路交叉口洪合乡政府大院内。1989年，乡领导王莉永兼任洪合乡水上交通管理站站长，徐志荣任副站长，1992年5月徐志荣任站长。1996年7月，办公地点在洪运路211号镇乡政府大院内，人员编制为2人。职能为交通管理，拖拉机和摩托车养路费代征收、汽车驾驶员、摩托车驾驶员培训。1997年3月，镇交通管理站办公地迁至洪合镇联托运大楼。

2001年7月，乡镇机构改革，撤销原交通管理站，组建洪合镇城镇管理监察中队，职能有城镇镇容镇貌管理和交通管理。交通管理站作为监察中队内设机构，一套班子，两块牌子，章永林任洪合镇城镇管理监察中队副中队长，分管交通工作，中队共3名人员。2007年5月，章永林任洪合镇交通管理站副站长，兼镇城管行政执法中队副中队长。2008年6月，根据秀洲区政府办公室秀洲政办〔2008〕58号文件精神，成立了洪合镇农村公路管理养护站（镇交通管理站），章永林任站长，共3名工作人员。职能：农村公路建设、农村公路日常养护、路政管理、交通安全管理。分管镇长钱培华。2014年9月，因机关中层干部轮岗交流要求，章永林保留站长待遇，由镇城建办主任张勤华兼任站长。分管镇长杨永忠。

【新塍镇交通管理站】

新塍镇交通管理站，前身是新塍水上交通管理站，成立于1988年10月，主要负责水上交通安全工作，站址在人民东路。1992年5月新塍水上交通管理站改为新塍镇交通管理站，负责公路路政管理和水上交通安全管理工作，站址设在新洛东路32号，负责人祝大进。1998年5月撤乡并镇原八字乡、桃园乡并入，站址设在新洛东路32号的汽车站内。2001年8月，乡镇机构改革，原洛东乡并入新塍镇，成立新塍镇城镇管理监察中队和新塍镇交通管理站，两块牌子，一套班子，在编工作人员8人。负责交通管理及担负全镇城镇管理监察任务和镇容镇貌等，队长毛春荣分管城镇管理工作，书记谢文龙分管交通工作。2008年6月，根据秀洲区政府文件精神，成立了新塍镇农村公路管理养护站（交管站），分管镇长李刚，站长谢文龙。随着公路建设的不断发展，2014年5月，又成立了新塍镇农村公路管理站（交管站），主要负责水上交通、路政、公路养护管理、公路桥梁建设等工作，分管镇长周新明，站长谢文龙，副站长沈嘉平。

【王店镇交通管理站】

1988年10月，成立了王店水上交通管理站，主要职能是负责辖区内水上交通安全和管理，征收有关费用，交通业务培训。工作人员2人，王文周任站长。

1990年10月，随着道路交通的发展，管理职能的增加，水上交通管理站改为交通管理站。负责辖区内的水陆交通安全和管理，征收有关费用，交通业务培训及驾驶员培训。1992年7月王店乡撤并，王店乡水上交通管理站遂改成王店镇交通管理站，人员、职责不变，办公地址在人民街231号城建大楼内。

1998年5月蚂桥乡撤并，蚂桥乡交通管理站工作人员邵建荣并入王店镇交通管理站，工作人员3人，职责不变。1999年，建造了王店汽车站及交通管理站，地点在嘉海公路和王建公路交叉口东北侧。2001年4月建设乡撤并，建设乡交通管理站邹仲兴等2名工作人员并入王店镇交通管理站，工作人员共5人，职责未变。

2001年8月乡镇机构改革，成立王店镇城镇管理监察中队和王店镇交通管理站两块牌子，一套班子，工作人员共6人，负责交通管理，及担负全镇城镇管理监察任务和镇容镇貌等。办公地点均在塘桥社区兴乐路599号王店镇人民政府内。2007年孟继东接任站长。

2008年，王店镇交通管理站、王店镇农村公路管理养护站，两块牌子，一套班子。2009年5月，搬迁至花园路518号新建造的客运站办公楼内办公，工作人员计5人，工作职能负责辖区农村公路的建设管理和养护以及公路和水路的交通安全管理。分管镇长赵正观，站长孟继东，副站长王建良。

【王江泾镇交通管理站】

王江泾镇交通管理站是由原王江泾镇和当时的南汇镇、荷花乡、虹阳乡、田乐乡等五个水上交通管理站合并而成。王江泾镇水上交通管理站于1989年12月成立，站长汪薛平；1994年10月，站长年顾万金；1998年7月，站长朱云春；1999年6月，站长田福林。1993年，南汇镇、田乐乡公路通车，各乡镇水上交通管理站均更名为乡镇交通管理站。2001年6月14日，王江泾镇交通管理站撤销，成立王江泾镇城镇监察中队。南汇镇水上交通管理站于1988年12月成立，站长史桂兴，副站长陈翔麟；1994年9月，站长黄永明。2001年4月并入王江泾镇。荷花乡水上交通管理站于1989年5月成立，站长李文雷，副站长张金福，1992年6月起，站长唐生木。1998年5月并入王江泾镇。虹阳乡水上交通管理站于1989年1月成立，站长朱明生，副站长唐阿二，1995年3月站长阮永观。1998年5月并入王江泾镇。田乐乡水上交通管理站于1989年5月成立，站长钱金元，副站长陆海弟，1994年10月站长王兴观。2001年4月并入王江泾镇。

乡镇水上交通管理站成立初，各站站长均由分管乡镇长担任，另设一名副站 长全面负责。后分管镇长闾斌，站长龚建佐。

【油车港镇交通理管站】

1986年9月，原油车港镇成立水上交通管理站，为郊区试点单位，站长吴爱华。1990年水上交通管理站更名为交通管理站。1998年后由周林华主持全面工作。1988年1月成立栖真水上交通管理站，站长吴达生，副站长吴新荣。2001年乡镇合并后交通管站更名为“城建监察中队”，负责人冯幸福。2003年更名为“城管监察中队”，负责人屠小林。2008年5月，设农村公路管理养护站（交管站），站长屠小林。后分管镇长金剑毅，站长钱金福。

【新城街道交通管理站】

分管主任陈加明，站长马燕。

【高照街道交通管理站】

分管主任张建华，站长王建永。

第五章　局属其他单位

第一节　交通勘测设计室

1985年1月31日，成立嘉兴市郊区交通勘测设计室，性质为全民所有制，经济独立核算，自负盈亏。2003年12月17日，根据区《关于调整、规范事业单位分类管理的通知》精神，区交通勘测设计室为准公益类事业单位。2010年年末，有中高级以上专业技术人员1人。

第二节　公路货运配载服务部

1992年3月，成立公路货运配载服务部。2003年12月17日，根据区《关于调整、规范事业单位分类管理的通知》精神，区公路货运配载服务部为生产经营类事业单位。2008年12月31日，根据区《关于秀洲区公路货运配载服务部改制有关事项的批复》精神，生产经营类事业单位改制，区公路货运配载服务部注销。

第三节　桥梁工程队

桥梁工程队，现名为浙江嘉桥交通建设有限责任公司，是由原嘉兴市桥梁队发展而来。嘉兴市桥梁队于1953年开始组建，于1956年正式批准成立。开始地址在嘉兴大星河，1970年迁至城东路凌塘桥附近。桥梁队职工最多时有120多人，系二级企业。至今在嘉兴建有中山西路桥、南虹大桥、北虹大桥等许多大小桥梁。第一任队长为朱明忠，第二任队长为张锦浩，第三任队长为张善华。

2003年12月17日，根据区《关于调整、规范事业单位分类管理的通知》精神，嘉兴市桥梁工程队（正科级集体事业单位）为生产经营类事业单位。

2008年12月31日，根据区《关于嘉兴市桥梁工程队改制有关事项的批复》精神，生产经营类事业单位改制，嘉兴市桥梁工程队（原正科级集体事业单位）国有资产整体转让。于第二年（即2009年）年初改制成立为浙江嘉桥交通建设有限责任公司。地址在嘉兴市城东路555号。

该公司经营范围：公路工程、市政公用工程、桥梁工程、水利工程、河道疏浚、土石方工程、建筑拆除工程、公路绿化工程的施工和养护、工程机械的租赁、自有房屋的出租等。至2010年年末，公司拥有中高级以上专业技术人员77人，其中高级职称19人，中级职称50人，初级职称8人。

第六章　铁路嘉兴车务段

嘉兴车务段成立于1978年10月1日，位于市城东路65号，原为杭州铁路分局（简称杭州分局）下属一个管理单位，98年嘉兴车务段管辖沪杭铁路西段，嘉兴东站至许村站间9个车站，全长65.13公里，跨越嘉兴市区和海宁市，所管辖的车站中有嘉兴、海宁2个二等站，嘉兴东、长安镇2个三等站，马王塘、王店、斜桥、周王庙、许村5个四等站及嘉兴东至许村站区间的双线双向自动闭塞，段内设9个科室和装卸作业所、救援列车队、运贸总公司、劳动服务公司，共计40个行政班组，职工1100多名。

2005年3月18日，按照铁道部和上海铁路局体制改革的决定，撤销杭州分局，嘉兴车务段隶属由杭州分局归并到上海铁路局。5月，又撤销长兴车务段，并入嘉兴车务段，年末，嘉兴车务段管辖的沪杭线、宣（城）杭（州）线全长240.435公里线路，沿线21个车站，1个线路所，其中：沪杭线嘉兴东至许村站间9个中间站（按：因铁路电气化改造和火车提速，铁路王店、周王庙、许村站2006年1月16日停用），线长64.935公里，管辖设备有嘉兴东站至许村站间ZPW-2000A型双线双向四显示自动闭塞和站内为6502型大站电气集中联锁设备；宣杭线管辖175.5公里线路和沿线16个中间站（所），其中宣杭正线135.5公里，长（兴）牛（头山）支线40公里。是年嘉兴车务段有候车室12个，软席候车室4个，行包房6个，售票房6个，货运仓库12个。设有段长办公室、营销科、安全科、技术科、劳动人事科、财务科、综合服务部等行政部门及工会、团委等党群组织，职工总数1154人。

2009年，嘉兴车务段隶属上海铁路局，全段有职工963人，管辖沪杭线和宣杭线全长210.58公里线路和沿线17个车站。沪杭线 嘉兴车务段管辖嘉兴东至长安镇6个中间站线 长64.94公里，所管辖的车站有嘉兴、海宁2个二等站，嘉兴东、长安镇2个三等站，马王塘、斜桥2个四等站。2010年，管辖沪杭客运专线、沪昆线、宣杭线共长369.35公里和沿线24个车站。

第八篇　交通管理

第一章　路政管理

第一节　公路路政管理

【古代路政管理】

道路的路政管理，也和道路的形成与发展一样，源远流长。我国远在“少昊”时期，就已设官专门负责这方- 面的工作了。

殷商时，称道路为“行”，这个字在甲骨文中写作“井”。非常像道路的交叉路口，这是迄今为止关于道路这个名词的最早写法。

为了适应车辆行驶的需要，与驮运路比较，车马大道的技术要求较高，建成后需要养护管理才能维持经常通车。据《竹书纪年》记载：商王朝第十位王太戊，曾任命费侯中衙为“车正”，管理道路事宜。

商代还制定了有关路政的严酷法规，据《韩非子·内储说上篇》记载：“殷（商）之法，弃灰于公道者，断其子。”这是路政管理法之始。

西周早期出现了“道”字，到中期又出现了“路”字，始见于出土的西周青铜器“史懋壶”铭文。后来《周礼》记载了各类道路的名称。

当时，人们对道路维护已很重视，认识到路的优劣可以反映国家的兴衰。如《诗经·小雅·小弁》中的“叔叔周道，鞠为茂草”，被认为预示西周衰亡；《国语·周语》记载了单襄子曾因陈国的司空不重视道路的修建养护和管理，向周王预言陈国将亡。

西周的道路，分为城邑与野外两大类。城邑道路由“匠人”负责，分为经、纬、环、野 4 种，并规定了各级道路的宽度。野外道路由“遂人”负责，分为路、道、涂、珍、径 5 种。西周还规定了“男子右行、女子左行、车在中央行”等法规。西周官制中设有司空，负责道路修建管理及土木工程，并建立了司空视涂的制度，如《礼记》所载：“季春三月……命司空……循行国邑，周视原野……开通道路，毋有障塞。”西周还明确规定了“立鄙食以守路”，说明那时的野外道路已有专人维护与管理。

战国时，各诸侯国沿袭西周制度，由主管土木工程的司空管理路政，地方则由郡、县、乡、里负责，岁终要进行考核，对修治道路和维护交通重要性的认识，有了进一步提高。荀子明确提出修治道路是实现五制的重要条件之一。

秦始皇二十六年（公元前 221 年），秦始皇统一中国，修筑了以咸阳为中心的驰道，“东穷燕、齐，南极吴、楚”。秦朝重要道路的修治由皇帝下诏，地方路政沿袭战国时制度，由郡守、县令负责。按秦律规定：除按时修治道桥外，平时要求“道易其利”，私自移动道路标志的要处以“耐”刑（中国古代剃光犯人鬓须强制其服劳役的刑罚）；弃灰于路的要处以“黥”刑（中国古代五刑之一，指在犯人脸上刺字，染以黑色）。

两汉时，除路政由大司空负责外，管理体制沿袭秦制。修治维护道路已成为地方官吏的重要政务之一。

魏晋南北朝时的路政管理，除沿袭前代的养护方式外，也有所建树。北魏对通往中山的“直道”非常重视，建立了每次“南北征巡”均需维修道路的制度。

隋代统一全国后，恢复了汉魏旧制。据《隋书·百官志》记载：路政管理由尚书省工部主管，地方由州刺史及县令负责。唐代基本沿袭隋制。据《新唐书·百官志》记载，路政管理仍由工部主管，地方由州县负责，对道路交通的管理日益严密。太宗曾下诏要求“率土之内，道路无塞”。随着社会经济的发展，唐广德元年（公元 763 年）及大历元年(公元766年),代宗两次下诏,明确规定要地方巡视道路,管好道路。并重申,不得在官路上耕种及砍伐树木,路树缺损要及时补植。北宋时期,路政仍由工部主管,地方则在州、县下设户曹、司户具体负责。辽金时期的路政管理与北宋基本相同,但辽由枢密院负责,金由工部主管。

元代对道路交通十分重视,路政管理制度也较严密。全国路政由中书省所属工部都水监负责,地方则由路、府、州、县设专人具体管理,主要道路整修后,要由按察司及时检查。元朝还建立了路边植树制度。延祐元年(1314年)正月十五日,中书省在给浙江省的咨文中写道:“……道店侧畔,各随地宜,官民栽植榆柳槐树。”并指出:“不得非理砍伐,违者,各路达鲁花赤(官名)管民官依条治罪。”

明代路政由工部都水清吏司负责,强调对道路桥梁要及时修治,遇有皇帝出巡、大丧或大礼,道桥修治后,要进行检查。

清代路政沿袭明代,也由工部都水清吏司负责。到了后期,因洋务运动,设立了邮传部,这时的官名称尚书和左右侍郎,后改为大臣。光绪三十三年(1907年),邮传部内设立了路政司,《大清会典》载:道桥“岁修报于部”。由此可见,古代道路的路政管理包括了道路的建设、养护和管理。

【近代及民国时期路政管理】

清光绪二十七年(1901年)以后,国内汽车日渐增多,随着政治经济的发展和军事的需要,在清代官马大道的基础上,相继出现了适应汽车行驶需要而修建的公路。随着公路里程的增多和公路运输的繁忙,必然会出现公路被损毁、被蚕食,路面难以承受大车的碾压。为了维护路基免遭人为蚕食和破坏以及路面防止铁轮大车的碾压,各省相继成立护路机构,以加强对公路的管理。从此路政管理应运而生。

北洋政府时期,军阀割据,公路在各系军阀的控制下,为适应其争权夺地的需要,时修时停、时兴时废,建成的公路不多,公路管理机构变动频繁。1917年,在北京成立了京兆国道局,路政主要由京兆国道局负责,这是广义的路政机构。当时,还颁布了一些公路建设和管养方面的法规。1919年11月颁布的《修治道路条例》,由于当时军阀割据,又缺乏公路知识和经验,有些规定不切实际。

抗战前,各级养路机构日趋健全,路政管理一般由技术员或监工员兼任,其任务是执行交通法规,维护行车与行人安全,特别是通过村镇路段的交通管理;看守公路重要构造物,如桥梁、渡口,维护公路产权和一切设施,及通信线路、行车标志、公路用地、界标和行道树,配合地方政府处理在公路上发生的纠纷。为了加强护路修路工作,有关省相继成立了护路警察队。

后来抗战爆发,为了适应战时需要,1938年,撤销了全国经济委员会,公路处移归交通部领导,并改建为公路总管理处。1939年11月21日,交通部颁发了《公路两旁限制修造建筑物办法》共6条,规定:公路在直线部份两旁建筑物距离路之中心线不得小于10米;公路在曲线部份,凡曲线半径在50米(山地)、130米(平地)以内者,两旁建筑物及树木等应维持60米(山地)、100米(平地)之视距;公路桥梁全长满50米者,在距离桥头中心左右前三方20米以内,不得修造房屋等建筑物。

民国31年(1942年)9月22日,运输统制局《关于公路两旁建筑物取缔规则(草案)》计7条,对公路两旁分为禁止建筑区域及限制建筑区域两种。禁止建筑区域之范围规定:(1)公路直线部份左右两侧及曲线部份外侧自路中心线起10米以内地区,曲线内侧照下列规定办理:平原区,曲线半径130米为19米;曲线半径150米为16米;曲线半径200米为12米;曲线半径245米为10米(以上均为建筑界线与公路中心线之间距)。(2)车站用地范围,其面积由公路主管机关视实际需要圈定,订立标桩为志。(3)全长在50米以上之重要桥梁,在距离桥头中心左右前三方各20米以内地区。(4)其他公路建筑物圈定地区。在禁止建筑区域内绝对不准修造房屋及其他建筑物,如有私建情事得由公路主管机关会同地方政府取缔之,必要时并得强制拆除。

限制建筑区域之范围规定为:(1)路线部份,禁止建筑区域边线以外30米以内之地区。(2)车站部份:自车站用地界线起顺公路路线方向左右各200米,前后距公路用地部份各100米以内之地区。在限制建筑区域内,不得修造有碍观瞻易滋危险或豢养牲畜、堆积污秽有碍卫生之建筑物。必要时得由公路主管机关会同地方政府取缔之。

民国32年,又改为交通部公路总局,负责护路筑路工作,民国34年8月,抗日战争胜利,全国公路交通机构恢复平时建制,交通部公路总局恢复。同年国民政府行政院发布关于军用大车行驶公路的通知,规定“凡有大车道者,军用大车一律不得行驶公路,无大车道者暂允行驶公路,并需遵守有关规章,故意违抗者按照通行公路人力、兽力车辆管理规则所列罚款数额的10倍处罚”。

日本投降后,国民党发动内战,国民党政府为了军事进攻的需要,抢修了一些公路,但路政管理无从谈起。与此相反,在解放区,人民政府不但组织力量整修公路,恢复通车,同时还制定了一些规定和办法,以加强路政管理。苏皖边区第五行署公安局为了便于保护公路,转发了《皖南行署养护公路暂行办法》，规定铁轮车辆，不分公私，一律禁止在公路上通行。特殊情况下，必须借用公路时，可暂准通行，但公路两端须设立标志指明，一出公路所设的标志范围之外，立即分走大车路；在公路界线内的建筑、桥梁、涵洞、路面、水沟、标志等，严禁搬移、涂抹、挖掘、砍伐，不得有私自取土、横开水沟等损坏公路的行为；公路界内一切有碍交通之物、建筑等等，一律禁止。为保证上述禁令的贯彻执行，对违反者处以数量不等的罚金，罚金的1/3奖励查获人，2/3交查获地所属区公所，作为护养公路开支及修路民工的奖金。这些规章法令的公布，促进了解放区公路的发展，对解放区的经济建设起到了推动作用。

【解放后路政管理】

中华人民共和国成立后，旧中国留下的交通是一幅烂摊子。公路里程不多，公路技术等级不高，公路设施不全，交通量不大。解放初期，全国处于百废待兴、百业待举阶段，党和各级政府对公路建设和管养工作十分重视，要求各级交通部门与当地军事、公安部门及沿线乡村密切协作，发动广大群众和机关、学校开展爱路护路教育，共同搞好路政管理。同时，国家还颁布了一系列规定和办法。

1950年6月，中央人民政府颁布《中华人民共和国土地改革法》，开始了新解放区的土改运动，同年11月1日，浙江省人民政府发出《为配合土改本省公路用地规定保留范围》的训令，规定：(1)路基上口宽度不分路线等级或破坏与否及省建或商筑，一律以7.5米为度，如有不足应按原建筑时中心线平分补足差数，倘有超过者……仍维持现状(计划路段不予保留)。(2)边坡除特殊陡急之坡度为免坍塌、随时培修需要，应照该路原建一筑时高度保持一比一之坡度，计算其坡脚地位外，其余一律以现有坡脚为度。(3)边沟上口宽度一律规定为1米为度。(4)保留界限以两侧边沟之外照中央规定各按1米予以保留。(5)路线经过城市暂不变动。嘉兴保留杭州至嘉善、乍浦至王江泾两条公路。

1956年，交通部、邮电部、电力部颁布了《关于处理电线与行道树互相妨碍规定的联合通知》。1957年，铁道部、交通部、农业部、水利部印发了《关于各部门基本建设工程占用公路暂行规定的联合通知》，规定了损坏赔偿事宜。1958年，交通部、水利部联合印发《关于公路沿线兴修农田水利工程需注意事项》。1962年，国民经济暂时困难时期，沿线农民开垦路肩，边坡种植作物比较严重，针对这一情况，于同年6月15日，中共中央、国务院发出《关于加强公路养护和管理工作的指示》，第6条规定：公路及其附属设备，包括公路两旁已划的用地，都是国家财产，任何人不得任意侵占和破坏。

“文化大革命”期间，极左思潮泛滥，把规章制度当作“管、卡、压”进行批判，管理机构遭到冲击，交通秩序混乱，公路建设和管养工作几乎瘫痪。于是出现了任意开挖路基种植农作物，占用路基修筑渠道、搭棚、造屋、堆积杂物、公路变成堆场、市场、晒场，砍伐、偷盗行道树等，严重影响交通安全，公路财产受到损失。浙江省革命委员会于1973年12月6日发出《关于加强公路养护和管理工作的通告》十条，禁止在公路用地范围内建筑房屋、厕所、渠道等设施。禁止在公路路肩、边坡、护坡道上堆积杂物，设摊营业，开垦种植农作物。禁止把公路当作晒场、堆场、市场。凡是已侵占公路的建筑物、堆积物必须拆迁清除，已损坏的路基要及时修复。1974年后，乍王、杭枫线进行了路面改建和行道树更新，对路基加以恢复拓宽。

1975年，交通部颁发了《公路养护管理暂行规定》，提出了“全面养护，加强管理，统一规划，积极改善”的方针，明确了公理养护职工应和交通管理人员密切配合，积极做好路政管理工作。

党的十一届三中全会以后，随着改革开放的深入和国民经济的发展，公路建设的加快，公路路政管理引起各方面重视。各地开始组建路政管理部门，配备路政管理人员。

1983年7月9日，国务院下达《关于加强路政管理，保障公路安全畅通的通知》，计10条，重申公路及其附属设施，包括两旁已划定的用地，都是国家财产，任何人不得任意侵占和破坏。严禁对公路、公路设施和公路用地的侵占和破坏。明确各级公路部门是各级政府负责公路管理工作的职能单位，必须认真行使职权.

1984年，浙江省人民政府发出《关于划定公路用地和留地范围的通知》，对公路留地范围的直线宽度暂定为：国家干线公路30米(即从路面中心线至两侧边缘各15米)。省级干线公路20米(即从路面中心线至两侧边缘各10米)。县级及县级以下公路15米(即从路面中心线至两侧边缘7.5米)。

1985年11月1日，嘉兴市交通、公安、工商行政管理、城乡建设局联合发布《关于整顿交通秩序、加强公路沿线管理的通告》，除重申省府公路留地的规定外，并对杭枫线五号桥至塘汇段留地范围按40米控制，凡今后开设在公路沿线的饭店、旅馆、停车场、修理店(摊)等，都应设置在公路留地范围之外，并须经交通、城建部门签具意见后，由工商行政管理部门审批。对已在公路旁开设的饭店、旅馆、修理店(摊)等，应积极创造条件，设置停车场，并在三年内让出公路留地。1986年1月26日，嘉兴市人民政府批转《加强公路管理暂行办法实施细则》的通知，重申了省人民政府关于公路用地和公路留地范围的规定；重申了市交通、公安、工商行政管理、城乡建设等四局的《关于整顿交通秩序、加强公路沿线管理的通告》；并对破坏公路和公路设施的行为作出具体处罚规定。同年1月，嘉兴市公路段成立公安科，配置公安干警四名，担负全市专业养护线路的路政管理和内部安全保卫工作。

1987年12月，嘉兴市人民政府颁发《整顿道路交通秩序》的布告：严禁任何单位和个人违章占道设点摆摊、停放车辆、堆物作业和碾晒农作物；严禁在街道和公路用地范围内违章搭建．凡限令拆除的违章建筑物，各有关单位和个人，应在规定期限内拆除，超期未予拆除的，一律强制拆除。未经公安、交通和城建部门批准，任何单位和个人不得在街道、公路上挖掘路面。凡在街道和公路沿线新建、改建宾馆、饭店、商场、影剧院等大型建筑，应按规定报公安、交通管理机关审批，并建造相应的停车场地。已经建造而未附建停车场地的，必须按公安机关指定的地点停放各种车辆。

同年10月13日，国务院发布《中华人民共和国公路管理条例》，共41条，自1988年1月1日起施行，其中第五条重申公路、公路用地和公路设施受国家法律保护，任何单位和个人均不得侵占和破坏；第二十三条规定公路主管部门负责管理和保护公路、公路用地及公路设施，有权依法检查、制止、处理各种侵占、破坏公路、公路用地及公路设施的行为；第三十一条规定在公路两侧修建永久性工程设施，其建筑物边缘与公路边沟外缘的间距为：国道不少于20米，省道不少于15米，县道不少于10米，乡道不少于5米。

嘉兴市公路管理处于1989年1月成立路政科，加强了路政管理力量，有效地控制了公路两侧建筑红线，防止了违章建筑的产生，保障了公路畅通，维护了公路路产路权。同年5月，浙江省交通厅颁发《浙江省公路及其附属设施损坏赔偿试行办法》，共18条，作为公路损坏赔偿依据。

嘉兴市公路管理部门，对于1988年前在公路两侧已经开设的店摊，设置的建筑物进行调查清理，凡符合浙政〔1984〕43号文件规定而不符合《条例》规定的，在当时公路部门缺乏财力的情况下，暂作保留；对于没有办理批准手续的补办手续，签订协议；对于轻度违章的建筑物和店摊，目前尚不影响公路建设和交通安全的，暂作保留，签订协议，如今后公路扩建时，无条件服从需要，公路部门不再负责拆迁费；对于严重违章户，由公安、交通、土管、工商等部门，采取限期或停止营业等措施，促使其拆迁，以保证条例的贯彻执行；对于要求在公路两侧新设置建筑物，开设店摊的，要经过公路、土管、工商部门批准，严格控制了公路两侧建筑红线。1989年共审批公路沿线建筑物，摊店开设148起，4445平方米；1990年共审批建房112起，店摊开设51起，审批率已达80%以上。

1990年，交通部颁发《公路路政管理规定（试行）》，包括总则、路政管理、路政案件管辖、路政处理程序、路政处罚、路政复议、期间与送达、强制执行、附件，共9章46条。此规定从1990年10月1日起施行。

路政管理工作，民国时期由省公路局及其下属机构会同地方当局共同负责。解放后由公路部门为主，公安、交通、监理等共同配合管理。1984年6月，省交通厅发了《关于落实路政管理工作》的通知，规定路政管理工作在各级政府的领导下，由车辆监理部门组织实施。1990年5月，嘉兴市交通局根据省交通厅关于完善我省公路路政管理机构的通知精神，在市公路管理处公安科增挂路政科牌子，各县（市）公管段和嘉兴公管段建立路政管理队，其主要任务是负责该辖区内的专业养护公路的路政管理，并协助有关方面做好县、乡道路和专用道路的路政管理。根据专业公路养护里程，嘉兴段各配备专职路政员3名，各公路管理站设兼职路政员1名，原则上聘各站长兼职路政员。路政管理队，在各级政府和有关部门支持配合下，以《公路管理条例》为依据，依法治路，认真做好路政管理工作，维护公路路产，查处侵犯路产的行为。

1990年11月14日，浙江省交通厅根据交通部《超限运输车辆行驶公路管理规定》，制定了《浙江省超限运输车辆行驶公路管理规定实施办法》，由各级公路管理机构负责实施。各级公路管理机构和路政管理员、公路警察有权对超限运输车辆进行检查、鉴定，对无通行证的车辆，有权责令车辆停驶，发给责令停驶通知书。

1991年12月，由嘉兴市交通局嘉交人〔1991〕480号文确定，嘉兴市公路管理处公安路政科增挂公路路政管理大队牌子。

1993年10月，省公路管理局确定以320国道、01省道为检查重点，加强超限运输车辆行驶公路的管理。

1997年7月，区机构编制委员会，同意建立郊区县乡公路路政管理所。1997年7月3日，《中华人民共和国公路法》（以下简称《公路法》）由第八届全国人民代表大会常务委员会议通过，于1998年1月1日起施行，这是国家的一部重要法律。《公路法》作为我国公路事业的根本大法，确立了公路在国民经济和社会发展中的法律地位，以法律的形式将发展公路事业的一系列方针政策确定下来，明确了发展公路事业的基本方针、重要原则，全面调整了公路发展中的社会关系，规范了公路规划、公路建设、公路养护、路政管理、收费公路和公路的监督检查。其颁布实施，标志着我国公路事业步入了法治的轨道，对于保障和促进公路事业健康稳定发展，推动整个国民经济持续发展，具有十分重要的意义。

1999年6月，郊区更名为秀洲区。1999年12月，秀洲区县乡公路路政管理所更名为秀洲区公路路政管理大队。主要职责为查处和制止各类损坏辖区公路及其附属设施的行为；查处和制止各类损害国家公路用地及建筑控制区权益的行为；检查、监督公路养护作业、施工路段现场秩序；勘察各类路政许可项目现场，对许可项目实施进程进行全程监控。

1999年共发违章通知书326份，处理违章建筑案件10起723.4平方米，制止搭设摊棚64起围墙144米，清除堆放物969起计23561平方米，非公路标志牌2720块，查处接线接坡13起158.6平方米，各种损坏公路设施案件297件，收取赔偿费730695元。为加强沿线和接线接坡的管理，处按《公路法》及有关法规、规章，制定门前责任书。对严重影响公路路产完好和路容路貌整洁的，以及不符合工程技术规范，造成排水不畅，损坏公路路产的责令其进行整改。

2000年，一是完成了320国道（嘉兴辖段）85.75公里的标线漆划任务，同时增设标牌46块；二是开展公路沿线加油站整治达标创先活动。市创建办下发了《关于在320国道沿线开展创建文明建设样板路加油站整治达标创先活动的通知》，通过达标活动，320国道57座加油站，除1座停业整顿外，另外56座全部符合标准，面貌焕然一新。三是开展文明示范乡（镇）村活动，市创建办在全市性的创建工作会议上，明确把创建文明乡（镇）村活动作为今年创建工作的一项重要任务，并下发了《关于320国道沿线开展创建文明建设样板路文明示范乡（镇）、村活动的通知》，把任务分解落实到各有关部门，从而，使创建文明示范乡（镇）村活动初见成效，嘉兴洪合镇等成为文明示范镇。四是开展路政专项整治，改善路容路貌。

交通部《超限运输车辆行驶公路管理规定》出台后，2000年7月嘉兴市公路管理处路政支队成立了超限运输现场管理办公室，在嘉兴辖区内320国道、07省道、高速公路连接线采取不定点不定时现场查处，管理中采取教育为主，教育与处罚相结合的方法，并按规定做好卸载工作，截至12月26日，共检测车辆5957辆，其中超限车辆为4443辆，收取公路赔（补）偿453350元，罚款855110元，有效扼制了超限车辆行驶公路的现状。

为确保国省道干线公路的安全畅通，对重要路段，危险路口设置减速设施近1000米。2000年1月14日，交通部出台了《超限规定》，于2000年4月1日起施行。这是继《公路法》以后交通部出台的第一个路政管理方面的配套规章，详细界定了超限运输的行为和具体的管理措施，具有较强的可操作性，为全面加强超限运输管理提供了有力的法律依据。

2001年12月，我国正式成为WTO成员。WTO对进一步转变路政管理职能有新的要求：主要体现在以下三方面：一是路政管理法制化；二是要有完善的路政法律法规体系；三是各路政管理机构在行使路政执法权时要有法可依。

2002年，通过加强上路巡查（人均上路率23天/月），实行无节假日巡查制度，共发违章通知书3417份，制止违法建房5起，搭设摊棚262起，清除物料18952平方米，拆除非公路标牌533块，查处损坏路面路肩382起，损坏标牌、桩、桥栏、护栏等280起，查处偷损路树189起等，共收取公路赔（补）偿费202.66万元。有效地预防了违法建筑的产生，保护了公路路产路权。共审批永久性建房50起74729.8平方米，临时建房26起13533平方米，交叉道口设置137起，超限车辆56辆，占用、挖掘、跨越公路计97起。

2003年5月，根据省交通厅的有关文件和嘉兴市政府关于嘉兴公路管理段下放到两区会议的精神，原市公路段撤销并入秀城、秀洲两区，秀洲区公路段接收了原市公路段的国、省道公路的管养业务和三分之二的人员，使路政管理人员增加到18人，力量有了加强。当年，全体路政人员紧紧围绕依法治路、保障畅通这一中心，以《公路法》等法律法规为依据，全面履行路政管理工作职责，严格执法、依法行政，顺利完成全年的各项目标任务。全年路政大队共依法拆除违法建筑51.2平方米，路政案件查处率达到98%以上，结案率达到100%。当年，路政大队审批交叉道口8起、指路牌或广告牌2块；审批占用公路12起、挖掘公路3起；审批埋设管线2起；签订路政协议书9份、施工安全责任书4份。全年共收到路政赔偿款101780元。

2004年，区路政人员坚持天天上路巡查，双休日轮流值班，对各类公路违章现象及时发现及时制止查处。全年路政人员出动巡查315次计1200人次，查处违章案件223件；拆除违法建筑166.9平方米；清理违章堆积物1695平方米、违章设摊85处；拆除非公路标牌64块；整治规范马路市场10个；查处并纠正滴、撒、泼、漏等污染公路的违章车辆72辆。全年路政赔（补）偿费26.286万元，处罚案件简易程序77起，罚款1660元，路政案件查处率达到95%以上，结案率达到90%以上。在查处违法的同时，依法审批了公路两侧临时性建筑物或设施40起；审批增设交叉道口9起、非公路标牌或广告牌16起；审批占用利用或挖掘公路17起；签订路政管理安全责任书6份、路政协议书

13份。

2005年，区路政人员进一步加大了对施工路段的监管，督促施工单位做到文明施工，安全生产，确保施工期间公路的安全畅通。至今辖区内公路施工路段，无路政管理责任事故发生。路政中队和治超站执法人员坚持天天巡查，全年上路343天计5736人次，发现和查处违章案件1074件；办理处罚案件1074件（其中简易程序878件、一般程序196件）；拆除违法建筑95平方米；清理违法堆积物784平方米；拆除非公路标牌58块；整治规范马路市场7个，收取公路赔补偿费28.95万元、罚款116.948万元。在查处违法的同时，又严把行政许可关，至11月底，依法办理路政许可41件。

2006年，区路政中队执法人员，坚持专项整治与日常管理相结合，以便及时发现各类公路违章现象。平时加强危险路段、路口的巡查、清障与管理力度，对320国道、07省道以及申嘉湖高速公路等施工路段的标志设置加强了督促检查，对造成路面抛、洒、滴、漏等污染的车辆也加强了执法力度。上半年，路政中队上路179天计895人次，发现和查处各类违章案件356件；办理处罚案件351件（其中简易程序19件、一般程序332件）；清理违法堆积物304.3平方米；拆除非公路标牌21块；整治规范马路市场3个，发出路政管理整改书56份，收取公路赔补偿费57412元、罚款8450元。同时，依法办理路政许可4件。

2007年，区路政中队继续坚持每天上路巡查，并保证巡查质量，做好巡查记录工作。对07省道、申嘉湖高速公路等涉路施工路段的交通标志和安全设施，加强了督促检查，对抛、洒、滴、漏等造成公路路面污染的违法车辆加大了监管和处罚力度。全年各路政中队共上路巡查323天计1899人次，有效地维护了管辖公路的路产路权。为更有效地维护路产路权，路政大队坚持依法行政、严格执法，依法查处了侵犯公路产权的违法违规行为和案件。截至11月，共拆除违法建筑1处25.8平方米，拆除非交通标志标牌65块，清除公路边违章堆积物798平方米，发出路政管理整改书5份、签订施工安全责任书7份。今年发生路政案件118起，结案118起，结案率100%。处理因交通事故、审批等引起的路政索赔案件85起，共收取赔偿款554955.2元；处理路政行政处罚案件33起，其中简易程序案件8起、一般程序案件25起，共罚款19730元。遏制了公路违法违章行为。依法办理路政许可案件38件，行政许可的正确率达到100%。

2008年，区各路政中队共上路巡查366天计2412人次，依法查处了一大批侵犯公路产权的违法违规行为和案件。截至12月下旬，共拆除违法建筑1处计35.28平方米，清除非交通标志标牌77块，清除公路边违章堆积物1193平方米，发出路政管理整改书59份、签订施工安全责任书3份。依法处理因交通事故、违章、审批等路政索赔案件133起，共收取赔偿款688998元；办理路政行政处罚一般程序案件12起，共罚款5700元，有效地维护了管辖公路的路产路权。

在查处违法的同时，严格把好行政许可关，全面规范公路路政许可行为，行政许可的正确率达到100%。截止12月份，共办理行政许可案件36起。其中许可公路建控区内埋设管道等设施10起；许可公路用地范围内架设、埋设管线等设施1起；许可跨越、穿越公路作业7起；许可公路用地内设置非公路标志5起；许可增设平面交叉道口7起；许可占用、挖掘公路或使公路改线作业1起；公路用地林木更新、砍伐5起。

2009年，区路政巡查中队实施专项整治与日常管理相结合。至10月份，路政巡查中队累计巡查天数300天，共投入执法人员2007人次，清理公路两侧违章堆积物2455平方米，清除招呼牌等非公路标牌172块。办理路政索赔案件73起，共收取索赔款538542.32元。办理路政一般程序处罚案件14起，罚款4900元。本着“服务群众，效率办事”的宗旨，经秀洲区行政审批中心批准，于2009年3月在交通局大楼内设立了区行政审批中心路政许可分中心，分中心自当年3月份开始正式运作。自此后规范操作，办事效率得到了提升，在最短的时间内办结了每个许可案件，且行政许可的正确率达到100%，得到了前来办事人员的一致好评。截至10月份，路政许可分中心共办理行政许可案件18起。其中增设公路平面交叉道口许可10起，跨越、穿越公路作业许可8起，公路用地范围内架设、埋设管线等设施许可5起，公路用地范围内设置非公路标志许可5起，在公路建筑控制区内埋设管线等设施1起，公路用地林木更新、砍伐1起。

2010年，区公路段重点加大干线公路和重要路段、桥梁的路面巡查力度，最大限度地将各类公路违法违章现象和不安全隐患消除在萌芽状态。1—11月，路政巡查共投入执法人员2234人次，发放公路路政巡查发现情况通知书85份，排查桥梁12座，清理公路两侧违章堆积物966平方米，拆除非公路标牌200块。办理路政索赔案件79起，共收取索赔款80.04万元。办理路政一般程序处罚案件22起，罚款8400元。当年还开展路政专项整治活动，自5月份开始，在辖区320国道穿镇路段、建筑控制区等重点区域，联合交警、城管、沿线镇政府、交管站等相关部门，开展以净化公路交通环境为主题的路政百日专项整治行动，重点整治马路市场、占道堆放、加油站管理、广告招牌、非公路标志等，同时对320国道沿线店面的所有雨篷、彩钢篷和构筑物进行全面拆除清理，并对70多个店面进行统一的招牌改造，极大地改善路容路貌和公路行车环境。2010年底碰上了雨雪冰冻灾害，公路打滑，隐藏着安全隐患，全段人员积极投入应急抢险，共投入人员100多人，煤渣60吨，石屑50吨，草包1万个，工业盐6吨，车辆20多辆，确保辖区公路的安全畅通。当年，路政窗口共办理路政许可案件11件，收缴许可赔偿费2万余元，所有办件无一复议和诉讼，办结率和满意率均达100%。

第二节 公路养护组织管理

【解放前公路养护组织管理】

解放前公路养护分为三种办法：国道杭沪公路由交通部公路总局第一区公路工程管理局组设道班养护；省道乍平嘉、嘉桐等公路由省公路局联络各县府督导民众养护；嘉（兴）王（江径）公路由苏嘉湖汽车公司租营，则由公司组织道班养护。民国20年（1931年）2月，省财政厉行紧缩，节约支出，将养路所和段工程事务所等八个单位合并为第一区工程处统辖管理。同年6月，又将原第一区工程处撤销，由省公路局工务科直接管理。养路工程司改称养路事务员，每50~60公里设一分驻所，每所派工程员1人负责，另有监工员数人。道工8人为一组，两组为一班，每组另设大工（即工头）1人。民国21年至22年苏嘉路嘉兴至王江径段，则由江苏省苏嘉汽车公司承租并养路。民国25年5月国民党政府中央军事委员会发布《民众养路暂行办法》，浙江省于同年7月又订《民众养路实施办法》，规定每年4月、12月服役半个月，每日发津贴费0.2元，是以民众养路，作为辅助专业养路的方法。当年嘉兴等县先后成立民众养路总队，计35个班，民工1019人，但由于抗日战争形势突变，未见实效。民国26年2月，省公路管理局下分设10个工务办事处，每个工务办事处各设工务管理员1人，工务助理员1~2人，办事员1人，监工员数人。同年11月，乍嘉王、杭善等公路，未及破坏，即被日本侵略军侵占。在沦陷期间，整个日占区公路，没有建立养路机构，公路的修建与维护，均由汪伪专、县的行政机构负责。抗战胜利后，民国34年12月、省交通管理处恢复为专责的公路机构。民国35年2月，恢复道班养路，全省共设7个工务段，当时乍浦至嘉兴、嘉兴至桐乡线，均由杭州工务段管辖养护。民国37年11月，由于国民党政府政治、经济危机加深，养路经费困难，省府当局实施所谓“戡乱时期浙江省道保养办法”，规定由各县设立省道保养队，担任经常养护、防护工作和紧急抢修，全省共设杭州、嘉兴等6个工程督导处（嘉兴工程督导处于民国38年1月并入杭州工程督导处）担任民工养路技术指导，乍平嘉、嘉桐等支线及商办苏嘉公司养路的嘉王线，均为其督导范围。民工养路的命令下达以后，各县迟迟未动，省、县养护的路线原已先天不足，再经此半年只用不养，更自破败不堪。

【解放后公路养护组织管理】

解放后，撤销原有国、省道两套养路机构，实行道班养路制。乍浦至嘉兴、嘉兴至桐乡段公路，均委托苏嘉湖汽车公司负责代养，嘉兴至王江径公路仍由苏嘉湖汽车公司承租并养路。1954年9月海宁养路段迁驻嘉兴，改称嘉兴养路段，设海宁、海盐、平湖三个工区、9个道班和1个施工大组。

1958年1月，实行“运养合一”，撤销嘉兴养路段，于嘉兴汽车站设养路队，管理养护乍浦至嘉兴至王江径、嘉兴至崇德等公路。

1961年4月，“运养分开”，省恢复工程局，嘉兴各条公路划归杭州养路大队（后改称杭州养路总队）管辖，在嘉兴辖境设海宁、嘉兴二工区：其中嘉兴工区管养杭—金线包家津至金丝娘桥、乍浦至王江径、嘉兴至崇福公路117.5公里。1965年在湖州成立嘉兴养路总段后，海宁、嘉兴两养路工区改归嘉兴养路总段管辖。

1972年1月，撤销嘉兴养路总段，在嘉兴地区交邮局设负责养路科室，公路养护的人、财、物权全部下放到县交通局管理，分别成立嘉兴等六个公路段（工区），实行块块管理。

1979年1月，重新恢复建立嘉兴地区公路总段，公路养护实行条块结合体制；干部归地、县管理；计划、财务、技术、劳动工资、机料归省工程管理局管理，原称“XX县交通局公路段”则改称“浙江省XX县公路段”。

1982年后，公路养护划分为专业养护和县乡养护两种。专业养护的线路为国道、省道及部分重要县道，由公管处组织公管段、站进行养护；县乡养护的线路为一般县乡公路，由县（市）区交通局管理，组织公路沿线的农工养护。同年10月，省交通厅将公路养护实行分级管理，采取专业养护及社队养护二种形式；国省道干线和重要县道由公路专业部门管理养护；一般县、社公路由当地交通部门组织社队养护。

1983年，嘉兴地区行政建制变更，同年10月21日，撤销嘉兴地区公路总段，分别建立湖州市公路总段和嘉兴市公路段。

1986年，随着区内公路里程不断增加，根据“分级管理”原则，嘉兴市郊区为搞好公路养护管理，于9月22日成立“嘉兴市郊区县乡公路养护站”，负责区域内公路养护，这是郊区路政机构的雏形。当时有公路养护工36人（含绿色通道15人）。当年，养护站就与沿线各乡镇签订公路养护管理责任书，由各乡镇分段公路局养护。1990年5月，嘉兴市郊区县乡公路养护站更名为嘉兴市郊区县乡公路养护管理所。

1997年7月13日，郊区成立了“嘉兴市郊区县乡公路路政管理所”，配有3名专职路政人员，管理区内25个乡镇、三级公路为主的130.2公里县乡公路。这是郊区路政管理之始。1999年12月更名为秀洲区公路管理段、秀洲区公路路政管理大队。

2003年5月，嘉兴市公路管理体制改革，原市公路段撤销并入秀洲、南湖两区公路段。当时秀洲区公路段吸纳职工42人，路政管理人员增加到18人。经秀洲区交通局批准，组建了段领导班子，职责明确，并建立了相应的规章制度。段下设四个职能部门：办公室、财务股、路政股、工程养护股，一个超限运输检测站，一个机修组和二个公路养护道班（嘉兴站、双桥站）。主要担负着320国道、07省道和15条县道、9条乡道的养护和路政管理工作，管辖里程由原来的193.886公里增加到218.608公里，全年投入养路经费73.56万元。段部与各科室之间签订了目标考核责任书，较大地提高了职工的工作积极性、主动性和责任心。

2005年，秀洲区政府制定了《秀洲区镇村道路管理办法（试行）》，明确道路分级养护管理责任制，县道及以上公路由区养护，各镇（街道）负责该行政域内的镇村道路的建设养护管理工作。全区建立由有关部门、单位参加的镇村道路养护管理办公室，负责全区镇村道路养护管理的监督、技术指导和检查考核工作。各镇（街道）的交通管理站为镇村道路养护管理的责任单位，每站核定人员2至5名，承担镇村道路建设、养护管理，路政及道路交通安全协管等交通管理的相关职能。当年秀洲区范围内共有国道33.748公里，省道41.975公里，县道152.003公里，乡道41.883公里，计269.609公里。

2007年，秀洲区管养公路总里程为365.602公里，其中包括委托养护国道33.748公里，省道67.489公里。内设二个巡查中队和一个机动中队，队员7人。为了进一步提高路政执法人员的整体素质，规范执法行为，结合开展“作风建设年”、创建文明中队等一系列活动，路政大队制定“路政大队学习计划”，通过学习教育、培训、队务会议等方式和活动，全体路政执法人员，都能严格执行公路执法人员“六个禁令”和“四条禁令”，切实做到令行禁止，提高了公路管理者的执法水平和综合素质，树立了路政执法队伍的良好形象。大队下属路政股在2006年区级“青年文明号”的基础上，积极争创市级“青年文明号”。

截至2007年年底，秀洲区范围内的公路总里程为841.072公里。其中国道33.748公里、省道67.489公里、县道185.419公里、乡道78.946公里、村道475.470公里，农村公路占全区公路总里程的87.96%。

2008年，秀洲区共设有5个镇和4个街道，依照省市有关农村公路管理养护工作的要求，区政府相继出台了《秀洲区农村公路管理养护体制改革工作方案》《秀洲区农村公路管理养护办法》，对农村公路管理养护机构的设置、管理职责、工作内容、资金保障、考核奖惩等方面进行了明确。根据区政府的文件规定，段部增设了农村公路管理科，负责农村公路的检查、监督、考核、技术指导与业务培训等工作；各镇、街道都成立了农村公路管理养护站（交管站），配备了养护管理人员和巡查车辆，落实了场所，明确了职责，全面加强了对乡村公路的养护和路政管理工作。其中《秀洲区农村公路管理养护办法》。提出了“四个明确”，即：

明确管养主体。区人民政府授权区交通局主管农村公路管理养护工作。农村公路管理养护工作实行分级管理：县道的管理养护由区人民政府委托区公路管理机构（区公路段）负责具体实施；乡道、村级公路由区人民政府委托镇人民政府、街道办事处管理。

明确管养机构。区公路段内设农村公路管理股，对县道分别设置公路管理站进行日常养护。各镇、街道在社会事业服务中心挂农村公路管理养护站（交管站）牌子，安排编制1~4人，业务上接受区交通行政主管部门指导。

明确资金保障。区财政对县道公路小修保养的补助资金不低于每公里7000元，乡道、村道公路视年度管理养护综合考评情况，每年安排乡道养护补助资金每公里不低于3000元，村道每公里不低于2500元。各镇、街道配套养护资金乡道每公里不低于1500元，村道每公里不低于1000元。

明确乡道、村道公路大中修工程经费由镇、街道负责筹集，工程通过区级验收后，区财政按工程决算给予适当补助，县道大中修、危桥改造和水毁等专项工程按相关规定程序拨付资金。

2009年，加强路政执法人员的素质培养，3月中旬，组织全体路政执法人员进行军训和队列比武。6月份，参加市公管处组织的路政全员轮训；有16名路政执法人员参加省政府执法培训和考试。7月份，组织各镇（街道）路政协管员到省公路技校参加为期四天的路政业务知识培训。10月份，路政大队长和标志标线专管员参加省公路局组织的专项培训。2名新增路政员参加了路政上岗培训。2009年，全区投入养路经费102.73万元。

2010年，按照全省中队要创建标准化、规范化要求，路政巡查一中队以规范路政形象、标准执法行为、业务管理为切入点，先后投入70余万元，加强中队软硬件建设，健全中队各项管理制度，积极争创“省级规范化路政中队”，提升内部管理质量。路政综合办在成功创建“市级青年文明号”的基础上，又顺利通过团市委的复评验收；07省道王江泾超限运输检测站也于上半年喜获“区级青年文明号”荣誉称号。全年新增事业在编人员4名，路政协管员5名，不断加大人才引进力度，完善人才培育机制，严格按照干部选拔程序，通过干部职工民主推荐、组织考察，年初，新提拔了1名中层干部到副段长岗位，同时新提拔了6名同志充实到中层队伍，增强行业发展后劲。

同年年底，秀洲区范围内的公路总里程为890.321公里，桥梁805座，总投入养护经费151.17万元。按行政等级分：国道58.711公里，省道43.75公里，县道193.192公里，乡道95.533公里，专用公路16.672公里，村道482.463公里；按技术等级分：高速公路67.172公里，一级公路69.866公里，二级公路38.279公里，三级公路177.072公里，四级公路270.921公里，准四级公路244.813公里，等外公路22.198公里。

路政管理线长面广，社会性强、管理任务重、难度大。路政管理机构在政府、主管部门和有关部门的支持配合下，认真执行“依法治路，保障畅通”的工作方针，以保护公路路产、路权为中心，保障公路畅通为目标，坚持经常性管理与专项整治相结合的工作方法，使公路路产、路权得到有效保护，路容、路貌不断改善。

第三节　公路养护绿化管理

道路养护绿化，很早就引起重视，早在元朝就建立了路边植树制度。延祐元年（1314年）正月十五日，中书省在给浙江省的咨文中写道：“……道店侧畔，各随地宜，官民栽植榆柳槐树。”并指出：“不得非理砍伐，违者，各路达鲁花赤（官名）管民官依条治罪。”但道路旁植树受经济能力和重视程度相关。解放前国民党政府腐败，再加上战争多年，公路两旁绿化植树状况很差。中华人民共和国成立后，有关公路养护的法律法规中往往也把绿化列入其中，由于受经济能力影响，到20世纪七十年代公路旁的行道树仍不理想，用当时一位交通老领导的话说，公路两旁的行道树是“稀稀拉拉，东倒西歪”。

改革开放后，随着经济的发展公路绿化越来越被重视。1979年交通部颁发《公路养护定员标准》，在生产工人定员中就有苗圃工人。同年6月省局印发公路养护工作八项技术经济指标，作为年度工作总结评比考核的依据，其中工程合格率中，就有“绿化”这一考核内容。这些足以说明对公路绿化的重视。

1986年9月，根据“分级管理”原则，区成立县乡公路养护站，与沿线各乡镇签订公路养护管理责任书，由各乡镇分段养护。

1990年年末，嘉兴公路绿化率达100%，其中320国道共栽植85297株。同年嘉兴在320国道率先试行GBM工程。GBM工程是实施具有中国特色的公路标准化、美化建设工程的简称，1992年320国道GBM工程计划安排25公里，实际完成硬路肩部分27.764公里，总投资143万元。同年绿化工作共种植乔木16180株、灌木6800株、美人蕉2000市斤，320国道按GBM工程进行缺株补植。

1993年，320国道GBM工程计划安排5公里，计划投资22.5万元，实际完成硬路肩工程16.5公里，投资77.8万元，完成率达300%以上。绿化工作重点抓好护管工作，做好对320国道结合GBM工程进行缺株补植，全年共补植水杉、广玉兰、木槿、龙柏、小腊球等行道树25760株，培养种子苗4400多株，共投资18万元。

1996年，嘉兴公管处专业养护里程364.93公里，达到绿化里程的有321.72公里，占总里程的88.2%，其中国道85.7公里，达到绿化里程的有85.75公里，占国道的100%；省道里程182.98公里，达到绿化里程的有164.7公里，占省道公路的90%；县乡道96.2公里，达到绿化里程的有

84.2公里，占县道公路的87.5%。同年为绿化国道种植蜀桧、黄杨球等十三种170012株树，并种草皮21.9531平方米；省道补植水杉达8500余株。

1997年，根据嘉兴市政府的统一部署，为了保证320国道（嘉兴段）、07省道嘉平段绿化工程能按计划、保质保量顺利完成，嘉兴市政府成立了绿化工程领导小组。市交通局制定了绿化方案。

在原绿化基础上，全线设计成两种形式，即绿篱型与密集型。绿篱型即在隔离带内将320国道（嘉兴段）植种成高50~60厘米，宽1.5米的绿篱，花灌木集中分段点缀其中，剩余空地草皮复盖。边坡保持原有配置，再增加一排美洲黑杨，同时加铺0.5米宽的马蹄筋草皮。市区过境段、交界处采用绿篱型。密集型即在原有绿化的基础上增加树种密度，使植枝之间更加密集，连成一片。边坡在原有基础上加枝，同时加铺0.5米宽马蹄筋草皮。07省道嘉兴段中央隔离带采取绿篱型，边坡外侧采用两排水杉，品字型植种，内侧用广玉兰与夹竹桃乔灌间植，边坡草皮复盖。嘉平段两侧边坡采用两层布局，外侧两排水杉，成品字型，内侧海桐与湿地松间植。

嘉兴市交通部门成立320国道（嘉兴段）、07省道绿化工程质量监理组（监理组设在市公路管理处），负责全线绿化工程放样及质量监理（树种、规格、树苗质量等指标监理）沿线有关县（市）政府按照分级实施原则，积极组织本辖区内的绿化工程实施任务，绿化工程要求在年内完成。绿化工程竣工后由嘉兴市绿化工作领导小组统一组织初验，一年后组织竣工验收。

关于经费安排。320国道（嘉兴段）采用三个一点的办法，即积极向上级争取补助一点，地方投入一点，部门自筹一点来解决。地方投入部分可动用国、省道土地增值费。07省道嘉王（嘉兴—王江泾）段由通行费项目列支，嘉平段由工程建设费项目列支。

为保障绿化工程实施成果，管理是关键。为使管理有章可循，根据市政府的指示，公路局起草了《320国道（嘉兴段）、07省道绿化管理办法》，该办法明确了适用范围、主管部门、责任部门，违法违章行为界限，奖励、处罚等条款，附则中明确了损坏绿化的赔（补）偿参考标准。

2001年，重点抓好320国道枫泾交界处路段高标准绿化景点建设。嘉兴市公路管理部门千方百计筹集资金，下大力气建设绿色通道，在公路两侧营造各15米宽的生态林，按生态公路环境模式的原则设计，以生态绿地、植物景观为主，用园林小品做点缀，体现公路文化与园林艺术相结合的氛围。并结合市区过境段改建，完成中间隔离带的绿化种植，共种植各种乔木44618株，铺设草皮58700平方米；补植320国道（嘉兴至海宁段）50公里两侧行道树14085株，巩固了公路绿化成果，使320国道（嘉兴段）的绿化日趋完美，大大提高了国道的整体绿化水平。

2003年，嘉兴市公路管理体制改革后，秀洲区公路养护路段扩大至320国道、07省道，县道15条，乡道9条。区根据上级主管部门的工作部署，开展绿色通道工程建设，区交通局成立绿色通道工程领导小组，办公室设在区公路段。当年结合区的实际，依托当地政府，因地制宜，形成政府、部门、集体、企业、个人共同建设绿色通道的合力，确保绿色通道工程建设的顺利进行；对于镇、村公路的绿色通道工程由镇政府（街道）及村负责实施。秀洲辖区范围内公路总里程269.609公里，管养公路220.938公里。其中高速公路40.8公里，已绿化里程40.8公里，已达到公路绿色通道工程建设标准里程7.8公里；国、省道公路34.9公里，已绿化里程34.9公里，已达到公路绿色通道工程建设标准里程17.23公里；县乡公路193.9公里，已绿化里程193.9公里，均未达到公路绿色通道工程建设标准。全年共投入区绿色通道工程建设资金665.0151万元，完成了07省道（城北路—王江泾）绿色通道工程4.2公里。

2004年，秀洲区全年还对绿化进行了4次修剪和2次治虫、在下半年对全区的主要县道进行了路边坡除草，清除杂物和行道树剪枝、刷白工作，共计完成34公里。5月份对嘉兴至新塍的行道树（香樟树）进行了喷洒药水除虫，共计10公里。

2005年9月，嘉兴市交通投资集团有限责任公司将“嘉海公路和嘉湖公路”两侧的绿化通道及绿化用地委托给秀洲区公路管理段。

2006年4月1日，嘉兴市公路局又将“320国道嘉兴市区过境段”的绿化养护管理工作委托给秀洲区公路管理段。到2007年末，全区可绿化里程711.893公里，已绿化里程706.849公里，占可绿化里程的99.29%，其中国、省道101.237公里，绿化率100%。320国道市区过境段共有绿化50万平方米左右，（其中320国道与07省道互通区134964平方米）。

2009年，区全段共出动养护人员（含绿化）30000余人次，出动养护车辆1100余次，其中完成路肩和边坡人工除草430公里，撒除草剂157公里，行道树刷白157公里，修剪绿化300余公里，清理“加拿大一枝黄花”约120万平方米。

2010年1月至11月，区公路段共出动养护人员（含绿化）26000余人次，出动养护车辆1200余次，其中完成路肩和边坡人工除草244公里，撒除草剂122公里，修剪绿化

480余公里。到2010年底，全区公路绿化养护总里程890.321公里，其中国、省道102.461公里，绿化率100%，嘉湖、嘉海等重要县道绿化率100%，其他县乡道绿化率达90%。

第四节　超限运输车辆管理

超限运输是指在公路上行驶的各种机动车辆装载物长、宽、高、总重和轴载质量超过规定限制值。

新中国成立后，我国的公路交通和汽车运输业有了一定发展。20世纪70年代以后，国民经济和社会发展的速度加快。特别改革开放后，经济建设快速发展，一些大型、重型设备需要运送，为满足这一需要，国内大型公路运输企业便从国外购买一定数量的大型车辆进行运输，公路超限运输就应运而生。80年代初，国内绝大多数公路等级较低，难以承担超限运输车辆行驶。另一方面，由于利益驱动，载重卡车业主为了逃缴养路费、车辆通行费及其他有关费用，超载运输非常突出。这种超载运输行为对公路造成的危害非常严重。随着重型车辆行驶公路和超限超载运输的增多，加强对超限运输的管理已刻不容缓。1987年，交通部召集有关省（市）和中国汽车运输总公司进行了座谈讨论，正式起草《超限运输车辆行驶公路管理规定》。在广泛征求国务院有关部门和各省（市）意见的基础上，交通部于1989年12月11日，印发了《超限运输车辆行驶公路管理规定》（交公字〔1989〕699号），于1990年1月1日起在全国施行。

1990年11月14日，浙江省交通厅根据交通部《超限运输车辆行驶公路管理规定》，制定了"浙江省超限运输车辆行驶公路管理规定实施办法"，由各级公路管理机构负责实施，各级公路管理机构和路政管理员、公路警察有权对超限运输车辆进行检查、鉴定，对无通行证的车辆，有权责令车辆停驶，发给责令停驶通知书。1991年4月3日，由于种种原因，交通部以交公函231号文停止了超限运输规定的执行。由于超限运输管理规定的停止执行，使原来有所扼制的超限运输和超载运输出现强烈反弹，超限运输愈演愈烈，给各地公路网造成严重损失，因超限超载导致的交通事故频发，公路运输市场混乱，社会各界要求对超限超载运输加强管理的呼声十分强烈。

1997年7月3日，《公路法》正式颁布施行。《公路法》第49条、第50条明确规定了在公路上行驶的车辆的轴载质量应当符合公路工程技术标准要求；超过公路、公路桥梁、公路隧道或者汽车渡船的限载、限高、限长标准的车辆不得在有限定标准的公路、公路桥梁上或者公路隧道内行驶，确需行驶的，必须经县级以上交通主管部门批准，并按要求采取有效的保护措施才能行驶，并承担所需的费用。《公路法》从根本上对超限运输管理提供了法律依据。但由于《公路法》对超限运输规定得比较原则，可操作性不够强。

1998年交通部召集有关省（市）重新起草《超限规定》，广泛征求国务院各部门和各省（市）的意见，2000年3月8日交通部《超限运输车辆行驶公路管理规定》（交公路发〔2000〕123号）（以下简称2号令）出台，为加强超限运输管理提供了量化的、可操作性的法律依据。

2000年7月嘉兴市公路管理处路政支队成立了超限运输现场管理办公室，在嘉兴辖区内320国道、07省道、高速公路连接线采取不定点不定时现场查处。管理中采取教育为主，教育与处罚相结合的方法，并按规定做好卸载工作，有效扼制超限车辆行驶的现状。

嘉兴市公路路政管理大队按照法律、法规和规章及上级部门的有关要求，负责辖区内超限运输的管理、协调、督查和审批工作。2001年5月，成立超限运输管理中队（路政三中队）。

随着嘉兴市经济的持续发展，公路沿线大规模企业的投资越来越多。企业规模的增大，带来大型超限运输车辆进出频繁，散装水泥车、油车、沥青车、槽罐车等超限超载运输现象严重，主干线公路上超限运输呈上升趋势。

为保护公路完好，遏制违法超限运输车辆上路，嘉兴市路政管理大队对超限运输管理从强化源头管理着手，加大宣传力度，主动走访车辆运输企业，对车辆单位宣传超限运输的危害性，督促他们对运输车辆进行整改。事后又回访，了解整改情况，防止出现做表面文章的情况。另一方面加强上路巡查力度。调集力量，采取突击与经常、白天与晚上、间断与持续、静态与动态相结合的方法，灵活机动，不给违法当事人有可乘之机。节假日坚持上路，不给超限运输车辆以可乘之机，并做好超限运输审批管理工作。因经济建设发展需要，近年来嘉兴市境内公路大件运输日益增多。嘉兴市路政大队按规定，严格审批，并做好服务工作。

2001年，一方面加强对交通部2号令的宣传和现场查处工作；另一方面加强了对超限运输管理工作的研究和探讨，根据上级指示精神，结合当地实际，召开全市超限运输管理工作专题研究会议3次，认真组织学习超限管理工作的有关法律法规，总结2000年超限管理中的经验教训，不断提高路政人员依法办事，文明执法水平，杜绝违法行政案件的发生。随着公路路面等级提高，公路的通行能力大大加强。但车辆违法超限运输现象不断出现，严重影响公路交通安全和使用寿命，成了"公路杀手"。为有效遏制超限运输车辆行驶公路势头，经省政府批准于2001年，在07省道王江泾双桥农场路段设置王江泾超限运输检测站，加大检查力度。有效地遏制违法超限车辆行驶公路的势头，提高了公路通行能力和行车安全。

2003年，根据全省公路超限运输专项整治工作会议精神和省局超限运输专项整治工作方案，10月份嘉兴市专门召开了全市路政工作会议，结合市高速公路及主要国省道公路实际，制定了嘉兴市公路超限运输专项整治工作方案，按省局统一部署，确定整治重点线路为沪杭、乍嘉苏高速公路、320国道和07省道。同年10月，浙江省交通厅同意王江泾超限运输检测站站址设在07省道52K+510位置。超限检测站与王江泾公路征费稽查站实行联合设站。秀洲区超限运输车辆管理，由于07省道王江泾超限运输车辆检测站新站正在筹建中，暂借原运管稽征检查站站房过渡，正式上路检测工作尚未展开。

2004年5月11日，国家交通部、公安部等七部委联合召开全国治理车辆超限超载工作电视电话会议，5月28日和6月4日，省政府、嘉兴市政府分别召开了全省治理车辆超限超载工作电视电话会议和全市治理车辆超限超载工作会议，贯彻执行开展治理公路运输车辆超限超载工作。按照全国"治超"工作的部署和要求，6月20日上午9时，全国统一开展"治超"路面执法工作。根据全国治理车辆超限超载工作"统一口径、统一标准、统一行动"的总体要求及省、市治超领导小组的部署，结合嘉兴地处浙江北大门，公路成网、省际治超点多，执法人员紧缺的实际，克服种种困难，坚持24小时不间断检查，严把卸载关，对超限(载)车辆做到卸载后放行，及时消除道路交通安全隐患，最大限度地减少交通事故的发生，保障公路的安全畅通。

秀洲区王江泾超限检测站，在这一年的"治超"工作中分二个阶段进行：第一阶段：2—5月，采取定点不定时的管理方法。从2月17日开始，全站12人(含2名协管员)，分成二个中队。根据气候和流量的变化，灵活掌握上路检测时间，主要以夜间为主，在三个多月内，共检测车辆693辆，查处超限车辆504辆，发生处理案件123起；行政处罚案件381起：其中简易程序239起、一般程序案件142辆；卸载驳运318辆，卸载货物5119吨，卸载率达63%，超过了上级60%的卸载要求。共计收取路政赔补偿费69240元、罚款379400元，共计448640元，取得了较好的成绩。

第二阶段：6—12月，结合全国集中整治。6月20日开始，按照国家七部委《关于全国开展车辆超限超载治理工作的实施方案》的精神，在省、市、区治超办的组织领导下，联合公安开展"双超"治理工作，进行24小时不间断检测。至11月30日，交通、公安共投入执法人员3831人次，检测车辆5833辆，查处超限超载车辆1056辆，其中超限199辆、超载857辆，处罚车辆277辆，卸载货物6536吨，卸载率为100%。超限超载率从开始集中整治前的80%下降到整治后的25%，基本实现了联合治超的阶段性效果。车辆超限超载现象得到了有效的遏制，"大吨小标"的现象逐步得到更正，成效较为明显。

2005年，区公路管理所根据省市的统一部署，继续加大对超限运输车辆的监督管理，07省道王江泾超限运输车辆检测站一直处于正常运作状态，依法查处违法超限运输车辆，确保公路的安全畅通。全年治超站共检测车辆8207辆，其中违法超限车辆912辆；卸载642辆，计4657吨；罚款116.322万元。

2006年，由于治超一线的需要，大队面向社会招聘了10名路政协管员，充实了治超一线的队伍。针对县乡公路受到超限超载和施工运输车辆的频繁碾压，导致公路受损，特别是县道嘉洛线、新腾线等公路路面破损尤为严重，路政大队抽调经验丰富的执法人员，配备车辆和笔记本电脑，成立流动超限运输检测点，依法对辖区内县道公路的超限超载车辆进行不间断、不定时的突击检查，从严查处违法车辆，保障县乡公路的完好。通过治超行动，有力地打击了长期恶意超限肆意破坏公路的违法行为，有效地遏制住了超限运输的势头。上半年，固定和流动治超站执法人员上路179天计1756人次，发放治超宣传资料250余份，共检测车辆770辆，其中违法超限车辆319辆；卸载234辆，计1998吨；罚款共计75.51万元。同年12月，区机构编制委员会同意，增加秀洲区公路管理段事业编制28名(主要用于王江泾超限运输检测站)。

区公路段的治超工作得到政府和有关部门的大力支持，2005年9月发生在07省道王江泾治超站的一起暴力冲卡致使路政执法人员受到伤害的案件，区政府非常重视，及时协调公、检、法机关，要求从严打击。

公路段团员青年到结对村—新塍镇洛兴村看望孤寡老人，帮老人擦洗门窗、拖地，给老人带去水果、饼干，和老人拉家常，演绎了新时期的雷锋精神；五四青年节，党团员们又带着书包、铅笔盒等文具用品和水果，看望了洛东中心小学的陈晓枫小朋友，建立了结对助学对子，以实际行动做好"和谐发展，共建新农村"工作。4月份，路政股被授予区级“青年文明号”称号。

2007年，区“治超”工作：一是加强治超工作的宣传力度，向过往车辆分发宣传资料进行宣传教育，营造“治理公路超限超载”氛围；二是加强现场查纠力度，通过上路巡查和固定检测、动态和静态管理相结合的方式，依法治理超限运输；三是完善台帐登记和违法案件档案管理制度，做到每一案件都有据可查；四是对非法超限超载的运输经营者、营运驾驶员及为其提供便利的卸载运输站（场），依法予以处罚。通过治超行动，有力地打击了长期恶意超限肆意破坏公路的违法行为，07省道超限率明显下降，有效地遏制住了超限运输的势头。

同年4月，新的07省道王江泾超限运输检测站投入运行。该检测站占地1.87公顷，主体大楼建筑面积498平方米，卸货仓库400余平方米，总投资1095余万元。检测站实行24小时不间断检测。对所有经过检测被确认违法的超限超载车辆，一律先卸载、后处罚，未经卸载并消除违法状态的超限超载车辆，一律不予放行。坚决禁止违法超限超载车辆特别是车货总重超过55吨的车辆行驶桥梁。截至11月下旬，07省道嘉兴王江泾超限运输检测站执法人员上路323天计5074人次，共检查车辆8235辆，有1961辆违法超限车辆，处理一般程序处罚案件1961起，共罚款214.862万元。卸载车辆1493辆、共卸载3515.58吨，除装载不可卸载、鲜活、农副产品的车辆外，卸载率为99.6%。

2008年，区段以07省道固定治超检测站为依托，依法开展流动巡查监管工作，全面查纠违法的超限车辆，保护公路设施的完好。健全检测站执法人员廉政考核机制，出台和实施查处和处罚相分离、较重大案件集体讨论制度，规范了违法超限运输车辆的卸货监管工作，确保规范治超、廉政治超、文明治超。截至当年12月下旬，07省道嘉兴王江泾超限运输检测站共投入执法人员5937人次，检查车辆7373辆，有1464辆为违法超限车辆，办理处罚案件一般程序1464起，共罚款2440900元。依法实施卸载车辆1183辆、共卸载货物3825.7吨，除装载不可卸载、鲜活、农副产品的车辆外，卸载率为100%。

2009年，区治超工作继续以07省道王江泾检测站为依托，坚持24小时不间断运作，并加强流动监管，全面查纠违法超限车辆。至10月下旬，治超站共投入执法人员2479人次，检测货运车辆3257辆，查处违法超限车辆1119辆，办理一般程序处罚案件1119起，罚款2708000元。依法实施卸货车辆557辆，卸载货物1965.5吨，除装载不可卸载、鲜活、农副产品的车辆外，卸载率为100%。同年9月10日至12月20日，治超站开展“百日治超”活动，力争将干线公路超限超载率控制在3%以内。

2010年，自高速公路实施计重收费以及取消二级还贷公路收费站后，大量车流因此从收费公路转向非收费公路，秀洲区公路段以固定检测为依托，结合流动治超巡查，采取“日夜式”“错时式”“伏击式”“突击式”等灵活的治超模式，严厉打击干线公路和普通农村公路的违法超限运输车辆。先后开展了“春雷行动”“风暴一号”等集中治理超限活动，重点治理车货总重超过55吨的水泥、钢材等极易发生超限超载运输的非法车辆以及擅自改装上路行驶的超限超载运输车辆，取得明显的治超效果。当年还建立与江苏等省市路政部门的联合工作机制，解决跨省超限逃逸等难点问题。同时对两省交界路段路况较好、车流量较大的农村公路依法设置限高限宽等设施，从根本上阻断超限超载车辆绕道通行。深入辖区十余家重点运输企业，签定安全运输责任书，定期召开座谈会，上门宣传超限运输有关知识，发放宣传资料，并主动帮助制冷设备企业设计最佳装载方案，从源头上规范运输、安全运输。1—11月，检测站共投入执法人员4400人次，检测货运车辆3745辆，查处违法超限运输车辆921辆，办理简易程序案件19起，罚款1.36万元，一般程序案件902起，罚款232.39万元，案件处罚的正确率达100%。实施卸载792辆，卸载货物2025.88吨，除装载不可卸载货物的车辆外，案件处罚的正确率达到100%。通过整治，境内的公路超限超载车辆从原来的80%下降至25%。

第五节　公路交通标志标线管理

【历史沿革】

据《中国交通史》记载：“神农度地瓢四海，东西九十万里，南北八十万里，始有里数。到黄帝时道路就有记里堆。”说明早在公元前两三千年，中国在黄帝时代就知道设置记里堆来标记里程。“魏文帝用铜表记里，于每一里间设一铜表，长2尺，以志里数。”后人即为石刻。罗马帝国于秦孝文王元年（公元前250年）在罗马到加普亚军用大道上使用了里程碑和指路牌。清光绪三十三年（1908年），在巴黎召开的首届国际道路委员会会议上，最早提出促进国家间交通标志统一化的尝试。民国15年（1926年）以后，欧洲国家、泛美国家以及非洲国家都提出了地区性的交通标志统一协定。第二次世界大战以后，随着交通运输的发展，交通标志的重要性已被越来越多的人所认识，各国都先后将交通标志作为最基本、最重要的交通管理设施而纳入交通法规之中。由于国际交往和旅游事业的发展，有必要制定国际化统一的交通标志体系。1949 年，联合国交通运输委员会首先提出交通标志的国际化。1952 年提出《道路标志及信号相关议定书》，有 68 个参加国签字，1953 年起生效。1968 年联合国在奥地利首都维也纳召开道路交通会议，通过了《道路标志与信号条约》。这是道路交通标志逐步走向国际化统一的基础。纵观世界各国的道路交通标志标准，大致可以分为两种形式，一种是欧洲的道路交通标志模式，另一种是美国的道路交通标志模式。

我国是世界上最早发明车船的文明古国，在世界道路交通发展史中，中华祖先曾做出过很大的贡献。但到近代，我国的公路交通和交通管理技术与发达国家相比，仍有很大差距。20 世纪 50 年代我国公路交通标志共 3 类 34 种，即：指示标志 9 种，警告标志 7 种，禁令标志 18 种。城市交通标志共 3 类 28 种，非常简单。随着交通运输和交通管理技术的发展，80 年代初交通部制定了《公路标志及路面标线》部颁标准，各大城市分别制定了道路交通管理暂行规则，其中包括交通标志、标线图例，直到 1986 年编制完成了第一部全国统一的《道路交通标志和标线》（GB 5768—86）标准。该标准在综合分析国外标准和有关研究成果的基础上，结合我国道路交通特点，通过针对性的对比、验证试验和调查评比，完成了既具有中国特色，又与国际标准相衔接的标志标线标准。《道路交通标志和标线》（GB 5768—86），共设定 148 个交通标志，其中警告标志 32 个（采用国际标准 23 个），禁令标志 35 个（采用国际标准 27 个），指示标志 25 个（采用国际标准 24 个），指路标志 56 个，基本上按国际标准制定。

《道路交通标志和标线》（GB 5768—86）标准实施时，正值我国公路建设进入一个快速发展时期，不仅公路总量有了很大增加，而且公路的等级得到进一步提高，路网结构逐步趋向合理，特别是以高速公路为重点的高等级公路发展迅速，对公路交通标志标线提出了更高的要求。新材料、新工艺、新结构不断运用。从公路使用者获取完整信息的角度考虑，要求标志标线更加醒目，视认性更好；从标志标线的管理功能要求，希望对公路交通的运营有严格、明确的规定；从标志标线的服务功能要求，希望对公路交通的引导有更便利、更周到的设置规定。纵观世界各发达国家最近十几年的发展，可以明显地看出他们在改善交通安全设施方面投入了大量人力和经费，交通标志标线标准在不断的修改和完善。鉴于上述情况，《道路交通标志和标线》（GB 5768—86）标准的修订势在必行。标准编制组广泛收集和了解各发达国家最近十几年来在道路交通标志标线方面研究的新动向，标志标线材料、结构、工艺方面的最新技术，收集各国有关道路交通标志标线标准的最新版本，分析研究各国新标准的修订内容，总结了我国高速公路交通工程设计、施工、制造、检验等方面的经验教训等。

1995 年，交通部颁布了《公路交通标志板技术条件》（JT/T 279）行业标准，首次规定了标志用反光材料的技术条件和测试方法。

【公路标志标线管理】

我国公路交通标志标线的管理工作一直由交通部门负责管理，1986 年，国务院出台了《关于改革道路交通管理体制的通知》（国发〔1986〕94 号），把已有公路交通标志标线的设置和管理工作划归公安部门管理，随后，全国绝大部分省、市按照国务院文件精神，把此项工作移交给公安部门。1993 年，国务院印发了《关于研究道路交通管理分工和地方交通公安机构干警评授警衔问题的会议纪要》（国阅〔1993〕204 号），明确要求公安部门将公路标志、标线的设置和管理连同原划拨的专项经费一并移交给交通部门。国务院文件出台后，全国各省都相继把公路标志标线的设置和管理工作重新划归交通部门管理。

1999 年，嘉兴更换了 320 国道指路标志 10 块，指示标志 36 块，警告标志 327 块，同时对 320 国道嘉兴段全线标线重新进行漆划，共计 42000 平方米，使标志标线有了明显的改观。

2003 年嘉兴市公路管理体制改革，撤销原市公路段，并入秀洲、秀城两区公路段。当年秀洲区根据省、市公安、交通、安监三部门开展的公路路口专项治理工作方案的精神，6 月份区公安、交通、安监三部门联合下发了《秀洲区公路路口专项治理工作方案》，并成立了公路路口专项治理工作领导小组，对辖区内的 320 国道、07 省道以及县道的公路路口实施专项治理。根据工作方案的要求，路政大队抽调了精干力量分阶段、按步骤组织实施。

位于 07 省道 55K+800 新桥路口的改造，是这次路口整治的重要内容，路政大队会同公安交警部门制定了详细的整治方案，落实了措施，投资 8 万余元，对该路口进行了彻底改造，增设了标志牌 6 块、黄闪灯 2 个、减速带 30 米、反光道钉 6 排；漆划标线 96 平方米，路口的安全得到了保障。全年共整治了辖区内公路路口 91 处，其中 320 国道三环线 16 处、07 省道 15 处、其他县道 60 处；增设交通标志牌237块、示警桩1196根；增设信号灯4只、减速带342.5米以及反光减速道钉2019个、硬隔离226米；漆划标线1288.4平方米；共投入整治经费73.56万元。

同年加强了对施工路段的监管，督促施工单位进一步完善施工路段的标志标牌，安全生产。路政大队加强了对320国道与07省道的互通区施工路段的管理，在巡查时发现施工路段标志牌不全，及时告知施工单位增补。全年辖区内公路施工路段，无路政管理责任事故发生。

2004年，强化公路设施管理，规范公路标志标线。区路政大队在平时正常巡查过程中加强对标志标线的管理，发现有破损或缺少的，及时进行增补。根据省市的统一安排，全面实施清理和完善公路交通限速标志，会同公安交警部门完成了辖区内国、省道主干线及二级以上县乡道路限速标志的调查摸底工作和选定代表性路段的车辆测速工作，并分步进行整改和调整。根据国家、省市有关公路安全保障工程的具体要求，已完成了1条省道、15条县道安全保障工程的调查摸底工作，需增设交通标志标牌136块。

2005年，全年区路政中队和治超站执法人员上路343天计5736人次，发现和查处违章案件1074件；办理处罚案件1074件(其中简易程序878件、一般程序196件)；拆除违法建筑95平方米；清理违法堆积物784平方米；拆除非公路标牌58块。

2007年，区公路段加强对收费公路交通标志标线等公路安全设施的行业监督管理，每季度对辖区内收费公路的标志标线进行一次专项检查，发现有标志牌残缺或其他安全设施设置不到位等问题，及时地通知业主进行整改，并加强事后督查。现区内所辖公路的交通标志标线全部实现数据库管理。全年路政大队完成增补警告标志59块，禁令标志112块，指路标志3块，指示标志8块，示警桩522块；在320国道与07省道互通区增设诱导标志41块；漆划人行横道等标线(热熔)1247平方米、减速震荡标线349平方米，增设示警爆闪灯10个，增设护栏板440米、修复护栏板424米，完成省、市级事故多发点路口整治各1处，共投入经费约573332元。

2008年，区公路段及时完善和增补残缺的交通标志牌，并完成了辖区内公路危险路段的调查摸底工作。同时，加强了对收费公路交通标志标线等公路安全设施的行业监督管理，每季度对辖区内收费公路的标志标线进行一次专项检查，发现有标志牌残缺或其他安全设施设置不到位等问题，及时通知业主进行整改，并加强事后的督查工作。

全年，共完成了2处市级和2处区级事故多发点(段)的整治任务，1处省级临水临崖路段及两条县道共33处临水临崖路段的整治任务。截止12月份共增补和更新了警告标志50块，禁令标志104块，指路标志4块，指示标志11块，示警桩706根，增设F杆16套；县道增设防撞护栏2860米，爆闪灯4组；漆划标线448平方米，震荡标线216平方米。根据上级的统一部署，又分别在县道嘉海公路、嘉湖公路、嘉铜公路、嘉洛公路等公路上设立了“96266”公路路政管理电话牌6块。

2009年，区公路段按照上级的部署，完成了辖区内公路危险路段的调查摸底工作。同时，加强对收费公路交通标志标线等公路安全设施的行业监管，每季度对辖区内收费公路的标志标线进行一次专项检查，发现有标志牌残缺或其他安全设施设置不到位等问题，及时通知业主进行整改，事后加强督查落实。截至10月份，路政大队在管辖公路上增设交通标志牌178块，更新交通标志牌67块，增设道口标柱1513根；漆划标线4909平方米，投入经费1027339元。

2010年，区公路段积极完善标志标线，全年在扎实做好标志标线的日常维护、检查的同时，根据国高网命名和编号调整的相关要求，完成320国道、202省道、嘉铜公路申嘉湖连接线、嘉海公路沪杭连接线、申嘉油连接线等所有县道指路标志牌的设置和更换，并增设相应的补充信息牌，实行新旧对照，为驾驶员通行提供极大的便利。完成所有县道公路174座桥梁限载标志的增设工作。1—11月，辖区公路共增设各类警告、禁令、指路标志753块、道口标柱291根，增设漆划标线9816平方米，共计投入经费151.165万元。

第二章　道路运输管理

第一节　运输市场管理

浙江省公路运输市场管理，是从民国16年（1927年）5月省政府建立后开始。当时省建设厅先后颁发了《民营公用事业监督条例》《长途汽车公司条例》《长途汽车营业规则》《浙江省城市公共汽车公司及长途汽车公司管理规则》等规章。这些条例、规章对商营汽车公司的组织形式、设备要求、经营活动、运价限制、财务收支等方面都作了较详尽的规定。

民国34年年底订有《浙江省管理运输商行办法》。民国36年2月，省公路局与公路总局第一运输处合办"浙江公路联营运输处"，这是一个官办汽车运输企业，在嘉兴市境内营运有乍浦至嘉兴、嘉兴至桐乡等四条公路211公里。民国37年4月沪杭线划为国道，由交通部公路总局第一区公路工程局管理。同年6月，浙江省政府结合国、省道划分的原则，颁发《浙江省汽车运输业管理办法》为管理浙江汽车运输业的新规定。

解放后，嘉兴的公路很快得到恢复通车。嘉兴至王江泾由苏嘉湖汽车公司营运，乍浦至嘉兴由省交通公司恢复客运。由于商车客货运输采取自由承揽或受转委托运输，经营方式十分混乱。为消除运输市场的混乱状态，省公路局采取发展公营汽车运输公司，实行"三统管理政策"（即统一货源、统一调配、统一运价），在此基础上执行"统筹兼顾、全面安排"的原则。一切公私物资运输，均由省、地（市）、县物资调运机构，根据先公营后私营、先主要后次要、先计划内后计划外的原则，统一托运和调派。

1953年12月8日，省运输公司根据公私兼顾和经营习惯，在三统管理基础上，规定调配公私比重。1952年年底省运输计划委员会成立，嘉兴区相应成立运输计划小组，水陆运输货物都由运输计划小组平衡分配，根据"先公后私""先主要、后次要""先计划内后计划外"的原则安排运输。1954年全省公路货运实行"分级提送"和"分区平衡"的办法。嘉兴划归杭州区。

1956年社会主义改造高潮，至1957年年底，省营汽车运输企业实现了全省客运和长途货运的统一经营与管理。浙江公路运输经营与运输管理合一的体制，自1949年8月，局、公司成立起，一直延续至1981年局、公司分设止。客运独家经营和货运三统管理模式延续至1983年。

1961年国务院颁发《关于厂矿企业办运输的几项规定》。1964年11月，浙江省人民委员会根据社会主义专业分工原则和交通部《关于汽车运输管理体制改革和"托拉斯"试点工作的意见》，发出整顿运输秩序的指示。

"文化大革命"期间，"统一经营"被冲破，社会各企事业单位再次自备货车，自货自运，并将多余运力投入运输市场，县运输经营业务和范围亦有扩展。1976年后，整顿客运秩序，恢复各项规章制度。

1979年根据国务院154号文件规定，浙江省从12月1日起实行审批"跨省运输许可证"，凭证通行。同年国务院179号文件批转交通部《关于统一组织管理机关企事业单位汽车的情况报告》，要求把机关企事业单位汽车有计划地分期分批地组织起来。嘉兴县交通局于1980年6月提出《关于统一组织管理机关企事业汽车加强公路运输管理工作的报告》，要求把全县分散在114个单位的424辆、1428吨载货汽车分批分期地组织起来。把社会运输力量有秩序地纳入计划运输的轨道，票证由交通管理部门统一制订、财税、银行等部门给予监督。

1982年6月，国家经委、交通部颁发《关于改善和加强公路运输管理的暂行规定》的通知。规定将公路运输车辆划分为营业运输和非营业运输两种，营业运输车辆按划定的区域范围或路线承担运输任务。

党的十一届三中全会后，运输市场管理开始发生变化。1983年中共中央发布《当前农村经济政策的若干问题》1号文件后，同年7月21日国家经委、交通部颁发了《关于改进公路运输管理的通知》，提出公路运输坚持计划经营为主、市场调节为辅的方针，实行多家经营，发展多种经济形式，允许城乡个人或联户购置机动车辆、拖拉机从事运输。这一文件的发布宣告了长期以来公路运输“统”字当头，独家经营历史的结束。省交通厅通知各地从1983年5月1日起停止办理载货汽车跨省运输准运（许可）证。同年12月，嘉兴市郊区运输管理所的前身——嘉兴市郊区公路运输管理站成立，负责全区道路运输工作的具体实施和公路相关规费的征稽。

1984年2月27日国务院颁发《关于农民个人或联户购置机动车船和拖拉机经营运输业的若干规定》，对农民个人或联户的机动车辆和常年从事营业性的拖拉机，须经县、市以上交通监理检验合格、须办理报户（过户）、登记，发牌证手续，其驾驶人员须进行考试、考核、取得合法证照。出县、出省进行长途贩运的，按照国家有关规定执行。从事客运的大中型客车的客运线路，须经县、市以上交通部门会同工商行政管理部门批准。严禁使用拖拉机从事客运。承运大宗或贵重货物，应当签订货物运输合同，明确双方责任，发生违约或争议时、应当按照，《中华人民共和国经济合同法》及有关法规的规定处理。1986年12月29日国家经委、交通部颁发《公路运输管理暂行条例》。1987年4月15日国家经委又颁发了《关于农村个体运输户管理问题的若干规定》，同年10月21日浙江省计经委、省交通厅结合浙江省具体情况，提出了补充意见。

1985年，省下放部分客运线路、班次审批权，营业性客车开始按先专业后个体，长短结合、干支搭配的原则，实行三级审批、二级平衡的客运线路审批和路单制度，货运开始使用统一货票和路单。1987年起，贯彻交通部、国家经委颁发的《公路运输管理暂行条例》，营业性客货运输实行经营许可证制度和统一使用跨省运输客货路单。1988年起，统一使用跨省客运班线、旅游出租线路标志牌。针对运输市场政策放宽，个体、联户车辆增多，一度出现无照经营、乱收票价，逃缴规费等混乱状况，省政府于1988年发出全省道路运输市场进行全面深入治理整顿的通知，其重点是严格审查经营资格；整顿客运秩序，搞好客运服务；加强货运管理，提高综合运输效率；加强营业性运力投放的宏观控制，加强规费和票证管理。

【经营资格管理】

嘉兴市公路运输管理处规定，凡申请从事营业性公路运输业务的单位和个人，其开业的基本条件：运输工具、驾驶人员（准驾车类相符），聘用者须公证，车购附加费缴讫凭证，保险凭证。凡属承包车辆，须有承包协议，并经当地县（含县）以上公管部门审核批准。其开业审批程序：申请者持当地乡（街道）以上人民政府或主管部门的证明，报请县（含县、下同）以上公路运输管理部门审核，公路运输管理部门根据社会需求和与其经营种类项目和范围相适应的设备、设施、流动资金，在80天内提出审批意见、符合条件的发给经营许可证，申请者持公路运输管理部门的经营许可证向工商行政管理部门申请登记，由工商行政管理部门按照有关规定进行审查，核发营业执照，申请者按国家规定分别向税务部门申请办理税务登记、向保险公司办理保险事宜，申请者向公路运输管理部门申领营运证，按注册营运车辆，一车一证，随车携带全国通行。

凡从事营业性公路运输的单位和个人停业，应在30天前向公路运输管理部门和工商行政管理部门提出报告，经审查同意，缴销经营许可证、营运证和营业执照后方可停业。凡从事营业性公路运输的单位和个人（联户），如需新增购置、更新车辆，应先征得当地公路运输管理部门的同意后，方准购置。否则不得经营营业性运输。公路运输管理部门，将不予办理各种公路运输单证。

凡申请客运营运线路的单位和个人，营运前必须向所在地公路运输管理部门提出申请，填报公路客运营运线路申批表，根据三级审批权限，办理审批手续。开行客运班车，最少不得少于三个月，中途不得擅自停开或改变批准的运行线路。1984年5月15日，交通厅公路管理局制订了关于使用浙江省货运统一行车路单的通知。规定从当年6月15日起在全省范围内使用。公路货运行车路单分营业性运输专用和非营业性运输专用两种，一车一单，随车携带。

嘉兴市郊区政府自1983年成立后，交通部门人员、职能逐步充实、完善、加强。郊区公路运输管理部门负责：从事境内公路运输市场管理，道路运输经营许可与资质管理、道路运输从业人员资质管理、汽车维修从业人员资质管理、道路运输服务经营许可与资质管理、公路稽查等。运管所人员认真负责，按照上级有关规定严格执行。

改革开放后，随着经济建设的快速发展，公路建设发展也十分迅速，促进了运输业的发展，区内运输车辆不断增加。1985年运营车辆239辆，其中载客汽车36辆、载货汽车203辆；1986年运营车辆325辆，其中载客汽车51辆、载货汽车274辆；1990年运营车辆864辆，其中载客汽车165辆、载货汽车699辆；1997年民用车拥有量2395辆，其中载客汽车383辆、载货汽车2012辆。

2003年，认真贯彻《危险化学品安全管理条例》，区运管部门加强了对新组建的危险品专业运输公司——新城工贸储运有限公司的管理力度，组织人员上门进行检查，严格把好市场准入关。使该公司逐步向规范化和规模化方向发展。目前该公司已初具规模，拥有危险品运输车64辆，207吨位，基本解决了区危险品生产企业运输难的问题。

2004年秀洲区运管所在一段时间里收到秀城区多家货运企业申请到王江泾镇开办分公司事宜，运管所人员对此事十分重视，这几家企业的资质来讲都符合条件，但考虑到王江泾镇新建成的联运中心即将投入使用，为规范当地货运市场，如这个时候在王江泾镇域内审批运输企业，会给该镇的货运服务业带来大的冲击。因此运管所十分谨慎，向区交通局作了请示，以及时作出答复。

坚持严格依法实施行政许可，为民服务，2005年区运管所发放客、货运输经营许可720份，机动车维修经营许可32份、二类驾校1家、摩托车培训1家。并坚持依法行政，2006年行政处罚案件629起，其中一般程序350起，简易程序279起，道路运输违章罚没款128万元，比2004年同期（53.58万元）增长了238.89%；办理审核审批涉及交通行政许可事项736项，其中汽车专项修理16家，摩托车修理3家。

2009年为适应国家税费改革后道路运输行业管理的需要，确保更好地为全区道路运输经营户服务，实现道路运输管理工作向“服务型”转变，设立了具有受理、许可、办证、备案、咨询等服务功能，并实行“一窗受理、一次告知、并联审批、限时办结”的一站式服务模式的行政许可股。同时还与区政府行政审批中心实行无缝对接，接受监督。全年共办理行政许可707件，其中简易程序645件，一般程序62件（维修业44件，站场9件，专业运输9件）；办理道路运输证1143辆；注销道路运输证528辆；办理从业资格证357人；二级维护备案10400辆；审验道路运输证和车辆等级评定3700余辆。

当年，全区拥有营运车辆3539辆，其中营运客车54辆、1791客位；营运货车3485辆、10711吨位。

严格依照“三关一监督”的有关要求，抓好对危货运输企业、车辆、人员的监管，重新审验经营资质条件，严把市场准入关。2009年除不定期的进行常规安全检查活动外，还结合危险品运输企业信用考核工作这个契机，督促企业健全内部各项规章制度。鉴于对危运车辆的停放、清洗有不同于普通货运车辆的要求，还专门督促企业落实好专用停车场。至2010年，辖区危运企业已落实配套的危运车辆停车场共7个，合计7230平方米。

2010年紧紧围绕区委、区政府中心工作加大对物流园的服务与管理工作。组织了由运管所牵头，物流园管委会和区三产局主要领导参加的物流运输招商恳谈会，邀请了全市30余家物流重点企业参加，反映良好，效果明显。至2010年年底已有13家物流（货运）企业进驻现代物流园。这一工作得到了上级及有关部门的表扬与肯定。全年办理行政许可载货汽车1004件，维修企业37件，驾驶员培训1家。全区拥有营运车辆3996辆，其中营运客车58辆、1954客位；营运货车3938辆、14312吨位。

表8-2-1

2010年道路运输相关业务经营户统计表

辖区	合计	客运站	货运站	机动车维修	机动车驾驶员培训	客运代理	货流服务	货运代办	信息配载	车辆租赁
秀洲	388	11	1	368	7	1	0	1	0	0

【客货运输管理】

随着公路建设飞速发展和人民生活水平的不断提高，经批准的公路客运经营单位远远不能满足人民生活、生产活动的需要。1991年一些个体运输户擅自购置了一批客车投入城郊公路客运线路营运，据不完全统计，共有28辆客车，计452座，发生客运量约2000人次，旅客周转量30000人公里，营收约2000元。当年嘉兴城郊两区共有公路客运线路16条，经批准的公路客运经营单位有5家。日安排班次284班，投放大客车30辆。比1990年客运量增加22%。1992年起，货运实行市场调整规定出台，运输市场审批放开，取消运力额度计划和营运车辆“先审批、后购置”的审批政策制度后，实行“有路大家行、有车大家跑”，此举一定程度缓解“车难乘、货难运”的矛盾，但因处于新旧体制转换时期，市场机制不够健全，经营行为不够规范，使得市场秩序出现混乱，道路客运业中的“三客”（宰客、卖客、甩客）现象较为严重并屡禁不止，社会反映强烈，与建立统一、开放、竞争、有序道路客运市场目标尚有较大差距。

1995年起，交通部先后下发《关于加快培育和发展道路运输市场若干意见》《关于整顿道路客运市场秩序的通知》，提出保持运输能力和需求相对平衡，恢复并坚持“先审批、后购置”的原则，以及把好市场准入关的政策；提出要通过整顿，基本消除道路客运市场存在的“二无二超三乱三客”现象。运管部门根据上级文件精神，加强审理经营资格，大力整顿客运源头（站点）秩序，进一步加强宏观调控，合理调整运力，进一步规范线路审批管理，充分运用经济、法律的手段予以引导，并辅之以必要的行政处罚，切实维护区内运输市场秩序。

1998年7月，省公路运输管理局决定开展客运线路经营年限核定工作，确定“高速客运班线豪华客车、轿车经营年限不超过8年，普通班线大客不超过6年，中小型班线客车不超过5年”。

1999年，全市道路运输市场以公有制为主体，多种经济成份共同发展的格局形成，但在发展中也暴露出一些较为突出的问题。针对客运市场运力过剩、经营秩序混乱、无证车经营等问题。7月，根据上级有关部门的部署，全区道路客运市场开展了一次专项整顿，历时半年，客运经营秩序明显好转。

2000年4月20日起，开展了嘉兴市秀洲区道路运输市场管理年活动。区交通局专门发文，要求紧紧围绕“加强管理，规范行为，健全机制，确保有序”这个主题，对客货运输企业、维修企业、汽车客运站、货运站场以及道路运输市场经营联合体和个人进行宣传、检查，收到了很好效果。同年，运管部门还适时加大了对货运市场交易行为和市场竞争的源头管理力度，特别是对洪合等有形货运市场，进行整治，重点打击了一批垄断货源、欺行霸市的严重非法经营业户，使交易秩序大有好转。

2002年秀洲区交通局发文《关于继续开展全区清理整顿道路运输市场秩序的实施意见》，并认真开展清理整顿活动。在活动中重点打击无证无照经营、超范围超类别经营、伪造道路运输证以及私刻印章的违法行为，对站外组客、正常班车不进站、“三客”(宰客、卖客、甩客)和欺行霸市、垄断货源等严重侵害旅客、货主利益的违章经营行为，加强道路运输市场的监管力度。还清理挂靠车辆，强化安全管理等工作。

2004年参加联合治超，在治超卸货场的监管中严格坚持“三自原则”(自行卸货、自行保管、自行驳运)，坚持廉洁自律。据统计自6月20日治超工作开始，运管与路政、交警等部门共同检查检测了车辆2756辆，查处超限车辆89辆，查处超载车辆733辆，累计卸载货物6292吨。有力地打击了超载超限的现象。

2006年，洪合货运市场三轮车混乱无秩，对此进行了整治，会同当地政府，对机动、人力三轮车进行逐一登记，根据车辆技术状况和驾驶员资质对符合条件的车辆划定了停车场，补办了运输证，有146辆机动三轮，128辆电动三轮和108辆人力三轮车纳入行业管理轨道。

同年区交通部门联合公安分局地税二分局等五部门，针对大量外籍车辆长期在秀洲区范围进行不规范经营，严重扰乱区货物运输市场，影响省货运业的结构调整和社会应急体系的建立和正常运作；造成国家税费流失；预埋事故隐患这一实际，开展全区道路货运市场秩序专项整治活动。通过宣传发动、源头督查、完善基础、规范管理等项措施。通过两年时间的整治，实现了对外籍驻点经营车辆的纳轨管理，初步建立对驻点经营车辆的长效管理机制；减少驻点经营车辆的安全隐患；促进了区道路货运市场健康、有序发展，更好地满足区经济社会快速发展的要求。

2008年，继续规范货运有形市场的经营秩序。多次参加区政府组织的对洪合、王江泾两个重点专业货运市场的综合整治，并落实专人进场，加强日常的监管，随时解决市场中出现的各类问题，确保货运有形市场的相对稳定，从而推动其向现代物流方向的逐步演变；同时完善物流发展的组织机构。根据市、区两级政府关于大力发展现代物流业的有关精神，2008年工作的重心向物流方面倾斜，成立了运管所物流工作领导小组，全面负责研究、分析物流行业发展现状，提出全区道路物流业的发展思路和政策建议，督促相关政策的落实和实施。

2010年，区运管所加大运输市场监管力度，主要是组织实施“打黑”专项整治活动。根据市政府的统一布置，在10月26日到12月15日的全市性打击非法无证营运行为(打黑)的联合整治活动中，区运管所以汽车西站为整治重点，进行了周密布置，通过对敏感点的布控，结合巡查和流动蹲守等方式，共查获无证黑车7辆。通过此次联合打黑行动，很大程度上震憾了一批非法营运“黑车”司机，有效净化了道路运输市场环境。

同年还加大行政执法力度，进一步规范运输市场秩序，在日常稽查过程中把便民和人性化执法的做法贯穿整个执法过程，全年上路检查累计出动人员1904人次，检查车辆48880辆次；对569起违法经营行为实施了行政处罚(其中一般程序374起，简易程序195起)，罚款累计96.76万元，没有发生投诉、复议及行政诉讼案件，准确率100%，而选送的案卷在全市交通系统案卷评查中被评为“十佳案卷”。开展维修市场巡查5次，出动稽查人员25人次，查获无证经营户3家，发出责令停止(改正)违法行为通知书13份；办理审核审批涉及交通运管行政许可事项929起、非行政许可服务类事项17720起(包括：营运证2926件，从业资格证413件，二级维护5255件，道路运输车辆评定4588件，年审4568件)，以上正确率都达100%；对47件96520投诉及市长电话交办单进行及时处理，来电回复率和群众满意率均达100%。

第二节 汽车维修管理

嘉兴市区汽车维修管理起始于二十世纪八十年代，1988年7月，嘉兴市交通局和城、郊两区交通局领导及有关部门人员一起召开了城、郊两区汽修行业整顿协调会议。会议就城、郊两区及市属汽修行业整顿工作问题进行协商。鉴于城、郊两区当前尚无物价、标准计量、公安交警、保险机构等实际，城、郊两区及市属汽修厂的整顿工作统一由市汽修行业整顿办负责，城、郊两区公管所、工商、财税等部门派员参加，共同做好汽修业的整顿工作。具体分工：城、郊两区负责审批各自管辖的二保以下单位和个体户；三保及以上报市交通主管部门审批。整顿以后城、郊两区管辖的汽修厂、维修点的管理费由城、郊两区征收，费额三七分，七成留给区里。这次协调会议对汽车维修行业的管理作了明确分工。

1990年郊区交通局下发了98号文，提出了对郊区汽车维修企业1990年度审验工作实施意见，明确凡从事汽车修理操作作业的人员，均应申领岗位证书。各单位在岗人员将根据不同情况都应取得“岗位证书”“临时岗位证书”“实习证书”。今后汽修人员必须凭证上岗。并给汽修企业发放“嘉兴市汽车维修行业年度审验评分标准”，要求各单位对照评分标准，认真严格进行自查，针对发现的问题研究解决办法，边查边改。还告知这次年审有别于往年，是先整改后审验，一次通过。不合格者将分别降低维修类别、缩小经营范围。年度审验工作实施意见，规范了汽车维修行业行为，经年审使汽车修理行业走上规范。

2002年9月25日，秀洲区交通局根据省交通厅《关于转发交通部汽车维修市场整顿工作方案的通知》和市局有关文件精神，结合区的实际，制定了《嘉兴市秀洲区汽车维修市场整顿工作实施方案》。从9月15日起至次年5月30日止，按照上级部署，针对当前汽车维修市场存在的突出问题，加大整治力度，打击欺诈违规，严格依法行政，规范行业管理，建立诚信机制。具体分三个阶段，即宣传部署阶段、组织实施阶段和总结评比。为确保此次整顿工作顺利和有效开展，还成立了以副局长为组长的汽车维修市场整顿工作领导小组。在整顿中依法取缔非法经营，对两类企业经营条件全部达标，维修企业的质量检验人员100%持证上岗，如有安全设施、设备和人员条件不符合开业条件，人员持证上岗率达不到95%的坚决予以整改，有力地促进了汽车维修市场秩序的好转。

2003年，加强维修企业的管理，鼓励和引导企业根据市场需要和实际情况购置高档汽保设备，汽车维修企业厂房改建2990平方米、场地改建2000平方米，新增设备83台，烤漆房配置率达到82%。修车王、动力平衡等一些技术含量较高的维修设备已应用于日常生产，二类企业年审达标率100%。同时加强对汽车维修行业明码标价工作的管理，其中二类企业达到100%、三类业户达到85%。

2006年，配合区城管办参与了秀洲新区的城市管理，重点查处了占道经营户。全年共开展维修市场巡查21次，出动稽查人员43人次，查获无证经营户18家，发出责令停止(改正)违法行为通知书23张，行政监督书40张。

随着交通事业发展，带动了与交通相关行业的兴起，秀洲区发展最快的是汽车维修业。至2006年年底，全区有机动车维修经营户209家。

2007年，开展维修市场巡查监督，共巡查21次，出动稽查人员80人次，查获无证经营户37家，发出责令停止(改正)违法行为通知书41份。当年，全区有汽车维修企业231家(户)，其中一类企业2家，二类企业9家，三类企业80家；摩托车维修业140家。从业人员近500人。同年，查获无证经营户37家，发出责令停止(改正)违法行为通知书41份。办理审核审批涉及交通行政许可事项450项，其中汽车专项修理16家，摩托车修理16家，汽车二类维修1家，道路运输经营许可证417件。

2008年，认真开展汽车维修市场整顿，以维修企业信用考核为契机，加大对二类以上维修企业的维修档案与配件登记制度的监管，提高汽车维修服务质量，提高企业诚信意识；同时加大对汽车维修从业人员培训，人员的技术等级明显提高。加强对从业人员对法律、法规、行业标准、职业道德的教育。为推进全区汽车维修行业可持续发展，由所长带班对全区二类以上维修企业开展调研，为企业排忧解难。同时以废机油回收为抓手，做好行业节能减排工作，全区二类以上维修企业废机油回收合同签定率达100%；认真开展汽车维修行业“文化建设年”活动，努力构筑规范、诚信、安全的汽车维修行业；加大对机动车维修市场的日常监管，严厉查处无证经营，开展市场巡查15次，出动稽查人员36人次，共查获无证经营户15家，发出责令停止（改正）违法行为通知书12张。通过整治全区汽车维修市场秩序明显好转。同时还加强对维修企业安全生产的检查，针对企业消防设备不全、线路老化、安全教育不到位的情况，认真督促其整改，确保企业不安全不生产。努力维护消费者合法权益，全年共处理投诉9起，较2007年有了较大幅度下降。

2009年区运管部门以维修企业信用考核为契机，加大对二类以上维修企业的维修档案与配件登记制度的监管，举办汽车维修企业信用考核业务培训班，邀请市运管处维管科老师对全区一、二类汽车维修企业的业务骨干授课，提高企业诚信意识，认真开展对一、二类维修企业信用考核；同时召开一、二汽车维修企业负责人会议，开展企业负责人法律、法规、行业标准、职业道德教育培训；开展维修行业从业资格证换证工作的调查摸底工作；开展维修企业安全生产检查3次，针对企业消防设备不全、线路老化、安全教育不到位的情况，发出整改通知书7份，认真督促其整改。为提高行业岗位技能，组织了首届区汽车维修技能竞赛，在全市汽车维修工职业技能竞赛中，秀洲区代表队获得团体一等奖，参加比赛的薛良、马杨宏二名汽修技工被授予“嘉兴市汽车维修行业技术能手”称号。另外，为解决农村“修车难”问题，做好“浙江惠农快修”连锁店试点工作，引导经营者开办了一家惠农快修店。

加强对区汽车维修行业管理，区汽车维修企业档次明显提高。嘉兴市海洋汽车维修有限公司，于2005年8月企业资质从原来二类企业升为一类企业，成为秀洲区第一家一类汽车维修企业；嘉兴市全顺汽车维修有限公司自沪杭高速公路通车后，成为市第一家从事高速公路抢修的汽车维修企业；嘉兴市中远汽车维修有限公司，2008年7月成为秀洲区汽车维修行业第一家具有危险品运输车辆维修资质的维修企业。区汽车维修行业技术档次不断提高，骨干企业快速增加。

2010年加快烤漆房技术改造，全区有17家维修企业列入改造计划，已改造（正在改造）有12家，改造完成率达70.5%，从使用的效果看节能明显。同时加强农村维修服务网络建设，推进浙江惠农快修，全年新增1家（王店鑫鑫汽车维修厂），改造1家（兴旺汽修厂）。并大力推进汽配通项目，减轻维修企业交易成本，截至9月底共有4家企业启用汽配通。全区至2010年年底，共有汽车维修企业210（户）家，其中一类汽车维修企业2家、二类汽车维修企业10家，汽配通项目8家。

第三节　运输安全管理

公路运输安全历来都十分重视，严加管理。民国时期省公路管理局曾于民国22年（1933年）成立巡逻警察，配备武器，按日驾驶机器脚踏车进行巡查，在重要车站派驻路警。同时在公路沿线设立各种标志，制定有关行车安全章程及查车办法。民国22年7月，浙江省政府公布《浙江省管理汽车暂行章程》规定车辆均须靠路之左边行驶。驾驶公共汽车（凡乘人汽车设置座位在7人以上者属之）及运货汽车等在郊外每小时时速不得超过40公里，在城市内不得超过25公里，普通汽车（凡普通乘人汽车设置座位不逾7人者属之），在郊外不得超过70公里，在城市内不得超过35公里。车辆行驶在距离公路与铁路或与其他公路相交处150米前后或经过医院学校附近时，其最高行驶速度每小时不得超过8.5公里等限速规定及对装载突出车身外的长大物件及超过桥梁限载的重量的规定。营业乘人汽车概须遵照登记机关规定之载客定额，不得逾限乘载，不得乘载传染病患者、疯癫及酗酒者，携带危险及污臭之物品者及携带违禁物品者等等。

解放后国家对运输安全更为重视，解放初公安部、交通部及时颁发《城市和公路交通管理规则》，规定道路宽直，视线良好，又无限速标志的地段，在保证交通安全的条件下，最高时速：小型汽车、摩托车60公里；大型汽车50公里。汽车带挂车、后三轮机动车40公里；方向盘拖拉机20公里，手拖15公里；通过繁华街道、叉道叉口、隧道，窄挢、陡坡、弯道、狭路及下雪结冰，雨雾视线不清或拖拉损坏的车辆时，最高时速不得超过20公里。

各种车辆须靠道路右侧行驶。转弯时应减速鸣号靠右行，机动车会车，擞到礼让“三先”（先让、先慢、先停）。夜间会车，须距对面来车150米以外互闭大光灯、改用小光灯、不准使用防雾灯。

1972年7月，建立机动车驾驶员“周五安全活动”制度。1973年3月16日，省交邮局颁发“浙江省机动车驾驶员安全公里管理办法（试行）”，车辆单位（车队、站队）建立驾驶员安全公里（年资）记录卡，并按月、季、年予以公布，驾驶员的安全公里（年资），作为驾驶员年度审验和安全生产评比主要内容之一。并报当地车监部门审核存档。1979年7月，省教育局，省交通局发出关于“公路沿线学校加强对学生儿童进行交通安全宣传”的通知。

1980年，经国务院批准，建立安全月制度，将每年5月定为安全月。1983年1月，浙江省经委等6个单位联合发出关于火车与其他车辆碰撞和铁路路外人员伤亡事故处理暂行规定。1986年，省公安厅、省交通厅颁发了《浙江省道路交通事故处理暂行规定》的通知，自9月10日起实行。并制订了《道路交通事故处理费管理办法》具体规定了收费范围和标准。

1987年年底，按照国务院指示，市道路交通安全管理、交通事故处理的权限由交通部门划归公安部门，日常工作由市交警大队负责。交通局作为道路运输行业主管部门，在全市道路运输安全生产监督方面主要任务是严把运输经营者市场准入关、营运车辆技术状况关、营运驾驶员从业资格关，并对汽车客运站进行安全监督。日常工作由市道路运输管理部门负责。

2001年2月，省政府发布《浙江省道路客运安全管理办法》。同年11月，省交通厅印发《浙江省汽车客运站安全门检管理规定（试行）》，正式将汽车客运站安全门检工作列入全省交通行业安全管理范围。

2003年，秀洲区在为期40天的春运中，累计发送旅客51.25万人(次)，完成旅客周转量814.20万人公里，与去年同比均有增长。其中，包车接送安徽、湖北等外省民工35辆(次)，计980人次。同时以贯彻《中华人民共和国安全生产法》《危险化学品管理条例》为契机抓好“三关一监督”，并按照省交通厅《关于继续做好车辆行车记录设备安装工作的通知》要求，积极引导道路运输企业通过技术革新，强化营运车辆动态管理和源头管理水平，提高科技含量、安全系数和安全管理信息化水平。

2004年1月，根据国务院办公厅《关于深化安全生产专项整治工作的通知》及省安全生产监督局、省交通厅文件要求，秀洲区运管部门协同区安委办、交警大队、交通局等几个部门联合组成安全评估专家组对全区范围内的13家道路运输企业进行了安全生产状况评估。经过限期整改后，13家运输企业全部通过了评估，其中4家客运企业和1家货运企业被评为A级，8家货运企业被评为C级。通过整改对全区运输企业的安全生产情况有了一定的掌握，通过限期整改，提高了各运输企业的安全生产能力。根据城乡公交一体化改造站外发班的需要，区运管所在全市率先建立城乡公交门检制度，要求长运公司联系有资质的维修企业每天对城乡公交车辆实施上门门检，建立车辆技术管理和门检台帐。

2005年，对全区危货运输企业的66辆拦板车已全部安装了行车记录仪；14辆长途班车、12辆旅游客车以及116辆化学品罐车也全部安装了GPS卫星定位系统，客运和危货车辆安全管理基本实现了智能化。还落实了9家客货、危险品公司，组成了秀洲区道路运输行业突发事件、三防应急求援管理网络。为安全运输打下了基础。

2007年，区交通部门首先抓安全生产责任书的签订，春运前就完成了同各运输企业安全生产责任书的签订。春运、“五一”、“十一”黄金周前对辖区所有客运车辆、危险品运输车辆的驾驶员及押运员的从业资格、车辆二级维护、行车记录设备使用及客运车辆发班等情况进行了检查。全年累计发放6份整改通知书，针对检查中发现的问题，提出整改意见。各相关运输企业均按整改要求，按时整改完毕。同时还对危货运输企业、车辆、人员每月进行一次车辆技术状况及从业人员资质等方面的安全监督检查，督促企业对管理人员、从业人员进行安全教育，并要求企业充分利用GPS监控平台实行动态管理，确保安全生产落到实处。2007年全区营运客车累计行程5752.20万公里，四项安全指标均低于上级相关部门要求。

2008年，为认真做好道路运输安全生产工作，首先运管部门与各运输企业、危品公司分别签订了《安全生产目标管理责任书》《春运安全生产责任书》《秀洲区道路运输行业奥运安保及反恐工作责任书》，并督促各运输企业与每一辆参加营运的车辆经营者及驾驶员签订了安全行车责任书，层层落实了安全生产责任制，形成了安全生产长效管理机制和管理网络；其次根据《国务院办公厅关于进一步开展安全生产隐患排查治理工作的通知》精神，开展“安全生产月”“隐患排查治理年”活动，认真做好奥运安保及反恐工作，根据局党委的部署，成立了奥运安保及反恐工作领导小组，设立工作办公室，制定有效的突发事件应急预案。5月7日召开了动员大会，积极部署工作任务，开展对辖区内11家运输企业奥运安保及反恐工作的落实情况和安全隐患排查情况检查。尤其是包车到奥运举办城市的登记、报告工作，针对王江泾镇、洪合镇托运行业的特殊情况，所长带队深入到市场，重点同青岛、北京、乌鲁木齐等5条专线经营业户进行座谈，宣传奥运安保及反恐工作的重要性，提高警惕性。另外还邀请区公安局治安大队的专业人员对要求配备金属探测设备的企业进行培训，提高安全检测知识和技能，对上级要求配备金属探测仪的重点单位及场所，仪器配备率达到100%。同时还针对汽车自燃现象增多、客运车辆人员疏散困难等特点，与嘉兴长运公司共同组织举行了一场道路运输行业应急演练，取得良好效果。

2009年，落实开展了“春雷行动”“三防工作”“安全生产月”以及“惊雷行动”等活动。在3月开始的“春雷行动”

和“三防工作”中，成立了自然灾害突发事件“三防”应急保障工作领导小组，督促企业成立相应的组织，建立起责任明确、措施落实的“三防”工作体系。6月开展全国“安全生产月”活动中，还组织一次以长运公司公交分公司为参演主体，由公交司乘人员参加的应急救护演练，活动中特邀了新安医院的专职医护人员进行了现场讲解，取得了良好的宣传、教育效果。8月份“惊雷行动”的主要内容是排查安全隐患，排查辖区内企业内部的一些安全隐患并加以改进。还组织开展安全生产大检查和对口检查共6次，发现安全隐患6起，已责成企业全部整改完成。

同年，辖区内道路运输安全总体形势并不乐观。截至9月底共发生道路运输安全事故13起（其中班车事故3起，出租车事故10起)，造成直接经济损失59.6万余元；造成人员死亡的事故有2起，死亡2人(8月2日秀洲出租公司浙FT1698出租车造成1人死亡，8月22日长运公司浙F16551嘉兴至南浔班车造成1人死亡)，后事故均已得到了妥善处理。

2010年，积极配合有关部门做好世博安保和亚运安保工作，为做好这两项安保工作召开世博安保专项会议11次、亚运安保专项会议1次，分工明确，落实到位。结合世博安保工作的要求，组成安保检查组，每月定期一次对企业安保工作落实情况进行检查，重点检查企业安全制度、安保工作落实、责任书签订及修订、车辆技术状况、GPS监控、从业人员安保专题教育等，并督促辖区内较大规模的普货运输企业完善内部安全制度，落实安全管理人员，建立健全“8+6”安全台账等安全管理工作体系。从检查结果看，辖区内进沪包车、班车严格按计划运营，GPS数据上传匹配率达到100%；危运企业也加强了电子路单的上传，上传率保持在较高的水平。在做好亚运安保工作中，对进粤班车的检查重点放在进站点、线路运行、载客、驾驶员休息情况等方面。

针对2009年发生两起死人事故的教训，2010年，还加强安全生产监管和检查力度，围绕“三防工作”、“安全生产月”以及“安全质量年”等活动和春运工作，组织人员分头检查春运安全工作的落实情况，对一些安全隐患进行排查。据统计，全年共组织了相关的安全生产大检查共5次，发现安全隐患17起，已责成企业全部整改完成。平时组织人员加强对站外组客点、高速路口等重点区域的定点集中检查和日常巡查，严厉打击营运客车违章带客，堵住危险物品被带上车的漏洞，认真排查各种安全隐患(安保期间整改安全隐患27处)和不稳定因素，积极消除和化解影响维稳的各类矛盾，掌握安保期间企业和车辆运行中碰到的有关新情况，及时进行上报和调整，确保安保工作的有效开展。同时还开展了夏季道路运输行业安全大检查，重点检查了4家客运企业、1家危货运输企业、2家驾培企业、11家二类以上维修企业，还抽查了几家较大的普货运输企业。辖区内企业均召开了夏季安全专题会议，落实了夏季防范措施，特别是危险品运输企业，根据各种危险品不同的化学特性，制定了一套避高温的行车方案，较好避开了高温时段，降低了危险品运输的危险性，有效提高了行车安全系数。

第四节　城乡公交管理

【城乡公交管理与变更】

嘉兴公交管理在解放初期至1983年都是企业自身管理。嘉兴市公共交通公司2003年5月前隶属市城建委。2003年5月，嘉兴市公共交通公司划给嘉兴市嘉通投资集团有限责任公司，条线上由嘉兴市交通局管理。2004年10月，嘉兴市政府发文明确由交通部门统一负责全市公交行业管理，从而实现了行业归口，理顺了管理体制。

2002年，嘉兴市政府把实施城乡道路客运公交化改造和提高农村班线通达率作为全年工作的重点，努力使城乡道路客运服务模式向公交化方向转变，进一步方便群众出行。下发了《嘉兴市城乡客运便捷化改造实施意见》，正式启动了农村班线公交化改造工作，各地结合当地实际，积极探索，努力实践，稳妥做好公交化改造的宣传、协调和改造工作，通过便捷化改造带动农村班线通达率的提高。经过全年努力，嘉兴至余新、嘉兴至高照线公交化改造也即将推出。秀洲区运管所把班线改造和农村班线通达率紧密结合起来，行动快，成效明显。

2003年，嘉兴市委、市政府把城乡公交一体化工作列为市政府的十件实事工程之一。为实现这项实事工程，嘉兴市公路运输管理处在制定年度工作计划时推出“大公交”理念，为城乡公交一体化顺利开展做好铺垫。在城乡公交化改造中，将原有普通农村客运班线和车辆顺利改造成城乡公交线路和运力，采取了兼并、线路置换、股份制、收购改造等形式，彻底改变原有承包或挂靠的经营方式，走集约化经营模式，提高组织化程度。将嘉兴市本级原五家经营农村客运的经营单位通过线路置换，将企业的经营范围按线路经营改为划区经营，确定了两家经营主体，即南湖旅行社和长运公司，将线路和运力资源存量较少的新塍服务部等三家公司成功置换到南湖旅行社和长运公司。

为顺利进行线路运力的改造，秀洲运管所会同嘉兴长运运输有限公司，对秀洲区各乡、村道路分两步进行了全面普查。在普查的基础上，把改造工作分为西南片区和城北片区二步进行。首先，组织西南片城乡公交一体化率先进行。并制定了“整体改造、资产整合、同步同行、逐步更新”的改造方案。为提高司乘从业人员素质，对他们进行了公交理论、职业道德、交通规则、服务标准等系统培训，于全新的面貌9月起试营运，10月1日正式运行。然后在总结与吸取西南片改造工作台经验、教训的同时，又积极、稳步推行城北片的农村客运班线公交化改造

同年，市本级已开通了13条城乡公交线路，投入了61辆公交车（其中32辆是新型公交车），秀洲区开通5条城乡公交线路、投入车辆22辆，惠及4个乡镇、36个行政村，取得了一定的成效。城乡客运从形式和内容上都发生了根本性的改变，得到了群众的欢迎。这项工作得到了市委、市政府的大力支持和充分肯定。

2004年秀洲区运管所针对区内城乡公交上的违规情况，年初就将当年列为城乡公交规范整顿年，将城乡公交规范整顿工作作为全年一项重要的工作来抓。由于城乡公交从业人员普遍是原中巴经营者，不可避免地出现了一些经营者受到利益驱使而违规经营的情况，在一定程度上损害了群众的利益。比较典型的情况有：1.油车港137、138路公交车擅自抬高票价；2.西南片121路公交车与127路公交车间进行驳客；3.西南片6条公交线车辆在市区主要停靠站点长时间滞留带客；4.北站城乡公交由于调整发车位引发了一定的不稳定情绪。针对上述情况的发生，所里组织执法人员对部分车辆的违规经营情况进行了细致的调查取证和处理，并多次利用晚上时间召开经营者大会，将宣传、教育工作落到实处。同时积极研究合理有效的对策遏制违规经营行为的发生。要求长运公司落实管理人员在市区始发站、主要站点对公交车辆进行发班登记，确保公交车辆准点发车；以及在北站公交场投入资金安装了减速带和监控录像设备，以监督场内车辆的营运情况。以上的措施取得了预期的效果，执法人员在落实城乡公交整顿、规范工作过程中，认真负责、执法公正、措施合理、到位，有效的规范了城乡公交的营运秩序，全区城乡公交车辆故意晚点发车、滞留组客、中途驳客等违规情况不再发生，保护了经营者自身和群众的利益。

2005年，围绕村村通公交和全面构筑一体化三级城乡公交网络的目标，在对一级（跨县）、二级（城区至乡镇、街道）公交线路进行改造的同时，通过新开、延伸和调整线路等多种方法，努力沟通乡镇以下行政村的公交线路，有效完善了乡镇至行政村、行政村之间的三级公交网络。秀洲区加大推进力度，进一步提高城乡公交通车率。着力解决了天凝镇至嘉兴的公交改造，开通了汽车北站至天凝的公交线路，全年还新开通了二级网公交“嘉兴至新塍”新线和三级网公交“新塍至洪合”线；延伸了二级网公交“嘉兴至蚂桥”红联村线和“嘉兴至建设”先锋村线，三级网公交“新塍至洛东”洛西线，使全区通公交的村增加了10个，当年公交车通村率从上年的79.07%提高到86.82%。

2006年在坚持“站运一体、协调发展”的原则下，下达2006—2008年全市城乡公交站场建设目标任务，下发了《关于加快城乡公交站场建设的实施意见》，正式建立了城乡公交站场建设资金筹措和管养长效机制，明确了由省、市、县三级交通部门对城乡公交站场建设的补助标准，大大提高了地方建设公交站场的积极性和主动性。当年嘉兴市公交公司筹资2000万元新购高档空调公交车80辆，并开展了“让座爱心卡”活动，发放“让座爱心卡”1万余张。

2007年，秀洲区针对该年度城乡公交发展计划，年底要实现行政村公交通达114个，通达率达到99.1%的目标。新年伊始，区运管部门就开始积极落实城乡公交推进工作。先后对阳城、虹北、西雁、太平、洪典等十几个未通公交车的行政村的通村道路进行勘查。1月份，新开通了嘉兴至虹北（圣塘）二级公交线路，解决了虹北片区群众到嘉兴、方便去盛泽的乘车需求。9月份对除油车港镇杨溪村外的其他八个未通公交车的行政村进行了一次实地考察，对道路基础设施情况、群众出行需求等进行了解，并向市处、区交通局递交了调研报告，使该8个行政村均可先后开通公交。

为加快市区公共交通发展，改善市民出行条件，2007年印发了《关于优先发展市区公共交通的实施意见》，明确提出了市区2010年公交的发展目标和基本框架，并从规划制定与实施、交通结构治理、站场及配套设施建设、公交市场规范、扶持政策的制定与实施、体制改革等六个方面入手，提出了优先发展市区公共交通的重要举措，具有较强的指导性和操作性。制定了《嘉兴市公共汽车客运管理办法（试行）》。明确将城市公交和农村公交纳入准公益性行业，统一规划、统一建设、统一政策、统一管理。

为提高市区公交线网运行效率，结合《嘉兴市公共客运交通近期改善及公交优先规划》及枢纽站建设的进度，编制了《嘉兴市市区近期公交线网优化方案》，调整、新增线路15条，新增车辆100辆，以此改善老城区部分线网过密、重复系数过高的现状，增加部分新建城区线网覆盖范围，提高了火车站、汽车站、商业中心和行政中心等区域的公交运行效率。

2008年，市本级建成区公交线网新增线路7条、调整线路6条、加密线路24条，市区公交车辆平均运行间隔时间缩短2-8分钟。新增公交运力150辆，公交IC卡票价实现2元降1元，仅此市财政每年要补助近千万元，社会效益显著。年末，市区公交分担率升至15.05%。2008年，实施全市公交IC卡一卡通，多次协调并督促相关单位达成《嘉兴公交IC卡标准服务协议》，市本级、海宁、桐乡3地基本实现了公交一卡通。

2009年10月12日，市区城乡公交运营体制改革工作正式启动，经过40天的共同努力和艰苦奋战，15个片区、37条线路、202辆车的整车收购全部完成，收归国有的线路已着手规范化运营，实行与城市公交相同的票价优惠政策。在实施运营体制改革中，秀洲区根据市政府部署要求，运管所积极配合市处工作，上半年重点配合市处完成长运公司城乡公交线路、车辆、股东等情况的调查摸底。十月份市政府正式开展城乡公交运营体制改革工作，区运管所按照上级有关部门的部署，积极推进长运公司各片区城乡公交的收购工作。在区委、区政府的统一部署下和区交通局主要领导的直接领导下，秀洲区城乡公交体制改革工作取得了重要突破，较好地完成了两个片区线路车辆的收购。由于在整个改革工作中始终坚持做好城乡公交股东以及从业人员的思想稳定工作，切实加强政策宣传，及时了解掌握相关人员的思想动态，迅速化解可能引发突发事件，确保行业稳定，未发生极端事件。

2009年，嘉兴市区公交线网进一步优化。调整7条线路、末班延时21条线路，充分体现了民生工程为民办实事的宗旨。另有市公交公司首批200辆车也购置完成。以“健康环保的步行和自行车交通”为主题举办了市区第二个“无车日”，并在当日新开通了99路中环环线公交线路，推出了60分钟内刷卡换乘0.5元的优惠政策。市区公交分担率上升至18.25%，较2008年增加3.2个百分点，实现年初市政府民生工程提出18%的目标。嘉兴市本级新建公交港湾式停靠站68个、候车亭133个；新建乡镇客运站3个，港湾式候车亭283个。

2010年，秀洲区农村客运全部实现城乡公交一体化，全区累计开通城乡公交线路78条（含城市公交线路45条），提前实现了“村村通公交”的目标，极大地方便了人们的出行。

【城乡公交一体化主要做法】

一是加大财政扶持力度。2009年税费改革前，对城乡公交车辆的50%~100%养路费和客运附加费予以免征。2010年起，对集约化经营的城乡公交企业实行“三补一奖”的财政政策，即：政策性亏损政府全额补贴，新车购置费用通过三个1/3办法筹措（即对纳入市政府车辆购置计划的新购车辆费用由市财政、嘉通集团、公交企业各承担三分之一），科技信息化改造政府补贴12%，对企业增收按照年增收额的50%标准进行奖励。2010年对市区220辆城乡公交的财政补贴额达到3900万元，同时明确逐年增加机制。

二是推进资源城乡共享。城乡公交一体化前，城乡公交是“弱势群体”，城市公交的场站、枢纽等基础设施无法使用，城乡的公交线路衔接也不紧密，换乘十分不便。通过城乡公交一体化改革，打破城乡二元分割体系，城乡公交与城市公交在线路布局上按照“衔接为主、并轨为辅、合理配置、方便换乘”的原则进行相互补充，共享始发枢纽站场、公交专用道、沿途停靠站等公共基础设施资源，实现了“零距离”换乘。

三是建立站场建设长效机制。市建立了城乡客运站场建设机制，并制定了相应的建设计划和考核办法。2008年年底，全市90%的镇已建有客运站。同时初步制定站场建设、管理和养护方案，成立国有场站公司负责城乡公交场站建、管、养工作，资金由政府足额补贴，不增加城乡公交运营企业负担。

四是积极落实便民惠民措施。一是科学优化城乡公交运行线路，实现村村通公交目标，增加营运班次，实行早上6点、晚上6点有班次，高峰时最高3分钟发一班，偏远线路一天不少于4班。推广公交IC卡一卡通应用。二是打造经济城乡公交。2009年前市已经取消城乡公交站务费。在城乡公交运价上，执行普通客车、空调客车每人每公里0.12元、0.16元，和起步基价1元、2元的运价政策，比原有农村客运班线平均每票下降了1.67元。2009年市本级深化城乡公交运营体制改革后，市本级城乡公交实行一票制，由原来3元至5元直接降至2元，IC卡刷卡减半，一小时内换乘再优惠0.5元，特殊人群票价减免，与城市公交票价完全一致，真正实现了城乡公交票价一元化。还通过新增运力、修整农村道路，完善道路和安全设施、新增港湾式停靠站、普及基于3G技术的智能化公交调度系统等措施，为百姓提供安全、规范、舒适、方便的出行服务。

第五节 出租车管理

出租汽车客运是指小轿车、小型客车为主要工具，按乘客意愿呼叫，不定线路、不定站点，以计程或计时方式营运的区域性旅客服务运输。由于出租汽车服务于城市或区域性的道路上，直观地反映一个城市或地区文明服务的形象和质量，因此，为维护旅客和经营者的合法权益，塑造城市文明窗口，必须加强对出租汽车客运的管理。

嘉兴市出租汽车管理起始于20世纪90年代初。1993年6月，为加强出租汽车客运管理，不断提高客运服务质量，使出租汽车客运服务工作逐步向标准化、规范化发展。嘉兴市公路运输管理处印发了《中华人民共和国交通部出租汽车客运服务规范（试行）》。

1995年10月1日起，在嘉兴市运管部门的大力支持下，以李家骏、陆家栋、傅显龙、张杭兴等为首的30辆出租汽车经营者自发组织，在嘉兴市区实行一价制（7元），进行流动经营，这标志着嘉兴市的市区“打的市场”正式起动。

1995年，嘉兴市公路运输管理部门开展了客运车辆司乘人员上岗培训工作，培训司乘人员千余人。嘉兴市运管处对嘉兴市区出租车实行按经营区域划分3个片组进行管理，对定线客运，依托客运南站、西站分成10个片组实行管理。

1996年5月2日，嘉兴市政府出台了《市交通局、公安局关于对客运机动车实行总量控制的意见》，依据道路运输开业审批管理有关规定，及时吸纳符合资质条件的经营业户，加入出租车公司，上半年组建了出租汽车公司，对有条件的个体出租汽车实行统一管理，规范经营，共审批汽运总公司、二运公司、保安公司、郊区客运公司和南湖旅游开发公司等5家出租车公司，建立了二级管理模式，除了原有5家经营单位外，嘉兴城郊区还发展了三家客运出租经营单位，并按计划吸纳180辆自由分散车辆，对他们实施有效管理。到1996年年底，嘉兴市区有8家客运出租车经营单位，出租车总数达223辆，与255辆个体出租汽车相比，国有、集体和个体经济成份已近各占一半。1996年对出租车从业人员举办各种形式的培训班，1996年行业培训举办17期，实行上岗培训，对合格者发放上岗证。不断完善客运出租汽车标志和车辆内部设施，规范有证经营行为，净化市区出租车市场经营环境。

1996年8月1日起至1996年11月10日，在出租汽车客运行业开展“爱浙江、爱交通、做文明服务使者、树南湖儿女形象”的百日竞赛活动，通过报刊、电台、电视台等新闻媒介及张挂横幅等形式，向社会进行广泛宣传，使之家喻户晓，人人皆知。对出租车进行车容车貌检查，做到三个统一（即统一出租车顶灯、统一安装计价器、统一在车门喷刷单位经营者名称）。为进一步规范嘉兴市出租车市场，确保客运出租车行业正常营运秩序，创建一个公开、公平、合理、有序竞争的出租车市场，经常性对无证经营、违章经营加大了查处力度，除日常的现场稽查外，还组织人员采取突击查处，灵活运用明查与暗查相结合，白天查与夜间查相穿插，分点查与联合查相交叉的稽查方式，经常性地对无证经营、违章经营等不良现象保持查处力度。市本级与出租车司机签订了责任书，统一处罚尺度，发至各车主经营单位，加强了执法力度。同时加强对信件举报、电话举报的核查，1996年嘉兴市本级收到举报信件17封，电话举报46次，核实查处41次，监督员反馈情况211件，其中需查处96件，已作处理78件。查处无证经营车辆251辆次，纠正违章100余起，夜间突击联合大行动稽查20余次，从而使出租汽车这个窗口形象有了基本好转和改观。

1996年9月25日，为进一步加强出租车客运市场管理，规范出租车经营者的经营行为，对1994年颁发的《嘉兴市出租车客运运价规则》作重新修订（嘉价费〔1996〕55号）。出租车客运基价：（1）出租轿车：超豪华型——每车公里租价为2.20元；豪华型——每车公里租价为1.80元；标准型——每车公里租价为1.40元；普及型——每车公里租价为1.20元。（2）出租旅行车：空调车——每车公里租价为1.60元；普及型——每车公里租价为1.00元。计时租车：计时租车运价按车辆到达约定地点至租用完毕的实际租用时间。每小时按20公里计费，起码计费为2小时；超过2小时以半小时递进，不足半小时进为半小时。包日租车：包日租车每日工作时间按8小时140公里计费，如实际行驶超过140公里，按实际行驶里程计费，如行驶时间未满140公里，而实际工作时间超过8小时，超过时间按计时租车计时。

1997年，嘉兴市公路运输管理处相继制定了《嘉兴市出租汽车违章处理规定》《嘉兴市区“九五”期间出租汽车发展规划》《对举报、协查无证营运客车的人员实行奖励的暂行办法》《嘉兴市客运出租车行风监督员须知》等一系列管理规定，为规范出租车管理，奠定了基础。为实现客运出租车的公司化管理，嘉兴市区又新成立了三个出租公司（城区二个，郊区一个）。至12月底，嘉兴市共有客运出租公司11个，纳入出租车公司管理的出租车占总数的94%，给出租车管理创造了有利条件，嘉兴公路运输管理部门坚持每月召开一次出租公司负责人与个体驾驶员的例会制度。为加强出租车经营单位对从业人员的管理，1997年又与各出租经营单位签订了《客运出租车经营单位目标责任书》，以发挥出租汽车单位的管理作用。

嘉兴运管部门对出租车经营业主进行了全面性的经营业务规范培训，1997年共组织上岗培训30期，违章培训15期。市区结合1997年度的道路运输证审验，经培训合格的，统一换发新的放置式服务资格证，从6月1日起全部实行。发放率达到100%。从1997年4月1日起，嘉兴市公路运输管理处设立了客运出租车投诉中心，抽调专门人员负责日常工作。据统计，自投诉中心成立至12月底，共接待群众来电、来信举报投诉90起，其中违章62起，全年共收到社会监督员情况返回1108起，其中违章100起，全部进行了处理，帮助查找乘客失物90起，出现好人好事有记录的286起。为加强出租车行风建设，接受社会各界的监督，还增聘了十多名社会监督员，从统计资料来看，好人好事增多，违章现象减少，违章率从年初的33%下降至年底的3%，违章情况明显好转。

1997年9月，嘉兴市运输管理处印发了《嘉兴市客运出租汽车经营单位管理考核标准》（嘉公运〔1997〕66号）文件，管理考核标准总分500分，根据各企业的得分把企业管理等级分为四类：优秀、良好、合格、不合格。划分标准如下：总分在450分以上为优秀管理企业、总分在400分以上为良好管理企业、总分在350分以上为合格管理企业、总分在350分以下为不合格管理企业。这一考核标准，促使出租车经营单位加强对经营者的管理。

1998年3月9日，中华人民共和国交通部发布《道路运输行政处罚规定》，第二章，第九条，（八）客运经营者不在规定的售票场所售票或强揽旅客的，处以300元以上500元以下的罚款。客运经营者或司乘人员收取票款后不给旅客车票或给予的车票与票款不符的，每人次处以100元的罚款。（九）出租汽车不安装或不使用计程、计价器的，处以1000元的罚款。（十）出租客运经营者异地经营的（送客到异地返程的除外），按第八条第（二）项规定处罚。（十一）出租客运经营者拒载或中途无故中断运输的，每次处以500元以上1000元以下的罚款。出租客运经营者在营运中未经乘客同意擅自招揽他人同乘或故意绕道的，每次处以500元以上1000元以下的罚款。该规定有力地规范了出租车行业的经营行为，嘉兴运管部门进了大力宣传，认真贯彻执行。

1999年年初，嘉兴市运管处举行第二轮出租车经营权招投标，成功拍卖50辆新增出租车的经营权。

2000年4月13日，嘉兴市人民政府制定了《嘉兴市客运出租汽车管理办法》（嘉兴市人民政府令第6号），是为加强客运出租汽车行业管理，维护正常的运输秩序，保护合法经营，保障乘客合法权益，促进客运出租汽车事业健康发展，根据交通部《出租汽车旅游汽车客运管理规定》、《道路运输行政处罚规定》和《浙江省道路运输管理办法》有关规定，结合嘉兴市的实际而制定的，《嘉兴市客运出租汽车管理办法》出台后，秀洲所针对审核中发现的问题，加强了出租车驾驶员转聘环节的管理，确保“管理到人”，对出租车市场的稽查执法做到制度化、常规化。2000年，根据嘉兴市政府的部署，对嘉兴市出租车行业还进行了有针对性的整治，并推广实施了“星级服务”管理举措。

2000年3月6日，嘉兴市物价局和嘉兴市交通局共同发文（嘉价费〔2000〕11号）对市区客运出租汽车运价结构进行调整：（1）调整基价公里。将原基价公里4公里统一调整为3公里。（2）调整起租金额。将原出租车临时起租金额标准型（代表车型夏利）6元、豪华型（代表车型塔纳、富康）7元，调整为不分车型统一价5元。同年8月23日，为加强嘉兴市客运出租车行业的长效管理和业务指导，进一提高出租车的规范化管理水平，嘉兴市编制委员会发出了《关于同意嘉兴市公路运输管理处增设内设机构的批复》（嘉编〔2000〕14号）。同意嘉兴市公路运输管理处增设出租车管理科。

为加强对道路客运的安全管理，预防、减少交通事故，维护道路客运治安秩序。2001年4月，印发了《浙江省道路客运安全管理办法》。

2001年，市本级于5月31日通过经营权招投标，向市场投放50辆客运出租车，进一步满足市民出行需求。

2002年10月10日，为提升市出租汽车行业形象，提高服务质量，提出了“8501”服务品牌创建目标。嘉兴市公路运输管理处印发了《嘉兴市出租汽车行业“8501”服务品牌创建工程实施意见》（嘉公运〔2002〕96号）的通知，要求嘉兴五县（市）两区运管所结合当地实际，深入领会“8501”服务品牌创建工程的内涵，全面贯彻“8501”服务品牌创建工程的服务标准，把“8501”服务品牌创建工程作为出租汽车行业管理一项长期的工作来抓，持之以恒，常抓不懈，抓出成效，为两个文明建设作出应有的贡献。“8501”中“8”

是指做到“八个统一”，即：车身标志色、顶灯、安全防护网、座套、乘客须知、服务资格证、禁烟标志、驾驶员着装等八个方面的规范和统一，明确了硬件建设措施；“5”是指达到“五个文明”，即：语言文明、仪表文明、车容文明、行车文明、经营文明，体现了软件建设的主要内容；“0”是指零投诉，即：无外地乘客投诉和无违章经营；“1”是指创建一流服务行业，最终实现窗口服务行业优秀品牌行业的目标。抓好星级企业、星级驾驶员和“的士之星”三个评定工作，严把准入关、年审关、监管关和人员关。

2002年，市委、市政府提出争创“全国文明城市工作先进城市”和“全国优秀旅游城市”的号召，市文明办把市本级出租车行业创建品牌服务作为推动城市整体创建工作的“五大品牌工程”之一。全行业积极响应，与时俱进，适时提出出租车“8501”品牌创建工程，即出租车行业要实施“八个统一”，达到“五个文明实现”零投诉创建一流行业的目标。相继对出租车车身标志进行重新喷色，利用嘉兴召开两会期间，将四种不同款式的出租车开到两会现场，充分听取政协、人大代表和群众意见，并最终选定波浪型紫罗兰色作为市本级出租车标志色，并于10月份完成了市本级所有出租车的喷色工作。另外，对出租车座套进行了统一更换，并专门成立了一家清洁公司，通过市场化运作，负责对全市座套的清洗工作，有效解决了长期以来出租车车座套脏、破、差的难点，社会各界都给予了肯定。为了推进品牌化建设，安装热线电话深入人心。广大市民的呼声就是第一信号。针对广大市民乘出租车困难的矛盾，市本级安装了三个热线电话，即全市联动的“96520”投诉电话和“12580”、“95838”叫车热线电话，从而提升了城市出租车的服务水平。嘉兴市运管处投资20多万元完善火车站出租车接客通道以及管理岗亭等基础设施，并延长值班时间，有效促进了火车站出租车营运秩序的改善。

2003年，狠抓出租车行业管理，提升城市整体形象。2003年6月，在《南湖晚报》设立出租车违法违章行为曝光台，每月定期对出租车违法违章经营行为进行曝光，共有119辆次违章出租车被曝光。同时市处坚持向科技要效益，在火车站广场投资45万元，安装电子监控系统，落实火车站出租车监管24小时值班制度，火车站广场全天营运秩序进一步改观。为进一步规范嘉兴市客运出租汽车营运秩序，加强客运出租汽车行业管理，维护正常的运输秩序，保护经营者、乘客的合法权益，促进客运出租汽车行业健康发展。嘉兴市公路运输管理处还与嘉兴市文明办等组织建立嘉兴的士“爱心车队”60辆出租车在“两节”期间向全社会展示爱心，有效树立了行业文明形象。

2003年11月3日，嘉兴市公路运输管理处颁发了《关于加强对客运出租汽车送客至异地返程载客管理的有关意见》（嘉公运〔2003〕98号），进一步明确客运出租汽车送客至异地，返程正常带客是合法的，但不许在异地停留、兜客、拉客，并且必须按计价器收费，不得乘运两批以上（含两批）的乘客，不得按班线客车载客经营。

2004年，紧抓出租车运力投放这一契机，打响嘉兴市出租车“8501”行业品牌。在2004年新增100辆出租车运力投放过程中，嘉兴市公路运输管理处采用50辆一组的捆绑式招投标方法，明确公司化经营，员工化管理，同时还要求车辆档次必须是桑塔纳3000型，来提高行业准入门槛。新增100辆出租车运力被上海巴士控股嘉兴南海巴士一举中标，积极协助中标公司做好政策协调、车身颜色审定、一卡通技术标准选择、人员上岗前培训等工作，并监督公司履行好投标时所做的承诺，按“8501”的要求规范新投放出租车的设施、管理工作。从此，上海出租车先进的管理模式、经营理念、服务水平被引入嘉兴，并逐渐被社会认可，提升了嘉兴市出租车行业的整体竞争力。

2004年3月16日，嘉兴市公路运输管理处印发《嘉兴市出租汽车客运服务标准（试行）》通知。同年3月29日，嘉兴市道协出租租赁专委会，下发了《嘉兴市本级客运出租车驾驶员规范着装行业内部规定》的通知（嘉道协租委会〔2004〕2号）。同年8月27日，嘉兴市公路运输管理处印发了《关于规范嘉兴市本级站区出租车营运秩序管理的通知》（嘉公运〔2004〕84号）。

2005年6月16日，嘉兴市物价局颁发了《关于调整市本级客运出租汽车运价的批复》（嘉发改物〔2005〕222号）。经浙江省物价局备案同意，对嘉兴市本级出租车运价作调整：将原基价公里3公里调整为2公里。同年12月15日，嘉兴市公路运输管理处印发了《嘉兴市客运出租汽车驾驶员星级管理评定办法（试行）》的通知》（嘉公运〔2005〕96号）。

2005年，从出租汽车年审入手，加大行业管理力度，对一年中有两次违章的车辆暂缓年审，对一年中有三次违章的驾驶员吊销上岗证，进一步健全了出租车驾驶员队伍的管理机制，促使车辆责任人强化对聘用驾驶员的管理，促进了驾驶员队伍的优化。

2006年，国内成品油价格大幅度上涨，为稳定出租车市场，嘉兴市及时采取了措施：一是制定《嘉兴市本级客运出租汽车行业突发事件应急处置实施方案》；二是为配合成品油价格形成机制改革，疏导成品油价格波动对道路运输行业的影响，对出租车公路建设基金进行了减免，嘉兴市全年为出租汽车减免公建金466.8万元，并先后分两批对出租车发放财政补贴款，对稳定行业队伍和人心起到了积极的作用；三是嘉兴市本级从7月25日起实施油运联动，即每车次增加0.5元燃油附加费；四是协调解决驾驶员关心的保险、风险抵押金等问题，同时对出租汽车公司的其他收费项目进行清理等措施，在做好相关工作的同时，还向上级政府提交了稳定出租汽车行业的相关建议。如征收定额税、降低出租车驾驶员个人所得税征收标准、协调公路通行费、争取地方财政补贴等等。拟订了《嘉兴市本级出租汽车行业稳定工作应急预案》《嘉兴市出租汽车行业局际联席会议制度》，进一步指导出租汽车行业维稳工作的开展。制定并上报了《2007年度市本级新增客运出租汽车运力投放方案》《嘉兴市本级2007年新增客运出租汽车营运权招标文件》《2007年嘉兴市本级新增出租汽车运力工作方案》，在确保行业和社会稳定的前提下，按集约化经营、规范化运作、员工化管理的思路，以服务质量竞标为主、定价出让为辅的方式在市本级又成功新增50辆出租汽车。

2006年2月，为加强出租车驾驶人员客运资格考试与管理，切实提高出租车驾驶人员从业素质，根据《浙江省道路运输管理条例》有关规定，印发《浙江省出租车驾驶人员客运资格考试大纲》。同年7月14日，嘉兴市物价局颁发了《关于对客运出租汽车加收燃油附加费的批复》（嘉发改物〔2006〕275号）经研究同意市本级从2006年7月25日起开始客运出租汽车可加收每载客车次0.5元燃油附加费。

同年，还开展了出租汽车行业服务质量竞赛活动。以贯彻“八荣八耻”重要思想为指导，以服务质量竞赛活动为形式，通过几年的努力，形成规范的服务标准体系，提升嘉兴市出租汽车行业的服务质量，降低行业的投诉率和违章率，全面提高嘉兴市出租汽车行业管理水平，提高人民群众对出租汽车行业满意度。

2008年以前，嘉兴市区有一半左右出租汽车安装了GPRS（全球定位调度系统），其他车辆安装了车载对讲机调度系统。GPRS系统在技术上相对先进，而车载对讲机系统属人工调度，运营过程中存在着许多问题，原来的计价器功能单一，加上使用时间长，线路老化，还经常出现数字显示不全、电路故障，给安全留下了很大隐患，进而影响了行业形象和城市品位。为此，2008年嘉兴市政府安排了专项资金，对计价器设备进行了更新，对原先的调度系统进行了整合、统一，包括：出租汽车营运数据适时上传；强化出租汽车驾驶员管理，规范经营行为。通过技术改造，实行IC卡管理制度，将出租汽车、驾驶员、计价器进行绑定；安装72小时循环滚动录音设备，保护司乘双方合法权益；安装车内摄像头，保护司机生命财产安全。

同年4月13日，嘉兴市公路运输管理处与嘉兴市慈善总会、嘉兴广播电视总台交通之声、嘉兴市道路运输协会联合成立了嘉兴市本级出租汽车“一元钱爱心互助基金”，通过出租汽车驾驶员每人每月自愿捐一元钱、基金发起单位和社会各界人士自愿捐款，建立起了出租汽车行业的专项互助资金。主要为少数遭遇意外伤害、家境特别困难的出租车司机提供应急救助。截至2010年，“一元钱爱心互助基金”已救助8人，累计发放救助金4万元。

2009年5月，嘉兴市文明办、市交通局、市总工会、市广电总台联合举办，嘉兴市运管处、市广电总台交通经济频率承办的嘉兴市首届“的士节”活动正式启动。通过“的士节”系列活动的开展。提升了司机队伍的整体素质，增强了司机的团队感和荣誉感，同时也促使出租汽车行业文明创建活动向纵深发展。

同年，为在稳定前提下做好50辆到期出租汽车经营权重新配置工作，市处在嘉兴市政府、市交通局的领导下，经多次调研，认真听取企业、司机的意见和建议，按照利益兼顾，服务质量为主、有偿使用为辅等原则，起草《关于2009年50辆营运权到期出租汽车营运权重新配置的工作方案》。按既定步骤顺利完成50辆到期出租汽车营运权重新配置工作。

2009年，出租车民生服务能力稳步提高。为解决出租车驾驶员“吃饭难、停车难、如厕难”的实际困难，市运管部门提出了“一主一副若干点”市本级出租汽车服务中心建设方案。2010年5月城北副中心服务区已于正式建成并投入使用，城南主中心服务区也正申请建设立项中。2009年从节能减排的角度出发，开展出租汽车“油改气”工作。出租汽车使用时间长、频率高、强度大，行驶里程多，不仅需要消耗大量的燃油，而且排放了大量的废气，因此从节能减排的角度出发，启动了出租汽车“油改气”工作，至2010年已完成项目实施调研工作。

2010年，市区新增50辆出租汽车，新增50辆出租汽车投入的车型为上海大众桑塔纳志俊CNG双燃料车型。在动力基本不受影响的情况下，可节约燃料成本20%~25%，同时还能减少排放大量有害气体。为规范中标公司的驾驶员招聘工作，此次中标公司必须向社会公开、公平、公正、择优招聘出租汽车驾驶员。凡符合招聘条件的驾驶员，采取2个人组合在一起的形式到中标公司报名，然后经报名公示、考试、考试成绩公示等程序后，企业就可以根据中标车辆数，选择考试成绩靠前的相应驾驶员组合签约，未签约的驾驶员组合作为替补签约对象，解约时也采取同进同出、由替补签约对象自然接手经营的方式进行操作，避免了新增车辆驾驶员招聘中的“走后门”“暗箱操作”等行为，同时也杜绝了经营资格私下炒卖、变相增加实际开车驾驶员经营负担的行为。

到2010年11月，嘉兴市本级共有出租车公司12家，出租车873辆，以普通桑塔纳、桑塔纳3000为主导车型。在873辆出租汽车中，经营权暂未核定使用期限的行政审批车有523辆，经营权有偿、有期限使用的招标车有350辆。从经营模式看，公车公营的有150辆，租赁承包的有384辆，个体挂靠的有339辆。承包租赁车辆的经营权仍旧在公司，个体挂靠车辆的经营权在个人手中。

第六节　驾驶员培训管理

机动车驾驶员培训是指通过对需要掌握机动车驾驶操作技能的人员进行一定时间交通法规、理论知识学习和实际驾驶操作训练，使之具备单独、安全驾驶机动车能力的培训。制定管理规章、教学计划、教学大纲和教材，明确培训目标和内容，着重对教学质量、经营行为、安全教育的监管。

【解放前驾驶员培训管理】

民国16年(1927年)以前，由于客货营业汽车不多，各商营汽车公司且均实行定线专营，驾驶人员的检验、考试工作区，由各公司自负其责。自民国17年以后，在车辆及司机人数不断增多的情况下，省政府开始制订有关规章制度，同年11月省政府公布了《浙江省公路局征收运货汽车照费规则》，规定行驶公路上汽车司机应经省公路局考试合格，领取司机许可证，同时对专营长途汽车公司司机实施统一考试。民国19年8月，省建设厅批准公布《浙江省公路局管理公路交通暂行规则》，管理内容进一步全面，并在条款中改称司机人为驾驶人。民国21年3月，为加强驾驶人考核，省组成甄用驾驶人委员会，先后对省局及各长途汽车公司驾驶人进行甄考，按甲、乙、丙三等发给执照，并规定任何单位新雇驾驶人，必须经管理机关考验合格领取执照，方准执业。民国22年2月颁发《浙江省管理汽车驾驶人(司机)暂行章程》，民国23年4月1日起施行的《苏浙皖京沪五省市汽车驾驶人执照统一办法》。同年7月1日起施行的《苏浙皖京沪五省市汽车驾驶人考验规则》、民国25年年12月2日修正公布的《浙江省管理汽车驾驶人暂行章程》等文件规定：凡在浙江省境内驾驶汽车者均须领有全国公路交通委员会各省市统一汽车驾驶人执照。领取执照时须先经指定医院检查体格，并考验交通规则、机械常识，驾驶技术(分桩考、路考两种)、地理常识。经过体检、考验合格后给予临时执照，以一个月为限，期满驾驶人如无过失及违章事情，再予换给正式执照。驾驶执照分普通汽车驾驶人执照(车主、汽车修理机匠等属之)，执业汽车驾驶人执照(以驾驶汽车为职业之驾驶人属之)，学习汽车驾驶人执照(在学习驾驶期间之驾驶人属之)。驾驶人执照一年期满后均须向原登记机关审验一次(学习驾驶人除外)，应考驾驶人不论男女均须年龄在17岁以上，粗识文字、四肢健全，耳目聪明而无神经病者。

【解放以后至1990年驾驶员培训管理】

1950年7月15日，交通部颁发《汽车管理暂行办法实施细则》规定汽车驾驶人考验分初验、复验、审验三种。申请考验须年龄在20岁以上，56岁以下粗通文字者；驾驶小型车者身长150厘米以上，体重50公斤以上；驾驶大型车者身长160厘米以上，体重56公斤以上，身心键全、五宫聪敏者；须有学习6个月以上驾驶经验。考试科目分：体格检查(神经、心脏、视力、握力、体重身长等)，技术测验(桩考、路考)，常识测验(机械常识、交通规则)及体检不合格不得应技术测验，技术测验不合格不得应常识测验。学习驾驶人不得免技术测验。考试成绩总分数为100分，其各科高分数为：桩考30分，路考30分，机械常识20分，交通规则20分，桩考、路考成绩至少各21分为合格，其总成绩不满70分者为不合格。驾驶执照分学习、普通、职业汽车驾驶人执照三种。

1950年9月27日，浙江省交通管理局通知从10月1日起办理汽车驾驶员统一换考新执照工作。

1953年7月，交通部又颁布修订的《汽车管理暂行办法》和《汽车管理暂行办法实施细则》，规定汽车驾驶员分学习、普通、职业汽车驾驶员三种，职业汽车驾驶员根据技术分为一、二、三等。汽车驾驶员考验分初验、复验、审验三种。凡领有三等职业驾驶员执照、并有三年以上驾驶经验，安全行驶5万公里以上具有交通部颁布《汽车运输企业暂行技术标准与定额》规定之一。二级保养技能或在驾驶工作上有发明创造或有显著成绩者，得申请二等驾驶员考验；凡领有二等职业驾驶员执照，并有六年以上驾驶经验、安全行驶10万公里以上，能做到保护车辆，节省燃润料及轮胎和完成生产任务，并具有交通部颁布之《汽车运输企业暂行技术标准与定额》规定的小修技能或在驾驶工作上有发明创造成绩显著者，得申请一等驾驶员考试。申请考验驾驶大型客车的驾驶员，必须领有大型货车或特种车（牵引车）或小型车驾驶执照，并有三年以上安全驾驶经验或安全行驶5万公里以上者。

1955年11月，浙江省公路运输管理局制定《安全驾驶操作规程》并正式颁布，规定自1955年12月份起实行。

1956年11月，省交通厅转发交通部关于汽车驾驶员重考执照的通知，对于受吊销执照处分已满一年半而始终未曾脱离组织的人，如果通过其所属行政或工会组织审查，认为经历长时期教育，已能深刻认识过去错误，思想作风表现真诚悔改，工作积极，经组织负责证明并代为申请者，各地交通主管机关可以酌情批准，重新参加驾驶员视验。

1960年1月，交通部颁布《机动车管理办法》规定初考合格的驾驶员一律发给实习执照，实习期原则上确定至少6个月，驾驶员共分四类，职业驾驶员，非职业驾驶员，实习职业驾驶员，学习驾驶员。同时规定拖拉机和汽车以及其他机动车辆的驾驶人员，必须进行技术鉴定核发牌照。

1972年，省交邮局根据公安部、交通部公布的《城市和公路交通管理规则（试行）》的规定，从7月1日起至10月31日止对全省驾驶员（包括实习）进行年度审验和换发新证工作，有机动车学习驾驶证的学习驾驶员也须参加年审学习，对不符合使用军用车辆驾驶证的驾驶员也参加年审，并一律换发地方驾驶证。新机动车驾驶证自1972年7月1日起开始使用。新驾驶证编号开头第一字为“浙”字，第二字代表地区，嘉兴地区为“浙嘉”，字第后面为五位数。审验工作采取民主评定，单位审查、地（市）车辆监理机关办理签证，对成绩显著者以签证表扬，对不宜再担任驾驶工作或问题未查清，年老体弱身体较差和已退休者，分别以缴回驾驶证，缴销驾驶证，暂缓审验，不予审验等处理。

1973年1月，省交邮局颁发“机动车驾驶操作禁令”的通知：严禁无驾驶证人员开车和学习驾驶员单独驾驶车辆；严禁酒后开车和开车时吸烟、饮食、闲谈；严禁驾驶无牌无证、刹车、方向不灵或怠速、加速不正常的车辆；严禁直流供油行车或边倒油边发动车辆；严禁下坡时熄火、脱挡或踏离合器溜坡；严禁时速超过20公里通过急弯、车站、窄桥、便道、视线不良等危险地段；严禁遇行人车马交会避让时高速冒险行驶；严禁强行超车、让车不减速或故意不让车；严禁驾驶室超额坐人和车辆装货后搭乘非押运、装卸人员；严禁驾驶加大速度的手扶拖拉机。对违反禁令者根据情节分别给予违章纪录，警告、扣证、扣车、注销驾驶证，对违反禁令因而肇事者，从严处理。

1983年2月，地区交通局规定，将轻骑及驾驶员纳入交通监理范围，轻骑驾驶员培训.考核由县交通监理所经办。

1984年，经交通部公路局颁发安全行车百万公里以上证书、奖章，省汽车运输公司系统驾驶员43人中，有嘉兴汽车站驾驶员沈兆康（至1984年8月底），安全行车里程1068873公里。

1985年4月1日起，嘉兴市交通局关于试行《对机动车驾驶员违章、肇事经济处罚试行办法》，对于浙江省实行机动车驾驶员违章记分的进行罚款时，原则上按每记一分罚款一元；机动车肇事除监理处分外，轻微事故罚款5~10元；一般事故罚款6~20元；重大事故10~30元；特大事故20~60元，发生事故的车辆单位并向监理机关缴纳事故处理费，轻微事故10元；一般事故20~60元；重大事故150元；特大事故300元。

同年，还对驾驶人员进行审验，举办审验学习班。对严重违章、肇事的驾驶员分别进行一、二个科目的考试。同时评选安全先进驾驶员、先进标兵、安全先进集体。

1986年5月，嘉兴市交通监理处根据交通管理规则，签发《关于办理机动车驾驶证的有关规定和手续》的通知，对学习驾驶证、军证换发地方证，复驶、增加、异动、换、补发驾驶证作了统一规定。

同年6月19日，浙江省公安厅，交通厅颁发机动车驾驶员行车禁令十条，内容与1973年省交邮局颁发《机动车驾驶操作禁令》基本上相类似。

1987年11月，嘉兴市公安局交警支队成立之后，开始对驾驶员培训进行管理。

1988年初，嘉兴市公安局出台《嘉兴市机动车驾驶员集体培训管理暂行办法》，统一教学大纲和教材，严格监督，确保质量。同年市公安局制定《嘉兴市道路交通管理实施细则（草案）》，规定机动车驾驶员必须符合下列条件：(1)政治历史清楚、思想进步、工作责任性强、作风正派。(2)身高155厘米以上，两眼视力各在0.7以上（可戴眼镜），没有赤绿色盲和全色盲；两耳距音仪50厘米，能辩清声音方向，血压正常以及无其他妨碍驾驶车辆的疾病和身体缺陷，年龄在18至35周岁，体重在45公斤以上，具有初中以上文化程度者。(3)懂得车辆的一般构造和工作原理，能做一般的保养，排除一般的故障，熟悉和遵守交通规则与安全操作规程、驾驶操作熟练，有独立驾驶能力。

学习驾驶员经公安交通管理机关考试交通规则，机械常识、场内驾驶、道路驾驶合格后为实习驾驶员。实习期满后，单位作政治、技术鉴定，由公安交通管理机关核发驾驶证。学习驾驶员只准学习驾驶一种车型，除批准的公共汽车部门外，不准直接学习大客车。实习驾驶员在实习期只准驾驶准驾车辆，不得拖带挂车，不准驾驶执行任务的消防车，救护车、工程抢险车、超重吊车、拖挂车以及装载危险品的车辆。增考大客车必须具有两年或三万公里以上驾驶其他汽车的安全驾驶经历。持大型客车记录的，准驾各类方向盘式汽车和拖拉机；持大型货车记录的，除大客车外准驾与大客车同；持有小型汽车和方向盘式三轮机动车记录的，可以互驾、并准驾方向盘式简易机动车。持有手把式三轮机动车记录的三轮摩托和手把式或后三轮可以互驾，并准驾二轮摩托车，手把式简易机动车。持有方向盘式拖拉机记录的，准驾手扶拖拉机。

机动车驾驶员必须遵守下列规定：(1)必须严格遵守交通规则，服从交通民警和交通管理人员的指挥和检查，维护交通秩序；(2)驾驶车辆时，必须携带驾驶证，驾驶证不准转借、涂改、伪造；(3)不准驾驶无牌无证和与证件不符合的车辆；(4)不准将车交给无证驾驶人员驾驶；(5)驾驶车辆时，不准吸烟、饮食、闲谈或赤脚、穿拖鞋、高跟鞋；(6)严禁酒后驾驶车辆；(7)不准驾驶安全设备不全或机件失灵的车辆；(8)遇他人迫使或纵容违章驾驶时应予拒绝；(9)患病或过度疲劳时，不准驾驶车辆；(10)必须接受公安交通管理机关的定期审验。

1989年2月1日，公安部发布《机动车驾驶员培训学校（班）管理办法》，同年5月5日浙江省公安厅制定关于《机动车驾驶员培训学技（班）管理办法》的实施细则。凡拥有20辆（含）以上教练车的称学校；拥有7辆（含）以上不足20辆教练车的称班。学员学习驾驶的期限大客车不得少于150小时；其他汽车120小时；二、三轮摩托车60小时；大型拖拉机80小对；小型及手扶拖拉机60小时；轮式自行专用机械40小时。嘉兴市区机动车驾驶员培训单位原有：汽运公司职校、市农校，市公安局、市劳动局、市消防队、军分区，武警、长途线务站、运河农场、东门街道汽车运输队。公安部和省公安厅管理办法实施后，进行整顿，尚存机动车驾驶员培训单位有市公安局、汽运公司职校，市农校．市劳动局。驾驶员理科培训从1989年5月开始统一由市公安局所办“驾驶员汽车培训中心”进行培训，驾驶员考试亦按照公安部颁发《城市机动车驾驶员考试暂行办法》执行。

1989年11月至1990年10月，换发新汽车驾驶证，编号33为浙江省，60为城郊区。1990年10月至1991年3月换发新拖拉机驾驶证。

表8-2-2

983—1990年嘉兴市机动车驾驶员统计表

（由市公安局交警支队提供）

年份	合计	大型	小型	摩托车		简易车	轻骑
				二轮	侧后三轮		
1983	2416	2064	38	65	249		
1984	3189	2688	38	74	389		
1985	5242	3458	57	199	458		1070
1986	7786	4528	203	683	642	173	1557
1987	10811	5577	281	1818	894	244	1997
1988	15908	7004	441	2366	1533	263	4301
1989	21223	8327	774	4139	2053	364	5566
1990	18611	9383	913	4406	1730	229	1950

机动车驾驶员分类：(1)职业驾驶员：以驾驶机动车为职业的；(2)非职业驾驶员：不以驾驶机动车为职业的；(3)实习职业驾驶员：实习驾驶机动车的职业驾驶员；(4)学习驾驶员：学习驾驶机动车的。

年满18周岁，具备机动车驾驶员的身体条件，懂得交通规则，愿意学习驾驶机动车的，经驾驶员培训单位（驾驶学校、训练班等）或有驾驶执照并有一定经验的教练人证明，可填写“机动车驾驶员考试异动登记表”向车辆管理机关请领学习驾驶证。

持有学习驾驶证，经培训单位或教练人同意；或者年满20周岁，具备机动车驾驶员的身体条件，懂得交通规则，并且足以证明具有驾驶机动车技能的，都可以向车辆管理机关请领驾驶执照。经初次考试合格后，由车辆管理机关发给实习职业驾驶员执照或非职业驾驶员执照，并在执照上签注准驾车类。

实习职业驾驶员安全驾驶车辆半年以上并有一定经验的，由车辆所属单位提出意见，经车辆管理机关核准后，可以换发职业驾驶员执照。

驾驶员的身体条件：(1)身长：驾驶大型汽车的，须155厘米以上；(2)视力：两眼各为0.7以上或经矫正（如戴眼镜）后达到这个标准的；(3)辨色力：没有赤绿色盲或全色盲；(4)听力：左、右耳距音仪50厘米，都能辨清声音的方向；

(5)无精神病及足以妨碍驾驶机动车的其他疾病或身体缺陷。

实习职业驾驶员、非职业驾驶员初次考试项目:(1)学科:口试或笔试交通规则以及报考车类的机械常识;(2)术科:报考车类的驾驶操作。

已向车辆管理机关登记的驾驶员培训单位的学员,结业考试及格,经车辆管理机关审核同意的,或者经车辆管理机关会同考试及格的,可发给实习职业驾驶员执照或非职业驾驶员执照。

驾驶在执照上签注的准驾车类以外的车辆,必须遵守下列规定:(1)汽车、二轮及三轮机器脚踏车、拖拉机三种类型车辆的驾驶员不得互换驾驶车类。需要增加驾驶车类时,应经考试驾驶操作与机械常识合格;(2)有准驾大型汽车记录的,可驾驶小型汽车;有准驾小型汽车记录的,需要增加驾驶大型汽车时,应经考试驾驶操作合格;(3)有准驾二、三轮机器脚踏车记录的,可分别驾驶二、三轮轻便机动车(包括由人力三轮车或二轮脚踏车改装的);有准驾轻便机动车记录的,需要增加驾驶机器脚踏车时,应经考试驾驶操作与机械常识合格;(4)有方向盘的三轮汽车和小型汽车的驾驶员,可以互换驾驶车类;手把式转向的三轮汽车和三轮机器脚踏车的驾驶员,可以互换驾驶车类。

机动车驾驶学校或训练班应当具备下列条件:(1)有专用的教练车及教学用具;(2)有保养修理作业的实习场所、作业设备和学习驾驶的场地。对机动车保养、修理工作的监督:机动车的保养、修理单位(包括厂、场、队及一切有保养、修理任务的组织)有关保证车辆装载行驶安全的保养、修理工作,由车辆管理机关进行监督和检查。保养、修理单位应将所制定的车辆保养制度报送车辆管理机关备查。

【1991—2010年驾驶员培训管理】

1994年,市审批培训城郊区摩托车学员3012人,组织教练考试21次,考核教练员291人。

1995年5月,根据市机动车驾驶员培训工作会议精神,对汽车驾驶员考试程序作出调整,术科道路考试分、甲乙两个阶段进行,阶段甲以技术操作为主,阶段乙以处理情况为主,每阶段的考试距离不少于2.50公里,每阶段各由两位监考员负责监考。同年10月,交通法规考试卷实行计算机题库随机出卷办法。

1996年,试卷采用判断、选择、填空3种题型,取消问答题和附加题。满分为100分,交通法规90(含)分以上为及格。机械常识:报考大客车的80(含)分以上为及格,报考其他车的70(含)以上为及格。同年3月,根据公安部《机动车驾驶员培训学校(班)管理办法》规定,实行实习期跟踪考核教育。凡实习驾驶员,在实习期满前一个月内必须参加跟踪考核教育,合格后方予换发正式驾驶证。9月1日,开始执行公安部《中华人民共和国机动车驾驶证管理办法》和《中华人民共和国机动车驾驶员考试办法》,将原来理科、术科一起考改为分步考,理科考试合格后核发术科培训学习证,学习期满一个月后再由本人申请术科考试。

1997年,社会办驾驶员培训班划归嘉兴市交通局管理。同年11月,省交通厅转发交通部《中华人民共和国机动车驾驶员培训管理规定》,汽车驾驶培训列入道路运输行业管理,但因驾驶员培训行业管理职责交叉,道路运输管理机构未能实施行业管理。

2000年11月3日,为切实履行机动车驾驶员培训行业管理职责,嘉兴市编制委员会发出《关于同意嘉兴市公路运输管理处增设机动车驾驶员培训管理科的批复》(嘉编〔2000〕23号)。

2001年1月,全省开始对汽车驾驶员培训业户进行登记审核,发放浙江省汽车驾驶培训许可证。从2001年起,驾驶员培训行业管理工作纳入正常轨道。按照“先纳轨,后提高”要求,完成了对市驾培学校(中心)的纳轨工作,截至2001年7月5日,全部颁发了交通部门印制的经营许可证,核准了教练车辆,理科教练员参加了培训,迈出了实施行业管理的关键性一步,从纳轨开始,就严格执行开业技术条件以及教学计划、教育大纲等规定,加强了驾培师资队伍的培训工作,选拔理论教员参加全省的教学培训,在驾培行业起步阶段就严格管理,规范运作,确保规范有序。同年8月,理论考试实行无纸化,场地考试实行红外线桩考仪,路考实行二考一(城市道路、乡村道路行驶及调头)。全市实施省交通厅《浙江省汽车驾驶培训管理暂行规定》,规范驾驶员培训行业行为。10月11日,交通部发布《营业性道路运输驾驶员职业培训管理规定》,规定营业性道路运输驾驶员必须取得营运驾驶员从业资格证方能从事营业性运输。

2004年4月14日实施的《中华人民共和国道路运输条例》明确,7月1日起对机动车驾驶员培训实施行政许可。同年7月1日《中华人民共和国行政许可法》实施,交通部门开始整治驾驶培训机构,统一换发道路运输经营许可证,基本实现培训和考试管理相分离制度。

2005年4月19日,秀洲区嘉兴长运驾校开校,为区内最早成立的驾驶员培训学校。同年7月,嘉兴久盛驾校即秀洲区第二所驾校成立。同年12月,全区推行驾驶员培训IC卡指纹识别管理系统,完成对驾校、教练员的指纹IC卡制作工作,实施统一换发准教证,建立教练员储备制度和数据库。并于2005年12月1日全面启用。同时对驾校培训质量排行榜制度进行了全面完善,并于7月公布了驾校培训质量排行榜，加大了社会对行业的监督力度，增加了行业透明度，更有效地维护了广大学员的合法权益。

随着居民收入不断增加与城市化水平的提高，越来越多的家庭步入"有车一族"，甚至出现"一家多车"及车辆更新换代快的新局面，轿车进入家庭已经呈现出新的迹象。反映到机动车驾驶员培训上，就是机动车驾驶员培训人数的激增。2005 年汽车驾驶员培训人数比 2004 年增长 59.4%，实现培训产值约 2.5 亿元。

2006 年，嘉兴市公路运输管理处和市交警支队联合成立了执法检查领导小组，以抓驾校行风建设为重点，整治教练员不良风气，公示收费标准，推出教练员公示栏、教练员教学质量排行榜等。实行联合执法，编制了联合执法大检查评定表，明确检查项目、检查标准、检查方法，并组织驾校自查、管理部门初审。在 9 月 1 日至 3 日的省联合执法检查组检查中，被抽查的 5 家驾校全部获得通过。同时就驾培业的发展提出了概念、市场预期和政策保障等建设性意见，对行业规模化引导和管理具有一定的指导意义。

2007 年，省交通厅结合全省实际情况，发文推行《浙江省机动车驾驶培训教练员诚信考核办法（试行）》，以规范教练员执教行为，提高机动车驾驶培训教练员综合素质。县级道路运输管理机构负责实施所属辖区教练员诚信的监督检查和整改工作。同年，嘉兴市驾培行业首次建立了信用考核机制，嘉兴市各驾校 100%建立了信用档案，驾培管理"软手段"进一步完善和增强，行业整体运行平稳，全年无教学安全事故和重大投诉事件发生。为规范驾培经营行为，提高培训信誉度措施：一是根据交通部 2006 年 9 号令，开展全行业《道路运输从业人员管理规定》宣传贯彻工作，同时对从业人员换证、无纸化考试、救护常识应急技能培训等工作进行了前期的准备；二是开展了教练员执教情况专项检查，重点对所有驾校教练场地和训练路线和教练员的执教行为进行检查，检查面达 70%以上，有效地规范了执教行为，强化行业自律，防止恶性竞争。

2009 年，嘉兴市汽车驾驶员培训单位排名榜（共 32 家，市区几家所占名次如下）：(1) 嘉兴汽校，(2) 嘉兴国鸿，(9) 嘉兴通达，(11) 嘉兴加武，(14) 嘉兴现代，(15) 嘉兴职校，(16) 嘉兴浙安，(22) 嘉兴大众，(23) 嘉兴捷顺，(28) 嘉兴久盛，(31) 嘉兴长运。

2010 年，继续加强对驾校的监管，开展对驾校信用考核检查及驾校排行榜公布，并根据驾校教练车辆数和教练员人数的变动情况，按月对驾校培训能力的评估，确定每月学员的报考人数。同时还结合杭州"3 • 18"教学安全事故，在驾培行业中开展了为期一个月的"查隐患、保安全"专项整治活动，针对不同情况有的发了限期整改通知书，以便及时消除教学安全隐患，确保驾培教学安全。根据省交通厅《浙江省机动车驾驶培训教练员诚信考核办法》，结合 2009 年度日常检查和投诉处理情况，对市内教练员的年度诚信等级进行了评定和公示，在无异议的情况下上报省局。2010 年组建成立了市道路运输从业资格考试中心，筹建成立了正大机动车驾驶员培训服务中心，对本级的机动车驾驶员培训理课及驾模器进行规范统一教学。还组织新教练员参加教练从业资格的培训和考试以及老教练员到省局继续再教育等工作，努力提高教练员的素质。

至 2010 年年末，全区有驾驶员培训学校 2 家，分别为嘉兴长运、嘉兴久盛。共设有教育场地（含租赁场地）32800 平方米，有教育车辆 121 辆，从业人员 147 人，其中教练员 137 人，培训合格驾驶员 7186 人次。

表 8-2-3

2010 年机动车驾驶员培训管理人员人数统计表

辖区	管理人员人数合计（人）	理论教学负责人（人）	驾驶操作训练负责人（人）	教学车辆管理人员（人）	结业考核人员（人）	计算机管理人员（人）
秀洲	10	2	2	2	2	2

表 8-2-4

2010 年机动车驾驶员培训业户统计表

辖区	机动车驾驶员培训业户合计（户）	普通机动车驾驶员培训（户）	机动车驾驶员培训业户一级（户）	机动车驾驶员培训业户二级（户）	机动车驾驶员培训业户三级（户）	道路运输驾驶员从业资格培训（户）	道路客货运输驾驶员从业资格培训（户）	危险货物运输驾驶员从业资格培训（户）
秀洲	2	2	0	1	1	0	0	0

表 8-2-5

2010 年机动车驾驶员培训人次统计表

辖区	培训人次合计（人次）	培训合格人次（人次）	内:从业资格培训人次（人次）	教学车辆（辆）	教学场地(含租赁场地)面积（平方米）
秀洲	7186	7186	0	121	32800

表 8-2-6

2010 年机动车驾驶员培训教练员人数统计表

辖区	教练员人数合计（人）	理论教练员（人）	驾驶操作教练员（人）	道路客货运输驾驶员从业资格培训教练员(人)	危险货物运输驾驶员从业资格培训教练员(人)
秀洲	137	5	132	0	0

第七节　公路运输规费征收

【解放前公路规费征收】

解放前，养路经费是从营业收入中拨出。民国 22 年(1933 年)规定按营收的 7%作养路费。同年 1 月起，按照五省市交通委员会的规定，统一征收养路捐，有年捐、季捐、月捐及临时通行捐，此是征收汽车养路费的前身，从此有养路费专项收入。但当时外来车辆少，主要还是浙江省车辆，因此养路费仍在营收中按预算支付。

民国 28 年 10 月，行政院首次颁发《公路征收汽车养路费规则》。次年 4 月，浙江省政府制定《浙江省公路征收一养路费施行细则》，同年 5 月，省公路开始征收养路费。其征收费率为：营业乘人小汽车(7 座以下)每车公里 0.05 元，自用及营业大汽车(7 座以上)每车公里 0.15 元，货运汽车每吨公里 0.12，此外，按运价 10%加收工程改善费。

抗战胜利后，重订养路费征收标准。民国 35 年 1 月起，营业小汽车(1~7 座)每车公里 1 元，大客车(8 座以上)每车公里 2 元，货车每吨公里 10 元。民国 36 年 3 月调整为大客车每车公里 100 元，货车每吨公里 150 元。以后由于物价不断上涨，养路费率也不断调整。民国 37 年 2 月，全省公路客货车运费附加复路费一成。民国 38 年 3 月，养路费征收率按运价 10%由各地自行调整，至此养路费为运价的 20%征收，直至解放前夕不变。

【解放后公路规费征收】

公路养路费

公路养路费（以下简称养路费）是国家按照“以路养路”的原则，规定由交通部门向有车单位或个人征收用于养护和改善公路的事业费。解放后，1949 年 8 月，浙江省开始正式统一征收养路费，乍平嘉线开始于 11 月征收养路费。征费标准按运价一成，按次征收，由于养路费随米价而调整，调整次数较多，其中以 1950 年 3 月 5 日调整的费率为最高，客车人公里为 32 元，货车吨公里为 400 元(旧人民币)。以后随着全国财经统一，逐渐降低。1950 年 7 月交通部颁发了《公路养路费征收暂行办法(草案)》，规定凡行驶公路的公私汽车(除军用车、特种任务车、机关小汽车及人力车外)都要缴纳养路费，最高收费额不得超过运价的 6%。1952 年 11 月 13 日，浙江省公路局根据华东交通部统一制定的《华东区公路养路费征收暂行办法实施细则》，对收费标准作了补充规定：客车每 10 座为 1 吨，小客车每 5 座折合半吨，超出 5 座按 1 吨收费。客车按次纳费每吨公里 270 元，按月缴费每吨 54 万元；货车按次每吨公里 200 元，按月每吨 40 万元(旧人民币)。1954 年，浙江省交通厅对养路费收费标准又作了调整：客车折合每吨公里为 230 元，货车每吨公里为 195 元(旧人民币)。1957 年 2 月 26 日，省交通厅公路运输管理局颁发“浙江省公路养路费过渡费征收实施细则”，养路费率为：国营、公私合营汽车运输业客货汽车按营运收入总额 8%征收；其他单位客车每座公里 0.00184 元，货车每吨位公里 0.0156 元征收。1960 年 2 月，交通部、财政部联合颁发《公路养路费征收和使用暂行规定》，同年 7 月，省交通厅制定《养路费征收和使用实施办法》，养路费率为：运输企业的车辆仍按客货运总收入 8%征收；企业、事业、合作社和人民公社专业运输队固定大中型客车每月每座 2.10 元，每座公里 0.00198 元征收；货车每吨位 18 元，每吨公里 0.0168 元，当月予缴，次月结销。该办法于 1961 年 5 月正式实施。1962 年 2 月 2

日，浙江省计委通知，自1月1日起省专业汽车养路费调整为按营业收入18%征收。其他车辆仍按1961年规定标准征收。同年8月3日省计委又通知自7月1日起，省专业汽车养路费暂按营业收入10%征收，其他车辆仍按1961年规定标准征收。1963年6月，交通部、财政部联合颁发关于公路养路费征收和使用的补充规定，同年7月18日省交通厅、财政厅联合制定了《浙江省公路养路费征收和使用实施办法(修正办法)》，规定专业运输汽车养路费按营业收入的10%调整为14%征收，并于1月1日起执行。企业、事业、合作社等非营业运输单位的自用车辆，从7月1日起，货车每吨每月60元(挂车免征)，大型客车每座每月8元，牵引车以拖挂车载重吨位计算，每吨每月20元，行驶公路参加运输的拖拉机，每月每5匹马力15元征收。1972年起，省交邮局决定将养路费征收总数的5%拨给地区，安排用于公路养护、改善和建设。同年7月1日起，对企事业单位、合作社等非专业运输单位的自用车辆，货车每月每吨由60元调整为80元，载重挂车每月每吨30元调整为40元，牵引车每月每吨由20元调整为30元，大型客车每月每座8元。人民公社、党政机关、学校、建设兵团，人民团体、基建单位的自用货车、挂车、大型客车、牵引车则减半计征。机动板车，胶轮拖拉机(不包括手扶拖拉机)均按每月每吨20元计征。专业运输汽车养路费仍按营收14%征收。

1980年1月10日，省计委、省交通局、财政局、人民银行省分行联合颁发《关于公路养路费征收和使用实施办法》，自1980年1月1日起全面施行，过去颁发的有关办法同时废止。办法规定：凡领有行车牌证的各类客货汽车、各类胶轮拖拉机(包括手扶拖拉机)、各类革新机动车，以及胶轮机械车，拖、挂车除按规定免征的以外，均应按规定的费率标准缴纳养路费。征收的费率标准：专业公路运输企业、其他部门的专业出租汽车、三轮客车，按月以营运收入总额的14%计征，企业、事业、旅游业，及交通部门专业汽车运输企业的非营运车辆，非交通部门的汽车队或运输车队和区、镇、街道学校办的企业、农工商联合企业的车辆，均按月按行驶证核定载重吨位主车每月每吨80元计征(客车比照同类型货车核定吨位计征)；随车拖带的客、货拖挂车(不包括半挂车)，按核定吨位每月每吨40元计征；企、事业单位以及不属国家行政、教育经费开支的机关、学校自用的小卧车、小吉普车，按每辆每月40元计征，拖拉机按发动机每20马力折合1吨计征(10马力以下按半吨计征)，其拖带的挂车不另征费。手扶拖拉机每台每月以20元计征，随带的挂车不另征费。下列单位自用车辆按月按费率标准减半征收养路费：①党政机关、学校、人民团体属国家行政、教育经费开支的自用客货汽车及拖拉机；②国营农(牧)场自用的拖拉机；③农村人民公社所属企业、集体农场自用的车辆；④农村生产队、生产大队搞运输运费的拖拉机。以上①②③种单位自用车辆如参加营运时，仍征收全费。各种重型汽车、核定载重10吨及不足10吨的按每月每吨80元计征，超过10吨以上部分每吨按40元计征。大型平板车(包括苏挂式)，核定载重20吨及以下的按每月每吨40元计征；超过20吨以上部分每吨按20元计征。凡不能载货的特种车，一律按自重(包括车上固定装置)每月每吨按40元计征。1981年2月，省交通厅通知，凡领有行车牌证的农村生产队、大队行驶公路参加有营运的拖拉机，均应按费率标准缴纳养路费。行驶公路以营运为主的手扶拖拉机的养路费，按规定每月20元计征(随带的挂车不另征费)，经核实的农村生产队、生产大队既参加农业耕种又行驶公路参加营运的手扶施拉机，每年缴纳养路费不得少予6个月，统缴包干，按每月每台10元计征。

1983年12月，嘉兴市郊区公路运输管理站成立，自管理站成立起，区内公路养路费由区运输管理部门负责征收。

1984年1月1日起，全省统一使用改革后的新票证，新印章。新票证有：统缴证、缴讫证、免费证、手扶拖拉机缴讫证。各证必须按规定分别盖有公路养路费专用章、月份章、收讫章等方能有效。同年6月，省交通厅、财政厅对农民个人或联户的拖拉机参加营业性运输征收养路费作了统一规定：专门从事营业性运输的手扶拖拉机每台每月征收公路养路费20元(比汽车费额减征75%)，轮式拖拉机每20匹马力折合1吨，每吨每月计征公路养路费32元(比汽车费额减征60%)。既从事营业性运输，又参加完成农忙季节机耕和非营业性运输的，采取包干收费，累进减免公路养路费的办法。即按季统缴的减免半个月(手拖每台计征60元)，半年统缴的免征1个半月(手拖每台计征90元)、全年统缴的免征4个月(手拖每台计征160元)。“天目山”“飞燕”牌轻便手把式后三轮机动车，比照手拖计征公路养路费。各县征收的手扶拖拉机养路费，省全部返还给各县用于县乡公路建设，由县交通局掌握使用。1985年5月，省人民政府批准省计经委、财政厅、交通厅、物价局《关于调整公路养路费征收标准的意见》，于同年6月1日起调整征费标准：①企业、事业、合作社等单位和个体户、专业户、联户、个人的车辆以及交通运输企业的非营运车辆，由按核定载重吨位每月每吨80元调整为105元征收。汽车拖带的挂车每月每吨减半计征。②交通部门公路专业运输企业的营运车辆和其他部门的专业出租汽车(包括旅游业营运车辆)，由按营运收入总额14%调整为15%计征养路费，若按吨位计算低于社会车辆征收标准的，一律改按每月每吨105元征收。③对农民个人和联户的机动车辆养路费，专业从事营业性运输的手扶拖拉机，由按每月每台20元调整为30元征收，轮式拖拉机每20匹马力折合1吨，由按每吨每月32元调整为按42元征收。既从事营业性运输、又参加完成农忙季节机耕和非营业性运输的，采取包干收费，累进减免公路养路费的办法：即按季统缴的免征半个月，半年统缴的免征一个半月，全年统缴的免征四个月。“天目山”“飞燕”牌等手把式后三轮机动车，比照手扶拖拉机费额计征。

1990年10月12日，省政府下发《关于开征摩托车养路费和调整部分车辆养路费的标准的通知》，决定自11月1日起开征摩托车养路费，并调整部分车辆养路费标准。规定摩托车养路费按年一次征收，侧三轮摩托车每辆每年150元；二轮摩托车每辆每年100元；轻便摩托车每辆每年50元，摩托车养路费由市交通局负责征收。核定载重吨计征的车辆从每吨每月105元调整为120元；5座及5座以下的非营运客车一律按一个载重吨计征；拖拉机（包括方向盘和手扶式）按拖挂车的核定载重量计征养路费，费额调整为每吨每月50元。1991年，养路费征收实现手按键盘微机征费，结束使用复写纸的手工开票历史。次年12月1日，省政府下发《关于加快交通基础设施建设的通知》。调整养路费征收标准：汽车养路费征收标准从每吨每月120元调整为135元；手扶拖拉机养路费征收标准从每吨每月50元调整为60元。1993年5月1日，省物价局、交通厅下发《关于专业运输企业的营运车辆改按其他社会车辆交纳养路费的通知》，规定全省专业运输企业的营运车辆一律改按社会营运车辆缴纳养路费，营运客车不得低于每吨每月230元；营运货车每月每吨135元，嘉兴市公路稽征处下发《关于贯彻省政府有关调整公路养路征收标准的通知》，核定各类车辆的养路费征收标准。1994年4月，省政府发布《浙江省公路养路费征收管理办法》，适度调整征收标准，社会车辆每月每吨由160元（含养路费附加费25元）调整为165元；拖拉机从每月每吨50元调整为每年每吨540元。2003年12月17日，经省政府同意，省交通厅、财政厅、物价局联合下发《关于调整公路养路费标准的通知》，从2004年1月起，货车和非营运性客车的公路养路费征收标准由每月每吨165元调整为每月每吨200元。增收的资金主要用于农村通村公路的建设和改造。同年10月13日，经省政府同意，省交通厅、财政厅联合下发《关于对农村客运班车养路费等公路规费实行优惠的通知》，暂定在三年内，对农村短途班车养路费、客运附加费实行全免，市区内县乡班车亏损或保本经营的实行减半征收，以支持乡村客运事业发展。同年，实现全省联网征费系统。2007年推出非营运车辆工行网上缴费。次年，开始利用具有摄像、抓拍、自动识别车辆缴费信息功能的养路费移动稽查车稽查车辆缴费情况，并与市交警大队建立车辆信息共享机制，以便更快掌握新车注册、转籍、报废、过户等信息，为养路费征收基础工作提供依据。2008年12月，国家实施成品油价格和税费改革，2009年1月1日起正式取消养路费的征收。

公路养路费附加费

由区运输管理所（区公路稽征所）负责征收。1988年7月23日，省交通厅、财政厅按照省政府《关于征收公路建设专用基金的批复》下发《浙江省公路养路费附加费征收实施办法》，决定从7月起在省内开征公路养路费附加费，以改变全省公路建设与经济和社会发展不相适应的状况。征收标准为：载重汽车每吨每月25元（减征车辆同养路费减征比例减征）；中型拖拉机每吨每月10元；手扶拖拉机每吨每月6元；后三轮摩托每吨每月25元。如无法使用费额计征，可使用公式计算养路费附加费：养路费额×23.81%=养路费附加费。养路费附加费和养路费合并征收。嘉兴市稽征处统一规定，按养路费征收额的23.81%分解养路费附加费金额，按月收缴。1994年4月1日，《浙江省公路养路费征收标准》实施后的征费标准不再分解公路养路费附加费征收额，附加费与养路费统一征收。嘉兴自此日起停止计征公路养路费附加费。

公路运输管理费（运管费）

1965年10月交通部颁发《关于向民间运输业提取管理费问题的几项规定》，费率一般为营运总收入2%左右，最高不得超过3%，以够民间运输管理机构开支为原则。这是最早提出的。提取对象为集体所有制运输企业、个体运输业者，以及城乡人民公社和厂矿运输队参加流通过程运输的车船提取。1974年省财政金融局、交通局补充规定：费率最高不得超过营运总收入的3%，县以上的大集体可略低于社队办副业队和县以下的小集体，最高不得超过2%。1980年1月嘉兴地区交通局《关于征收汽车运输管理费的通知》规定：向运输单位以及厂矿运输队参加流通过程运输的汽车暂提取1.5%运输管理费（省汽车公司所属单位由省征收），并规定在提取的1.5%运管费中的0.5%上交地区、1%由县交通局掌握使用。1983年7月按照国家经委、交通部《关于改进公路运输管理的通知》后，嘉兴市对从事营业运输的单位和个人，征收1%运输营业额的运输管理费。秀洲区公路运输管理费由区公路运输管理所（区公路稽征所）负责征收。1986年10月1日起按交通部、财政部《关于发布公路运输管理费征收和使用规定的通知》，对从事营业性公路客货运输、搬运装卸、运输服务的单位和个人，以及部队车辆参加地方营业性运输的，均须缴纳运管费，运管费按经营者的营业收入计征，最高不超过1%。1990年11月16日浙江省财政厅、交通厅、物价局联合制定了《浙江省公路运输管理费征收和使用规定实施细则》，规定征收范围为：从事营业性公路客、货运输，搬运装卸和运输服务，汽车维修的单位和个人。征收标准为：客货运输车辆按应收运费的1%计征；搬运装卸、运输服务按营收的1%计征；汽车维修按不超过营业总额的0.5%计征；对应收运费和营收难以计算，也可核定按月定额征收。并规定对不按规定期限缴纳运管费的除补缴外，每超过一天，按滞纳额的5%计收滞纳金。运管费实行自收自支、按比例上缴的制度。

公路养路费、养路费、附加费征收标表

表8-2-7

单位：元

项目		计费单位	养路费	养路费附加费	合计	备注
载货汽车		每吨每月	120	25	145	中旬97元，下旬48元
挂车		每吨每月	60	12.5	73	
重型汽车	10吨以下	每吨每月	120	25	145	
	10吨以上	每吨每月	60	12.5	73	
大型平板车	20吨及以下	每吨每月	60	12.5	73	
	20吨以上	每吨每月	30	6	36	
大型拖拉机		每吨每月	50	10	60	
手扶拖拉机		每吨每月	50	6	56	一季140元，半年252元，全年448元
后三轮摩托车（包括简易后三轮）		每吨每月	120	25	145	
企事业出租（旅游车）		每吨每月	160		160	中旬107元，下旬53元
营运客车	班线大客车	每吨每月	180		180	中旬120元，下旬60元
	6座以上	每吨每月	200		200	中旬134元，下旬67元
	6座以下（运价1元以下）	每吨每月	220		220	中旬147元，下旬73元
	5座以下（运价1元以上）	每吨每月	260		250	中旬167元，下旬80元
倒三轮摩托车		每辆每年	150		150	下半年度新增减半
二轮摩托车		每辆每年	100		100	下半年度新增减半
轻便摩托车		每辆每年	60		50	下半年度新增减半

注：上表未列入的养路费附加费，按养路费计征额的20.83%计算

嘉兴市运管费征收标准表

表8-2-8

<table>
<tr><td>专业运输单位及个体（联户）</td><td colspan="4">非专业运输单位</td><td rowspan="3">说明</td></tr>
<tr><td rowspan="8">按其营业额的1%征收运管费</td><td colspan="2">客车</td><td colspan="2">货车</td></tr>
<tr><td>客位</td><td>月缴费标准（元/辆）</td><td>吨位</td><td>月缴费标准（元/吨）</td></tr>
<tr><td>5座以下（含6座）</td><td>8</td><td>3吨以下（不含3吨）</td><td>7</td><td rowspan="6">①0.5吨以下的按半吨计算；0.6吨以上不到1吨按1吨计征。
②车辆征收范围参照养路费缴免范围执行。
⑨拖拉机按养路费累进减免办法执行1半年征收1个月，全年征收8个月</td></tr>
<tr><td>6~13座</td><td>12</td><td>3~5吨（含3吨5吨）</td><td>8</td></tr>
<tr><td>14~25座</td><td>14</td><td>5~10吨（含10吨）</td><td>6</td></tr>
<tr><td>26~45座</td><td>18</td><td>10吨以上（不含10吨）</td><td>4</td></tr>
<tr><td>46座以上</td><td>22</td><td>手拖每月每台</td><td>5~7元</td></tr>
<tr><td></td><td></td><td>中拖每月每台</td><td>15元</td></tr>
</table>

1993年9月30日，嘉兴市物价局、交通局下发《关于调整营运车辆运输管理费定额征收标准》，规定从10月1日起调整营运车辆运输管理费定额征收标准。除专业运输企业仍按原办法征收外，其余营运车辆一律按月定额征收。征收标准比原来有较大幅度递增。同年10月15日，省公路稽征局、运输管理局下发《关于取消公建金、运管费统缴证的通知》，决定自次年1月1日起，取消公路建设基金、运管费统缴证，道路客货运输不分企业性质一律使用缴讫证，按定额标准计征运管费。

1996年12月4日，嘉兴市物价局、交通局下发《关于重新核定部分营运汽车运输管理费定额征收标准的批复》，重新核准营运客车和1吨以下货车运管费定额征收标准为：30座以上（含30座，下同）客车为5元/月·座；20座至29座客车为6元/月·座；10座至19座客车为7元/月·座；5座至9座客车为12元/月·座；轿车为20元/月·座；1吨以下货车每月每辆40元，于1997年1月1日起执行。嘉兴市公路运输管理处规定：15座（含）以上的营运客车其征费座位按核定座位减2个座位计算，15座以下的客车（包括轿车），按核定座位减1计算。1998年5月，财政部、国家发展计划委员会联合下发《关于不宜将汽车维修业纳入公路运输管理费征收的复函》，文件下达后，市运管所按市物价局《关于不宜将汽车维修业纳入公路运输管理费征收范围的通知》，6月起停止向从事汽车维修业的单位和个人征收运管费。2004年4月7日，嘉兴市公路运输管理处转发省交通厅《关于取消和调整部门涉及农民负担的行政事业性收费项目及标准的通知》，对照规定取消部分涉农收费项目，即取消对从事营业性运输的农用三轮车、农用拖拉机的运管费的征收。2005年3月28日，省财政厅、物价局联合下发《关于调整公路运输管理费征收范围的通知》，从5月1日起，此项规费征收范围包括机动车修理经营、机动车驾驶员培训，征收率为营业收入的0.8%。2009年1月1日起，停止征收公路运输管理费。

客货运输附加费

由区公路运输管理所（区公路稽征所）负责征收。客货运输附加费经省政府批复同意后，于1986年7月1日起征收，原则上均按客货运输周转量计征。1990年12月19日，嘉兴市公路运输管理处下发《关于调整部分公路建设专用基金征收标准的通知》，从1991年1月1日起征收标准又作部分调整：出租厢式货车每月每辆65元；个体出租客车每月每座16元。客货运输附加费开始征收时，原则上均按客货运输周转量计征各类车辆的计征费额，这样变数较大，很难合理确定。经过三年多征收实践，省交通厅于1991年12月17日下发《关于公建金征收有关问题的通知》，决定从次年2月起，把定额征收的范围扩大到不能准确按规定报送营收表的专业运输单位。定额征收也包括班车、旅游出租车。1992年12月，省政府下发《关于加快交通基础建设的通知》，决定客货运输附加费征收标准进行调整，即每人（吨）公里由0.01元调整到0.02元。次年1月30日，省交通厅下发《关于贯彻省人民政府浙政〔1992〕28号文件调整公路客货运输附加费的补充通知》，对征收标准提出调整幅度和计算公式，并规定：交通部门专业运输单位的客货运输车辆，其公建金一律改为定额包干办法计征。同年2月23日，嘉兴市公路运输管理处、公路稽征处下发《关于贯彻省政府有关调整公路客货运输附加费的通知》，从当年1月1日起，调整全市客货运输附加费征收标准；营运客车征收标准增加1倍，出租车从140元/月·辆，调整为250元/月·吨；厢式货车从70元/月·辆，调整为120元/月·辆；15吨以下货车从30元/月·吨，调整为40元/月·吨、15吨以上货车从15元/月·吨，调整为20元/月·吨；拖拉机从10元/月·吨调整为20元/月·吨。平均调整幅度约为80%。1997年1月24日，嘉兴市物价局、交通局下发《关于贯彻省物价局、交通厅、财政厅〈关于调整公路客货运输附加费征收标准的通知〉的实施意见》，决定从2月1日起调整公路客货运输附加费征收标准，在原定额标准基础上增加25%，即每人（吨）公里由0.02元调整到0.025元，调整后客运班车75元/月·座；旅游客车20座以下75元/月·座、20座以上　50元/月·座；轿车300元/月·辆；货车15吨以下50元/月·吨、15吨以上25元/月·吨。2009年1月1日起，停止征收客货运输附加费。

车辆购置附加费

车辆购置附加费（简称车购费）是按照国家规定征收的公路建设专项基金，由交通部归口，统收统支，按国家规定的预算外资金管理办法管理。车购费开征于1985年，由运管稽征部门征收。根据国务院《车辆购置附加费征收办法》（国发〔1985〕50号）和交通部、交通厅具体征收规定，嘉兴市从1986年6月1日开始征收车辆购置附加费，由车辆生产企业和海关代征，境内通行车辆由交通管理和公路稽征部门稽查。凡新车上牌、证前须凭购车发票、车辆合格证、说明书（调拨车须凭调拨单）到公路税征部门办理车辆购置附加费。征费率为：国产车辆按购车总价的10%；进口车辆按购车总价的15%（苏联和东欧进口汽车征费率为10%）。凡属更新车型单位、车辆购置附加费优惠50%。对消防车、环境保护车、洒水车、混凝土搅拌车、沥青洒布车，铲车、叉车、吊车以及有固定装置的军用车辆和其他经交通部、财政部批准的车辆免征购置附加费。开征车辆购置附加费后，所有机动车辆均须携带车辆购置附加费征收凭证，1986年6月1日前购置的车辆应持有车辆购置附加费免办凭证；属规定免缴车辆应持有车辆购置附加费免缴凭证；凡应缴车辆购置附加费的车辆应持有车辆购置附加费缴讫凭证。省公路稽征局从1990年1月1日起对所有机动车、挂车核换新的车辆购置附加费(缴费免征，免办)凭证。1990年交通部、财政部联合颁发《关于违反<车辆购置附加费征收办法>的处罚细则》，共18条，从1990年10月1日施行。同年11月13日，省交通厅、财政厅转发交通部、财政部《关于违反〈车辆购置附加费征收办法〉的处罚细则》，规定对伪造、使用伪造车购费凭证等违法行为，没收违法所得，并处以非法收入3~5倍的罚款；逃缴车购费的除补缴外，自购车之日起按日加收千分之一的滞纳金；对不携带车购费证行驶车辆，处以30元罚款等处罚。1991年5月8日，交通部、财政部联合下发《关于小轿车实行专营后征收车辆购置附加费有关问题的通知》，重申"各地凡未按交通部规定征收，或擅自减、免征车购费的都应立即纠正。"并决定对部分小轿车实行定额征收。此后，交通部、财政部对各类车辆车购费的征收费额，一般都规定最低征费额，直接发至县(市)征收单位。1994年2月2日，省交通厅转发交通部、财政部《关于贯彻国务院办公厅国办通〔1993〕35号文件精神有关问题的通知》，就改变车购费征收环节，统一征收标准作了规定：从4月1日起，同意将车购费由原车辆生产厂和海关代征，改为由车籍地交通部门直接征收(车购费代征结束)；车购费的费率由原国产10%、进口15%统一改为10%；车购费应自购车之日起的60日内缴纳。对车购费处罚规定作了修改，取消车购费证随车携带的规定，规定缴费人不按《车辆购置附加费征收办法》缴纳费款时，征管单位可以运用行政和法律的手段强制追缴，并对缴费人从应缴费之日起按日加收应缴费款千分之三的滞纳金，情节严重的，处以应缴费款五倍以下的罚款，罚款收入全部上交地方财政。1995年1月14日，省交通厅转发交通部《关于发布〈车辆购置附加费征收业务规定〉的通知》，1996年4月，省交通厅根据通知精神制定《浙江省车辆购置附加费征收管理业务规定实施细则》，同时开发使用浙江省车购费计算机征管系统，设置管理权限和征管程序。根据"管证不开票，开票不收款，收款不管证"的原则，建立岗位责任制。1997年1月23日，交通部转发财政部《关于印发〈车辆购置附加费管理办法〉的通知》，自7月1日起，车购费纳入政府性基金预算管理，汇交的车购费在北京集中缴入中央国库。同年12月3日，交通部、财政部联合下发《关于违反〈车辆购置附加费征收办法〉的处罚规定》，重新设置违法车购费征收办法的行政处罚条款，要求严格按照《交通行政处罚程序规定》对车购费违章行为进行处罚，最高罚款额设定可至3万元。2001年起车购费改为车购税，由交通部门代征。2004年11月按国家税务局、交通部、人事部、财政部、中央编委办文件精神，车辆购置附加税于2004年12月底代征工作正式结束

公路建设专用基金(公建金)

由区公路运输管理所(区公路稽征所)负责征收。1986年6月14日省计经委、物价局、财政厅、交通厅联合颁发"浙江省客运汽车站和公路设施建设专用基金征收实施办法"的通知，决定从1986年7月1日开始征集"客运汽车站和公路设施建设专用基金"(简称公路建设基金)，凡乘坐在本省经营公路客运的一切单位、企业、事业、联户和个体户的客车、旅游车、出租汽车(不包括在市区内行驶的出租车和其他机动车)的旅客都必须计征公路建设基金。征收标准按旅客乘车里程，在现行票价外每人公里征收人民币三厘。经营跨省客运的车辆（包括外省进入我省的客车)，按旅客在我省境内实际乘车里程计征。1988年8月，省计经委、财政厅、物价局、交通厅颁发"浙江省公路建设专用基金征收实施办法"，决定从1988年7月1日起，征收公路客、货运输附加费，作为公路建设专用基金，征收范围：凡在浙江省境内和行经浙江省经营客、货运的所有机动车辆的单位和个人均应向旅客和货主负责代征公路建设专用基金。征收标准：客运在原来已按客票里程每人公里征收人民币三厘的基础上增收七厘(即每人公里征收一分)，起征点五分，尾数五分制，由经营者在发售客票时向旅客代收；货运按货票里程每吨公里征收人民币一分，起征点五分，由经营者在承运，签发货票的同时向托运单位、货主代收。凡跨省市客、货运输(包括外省进入浙江省的经营者)，按在浙江省境内行驶的实际里程和征收标准向旅客和货主代征公路客货运输附加费，征收工作由省交通厅负责，由稽征部门征收，收缴的客运建设基金的70%和货运建设基金由省政府统一掌握，用于高等级公路的建设。客运建设基金的30%由省交通厅用于公路客运站、场及公路设施的改造和建设。区2007年征收503万元，2008年征收536万元。

表 8-2-9

嘉兴市公建金征费标准表

统缴(按实征收)		定额征收		社会车辆(定额)				
专业车辆单位		专业车队个体联户		领有客货运发票		无公路运输发票		
客车	货车	客车	货运	客车	货车	客车(每月)		货车(每月)
						辆座	金额(元)	
每人公里一分征收	每吨公里一分征收	每座每月拾陆元征收	每吨每月贰拾元征收	每座每月拾贰元征收	每吨每月拾陆元征收	5 座以下	16	每吨每月捌元征收
						6~13 座	36	
						14~20 座	60	
						21~40 座	80	
						41 座以上	120	

杭枫公路通行费

经浙江省人民政府同意自 1989 年 10 月 1 日起，杭枫公路嘉兴过境段开征机动车辆通行费。征费对象除军车、消防车、医院救护车、警车外，其他任何机动车按核定载重吨位计收通行费：二、三轮摩托车及简易三轮机动车每辆1元；2 吨及以下的各种汽车和手扶拖拉机每辆 2 元；2 吨以上至 6 吨的各种汽车和方向盘式拖拉机每辆 4 元；6 吨以上至 10 吨的各种汽车每辆 6 元；10 吨以上至 20 吨的各种汽车每辆 10 元；大型平板车按轴计算、每轴 4 元；超过 20 吨的每超 1 吨加收 1 元。带挂车的汽车按其主、挂车核载总吨位征收，客车按同类型底盘的货车确定吨位，如无同类型可比，每 10 座折合 1 吨。过境车辆通过一次收费一次。1989 年 11 至 12 月共征收 40.20 万元。1990 年共征收通行费 727.07 万元。1991 年共征收 1000 万元。

地方道路建设费

经嘉兴市人民政府批准，从 1989 年 1 月 1 日起开征，征收嘉兴市城、郊两区车辆地方道路建设费。凡嘉兴市城区、郊区的客货汽车、摩托车、手扶拖拉机（营运）、自行车、其他非机动车按规定标准征收地方道路建设费。1993 年，嘉兴市政府办公室下发了《关于调整市本级地方道路建设费收费标准的通知》，为进一步筹集公路建设资金，加快城、郊区公路建设步伐经市政府研究，决定调整市本级地方道路建设费收费标准，机动车、拖拉机在现行收费标准基础上增加 50%（采用四舍五入法，尾数为元），对其他车辆也明确了具体征收标准。征收办法、征收范围、使用规定仍按嘉政办〔1989〕8 号文件执行。开征后前三年征收情况：1989 年共征收 149.02 万元；1990 年共征收 189.67 万元；1991 年征收 160 万元，以上均不含自行车征收数额。

表 8-2-10

嘉兴市城、郊区地方道路建设费收费标准表

车辆型号	收费标准	车辆	型号	收费标准
大型车大客车	600	摩托车	二轮	200
大型车大货车	800	摩托车	侧三轮	200
大型车特种车	500	摩托车	后三轮	300
大型车专用车、油罐车	700	摩托车	轻骑	100
大型车起重车	300	手扶	手扶拖拉机	120
大型车其它	500	非机动车	自行车	5
中小型车客车(包括轿车)	400	非机动车	人力三轮货车	30
中小型车货车	500	非机动车	人力三轮客车	50
中小型车吉普车	400	非机动车	手拉板车	60
中小型车特种车	300	非机动车	二轮小反斗	10

【区运管所公路规费征收情况】

2003 年，面对受“非典”影响，规费实征数大幅度下降这一新情况，运管部门，按上级规定该减免的及时减免。根据规定，及时召集五家客运公司有关人员部署工作，发放减征规费申报表，并上报市处申报减半征收的优惠扶持，经市处审批同意后，从 6 月份起对所有客运车辆执行了减半征收的优惠措施。

首先对受“非典”影响较大的旅游车、班线车视情，办理了营运报停手续，整个优惠政策至 10 月份结束。“非典”期间共少征公建金 95.88 万元，运管费 11.24 万元；车辆报停未征公建金 23.5 万元,运管费 2.2 万元,两项规费共计少征 107.12 万元。

其次公交一体化改造,涉及秀洲区范围内已改造的 38 辆班线车将减征规费 2/3,就 10 月至 12 月三个月约将减征 9 万余元。

再次力争抓源头保征收,为使国家公路规费的应征不漏、确保任务的完成,把主要精力放在对欠费车辆的催缴、追缴上,通过各种途径,了解欠费车主的信息,根据不同情况采取有效措施。当年 1 月至 11 月对欠费车辆共电话催缴 1150 余次;发书面"违章通知书"1482 份;上门催缴 205 人次,真正做到了应征不漏、应免不征。至 10 月底征收公建金 417.84 万元,完成全年计划数(453 万元)的 92.24%;运管费 117.66 万元,完成全年计划数(120 万元)的 98%。

2004 年,运管部门共上路检查 123 天,出动稽查人员 900 人次,检查车辆 5485 辆,共查获违章车辆 978 辆,道路运输违章罚款 53.41 万元,补缴养路费 21.78 万元、养路费滞纳金 1.33 万元,补缴运管费 1.91 万元,补缴公建金 5.33 万元。

2005 年,采取多种措施征收规费,全年征收运管费 174.2 万元,完成计划数 150 万元的 116.13%;公建金 487 万元,完成计划数 400 万元的 121.75%,征收拖拉机、摩托车养路费 276.83 万元,完成计划数的 153.79%。

2006 年,增加稽查力量,加强稽查力度,收到较好效果,预计征收摩托车、拖拉机养路费 420 万元,为 2005 年同期(276.8 万元)的 151.73%,创下了历史新高。同时罚没款、运管费征收达 260 万元,比 2005 年同期(174.20 万元)增长 149.25%;罚没款 160 万元,比 2005 年同期(53.58 万元)增长 298.62%。

2007 年,对公路规费征收统一标准,上路稽查、执法用语和票据管理等方面进行了规范。年初,加强养路费征收的宣传,印刷了大量的养路费宣传资料进行分发,使养路费征收得到群众的理解和支持;日常对养路费缴纳情况加大了现场稽查力度,制作大量的激光防伪标签,使已缴费车辆有了明显的标志,减少车辆重复检查的概率;到全区各偏远村设立规费流动征收点,解决由于乡镇兼并而造成缴费困难的问题。此外,还根据车辆运行特点,合理安排时间,采取早晚等多种方式稽查,与逃费、漏费车辆打时间差,取得了良好业绩。通过以稽促征,全年累计征收公建金 503 万元(计划 420 万元)、摩托车(拖拉机)养路费 488.30 万元(计划 180 万元)、运管费 321 万元(计划 250 万元),分别完成计数的 119.76%、271.28%、128.40%。

2008 年为了确保公路规费应征不漏完成今年征收任务,运管所年初就加大了规费宣传力度,制作了"流动征收养路费"牌,印刷了大量的便民卡等养路费宣传资料进行分发宣传,提高缴费者的自觉性;加大对养路费征收的稽查力度,采取非常规的工作方式,抓车辆行驶比较集中的时间段,进行路检路查,重点整治长期逃缴养路费的车辆;采用发送违章通知书等手段进行催缴,发送欠费车辆违章通知书 717 份,电话催缴 1680 余次,发送欠费短信 2310 余条,上门追缴 25 人次。征收运管费 352 万元、公建金 536 万元、摩托车、拖拉机养路费 541 万元,分别完成年度任务的 125.71%、127.62%、200.37%。

2001—2010 年嘉兴市秀洲区公路规费征收一览表

表 8-2-11

单位:万元

年份	养路费征收额	客货运输附加费			公路运输管理费		
		合计	其中		合计	其中	
			客运	货运		运输	运输服务
2001	108.21	455.77	278.1	177.67	128.82		
2002	160.29	471.7	277.52	194.18	127	113.07	13.93
2003	186.48	457.29	239.24	218.05	133.15	127.52	5.63
2004	226.83	476.39	228.53	247.86	154.96		5.52
2005	276.83	487.08	208.18	278.9	195.38	195.38	
2006	448.39	460.97	165.1	295.87	273.74	226.03	47.71
2007	523	503	144	359	319	265	53
2008	541	536	141	395	346		59
2009							
2010							

注:2009 年 1 月 1 日起,国家实行成品油价税费改革政策,停止征收公路规费

第八节 公路稽查

1984年11月，浙江省交通厅以浙交公管〔1984〕1314号文，批复“关于同意成立嘉兴市公路运输管理处”。嘉兴市公路运输稽征处实行“四块牌子、一套班子”合署办公（分别是嘉兴市公路运输管理处、嘉兴市公路稽征处、嘉兴市公共交通管理处和嘉兴市道路运输稽查支队）。

1987年，道路管理体制改革后，市公路运输管理稽征处在巩固充实公路行政执法队伍的同时，不断加大路检力度，逐步形成道路运输行业管理和公路规费稽征的监控机制。同年7月，嘉兴市公路稽征处建立。额定编制人员12名。办公地址在中山西路交通大楼内，浙江省编制委员会、浙江省交通厅对市（地）公路运输管理机构及人员编制规定为：市（地）设公路运输管理处，与同级公路稽征处合署办公，隶属市（地）交通局，实行省交通厅与地方双重领导，以地方为主。

1988年2月3日，省交通厅下发《关于配备公路运输管理定编人员有关事项的通知》。同年5月，建立嘉兴市王江泾公路运输（稽征）检查站，实行两块牌子，一套班子，隶属市公路运输管理处、公路稽征处领导

1990年10月12日，省交通厅下发《关于印发浙江省道路运输管理、公路规费征收稽查工作管理规定（试行）》，规定路检路查日常工作，由省公路运输管理局、省公路稽征局稽查科统一负责，运管、征收等有关部门密切配合，充分发挥运管、稽征合署办公的优势，做到上路检查统一领导、统一部署、统一检查。将查处运输经济违法活动与检查其他运输违章、规费缴纳情况结合起来，防止各自为政，多头检查。公路稽查活动纳入了规范化管理。

1991年7月26日，省人民政府下发《关于清理整顿公路检查站的通知》，全省国道、省道各部门检查站撤并减为124个。实行“联合检查、归口管理、部门负责、各司其职”的办法，联合组织检查。此后一段时间，交通部门按省政府文件精神，注重稽征检查，保证国家规费足额征收。

1992年6月，嘉编〔1992〕11号文件，同意市公路运输管理处行政科与劳动人事科合并为办公室（与党总支办公室两块牌子一套工作班子），设置稽查科。

为加强稽查，依法行政，运用法律手段，确保规费征收。1992年嘉兴运管处积极发挥嘉兴王江泾等检查站的站检功能。嘉兴运管处和各所针对偷逃规费严重和运输违章率回升的情况，在1992年中，积极抽调人员上门上路开展稽查，郊区所全年共检车辆2496辆。还开展了对人力三轮车的查处工作，使市场秩序有所好转。同年，嘉兴运管处还开展了对维修厂的稽查工作，配合物价部门对汽修厂进行物价检查，查处违章行为，仅市本级没收违章款5万余元，查获违章填写发票额6万余元。

1993年，市本级受理群众举报26件，已查处结案的21件。处所人员在开展稽查工作中，坚持依法行政，秉公执法，做到违章有记录，处理有结论，打击了非法经营，保护了合法经营，维护了旅客和货主的正当权益。

1995年后，随着道路运输市场进一步开放，治理整顿运输市场必须不断深化，公路稽查和行政执法的工作重点，是维护客货运输市场正常运输秩序，打击无证经营和查处欠、逃、缴公路规费行为，确保规费“应征不漏”。

同年，为实现良好的客运秩序，达到“车进站、人归点”的目标，8月和11月相继开展了客运秩序和经营行为的专项整顿，加强了现场检查。尤其是11月份，在市区“一站二段”（即汽车西站内外、越秀南路段和中山西路段）开展的中巴营运秩序、经营行为专项整顿工作中，针对少数经营业主和驾驶员不按规定站点始发、站内站外违章停车、拉客等欺行霸市现象，协调公安交警、物价部门，集中稽查力量，分工负责，严厉查处违章行为。运管、交警采取联手专项治理手段，统一处罚违章车辆，加大稽查力度，共查出违章车辆215辆次，其中有18辆中巴车受到违章警告处罚，有12辆中巴车被扣车停业整顿。在整顿营运秩序中，不仅抓查处，也抓源头管理，即实行客车进站签到和出站签发路单的办法，把查处与加强源头管理相结合，保证了客运市场有序运行。

1996年9月25日，交通部颁发《交通行政处罚程序规定》，规范交通行政处罚程序，规定行政执法文书14种。次年6月9日，省交通厅从全省各地交通行政执法和处罚实际情况出发下发《关于补充启用交通行政执法文书的通知》，补充、规范文书24种。1998年起，全市道路行政处罚启用规范执法文书。同年3月9日，交通部发布《道路运输行政处罚规定》，市公路运输管理稽征所受市交通局委托行使道路运输行政处罚权，严格遵循法定公开、公正、保护当事人合法权益、处罚与教育相结合的原则，依法行政、秉公执法。

同年，针对嘉兴、桐乡线，中巴客车出现的“卖客”违章行为，嘉兴运管处在进行正常查处运输违章车辆的同时，采取调整嘉兴、桐乡线路，撤销中途终点线，双方进站上下

客的办法，克服纠正途中转载而出现"卖客"的不良现象，使线路管理日趋规范。为进一步规范嘉兴市出租车市场，确保客运出租车行业正常营运秩序，创建一个公开、竞争、有序的出租车市场，嘉兴运管处经常性对无证经营、违章经营加大了查处力度，除日常的现场稽查外，还采取组织全处人员突击查处和明查与暗查相结合，白天查与夜间查相穿插，分点查与联合查相交义的稽查方式，经常性地对无证经营、违章经营等不良现象保持查处力度，从而使出租汽车这个"窗口"行业的形象有了基本好转，信誉有所提高，经营行为逐步规范，市本级还与出租车司机签订了责任书，统一处罚尺度，发至各车主经营单位，使"爱浙江、爱交通、做文明使者"活动更有成效。据统计全年市本级收到举报信件17封，电话举报46次，已核实查处的41次，监督员反馈情况211件，其中需查处96件，已处理了78件。已查处无证经营车辆251辆次，纠正违章100余起，夜间突击联合大行动稽查20余次。

1998年起，道路行政处罚启用规范执法文书。同年3月9日，交通部发布《道路运输行政处罚规定》，市公路运输管理稽征处受市交通局委托行使道路运输行政处罚权，严格遵循法定公开、公正、保护当事人合法权益、处罚与教育相结合的原则，依法行政、秉公执法。

2000年，稽查力量得到加强，车辆、设备等硬件设施有了较大改善。一年来，嘉兴市公路运输管理处针对外地无证机动三轮在嘉兴市区经营的猖獗现象，开展了8次夜间突击查处，共查获无证机动三轮66辆，使客运秩序恢复了正常。同时，还查处超载、三客等各类违章行为，严格规范市场经营的秩序，在对320国道龙凤桥境的治理行动中，嘉兴市公路运输管理处稽查人员利用早中休息时间进行突检，并及时与市交警部门联系，用铁栅栏隔离非机动车道，堵住了源头，成功地遏止了站外组客这一顽症。同年6月，嘉兴市公路运输管理处成立违章处理中心，实行检查、处理、罚款"三分离"，加强执法监督和规范执法行为，基本做到现场执法规范、执法程序规范、执法依据规范、执法文书规范。行政执法案件开始建档归宗，促使了道路运输行政执法工作法制化、规范化、制度化。

2001年，嘉兴市公路运输管理处加大了对车辆转籍不转车及外省籍车辆驻地经营的查处力度，刹住了"转籍不转车"逃缴公路规费的歪风；另一方面，对外省籍车辆的逃缴公路规费行为进行有力的打击，维护了正常的公路规费征缴秩序。在对外省车辆的管理上，建立了相应的征费台帐。全年，市处稽查部门夜间或清晨突击检查共计29次，查获非法载客正三轮和二轮摩托车141辆次，清除了环岛至龙凤桥区域的站处组客等严重影响市场秩序和城市形象的违规经营行为。当年结合"心连心，满意在嘉兴"优质服务竞赛活动，对客运秩序，维修摊点占道经营，打击"黑车"等方面进行规范整顿。

2002年7月，嘉兴市公路运输管理处成立了"96520"投诉受理中心。2006年4月，嘉兴市公路运输管理稽征处发文《关于调整处稽查机构设置的通知》，法规稽查科保留原机动督查大队、违章处理中心；成立稽查大队，人员原则上由处直属所稽查大队和出租车管理大队合并组成，归属法规稽查科统一管理；王江泾公路征费稽查站、"96520"投诉受理中心划至法规稽查科统一管理。

2003年，秀洲区运管所共上路检查88天，出动人员900人次，检查车辆13052辆，共查获违章车辆988辆，补缴养路费123191元，运管费6778元，公建金15540元，道路运输处罚502700元。当年制定打击黑车的实施步骤，在取得了财政部门的支持后，通过举报奖励措施，发动群众参与打击黑车的行列。查获黑车40余辆，无一例聚众闹事、暴力抗法、组织听证和提起诉讼的案件发生。

2004年，区运管所全年出动稽查人员900人次，上路检查123天，检查车辆5485辆，共查获违章车辆978辆，道路运输违章罚款53.41万元，补缴养路费21.78万元、养路费滞纳金1.33万元，补缴运管费1.91万元，补缴公建金5.33万元。出动维管稽查人员60人次，查获汽车维修无证经营户28家，发出责令停止和违法行为通知书28张；受理维修服务质量投诉11起，对其中严重违章的3起根据相关规定实施了行政处罚，为消费者挽回经济损失18000元。

2005年，针对"黑车"屡禁不止，严重扰乱道路运输市场正常秩序问题，省运管局和省公安厅于6月联合启动为期三个月"天网一号"打黑行动。嘉兴运管处按照"天网一号"的总体工作部署，并结合本市实际，把无牌无证正三轮摩托车作为"打黑"行动的重点。在市政府的统一部署下，联合公安、工商等部门，开展打击黑车行动，有效地打击了无证营运黑车的嚣张气焰，为维护道路运输行业健康、稳定、和谐发展提供了保障。秀洲区运管部门积极配合市里行动，共上路稽查200天，出动稽查人员1000人次，检查车辆10241辆，查获违章车辆1407辆，道路运输违章罚款45.19万元，补缴摩托车、拖拉机养路费39.77万元。对欠费车辆，发出欠费违章通知书751份，电话缴费通知1200余次，有效追缴规费23.6万元。同时还累计实施违章、漏费等方面行政处罚246件，其中一般程序行政处罚98件、简易程序行政处罚148件。

2006年，认真开展营运客车专项整治工作。嘉兴市公路运输管理处联手嘉兴市公安、安监部门，成立领导小组，制定详细工作方案，对道路客运企业、线路、车辆和人员开展了专项整治工作。通过对营运线路、车辆、驾驶员的全面排查，重点掌握客运线路的经营方式、车辆技术等级、驾驶员持证上岗和聘用情况、班车进站情况，开展安全生产大检查，全面查找客运企业的安全管理漏洞和隐患。

同年秀洲区机构编制委员会（18号文），批复同意秀洲区公路运输管理所增挂“嘉兴市秀洲区公路稽征所”牌子，区交通局及时转发了这一批复，并明确稽征所有关规费征收等七方面职责。当年运管所成立了三个稽查中队，充分利用节假日和工作日的早晚时间进行上路检查，既保证了所里日常工作的顺利进行，又确保了稽查力度。全年上路稽查236天，出动稽查人员5664人次，检查车辆27274辆，查获违章车4675辆。

2007年，秀洲区稽查人员将执法工作做到制度化，建立严格的行政执法规章制度，每位稽查人员都能遵章守纪，谁违法乱纪做错了事追究谁的责任。为了使日常管理和执法规范有序、有据可查，加强了基础台账、档案管理工作，建立健全管理台帐，加强自身管理。建立规范的执法文书档案，认真记录稽查执法日记、检查记录，保管好各种凭证、文本等。每星期还不定期召开执法探讨会，把日常工作中碰到的问题及时相互交流、沟通。8月份还聘请了专业律师来所开展行政处罚法知识讲座。因此，全年没有发生一起违规执法行为、没有行政复议、行政诉讼案件，没有工作人员被投诉。从而切实维护了市场稳定，确保了道路运输安全。

2008年年底，国家税费改革，取消养路费的征收，稽查重点转入对违反道路客货运输经营及相关经营活动的93项违法行为。为有利稽查工作开展，在两年前为每个稽查人员配备录音笔、路面稽查、违章处理实行全程录音的基础上，为稽查车安装车载摄像头和GPRS3G全球定位图像实时传送系统，通过科技手段实现对权力的分解和全程监控，制约自由裁量权，使稽查执法公正、文明和规范。

2008年，市本级共出动稽查人员9065人次，检查车辆248872辆次，查获违法违章车辆17689辆，其中无养路费车辆13866辆、伪造养路费车辆68辆、擅自改装车辆450辆、无证经营车辆202辆、客运车辆违章254辆、二级维护超期车辆275辆，补征公路规费1131.10万元、罚没款667.62万元。其中秀洲区上路稽查260天，出动3120人次，检查车辆125070辆次；对526件违法经营行为，实施了行政处罚（其中一般程序308起；简易程序218起），罚款120万元。办理审核审批涉及交通行政许可事项459项，其中二类汽车维修企业2家，三类及摩托车修理18家，道路运输经营许可证439件。

2009年1月1日起，按照国务院规定，费税制度改革，费税改后，秀洲区稽查人员及时调整工作思路，紧紧围绕“范规执法、安全执法、和谐执法”的总体要求，重点对营运车辆改装、危货运输、客运车辆装载生产经营用货和营业性驾驶员从业资格进行监督检查，在日常稽查过程中把便民和人性化执法的做法贯穿整个执法过程。全年上路稽查214天，出动稽查人员2568人次，检查车辆89330辆，处理各类道路运输违法案件793起，其中一般程序447起，简易程序346起，处罚无证车辆57起，危险品运输车辆40起。罚没金额114.86万元。同年3月，在区行政审批中心设立交通路政审批窗口。

2010年，嘉兴市运管处先后组织开展11次（100天）联合集中整治行动，特别是从10月26日至12月15日，由市运管处牵头，公安交警、治安和城管执法等单位抽调人员组成5个联合执法小组，开展了为期50天的打击非法营运专项行动，共查获违法违章车辆118辆，其中“黑车”52辆。在各部门的努力下，打黑工作取得了明显成效。嘉兴市运管处全年共出动稽查人数6192人次，检查车辆20959辆，查获无证营运车辆383辆，其中汽车303辆、二轮（三轮）摩托车80辆。

同年，秀洲区运管所累计出动稽查人数1904人次，检查车辆48880辆；对569起违法经营行为实施了行政处罚（其中一般程序374起，简易程序195起），罚款累计96.76万元，没有发生投诉、复议及行政诉讼案件，准确率100%，而选送的案卷在全市交通系统案卷评查中被评为“十佳案卷”。在组织实施“打黑”专项整治活动中，查获无证黑车7辆。开展维修市场巡查5次，出动稽查人员25人次，查获无证经营户3家，发出责令停止（改正）违法行为通知书13份；办理审核审批涉及交通运管行政许可事项929起、非行政许可服务类事项17720起（包括：营运证2926件，从业资格证413件，二级维护5255件，道路运输车辆评定4588件，年审4568件），以上正确率都达100%；对47件96520投诉及市长电话交办单进行及时处理，来电回复率和群众满意率均达100%。

第三章 港航管理

第一节 航政管理

解放前，嘉兴航区尽管航道众多，条件优越，但由于国民党政府腐败，加之连年战争，财政枯竭，无力关注交通建设和航道治理，致使一些航道经常断航。

中华人民共和国成立后，特别是改革开放以后，嘉兴航区加大了航道建设力度，航政管理也逐渐走上正常轨道。1992年和1993年嘉兴航区连续发生大堵航，引起有关领导高度重视，于是嘉兴航区航政管理部门因此而诞生。

1992年2月11日京杭运河发生大堵航，从江苏的吴江一直堵到浙江的乌镇，连绵几十公里，堵得水泄不通。2月25日至28日，位于京杭古运河嘉兴航区，再次连续发生堵航。10月21日至24日杭申乙线又发生阻航现象，受阻航段长达7～8公里。同年底到1993年初嘉兴航区杭申甲线，杭申乙线发生全线大堵航，到1993年1月4日晚上9时甲乙两线才恢复通航，堵航时间长达10多天。

1993年6月29日，全省缓解内河干线航运座谈会在嘉兴市召开，省政府领导，省府有关部门领导及有关市（地）县（市）政府分管领导、交通部门领导共90多位代表出席了会议。浙江省副省长张启楣在会上作了重要讲话。同年8月嘉兴市人民政府发了《关于保障内河干线航运安全畅通的实施意见》（嘉政〔1993〕11号文）。

根据省港航监督局浙监航字〔1993〕第1号航行通告精神，嘉兴市港航管理处在塘汇、王江泾、思古桥等四地设置了水上交通控制点，于8月1日零时起正式开展工作，实行24小时日夜监控。8月1日，四个点共出动人员120名，检查船舶2900余艘，拦截超吨位、超尺度船舶41艘，拦截无证无照等严重危及水上交通安全的船舶130艘。1993年8月，塘汇等四个控制点共出动港监人员2159人次，出动港监艇306艘次，共检查船舶19290艘次，拦截超吨位、超尺度船舶526艘，拦截无证无照船舶512艘，对4712艘一般违章船舶进行劝阻、教育，并按章给予了经济处罚。9月4日，嘉兴市（编委嘉编〔1993〕52号文）批复市航管处下属航管所、站增挂“航道管理”“港航监督”“船舶检验”处、所、站牌子。

1996年1月5日，嘉兴市人民政府办公室《转发市交通局关于加强嘉兴市航道管理意见的通知》（嘉政办发〔1996〕2号文）。同年，完成嘉兴市内河主要航道技术等级的评定工作。

1998年9月17日，嘉兴市政府办公室《转发市交通局关于进一步加强嘉兴市航道管理意见的通知》（嘉政办发〔1998〕141号）。

1999年，为加强航道现场检查力度，嘉兴各航管所定期对航道进行现场检查，做到主干线航道每月2次，一般干线航道每月1次，及时做好书面检查记录。由于坚持了定期检查制度，使一些违章建筑物能在实施初期就得以纠正，全年主干线航道未出现新的违章建筑。规范各类临、跨航建筑物的审批，严格按省厅《关于加强航道行政管理工作意见》执行，建立了一物一档的临、跨航建筑物档案，全年共审批临、跨航建筑物126件。

2000年5月，经嘉兴市编委批复《关于同意市航运管理处建立嘉兴市航政管理支队的批复》（嘉编〔2000〕10号）并明确嘉兴市航政管理支队与市航运管理处合署办公。具体负责辖区内干线、航道的巡查和管理工作，人员由市航运管理处内部调剂解决。同年5月成立了航政管理队，8月份嘉兴市航政管理支队挂牌，组建了市，乃至省第一个专职航政管理队伍。结合当时的实际，建立了以航运管理处（航政管理支队）、航运管理所（航政管理大队）、航运管理站（航道专管员）、乡（镇）、村（航道协管员）的航道管理、养护四级管理网络和处所两级审批制度。这一办法的实施，切实加强了航道的基础工作和源头管理，改善了航道的通航条件。四级管理网络由四个部分和层次组成：嘉兴市航政支队负责全线航政管理业务指导，以保证整个队伍规范操作；支队所属6个航政管理大队分别负责各县（市）辖区航政管理工作；各航运管理站的航道专管员负责各自辖区航政业务，以确保各项工作准确到位；各乡镇村的航道协管员负责把各自行政乡村的航道沿线情况及时反馈给航管站或航管所，构成良好信息管理系统。

航政管理队伍成立以后，航道航政管理力度明显加大，航区内航道改造建设成果得到了充分保障，临、跨航建筑物审批量比1999年同期增加了50%，达到146件，相当于过去5年审批数量之和，航区内违章建筑大幅度减少，京杭运河等干线航道流量明显增加，日均流量达2500余艘，辖区内安全状况明显好转。

2002年9月26日，全国内河航道养护管理工作会议在嘉兴市召开。会议总结了近10年间内河航道养护管理工作经验，部署了今后一个时期的工作。交通部副部长翁孟勇、省交通厅厅长郭学焕、嘉兴市常委、常务副市长王洪涛参加了会议。同年10月9日，第二次全国内河航道普查试点工作在嘉兴市启动。这次航道普查的内容包括全市内河航道概况，航道现状里程，助航标志等与通航有关的设施情况。通过航道普查，进一步摸清全市内河航道的现状，为今后的航道规划和建设提供科学依据。

2004年，制定了《嘉兴航区主干线航道新建护岸、绿化养护管理办法》，准备向社会招投标，确定养护单位，采用社会化养护和各港航处管理相结合的新的养护办法。落实沿河企业护岸养护包干责任区，在对护岸修复过程中，与沿河厂矿（企业）码头签订护岸养护责任书，明确码头区域和船舶停靠处为该厂矿的养护包干区。

根据省交通厅的文件精神，下发了《关于规范嘉兴市内河航道网主干航道桥梁通航净空尺度和技术要求的通知》，确保内河航道网主干航道规划的顺利实施。

11月份嘉兴市开展了航道航政大检查，检查时间为25天，检查内容：临、跨河建筑物的设置情况，以及未经批准的违章建筑；航道内浮吊式码头的装卸作业情况；违章建筑物的清理和查处情况；主干线航道沿河的厂矿企业（码头）对厂区范围护岸、绿化的保护及修复情况和护岸管理责任书的签订情况；航道内的沉船、渔网、渔簖及碍航物的清理情况；是否有违反航道管理法律、法规的其它行为。

2005年，市航道管理局制定了《嘉兴航区主干线航道新建护岸、绿化养护管理办法》。11月5日至11月30日在市航区开展航道航政检查工作。此次检查的重点是临跨河建筑物的设置及验收情况、违章建筑物的清除和查处情况、航道内浮吊式码头装卸作业查处情况、主干线航道的企业（码头）航段护岸、绿化责任书签订及按责任书规定履行情况、航道内的沉船、渔网、渔簖及碍航物的清理情况以及其它违反航道法律、法规的行为。

“十一五”期间（2005—2010年）先后出台了养护项目的一系列管理办法，如《浙江省港航养护工程管理办法》《浙江省骨干航道经常性养护管理规定》《浙江省港航事业单位项目预算管理暂行办法》《内河航道经常性养护经费定额化管理暂行规定》《内河骨干航道经常性养护考评标准（试行）》。对规范管理，加强工程建设领域的廉政建设，适应新时期财政转移支付起到了较好的规范作用，进一步加强内河航道许可后监管工作。2009年4月由省港航局组织召开了《沪杭客运专线嘉兴段跨主干线航道桥梁通航净空尺度和技术要求论证报告》审查会。申嘉湖杭高速公路跨嘉兴航区桥梁众多，航政执法人员对涉航桥梁的施工标高、桥函标志牌等检查时发现个别桥梁施工标高有误且标志牌不全。为此，管理局两次致函浙北高速公路股份有限公司要求整改，经第三方实测，分析清楚原因，落实了整改措施，有效确保航道的畅通和安全。落实沿河企业护岸养护包干责任制。对主干线航道沿线厂矿企业签订“厂区护岸养护责任书”，实现“谁使用、谁管理、谁维护”的管理举措。

【航道普查】

1979年，交通部布置全国进行内河航道普查，这是解放后全国第一次内河航道普查。浙江省自当年8月2日至4日在杭州召开了全省航道普查工作会议，决定分地区展开全面普查工作，嘉兴航管处及所属各所都作了充分的准备，并及时投入航道普查工作。嘉兴地区航管处负责该地区境内主要干线和一般干线航道的直接普查工作，以及指导嘉兴等县航管所对县境内除干线航道外的县社支线的普查工作。至当年年底基本完成外业普查和内业整理，最后由嘉兴航管处对全市的航道普查资料进行汇总综合。确定七个“统一”口径：统一编号、统一名称、统一起划地点、统一走向、统一分段、统一水位、统一吨位，并于11月中旬上报省局。通过这次航道普查，理清了航道、桥梁、航闸及其他跨河建筑物的技术现状和数据。为运输生产、管理和航运规划及战备提供了可靠的资料。

2002年交通部布置全国进行第二次航道普查。同年10月9日，省交通厅在嘉兴市召开航道普查试点工作动员大会，嘉兴市交通局、港航局及各县（市、区）交通局、港航管理处负责人及有关人员80多人参加会议。会议要求全体普查人员，在普查试点工作中明确目标、狠抓落实、一丝不苟、深入调查。这次普查试点共3个月时间，10月8日开始至12月31日结束。通过这次航道普查和数据汇总，使大家对嘉兴航区现有航道的通航情况有了更直观的了解。嘉兴航区定级航道有224条，其中四级3条、113.88公里，五级航道7条、193.60公里，六级航道54条、588.48公里，七级航道104条、704.56公里，八级航道52条、298.83公里，九级航道9条、36.79公里，合计为1936.14公里。这次普查的航道现状通航里程为：四级151.13公里，五级176.64公里，六级410.97公里，七级268.48公里，七级以下894.63公里，合计为1901.85公里。现状航道里程与定级航道里程的变化说明，定级航道的六、七级与现状的变化很大，比例占的很小，形成了主干线级航道(4、5级)定级与现状普查结果基本相等，6、7级航道锐减，等外航道增加的情况。表明航道也随着经济的发展而发生着变化，大吨位船舶门到门运输的趋势会越来越明显，高等级航道的船舶日流量越来越多，航道的里程也会加快增加，而七级以下等外航道的船舶流量明显减少，有些航道将逐渐退出通航。这次普查的成果为今后的航道规划和航道改造提供了依据。

秀洲区Ⅳ～Ⅴ内河航道技术等级表

表8-3-1

编号	航道名称	起讫地点	技术等级	里程(公里)
1	京杭运河	桐乡鸭子坝—嘉兴通河桥	Ⅳ	17.88
2	杭申线	桐乡博陆—嘉善红旗塘	Ⅳ	92.18
4	嘉于硖线	嘉兴乍嘉苏高速公路口—海宁长山河口	Ⅳ	41.59
5	乍嘉苏线	平湖乍浦港—嘉兴王江泾	Ⅴ	58.80

秀洲区Ⅵ～Ⅶ内河航道技术等级表

表8-3-2

编号	航道名称	起讫地点	技术等级	里程(公里)
361401	嘉乌线	嘉兴—石汇头	Ⅵ	37.09
361403	嘉建乙线	嘉兴三姑庙—窑厂岔口	Ⅵ	22.86
361404	嘉澄线	嘉兴太平桥—油车港	Ⅵ	16.53
361405	嘉南线及附线	嘉兴王江泾—南汇乡 丰产桥—荷花乡	Ⅵ	22.07 0.40
361406	长水塘	嘉兴市区—海宁硖石	Ⅵ	26.80
361407	海盐塘	嘉兴西南湖岔口—海盐武原	Ⅵ	31.85
361408	杭申线嘉兴市河	嘉兴河老线	Ⅵ	13.80

秀洲区Ⅵ～Ⅶ内河航道技术等级表

表8-3-3

编号	航道名称	起讫地点	技术等级	里程(公里)
372402	嘉建线	陡门—建设	Ⅶ	27.91
372403	新陡线	新塍南栅—陡门	Ⅶ	9.50
372404	嘉田线	斜路港口—田乐	Ⅶ	22.85
372408	王建线	莲花桥—建设	Ⅶ	9.84
372409	嘉桃线	金桥口—桃园	Ⅶ	19.42
372411	嘉高线	九里汇—高照	Ⅶ	13.62
372412	新运线	徐王庙桥—运河塘	Ⅶ	10.91
372413	新桃线	1#桥—桃园	Ⅶ	8.28
372414	新洛线	车头浜—洛东丝厂	Ⅶ	7.71
372415	新铜线	新塍北栅口—铜罗港	Ⅶ	9.46
372416	陶濮线	嘉兴陶家笕—向阳桥	Ⅶ	10.44
372417	陶建线	洪合港口—宜家桥口	Ⅶ	16.28
372418	马王线	嘉兴王店—马泾桥口	Ⅶ	9.61
372425	七三线	湘家荡口—三店桥	Ⅶ	1.89
372426	南小线	南汇—小曲村港口	Ⅶ	4.54
372427	南陆线及附线	南汇—陆家荡口	Ⅶ	12.19
372429	新农线	新塍西栅—运河农场	Ⅶ	12.00

第二节　航道养护

【历史沿革】

解放前，由于国民党政府对交通建设不重视，加之连年战争，财政枯竭，致使一些航道经常断航。解放初期，嘉兴航道还处于自然状态，只能通航100吨以下的船舶。改革开放以后，嘉兴航区加大了航道建设力度，航道养护也逐渐走上正常轨道。

为加强航道养护工作，1953年7月27日设立了浙江省航运管理局第二工程队，办公地址：嘉兴市中山路3号。

1960年3月28日，成立了嘉兴专区航运公司航道养护队，共有193人。同年9月1日，嘉兴县交通局工程队成立，全队60人。1987年，嘉兴航管部门贯彻"三保三压"原则，按照省、市交通工作提出的先干线、后支线，"先缓解、后适应"的近期应急方针，重点解决"卡脖子"问题。

1988年，对碍航桥梁进行了普查，杭申甲线33座桥梁中有5座碍航桥梁，对今后航道规划提供了依据。对"卡脖子"航段进行了整治，对嘉兴市郊区杨家浜航段十八里桥桥基进行了清障，全面完成了航标改制工作。

1992年和1993年，嘉兴航区连续发生大堵航，引起有关领导高度重视，由此，嘉兴航区航管部门加大了力度，边建设，边养护。1996年是有史以来养护投入最多的一年，计划完成是历来最好的一年。对航标的养护，建立了一支稳定合格的管理队伍，1996年共养护航标81座990次，为保障航行船舶的安全，航标养护人员为此做了大量工作。

1999年，航道养护制定了京杭运河嘉兴段文明样板航道创建计划，全线护岸工程和绿化工程全线竣工，统一的航道标志牌工作也于9月份通过竣工验收，其中助航标志14块、安全标志16块、信息标志34块，使京杭运河嘉兴段全线达到美化、标准化。实施航道清障，共打捞沉船282艘，有力地保障了航行安全和航道畅通。对航区的航标及标志、标牌按规范要求进行维护，保证了航标正常发光和航道标志牌的引航作用。

杭嘉湖干线航道内早已禁入水泥船，并将历年来航道内下沉的水泥船进行了清障打捞，同时加强日常巡查，发现沉船及时打捞，2000年打捞各类沉船137艘。经过清障，主干线航道及几条重要干线航道的通航条件得以改善和保障。

2007年，投入航道养护建设资金3102万元，完成了乍嘉苏线标志标牌二期养护工程，开工建设长水塘航道养护工程，养护干线航道281公里，维修护岸937米，新建标志标牌179块(座)，维护标志标牌1116块(座)，疏浚水下土方3.22万立方米，新设置京杭运河和杭申线应急系缆桩250个，绿化南郊河航道10.628公里，修缮城郊港航管理处和新丰港航管理检查站管理用房。落实社会化航道养护机制。本着"谁使用，谁维护"的原则，与沿河厂矿(企业)码头签订护岸养护协议书，落实养护责任，全年沿河企业共出资110万元，维修码头护岸730米。

2008年，完成了长水塘航道养护一期工程，并开工了二期；养护干线航道281公里，维修护岸1440米；新设、补设各类标志牌92块，疏浚水下土方10.48万立方米，新设置杭申线应急系缆桩177个；绿化养护里程105.35公里，对杭申线沿岸、南郊河嘉杭大桥城市出入口等节点补种苗木2.1万株，设置和替换了6块大型宣传牌；修缮城郊港航处办公楼；新建三塔站船棚，新建14.5米港航管理用艇4艘。

同年，为了切实做好主干线航道新建护岸的养护管理工作，保持新建护岸、绿化的完好，确保航道畅通。采用社会化养护和各港航处管理相结合的养护办法，通过公开招投标，确定养护单位，并明确各港航管理处的管理职责，效果较为明显。1—5月重点维修京杭运河、杭申线护岸1440米。投资达360万元。对主干线航道沿线厂矿企业签订"厂区护岸养护责任书"，实现"谁使用，谁管理、谁维护"的管理新举措，使护岸养护走向社会化。全航区共签订"厂区护岸养护责任书"229份。明确码头区域和船舶停靠处为该厂矿的养护包干区，如出现护岸破损和坍塌由厂矿负责修复。2007年嘉兴市主干线航道共有13家企业对厂区航段上修筑护岸，总投资150万元以上。

为了准确了解水上交通流量，建立船舶流量观测制度，在四个观测点京杭运河(思古桥站)、杭申线(塘汇站)、乍嘉苏线(城郊王江泾站、平湖大桥站)开发了航道流量观测信息处理系统，可自动生成流量报表，为决策提供必要的数据支持。

2009年，完成养护资金3150万元，修复了京杭运河、杭申线嘉兴段、东环河等干线航道破损护岸1660米；实施了长水塘二期等单项养护工程；完善内河干线航道经常性养护机制，落实责任，及时督促128家沿航道厂矿企业履行码头护岸养护责任，由业主出资200多万元对28个护岸破损的码头进行了维修。

2010年，主干线航道经常性养护投入745万元，其中护岸维修650万元，修复了京杭运河、杭申线嘉兴段等破损护岸2945米。全年共完成港航单项工程投资2712.26万元，占年度单项养护计划2957.26万元（含上年度结转770.26万元）的91.7%，完成了嘉澄线（杭申线－湖嘉申线段）等航道养护项目6个，杭申线红旗塘入区报港点；完成新建及改造港航管理用艇各6艘，开工建造及改造港航管理用艇各2艘。

【疏浚】

由于嘉兴地势低洼，河、浦、塘多，水灾多。历代也进行水利疏浚、修筑坝闸，如嘉兴市区的杉青闸、南堰、栅堰等，但总因缺乏正确治水方针及指导思想，最后还是边治边淤。到了清末至民国时期，水利仍处于自流状态，大部工程失修，河港越淤越浅，塘浦紊乱无纲，圩系零散，河道失统，灾害连年。

民国时期，嘉兴河道也进行过疏浚。据民国21年（1932年）7月《浙江省建设月刊》第六卷第一期载："疏浚新篁市河"新篁市河长约三百余丈，河阔平均四米。只以数十年来迄未开浚，岸滩两旁，垃圾堆积既多，河身日渐淤塞，河流狭浅，水利交通均受阻碍。民国19年9月地方人士之发起，筹募款项，请准省款补助，由建设局委派工作人员监督指导，共挖去土17720立方米，筑坝八处，工程费银6700余元，除省款3000元外，余均地方负担。现此项浚河工程已于民国20年1月全部完成。

中华人民共和国成立后，各级党委、政府十分重视河道的治理，由市、县（市、区）、乡镇统一组织实施，按"谁受益谁出资、出力"的原则，土地、劳力各半，合理分配开挖或疏浚土方任务，资金主要由地方自筹或利用劳动积累工，集中力量拓浚主干河道，普遍疏浚和整治支流及小河浜溇等各级河道。在发展农业，兴修水利，增强蓄水泄洪的同时，结合有利航道的建设，嘉兴各地都进行河道以及大运河的疏浚。

50年代对河道疏浚，大多依靠农业兴修水利而结合整治航道，1955—1956年，嘉兴市（地辖市）重点疏浚了杭申甲线三塔塘至枫泾白庙湾多段航道，长9公里，挖土石7.0259万立方米，坝基10处，用工17969工，又发动义务劳动39643.5工日。

为改变嘉兴县北部地区易涝状况，经嘉兴县委（当时嘉善并入嘉兴县）决定，报上级批准，于1959年冬至1960年冬，开挖红旗塘。红旗塘起自秀洲区油车港镇沉石荡，经嘉善的天凝、洪溪等乡镇，东至上海市青浦县交界，全长26.19公里，其中浙江段21.09公里，上海段5.1公里。东段河面宽120米，中段100米，西段河面宽80米，底宽平均48米，河底标高（吴淤零点）负0.5米，能通航300吨级船舶。整个工程共挖土方770万立方米，拆桥6座，建桥1座，拆、建民房2000平方米，国家投资共达280万元。

开挖红旗塘后，初步改变了嘉兴县北部地区的澄溪、荷花、南汇、栖真等乡11万余亩农田的易涝状况，农田受益面积27万余亩。目前该航段已成为农副船舶航行的主要通道。

60年代初，嘉兴成立专业航道养护队，承担县境内航道养护，逐步改善航区航道通航条件。1969年，嘉兴县开挖疏浚长水塘北口至中山路桥航段，长1.757公里。同时对该航道（宣公桥至中山路桥）进行改道。缩短航程125米，提高通航能力为100吨级。同时又疏浚整治杭申甲线南门东栅下至秋径桥航段。同年又疏浚嘉兴至新塍，嘉兴至新篁航线，挖土方5万立方米，以后又陆续疏浚南门三号桥至东门狮子汇等航段。

1983年9月，撤地建市后，于1984年8月，嘉兴市航管处航道疏浚队成立，组建了专业疏浚队伍，担负嘉兴航区疏浚养护任务。

1991年前尽管在航道养护上做了不少工作，但嘉兴航道大多仍处于自然状态，只能通航100吨以下的船舶。不少航道还存在弯多、淤浅、曲率半径小、河岸塌方、航道狭窄、桥位不当等碍航状况。当时的航道在国家没有投资的情况下，资金来源，采取航管部门、地方政府、水利部门联合集资的办法，综合利用，共同开发，航道改造工程力度不大。1992年城郊航管所也只对新塍新农乡等浅滩疏浚土方793立方米，清除无主沉船6艘，监督有关部门和单位清除碍航物3处。协助地方政府改造王店镇莲花泾桥危桥一座。

20世纪90年代初，嘉兴水上运输业发展很快，加之较长时间缺少投入、基础设施落后的窘况日益突出，京杭运河、杭申线等几大主干线连续被堵，最严重的一次（1993年年底）历时近半个月，受阻运输船达数万艘，严重影响了浙江、上海和苏南地区的经济建设和人民生活，成为社会经济高速增长的"瓶颈"。

1993年，省政府本着"水陆并举、宜水则水、宜陆则陆"原则，决定在加快公路建设的同时，加快内河航道工程建设的步伐。由此，嘉兴水运基础建设掀起了高潮，航道工程建设规模、速度和质量达到前所未有的水平。

"九五"期间（1996—2000年），嘉兴利用世行贷款重点建设了京杭运河嘉兴段、杭申线嘉兴段、乍嘉苏线浙境段等航道改造工程。

"十五"期间（2001—2005年），着重做好完善工作，完善了乍嘉苏线航道和杭申线航道，开工建设东宗线航道和嘉于硖线南郊河工程。2001年，完成疏浚土方20.8万立方米，单项工程年度完成12.85万元。

“十一五”期间（2006—2010年），重点建设项目有：京杭运河、杭申线“四改三”改造工程、乍嘉苏线“五改四”改造工程、湖嘉申线嘉兴段三级航道改造工程，以及嘉于硖线航道改造工程、东宗线延伸段、何家桥线航道，嘉兴内河多用途港区工程。

2007年，投入航道养护建设资金3102万元，疏浚水下土方3.22万立方米。

2008年，嘉兴市又开工建设全省第一条三级航道湖嘉申线。疏浚水下土方10.48万立方米，新设置杭申线应急系缆桩177个。2009年，完成长水塘二期等单项养护工程

2010年，主干线航道经常性养护投入745万元，完成了嘉澄线（杭申线－湖嘉申线段）等航道养护项目6个。及时清理水上水下碍航物，做好支线航道疏浚工作，确保安全畅通。

【护岸】

护岸是一项保护水道岸坡，使之免遭水流冲刷的工程。嘉兴河流纵横，护岸工作十分重要，历代也较重视。

护岸堤塘建设历史悠久。早在唐代已有筑土塘、石塘的记载。唐元和五年（810年）苏州刺史王仲舒筑嘉兴运河塘，其石塘自杉青闸向北至闻川（今王江泾）长27里，土塘自西水驿向西至语儿（今桐乡市崇福镇一带）长90里。同时于太湖东沿“堤松江为路”，沟通苏州、松陵（今江苏省吴江市）、平望间之陆路驿道，以便漕运牵挽，通称“吴江塘路”。

明永乐三年（1405年），左通政赵居任督民修筑运河塘岸，自崇德北抵吴江，种植榆树、柳树护堤，总十二乡二十九区，计围七百五十围。永乐五年，修长洲（今苏州）、吴江、昆山、华亭、钱江、仁和、嘉兴堤岸。九年修长洲至嘉兴石土塘桥路七十余里，泄水洞三十一处。明弘治七年（1494年），浙江参政周季麟易土为石，修嘉兴旧塘三十里。

明万历四十年（1612年）嘉兴知府吴国仕以府境运河塘土石各半，岁久倾圮，具文申请尽筑石塘获允，七月开工，十月告竣，筑秀水北塘1488.5丈、西塘951.6丈。

清康熙九年（1670年），总督刘兆麟，巡抚范承谟，以运河塘路，利济悠关，遂酌议兴工，计水关共一千三百六十丈，每丈工料八两，坍塌石塘共一千二百二十五丈，每丈工料五两，约需银四万两，是时督、抚、布、按捐俸，绅民乐输，委耆民施国贤董其事，一载筑成石塘四千三百八十二丈，桥六百三十二洞，虽已工费不继，未及竣工，然往来利涉，漕艘通行，商民称便。

清康熙六十年春，嘉兴知府吴永芳加石培土修运河南塘，又北塘自城外至王江泾30里，于旧塘外间段增筑石塘。雍正、乾隆直至光绪年间，均曾数度修筑运河塘堤岸。

民国35年至36年（1946—1947年），运河水利工程处修嘉属运河，计培修运河塘30.11公里，填土1.65万立方米，重砌三塔塘条石护坡1公里，但多数河堤经久失修，塌损严重。

中华人民共和国成立后，人民政府重视对护岸的修筑。至今采用斜坡、直立两种形式的石砌护岸。解放初期到改革开放这一期间，由于经济能力原因，护岸动作不大，只结合水利工程，作一些抢救性护岸工程。改革开放后，经济发展较快，经济实力逐步浓厚，航道护岸加大投入。

表 8-3-4　1986—1990年城郊两区航道护岸完成汇总表（不包括市区）

区域	年份	竣工长度（公里）			投资			土石方（万立方米）
		新建	重建	整修	维修	市处	其它	
嘉兴市城郊区	1986	10.6933		1.2		51.156	33.2	6.202
	1987	11.367		0.583		51.98	36.161	6.592
	1988	13.9427	0.035			59.67	48.003	21.774
	1989	5.0129				53.662		7.109
	1990	11.4605			2.223	50.597	91.632	6.647

1989年至1990年，再次在杭州塘、新塍塘、苏州塘的市区航道砌石护岸5.8836公里；其中新建护岸4.69公里，重建护岸1.1936公里，国家投资140.73万元，单位自筹8.13万元。1990年，三塔湾裁湾南侧砌石护岸300米。

“九五”期间（1995—2000年），对新开拓宽和因浚深造成岸坡失稳段进行修建护岸，及两岸遗留的大量未护的土

坡和年久失修的简易护岸工程进行修补。乍嘉苏线浙境段航道护岸完善一期工程自2003年9月开工，至2005年11月完成。完成工程量：开挖土方71.98万方，修筑护岸35.22公里。实际完成投资5346.24万元。一期工程总改造里程32.90公里，共分为两段其中五里亭至省界段长18.57公里，按四级航道标准改建，其余14.33公里按五级航道标准改造。

“十五”期间(2001—2005年)，完善了乍嘉苏线航道和杭申线航道，开工建设东宗线航道和嘉于硖线南郊河工程。

“十一五”期间(2006—2010年)，内河航道养护认真贯彻“建养并重，协调发展，强化管理，提高质量，保障畅通”的指导思想，推进养护机制改革，航道养护基本实行市场化管理。

修复了京杭运河、杭申线嘉兴段、东环河等干线航道破损护岸；实施了长水塘二期等单项养护工程。完成了乍嘉苏线标志标牌二期养护工程，开工建设长水塘航道养护工程，实施了东宗线二期改造工程和乍嘉苏线新丰段。

【航标】

解放前嘉兴航区没有内河航标，1954年6月嘉兴航管部门才着手制作首批内河航标。内河航标主要功能是标示内河航道的方向、界限与碍航物，揭示有关航道信息，为船舶航行指出安全、经济的航道。按其功能来分，可分为航行标志、信号标志、专用标志三类。航行标志是指示航道方向、界限和碍航物的标志，包括过河标、沿岸标、导标、过渡导标、首尾导标、侧面标、左右通航标、示位标、泛滥标及桥涵标10种。桥涵标是设在桥梁通航孔迎船一面的桥梁中央，标示船舶通航桥孔的位置。航段指示标志：标明了该段航道的名称及通航能力；在新建桥梁的上下游分别设置了桥梁净高标志，标示在最高通航水位时桥梁的净空高度。1954年，交通部颁发“内河航标规范”，同年6月嘉兴航管部门着手制作首批航标，其中第一个本质白色三角浮标，设在嘉兴杉青闸河墩石基上说明苏嘉线在这段航运左岸，水下有障碍。同时制作的本质棒状浮标二组红、白色各五根，设在就申甲线枫泾港口湾角两侧浅滩处，以示两侧滩基与深水槽界境。至1956年嘉兴航区已有航灯15处；航标300余处(包括一般的安全标志)。

1986年以来，随着内河助航标志交接的完成和制式改革的实施，现内河助航标志的养护和管理从无到有，渐趋完善和加强，并由嘉兴市航运管理处航道疏浚队专门负责该项工作。当时，嘉兴航区共有指路牌39块，航标78座(其中发光标59座，日标19座)鸣笛标24座。

为改革和统一我国内河助航标志，设置功能明确、易认好记、经济可靠的内河航标，更好地保障船舶航行安全，在原交通部颁布的《内河航行规范(1959)》和《湖泊、水库、运河、船闸航行规范(草案)(1960)》的基础上，经修改补充，国家标准局于1986年2月17日颁布了新编的两项国家标准：《内河助航标志》(GB5863-86)，《内河助航标志的主要外形尺寸》(GB5864-86)。新国标自1986年11月1日起实施，原规范废止。这是我国内河航标史上的一件大事，交通部有关局为宣传、贯彻实施国标《内河助航标志》，发布了《交通部关于认真贯彻实施<内河助航标志>等两项国家标准的通知》，浙江省交通厅航运管理局于1987年1月17日至20日在台州临海召开了“全省内河助航标志制式改革”工作会议，初步确定了改革规划、步骤，落实了制改宣传工作由港监部门承办。同年10月16日至18日又在宁波市召开了全省布置内河航标制改任务会议。会上确定了各航线制改方案，统一了全省灯质标准、杆形标志安装标准、各航线设标规格等一系列制改的具体实施标准。根据省航运管理局的统一步骤，1987年3月，嘉兴市航管处成立了航标制改领导小组，下设工作班子具体开展制改工作。嘉兴市航管处同时把国标《内河助航标志》列入了机动船员培训教育大纲、考试大纲，并对在职船舶驾驶分期分批举办国标《内河助航标志》与《内河管理条例》学习班，计有2802人次参加，共发放航标宣传手册计1780份，有力地宣传了新的“内河助航标志”，落实了航标制改工作。

1987年4月，嘉兴市航管处有关部门派员按“先干流后支流、先上游后下游”的原则，对辖区航段进行了实地勘察，对航标标位的设置进行了实地落实。同年9月，开始了航标、指路牌的安装。10月底初步完成安装工作。共改建、新建航标49座，新增指路牌32块，鸣笛标30座，清除报废指路牌2块，油漆指路牌2块。其他因沪杭铁路改双轨，137#铁路桥拓宽，增设临时通行标2处、航行告示牌2块。同年完成航标改制普查杭申甲线84公里。

至1988年9月，改革后的航标全部换上新灯器，并在同年里，给每一个发光标都配以铁梯，以便工作人员安全操作。制改完成后，又于1989年，将15座日标改成发光标，并新增3座发光标。随着制改工作的进行，航管部门加强内河助航标志的养护和管理，1987年年底开始着手完善航标资料，并绘制了辖区航标配布图。1988年3月，嘉兴市航管处以嘉市航管程字〔1988〕25号文发布通告，并及时转发了杭州、湖州的航标改革通告。告知各航运单位及广大船员，避免在新旧灯器交替期间，辖区内由于误认航标和航标失常引起的水上交通事故。1988年全面完成了航标改制工作。

表 8-3-5　　1990 年浙江省嘉兴航区内河航标一栏表

航线名	指路牌（个）	发光标合计（个）	发光左浮标（个）	发光右浮标（个）	发光左灯桩（个）	发光右灯桩（个）	日标合计（个）	左侧标（个）	右侧标（个）	左右通航标（个）	鸣笛标（个）	设标里程（公里）
杭申甲线	13	13			4	9					6	33
杭申乙线	7	6			5	1	1			1		18
嘉苏线	4	2				2	2				1	22
长湖申线	22	22		2	10	10						18
嘉硖线	1	1			1							
嘉兴市河											6	
合计	78	58	2	3	25	28	20	11	8	1	24	155

1999 年对京杭运河嘉兴段统一的航道标志牌于 9 月份通过竣工验收，其中助航标志 14 块、安全标志 16 块、信息标志 34 块，使京杭运河嘉兴段全线达到美化、标准化。对航区的航标及标志、标牌按规范要求进行维护，保证航标正常发光和航道标志牌的引航作用。1999 年，首先对京杭运河进行了航道标志标牌的重新配布，并首次成功地运用了航道信息标志。

2006 年航标管理的重点在航道标志标牌，在管理上安排了 2 名专职人员和一艘航标艇，对航标和航道标志标牌进行检查和维护，发现问题及时处理。做到航标正常发光。同年，交通部组织对《内河交通安全标志》进行了修订。2007 年，新建标志标牌 179 块（座），维护标志标牌 1116 块（座）。

2008 年，对原有的航标进行调整，根据航道的发展要求，拆除了大部分航标，并将现场管理工作分解到相关港航处，加强对航标和航道标志标牌进行检查和维护，发现问题及时处理，做到航标正常发光，标志标牌完好无损，真正起到为船舶安全航行服务。

2009 年，对杭申线北郊河航段等 6 块有损坏的大型宣传牌，结合形势及时进行了重新设计和更新。完成 6 级以上航道桥梁和河口标志等设置 866 块，完成投资 400 万元。同年设置航道桥梁和河口标志、水源保护区标志等 916 块，维护好航道标志标牌，保持完好率在 99%以上。

2010 年，完善跨航道桥梁标志、标牌，确保安全畅通。

表 8-3-6　　2010 年嘉兴段航区航道标志统计表

标志类别			京杭运河	杭申线	嘉于硖线	乍嘉苏线	08 养护	09 养护	河口标志 09
助航标志	侧面标		2						
	示位标		1	1		1			
	管线标志	架空管线	10	46					
		禁止抛锚	2	4	12	4			
	桥涵标		6	86	4	32		185	
	左右通航标		1						
	指向标志	三叉	2	35	2	4			
		四叉	6	14	2	6			
小计			30	186	20	47	0	185	0
安全标志	交叉河口标志		2	36		6			
	禁止明火标志		3	19		1			
	停航受检标志		2	8		3			
	禁止停泊标志			2					
	禁止停泊区标志					2			
	禁止会船标志					2			
	解除禁止会船标志					2			
	限制靠泊范围标志		1	38		8			
	应急电话标志（大型）								2
	应急电话标志			9	1	5			

续表 8-3-6

标志类别		京杭运河	杭申线	嘉于硖线	乍嘉苏线	08 养护	09 养护	河口标志 09
安全标志	靠泊区标志		12		4			
	渡口标志	6	6					
	海事辖区分界标志	2	3.5		1			
	航道一侧受限标志				2			
	急弯航道标志		2					
	鸣笛标志		2					
	注意危险标志							
	急弯及事故多发航段警示标志							
	禁止通行		4	6				
	桥梁警示标志						644	
	支线航道限行标志					44	15	
	水源地保护标志						18	
小计		16	142	7	36	44	677	2
信息标志	距离标志	2	6	4	3			
	地名标志	2	7		4			
	桥梁净高标志	6	86		36			13
	支线航道河口标志							44
	文字宣传牌		22	1	3			
	图形宣传牌	3	6	3	5			
	电子显示屏				2			
	渡口守则标志		6					
	水位尺		12					
	导向标志 1(反光块)			1 组				
	导向标志 2(反光膜)			1 组				
	桥梁警示标志			4				
	里程碑	34	184	16	58			
	应急电话提示牌					2		
	航段标志 航段起讫点	1	1		1			
	航段标志 市河		4	2	1			
小计		48	334	30	113	2	0	57
合计		94	662	57	196	46	862	59

第三节　船舶检验管理

【部门建设】

1954 年 6 月底，船舶检验工作由浙江省航运管理局嘉兴管理处负责。1971 年年底，嘉兴地区航运管理处和嘉兴地区车辆监理所合并成立嘉兴地区车船管理所，嘉兴县于 1972 年 3 月成立县交通管理站，负责船舶检验发证工作。1979 年 2 月重建浙江省嘉兴地区航运管理处，办公地点在湖州市。1983 年 12 月成立浙江省嘉兴市航运管理处，下辖嘉兴等六个航运管理所。船舶检验所设立处港航监督科，负责船舶检验工作。航运管理所分设船舶检验站与港航监督科合并办公。随着船检事业发展，1987 年 9 月 18 日，船舶检验部门与港航监督科分离，单独设为船舶检验科，对外挂牌浙江省船舶检验处嘉兴检验所。

水运事业与造船业的发展推动船检工作制度逐步健全，技术力量不断加强。“七五”期间，船检工作与船检队伍自身建设同步开展。自嘉兴船检所成立以来，逐步充实船检人员，培训船检人才，帮助指导船检站工作。1988 年，嘉兴市航运管理处举办柴油机、轴系、焊缝探伤、船舶稳性等培训 6 次，并派 2 人参加省船检处举办的“二级无损探伤”培训和考核，均取得资格证书。日常工作采用传、帮、带的方法，以老带新、边带边教，使年轻船检队伍的素质得以提高。至1990年年底，共有船检人员26人，其中：工程师4人，助工4人、技术员10人。在此基础上，船检部门为加强内部管理，以嘉船检〔1990〕第56号文转发省局《关于加强内部管理，提高验船质量的通知》，贯彻“谁检验谁负责”的原则，明确验船人员的工作岗位和职责，落实岗位责任制，纠正管理制度不严，岗位责任不清，检验不过硬，不能把好关等问题。要求认真做好船检证书、检验报告等检验技术文件的填写和签发工作。完善船舶检验档案管理，做好一船一档，保证档案的完整性。

【客、渡船检验】

1985年，交通部下达《关于严禁违章航行，立即制止客(渡)船超额运输，确保旅客安全的决定》(以下简称《决定》)。嘉兴市航管部门开展对客(渡)船的检查、整顿工作。深入基层、船舶现场，重点检查船舶安全质量。经实地调查、研究、制定《嘉兴航区核定内河船舶乘客定额和客船拖带的补充规定》。据此，于1986年春运期间对浙航502轮等88艘客船的载客客位、乘客定额、客轮拖带、稳性、救生、消防等的设施配备进行重新核定。同年嘉兴城郊航管所会同水上派出所将交通部下达的《决定》发到农村小客轮和有渡船的乡村。对渡船逐艘进行质量检验，合格的发给渡船征，并在客船和渡船上钉客位核定牌。

1988年，船检部门对所有专业客(渡)船进行安全检查和整改工作。经过一年的实地调查、测试，基本摸清嘉兴航区104艘专业客船的情况，并根据存在的实际问题提出整改措施，督促航运企业对检查出来的问题限时整改。同年9月27日，嘉兴船检所向浙航嘉兴分公司提出专业客船的整改意见，报停、报废客船14艘，消除了不安全因素，保障了旅客生命财产的安全。

1995年嘉兴城郊航管所十分重视把对客渡船的管理，把它作为重点工作来抓，由专人负责，定期定点及经常性检验。当年该辖区内有客船10艘，其中农客3艘，渡口21处，临时渡口2处，渡船24艘。为搞好渡口管理，还协助郊区安全办在全区设置了29个写有渡口守则的渡牌，全年共出动港监艇132艘次，出动港监、船检人员528人次，共检查客渡船231艘次，确保渡船安全适航。1996年城郊航管所对田乐、荷花的2艘客船专门派了2名同志前去进行重点检查。

【“两户”船舶检验】

改革开放后，经济更活了，水上出现了大量的个体户、联户运输船只，简称“两户”。针对这一情况，自1985年起，市航管部门加强了对“两户”船舶的检查、检验，对不符合检验要求的“两户”船舶不予检验登记。1987年，交通部、浙江省人民政府相继发文要求加强乡镇船舶安全管理。浙政〔1987〕55号文第九条规定：“从事营业性运输的乡镇船舶和专门用于农业生产的机动船的所有人或经营人，应向船舶检验机关申请检验并取得船舶检验证书”。此后，部分乡镇船舶自觉经过检验参与营运。老龄船舶存在重大事故隐患，危及航行安全，是船舶检验的重点。本着“安全第一、预防为主”的原则，根据交通部《关于加强对老龄船舶监督检验的通知》和船检局《关于老龄船舶检验的暂行规定》，要求船检部门重视这项工作。嘉兴船检所组织人员对航区老旧船舶的技术状况进行摸底调查。随后，开始对老龄客船的检验，发现问题责令船主单位修、换，该报废的报废，消除了一些老龄船舶的事故隐患。1990年嘉兴城郊航管所全年共检验各类船舶3570艘、52891马力、34272总吨，其中制照检验3艘、72马力、111总吨；初次检验3350艘、41069马力、32140总吨。年度检验674艘、15492马力、11965总吨，临时检验173艘、4667马力、5916.6总吨。

1997年嘉兴城郊航管所全年共检验辖区内船舶2665艘、53224总吨、38312千瓦，其中初次检验船舶534艘、6137总吨、6300千瓦。

【造船检验】

社会主义经济建设的发展，带动了嘉兴市造船业的发展，促进了水运业的繁荣。“七五”期间(1986—1990年)，建造钢质船千余艘，水泥船数量更大。但有些船厂的经营、管理、技术、设备都较差，大多数乡镇船厂盲目上马，造船质量无法保证。船检部门加强了对船厂的督促管理。根据〔1987〕交水监字156号文要求对乡镇船舶制造厂(点)进行清理整顿。“凡设置乡镇船舶制造厂(点)：必须先经乡镇企业主管部门或其他有关主管部门审查批准，经有关主管部门技术认可，须向行政管理部门申请登记，领取营业执照后，方可经营。现有的厂(点)，凡未履行上述审核手续的，要限期补办。今后，各厂(点)制造的船舶必须经船舶检验部门技术审核，批准后方可开工生产。船舶造好后要申请检验，检验不合格的，不准出厂。”为此，嘉兴船检所多次召集船厂厂长、技术人员、管理人员举办学习班，进行现场指导。同时，对船厂进行质量审查。水泥船是嘉兴航区船厂的主要生产产品，产量占全省水泥船生产量1/2强。1986年8月，由省船检处主持，在嘉兴举办建造水泥船学习班。

1987年，根据上级关于“严字当头、科学管理”的指导精神，嘉兴市船检部门严格图纸的审批，加强上船检验，与船厂进行技术磋商，交换意见，要求船厂按规范、规程设计建造船舶，杜绝无图纸造船的现象。

电焊是造船中一道关键工序，为适应嘉兴市船舶手工电焊焊工考试工作的需要，嘉兴船检所向省焊工考试领导小组申请，在撤销浙航嘉兴分公司船厂焊工考试委员会的同时，成立嘉兴航区船舶手工电焊焊工考试委员会，得到批准。

同年，转发《关于焊工考试的若干要求和规定》(浙船检〔1987〕第01号)。五年间共举办焊工培训考试4期365人。对船舶结构知识、焊接设备、焊接操作工艺与电焊条、焊接钢材、焊接变形与应力、船舶结构焊接特点、焊缝质量及焊接安全等内容进行讲授，并进行实际操作。1987年全航区焊工免试换证工作在全省最早完成，并帮助省局带培了二十名实习生。1990年根据《80焊工考试规则》，3月14日对满有效期限的焊工分三期进行换证考试，提高了焊工业务素质。

船检部门加强对船厂新产品的开发、试制给予具体指导，鼓励向外省市开发市场，先后有11米、11.5米、15.6米、20米等各类交通艇竞相开发试制(航速可达20~30公里/小时)。这些交通艇比国内同类型艇要先进，所以拥有一定的销售市场。1987年，嘉兴船检所编制了《玻璃钢小艇试行检验办法(讨论稿)》。9月，对嘉兴市第二航运公司船厂生产的全国首批产品——4.5米玻璃钢汽油挂机滑行艇进行试行性检验，根据“一检、二帮、三把关”的原则，提出了“4.5米玻璃钢艇的检验意见”。

1989年，省船检处下发关于《开展本省船用产品监督检验的通知》，嘉兴船检所参加省船检处组织的对浙航嘉兴分公司船厂的螺旋桨和浙航嘉兴分公司平湖营业站保养场的电子闪光器等船用产品进行认可检验工作。

乡镇船厂生产技术条件的认可是当时水上交通整顿治理工作的一个重要环节，是一项政策性强，涉及面广，难度较大的工作。同年按市交通局部署，嘉兴船检所负责组织实施和技术审查，组织较强的工作班子着手各项准备工作，并积极会同市乡镇企业局于2月组织召开了市乡镇船厂生产技术条件认可工作会议，提出了比较详细的工作计划部署。还进行了以下二方面的准备工作：1.对船厂逐家进行估分，既进一步统一了衡量尺度标准，又看到了船厂相应不足之处，督促工厂整顿。2.讨论拟定了基本考核题目。对人员的考核着重于应知应会方面，题目出得简单、明了、实用。在基本考核题目的基础上，按各船厂类别的不同情况和存在的问题灵活出题。按省船检处和市交通局制定的工作计划，经过工作人员的努力和各方面的支持配合，如期完成了现场考评工作，受到各方面的好评。

1991年，嘉兴共有船检人员26人，其中：工程师4人，助工4人、技术员10人。在此基础上，船检部门为加强内部管理，转发省局《关于加强内部管理，提高验船质量的通知》(嘉检〔1990〕第56号)，贯彻“谁检验谁负责”的原则，明确验船人员的工作岗位和职责，落实岗位责任制，纠正管理制度不严，岗位责任不清，检验不过硬，不能把好关等问题。要求认真做好船舶证书、检验报告等检验技术文件的填写和签发工作。完善船舶档案管理，做好一船一档，保证档案的完整性。实行科学管理，为提高船舶技术检验素质服务，从而使船检工作更趋正常。

1991年12月1日，中华人民共和国船舶检验局颁布了《内河钢船建造规范》，范围包括我国内河航区(包括江、河、湖泊和水库)的各类钢质民用船舶。1992年浙江省船舶检验局出台《浙江省船舶检验工作程序和职责》，明确了船舶检验人员的工作程序和职责，确定了船舶建造检验、营运检验、改装检验应遵循的准则和要求。同年出台的《浙江省船用产品检验暂行规定》《浙江省船用产品检验工作程序》两个文件，为有效地对地方船用产品的监督检验，确保船用产品质量，保障船舶安全航行和安全作业的技术条件提供了可操作性的检验依据。

1993年，随着船舶和船用产品检验成本上升，为保障船舶检验事业的发展，根据国家物价局〔1993〕价费字19号文件精神，自1993年5月1日起调整船舶和船用产品检验收费标准。

在1995年10月12日，嘉兴发电有限责任公司的“嘉电壹号”海上拖轮，由外地转入嘉兴港，总吨：306马力、1176千瓦×2，是嘉兴港第一艘入港营运检验海上拖轮，嘉兴市海船检验业务实现了零的突破。

1995年，随着水监体制的改革，根据上级有关精神，浙江省船舶检验局对原有《浙江省船舶检验三级分工职责》进行了修改，颁布了新的《浙江省船舶检验三级分工职责》，对船舶检验局的职责、船舶检验处的职责、船舶检验所的职责进行了明确分工和规定。

1996年至1999年，先后对《内河船舶吨位丈量规范》《内河船舶载重线规范》《内河船舶无线电通信设备规范》《内河柴油挂桨(机)船检验规则》等提出修改意见并上报船规所，启用新版《内河船舶检验证书及检验报告》、《浙江省船舶检验局验船师日志》和《船舶管理信息系统》(V2.O)版，规范了船舶的检验发证和计算机管理。

浙江省船舶检验局于2000年5月9日正式启用1999版船检证书，并与6月5日施行浙江省船舶检验计费管理暂行办法，计费方法与98计费公式一样，其中系数K值取0.76。

2001年4月23日，国家海事局发布《中华人民共和国验船人员适任考试、发证规则》。2003年浙江省开始船检质量体系的研究工作，2004年12月15日起在省局与各市处试运行，嘉兴船检局作为试运行的单位之一，2006年开始在各签证点全面运行。同年，针对嘉兴市水上旅游业日趋兴旺的特点，起草了《加强风景区旅游船管理和检验的指导性意见》。以指导各港航处对辖区内旅游船舶的具体管理和检验工作。

2004年4月1日，嘉兴市船舶检验机构通过了国家海事局的机构认可获得了国家海事局颁发的B类船舶检验机构认可证书，可以从事除国际航行船舶以外的船舶及其相关产品的图纸审查、法定检验及签发相应证书。嘉兴市有持证验船师26人，均为在岗验船师。

浙江省船舶检验局嘉兴检验处下辖嘉兴城郊等6个船检签证机构，承担着该辖区船舶的营运检验和内河普货船舶的建造检验。针对嘉兴航道分布情况，浙江省船舶检验局嘉兴检验处，采取定时定点集中检验的方式对内河普货船舶的年度检验。在全市设立了思古桥港航管理检查站、王江泾港航管理检查站、红旗塘港航管理检查站、白兰港航管理检查站等8个集中检验点。

2007年起，嘉兴市船舶检验发证权限进行了调整，辖区6个船检签证机构，作为浙江省嘉兴市船舶检验局的派出机构，以浙江省嘉兴市船舶检验局的名义负责营运检验签证工作，统一使用由浙江省船舶检验局下发的浙江省船舶检验局嘉兴检验处编号业务印章（签证章）。签证机构负责内河船舶的建造检验、营运检验及相应的证书签发。船检人员由市局采取聘用的形式负责新建船舶的建造检验工作。船检聘用人员及证书审核、签发人员名单根据其工作经验、船检资历以及适任船检岗位情况由市局每年予以发文公布，并报浙江省船舶检验局备案。对特种船舶的检验在聘用船检人员中按照船、机、电的专业结构组成检验小组实施检验工作。

2008年年底，市持证验船师27人（参加全国注册验船师资格认定考试），其中直接从事船检业务工作的持证验船师23人，拥有高级工程师职称2人。验船人员分布：市处5人，城郊签证机构3人。

2009年，严格落实节点控制和流程控制，不断提升行业发展的本质安全。人少船多，是嘉兴的特点，因此提倡一专多能，全面发展。局对验船师的管理与培训一直坚持“走出去、请进来”的方法，使得业务能力和水平不断提升。针对辖区内船舶大型化，复杂化，就将省局的资深验船师和兄弟单位有经验的验船师“请进来”，通过帮、扶、带，不但缩短了检验时间，而且也提升了验船师队伍的整体水平。船检队伍的廉政建设也纳入港航局统一的惩防腐败体系当中，防止腐败之风影响船检质量。

2009年，设在秀洲区的思古桥、塘汇、王江泾、王店四个港航站全年船舶检验（包括换证、中间、年度等各类检验）分别为135艘、122艘、64艘、24艘。

第四节 航政规费

【历史沿革】

1951年，国务院指示统一收费规章，由航管机构向货主征收运费值1%的航政费，作为航管机构和人员的行政管理费开支。1954年4月，浙江省航运管理局经省财政经济委员会批准，停止征收，改航政费为管理费，木帆船按运费征收3%管理费。7月又向航快船按运价征收2%管理费。

1963年，浙江省航运管理局〔1963〕航港字第21079号通知，向船舶单位征收营收总额3%的航管费；向货主单位征收运费总额4%的调配费。

1987年，嘉兴市航运管理处提出《正确处理重收护岸费的报告》（嘉市航管运〔1987〕8号）。1988年，市航管处制定《稽征管理办法》。

经省交通厅、物价局、财政厅核定，1991年10月1日起征收的航政规费主要有：内河航道养护费、货物港务费、船舶港务费、内河通航河道护岸费、船舶检验费及其他规费（水上交通事故调解费、船舶登记费及各类工本费）。1991年12月1日起开始征收水路运输管理费。1993年1月1日起征收浙江省水路货运附加费。根据嘉兴市政府的意见，航道建设费从1993年9月1日起开征，由嘉兴市财税局征收，嘉兴市交通局使用。1999年9月1日经省政府同意，决定在全省范围内将浙江省水路货运附加费、内河航道建设费合并，统一开征水路交通建设费。2000年7月1日起停止征收内河通航河道护岸费，2002年6月1日起停止征收水路交通建设费。2005年11月1日起开始征收浙北干线航道通行费。

至此航政规费包括内河航道养护费、货物港务费、船舶港务费、水路运输管理费、船舶检验费、浙北干线航道通行费及其他规费，由市港航管理部门征收。

在规费征收管理上，2000年以前，嘉兴航区一直采用原始手工操作的方法。由于工作量大，所以效率很低，差错率也高，征收的港航事业规费基本上是现金，尽管给征费窗口配备了验钞机等设备，但在月末月初征费高峰时，假币还是防不胜防。同时船户以船为家，注册地与营运地不尽相同的特点，船主携大额现金往返也给船主在缴纳港航规费领取缴费凭证带来了极大的不便以及人身财产安全隐患。为了规范稽征管理工作，嘉兴市港航局于1999年10月份与嘉兴嘉软公司共同开发了计算机“稽征业务管理系统”单机版。自2000年7月份开始在各港航处(所)全面启用，电脑开票系统将船舶的征收数据自动放入相对应栏内，可通过多种方式对船舶规费缴纳情况进行查询、统计以及对征收情况生成报表和数据的传输工作。减轻基层站点工作人员工作量，降低开票出错率，能准确及时地为领导提供各种数据。

2004年5月，启动开发港航规费银行委托结算系统(简称电子缴费系统)。在任何一个港航管理窗口凭“嘉兴市水路规费电子缴纳缴费凭证领取卡”领取港航规费缴讫凭证。

2008年初，市港航局决定对嘉兴内河港装卸作业的船舶实行报港管理，出台“嘉兴内河港装卸作业船舶报港管理办法”，开发“船舶报港管理系统”，试行报港、装卸、签证、缴费全过程便民措施。近几年来运用科技手段创新征管方式，做到了“创新、服务、发展”。

2009年1月1日开始，国家实行成品油价税费改革政策，燃油税费改革水上取消了航道养护费、水路运输管理费、水运客货运附加费等费种。

【内河航道养护费】

内河航道养护费（简称航养费），用于航道养护和建设。1965年《关于颁布“浙江省内河航道养护费征收和试行办法”的通知》(省财政厅、交通厅〔1965〕财企字1684号、〔1965〕交航监字第5280号)，在本省内河通航航道上航行的船舶按营收的4%征收。1971《关于调整航道养护费及航政费收费率的通知》（财金企字第428号、浙交邮航〔1971〕字第498号)，按营运收入的6%征收。

1986年嘉兴城郊航管所征收航道养护费96.13万元，1987年征收航道养护费128.88万元。

根据《中华人民共和国航道管理条例》和《中华人民共和国水路运输管理条例》的有关规定，经国务院办公厅(国办函〔1992〕40号文)批准，授权交通部、财政部、国家物价局于1992年8月4日制定并发布《内河航道养护费征收和使用办法》(交工发〔1992〕672号)，浙江省交通厅、财政厅、物价局《厅关于内河航道养护费征收问题的通知》(浙交〔1992〕239号)，1992年10月1日起按8%征收；为合理确定内河航道养护费等水路规费的征收定额，颁发《关于杭、嘉、湖、绍水运规费征收定额问题的通知》(浙价费〔1996〕5号、浙交〔1996〕2号)，1996年4月1日起39吨以下定额4元/吨·月，40~99吨每增加1吨，定额增加0.10元/吨·月，100吨以上定额10.10元/吨·月。

1997年12月13日，国家计委、财政部下发《关于第一批降低22项收费标准的通知》。同年嘉兴城郊航管所全年征收航道养护费634.84万元。

1998年9月3日，省航运管理局下发《关于杭嘉湖水运市场秩序整治方案中有关规费征收问题的通知》，全省从9月1日起，航养费费率从营运收入的8%降低到6%。同时对月定额标准和航次定额标准作了相应的调整：载重39吨以下定额3.00元/吨·月，40~99吨每增加1吨，定额增加0.08元/吨·月，100吨以上定额7.88元/吨·月，临时2.00元/吨·次；航次定额按月度定额的1/5征收。1997年嘉兴城郊航管所全年征收航道养护费634.84万元。

2001年9月17日，省物价局、交通厅下发《关于统一杭嘉湖绍航区外省籍船舶内河航道养护费航次定额标准的通知》(浙交〔2001〕317号、浙价费〔2001〕314号)，9月1日起对外省籍船舶内河航道养护费航次定额标准统一为2元/吨。

2004年12月23日浙江省财政厅、物价局下发展了《关于调整部分内河交通规费标准的通知》(浙价费〔2004〕334号)，全省从2005年4月1日起，标准船型在现行定额标准的基础上降低30%；挂桨机船自2005年1月起，在现行定额标准的基础上加收10%；自2006年1月起，在现行定额标准的基础上加收20%；自2007年1月起，在现行定额标准的基础上加收30%。2009年1月1日起，国家实行燃油税费改革，航道养护费征收随之取消。

【货物港务费】

1980年1月1日开征，进出本省沿海内河各港的货物，甲类货物进出口各计征0.10元/吨、乙类货物进出口各计征0.20元/吨。嘉兴城郊航管所1986年征收货物港务费56.94万元，1987年征收货物港务费68.03万元。1990《关于我省水运货运价格的通知》(浙价费〔1990〕17号、浙交〔1990〕85号)，甲类货物进出口各计征0.20元/吨、乙类货物进出口各计征0.40元/吨。1994年《浙江省港口费收规则》(浙价费〔1994〕69号、浙交〔1994〕163号)“关于适当调整港务费费率”的决定，按每进口或出口一次，向货主征收货物港务费0.35元/重量吨、0.25元/体积吨、二吨集装箱0.72元/箱；经营产运销结合难于按其进出口货物运量计收货物港务费，1995年4月1日起每月每载重吨统一按

2.50 元计征(浙价费〔1995〕106 号、浙交复〔1995〕638 号)。1997 年嘉兴城郊航管所全年征收货物港务费 345.34 万元。

根据《中华人民共和国港口收费规则(内贸部分)》,2004 年 12 月 23 日浙江省财政厅、物价局下发了《关于调整部分内河交通规费标准的通知》(浙价费〔2004〕334 号),标准船型在现行定额标准的基础上降低 30%;挂桨机船自 2005 年 1 月起,在现行定额标准的基础上加收 10%;自 2006 年 1 月起,在现行定额标准的基础上加收 20%;自 2007 年 1 月起,在现行定额标准的基础上加收 30%。2005 年 8 月 1 日起浙江省进出口货物港务费征收标准调整(浙价费〔2005〕199 号),内河 1.00 元/吨·次,经营产运销结合难于按其进出口货物运量计收、货物港务费按定额 4.00 元/吨·月。2009 年货物港务费塘汇港航站、王江泾港务站及王店港航站全年分别征改 21.08 万元、21.97 万元和 17.84 万元。

2012 年 1 月 1 日起,3 年内免征小型微型企业货主(包括个体船舶)货物港务费。

【船舶港务费】

1988 年 10 月 1 日开征,根据国务院发布的《中华人民共和国办河交通安全管理条例》(国发〔1986〕109 号)和国务院《关于加强办河乡镇船舶安全管理的通知》(国发〔1987〕98 号)的规定,以及省人民政府浙政办发(1988)165 号关于同意开征船舶港务费的批文,并参照交通部报经国家物价局审查同意的《港口费收规则》,于 1988 年 8 月 31 日颁发了《浙江省船舶港务费征收办法》(浙交〔1988〕281 号、浙价费〔1988〕164 号),按每进口或出口一次,征收船舶港务费沿海 0.20 元/吨、内河 0.10 元/吨,定额 1.00 元/吨·月。

1994 年,《浙江省港口费收规则》(浙交〔1994〕163 号)"关于适当调整港务费费率"的决定,按每进口或出口一次,征收船舶港务费内河 0.55 元/净吨、拖轮每千瓦 0.75 元,实行按月定额计征的内河船舶港务费 3.00 元/净吨·月、拖轮 4 元/千瓦·月。嘉兴城郊航管所 1995 年和 1996 年二年征收船舶港务费分别为 185.60 万元和 201.05 万元。

2004 年 12 月 23 日浙江省财政厅、物价局下发了《关于调整部分内河交通规费标准的通知》(浙价费〔2004〕334 号),标准船型在现行定额标准的基础上降低 30%;挂桨机船自 2005 年 1 月起,在现行定额标准的基础上加收 10%;自 2006 年 1 月起,在现行定额标准的基础上加收 20%;自 2007 年 1 月起,在现行定额标准的基础上加收 30%。

【水路运输管理费】

1991 年 12 月 1 日开征,按营运收入的 1.5%征收。根据《中华人民共和国水路运输管理条例》的规定,统计全国各地对水路运输管理费的征收和使用制度,交通部、财政部发布了《水路运输管理费征收和使用办法》(交运字〔1990〕136 号),浙江省交通厅、财政局、物价局颁发了《浙江省水路运输管理费征收和使用办法》(浙交〔1991〕271 号)。1993 年嘉兴城郊航管所征收水路运输管理费 120 万元。为合理确定内河航道养护费等水路规费的征收定额,颁发《关于杭、嘉、湖、绍水运规费征收定额问题的通知》(浙交〔1996〕2 号),1996 年 4 月 1 日起 39 吨以下定额 0.80 元/吨·月,40~99 吨每增加 1 吨,定额增加 0.02/吨·月,100 吨以上定额 2.02 元/吨·月。1997 年嘉兴城郊航管所全年征收运输管理费 128.20 万元。

2004 年 12 月 23 日浙江省财政厅、物价局下发了《关于调整部分内河交通规费标准的通知》(浙价费〔2004〕334 号),标准船型在现行定额标准的基础上降低 30%;挂桨机船自 2005 年 1 月起,在现行定额标准的基础上加收 10%;自 2006 年 1 月起,在现行定额标准的基础上加收 20%;自 2007 年 1 月起,在现行定额标准的基础上加收 30%。2009 年 1 月 1 日停止征收。

【船舶检验费】

1993 年 8 月 31 日,省航运管理局下发《关于执行<船舶和船用产品检验计费规定>(1993)的通知》,从 9 月 1 日起执行。1998 年 9 月 24 日,省物价局、交通厅下发《关于转发船舶及船用产品检验计费标准的通知》,9 月 24 日起执行新的《船舶检验计费标准》和《船用产品检验计费规定》。具体船舶检验计费公式:F=N*C*K,式中:F—应收的检验费或认证费;N—基数(元);C—系数:由不同船舶的类型、结构装置和船龄确定;K—因素:全省内河船为 0.76。船用产品检验计费包括审图费、认可费、检验费等。这标准至 2010 年仍在延用。嘉兴城郊航管所于 1995 年至 1997 年三年征收船舶检验费分别为 85.8 万元、97.90 万元和 64.35 万元。

【浙江省水路交通建设费】

1999 年 9 月 1 日开征。为加快我省水路交通设施的建设和改造步伐,提高航道和港口通过能力,适应国民经济发展的需要,经政府同意,决定在全省范围内将"浙江省水路货运附加费""沿海港口基础设施费""内河航道建设费"合并,统一开征水路交通建设费,专项用于省航道、港口的重点工程建设和还贷。制定《浙江省水路交通建设费征收暂行管理办法》(浙交〔1999〕289号)。定额3元/吨·月，临时在县境内0.2元/吨·次、市境内及跨市运距100公里以内的为0.20元/吨·次、省内跨市运距100公里以上为0.50元/吨·次、跨省运输为0.80元/吨·次。2002年6月1日停止征收。

【内河港口基础设施费】

1992年10月13日开征。嘉兴市为筹集港口基础设施建设资金，加快内河港口建设，形成综合生产能力，根据“以港养港”的原则，开征内河港口基础设施费。凡进出交通公用码头的货按货物进口或出口一次0.50元/吨标准征收，凡属码头产权单位生产所需的原材料按进口或出口一次0.25元/吨标准征收，对难于确定专用码头进出货物量的可按占用码头岸线尺度征收10元/米·月。1999年9月1日停止征收。

【其他规费】

征收的其他规费：(1)船舶登记费。按1992年4月25日国家物价局下发的《关于发布交通部水上安全监督收费项目及标准的通知》执行，项目包括船舶所有权登记、船舶临时登记、船舶租赁登记、船舶抵押登记、船舶更名或船籍港变更、船舶登记项目变更、船舶国籍证书、废钢船舶登记。(2)船员考试费。按2001年12月20日国家计委、财政部《关于调整船员考试费等收费标准的通知》(计价格〔2001〕2717号)执行，项目包括内河船舶适任证书考试、船员专业培训和特殊培训考试、实际操作考试、补考。(3)船员证收费。执行计价格〔2001〕2717号，项目包括内河船舶适任证书、船员专业培训合格证书、船员特殊培训合格证书、船员服务簿。2009年1月1日取消征收。(4)船舶最低安全配员证书。执行计价格〔2001〕2717号。(5)海事调解费。执行计价格〔2001〕2717号。(6)船舶及船用产品检验证书工本费。执行浙价费〔1998〕405号，2008年8月起5年内免征。(7)船舶申请安全检查复查费。执行计价格〔2001〕2717号。(8)船舶牌工本费，按1996年2月13日省物价局《关于核定浙江省船名牌工本费收费标准的批复》执行，2012年2月1日取消征收。

【河道护岸费】

河道护岸费属市级预算外资金，由航管部门代征。1982年2月11日，嘉兴地区行政公署发出《关于征收河道护岸费的通知》(行署〔1982〕18号)，“根据省人民政府办公厅浙政办〔1982〕4号文件，为了保护耕地，防止堤岸坍塌河道淤浅，以利于航运的安全、畅通，省政府批准；嘉兴地区从1982年3月1日起，向各货物托运单位和个人按运费的百分之三征收护岸费(机关、厂矿、企业等自备船只，按每马力或每船吨每季征收三角护岸费)、护岸费由各级船管部门代征，具体征收办法，责成地区交通局、船管处研究部署，所征所费，统一存入银行专户，全部用于河岸治理和养护，专款专用，不得移作它用”。

1982年3月1日开征，为保护耕地，防止堤岸坍塌、河道淤泥，以利航运安全、畅通，颁发浙江省嘉兴地区河道护岸费征收办法(行署〔1982〕56号)，1986年5月1日转发《浙江省内河通航河道护岸费征收和使用暂行办法》(浙政办〔1986〕19号)，1986年7月1日执行，向货物托运单位计征，县内、市内、跨市征收标准分别为每计费吨0.05元、0.10元、0.15元，向承运船舶或运输船户计征，每吨每月0.50元，自备船舶每吨每月0.30元。嘉兴城郊航管所1990年代征护岸费43.5万元，1991年代征护岸费52万元。

1992年在综合考虑护岸建设需要和有关方面承受能力基础上适当调整河道护岸费征收标准(浙政办发〔1992〕318号)，1993年2月1日执行，县内、市内、跨市征收标准分别为每计费吨0.10元、0.20元、0.30元，向承运船舶或运输船户计征的，每吨每月1.00元，自备船舶每吨每月0.60元。1995年至1997年三年嘉兴城郊航管所代征护岸费分别为377.80万元、191.96万元和167.72万元。2000年7月1日停止征收。

【水路货运附加费】

水路货运附加费由省交通厅统收统支，由各港航管理处、所代征。收取的水路货运附加费实行全额上缴，1993年1月1日开征。为加快省水运基础设施建设，尽快改变水运交通不适应状况，根据浙江省人民政府《关于加快交通基础设施建设的通知》(浙政〔1992〕28号)中开征水路货运附加费(浙交〔1992〕326号)。按运费的5%计收，市内运输按3%计收；按月计收的40吨以下2元/吨、40~60吨3元/吨、60~80吨4元/吨、80吨以上6元/吨。嘉兴城郊航管所于1995年至1997年三年代征水路货运附加费分别为475.4万元、328.44万元和293.11万元。1999年9月1日停止征收。

【内河航道建设费】

内河航道建设费由市交通局委托市财政局代征，1994年1月1日在杭嘉湖地区开征。根据浙江省人民政府《关于保障杭嘉湖地区干线航道安全畅通的通知》在杭嘉湖地区开征内河航道建设费(浙交函〔1993〕909号)，义务缴费人为开采和生产石料、黄砂、石灰石、砖瓦、水泥预制品的单位或个人，按月计征，石料、石灰石、砖瓦、水泥每吨不超过 1.00 元；黄砂每吨不超过 0.50 元；水泥预制品每吨不超过 2.00 元。1999 年 9 月 1 日停止征收。

【浙北干线航道通行费】

浙北干线航道通行费征收由各级港航管理部门代收，全部存入省财政专户，全额用于浙北干线航道的建设和还贷，2005 年 11 月 1 日开征。为进一步拓宽筹资渠道，保证浙北干线航道建设和资金来源，根据《浙江省人民政府关于浙北干线航道改造项目列为省"四自"航道工程的批复》（浙政发函〔2005〕7 号）和《浙江省人民政府办公厅关于印发〈浙江省内河"四自"航道管理暂行办法〉的通知》（浙政办发〔2004〕105 号）精神，结合本省实际制定了通行费征收方案（浙政办函〔2005〕15 号）。月度定额统缴标准 3 元/吨（千瓦、客位）·月，航次缴纳标准 1 元/吨·次。

2009 年塘汇港航站、王江泾港航站和王店港航站全年征改浙北干线航道通运费分别为 184.77 万元、168.63 万元和 33.74 万元。

嘉兴城郊管理处 1995 年至 1997 三年港航规费征收状况及 2005 年至 2010 年在秀洲区的思古、三塔、王店、塘汇、王江泾等五个运航管理站规费征收情况见下两表。

1995—1997 年嘉兴城郊管理处港航规费征收状况表

表 8-3-7

单位：万元

年份	航道养护费	货物港务费	船舶港务费	运输管理费
1995	772.9	277.8	185.6	146.3
1996	723.33	315.32	201.05	143.46
1997	634.84	345.34	716.46	128.20

2005—2010 年秀洲区规费征收情况表

表 8-3-8

单位：元

年份	思古桥站	三塔站	王店站	塘汇站	王江泾站	合 计
2005	12257698	3308813	1372058	5778009	4138745	26855323
2006	14279484	4766307	1085258	6846698	6070763	33048510
2007	15709664	5106479	1140235	6944081	6086188	34986647
2008	15438807	3805872	1074726	6285667	4534907	31139979
2009	8122513	2180830	762268	3197425	2569592	16832628
2010	12025951	2724037	1017743	4926771	3073385	23767887
合 计	77834117	21892338	6452288	33978651	26473580	166630974

第五节 安全管理

【船舶管理】

我国早在公元 10 世纪，即五代至北宋就有交通法规，宋太宗赵匡义曾允朝臣孔承恭之奏，御笔亲批"贱避贵，少避长，轻避重，去避来"12 字，刻石勒碑，树于诸州要道。明代嘉兴设河泊所，据民国时期《嘉兴新志》上编载："《明河泊所》东门外二里明初止用船只，洪武十四年（1381 年）建有廨、厅，设使管天星、马场、鸳鸯、杨家四湖鱼课。"后废。

《海盐县图径》载："正统六年（1441 年）命江南巡抚周忱兼嘉湖二府，奏立民与军兑运之法。"境内渔船、埠头船，营户船，均由河泊所管理并征收船捐、货税。

清光绪三十二年九月二十日（1906 年），清政府厘定官制，设置了邮传部。部内设立船政司，司设筹度、核信两科，分管航政工作。筹度科掌航务调查，航路开通，航业推广，章程审核，船会管理，航舶失险检查，灯旗信号，码头、军运、漕运、船员及轮船公司之立案事项。核信科掌各分公司轮船表册，账簿、注册、给照、购买估变、减费救难、航务裁判等事项。

民国元年（1912 年），中央政府各官署进行制度改革，将清政府的邮传部改为交通部。民国 2 年 7 月，设邮传司，航政属邮传司之航政科，对于凡事营业性运输的船舶，实行检验、丈量、发证制度。民国 3 年至 16 年间，内河船舶的稽查、编发牌照，收费等由水警局兼理。

民国 16 年 11 月，浙江省建设厅为整治航运，稽查船舶，始有八区管理船舶事务所设立。次年 1 月省政府训令内河、外河水警局，“将关于船舶事项移归各区管理船舶事务办理”。此后，嘉兴船舶给照、查验、取缔、收费等事项由八区所各分区管理。省政府同时公布《管理船舶章程》。《浙江省编发轮船照及收费办法》中规定：“凡航行之轮船经交通部注册，发给执照及海关查验给照后，并须向该区管理船舶事务所请领本省船舶牌照，而行。”

民国19年2月13日，成立浙江省航政局，将八区管理船舶事务所改为四分局。旋因原航政局开支浩大，遂于民国20年2月裁撤航政局，在建设厅内设航政处，原有各航政分局改为各区管理船舶事务所，其所属办事处则改为分所。此后撤销航政处改为航政股，隶属建设厅第二科。全省分四个区。各设管理船舶事务所。当时。嘉兴属第二区管理船舶事务所第五分所，设主任、事务所、巡丁、勤务员各一人。

民国26年3月，省建设厅令撤销各区管理船舶事务所，嗣后各项事宜各县政府负责办理。

抗战胜利后，嘉兴船舶事务由上海航政局宁波办事处兼管。因地隔较远极难顾及，故具体工作由县建设科经管。机动船的注册、给照须呈上海航政局核办，非机动船则处于“放任自流”状态。

1949年5月7日，嘉兴解放。随即成立军事管制委员会及专员公署、人民政府。为便于对水上运输实行统一管理，浙江省人民政府征得上海航政局同意，将各地航政机构暂由当地军事管制委员会接收管理。办理轮船通行证等事项。

1949年12月浙江省航务局成立，负责全省航运、航线、船舶组织管理以及巷口等航务工作。1950年7月，浙江省航务局浙西管理所嘉兴分所成立。承办嘉兴等七县(当时有崇德县)的航运管理工作，并开始着手建立本航区的船舶管理制度和设置基层航政管理机构。同年7月24日，浙江省人民政府嘉兴专员公署通告，查该专区航务事宜，业由浙江省航务局浙西管理所负责办理在案，嘉兴县境所有公私轮汽民船营者，自应依法向该所办理申请通航登记手续，兹限于8月1日前全数办理完毕，逾期即依法给以停业处分。所有各机关部队及私企业厂商运输机构等，如需以船舶装运货物亦向该所照章申请调配手续，俾便统一管理调配而利航运。

1950年9月，华东区第一届内河航务会议通过决议，制定《华东区木帆船舶管理暂行办法》草案，指出：“为了发展水上交通，开拓航运贸易，建立航行秩序，统一管理手续，保障航行安全船舶产权，凡营运的木帆船一律由航务机关登记、检查管理；营运船舶须受航务机关之领导。并在航务机关协助下，组织水上联运社、运输公司、运输合作社等。”当时，浙江省航务局浙西管理所嘉兴分所已进行木帆船登记、丈量、实行船舶定港和由航务机关直接调配船只等工作，并根据华东会议精神，开始实行对木帆船实行统一运价和统一调度。

1955年10月，《浙江省港航监督组织工作实施细则》公布，其中规定凡发现船舶证书不完备、船员配备不足、船只破损、设备不全以及超载等，港航监督部门有权禁止其行。1959年2月9日，交通、公安、农业、内务、农垦诸部，先后联合发布了关于作好农副业船、渡口船、渔船安全管理的指示和规章，强调此类船舶，必须经过检验、丈量、核定航行(作业)区域和装载定额，发给航行证，才准航行。

1960年9月，交通部颁布《船舶登记章程》，11月1日起施行。提出“为了加强船舶监督管理，决定船舶籍港，确认船舶航行权，保障有关船舶权利”。凡是国家，集体和公民所有船舶，除军事、公安舰船外，都应在港口管理机关办理登记，以取得登记证书或执照后才有权航行。船舶登记机关应设置船舶登记簿，载明下列事项：登记日期、船籍港、船舶编号和名称，船体材料，船舶种类和用途；造船年月、地点、厂名、下水日期、船舶尺度、吨位；主机种类、数目、马力匹数；推进器种类和数目；船舶所有人及其地址；登记事项；注销登记的原因和日期。并规定登记项目和所有权变更时，必须办理变更或注销登记。

1978年11月，嘉兴地区交通局转发了浙江省交通局《关于认真做好戡划载重水线、核定船舶装载吨位工作的通知》，并有以下两个附件。

(1)核定船舶最小干舷高度参考标准(毫米)

表 8-3-9　船长一般船舶自航木帆船

	A级航区	B级航区	C级航区	C级航区
（米）	（长江）	（黄浦江）	（内河）	（内河）
≤15	250	230	140	10米以下
20	270	250	160	100
25	300	270	180	15米以下
30	330	300	200	125

(2)船舶载重水线标志式样

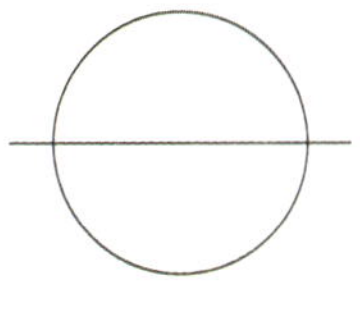

航行两航区
一个标志式样

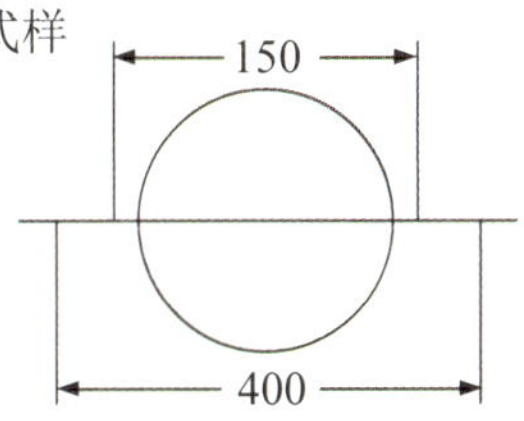

航行两级航区
B、C一个标志式样

附注：

(1)上述载重志戳划在船舶两舷船长中点处。

(2)如船长中点处无位置时，可用40公分长线一条代替，直径2.5厘米。

(3)标志线粗2.5厘米。

嘉兴地区的货运船舶勘划载重水线，嘉兴地区交通局规定原则上只划B、C两级航区。是年12月，国家船舶检验局又对1959年公布的《船舶吨位丈量规范》修正后重新公布试行。规定：船舶丈量采用米制，吨位计算结果取2位小数，每1/0.358米称为1"吨位"；如必要时上船查核钉，一般可在图纸上量计，量计吨位的范围包括：船的长度、深度、甲板长度、甲板上建筑物围蔽和开处所，各种船型的系数值及量计容积的方法。

1983年1月1日起，按中华人民共和国船舶检验局〔1982〕船检字第42号文件执行，营运中船舶检验的收费标准如下。

营运船舶检验收费标准表

表8-3-10

船体		轮机	
船吨	费额(元)	马力	费额(元)
10吨未满20吨	20	未满20匹	8
20吨未满50吨	30	20匹未满40匹	10
50吨未满100吨	39	40匹未满60匹	14

1985年，嘉兴航运管理处通知，40匹马力以上的机动船和40吨级以上驳船，由航管处港监科负责检验，在此标准下的由各县(市、区)航运管理所检验。

1990年1~12月，嘉兴城郊航管所检验各类船舶3570艘、52891马力、34272总吨，其中初检3350艘、41069马力、32140总吨，年度检验674艘、15492马力、11965总吨，制照检验3艘、72马力、111总吨，临时检验173艘、4667马力、5916.6总吨。为方便船户，其中下乡验船发证2248艘、30804马力、1500总吨。

1991年以后船舶管理，(详见"船舶检验管理"一文中1991年以后部分)。

【船员管理】

船员管理重点是做好对船员的安全教育和技术业务培训。民国17年(1928年)，浙江省建设厅颁布《浙江省内河小轮舵工机手登记规则要点》，规定驾机船员登记管理。如不遵照该规则登记领有本省登记执照者，不得在浙江省内河小轮服务。舵工机手呈请登记者，须开列姓名、年龄、籍贯、住地，并附缴最近四寸半身相片两张，登记费若干元，呈请建设厅核准，执照有效期暂定五年。于其他船员的管理，建设厅颁发了《浙江省取缔船舶水手、茶役规则》，对水手、茶役不准索取小费，任意侮辱乘客等作了规定。

中华人民共和国成立后，交通部规定，凡轮船机驾人员须经航政机关培训考核，成绩合格者发给证书，方可上岗。

1956年，交通部发布交河监〔1956〕第110号命令，其中第十一点为"提高船员技术"，规定："船员应熟悉本船性能和特点，熟悉航道，航标、港口情况以及通过主要滩险的操作方法和拖带技术，船长(轮机长)应培养驾驶员(轮机长)有独立操作的能力"，船员每星期应有四小时技术业务学习时间，每船都应订学习制度"。是年，浙江省航运管理局港监科组成工作组到嘉兴航运管理处协同处、站航管人员，组织航区各县第一期机驾船员证书培训班，持有证书的船员方可任职。

1966年9月，嘉兴全区港监会议决定，驾、机船员的任职，采用群众推荐、船舶单位领导同意和航管部门核准的"三结合"办法。1971年，省交通邮政局贯彻落实中共中央〔1970〕71号文件精神，重新制定了《浙江省轮船船员考试发证规则》及《持证船员审验换证的规定》。嘉兴及各县大事故或"文化大革命"前期参与打、砸、抢的船员，一律不予换发新证。并规定每隔3~5年进行一次审验。1973年2月，恢复船员考试发证工作，后又对以"三结合"办法领证的船员进行补考。

1979年6月，浙江省航运管理局颁发《浙江省内河船舶船员职务规(试行)》(浙监〔1979〕第299号)，自8月1日起试行。该规则对正驾驶、副驾驶、水手、炊事员、客运员、服务员、正司机、副司机、机助、实习人员、学徒、小马力驾机员、驳船驾工、驳船水手等各类人员的职责分别作具体规定。

同年，交通部公布《中华人民共和国轮船船员考试发证办法》，对考试手续、考试内容等作了规定，自10月1日起执行。同年10月4日，浙江省航运管理局颁发《浙江省内河船舶船员技术等级标准》(浙航劳〔1979〕第522号)，将驾驶和司机各划分八个技术等级，驳船船员为五个技术等级，分别规定了各职务等级应具备"应知"和"应会"技术要求。

1980年4月23日，浙江省交通局下达《关于颁发〈浙江省轮船船员考试发证补充规定〉的通知》，进行考试发证。40匹马力以上机动船的驾、机船员，由嘉兴航管处考试发证。船员管理由各县航运管理部门依照《浙江省内河船员职务规则》、《浙江省轮船员考试发证办法》、《浙江省内河机动船船员配额规定》和《40马力以下机船船员配额规定》

进行管理。

随着国家经济政策的放宽，“两户”船舶成倍增长，到1986年城郊两区约有“两户”船舶4500多艘。由于船舶迅速增加，船员的航行知识跟不上，提高船员航行知识已成为抓好水上航运安全的重要一环，对船员培训已迫在眉睫。1986年城郊航管所举办“两户”船员培训考试12期，培训人员1757人，经考试合格1372人，合格率78.1%。1987年又举办12期驾机人员考试，3期小马力的乡镇船舶培训班，培训人员1485人，经考试合格1123人，合格率达75.6%。城郊航管所为方便培训，还与市三航公司密切配合，在塘汇小普陀三航船厂成立了培训基地。

1990年，王江泾航管站积极配合郊区交通局安全办和城郊航管所，搞好乡镇船舶的培训发证工作。全年该辖区共举船员培训班16期，参加培训船员2346人，共发证2023艘。

1991年，为使乡镇运输船舶进一步纳入管理轨道，嘉兴城郊航管所在各乡交管站的配合下，全年共举办培训班12期，培训驾驶员1044名，新办证船舶688艘。以后，随着水运市场的发展，在册挂桨船迅速增多，特别是一些外省市的船舶也在嘉兴登记入港，需要培训考试发证的船员增多。

1992年，嘉兴城郊航管所在各乡（镇）交管站的配合下，全年举办培训班15期，培训驾驶员1474人，及格1352人，新发证923人；1993年举办培训班15期，培训机驾人员1039人，考试及格1003人，新发证960人；1994年举办培训班7期，培训船员575人，及格564人，新发证船员488人；1995年举办培训班26期，培训船员1098人次，合格率为95%，新领证书船员1084人；1996年举办培训班18期，培训船员602人，合格率为95%。城郊航管所做到严格船员考试发证关，船员材料做到一人一档。

到2007年年底，嘉兴航区持有效船员适任证书的三等船员217名，四等船员4402名，五等船员1016名，共计5635名。

2008年，举办船员考试2期，参加考试103人，其中一期为海事艇驾驶人员；换发新版船员适任证书296本，累计换发5491本。举办了2期客船船员特殊培训班，参加培训60人。举办船员基本安全培训班1期，参加培训40人。

2009年，对船员证书进行清理。一是结合新版船员服务簿的核发工作加强船员注册培训，对需要参加船员基本安全培训，全年共举办船员基本安全知识培训2期，参加考试78人；二是做好船员适任证书换发工作。督促换证船员参加知识更新培训，进一步提升船员素质；三是开展新注册船员的培训考试工作。采用全省统一的考试系统对新考船员进行培训、考试，2009年共办理三、四、五等船员培训8期，新增了三、四、五等船员；四是按照部海事局的要求，对船员适任证书展开清理工作，杜绝一人多证的现象，规范船员管理。

2010年，结合新版船员服务簿的核发工作加强船员注册培训，共有572人参加了船员知识更新考试。617人通过船员基本安全培训考试，取得船员资格，共有514人参加适任考试，取得了船员适任证书。48人参加考试获得内河客船船员特殊培训合格证。

【航行安全管理】

解放前，嘉兴城郊区航行安全管理均按上级有关部门指示办理。

民国19年（1930年）12月17日，浙江省建设厅颁布之《修正浙江省取缔河道停泊竹木排规则》中规定：凡竹木徘在河道停泊者，须在无市集地方河流之一侧，或市稍及栅外河道下流之一侧，其宽度不得过河面三分之一，凡离市头一里之河流，但在两市头与市稍相距不及一里者，以离市头半里为限；两侧非市集与市集相交之河流在交点上游一里以内或下游五丈以内者；河面宽度在三丈以内者断头河等河流，概不得停泊竹木排。

民国20年5月，浙江省建设厅颁布之《修正浙江省管理船舶规则》中规定：凡拖带船只时，须有水手在船后了望，如遇拖船有危险之虞时，应速告船主或舵工，为适当之处置；凡船舶如有损坏不堪航行时，非经相当之修缮，不准航行。

民国21年2月，浙江省建设厅在行政计划中通饬各区管理船舶事务所，严密撤查蒙领航船执照之船员户。如果查有无船有照转租与营业，或有取巧情事者，除予究办处，并撤消其营业权。以杜流弊，而资整顿。此后，又于民国23年11月责令各管理船舶事务所，切实执行对于船舶之检查、丈量登记各事；对于船舶之违令贪载客货尤应敢加取缔。解放前，在嘉兴航区未见有船舶进出港口的签证制度。

解放后，1950年嘉兴城郊区对船舶办理检验、丈量、登记、发证。船舶进出港口均须持航行签证簿、船舶检验证书及有关证件办理签证（当时未设有航运管理机构的地方，都由当地乡镇一级政府办理）。

1952年，嘉兴建立航运管理机构后，直接受理这一工作。同年9月，据华东军政委员会交通部令，嘉兴市始建船舶进出口签证制度。1958年，签证制度取消，1961年恢复。1966年9月21日，嘉兴地区航管处通知，又取消签证制度，导致水上运输秩序混乱。至1969年12月恢复，运行船舶每月签证一次。1979年，交通部颁发《船舶进出口签证管理办法》规定“船舶进出口，一般以签证一次并掌握出口签证为原则”。据此，嘉兴各航管部门执行每航次签证制度，该签证制度至2010年仍在沿用。

1955年，颁发《浙江省港航监督组织工作实施细则》。1956年年初，嘉兴航运管理处设立了港航监督组织，首先对南湖渡船进行检验、丈量、核定载客人数并发证。然后，分别由处、所对辖区内所有渡口、渡船做了一次普查，加强了对渡口、渡船的管理。

1980年7月10日，嘉兴县交通局、嘉兴县公安局联合制定了《嘉兴港市河航行、停泊暂行规定》。

嘉兴市航运管理处从1984年10月起，杭申甲线嘉兴城区塘汇设立了港监安全检查处。配备2艘港监艇、1艘趸船。1艘港监艇在趸船旁值勤，另1艘港监艇巡逻、检查，对航查中发现违章超载的船舶，动员船方将超载部分起卸，对拒不听从者，则强制装卸，以确保航行安全，在做好设站检查的同时，还不定期地开展船舶安全大检查。

1985年12月，公安部、交通部联合颁发《维护水上客运治安秩序，严禁客(渡)船超载航行的通知》；1986年交通部《加强内河航运企业安全工作若干规定》，同年12月国务院颁发《中华人民共和国内河交通安全管理条例》。

1986年嘉兴城郊航管所加强巡港检查，维护航行秩序，全年共出动港监艇进行巡港检查、事故现场勘察和封港等201次，584人次。为贯彻落实交通部“昆山会议”决定，当年5月6日零时至15日24时，二省一市安全大检查统一行动，嘉兴城郊航管所出动港监艇3艘，摩托艇1艘，投入检查人员55人，加强现场管理。被检查船舶1603艘，其中双无证件船舶179艘，其他违章(无航行证、无船员证、不签证、安全航行设备不齐)等有问题的船舶1047艘，罚款15181.81元，补交航政规费39856.32元。紧接着7月份又参加全省安全大检查。12月9日至11日，城郊航管所又组织全所进行一次年底安全检查，集中了3艘港监艇、1艘摩托艇和24名检查人员到王江泾、栖真进行检查，共检查船舶299艘，补收航政规费及罚款10796.02元。

1988年1月30日嘉兴市港航监督《关于严禁非客运船舶违章搭客的通知》。水上交通秩序有所好转。1989年，贯彻执行嘉兴市人民政府《关于综合治理水上交通秩序的具体意见》。是年4月，嘉兴市航区全面开展治理整顿水上交通秩序，强化现场管理，在当地政府领导下，公安、工商、财税等部门配合，深入厂矿、码头、航道开展宣传和检查。嘉兴市航运管理处编印了“嘉兴市水上综合治理宣传资料”5万余份，利用航查散发给广大船员。在航查中依法治航，市港航监督直接查处违章船舶63艘，对11艘严重违章船舶船员发出了处罚决定书，对期满既不起诉又不履行处罚决定的和10艘船舶经营人，申请人民法院强制执行，为实施依法治航积累了经验、探索了新路子。

1990年，把综合治理水上交通秩序列入航管工作，重点放在农副船（两户）船舶治理整顿。全航区已建立134个专为水运个体户开具货运标据，较好地维护了货源基地的水上交通秩序，使水上交通事故，堵塞航道现象明显减少。是年，嘉兴市航运管理处先后制定《嘉兴港区船舶航行、停泊规定》、《机动船船员考试发证工作程序》、《船舶装载危险货物管理工作规范》、《港区岸线管理工作规范》以及《港监巡航检查工作规范》、《港监艇船员工作规范》和《内河交通事故统计工作规范》等一系列制度。使航管工作逐步程序化、规范化。

同年嘉兴城郊航管所重点加强客、渡船安全监督管理，当年该辖区内有渡口23处，渡船25艘，其中钢质渡船22艘，玻璃钢渡船3艘，年渡量达11.5万人次。为加强管理，该所的股、站落实专人负责安全检查，全年专门针对客船检查5次，针对渡船检查9次，出动港监艇27艘次，参加检查人员108人次。在检查中发现王江泾田乐乡塔村塔桥港渡口，由于村领导将原4名有证的渡工全部换成无证人员担任渡工，危及渡运安全，发现后及时签发了违章通知书，责成渡船所管单位领导立即停渡，按规定配好合法渡工方能开渡，严把安全关。使当年渡口未发生一起事故。同年新塍航管站针对杭申乙线杨家浜航道狭窄，船舶密度高，发生事故较多等情况，该站不管天气是炎夏还是寒冬，全年坚持出动港监艇到现场安全检查，尽力维护航行安全。嘉兴城郊航管所全年共调查处理大小事故383起，上报辖区事故78起，死亡2人，损失金额248872元。其中该港船舶33起，损失金额62072元。

1986年至1990年，这5年间市本级发生上报事故1087件，死亡84人，沉船68艘，直接经济损失280.36万元。

1991年，嘉兴市本级船舶发生事故181起，死亡6人，受伤5人，直接经济损失583928元。嘉兴城郊航管所全年出动港区监艇378艘次，出动监督员1122人次。当年仍以客(渡)运为重点，狠抓客(渡)船安全监督管理，检查中发现马桥乡石牌堰渡口渡船不符合要求，被强令其停渡。当年还落实了渡船三级责任制管理，即签订个人、村、乡责任书。由于加强了客、渡船的管理，全年辖区内的客渡船运输基本安全无事故。

1992年，嘉兴航区多次发生堵航，严重影响了工农业生产。2月11日，京杭运河发生大堵航，从江苏的吴江一直堵到浙江的乌镇，连绵几十公里，堵得水泄不通。疏航期间，嘉兴航管职工克服了常人难以想象的困难，没日没夜地疏通航道，累得眼睛红肿、喉咙嘶哑，生活物资无法送上巡艇。接班的同志根本就无法上艇，困了在小小的巡艇上打个盹，没有水喝、没有饭吃是常有的事，整整13个昼夜都在疏航现场。5月3日，嘉兴市交通局颁发《嘉兴市农用船舶管理暂行规定》（嘉交运〔1992〕183号）。10月21日至24日，杭申乙线乌镇段连续发生阻航现象，受阻航段长达7~8公里。在这次疏航中嘉兴城郊航管所出动港监艇265艘次、2135人次，在航管处及兄弟所的配合下，共疏通航道59公里。为了保障航道畅通，于当年10月20日至12月25日这几十天中，每天出放港监艇在杭申甲线上巡航，这60多天中共出艇132艘次，出动人员924人次，巡航约6336公里，保证船舶顺利通航。

1992年12月24日下午起，由于受长湖申线江苏段堵航的影响，船只纷纷改走杭申乙线，12月24日22时，在京杭运河民合砖瓦厂航段（城郊和桐乡交界处），正好发生大雾，有一个100多吨级水泥煤船队打横搁浅，引起乌镇太史桥到嘉兴郊区思古桥航段堵塞，12月27日上午，又引发了杭申甲线斗门至陶家笕全面受阻，12月28日，嘉兴市河段发生堵塞，由此而引发杭嘉湖地区历史上堵航时间最长、受堵船舶最多、堵塞里程最长的大堵航，受堵船只2万多艘，堵航里程20多公里。12月29日下午，省交通厅、航运局领导召集杭、嘉、湖三地区航管处召开紧急会议，要求保甲线，通乙线，再通长湖申线。并在红旗塘、王江泾、乌镇等5个地点实行水上交通管制，嘉兴及五县市港监出动全部港监艇和港监人员日夜奋战在疏航第一线。在这一年里嘉兴城郊航管所为航行安全，共出动港监监艇1190多艘次、参与人员9160人次，共检查查船舶13954艘次，纠正违章船舶9105艘次。

1993年1月4日晚上11时45分，堵航时间长达12天的京杭运河嘉兴航段、杭申甲线、杭申乙线和长湖申线才恢复通航。同年3月份，城郊航管所为了确保辖区内航道畅通每天出艇巡航，共出艇47次，296人次，市河打捞沉船7艘，排除阻航隐患12次。同时，召开了由疏浚队、有关厂矿等13个单位参加的疏浚船舶工作会议。对在施工中违反有关航道管理条例的行为进行整顿。会上学习了航道管理条例，安全管理条例中有关水上水下施工作业的规定，统一了认识，制定了水上水下施工作业船舶安全管理制度。4月16至25日，嘉兴航区统一开展了四省一市一局水上交通安全大检查。6月29日，全省缓解内河干线航运座谈会在嘉兴市召开，省政府领导，省政府有关部门领导，有关市（地）县（市）政府分管领导及交通部门领导共90多位代表出席了会议。张启楣副省长在会上作讲话。8月30日，嘉兴市政府印发《关于保障内河干线航运安全畅通的实施意见》。12月16日，嘉兴市政府召开保障干线航道安全畅通工作座谈会，寿剑刚副秘书长主持会议，姚金林副市长出席会议并讲了话，参加会议的有各县（市、区）政府的分管领导、交通局、航管处（所）的领导和有关部门的领导共70余人。

同年，嘉兴城郊航管所遵照省政府134号文件和省局一号通告精神，在该辖区内塘汇、思古桥、王江泾等地设船舶监控站和巡航队，对进入该航区的三超（超长、超宽、超吨位）船舶进行严格控制。该所十分重视这一工作，由一名副所长负责实施。自当年8月1日开始先后在塘汇、思古桥、王江泾和巡航队实行24小时监控和巡航。为保障京杭运河的畅通，思古桥监控站的人员3月份就进驻思古桥监控点。他们的工作条件很差，只在修复了的报废趸船上办工。自实施监控开始至年末，三站一队在5个月的工作中共出动港监艇1365艘次，出动人员12276人次，发放一号通告15000份，检查各类船舶67798艘次，处理违章船舶27067艘，其中无证无照船舶1610艘，三超船舶1033艘，行政处罚8764起（其中报上级审批49起），警告教育9054艘次。还协助所和其他航管站疏通航道31次。监控站的实施，加上各站同志的努力工作，基本上保证了航道的畅通。

1993年8月21日，嘉兴水位超过危急水位，嘉兴航区全线停航，嘉兴市数百名港监人员奋战在航道上，坚持日常巡逻检查。8月29日，横跨杭申线的嘉桐2号轿被船舶触损后，该航道被迫断航，使部分船舶只得改走老市河端平桥、秀城桥等航段。由于2号桥的建设单位对拆建该桥工程迟迟未能动工。致使老市河事故增多。对此，嘉兴城郊航管所将大量人员、港监艇投入到维护老市河的水上交通秩序上来，确保市河畅通。

1994年至1997年，嘉兴城郊航管所充分发挥塘汇、思古桥、王江泾三个监控站和一个巡航队的作用，坚持24小时监控，加强船舶检查和拦截三超船舶。这四年中共拦截三超船舶14028艘，检查各类船舶652061艘次，出动港监艇13258艘次，参加人员112456人次，发放宣传资料41650余份。同时还大小疏港156次，用时702小时。1995年至1997年查到“三无”（无船舶证、无运输证、无船员证）船只2014艘。有效遏制了堵航事件的发生。

1997年，为维护水运秩序，市港航监督部门积极开展4项专项整治：一是乡镇船舶专项整治，通过整治，对“三无”乡镇船舶纳入统一管理轨道。二是船舶、船员证照清理整顿，收缴有缺陷的船舶证书，收缴伪造证书。三是水路危险货物运输安全管理专项整治，通过整治，进一步明确危险货物运输船舶、装卸作业码头的装卸和运输责任，督促并协助企业和船舶的所有人、经营人建立各级安全生产责任制，使水路危险货物运输朝着安全有序的方向发展。嘉兴城郊航管所，针对该辖区无专用危险品码头，抓好现场监督关，监装、监卸一次，船舶技术检察院验一次。四是内河客运安全专项整治，对客船完成客船复验、船员复审、企业资质审验，进一步健全客运安全责任制。当年城郊航管所辖区发生水上交通事故37起、死亡1人、沉船4艘、直接经济损失215560元，与1996年交通事故56起、死亡1人、沉船5艘、直接经济损失307225元相比，除死亡人数相同外，其他三项都有一定下降。

2004年，4月1日至6月15日，在嘉兴航区内开展了七省一市联动的打击水上运输船舶超载统一执法行动。城郊航管所所辖的塘汇、思古桥、王江泾和巡航队，加强监控，对打击水上运输船舶超载，发挥了重要作用。为使超载船舶卸载，分别在京杭运河、杭申线和乍嘉苏线航道上设立了三个超载船舶卸载点，常抓不懈，船舶超载现象得到了有效的遏制。

2005年，开展危险货物运输船舶专项整治工作。通过整治，基本摸清了嘉兴市内河船舶运输、装卸危险货物的基本情况和存在的主要问题。紧紧抓住“三客一危”船舶重点，以客船、危品船和渡船为重点，排查安全隐患，对发现的隐患落实整改，如影响到航行安全的带病船舶要采取果断措施，强制停航。加强对运泥船舶安全监管，督促在航船舶舱面船员穿着救生衣。加强对非客船违法载客行为的制止和查处，一旦发现严厉处罚。根据省局《浙江省地方海事局辖区2005年长江干线整治船员持假证上船任职统一执法行动方案》要求，结合嘉兴实际，4月12日起至6月25日、7月1日起至7月14日，开展了为期2个月和2周的整治船员持假证统一执法行动。取缔水路非法殡葬船，积极贯彻市政府《关于全市全面取缔农村农用水路殡葬船的通知意见》(嘉政办发〔2004〕133号)，通过落实取缔水路非法殡葬用船实施方案，至此，嘉兴航区内未发现农村非法殡葬船，全市取缔农村水路殡葬船工作取得了实质性成效。

2006年，实行县、乡(镇)政府之间签订《水上交通安全管理责任书》，把水上交通和水运建设施工安全监管责任落到实处。出台了《嘉兴市内河突发公共事件应急预案》、《嘉兴市突发公共事件道路水路运输应急保障行动方案》，形成了交通、发改委、公安、水利、民防、安监、财政等各部门各司其职应急处置社会化新机制。制定和完善了“三防”应急预案、水上交通事故应急预案、主干线航道堵航事件应急预案等10项分预案，形成了统一指挥、反应灵敏、功能齐全、协调有序、运行高效的应急管理机制。

2007年，出台了《嘉兴市水上加油站(点)综合整治方案》，着手开展水上加油站整治工作；研发了地方海事业务数据处理系统；开展对基层检查站应急反应能力的抽查；开展对水运工程安全检查，特别对水上水下施工现场加大了督查力度；编制了海事业务资料归档说明书面样本和电子样本。

2008年，强化了对农用船入航道、挂桨机船入干线航道、船舶超限超载、非客船载客等违法行为的查处力度，组织开展全航区综合执法大检查。做好水上加油站的整治工作。嘉兴市作为北京奥运上海分会场的护城河，担负着上海分会场外围的安保任务，作为水上交通安全护航者，市港航管理部门积极做好通向上海方向的水上交通管制工作。8月6日晚上，联合市公安局水上分局，在嘉兴市境内开展了旨在打击水上违法犯罪，确保奥运期间水上交通、治安秩序稳定的奥运安保“水上联合攻坚2号”行动。本次行动港航管理部门共出动了10艘海事艇、65名海事执法人员，会同公安水警在全市范围内开展巡查。检查船员、船舶、货物、危化码头及水上加油站等，在通往上海方向的主干线航道上设立了7个检查点。重点检查驶往上海方向的各类船舶181艘次，并对8座危险品码头、20家水上加油站夜间安保值班人员到岗、安全制度落实和门岗值班情况进行了检查。确保嘉兴市水域在奥运会、残奥会期间安全平稳。

2009年，塘汇、思古桥、王江泾、王店四个港航站在维护航道畅通中发挥了重要作用，每个站都坚持24小时巡航。思古桥港航站全年接到并处理各类水上事故报警59起，拦截超尺度船队1132个；王江泾港航站检查外籍船队175个，对违章船舶罚款68.91万元，及时纠正违章建筑码头2起，杜绝了支线码头的无序修建；塘汇港航站接到并处理各类水上事故报警82起，查处各类违章船舶1657件(其中超载220件，超限85件，无船员证125件，未按规定配备船员的有787件)，处罚金2009880元；王店港航站每天坚持3至4人出艇不间断巡查，对航道管理改由单纯的垂直管理，向岸上横向管理相结合的办法，与码头业主签订码头安全管理责任书。

2010年，嘉兴航区发生各类水上交通事故66起，死亡2人、受伤2人，沉船8艘，经济损失136.17万元，直接经济损失下降33.28%。世博期间协助公安查获逃犯2名。以船舶“远端控制”为主要工作职责，全面落实各项水上交通安全防范措施，为上海世博会的成功举办，提供安全、畅通的水上交通运输环境。期间举办船舶专项签证和专项安检培训班4期，累计培训人员248人，共计投入安保人员17536人次；主动联系AIS、GPS装备安装公司，按要求做好船舶 AIS、GPS 等设备的申请安装等工作。积极开展嘉兴本港籍运输船舶以及长期在浙北航区航行的外省籍运输船舶免费发放安装 RFID 卡工作，确保世博期间船舶设备、设施到位。世博期间，累计投入安保资金 2000 余万元，对配备 AIS 的船舶检查数达 4628 艘次、406 艘船舶安装了 GPS 系统，发放 RFID 卡 5819 张；落实世博安全责任制，分别与内部责任部门、水运企业、内贸港口企业、船厂、码头业主（包括危险品码头）层层签订安全责任书；发放 2 万册世博会宣传手册，积极营造良好的世博安保氛围。加强对通往上海的 5 条非设卡航道的视频监控。加强与上海毗邻区域合作，主动与上海水上监管部门对接联系，建立信息联络反馈机制，互通信息资源，全力确保一方水域平安。

第六节 港政管理

【历史沿革】

解放前，嘉兴大部分航道上无固定码头停靠船舶。即使有少量固定码头，大多也是根据自然坡岸，由当地里人公助集资筹建于集镇的市梢，且十分简陋，往往是客、货混用。乡村船舶大多依乡间货栈、米行而泊。集镇之间的航快船，则分航向分别停泊。故无港政管理可言。

解放后，在主要集镇上逐年建起了码头，在航线上也建起了站点、埠头，改变了以前船舶在自然坡岸停靠的简陋状况。旅客上下，货物装卸的条件也大为改善。

1986 年，根据交通部《关于开展全国港口普查工作的通知》（交字涵〔1986〕149 号）的精神，嘉兴市航运管理处成立了嘉兴市港口普查工作组。普查工作从 1986 年 6 月 24 日开始至 8 月 28 日止，历时二个月零五天。根据“一城一港、一县一港、一镇一港”的普查要求，确定了港口，调查了货主单位，测量了码头和泊位，统计了近千个装卸机械设施，编制了 16 份 20 万吨以上港口的文字说明，填写、绘制大量表格、蓝图，明确了港口的基本面貌和现状。为编制港口建设长远规划，有计划、有重点地对港口进行技术改造提供了比较全面的基础资料。

1992 年 12 月，嘉兴市编委批复《关于建立嘉兴市内河港务管理处》（嘉编〔1992〕56 号），明确“嘉兴市内河港务管理处与嘉兴市航运管理处实行两块牌子，一套工作班子”，并同意嘉兴市航运管理处增设内河港务管理科，与市内河港务管理处合署办公，1993 年 1 月 27 日，“嘉兴市内河港务管理处”新印章启用，标志着嘉兴市内河港务工作开始启动。

1993 年，嘉兴市航运管理处明确了内河港务监督科和内河港务管理科负责人。

1997 年 9 月 11 日至 12 日，根据国家统计局要求，嘉兴市航运管理处成立了嘉兴市第二次港口普查工作组。普查工作从 1997 年 9 月 13 日开始，历时一个月。

1998 年 1 月 12 日，嘉兴市人民政府颁发了《嘉兴市港区管理暂行办法》（以下简称《办法》），明确规定嘉兴市交通局是嘉兴港区的行政主管机关。嘉兴市内河港务管理处具体负责实施本办法。《办法》规定了设立港埠企业或专用码头必须具备的条件，以及开业的审批程序和开业后的义务。并赋予嘉兴市交通局解释权，各县（市）可根据各地实际参照执行。

1999 年，嘉兴市港航管理处为加强港务管理基础工作，开展港口管理和整治工作试点，以及摸索报港和指泊作业试点。港务管理部门建立、健全了辖区港务管理“一表、一照、一卡、一证”制度，为进一步开展港务管理奠定了基础。同年嘉兴市内河港口码头整治，市区拆除了环城路以内的内河港口码头。当年 11 月 11 日，嘉兴市人民政府根据《中华人民共和国航道管理条例》、《中华人民共和国内河交通安全管理条例》和交通部《港口装卸机械管理规定》等法规、规章以及《嘉兴市港区管理暂行办法》、《嘉兴市城市总体规划》、《嘉兴港总体布局规划》的有关规定，针对当时嘉兴市区码头设置零乱、环境差、乱停泊、乱装卸、无证经营、逃漏国家税费等严重情况，对当时设置的经营性港口码头，按照城市改造的需要逐步进行清理和拆除。颁发了《嘉兴港区码头综合整治方案》（嘉政发〔1999〕179 号），并印发了《嘉兴港区码头综合整治登记审批发证程序》（以下简称《程序》），《程序》要求嘉兴港区范围无证经营装卸或临时装卸生产期限已满的港区码头，在 1999 年年底前全部无条件自行拆除。自 2000 年 3 月 1 日起，禁止从事经营性砖瓦、砂石等建材装卸作业。厂矿自备码头未办理经营证照的，不得对外承揽经营性装卸业务；未经港务管理部门批准，不得对外承包、租赁经营或改变装卸种类。通过综合整治工作使嘉兴港区码头装卸市场秩序达到“四个统一”，即统一规划（按照港区总体布局实行统一规划审批）、统一发证（港区码头使用证和起重机械准用证、特种作业人员操作证）、统一票据（港口装卸专用发票）、统一管理（港区生产秩序日常监督与维护）。

截至1999年底，嘉兴港（注：指嘉兴市区范围内）拥有大小码头泊位269个、吊机198台，码头岸线总长6121米，年吞吐量620万吨左右。1999年8月至2000年5月，对港区从事港口码头运输装卸作业的单位和个人进行登记注册、清理整顿和审批发证工作。共清理拆除或搬迁的码头吊机70台，搬迁的码头吊机由航管部门统一规划到六个作业区，保留的码头吊机也都经有关部门联合审批，统一发放“嘉兴市港区码头使用证”、“起重机械准用证”、“特种作业人员上岗证”。

嘉兴市铁水中转港系嘉兴市首家建设的大型综合性内河港口，1999年6月22日，嘉兴市铁水中转港区工程经省交通厅验收。2001年12月7日，嘉兴铁水中转港和中国远洋运输（集团）公司，共同开通了嘉兴至上海国际集装箱内河支线。

2002年8月7日，浙江省嘉兴市航运管理处和嘉兴市内河港务管理处合并，更名为浙江省嘉兴市港航管理局。

2003年8月，嘉兴市委、市政府制定了《嘉兴市港区管理办法》等规范性文件，加强对嘉兴内河港的管理。同时，为统一嘉兴内河港统计口径，经嘉兴市人民政府《关于统一嘉兴市内河港口吞吐量统计口径的批复》（嘉政发〔2004〕19号）文件批准，嘉兴市范围内的内河港口吞吐量统计口径以嘉兴内河港名义，统一由市港航管理局统计并上报。

2004年，根据嘉兴市人民政府4月3日市长专题会议精神，嘉兴铁水中转港内的集装箱码头将易地新建。7月8日，嘉兴市城市规划委员会审议通过了嘉兴内河国际集装箱码头选址方案。新的内河国际集装箱码头位于嘉兴市秀城区七星镇内，紧邻杭申线航道和320国道，集疏运条件较好。根据选址方案，码头占地约33.33公顷，可建设500吨级集装箱泊位8~10个，建成后，码头设计年吞吐量可达35万标准箱。

同年11月25日，项目建议书被省发改委受理后，先后有奥斯集团、金冠香港、香港保华集团等多家企业参加招商引资，最终由香港保华集团旗下（香港）嘉兴内河港投资有限公司与嘉兴市港航建设开发有限责任公司合资建设经营。

2005年，港口管理工作全面启动，嘉兴内河港是交通部明确公布的全国28个内河主要港口之一。当年嘉兴内河港货物吞吐量为6920万吨，接近7000万吨大关。货物吞吐量的不断增长带动了全港码头基础设施的建设。《中华人民共和国港口法》（以下简称《港口法》）实施后，在抓好港口生产的同时加强港口管理一直是港航部门的工作重点。当年，港航管理部门开展港口经营许可证核发工作，对符合条件的160家港口经营单位发放了港口经营许可证，同时进一步改善城市环境，组织开展了市区码头综合整治工作。

同年，完成了《嘉兴内河港总体规划》的初稿，嘉兴内河国际集装箱港区初步设计通过由省发改委和省交通厅组织的审查会审查，项目进入实质性启动。10月，嘉兴内河集装箱码头工程可行性研究报告经省发改委批复同意，并先后取得省环保厅《环评审查意见》、省水利厅《水土保持方案批复》、省国土资源厅《土地预审意见》等。

《港口法》的出台为加强嘉兴市众多的内河码头管理带来法律依据，同时也将一些历史遗留问题摆在了行业管理部门面前。通过各级港航管理部门的共同努力，截至2005年底累计共发放港口经营许可证481张，基本上对能够发放港口经营许可证的内河港口码头都已发放到位。2006年的内河港口货物吞吐量首次突破8000万吨，其中一个很重要的原因是港航管理部门加强了对港口吞吐量统计工作的监督力度；另一方面通过近一个月的水路货源调查，走访了几百家大型企业、厂矿自备码头，基本摸清了内河港口码头的年吞吐量。

2006年，嘉兴市区内河港口第二次码头综合整治全面启动，三环路以内的经营性港口码头将在年底前分两批拆除，以进一步美化城市环境。在1999年的内河港口码头整治中，市区拆除了环城路以内的内河港口码头，2006年二环路以内还分布着12家内河港口码头企业、19台码头吊机；中环南路附近还有7家港口码头企业、13台码头吊机，2005年的吞吐总量达到335万吨。按照《嘉兴市城市总体规划》、《嘉兴市内河港总体规划》的要求，市区三环路以内不再设置经营性港口码头，现已设置的经营性港口码头，要结合城市建设需要进行拆除或外迁。二环路以内的港口码头除民丰集团公司、嘉钢集团公司和嘉爱斯公司的自备码头保留外，其余的在2006年国庆节前拆除；中环南路附近的内河港口码头整治在2006年年底前完成。

《嘉兴内河港总体规划》于2006年9月通过了交通部和浙江省人民政府组织的联合审查，2007年10月11日，《嘉兴市内河港总体规划》经交通部和浙江省人民政府以交规划发〔2007〕536号文件联合批复。将嘉兴市25个港口合并，设立嘉兴内河港，并以行政区划设置城郊港区、嘉善港区、海宁港区、海盐港区、平湖港区和桐乡港区。嘉兴内河港是全国28个内河主要港口之一，根据嘉兴市内河航道的岸线资源特点和相关规划，规划嘉兴内河港重要公用码头岸线8940米，其中杭申线航道1710米，乍嘉苏线航道2410米，杭平申线航道1970米，其他航道岸线2850米；规划重要公用码头岸线中已利用岸线1390米，规划期内新利用岸线7550米。

该规划明确将通过整合现有内河港口资源，重点建设大吞吐量社会公用码头作业区，形成以城郊等六大港区为主的"一港六区"内河港口体系及空间布局合理、功能协调和岸线利用集约高效的内河港口集群。在此基础上，编制完成并出台《嘉兴市内河岸线利用与发展规划》和《嘉兴市内河水运发展规划》，把嘉兴市内河航运发展与内河航道、运力结构优化、海河联运、港口功能定位等有机结合起来，形成较为完整的水运规划体系。

2007年，依据《港口法》及《港口经营管理规定》的相关规定，加大对港口违法行为实施行政处罚力度。截至2007年11月底，共查处港口行政违法案件68起，累计处罚金额123000元。通过实施港口行政处罚，对港口企业起到了教育和威慑作用，从而推动了港口行政执法工作的开展。港口经营许可证核发工作在2006年基本纳轨的基础上，按照成熟一家、审批一家的原则，严格依据《港口法》和交通部《港口经营管理规定》等有关法律法规，对不符合发证条件的一律不予发证。嘉兴市港航管理部门组织相关管理人员对内河港口综合管理信息系统进行操作培训，通过讲解系统的基本框架、港口经营业务许可的操作及证书审批流程、港口生产管理台帐的具体操作和相关信息的查询等，使其熟悉系统的有关操作，为下一步全面应用该系统奠定基础。

同年4月，省发改委同意将原嘉兴内河港国际集装箱港区工程项目调整为嘉兴内河港多用途港区工程项目。

2008年，嘉兴内河港多用途港区项目建设用地已获国土资源部正式批复。下半年，嘉兴内河港多用途港区正式开工建设。同年1月至11月，市本级获《港口经营许可证》29张。同年1月至9月，查处港口行政违法案件72起，处罚金额142900元。

2009年，严格依据《港口法》《港口经营管理规定》等有关法律法规，对各港口进行检查，凡不符合发证条件的一律不予发证。

2010年12月，嘉兴市港航管理局制定了《嘉兴内河港港口章程》等制度，通过加强基础制度建设，进一步提升本市内河港口管理水平。

同年，做好港口物流基地、龙头企业培育工作。嘉兴内河港多用途港区被列为市级交通物流基地。尤其是嘉兴内河港多用途港区建成，将实现码头装卸、物流服务、一关三检和保税仓储"四合一"功能，形成一个完整的物流网络。

12月，《嘉兴内河港口物流发展规划（2010—2030）》通过省市有关部门评审，该规划对嘉兴内河港口物流发展现状和条件、以及港口物流发展环境和趋势的深入分析，制定了"一园区七基地三层网点"港口物流体系建设方案，是指导嘉兴内河港口物流发展的重要依据。

【港口危险货物管理】

二十世纪九十年代以前，由于嘉兴航区内河运输的货物运输还未发达，嘉兴市辖区内河危险货物运输管理相之也比较薄弱，只限于水路客运危险货物管理，当时成品油运输只有嘉兴市航运总公司油轮队，而嘉兴市航运总公司油轮队危险货物管理专门由嘉兴市航运总公司安全科管理，管理制度较为规范，故基本上没有大的事故发生。

二十世纪九十年代初，水路运输已从计划经济过渡到市场经济，个体、集体一起上，水路运输十分活跃，1991年，嘉兴市航管部门对水上客轮实行现场"签证"，严禁危险品夹带上船，对110名货运油船船员进行专业知识培训，并核发了证书。1996年，对从事水上旅客运输的28艘客船和47艘油船的33项内容进行两个层次的复验。对危险货物运输强化现场"签证"，共监装监卸112批次，27562吨。

到了二十世纪九十年代中后期，嘉兴内河运输的货物运输兴旺发达，嘉兴市内河危险货物运输明显增多，其管理相对也变得严峻起来。1999年，嘉兴市航管处针对辖区内危险品数量和品种逐年增加这一情况，从严做好辖区内危险品运输的安全监督工作，积极开展危险货物运输申报工作。从1999年起，危品运输申报制度已在嘉兴航区内全面开展实施，申报管理网络逐步完善，并建立健危险品监管台帐和日常检查制度，基础管理工作日益加强。

2003年至2006年，嘉兴航区内河危险货物运输船舶（主要为油船）共发生的上报事故为19起（其中：单方事故1起，浪损事故1起，碰撞事故为17起）、直接经济损失178.3832万元，典型事故如下：2003年3月5日6时05分，江苏滁州市金达石油公司所属船舶金达油6号，重载汽油停泊在嘉兴顺加油库，浙余杭货00529在途经该油库附近时因舵机失灵与其发生碰撞，造成金达油6号船体受损，汽油外泄。经海事人员和船员紧急救助避免了事态的扩大，事故造成损失近7万元。

2004年，嘉兴市港航管理部门积极抓好危货船舶报港制。为加强危货船舶管理，嘉兴市港航管理局拟定了《嘉兴市内河水路危险货物运输事故应急预案》草案和《水路运输危险货物安全监督检查制度》草案。

2005年，根据浙江省港航管理局《关于印发2005年浙江省内河船舶载运危险货物安全专项整治方案的通知》（浙地海〔2005〕7号）精神，嘉兴市港航管理局印发《关于开展危险货物运输专项整治的通知》（嘉港航〔2005〕19号），专门召开会议部署开展整治工作。通过整治，基本摸清了嘉兴市内河船舶运输、装卸危险货物的基本情况和存在的主要问题。

同年，嘉兴市拥有危险货物运输船舶17艘、1162总吨、年运量11.16万吨；配备船员29名(其中无特殊操作证5名)。在调查摸底的基础上，主要做好以下工作：一是加强危险货物运输船舶的检查，对危险货物运输船舶、船员的各种证书的检查，对危险货物运输船舶上的消防、防爆、救护、防污应急方案制定情况的检查，特别对15年以上船龄的船舶的检查，发现船舶配备的消防器材过期、失效，油舱密封橡皮老化，换气管防爆网损坏，部分船生活舱内照明灯非防爆的、不符要求的，检查人员当场发出整改通知书，责令船舶所属公司及时整改，整改不到位，禁止船舶出港。并将检查结果做好书面记录，双方签名后一份给被检方、一份存档备查。从而提高从事危险货物运输船船员的安全防范意识。二是加强危险货物申报管理工作，根据嘉兴港与相邻港口航程近、航行时间短（一般8~10小时左右），很难按要求办理危险货物申报的特点，采取载运危险货物船舶在驶离出发港前采用直接或通过代理人向海事部门电话审报抵港时间。港航处确定电话号码，公告给危险货物装卸、运输作业单位、船舶。以便海事部门值班人员接到电话后，及时了解进港船舶的动态和时间，并将航道近况及注意事项告知对方，以保船舶进港安全。船舶在抵达目的港后再及时携带船舶载运危险货物申报单、危险货物安全适运申报单、载运危险货物的相应单证及海事部门规定需要提供的其他有关文书到目的港海事部门办理船舶运输化学危险货物进港申报、签证手续。港区航管理部门还要求，从事经营水路危险货物装卸单位派员参加省局举办的"危险货物申报员"培训班，港航部门从事水路危险货物管理人员同样参加培训，规范了危险货物申报工作。三是加强危险品装卸作业码头的监督管理，保障危险货物运输船舶的靠泊和装卸安全，对危险品码头、泊位以及水上加油站进行安全检查，主要检查油码头、泊位的靠泊、防污、消防、作业设施是否符合《油码头安全技术基本要求》(GB16994-1997)的安全要求，对不符合现行安全要求或技术标准的危险货物装卸码头、泊位，要求限时整改，对整改不到位的禁止船舶靠泊该码头、泊位进行装卸作业，直至整改符合要求止。严格改建、新建危险品装卸作业码头的审核，严格控制主航道上设置危险品装卸作业码头，要求危险品装卸作业码头地址的选择，应在不影响其他船舶安全航行及周围环境安全的水域，尽量设置在主航道边上的小浜内，可以不影响主航道通航宽度，保证航道安全、畅通。四是加强港口危险货物作业管理，下发了《关于核发〈危险货物港口作业认可证〉的通知》(嘉港航〔2005〕69号)，布置落实危险货物港口作业认可证的核发工作。

2005年嘉兴城郊内河危险货物种类与吞吐量一览表

表8-3-11

油品种类		吞吐量(万吨)	备注
成品油	汽油	11.0819	
	柴油	16.4952	
	抽余油	0.8973	
	重油	0.4	
	溶剂油	0.3058	
	其他	0.2373	
	合计	29.4175	
散装液态化学品	氯化苯	1.6791	
	甲醇	0.6686	
	甲苯	0.2636	
	甲醛		
	液碱	7.356	
	硫酸	5.3942	
	氨水	0.069	
	盐酸	1.0821	
	硝酸	0.405	
	乙二醇	0.5	
	其他	0.5417	
	合计	17.9593	
总计		47.3768	

2006年，嘉兴市港航管理部门强化水上危险货物监控。一是开展了危险品运输专题调研，在干线航道上进行为期7天水上危险品运输流量观测，基本摸清水上危险品运输流量、流向和货种等情况。嘉兴市危险货物运输企业城郊有2家。危险品船舶种类有油船、散装化学品船、沥青船。二是开展水上危险品运输"百日会战"安全专项整治行动。对危险品运输船舶、危险品码头的安全进行大检查，基本摸清水上危险货物装卸码头(泊位)的数量与分布，以及应急物资储备等情况，为今后应对危化突发事件提供必要的物资准备打下基础；严格水上危险货物进出的申报制度；举办危险品货物运输岸上作业人员安全操作证培训。三是开展船舶及相关作业防污染专项检查活动，首次对造船厂防污进行了检查，督促船厂做好防污染工作，防止在船舶修造、拆解等作业过程中污染水域。

2006年嘉兴城郊两区危险货物码头数量表

表8-3-12

县(市)	油库(个)	加油站(个)	化学危险品(个)
城郊	6	14	7

表 8-3-13

2006 年嘉兴干线航道上危险货物码头分布表

码头种类	码头(个)	泊位(个)	码头年装卸量(吨)		干线航道上码头数量(个)			
			装船	卸船	杭申线	京杭运河	乍嘉苏线	合计
油库码头	16	17	904961	77500	8	0	1	9
加油站	102	126	86036	89230	48	4	0	52
化学品码头	22	25	325093	112000	3	1	5	9
合计	140	168	1316090	278730	59	5	6	70

2007 年，嘉兴市港航管理部门重拳出击，着力开展水上加油站整治工作，紧紧依靠政府，出台了《嘉兴市水上加油站(点)综合整治方案》，着手开展水上加油站整治，印发了《关于水上加油站在办理许可工作中相关问题的意见》。明确安全设施要求，开展了整改工作。要求在码头前沿安装防船舶碰撞的软靠垫，设置安全警示标志牌。全年举办 5 期危险货物岸上管理人员和操作人员培训班，累计有 425 人次参加培训。依法从严查处一起非法载运危险品行为，分别对船舶、托运人、货物的业主、装卸作业码头进行处罚，处罚金额合计 5 万元。

2008 年，组织相关职能部门对航区内投入营运的客运企业、危险品运输企业进行了经营资质的检查，对危险品码头和投入营运的客船(旅游船)、危险品船实施安全检查。对有缺陷的船舶当场发出整改通知书，禁止不适航船舶投入春运。检查危险品运输船舶和危险品码头，对有缺陷的船舶当场发出整改通知书，同时做好跟踪检查。通过专项整治，水上加油站的软件、硬件设施有了明显提高，企业从业人员的安全意识有了提升，许多企业从业人员经培训考试取得了上岗资格证书。

2009 年，加强危化码头及重点船舶的动态监管。水上加油站(油库)全面完成整改和危险货物港口资质认定，散化码头(油库)视频监控系统接入水上交通指挥中心。充分利用船舶 IC 卡等信息化手段，加强对重点船舶的动态监管和危险品运输的申报管理，辖区登记的重点船舶 GPRS 安装使用率达 100%，重点危险品运输船舶安检率达 100%。吸取余杭二氧化碳船爆炸事故的教训，夯实基础管理工作，进一步落实辖区内各危险货物作业码头的安全生产责任制，加强辖区内危险品运输装卸的安全监管，加强航区内的危品运输申报制度，建立危险品码头台帐和定期检查制度。同时，做好对危险品运输船舶的安全检查工作，对排查出来的安全缺陷及时督促落实整改，对整改不力或存在重大事故隐患的，依法责令停业整顿，消除事故隐患，努力实现全员、全过程、全方位安全管理，切实加强对危险品运输安全生产监管，遏制重特大事故的发生。设在秀洲区的思古桥、塘汇、王江泾等港航管理站也都十分重视危险品运输的检查工作，特别塘汇港航站经常开展对港口危险品码头(水上加油站)隐患排查治理，在整治的基础上，加强对保障制度的落实。

2010 年，嘉兴市内河危险货物种类主要有成品油及散装液态化学品。其中：成品油主要有汽油、柴油、重油、溶剂油等。散装液态化学品主要有氯化苯、甲醇、甲苯、甲醛、液碱、硫酸、氨水、盐酸、硝酸等。在嘉兴运输危险货物不仅有嘉兴的企业、嘉兴的船舶，还有长期在嘉兴市内从事危险货物运输的外省籍船舶，主要有安徽、江苏、上海籍船舶。

嘉兴内河港有危险化学品码头城郊港区 15 家，装卸泊位 22 个。内河危险化学品防污染设备投入情况：船舶、港口码头、企业的安全设备主要有消防栓、灭火器等，防污染设备主要有围油栏、消油剂、吸油毡等。根据国家法律法规及标准的规定，辖区内油库已全部配置了围油栏、吸油毡和消油剂等防污染设施。全市港航管理系统结合各辖区实际和应急救助的需求，共配备吸油毡 2 吨，围油栏 2295 米。同时，为满足辖区内危险品船舶的专业救助需求，在嘉兴港航管理局的支持下，浙江嘉化集团股份有限公司建造了一艘专业的危化救助船舶“嘉化 001”，在日常水上危化演习和实际救助中都发挥了重要作用。

内河危险化学品安全监管主要措施：加强源头管理，严把市场准入关。运政部门严把危险化学品运输企业及其营运船舶经营资质审批关，依照规定的经营资质条件、程序和时限审核、审批，做好水路经营者经营资质受理、审核、审批和转报工作；港政部门指导内河港口生产企业(危险品)经营管理工作，加强内河港口生产企业(危险品)经营市场的准入管理，规范港口经营行为，并完善危险化学品港口作业资质认定、申报、监管机制。从严做好危险化学品港口作业认可证核发、审验工作，从源头上把好市场准入关；海事管理机构严把危险化学品适装、适运申报关，按照《中华人民共和国船舶载运危险货物安全监管管理规定》，通过充分运用嘉兴市港航船舶动态监管系统危险化学品申报管理软件，规范船舶载运危险化学品申报程序，严格审查申报内容(危险化学品名称、编号、类别等)，以危险化学品适装适运申报为抓手，确保危险化学品运输船舶落实相关应急设备、应急预案等安全设备设施，确保危险化学品运输船舶适航、船员适任。

利用信息技术，强化安全监管：充分发挥水上重点监督站职能，通过安装船载 GPS 和 RFID 无线射频卡(危险化学品船舶 GPS 安装率 100%)，结合浙江港航船舶综合监管系统的运用，共享危险化学品运输船舶动态信息，发挥嘉兴市港航船舶动态监管系统危险化学品申报管理软件，落实船舶危险化学品作业申报工作；以船舶签证为抓手，严格危险化学品运输船舶航行条件；借助危险品(油库)码头视频监控设备，充分利用嘉兴水上交通指挥中心职能，着力提高危险化学品运输船舶监控力度。

加强制度建设，提高应急反应能力：建立《嘉兴市内河船舶载运危险货物突发水上交通事件应急预案》和《嘉兴内河港港口危险货物事故应急预案》，成立危险化学品处理专家组，强化危险化学品船舶航行、停泊、作业管理，提高危险化学品应急处置能力；采取现场监管、现场巡查、远程监控等方式，强化港口危险化学品企业从业人员培训、资质管理，规范危险化学品港口作业活动；同时，督促危险化学品运输企业和港口生产企业制定相应的应急预案，落实应急反应计划，建立和实施安全营运体系和防污染管理体系。

同年，与重点内贸港口企业，以及危险品码头签订港口保安责任书，并对其进行现场检查。强化源头管理，规范港口建设程序，制定出台了《嘉兴内河港口巡查管理办法》、《嘉兴内河港口建设项目申报条件和管理程序规定》。联合市消防支队，对内河危险品码头进行安全联检，督促危险品码头安装视频摄像头，全面实施对危险品码头动态监控。

第七节　水路运输管理

【民国时期水运管理】

民国政府初期，在清政府邮传部的基础上，改组为交通部。民国元年(1912 年)8 月公布交通部官制。其中十一条规定航政司所掌管事务为：关于管理航政及航标识事项；关于监督造船、船舶、船员及水上运输事项；其他航政事项。但上项官制及职掌，因航政实权操诸海关，虽司内设总务、管理、航业、工程四科，因缺少实际执行之机关，经常工作仅是核发船舶执照与商船职员证书。

直至民国 16 年 11 月，浙江省政府为整顿水上运输，统计船舶，收取规费起见，才设立 8 个区管理船舶事务所，隶属于省建设厅。其职责在于秉建设厅命执行该区内船舶查检、取缔、收费、给照、注册事宜。每区所下设分所，以办理各区事务。

民国 18 年，浙江省建设厅制定的《浙江省取缔内河行驶轮汽船规则》规定：在同航线内每日行驶之轮船、汽船如艘数过多，有碍航行时，该管船舶事务所得加以限制。民国 19 年 2 月开始，成立浙江省航政局。将各区事务所分别合并，改为四区分局。原有分所一律改为办事处。民国 20 年 2 月又将航政局改为航政处。同年 7 月，再度改为航政股，附属于建设厅内。其下属四区分局改为四区所。四区所下分设 25 处分所。现嘉兴市及所属各县，由第二区管理。区所驻在湖州。第二区第 5 分所驻嘉兴县，每分所设立主任 1 人，事务员 2 人，巡丁勤务工 2 人，具体管理驻在地及附近未设机构的城镇船舶。

民国 20 年 5 月，《修正浙江省管理船舶规则》规定：凡已经注册领有牌照之船舶，如航线或起点有更改，或船舶转售及转租他人时，其承买与承租人均应按照前项手续报请查验；凡船舶运货客，遇有超过呈报注册数量时，该管区管理船舶事务所得勒令该船舶逾量之货卸载；凡船舶开行时刻及班次，经主管机关规定者，须按班次时刻开行，不得任意变更，并不得冒充他船之名，以图揽载；凡船舶承装货物，如因保管不善，致有缺少或损坏者，应负责赔偿，但遇到不可抗拒之天灾事变时，得酌量减免。

同年，浙江省全年统计轮、汽船，其中第二区船舶事务所内河轮汽船 92 艘(即现在嘉兴、湖州两市及所属各县)。民国 28 年 3 月，《浙江省取缔船舶业竞争办法》规定：凡航船未经呈请该管理船舶事务所核准以前，不得营业；凡航船于所牌照有效期内不得擅自改营他业；凡违背本办法之航船得由该管船舶事务所处五元以上三十元以下罚金或呈请建设厅取消其航运权。

解放前，嘉兴作为一个内河交通相当发达的地区，尽管国民经济紧密维系于舟楫航运，但既无航政管理机构，也无航政制度。

【中华人民共和国成立后至1990年水运管理】

1949年12月，浙江省航务局正式成立。1950年，省航务局在嘉兴设置浙江省航务局浙西管理所嘉兴分所。分所管辖嘉兴等7县（含崇德县）的航政事务。嘉兴航区始有了较为健全的航政管理机构，并络续颁布了各地水运规章制度，初步改变了水路运输秩序混乱的局面。接着对嘉兴航区的水上运输进行了全面整顿，对运输船舶进行检验、丈量、发证，并规定取得核准的航行证件方可营运。

1955年10月，浙江省航运管理局颁发的16条禁令中规定：非营运船舶未经港监部门许可私自营运货物时；非载客船舶擅自载客、未设有拖带或顶推设备的船舶拖带或顶推船舶时；超过规定航线航行时，均属禁止之列。

1963年1月，交通部颁发的《小型机动船安全管理守则》中规定：没有经过船舶检验部门准许搭载客货的船舱、甲板、顶蓬等处所，不得搭载客货；装载客货的小型机动船如果临时需要附拖货驳或者客驳，事先应报请港航行政管理部门审查批准，不准擅自拖带。

1965年11月，嘉兴航运管理处以2133号文，对开辟定期定线机动船、航快船规定了审批权限：县内定期定线航快船的新辟、停驶、延伸、增减班次等由当地航管站审批，抄报航管处备案；县内、航区内的机动船及航区内的航快船定期定线的货班的新辟、停开、延伸、增减班次等集体运输企业（指集体所有制经济性质）向当地管航站提出申请，航管站联系对方航管机关提出意见后，转报该处审批，报省局备案；跨航区、跨省的机动船、非机动船定期、定线货班的开辟、停开、延伸、增减班次等由该处转报省局审批。

交通部试行的《水路货物运输规则》（交通部〔1973〕交水字2246号）和浙江省交通局附发的《浙江省水路货物运输规则补充规定》（浙交支农〔1974〕字第8号）于1974年7月1日实行。确定承运人和托运人（发货人和收货人）之间权利、义务关系和责任界限的基本原则。水路货物运输规则为贯彻“安全、质量第一”方针，坚持计划运输，合理运输和负责运输。改进运输管理，确保运输质量，提高运输效率。主动与内外各方面加强社会主义协作，为多、快、好、省地完成货物运输任务，提供了主要保障。

为认真贯彻“安全第一、正点运行，以客为主，方便旅客”的客运方针，做到安全、准点、及时、便利地运送旅客和行李包裹，不断提高客运服务质量，自1980年11月1日起贯彻执行交通部颁发的《水路旅客运输管理规程》（交水运字〔1980〕1569号）。这是水路旅客运输管理工作的基本规定。

为加强产、供、运、销各部门的协作，扩大零担业务，提高运输质量等问题。于1984年1月16日，浙航嘉兴分公司零担站迁至杭申公路4号桥。

1985年4月，浙江省航运管理局颁发《关于水上旅客运输审批程序的通知》，规定县（市）境内和市（地）范围内跨县（市）的客运航线，由县市（地）航管处审批，同时向省局报备；跨市（地）、跨省（市）的客运航线由有关港航管部门签署意见后，报省局审批。

1987年5月12日由国务院发布的《中华人民共和国水路运输管理条例》，交通部发布《水路运输管理条例实施细则》和该条例于10月1日起同步施行，并明确在10月1日前已开业的单位和个人一律按隶属关系，做一次性补办审批手续，即重行签发“水路运输许可证、船舶营业运输证和水路运输服务许可证”（简称“三证”），以免和今后的新开业审批相混淆。此项补办“三证”工作，由各县（市、区）航运管理所、工商行政管理所、税务所等单位联合从1988年2月3日起至年底完成。此后，发放“三证”纳入航运管理部门的运输管理工作范围。

“七五”前三年，在交通部“全民、集体、个体一起上”的政策指引下，水运事业一直保持发展趋势。1987年城郊航管所对城郊两区乡镇企事业单位船舶和以个体、联户承包形式从事客货运输的船舶，以及专业用于农业生产的船舶进行全面调查，据统计航区内共有乡镇船舶23132艘、105667.89载重吨、918客位、55210马力。但到“七五”中期，国家有计划地压缩基本建设投资，内河货运的社会需求总趋势明显下降。运力出现过剩，加上外省市船舶涌入，运输市场出现种种“乱”象，有的采用非法手段进行竞争。为加强水路运输管理，维护运输秩序，提高运输效益，1987年5月12日，发布《中华人民共和国水路运输管理条例》。同年9月22日发布《水路运输管理条例实施细则》。“这是沿海、江河、湖泊及其它通航水域中进行水路运输行业管理的两项重要法规和基本依据”，浙江省交通厅根据该条例和细则，结合该省具体情况颁发了《浙江省水路运输管理实施办法》。

根据国务院发布的《中华人民共和国水路运输管理条例》和省有关通知精神，1988年市航管部门进行一次全市性补办审批水运“三证”工作。此后，对从事营业性运输的单位和个人的审批、发证即转入正常的行业管理轨道。核发运输许可证和营运证，对水运经营者的经营资格、经营范围、经营行为、经营航线等进行年检，是治理整顿水运市场的首要环节。为加强管理，各级运管部门会同港监、船检、稽征部门同赴现场，在工商、税务、乡交管站的配合下，实行一条龙现场检验、审查、办证工作。

根据嘉兴市人民政府《关于进行水上交通秩序综合治理的通知》，嘉兴航管人员会同港监部门及时实施现场监督检查，出动汽艇向广大船户宣传条例、细则，使船户们明确合法运输的重要性。嘉兴郊区南汇乡，地少人多，湖荡密布，不少农户用农船从事废钢铁运销，据1989年调查，这些船舶约有1300艘左右。这些船绝大多数是小吨位船，船员缺乏法制观念，无证从事营业性运输、逃缴税金、规费现象十分严重。对此，在综合治理水运市场过程中列为重点对象。由于这些运废钢船对地方钢铁生产有一定的辅助作用，对这一特殊情况，航管部门在加强航查的同时，由嘉兴市经委牵头与钢铁厂、南汇乡进行多次协调。一方面对船户进行法规宣传和培训，对船舶进行检验；另一方面采取现场办证的办法，审批其运输许可证、营运证，方便船户，还积极支持由厂方牵头，厂、乡双方签订废钢铁供销合同，各项规费税金由厂方代征的一揽子解决办法，效果明显。

1989年在国家压缩基本建设投资、紧缩财政、控制货币投放以后，建材和水运市场出现治理整顿过程中的暂时困难。航运企业承运的几项大宗物资，石料、砖瓦、黄砂等运量大幅度下降，运力大于运量的矛盾更加突出，航管部门加强对外省外地"两户"船舶的货源管理，凭装货通知单装货，以维护运输的正常秩序。同时要求经营单位提高应变和竞争能力，通过多种渠道和方法让各石料厂、砖瓦厂提高产品质量、降低生产成本，合理降价，以增强在上海市场的竞争力，并要求充实商务人员，加强商务工作，搞好货源组织，扭转单纯依靠航管部门分配货源的传统习惯。

1990年，由于嘉兴陆路旅客运输的迅速发展，而水上客运逐年下降。内河完成客运量345.58万人、旅客周转量9321.06万人公里，分别是1985年的24.49%和44.27%。为适应某些乡村交通需要，嘉兴航管部门重申和调整了客运航线的审批权限。对客运企业和农客班航线的开辟、撤销、调整进行了必要的事前调查研究，使审批工作比较切合实际。

【1991年后水运管理】

二十世纪九十年代，嘉兴交通局认真执行"改革、开放、放宽、搞活"方针，改革交通管理体制，交通专业运输部门独家经营格局发生根本变化，水路运输出现了国营、集体、个体、联户一起上的新局面，形成了多层次、多形式、多家经营的水路运输新格局，管理范围、管理方法多发生了新的变化。

水路运输经营资质管理

水路运输经营资质管理方面的依据：1990年5月22日，交通部发布了《省际水路运输企业审批管理办法》，对水路运输企业的筹建、开业以及船舶营业运输证的办理都作了明确规定，并对水运企业筹建申请、开业申请、新增运力申请的批准权限和程序作了规定。

1996年6月18日，交通部发布《中华人民共和国水路运输服务业管理规定》，对水路运输服务企业的开业条件和经营行为都作了相应规定。并在1998年7月30日、2009年4月30日分别作了修正。

1997年12月3日，国务院对1987年5月17日发布的《中华人民共和国水路运输管理条例》作了第一次修正，2008年12月27日，国务院再次作了修正。

2001年，交通部以2001年部1号令发布了《国内船舶运输经营资质管理规定》，对申请从事营业性运输的企业和个人在市场准入时的经营资质管理作了具体规定。

2002年12月1日，省交通厅印发了《浙江省水路液货危险品运输经营资质评估管理规定》《浙江省水路旅客运输经营资质评估管理规定》。

同年12月20日，省第九届人大常委会第四次会议审议通过《浙江省水路运输管理条例》，并于次年1月1日起施行。2008年11月28日，省人大常委会对该条例作了第一次修正。

2008年5月26日，交通运输部在原《国内船舶运输经营资质管理规定》基础上，以2008年2号令重新颁布了《国内水路运输经营资质管理规定》，对申请从事营业性运输的企业和个人在市场准入时的经营资质管理作了更具体详细规定，使水路运输市场的准入管理更具可操作性。

开展水路运输经营资质管理：自1987年《中华人民共和国水路运输管理条例》颁布实施以来，嘉兴市航运管理部门在嘉兴市交通主管部门的领导下，多年来一直坚持严格执行《中华人民共和国水路运输管理条例》、《国内船舶运输经营资质管理规定》、《浙江省水路运输管理条例》等法律、法规和规章，严把市场准入审批关，准入后还采用现场检查、定期抽查、专项检查、预警检查等多种监督检查管理手段，有力地规范了嘉兴的水运市场，维护了水路运输经营者、旅客、货主等各方当事人的合法权益，保护了公平竞争、打击了非法经营，通过各级港航管理部门的不懈努力，逐步形成了规范有序、可持续发展的水路运输市场。

1990年，根据交通部5月22日发布的《省际水路运输企业审批管理办法》，嘉兴城郊航管所认真为"两户"服务，全年核发许可证2658艘、23841吨、28532.55千瓦，其中采用"上门服务，现场办证"的方法，下乡办证24期，50天，出动1174人次，核发许可证2248份、营运证2248份。

1997年，为贯彻落实交通部发布《中华人民共和国水路运输服务业管理规定》，嘉兴市航运管理部门对全市水路运输服务业开展了一次全面的整治活动。1998年8月，嘉兴市交通局《关于印发嘉兴市进一步深化水运市场整治工作实施意见的通知》，嘉兴市航运管理部门对水运服务业进行检查，进一步规范水运服务企业的经营行为，使水运服务企业做到“四统一”，即统一票据、统一收费标准、统一代理单证、统一持证上岗。

2008年，嘉兴市港航管部门严把水运市场准入关，严格按照《浙江省水路运输经营资质管理规程》和《浙江省水路运输经营资质管理工作考核办法》等规定，做好水路经营者经营资质受理、审核、审批和转报工作。全年共受理、许可水路运输服务企业6家；新办、注销、年审、核（换）发船舶营业运输证6247本。为贯彻落实2008年交通部重新制定的《国内水路运输经营资质管理规定》和上级有关经营资质管理方面的规定，开展了水路运输（服务）企业经营资质年度核查和半年度的经营资质预警检查，对违反《水路运输服务业管理规定》的2家水运服务公司（浙江嘉兴港口服务公司、嘉兴日新运输代理公司）依法注销了代理资质。同时完成省际水路运输企业水路运输许可证和省际液化危险品运输船舶船舶营业运输证的到期换证工作。

2010年，办理运政许可4637件，其中水路运输经营许可2162件、船舶营业运输证核发2468件、水路运输服务许可7件。认真开展水路运输（服务）业经营资质年度核查，共核查运输企业25家、各类运输船舶483艘，核查服务企业25家、个体水运经营户4879家，核查率均为100%。

水运市场监督管理

水运市场监管体系包括监管主体、监管客体、监管体制、监管制度、监管手段等。按照国家“四位一体”市场监管体系的总体要求，水运市场监管体系可划分为三个子体系，即行政监管体系、行业自律体系与社会监督体系。其中行政监管体系的主体是行政管理部门，主要为航运管理机构，同时还包括海事、船检、工商、税务、公安等其他相关管理部门。水运市场监管是指在交通主管部门领导下，航运管理机构依据法律法规和行政规章，对水路运输经营者、水路运输服务经营者以及船舶在市场准入、经营资质、交易行为、竞争行为以及市场退出等进行全方位、全过程的监督管理。“八五”以来，浙江省在水运市场监管方面出台了不少制度和办法，如2003年省交通厅发布了《浙江省水路运输企业经营资质预警制度（试行）》、2007年发布了《浙江省水路运输诚信企业管理办法（试行）》等，嘉兴市港航部门在省相关规定、制度出台后，加强宣传和落实，严格行政审批和现场执法，进一步规范了水路运输管理，促进了企业合法经营，维护了良好的水路运输市场秩序。

定期验审（核查）制度：2003年起，根据《浙江省水路运输管理条例》第十八条规定：水路运输和水路运输服务经营者的经营资格应当定期验审，经验审合格后，经营者方可继续从事经营活动。市港航管理部门对水路运输和水路运输服务经营者的经营资格开展定期验审工作，使从事水路运输业的经营者的竞争力得到提高。2008年，颁布实施的《国内水路运输经营资质管理规定》（交通部令2008年第2号）就经营资质动态监管进行了制度设计，建立了动态报备、监督检查和预警制度等。经营者所在地交通主管部门是经营资质动态监管的第一责任主体，通过年度核查和不定期抽查两种形式进行动态监管。

为了加强对水运市场的监管力度，严格执行经营资质管理规定，规范水运业户的经营行为，进一步巩固近年来嘉兴市整顿和规范水运市场的成果，根据上级交通主管部门文件以及省港航局的通知要求，市港航管理部门从2008年起，每年开展年度水路运输业及水路运输服务业核查工作，对水路运输业经营人及其所属运输船舶进行核查。核查内容包括审核水路运输经营人上一年度中遵守各类水路运输法律、法规及规章的情况，重点审核有无超越经营范围、违章经营及违反规定使用票据的行为；审核水路运输经营人经营资质保持情况，重点核查公司安全管理责任制度的落实和管理人员的配备情况，主要管理人员到位情况，并核查相关证书、合同；审核有关运输规费交纳情况，了解经营人的生产经营情况。同时审核运输船舶的经营资格和有无违规、违章行为以及事故情况，运输船舶有关证书是否相符、有效，有无篡改船龄和报废船舶继续从事营运的情况。对于托管船舶，审核其经营人是否真正履行经营管理职责，有无“托而不管”的情况。通过年度核查工作，进一步巩固了航运市场整顿成果，规范了水路运输市场秩序。

企业信用制度：现代信用制度是建立在诚信基础之上的契约关系。有诺必践，违约必究，经济活动才能正常运转。信用度越高，经济运行就越顺畅；信用度越低，经济运行成本就越高。随着我国加入WTO，我国企业将融入国际大家庭之中，它必须遵守WTO中的各项贸易规则和市场运行准则，因此企业信用制度的引入，把企业的诚信表现与他们的切身利益直接联系起来，通过建立激励约束机制，鼓励守信企业保持荣誉、鞭策失信企业痛改前非，是解决企业信用缺失的有效手段。2007年10月16日，为加强浙江省水路运输市场信用建设，引导水路运输企业诚实守信、合法经营，维护水路运输市场秩序，浙江省交通厅颁布并开始实施《浙江省水路运输诚信企业管理办法（试行）》（以下简称《办法》）。

根据《办法》规定，获水路运输诚信企业称号的企业必须在证照齐全，在经营资质、经营行为、服务质量、安全生产、票据使用、规费缴纳、货损货差及准点运行、完成国家指令性任务等10个方面符合规定要求。水路运输诚信企业的评定实行企业自愿申报制，由县、市级航运管理部门逐级检查、审核，经公示后由省交通厅批准公布。水路运输诚信企业称号的有效期为3年，有效期满的企业应重新申请，获得水路运输诚信企业称号的企业享受省交通厅有关技改资金补助等政策。《办法》的实施，为引导水运企业诚实守信、合法经营，维护水路运输市场秩序起到积极的促进作用。

2008年10月，按照《浙江省水路运输诚信企业管理办法(试行)》的要求，通过水运企业自愿申报、县、市二级港航管理部门初审，省港航管理局审核并对申报企业进行现场核查等评审程序后，经省交通厅批准，嘉兴市所属的嘉兴市南湖名胜发展有限公司、嘉兴市众安危险品航运有限公司等水运企业，获得全省首批“浙江省水路运输诚信企业”称号。至2010年已有3家企业保持“浙江省水路运输诚信企业”称号。

船舶交易管理：2004年，交通运输部颁布《船舶交易管理规定》，根据交通运输部、省港航管理局有关文件要求，嘉兴港航管理部门认真做好嘉兴市船舶交易服务机构的报备工作，通过指导帮助企业建立完善各项管理制度及台帐等工作，嘉兴市首家船舶交易服务机构即嘉兴市安通船舶交易有限公司，于2010年7月12日取得省港航管理局颁发的《浙江省船舶交易服务机构备案证书》。自8月18日起，嘉兴市的船舶所有人若需进行转让所有权的交易行为时，必须通过船舶交易服务机构进行。1—12月份，累计完成船舶交易83艘，成交金额1519.11万元。

水路运政执法检查

水路运政执法检查主要依据：港航管理部门在水路运政执法依据是1987年5月12日国务院发布的《中华人民共和国水路运输管理条例》，1987年10月1日起施行(1997年12月3日国务院第一次修订，2008年12月27日国务院第二次修订)；《中华人民共和国水路运输服务业管理规定》(1996年6月18日交通部发布、1996年10月1日起施行，1998年7月30日交通部第一次修订、2009年4月20日交通部第二次修订)；《国内船舶运输经营资质管理规定》(2001年2月14日交通部发布，2001年4月1日起施行)，2008年重新制定为《国内水路运输经营资质管理规定》(2008年5月26日交通运输部发布，2008年8月1日起施行)；《浙江省水路运输管理条例》(2002年12月20日浙江省第九届人民代表大会常务委员会公告第七十九号公布、2003年1月1日起施行，2008年11月28日浙江省第十一届人民代表大会常务委员会第8号公告修订)等法规和规章，对在嘉兴境内从事营业性运输的水路运输企业或个人、水路运输服务企业的经营活动实施监督检查，查处各类违反水路运输管理的违法行为。

开展水路运政执法集中大检查。1990年9月28日，中华人民共和国交通部第22号令发布《水路运输违章处罚规定(试行)》，为加强水路运输管理，维护水运秩序，保护水路运输经营人的合法权益和依法处罚违章者，提供了法律依据。根据交通部对1990年运输市场整治工作安排意见和省政府〔1990〕21号文件，嘉兴市人民政府办公室《关于印发嘉兴市运输市场综合治理实施意见的通知》，要求在总结1989年治理整顿工作基础上，全面深入开展水运市场整治工作。根据《关于进行水运市场现场检查的通知》(嘉市航管运〔1990〕89号)及嘉、沪两市关于《开展水运市场现场检查联席会议纪要》，嘉兴市航管处、城郊航管所等有关部门于1990年8月11日至17日进行为期7天的嘉兴、上海两市统一航查，查处违章船舶4173艘。为水运市场治理整顿奠定良好基础。

1993年，根据浙江省航运管理局〔1993〕150号文件精神，市航管部门于10月20日至11月10日在嘉兴航区开展水路运政大检查。在为期20天的检查中，嘉兴城郊航管所对该辖区的营运船舶进行大检查，共检查各类运输船舶5000多航次。全年该航管所共查处违章案件48起，罚款7740元，没收非法收入880元。通过检查，有效制止违章经营行为，提高了经营者的法制观念，促使经营者依法经营，维护了水路运输秩序。

1999年，嘉兴市航运管理部门把开展经常性的各种现场监督检查作为水运管理的一项重要工作来抓，经常组织人员巡航检查。同年11月，认真组织实施全省统一的运政检查月活动，全市共出动检查艇1160艘次，参加检查人员5804人次；检查水运企业26家，检查服务企业22家，检查船舶21538艘，查处违章船舶3819艘。补征规费153.53万元(其中运管费17.35万元)，按一般程序运政处罚38起。检查活动月的开展，促进水运市场秩序进一步好转。

2001年，嘉兴市航运管理部门集中开展了整顿和规范水运市场秩序的工作。在开展整顿和规范水运市场秩序主要做了三个方面工作：一是开展水运市场秩序集中检查，先后组织三次大规模集中检查；二是开展水路客运、危险品运输市场秩序整顿；三是开展船舶普查工作，完善了船舶信息管理资料。

2002年9月6日至9月10日，市港航管理部门组织开展了水路运政大检查活动，为期5天，共出动检查艇601艘次，参加检查人员1963人次，检查航运企业27家、水运服务企业29家，检查各类营运船舶6174艘次，查处和纠正各类违章违法船舶957艘次，补征航政规费(含运管费)49.56万元，实施运政处罚案件40起，罚款及没收违法所得5.83万元。

2003年至2005年连续三年市港航管理部门在10月份，组织开展为期5至7天的统一的水路运政执法大检查活动。每年都出动检查艇300艘次左右，参加检查人员1500人次左右，有力地整治了水运市场。

2006年6月12日至6月19日，市港航管理部门在嘉兴航区组织开展了为期8天的水路运政检查活动。2007年9月24日至30日，根据省港航局的统一部署，市港航管理部门，又开展了为期7天的水路运政检查活动。由于此次大检查正值“十一”黄金周前夕和港航规费征收的高峰时期，各级港航管理部门克服了工作任务叠加、人手少等种种困难，突出重点，灵活运用各种方法做好此次检查工作。在为期7天的检查活动中，共出动检查艇296艘次，参加检查人员1586人次，检查水路运输企业29家，检查各类营运船舶2332艘次，查处和纠正各类违章违法船舶431艘次，补征航政规费(含运管费)44.27万元，实施运政处罚案件86起，罚款78450元。

2008年10月13日至17日，市港航管理部门又组织开展了为期5天的全市水路运政执法检查。2009年，认真做好贯彻施行《浙江省交通行政处罚自由裁量权实施办法(试行)》和《浙江省交通行政处罚自由裁量执行标准（试行)》工作，市港航管理部门组织运管人员对水路运输违法行为实施运政处罚的依据、条款和标准进行了学习和研讨。10月19日至23日组织开展了为期5天的水路运政集中检查活动。出动检查艇270艘次，参加检查人员1474人次。检查水运企业20家，检查各类营运船舶1655艘次，查处和纠正各类违法船舶218艘次(其中:超载107艘次，补缴规费50艘次，无证或证书过期17艘次)，实施运政处罚111件，补缴规费9.95万元，罚款17.68万元。

2010年10月18日至22日，航管部门再次组织开展了为期5天的水路运政执法检查。共出动检查艇297艘次，参加检查人员1368人次。检查各类船舶1437艘次，查处和纠正各类违法船舶105艘次（其中：超载76艘次，补缴规费16艘次，其他违法行为13起)，实施运政处罚99起，补缴规费2.9265万元，罚款13.84万元。嘉兴市港航管理部门自2000年起，基本上每年组织一次有一定规模的水路运政执法大检查。仅2002年至2010年，全市统一组织开展的9次的水路运政集中大检查中，共出动监督艇3386艘次、出动运政检查人员14698人次，检查船舶24246艘次，查处违法船舶3810艘次，检查水路运输企业224家次，罚款及没收非法所得103.29万元。

日常水路运政执法检查。嘉兴市各级港航管理部门依据《中华人民共和国水路运输管理条例》《国内船舶运输经营资质管理规定》《浙江省水路运输管理条例》等法规和规章，采取日常现场检查的方法，加强对全市水路运输市场的监督管理。

仅2002年至2010年，嘉兴市各级港航管理部门除统一开展集中水路运政执法检查外，还加强了日常运政检查工作。如塘汇港航站加强现场的检查力度，对无证及逃缴国家规费的船舶进行处罚，使有证船舶合法经营权益得到保障，2009年受理运政处罚案件83起，罚款金额89930元；同年王江泾港航站加强三超船舶监控管理，严查违章船舶，对违章案件进行处罚，罚款金额68.91万元。

在近10年的日常运政检查中，对在嘉兴航区内营运的各类违法营运船舶实施水路运政处罚案件达12960件，罚款1033.94万元、没收非法所得12.82万元，罚没款合计1046.77万元。

多年来，嘉兴市港航管理部门通过开展日常水路运政执法检查和集中运政执法大检查等多种形式，有力地规范了水路运输经营者的经营行为，水路运输经营者依法经营的意识普遍有了提高，航区内违法经营的船舶日趋减少，水路运输市场正在健康、和谐、有序的发展。

【计划管理】

建国后水上运输计划管理

解放初，沿袭旧例，自由竞争，无所谓计划管理。为了维护水上交通秩序，确保国民经济建设有计划的实施和保障船民合法利益，国家对水上运输，逐步采取统一运价、统一计划、统一调度(简称“三统”管理)。1950年9月华东区第一届内河航务会议通过决议，制定《华东区木帆船舶管理暂行办法(草案)》。该办法指出：“为了发展水上交通，开拓航运贸易，建立航行秩序，统一管理手续，保障航行安全及船舶产权，凡营运的木帆船一律由航务机关登记、检查、管理，营运船舶须受航务机关之领导。并在航务机关协助下，组织水上联运社、运输公司、运输合作社等。取消封建剥削制度，逐步达到组织统一调配。”当时嘉兴航区县一级航务机关尚未建立。浙江省航务局浙西管理所嘉兴分所所辖各县的航政机构，除分所所在地嘉兴外，只有乍浦港建立航管站(乍浦建站较早，当时隶属省航务局)。进行木帆船登记、丈量，实行船舶定港和由航务机关直接调配船只等工作。并根据华东会议精神，开始实行对木帆船实行统一运价和统一调度，又根据华东区第一届航务会议制定的《关于民船运输公司组织章程(草案)》的精神，在

1951年下半年至1952年上半年，嘉兴等县将木帆船先后组织起来，成立木帆船联合运输社（1952年7月改为民船运输联合社）。在航务机关的领导监督下，对参加营运的船舶，实行统一管理、统一承揽交运、统一船只调度和统一结算及支付运费。

嘉兴专区1952年建立货物运输托运计划管理制度。1953年，交通部在全国交通会议上提出"统一计划、统一调度、统一运价"的"三统"管理办法。同年1月至6月，浙江省运输计划委员会和嘉兴专署运输计划小组相继成立，正式开始对运输实行计划管理。每月下旬，省、地、县分级召开一次运输平衡安排会议，以确保物资运输按计划进行，加快流通速度。1955年5月以后，按照嘉兴专署运输计划小组关于托运计划采取分级提送、分区平衡的规定，运输计划会议改由各级航管部门召开；原来的各级运输计划小组，只作最后审定，不再召开会议。

1958年10月以后，运输行业又政企离合，体制多变。但是，无论对全民或集体所有制经济性质的运输业的"三统管理"，包括运输计划的平衡安排，则未改变。

1985年7月，杭州、嘉兴、湖州三市航运管理处联合提出《浙江省杭嘉湖内河货物运输计划管理改革意见》（以下简称《改革意见》），经浙江省航运管理局批准试行。规定凡市辖境内货物运输原则上免提运输计划，由承托双方直接办理；跨市、跨省货物运输、一次托运量在100吨以下者免提运输计划，100吨以上者实行计划运输。于同年9月1日起实施。自此突破"三统"管理格式。1987年9月，市航管处转发省交通厅文件，对上述《改革意见》改为：凡满30吨的整批货物及全月累计托运量满100吨的零星物资均应提送月度托运计划，进行综合平衡。

在计划管理中，始终实行保证重点，兼顾一般的方针。保证国家重点工程物资、军需物资、抢险救灾物资、季节性支农物资和外贸出口物资，30吨以上水陆联运、中转换装等物资，不论其流向，均实行计划运输。《浙江省杭嘉湖内河货运运输计划管理改革意见》至2010年仍在沿用。

"七五"（1986—1990年）期间，运输市场变化多，起落大，客观制约因素复杂。"七五"后期，国家银根抽紧，基建规模压缩。运输管理是实施计划经济与市场调节相结合的运行机制。1986年，嘉兴市航运管理处按照省航运管理局《浙江省杭嘉湖内河货物运输计划管理改革意见（试行）》的办法，实施计划管理，做好综合平衡，对跨省、市的货物运输原一次托运在100吨以下免提运输计划，实行市场调节。市航运管理处每月召开一次有航管部门、航运企业及有关单位参加的水运计划平衡会议，并参加省航运管理局召开的水运计划平衡会议。1986年由于没有一定的约束力来保证托运计划的执行，一般每月有20%左右的计划落空。为使航运企业有稳定的货源保证，维护正常的运输生产，计划安排一般大于运力20%左右，为企业的生产调度创造一定的回旋余地。为减轻每年一季度货源不足的困难，嘉兴市航运管理处于年前组织储砖等运输物资，有效地调节淡季货源，保证节期运输生产正常进行。通过综合平衡，有计划地适应了社会的需要，为提高双边运输系数和运输效率，创造了良好条件。

1987年，嘉兴市航运管理处系统地改进计划管理方式，制发航运企业营运情况表，发挥平衡会议多功能作用。根据省厅浙交〔1987〕332号通知精神，调整计划管理范围，从100吨改为30吨。跨省、跨市的货物运输一次托运满30吨要报送月度运输计划，市辖境内的货物运输一次托运满30吨也要报送月度运输计划。专业航运企业参加航区运输计划平衡会议，有利于扩大信息交流和经验交流，改进经营管理。如市第二航运公司从会议中获悉长川坝轧石一厂需要资金新建生产设施的信息，即帮助物色对象，使该厂与上海一家经销单位达成了无息贷款10万元和按月供货数千吨的长期补助协议，签订三方运输合同，加强横向联系，发展了货源基地。

运输计划切实可靠的基础是货源调查工作，1987年嘉兴城郊航管所在货源调查中，采取统一部署，分片包干，分工负责，全所汇总的办法。深入重点厂矿企业实地了解，尤其是对地处杭申甲线段的水泥厂、砖瓦厂进行重点调查，以上门走访、召开小型座谈会，全年共调查了有关部门、厂矿和企事业单位63家，基本摸清了本航区内货源变化情况，当年航区货物发送量137.1万吨，为进一步搞好计划运输管理提供了可靠的依据。

在安排计划和执行计划过程中，坚持确保重点、兼顾一般的运输原则，切实抓好重点物资的运输。如1987年嘉兴市城郊航管所针对当年春茧量多、烘力紧张等特点及时与土特产公司联系，并在平衡会议上作了专题研究，确定了茧运船舶，配备了机动运力。同时又会同市土特产公司组织召开了由承运单位、丝绸公司、搬运装卸等单位参加的春茧调运会议，会上作了明确分工。参加茧运的王店郊区交运公司各部门都很重视，落实防火、防雨、防潮等安全措施。通过12天的努力，安全及时地完成39827包春茧的入库任务。当年城郊航管所被评为1987年度城郊区春茧调运先进集体。

1990年，为了合理安排和组织货物运输，搞好综合平衡，为航运企业的生产经营决策提供信息，嘉兴市航管部门，每年根据省航运管理局的统一布置，发出《关于开展××年度货运经济调查通知》，每年3月份至5月份，组织近百人对航区内与水运关系较大的工矿企业和有关单位的货物运量、流向进行调查，同时，专门赴上海了解上海市年度的经济规划和基本建设发展趋势。通过对经济调查和资料的汇总，根据国家经济计划发展需要，预测年度本市航区货物发送量。航管部门树立寓管理于服务之中、管理就是服务的指导思想。

1991 年后水上运输计划管理

1991 年以后，嘉兴交通局认真执行“改革、开放、放宽、搞活”方针，改革交通管理体制，国营、集体、个体、联户一起上，由计划经济逐步走向市场经济，由运输市场进行自由调节。嘉兴市航管部门组织航管人员对航区内与水运关系较大的工矿企业和有关单位的货物运量、流向进行为期两个多月调查，为航运企业提供信息。同时与杭州、湖州地区、省驻沪办事处联系，帮助解决落实货源。同年，嘉兴市航运管理处印发了《嘉兴市水路运输经营行为整顿实施方案》，控制外港船舶的超计划运输取得了较好的效果。

1992 年 11 月 24 日，浙江省交通厅印发了《关于加快改革开放步伐加速发展社会主义运输市场经济的若干意见》的通知，其主要精神有：放开运输市场，引入竞争机制；充分发挥市场调节作用，促进运力合理发展；加快建设有形运输市场；国有运输企业是运输市场的骨干力量，各级交通主管部门应简政放权，促进企业转换经营机制，把企业推向市场，提高企业在运输市场中的竞争能力，在竞争中求发展；积极推动机关、企事业单位车、船按规定经审批进入运输市场，实行有偿服务，自主经营，独立核算；缩小计划运输范围，扩大市场调节；对道路客运热钱可先在小范围内进行有偿使用的试点；积极利用外资，大胆引进境外资金、技术和管理经验，发展中外合资道路、水路运输企业。

党的十四大以后，浙江省加快改革开放步伐加速发展社会主义运输市场经济，放开运输市场，引入竞争机制。

1996 年至 1997 年，内河水运市场个体运力盲目增长，运力大于运量的失衡现象日趋明显，水运秩序出现混乱现象，航运管理部门从 1997 年 2 月下旬开始，对水运市场现状及存在问题开展调研工作。通过对水运市场现状的调查与分析，航管部门提出了建立统一开放、竞争有序的水运市场秩序 12 条建议和对策，对规范水运经营行为，培育良好的水运市场，促进企业转制等产生了积极影响。

1998 年 8 月，根据嘉兴市交通局《关于印发嘉兴市进一步深化水运市场整治工作实施意见的通知》精神，市航运管理处对水运服务业进行检查，进一步规范水运服务企业的经营行为，使水运服务企业做到四统一，即统一票据、统一收费标准、统一代理单证、统一持证上岗。

长期以来，嘉兴水路货运管理实行的是计划经济体制下形成的计划平衡衔接制度。这一制度在计划经济时代对于完成水路货运任务起了较好的作用。但是，随着社会主义市场经济体制的逐步建立，这一制度越来越不适应形势发展的要求，一方面管理部门管了不该管的又管不好的事情，另一方面阻碍了航运企业想要经营自主、公平参与市场竞争的积极性。自 2000 年 7 月 1 日起，嘉兴市的水路货物运输管理制度进行了改革，在嘉兴市范围内由水路起运的货物取消了水路货运计划审批和平衡衔接的规定，改由承托双方按国家法律法规规定自愿签订运输合同。

嘉兴市取消水路货运计划审批和平衡衔接，实行水路货物运输由承托双方按国家法律法规规定自愿签订运输合同。这一货运管理制度改革，在浙江省杭嘉湖内河运输管理中尚属首家。为航运企业进一步面向市场，积极参与市场竞争，在竞争中求生存、求发展创造了条件。

为加强水运行业管理，维护水运市场秩序，根据《水路运输管理条例》及其《实施细则》的有关规定，自 2000 年 7 月 1 日起，嘉兴市在杭嘉湖内河运输管理中率先试行“水路货物运单”制度。即：凡在嘉兴市航区从事营业性货物运输的船舶都必须按规定使用交通主管部门规定的“水路货物运单”；开具运单的船舶必须具备有效的船舶、船员证书和营运证照及有效的规费缴讫凭证；运单必须按规定随货同行。

2009 年，开展水运市场调研分析，指导行业可持续发展。召开了水运企业、石矿企业、水路运输服务企业等一系列座谈会，完成了《调整水路货运结构，服务经济社会发展》等调研课题。

客运运价

民国时期嘉兴及邻近县轮船客运票，由轮船商业同业公会议订里程、票价，报船舶事务所核准实施；抗战胜利后由轮船商业同业公会议订，报县政府核准，但各地客运运价参差不一。解放前夕，物价飞涨，民国 38 年（1949 年）3 月 9 日，桐乡至嘉兴轮船票每张 800 元，到 4 月 15 日涨到 2.5 万元，上涨 300 多倍。

中华人民共和国成立后，浙江省航务局于 1950 年 1 月核定客运票价每人公里 0.024 元（折今人民币。后同）。5 月起，客票价核减 25%。1953 年，浙江省航运公司第一次规定了客运票价。票价分四部份组成，其公式为（保险费 0.01 元+底分 0.01 元）+（每人公里基价 0.018 元×运载公里）＝全程票价。

1971 年 1 月，浙江省交通邮政局颁发了《关于公布本省杭嘉湖内河客运里程、票价的通知》，自 7 月 1 日起实行。

按照统一里程、统一基价的精神，对票价作了新的调整，其主要内容：客票基价，每张客票的底分0.02分，每人公里单价80公里以内为0.0175元，超过80公里递增0.008元(包括保险费)；实行分票制，废除1961年11月起实行的五分进舍制，改为以分为单位(分以下四舍五入)分票制，每张客票的最低计价，不分全票半票一律为0.05元(包括保险费)；一律按新的客运里程表计算票价(客运里程以100米为单位，不满100米的四舍五入)；儿童票价按普通票价50%计算；军人凭军人通行证半价优待，革命残废军人凭证半价优待。

1978年，由于客运站点增多，为简化票价的计算，自6月1日起，在每张客票最低价0.05元的基础上，对尾数采用“二舍三入”办法，即满0.03元的按0.05元计算，不满0.03元不计。

1980年9月，交通部将1974年9月1日起试行的《中华人民共和国交通部水上旅客运输规则》修订后颁发各地，自10月1日起实行。对旅客船票和行李包裹的计费，意外情况的处理，都有明确规定。翌年10月，又对个别条款的计费标准作了补充，内容更为具体。《水路旅客运输规则》规定每张客票的起码票价为0.10元，内河船票的尾数可以0.05元为单位；每一成年旅客随身携带物品，不能超过20公斤，半价儿童携带物品不超过10公斤，超过部分应办理托运，也可以客运站同意自带上船，按自带包裹收取运费。

1985年，浙江省物价局、交通厅鉴于修造船舶的原材料和燃料调价，多数客运单位连年亏损，为使企业有扩大再生产的能力，联合发出了《关于调整机动船客运票价的通知》，自当年1月21日起实行。其中与杭嘉湖地区有关的内容，主要有：客票基价，运距80公里内，每人公里调整为0.02元，超过80公里部分调整为0.01元(以上已包括3%保险费在内)；客票底分统一规定为0.05元；旅游航线的客票，根据船舶设备条件和淡旺季节，按同航线票价，在20%幅度内上下浮动。

1987年9月，经嘉兴市物价局、交通局批准，适当调整客运票价，底分为0.05元调整为0.08元；每人公里基价0.02元调整为0.028元，自9月20日起实行。

1989年1月，嘉兴市物价局、交通局鉴于修造船舶所需原材料和燃料(柴油)价格上涨幅度加大，计划内供应量逐年削减，议价柴油使用比例日益增大，重柴油供应大幅度减少，在此双重影响下，客运成本增大，为缓解运输成本增大和客运票价相对偏低的矛盾，经批准对水上客运票价作一些调整，底分从0.08元调整为0.10元，每人公里基价0.028元调整为0.03元，自1月17日起实行。同年8月，鉴于水路客运票价仍偏低，运输成本日益增大，客运单位亏损日增。为扶持水上客运企业正常营业，经嘉兴市物价局、交通局批准，同意在嘉兴市航区客运票价再次作适当调整，底分从0.10元调整为0.20元，每人公里基价0.03元，调整为0.04元。出市境航线，其出境每人公里基价不变。其计算方式：(该航区客票底分0.20元+每人公里基价0.04元×运载公里)+外省、市每人公里基价(原票价基数)=全程票价。

1993年6月16日，省物价局、交通厅联合下发《关于调整省管水上旅客运输票价的通知》，杭、嘉、湖内河、钱江水系的客票基价每人公里从0.035元调整为0.06元，有关计收油贴的规定同时停止执行。

20世纪90年代后期，为适应社会主义市场经济体制要求，发挥价格杠杆对水运市场资源的配置作用，水上旅客运输和水路货物运输价格逐步放开，实行市场调节价。国家计委、交通部2001年3月6日颁发了《关于全面放开水运价格有关问题的通知》，于2001年5月1日开始，主要内容是放开水运客货运输价格，实行市场调节价，具体价格由水运企业根据经营成本和市场供求情况自行确定。嘉兴市水运价格根据上述精神全部实行市场调节价。2001年起，客运运价时代终结。另外，在嘉兴南湖风景区，游客乘座客运船舶到湖心岛等地游览，不单独售船票，而是以南湖景区门票(包含船票的方式)对外发售。

货运运价

民国时期，嘉兴未见有规定的统一货运运价，悉由承托双方按市场定价，船多货少时运价则低，货多船少时运价则高。大多是米业、窑业、运输业等同业公会同行公议，作为标准，沿袭已久。嘉兴在解放前夕，因物价暴涨，早晚不一，运费乃按米价折算。此计算方法解放初期曾沿用。

1952年5月，华东军政委员会交通部颁发《华东内河运价管理暂行规则》，规定运价必须由航管机关管理，其他任何单位不得自订运价，开始确定了内河运价的管理部门和权限。同年11月，浙江省内河航运管理局又制定了《浙西地区木帆船统一运价(草案)》和货物分等表，经浙江省运价审议委员会批准，以经物〔1952〕字6684号通知下达各地，自12月11日起试行。于是，运价计算更为明确，它规定一切货运价格的计算，由装卸成本、航运成本、航行里程和装载吨数四个部分组成，每吨货物的装卸成本为0.8901元，每吨公里的航运成本为0.0205元，(均已折合新人民币，下同)其计算公式如下〔装卸成本+(航运成本×航运里程)〕×装载吨数=全程运价。但是，由于它规定了除本港短驳外，最短航程不满30公里，按30公里计算，以致产生了船户乐于短驳，不愿远运；货主则认为起点偏高，因而执行时产生困难。所以，后来又修改为最短航程起码6公里，6公里以上一律按实际里程计算。这是中华人民共和国成立以来，杭嘉湖地区最早的统一运价。

1954年3月，嘉兴航区的运价开始第一次调整。嘉兴航运管理处调低短驳装卸基数为0.666元。因各地短驳条件不同，这次调价，执行上难求一致，故又修正为嘉兴市区以外各地，可按实际情况决定。1955年6月，嘉兴专署交通运输管理局通知，石料，木帆船运价下降10%，作为特定运价。

1956年6月，浙江省交通厅颁发了省内第一部《海港省轮船运输货物的运价汇编》。由于浙西地区多数县份轮船货物运输之船舶极少，因此报经省交通厅修正后，以省人委〔1956〕浙工办字3158号文批准《浙江省轮船运输货物运价规定》于1957年1月起开始执行，其主要内容有：将各类货运物资，分成为75项，270多类，费率划成25个等级计算运费，最高为1级，最低为25级；轮拖驳船的货运，满5吨以上为整批，5吨以下为零担，整批货运距离至少10公里；一律按所附里程表计费，表内未定的按当地航管部门规定办理；根据不同货物、航线、分列特定运价，如嘉兴航区出运上海大米每吨按运价率加0.50元；零担货物，按每件立方体积折合重量(公斤)计费，起点至少10公斤。执行这一新的规定，计算虽较前复杂、烦琐，但不同货种的费率更趋合理，运价也比原来下降20%左右。

1965年2月，浙江省航运管理局发出《关于木帆船应按1958年调整运价执行的通知》(航运字〔1965〕第5070号)，指出"查浙西水系的木帆船运价，浙江省交通厅曾在1958年7月，以(〔1958〕交搬字第40516号通知)，自当年8月开始调整执行，嘉兴航区仍按运价计算。根据浙西水系几年来的运量发展和船民收入情况，不宜再维持原来运价"。因此，嘉兴航运管理处按浙江省航运管理局指示，嘉兴航区自1965年3月1日零时起，按照1958年通知的调整运价执行，即木帆船运价装卸基数由原0.8901元调低为0.80元；运距3公里以内的装卸基数由原0.666元调低为0.60元；航运基价由原每吨公里0.0205元调低为0.018元。这次调价总的幅度约降低10%。

1972年，浙江省航运管理局派员并会同杭州和嘉兴地区两个航运管理处有关人员参加测绘了《杭嘉湖航道实际里程图》。新里程图测定以后，各地航运管理部门虽因实测里程与习惯里程有所不同，而未能立时采用；但是，它终究为准确计算杭嘉湖地区内河货物运价里程，首次提出了依据。

1980年1月，浙江省交通局又颁发了《浙江省内河货物运价规则》和《杭嘉湖内河货物运价》，经省人民政府以浙政发〔1980〕2号文批准，自2月1日起试行，并宣布以前一切有关水上货物运价的规定，同时废止。新的杭嘉湖地区运价，与过去的运价主要区别有：取消零担与整批区别。零担货物运价，按整批运价率加收30%计算；简化级差，将原运价25个等级简化为8个等级，级差系数从原来的735%(即25级为100，一级为735)缩小成300%(即一级为100，八级为300)，等级之间也作了适当的调整，货物分项从75个减为20个；调整运价基价，将原有停泊基价每吨1.17元，调整为1.25元；航运基价每吨公里0.0118元改为0.0147元，150公里以上的降为0.01元；过去的10公里起点，改为1-2、3-5、6-9公里，10公里以上的，以5公里为一计算单位，统一计费办法，把原来的轮船、木帆船、航快船三种计费办法改为一个计费办法，在费率上作出区别；C级航区船舶航行，穿越长江和黄浦江的，以江阴黄田港上下、黄浦江分水龙王庙以下为界，加收运费10%~20%；全国性水陆联运，按运价率减10%优待计算。通过调整，新的运价比原价提高幅度约8.9%。

杭嘉湖内河机动船非机动船货物运价计算标准表

表8-3-14

等级	级差系数	吨位基价	里程基价(元/吨公里)	
			150公里以内	151公里起
1	100	1.25	0.14	0.01
2	105			
3	115			
4	130			
5	150			
6	190			
7	230			
8	300			

杭嘉湖内河货物运价里程，过去一直由各县以习惯里程沿用而定，同一起讫地点，由于起运地是二个县，而里程计算不同。

1982年初，由浙江省航运管理局再次组织人员深入调查研究，对杭嘉湖地区航道运价里程进行汇编和复审，经浙江省交通厅1982年11月17日(〔1982〕浙交函218号文)核准，同意自1983年1月1日起颁布执行。对出省运输的货物运价里程也作了调整，客轮附货的货物运价里程仍暂按现行客运航线里程不变。从此，杭嘉湖地区有了统一的内河货物运价里程。

1984年，浙江省物价局、交通厅鉴于航运企业因受原材料和燃料调价的影响，部分单位营业发生亏损，为促进(国营、集体、个体)水上运输企业的正常发展，于6月间联合发出了《关于水上货物实行浮动运价的通知》(浙价〔1984〕40号),自7月1日起实行。它规定杭嘉湖内河的货物运价,可在原省定运价的基础上向上浮动10%,县境范围内的短途货运和航快船零星货物的运价,由地(市)物价局、交通局审定,报省备案。于是,嘉兴市物价局、交通局在同年12月以嘉市物〔1984〕71号、嘉交运〔1984〕476号文联合发出了《关于小吨位船舶和航快船零担货运实行浮动运价的通知》,自1985年1月1日起实行,其浮动幅度如下:第一,凡30吨以下货驳组成的300吨以下小船队,挂机船和自摇船,按现行杭嘉湖内河整批货物运价,分别上向浮动:运距在15公里以上(含15公里,下同)至30公里以下,向上浮动10%;30公里以上至40公里以下,向上浮动20%;40公里以上,向上浮动30%,定期、定线、定船运输及装运回程货物者,不得收取调空费;按不同运距收取调空费;50公里至99公里按整批货物运价加15%;100公里以上加25%。第二航快船零担货物的运价,按现行运价率向上浮动10%。

1985年12月,嘉兴市物价局、交通局根据改革开放以来的市场形势,再度联合发出了《关于进一步完善、调整小吨位船舶货运浮动运价的通知》,自1986年1月1日起试行。它的主要内容是在省定杭嘉湖内河运价的基础上,扩大浮动的幅度:20吨以下船舶及其组成的100吨以下的船队,可按现行整批运价向上50%范围内浮动,30吨以下船舶及其组成的300吨以下船队,可在30%范围内向上浮动;航快船零担货物的运输,按零担运价向上30%范围内浮动;调空费的计算,运距在31至50公里,按整批同级运价加15%,51公里以上加25%收费。

由于这一时期航运生产所需的各种原材料价格普遍上涨,特别是占成本三分之一的燃料(柴油)价格上涨幅度更大,计划内供应量逐年削减,议价柴油比例日益增大,使运输成本直线上升。同时,其他开支也相应增加,大多数水运企业陷入困境,难以为继。为此,浙江省、嘉兴市分别在1983年和1990年先后两次对内河货物运价作了适当调整。

1986年,经浙江省物价局〔1986〕166号文和浙江省交通厅浙交〔1986〕567号文规定,自1986年12月1日零时起调整杭嘉湖地区内河货运基价;货运吨位基价由原来的每吨1.375元,调整为1.70元,提高23.6%;140公里内航行基价每吨公里从原来的0.0154元,调整为0.0185元,提高20.1%;150公里以上部分的航行基价每吨公里从原来的0.011元,调整为0.0135元,提高22.7%。同时对部分货物运价计算等级也作了调整,出县(市)境外的砂石运输除按原定等级计费外,可在10%幅度内,由地、市交通、物价局具体审定上浮幅度,此外,还修改了部分"货物运价规则":内河船舶(队)航行穿越长江、黄浦江的运费计算:江阴黄田港以上的按全程运费加收15%;江阴黄田港以下的按全程运费加收25%;黄浦江分水龙王庙以下和淀山湖按全程运费加收15%;进上海苏州河卸货时按运价加收10%。浙江省船舶因托运部门要求放空或回程空驶以及根据突击运输需要,并经交通(航管)部门签订,确属单边运输的,其放空或回空运输可按规定计收放(回)空费:杭嘉湖区内货物运输运距在31公里以上50公里以内的,按船运费的1.5%计收放(回)空费;运距在51公里以上80公里以内按船运费的2.5%计收放(回)空费:运距在81以上的按船运费的30%计收放(回)费;出省(市)的货物运输,按当地同级货物运价计收30%放(回)费,由托运部门组织,在调船过程中捎运货物,应相应担减收放(回)费的吨位,属正常航线的正常运输不得收取放(回费)。杭嘉湖内河小港小批量货物运输使用80吨以下的木质、水泥船或40吨以下的钢质船及其组织的400吨以下的小船队,其运价率可按"价规"规定的费率在25%的幅度内上浮,具体幅度由当地(市)物价、交通局规定。对无法提供正确计量或严重影响船舶装载率的货物,可以分清等级的按规定等级计算,分不清等级的一律按船舶核定吨位以四级运价包船包舱计算。轮拖竹、木排费率:木材按立方米,竹类按600千克换算一立方米计算,起码计费拖运量400立方米,超过者按10立方米计整,运费每立方米为0.018元,核定功率45马力(33.1千瓦)以下的机动船拖运少量竹木排时,起码计算量为30立方米,每立方米收基价0.30元和里程费每公里0.018元。船舶租用率按原来的规定提高25%。船舶延期费,由现行每期船吨0.25元,调整为第一期0.40元,从第二期起每期每船吨收费0.60元。包船运输调船(回程)空驶费改按三级货物运价率的25%计收。

1986年调整前的货运价格偏低,特别是原来统一运价没有考虑大小船之间运输成本的显著差别而实行运价一刀切,影响经营小吨位船舶单位运输业务的积极性。小船运力日渐减少,既造成小港支流和小批量运输困难,又引发运输市场上任意哄抬运价。为加强宏观管理,逐步理顺货运价格,嘉兴市航管部门参加了杭、嘉、湖货物运价测算工作,并对本航区小吨位船舶运价的问题进行调查和测算,拟定《关于调整小吨位船舶货运价格的试行方案》,经嘉兴市物价局、交通局审定,于1986年元旦起实施。由于调整方案大体符合承托双方的要求取得物资单位的谅解而得到顺利贯彻。同年《关于扶持集体航运企业的通知》(国发〔1986〕第100号)下达后,调整后的运价于12月1日开始执行,初期遇到不小的阻力,尤其对运往上海石料的特定运价和回空费问题存在很大争议。嘉兴市航管处从既不影响专业航运企业的基本货源，又坚持运价原则出发，与邻市、邻省的运输费用进行多方比价，提出石料特定运价一律照收、回空费根据嘉兴市集体航运企业存在部分双边运输的实际情况，平均按运价的20%计收，从而使运往上海石料的实际运费与上海、杭州、湖州三市保持一致或大体相等，有助于航运企业做好主要物资单位的工作，促使新运价的执行情况渐趋正常稳定，维护了企业的合法权益。

1987年，根据“两户”船舶当时每吨每月运费收入30元测算，为求规费的统一和平衡负担，确定收费标准为每吨每月3元3角(其中航养费1.80元、货物港务费1元、护岸费0.5元)。

为进一步扶持航运企业，摆脱连年亏损局面，确定合理运价，理顺价格体系。嘉兴市根据浙江省物价局浙价费〔1990〕17号文和浙江省交通厅浙交〔1990〕85号文，于1990年4月5日零时起，决定在1986年运价调整的基础上再次对内河货物运价作适当调整。

货运基价杭嘉湖内河停泊基价调整为每吨3.00元；航行基价，运距在150公里以内(含150公里)由每吨公里调整为0.03元；150公里以上部份每吨公里调整为0.024元。

货运等级、货物运价等级继续执行八级制，对部分货物作了调整：煤炭调整为四级；煤球、煤饼调整为二级；焦炭调整为五级；散装原油调整为七级；水泥、木材调整为五级；工业盐调整为四级；茶叶等级不变，加成率调整为50%；散装水泥等级不变，加成率调整为20%。

货物级差率：货物运价级差率，以一级货物为100%，二级货物为一级的110%；三级货物为一级的120%；四级货物为一级的130%；五级货物为一级的150%；六级货物为一级的170%；七级货物为一级的230%；八级货物为一级的300%。

1992年8月15日，省物价局、交通厅联合下发《关于调整浙江省水路货物运价的通知》，内河货物运价：停泊基价由每吨3.00元调整为每吨4.00元。航行基价，运距在150公里以内(含150公里)由每吨公里0.03元调整为0.04元。文件还规定粮食(大米、稻谷、小麦、面粉)、化肥的水路货物运价，继续实行优惠，按新运价的85%计收。

20世纪90年代后期，为适应社会主义市场经济体制要求，发挥价格杠杆对水运市场资源的配置作用，水路货物运输价格逐步放开，实行市场调节价。2001年3月6日由国家计委、交通部颁发《关于全面放开水运价格有关问题的通知》，明确了放开水路客货运输价格，实行市场调节价，于5月1日起实行。具体价格由水运企业根据经营成本和市场供求情况自行确定。嘉兴市水运价格根据上述精神全部实行市场调节价。

2008年，据抽样调查系统显示，全年内河货船平均航次只有3.8个航次，低于2007年的4.4个，年内河平均运价只有12元，可以说内河航运企业的经济效益已经微乎其微。2009年上半年，嘉兴市营运船舶月平均航次只有4.1个，船舶平均运价在11.1元/吨左右。2010年内河平均运价11.7元。目前，嘉兴市内河货运量在全社会货运量中总体上还占绝对多数，因此整个水运生产依然呈现出稳步增长的趋势。

第八节　水路运力结构调整

秀洲区的水路运力结构调整主要通过淘汰水泥船、淘汰营运钢质挂桨机船和发展大吨位船三项运力结构调整工程，使全区水路运力结构得到优化，呈现出船舶数量逐步减少，平均吨位稳步增长。

改革开放以来，秀洲区各种经济成份的水运运力迅速发展，到1999年，嘉兴市个体水运运力已占全市在册水运总运力的88.43%。这使秀洲区水运运力紧张状况得到了根本改变。但如何加强对个体船舶的管理，促使其健康发展是当时各级航管部门面临和需要解决的问题。

【淘汰内河水泥船】

2001年9月，交通部第八次部务会议通过《内河运输船舶标准化管理规定》，并于12月1日实行。其第四、五条规定：任何组织和个人不得新建、改建水泥质船舶、总长5米以上的木质船舶从事内河运输，任何组织和个人不得新建、改建总长20米以上的挂桨机船舶从事内河运输，不得新建、改建挂桨机船舶在长江干线、珠江干线、黑龙江干线、京杭运河及太湖水域从事内河运输。

2002年，嘉兴市港航局为贯彻落实浙江省政府提出在2004年年底前淘汰全部水泥船的工作目标。嘉兴市政府于2002年4月1日印发了《嘉兴市淘汰内河水泥船工作实施意见》。

水泥船舶嘉兴城郊区淘汰总数7684艘，其中秀城区3249艘，秀洲区4137艘，开发区298艘。

秀洲区淘汰内河水泥船工作主要采取“疏”“堵”结合的办法。

“疏”的办法：一是设定淘汰内河水泥船舶宽限期，对2001年年底已经存在的且在淘汰宽限期内需继续从事运输或农副业生产运输的水泥船舶，由交通部门重新对其办理登记并核发“嘉兴市内河水泥船舶登记卡”，凭“嘉兴市水泥船舶登记卡”准予在宽限期内航行。二是为解决部分农民生产生活需要，交通部门将在造船技术、规费稽征、证照办理等方面采取具体优惠措施，鼓励船户淘汰水泥船舶，建造钢质农副船舶，实现农副船舶的钢质化。

“堵”的办法：一是自2002年1月1日起，停止办理新增（含新建、改建、买卖）水泥船舶入港登记手续。二是对2001年年底已经存在的本市水泥船舶，由船舶所有人所在地的乡镇政府负责组织拆解。其中，在淘汰宽限期内拆解的，由市交通部门对船舶所有人和乡镇政府组织拆解工作给予一定的补贴。三是对2001年年底已经存在的且在淘汰宽限期内需继续从事运输或农副业生产运输的水泥船舶，交通部门在重新核发船舶登记卡的同时，采取缩小其船舶航区（限定在嘉兴市范围内）的办法促进水泥船舶逐步淘汰。到2004年年底秀洲区内河水泥船基本上全部淘汰。

【淘汰营运钢质挂桨机船】

淘汰营运钢质挂桨机船工作，秀洲区交通部门主要采取措施是：一是利用经济、法律、行政等手段做好钢质挂桨机船淘汰工作，尤其是采用了信贷、保险等融资手段，解决钢质挂桨机船更新过程中资金不足及规避船舶贷款风险问题。二是积极研发内河运输船舶标准船型，组织完成了浙江省内河集装箱船舶标准船型的开发项目，从现有优秀货船船型中筛选的150吨、250吨、350吨三种标准船型已被交通部正式立项，作为今后交通部推荐的内河标准船型。三是开展了个体船舶公司化管理试点。以嘉兴富温航运有限公司为试点，开展了个体船舶公司化管理。通过个体船舶公司化管理，船舶的安全得到了有效保障；树立了嘉兴水运的品牌效应，提高了经济效益；水运规模经营、集约经营的优势明显体现，提高了船舶经营的抗风险能力。

秀洲区淘汰营运钢质挂桨机船工作主要通过船舶拆解、落舱机改造和拆解后更新等三种方式，并采取政策宣传、现场监督检查、发放补贴资金等多种措施，完成了淘汰营运钢质挂桨机船工作。嘉兴航区共计淘汰营运钢质挂桨机船6355艘，其中嘉兴城郊两区淘汰1770艘。

【发展大吨位的钢质落舱机船舶】

为有利推进淘汰水泥船和淘汰营运钢质挂桨机船工作，引导船户建造大吨位钢质船，秀洲区对本区新建钢质普通货船进行专项资金补贴；根据《嘉兴市新建普通钢质货船专项资金补贴方案》，对补贴的对象、条件、标准和步骤进行了明确。至2006年，全市通过专项资金补贴发展的大吨位钢质船舶共859艘，156501载货参考吨，发放补贴资金1514万元；全市内河船舶拥有运力数为81.73万载重吨，平均为95吨，比调整前的67.5万载重吨，即船舶平均吨位为15吨，增加了5倍。至2006年年底，秀洲区内河船舶拥有运力数609艘，80617吨位，平均为132吨，比调整前船舶平均吨位增加了8.8倍。

2003年到2007年，全市通过淘汰水泥船、淘汰营运钢质挂桨机船和发展大吨位船三项运力结构调整工程，全市水路运力结构得到优化，呈现出船舶数量逐步减少、平均吨位稳步增长的发展特点，五年间船舶拥有量减少33.64%、船舶载重吨增长19.14%、船舶平均吨位增长79.32%。

至2010年年底，秀洲区船舶635艘，147770吨位，平均为232.7吨，比调整前船舶平均吨位增加了几十倍。

第九篇 桥 梁

嘉兴是水乡泽国，河流成网，桥梁甚多，随着驿道伸展到嘉兴，桥梁就更多，独木桥，木板桥，石板桥，石拱桥，直到现代的钢梁桥。嘉兴桥梁众多，历史久远。据有关资料，到2010年年末秀洲区境内尚存许多古桥。在洪合镇洪合村旗杆下的国界桥，相传此处为春秋时吴越两国分界处，为吴越战场遗址。桥始建立于宋，现桥建于明代，清嘉庆十六年（1811年）重修。王江泾镇一里街东南的长虹桥，横跨大运河，桥拱三孔，始建于明万历年间（1573—1620年），清康熙五年（1666年）重修，嘉庆十七年再修，太平天国时桥栏石损毁，光绪六年（1880年）修复。长虹桥是嘉兴市最大的石拱桥。秀洲全区现存古桥，有时间可考的最早建于500多年前，极大多数重建于清朝至民国时期，桥梁史十分悠久。后来有了铁路，出现了铁路桥梁。

20世纪20年代，嘉兴有乍嘉王、杭枫两条公路过境，就有了公路桥梁。当时的公路桥梁，多为临时性或半永久性桥梁。旧时公路桥梁缺乏维修、养护，桥梁技术状况不佳。

解放后，对大量木质公路桥梁进行维修加固。1953年改建乍平嘉公路时，修建了石灰三合土木面桥33座。1964年后推广双曲拱桥，成为当时公路和机耕路上主要桥型之一。20世纪70年代，对乍王公路和杭枫公路上的木桥、危桥进行改造。改革开放后，随着国民经济的快速发展，公路建设加快，公路桥梁大量增加。2006年年底秀洲区共有公路桥梁742座，36376延米；2008年底公路桥梁达791座，40586延米；至2010年年底公路桥梁增加到805座，47585延米。

第一章 公路桥梁

【解放前嘉兴公路桥梁状况】

嘉兴在民国时期才有公路，也就是说这时才有公路桥梁，当时的桥梁多数为木质桥梁，是临时性或半永久性的公路桥梁。木面桥梁宽度一般为4米，载重5吨，以半永久性桥梁为主。民国25年（1936年）为国防需要，对过境嘉兴的乍嘉王、杭枫2条公路桥梁按载重8吨加固，当年12月动工，次年上半年完工。抗日战争时期，公路桥梁遭到严重破坏。抗战胜利后，由于资金缺乏，只做简单修复，勉强维持通车。由于失修失养，木材腐朽，日甚一日。至解放前夕，公路桥梁已呈全面恶化，桥梁技术状况很差。

【解放后至改革开放前嘉兴公路桥梁状况】

解放后，嘉兴公路上的木质桥梁技术状况普遍较差。当时政府十分重视，每年一小修，三年一大修，尽管这样仍难清除桥梁差所带来的安全隐患。中华人民共和国初期，国家的财力和基建三材即钢材、水泥、木材供应十分困难，政府还是克服困难进行积极维修。1953年改建乍平嘉公路中，新建石灰三和土木面桥33座，经20年的使用至1973年才改建为永久式桥梁，肯定了石灰三和土木面桥能起到木材防腐、减少木材磨损、延长木面桥使用年限的作用。到了20世纪60年代，为适应战备需要，对干线公路木面桥陆续进行改造。70年代初开始对杭枫公路和乍王公路上的木面桥和危桥进行改造，嘉兴县境的27座桥梁，总长236.35米，于1972年7月开工，1973年4月完工。公路桥梁全部改造为永久性，载重达到汽—13，拖—60标准。桥梁面宽大部分达到净7米。

1970年嘉兴县桥梁工程队建成斜杆桁架拱桥，1972年又进行多次改进，推出便于预制、交通、安装、施工的圆洞拱型，整体受力更好，减少了墩、台的变形。1978年后，建造圆洞钢架拱桥（油车港大桥三孔跨径为30米+31.6米+30米，汽—15），钢架拱桥（南虹大桥单孔跨70米，汽—15）。320国道杭枫段改建工程中，普遍采用装配式预应钢筋混凝土梁和空心板，苏嘉运河桥、长扞塘桥、新塍河桥均为35米预应力钢筋混凝土T型梁。桥梁建设有了新的发展。

【改革开放后秀洲区公路桥梁状况】

改革开放后，进入八九十年代，公路建设不断加快，郊区人民政府成立，下辖2个镇26个公社，总面积808平方公里。区内交通当时依然以水为主，亦自此开始以水为主，向以公路为主的艰难转变。

从1983年至1987年，坚持“民办公助”的原则，国家对公路建设投资433万元，全区已建12条三级标准公路，21个乡、镇可以通车，占全区29个乡、镇总数74%。同时还沟通与两个县的公路连接。“若要富，先筑路，要快富，筑油路”已在全区上下形成共识。1993年新建三级公路18.2公里，提前两年，实现了乡乡通公路目标。全区县乡公路从建区时的6公里，发展到130.41公里，公路建设迅猛发展，各种公路桥梁不断增加。

到2006年年底，秀洲区共有公路桥梁742座，36376延米。按行政等级分：其中国道上有公路桥梁38座，5047延米；省道上有公路桥梁79座，8064延米；县道上有公路桥梁205座，9288延米；乡道上有公路桥梁49座，2256延米；村道上有公路桥梁371座，11720延米。按桥梁跨径分：大桥56座，1667延米；中桥274座，10523延米；小桥412座，9246延米。

2010年年底，全区共有公路桥梁810座，47585延米（另有1300多座农村低等级桥梁未列入2010年年底的公路普查范围）。按行政等级分：其中国道上有公路桥梁76座，10713延米；省道上有公路桥梁43座，9174延米；县道上有公路桥梁214座，12992延米；乡道上有公路桥梁105座，3919延米；村道上有公路桥梁372座，10788延米。按桥梁跨径分：特大桥1座，1304延米；大桥70座，25198延米；中桥286座，11195延米；小桥448座，9889延米。

表9-1-1

2006—2010年秀洲区公路桥梁汇总表

年份	总计		国道		省道		县道		乡道		村道	
	座	延米	座	延米	座	延米	座	延米	座	延米	座	延米
2006	742	36376	38	5047	79	8064	205	9288	49	2256	371	11720
2007	782	39526	38	5047	87	8188	229	12156	83	3443	345	10692
2008	791	40586	83	10463	42	2882	229	12141	83	3439	354	11771
2009	792	40572	83	10463	42	2772	228	12084	83	3451	356	11803
2010	805	47585	76	10713	43	9174	234	12992	100	3919	352	10788

资料来源：嘉兴市秀洲区交通运输局编《基础数字汇集》

【主要公路大桥】

长水塘桥 位于沪杭高速公路，中心桩号K104+386，1998年开工建设，2005年建成。桥梁全长507.7米，跨径15×13+1×22.5+1×30+1×22.5+18×13米，上部结构为预应力空心板梁，下部结构为桩柱式墩台，钻孔灌注桩基础。桥面全宽41.5米，净宽37.5米，两侧设钢筋砼防撞护栏。设计荷载汽—20挂—100。

苏州塘桥 位于320国道，中心桩号K114+412，2000年建成。桥梁全长595.0米，跨径4×30+30+3×40+2×30+2×40+6×30米，上部结构为预应力I型梁，下部结构为桩柱式墩台，钻孔灌注桩基础。桥面全宽21.5米，净宽15米，两侧设钢筋砼防撞护栏。设计荷载汽—20挂—120。

杭州塘桥 位于320国道，中心桩号K121+990，2000年建成。桥梁全长301.6米，跨径7×16+73.88+7×16米，上部结构中跨73.88米，采用系杆拱结构，其余采用空心板梁，下部结构为桩柱式墩台，钻孔灌注桩基础。桥面全宽21.5米，净宽15米，两侧设钢筋砼防撞护栏。设计荷载汽—20挂—120。

杭申线特大桥 位于乍嘉苏高速公路，中心桩号K38+536，2002年开工建设，2005年建成。桥梁全长593.6米，跨径18×16+61.88+15×16米，上部结构中跨61.88米，采用系杆拱结构，其余采用空心板梁，下部结构为桩柱式墩台，钻孔灌注桩基础。桥面全宽30米，净宽27米，两侧设钢筋砼防撞护栏。设计荷载汽—20挂—100。

大溪港桥 位于乍嘉苏高速公路，中心桩号K53+378，2002年开工建设，2005年建成。桥梁全长353.7米，跨径9×16+20+30+20+8×16米，上部结构为空心板梁，下部结构为桩柱式墩台，钻孔灌注桩基础。桥面全宽30米，净宽27米，两侧设钢筋砼防撞护栏。设计荷载汽—20挂—100。

北郊河大桥 位于乍浦至王江泾公路，中心桩号 K48+394，1996 年建成通车。桥梁全长 575.1 米，跨径 13×20+51+13×20 米，上部结构为箱梁，下部结构为桩柱式墩台，钻孔灌注桩基础。桥面全宽 20 米。设计荷载汽—15，挂—80。

富星大桥 位于乍浦至王江泾公路，中心桩号 K54+722，2005 年开工建设，2007 年建成。桥梁全长 667.8 米，跨径 12×20+20+40+70+40+17+12×20 米，上部结构空心板箱梁，下部结构为桩柱式墩台，钻孔灌注桩基础。桥面全宽 20 米。设计荷载公路—Ⅰ级。

王店高速上跨桥 位于嘉兴至海宁公路，中心桩号 K16+007，2004 年建成。桥梁全长 424.8 米，跨径 4×16+2×20+10×16 米，上部结构为空心板梁，下部结构为桩柱式墩台，钻孔灌注桩基础。桥面全宽 36 米。设计荷载汽—20 挂—100。

新运桥 位于濮院至新生公路，中心桩号 K4+412，1998 年建成。桥梁全长 348.8 米，跨径 8×13+20+40+20+40+20+8×13 米，上部结构为T型梁，下部结构为桩柱式墩台，钻孔灌注桩基础。桥面全宽 7.5 米，净宽 7.0 米。设计荷载汽—20 挂—100。

2010年底公路桥梁基本情况表（国道、省道）

表9-1-2

序号	桥梁名称	所处公路	全长(米)	宽度(米)	跨径(米)	上部结构	设计载荷	建成时间
1	西庄桥	沪昆高速	42.04	41.5	39	空心板梁	汽—20挂—100	20050222
2	杜家兜桥	沪昆高速	42.04	41.5	39	空心板梁	汽—20挂—100	20050222
3	川塘桥	沪昆高速	55.04	41.5	52	空心板梁	汽—20挂—100	20050222
4	王店公铁立交桥	沪昆高速	876.04	41.5	870	T形梁	汽—20挂—100	20050222
5	长水塘桥	沪昆高速	507.74	41.5	504	空心板梁	汽—20挂—100	20050222
6	姚家庄桥	沪昆高速	42.04	41.5	39	空心板梁	汽—20挂—100	20050222
7	庄家头桥	沪昆高速	42.04	41.5	39	空心板梁	汽—20挂—100	20050222
8	唐家桥	沪昆高速	51.74	41.5	48	空心板梁	汽—20挂—100	20050222
9	车河头桥	沪昆高速	120.04	41.5	117	空心板梁	汽—20挂—100	20050222
10	汽通1#桥式桥	沪昆高速	22.5	47.92	16	空心板梁	汽—20挂—100	20050222
11	刘家坝桥	沪昆高速	42.04	41.5	39	空心板梁	汽—20挂—100	20050222
12	缪家头桥	沪昆高速	33.04	41.5	30	空心板梁	汽—20挂—100	20050222
13	莲花港桥	沪昆高速	64.04	41.5	60	空心板梁	汽—20挂—100	20050222
14	建设新港桥	沪昆高速	83.74	41.5	80	空心板梁	汽—20挂—100	20050222
15	机通2#桥式桥	沪昆高速	15.01	58.69	8	板梁	汽—20挂—100	20050222
16	何家村桥	沪昆高速	51.74	41.5	48	空心板梁	汽—20挂—100	20050222
17	金家村桥	沪昆高速	42.04	41.5	39	空心板梁	汽—20挂—100	20050222
18	罗家村桥	沪昆高速	42.04	41.5	39	空心板梁	汽—20挂—100	20050222
19	耆宿桥	沪昆高速	33.04	41.5	30	空心板梁	汽—20挂—100	20050222
20	三店塘桥（左）	320国道	656.89	12	648	T梁	汽—20挂—100	200012
21	三店塘桥（右）	320国道	467.89	11	464	I形梁	汽—20挂—100	200012
22	张家港桥	320国道	51.74	21.5	48	空心板梁	汽—20挂—100	200012
23	龙星桥港桥	320国道	42.74	21.5	39	空心板梁	汽—20挂—100	200012
24	陆里长泾桥	320国道	255.74	21.5	252	I形梁	汽—20挂—100	200012
25	闸门桥	320国道	33.04	21.5	30	空心板梁	汽—20挂—100	200012
26	将军港桥	320国道	115.74	21.5	112	空心板梁	汽—20挂—100	200012
27	苏州塘桥	320国道	595.04	21.5	590	I形梁	汽—20挂—100	200012
28	短浜桥	320国道	27	21.5	24	空心板梁	汽—20挂—100	200012
29	化农桥	320国道	33	21.5	30	空心板梁	汽—20挂—100	200012
30	华云桥	320国道	99.74	21.5	96	空心板梁	汽—20挂—100	200012

续表9-1-2

序号	桥梁名称	所处公路	全长(米)	宽度(米)	跨径(米)	上部结构	设计载荷	建成时间
31	万兴桥	320国道	33.04	21.5	30	空心板梁	汽—20挂—120	200012
32	顾家浜桥	320国道	19.74	21.5	16	空心板梁	汽—20挂—120	200012
33	雁金桥	320国道	42.74	21.5	39	空心板梁	汽—20挂—120	200012
34	新塍塘桥	320国道	114.04	21.5	110	空心板梁	汽—20挂—120	200012
35	殷秀桥	320国道	19.74	21.5	16	空心板梁	汽—20挂—120	200012
36	杭州塘桥	320国道	301.62	21.5	297.9	系杆拱	汽—20挂—120	200012
37	黎明	320国道	29.9	21.5	29	空心板梁	汽—20挂—100	198910
38	马家桥	320国道	19.6	21.5	16	空心板梁	汽—20挂—100	198910
39	大溪港桥	常台高速	353.74	30	342	空心板梁	汽—20挂—100	20050222
40	西泾浜中桥	常台高速	52.74	30	52	空心板梁	汽—20挂—100	20050222
41	赵家湾桥	常台高速	53.04	30	50	空心板梁	汽—20挂—1000	20050222
42	草庵头中桥	常台高速	42.74	30	39	空心板梁	汽—20挂—100	20050222
43	一号汽车通道	常台高速	51.74	30	48	空心板梁	汽—20挂—100	20050222
44	潘香港桥	常台高速	51.74	30	48	空心板梁	汽—20挂—100	20050222
45	墓城港中桥	常台高速	43.04	30	40	空心板梁	汽—20挂—100	20050222
46	乌沙河桥(加宽)	常台高速	33.04	30	30	空心板梁	汽—20挂—100	20050222
47	俞金港桥(加宽)	常台高速	33.08	30	30	空心板梁	汽—20挂—100	20050222
48	乍嘉苏跨申嘉湖主线桥	常台高速	1303.6	30	1294	连续箱梁	汽—20挂—100	20050222
49	俞家浜桥	常台高速	33.04	30	30	空心板梁	汽—20挂—100	20050222
50	新农港桥	常台高速	51.74	30	48	空心板梁	汽—20挂—100	20050222
51	陈家埭桥	常台高速	51.74	30	48	空心板梁	汽—20挂—100	20050222
52	鲇鱼坝桥	常台高速	33.04	30	30	空心板梁	汽—20挂—100	20050222
53	新桥洋桥	常台高速	33.04	30	30	空心板梁	汽—20挂—100	20050222
54	龙王庙中桥	常台高速	45.74	30	42	空心板梁	汽—20挂—100	20050222
55	徐家洋桥	常台高速	33.04	30	30	空心板梁	汽—20挂—100	20050222
56	何家浜桥	常台高速	33.04	30	30	空心板梁	汽—20挂—100	20050222
57	新塍塘大桥	常台高速	491.74	30	488	连续箱梁	汽—20挂—100	20050222
58	三家浜桥	常台高速	51.74	30	48	空心板梁	汽—20挂—100	20050222
59	象贤互通区主线桥	常台高速	49.74	30	46	空心板梁	汽—20挂—100	20050222
60	象贤互通区主线一号桥	常台高速	55.74	30	52	空心板梁	汽—20挂—100	20050222
61	杭申线特大桥	常台高速	593.62	30	589.9	系杆拱	汽—20挂—100	20050222
62	铁仙桥	常台高速	33.04	30	30	空心板梁	汽—20挂—100	20050222
63	北港桥	常台高速	27.04	30	24	空心板梁	汽—20挂—100	20050222
64	钱家埭桥	常台高速	27.04	30	24	空心板梁	汽—20挂—100	20050222
65	西河北浜桥	常台高速	33.04	30	30	空心板梁	汽—20挂—100	20050222
66	嘉兴互通主线桥	常台高速	51.74	30	48	空心板梁	汽—20挂—100	20050222
67	嘉兴互通式立交2号	常台高速	669.12	30	665	空心板梁	汽—20挂—100	20050222
68	东章桥	常台高速	42.74	30	39	空心板梁	汽—20挂—100	20050222
69	九里江桥	常台高速	33.04	30	30	空心板梁	汽—20挂—100	20050222
70	二号汽车通道	常台高速	33.04	30	30	空心板梁	汽—20挂—100	20050222
71	红旗村桥	常台高速	33.04	30	30	空心板梁	汽—20挂—100	20050222
72	双坟村港桥	常台高速	33.04	30	30	空心板梁	汽—20挂—100	20050222
73	李花村桥	常台高速	42.74	30	39	空心板梁	汽—20挂—100	20050222

续表9-1-2

序号	桥梁名称	所处公路	全长(米)	宽度(米)	跨径(米)	上部结构	设计载荷	建成时间
74	国庆桥	常台高速	27.04	30	24	空心板梁	汽—20挂—100	20050222
75	马桥公铁立交桥	常台高速	842.04	30	838	连续箱梁	汽—20挂—100	20050222
76	三星桥	常台高速	42.74	30	39	空心板梁	汽—20挂—100	20050222
77	青龙桥	乍嘉苏高速	264.04	30	260	空心板梁	汽—20挂—100	20050222
78	K21+797.5中桥	申嘉湖高速	42.98	34	39	空心板梁	公路—I级	200712
79	嘉澄线大桥	申嘉湖高速	432.4	34	425	箱形梁	公路—I级	200712
80	K22+987中桥	申嘉湖高速	42.98	34	39	空心板梁	公路—I级	200712
81	K23+607中桥	申嘉湖高速	42.98	34	39	空心板梁	公路—I级	200712
82	K23+994中桥	申嘉湖高速	51.98	34	48	空心板梁	公路—I级	200712
83	K24+630中桥	申嘉湖高速	67.98	34	64	空心板梁	公路—I级	200712
84	嘉兴-油车港大桥	申嘉湖高速	908.2	34	900	连续箱梁	公路—I级	200712
85	京杭古运河大桥	申嘉湖高速	898.2	34	890	连续箱梁	公路—I级	200712
86	S202省道跨线桥	申嘉湖高速	848.2	34	840	连续箱梁	公路—I级	200712
87	K31+203中桥	申嘉湖高速	83.98	34	80	空心板梁	公路—I级	200712
88	嘉桃线大桥	申嘉湖高速	257.4	34	250	连续箱梁	公路—I级	200712
89	K32+794.7中桥	申嘉湖高速	42.98	34	39	空心板梁	公路—I级	200712
90	和尚荡大桥	申嘉湖高速	758.2	34	750	连续箱梁	公路—I级	200712
91	K35+948.5中桥	申嘉湖高速	42.98	34	39	空心板梁	公路—I级	200712
92	K36+496.5中桥	申嘉湖高速	42.98	34	39	空心板梁	公路—I级	200712
93	K36+900中桥	申嘉湖高速	51.98	34	48	空心板梁	公路—I级	200712
94	K37+895中桥	申嘉湖高速	51.98	34	48	空心板梁	公路—I级	200712
95	K38+379.5中桥	申嘉湖高速	64.52	34	60	空心板梁	公路—I级	200712
96	K39+856.5中桥	申嘉湖高速	43.52	34	39	空心板梁	公路—I级	200712
97	虎啸浜大桥	申嘉湖高速	458.2	34	450	连续箱梁	公路—I级	200712
98	新塍铜罗大桥	申嘉湖高速	807.64	34	798	连续箱梁	公路—I级	200712
99	严墓塘大桥	申嘉湖高速	281.4	34	275	箱形梁	公路—I级	200712
100	芦花浜大桥	申嘉湖高速	248.2	34	240	箱形梁	公路—I级	200712
101	长扦塘桥	乍王线	229	15	225	空心板梁	公路—II级	200412
102	施家浜桥	乍王线	44.4	26	42	空心板梁	公路—II级	200412
103	吴丰港桥	乍王线	13.6	26	13	空心板梁	公路—II级	200412
104	小里港桥	乍王线	22.6	26	13	空心板梁	公路—II级	200412
105	苏嘉运河桥	乍王线	248.6	15	245	空心板梁	公路—II级	200412
106	穆河溪桥	乍王线	124	15	120	空心板梁	公路—II级	200412
107	火车港桥	乍王线	33.6	26	32	空心板梁	公路—II级	200412
108	大井头桥	乍王线	20.1	26	13	空心板梁	公路—II级	200412
109	北郊河大桥	乍王线	575.1	25	571	连续箱梁	公路—II级	199606
110	北圣桥	乍王线	24.04	45	20	空心板梁	公路—I级	200704
111	大沙河桥	乍王线	55.74	45.5	52	空心板梁	公路—I级	200704
112	陈家桥	乍王线	13.8	45.5	13	空心板梁	公路—I级	200704
113	双桥	乍王线	64.04	45.5	60	空心板梁	公路—I级	200704
114	港达桥	乍王线	42.04	45.5	39	空心板梁	公路—I级	200704
115	新桥	乍王线	17.54	45.5	13	空心板梁	公路—I级	200704
116	腾云桥	乍王线	42.04	45.5	39	空心板梁	公路—I级	200704

续表9-1-2

序号	桥梁名称	所处公路	全长(米)	宽度(米)	跨径(米)	上部结构	设计载荷	建成时间
117	富星大桥	乍王线	671.04	45.5	667	空心板梁	公路-I级	200704
118	前富庄桥	乍王线	51.74	45.5	48	空心板梁	公路-I级	200704
119	后富庄桥	乍王线	45.04	45.5	42	空心板梁	公路-I级	200704

说明：资料来自嘉兴市秀洲区公路与桥梁数据库2010年12月《资料汇编》。

表9-1-3　2010年底公路桥梁基本情况表（县道）

序号	桥梁名称	所处公路	全长(米)	宽度(米)	跨径(米)	上部结构	设计载荷	建成时间
1	南家浜桥	嘉兴-湖州	34	32.5	30	空心板梁	汽—20挂—100	20041230
2	潘家门桥	嘉兴-湖州	64	32.5	60	空心板梁	汽—20挂—100	20041230
3	曹家门桥	嘉兴-湖州	64	32.5	60	空心板梁	汽—20挂—100	20041230
4	万家桥	嘉兴-湖州	43	32.5	42.4	空心板梁	汽—20挂—100	20041230
5	盛安桥	嘉兴-海宁	33	36	30	空心板梁	汽—20挂—100	20040328
6	国庆桥	嘉兴-海宁	40	36	39	空心板梁	汽—20挂—100	19980328
7	蚂桥公铁立交	嘉兴-海宁	400.8	36	400	空心板梁	汽—20挂—100	19981230
8	毛家湾桥	嘉兴-海宁	33	36	30	空心板梁	汽—20挂—100	19981230
9	陈家门桥	嘉兴-海宁	33	36	30	空心板梁	汽—20挂—100	19981230
10	新塘桥	嘉兴-海宁	43	36	40	空心板梁	汽—20挂—100	20041230
11	王家头桥	嘉兴-海宁	27	36	24	空心板梁	汽—20挂—100	19981230
12	红桥头桥	嘉兴-海宁	44	36	39	空心板梁	汽—20挂—100	20041230
13	太平桥	嘉兴-海宁	65	36	60	空心板梁	汽—20挂—100	19981230
14	蒋家浜桥	嘉兴-海宁	27	36	24	空心板梁	汽—20挂—100	20041230
15	扬树浪桥	嘉兴-海宁	27	36	24	空心板梁	汽—20挂—100	20041230
16	姚家庄桥	嘉兴-海宁	33	36	30	空心板梁	汽—20挂—100	19981230
17	王店高速上跨桥	嘉兴-海宁	424.8	36	424	空心板梁	汽—20挂—100	20041230
18	塔浪头桥	嘉兴-海宁	27	36	24	空心板梁	汽—20挂—100	20041230
19	镇西桥	嘉兴-海宁	27	36	24	空心板梁	汽—20挂—100	20041230
20	王家汇桥	嘉兴-海宁	30.8	36	30	空心板梁	汽—20挂—100	20001230
21	前进浜桥	嘉兴-海宁	30.8	25.2	30	空心板梁	汽—20挂—100	20001230
22	牛头桥	嘉兴-海宁	39.8	25.2	39	空心板梁	汽—20挂—100	20001230
23	坝桥头桥	嘉兴-海宁	39.8	25.2	39	空心板梁	汽—20挂—100	20001230
24	莲花港桥	嘉兴-海宁	57.8	25.2	57	空心板梁	汽—20挂—100	20001230
25	油车浜桥	嘉兴-海宁	46.8	25.2	46	空心板梁	汽—20挂—100	20001230
26	分界桥	嘉兴-海宁	126.8	25.2	126	空心板梁	汽—20挂—100	20001230
27	圣堂桥	嘉兴-湖州(老)	17.1	9.3	16	梁桥	汽—15挂—80	19921223
28	道成桥	嘉兴-湖州(老)	21	9.6	20	梁桥	汽—15挂—80	19921223
29	万丰桥	嘉兴-湖州(老)	34.7	7	35	空心板梁	公路-II级	200810
30	万进桥	嘉兴-湖州(老)	27.4	7.5	18	刚架拱	汽—15挂—80	19921224
31	假山石桥	余新-王店	27	7.5	26	空心板梁	汽—20挂—100	200110
32	曹家石桥	余新-王店	27	7.5	26	空心板梁	汽—20挂—100	200110
33	镇东大桥	余新-王店	58	7.5	38	刚架拱	汽—15挂—80	200709
34	凉山桥	王店-建设	24.8	7.5	18	刚架拱	汽—15挂—80	198408
35	兴隆桥	王店-建设	38	7.5	28	刚架拱	汽—15挂—80	198404
36	花园桥	王店-建设	26.8	7.5	18	刚架拱	汽—15挂—80	198612
37	毛家桥	王店-建设	23.4	7.5	22	板梁	汽—15挂—80	199907

续表9-1-3

序号	桥梁名称	所处公路	全长(米)	宽度(米)	跨径(米)	上部结构	设计载荷	建成时间
38	德明桥	王店-建设	23.4	7.5	23	空心板梁	汽—20挂—100	199907
39	银河东桥	王店-建设	59.8	7.5	59	空心板梁	汽—20挂—100	199612
40	圣龙桥	王店-建设	20.8	7.5	20	空心板梁	汽—20挂—100	199910
41	嘉民桥	王店-建设	22	7.5	16	I形梁	汽—20挂—100	199907
42	福达桥	王店-建设	23	7.5	20	空心板梁	汽—20挂—100	199807
43	1号桥	王店-建设	12	7.5	8	板梁	汽—20挂—100	20040328
44	倪曹保桥	王店-建设	17	7.5	16	空心板梁	汽—20挂—100	20040328
45	北新桥	王店-建设	31	7.5	30	空心板梁	汽—20挂—100	20040328
46	双木桥	王店-建设	31	7.5	30	空心板梁	汽—20挂—100	20040328
47	枣树下桥	王店-建设	21	7.5	20	空心板梁	汽—20挂—100	20040328
48	木桥湾桥	王店-建设	35	7.5	25	刚架拱	汽—20挂—100	19970328
49	庄家桥	王店-建设	42	7.5	30	刚架拱	汽—20挂—100	19970328
50	红光桥	洪合-硖石	33	7.5	30	简支梁桥	公路—II级	200910
51	杜家桥	洪合-硖石	20	7.5	19.2	简支梁桥	公路—II级	200910
52	追回桥	洪合-硖石	10.8	7	8.26	简支梁桥	公路—II级	200809
53	杨泾桥	洪合-硖石	25.8	7.5	18	桁架拱	公路—II级	198211
54	杨红桥	洪合-硖石	30.8	7.5	30	简支梁桥	公路—II级	200609
55	乌船村立交桥	洪合-硖石	236.8	7.5	236	简支梁桥	公路—II级	199706
56	荣归桥	洪合-硖石	30.8	7.5	30	简支梁桥	公路—II级	20051230
57	荣归新桥	洪合-硖石	55.8	9.5	52	简支梁桥	公路—II级	199704
58	白云桥	洪合-硖石	13	7.5	11.56	简支梁桥	公路—II级	200912
59	牛桥港桥	洪合-新塍	26.8	9.5	26	空心板梁	汽—20挂—100	200810
60	北牛桥	洪合-新塍	21.8	9.5	21	空心板梁	汽—20挂—100	199609
61	阮家桥	洪合-新塍	19.3	9.5	18.5	空心板梁	汽—20挂—100	199609
62	大通桥	洪合-新塍	122.8	8	122	箱梁	汽—15挂—80	199609
63	金家环桥	洪合-新塍	30.8	9.5	30	空心板梁	汽—20挂—100	199610
64	9号桥	洪合-新塍	22.8	7.8	22	空心板梁	公路-II级	20041230
65	8号桥	洪合-新塍	30.8	7.5	22	肋拱	汽—15挂—80	199311
66	铁店桥	洪合-新塍	27.4	7.5	18	刚架拱	汽—15挂—80	199310
67	上仁桥	洪合-新塍	30.8	7.5	20	肋拱	汽—15挂—80	199311
68	桐梧桥	洪合-新塍	31.4	7.5	22	肋拱	汽—15挂—80	199310
69	桐家桥	洪合-新塍	26.6	7.5	18	刚架拱	汽—15挂—80	199311
70	唐明桥	洪合-新塍	26.9	7.5	18	刚架拱	汽—15挂—80	199310
71	2号桥	洪合-新塍	32.5	7.5	22	肋拱	汽—15挂—80	199311
72	夏家桥	洪合-新塍	29.7	7.5	20	肋拱	汽—15挂—80	199310
73	0号桥	洪合-新塍	28.7	7.5	20	肋拱	汽—15挂—80	199311
74	安定桥	洪合-新塍	28.1	7.5	18	刚架拱	汽—15挂—80	199311
75	凤舞桥	洪合-新塍	52.8	8.5	39	空心板梁	汽—20挂—100	20021230
76	冯家浜桥	嘉兴-洛东	8.8	38	8	空心板梁	市政标准	20011230
77	秀清桥	嘉兴-洛东	16.8	38	16	空心板梁	市政标准	20011230
78	老笕桥	嘉兴-洛东	29.8	25	29	空心板梁	市政标准	20011230
79	象贤高速上跨	嘉兴-洛东	284	25	280	空心板梁	市政标准	20011230
80	象贤桥	嘉兴-洛东	29.8	25	29	空心板梁	市政标准	20011230

续表9-1-3

序号	桥梁名称	所处公路	全长(米)	宽度(米)	跨径(米)	上部结构	设计载荷	建成时间
81	洛东1号桥	嘉兴-洛东	32.8	8	32	空心板梁	公路-II级	20051230
82	洛东2号桥	嘉兴-洛东	21.8	8	21	空心板梁	公路-II级	20101031
83	洛东3号桥(改线)	嘉兴-洛东	33	7.5	20	刚架拱	公路-II级	198403
84	洛东4号桥	嘉兴-洛东	29.8	8	29	空心板梁	公路-II级	20100930
85	洛东5号桥	嘉兴-洛东	18.8	8	18	空心板梁	公路-II级	20100930
86	思古大桥	嘉兴-洛东	376.8	7.5	376	T形梁	汽—20挂—100	199812
87	光辉桥	嘉兴-新塍	33.8	12	33	空心板梁	公路-II级	200810
88	平桥	嘉兴-新塍	9	7.5	6	板梁	汽—15挂—80	197906
89	为民桥	嘉兴-新塍	16.53	8	15.73	空心板梁	公路-II级	20071230
90	新桥	嘉兴-新塍	12.38	7	11.58	空心板梁	公路-II级	200810
91	伟跃桥	嘉兴-新塍	32.8	8	32	空心板梁	公路-II级	20041230
92	沈家桥	嘉兴-新塍	16.64	8	15.8	空心板梁	公路-II级	20070230
93	庙桥	嘉兴-新塍	16.8	8	16	空心板梁	公路-II级	20051230
94	升芦桥	嘉兴-新塍	28.5	8	27.7	空心板梁	公路-II级	20071230
95	龙王庙立交桥	嘉兴-新塍	307.7	7.5	306	空心板梁	汽—20挂—100	200605
96	竹管泾桥	嘉兴-新塍	12.38	8	11.58	空心板梁	公路-II级	20071230
97	马桥	嘉兴-新塍	32.8	7.8	32	空心板梁	公路-II级	20051230
98	妙智桥	嘉兴-新塍	27.1	7.5	18	肋拱	汽—15挂—80	20051230
99	万兴桥	嘉兴-新塍	12.36	7	11.56	空心板梁	公路-II级	200812
100	红眼睛桥	嘉兴-新塍	13.8	14	13	空心板梁	公路-II级	20051230
101	新农1号桥	新塍-腾云	42.3	7.5	30	刚架拱	汽—15挂—80	198712
102	景建桥	新塍-腾云	21.4	7.5	14	肋拱	汽—15挂—80	198712
103	来龙桥	新塍-腾云	27.4	7.5	18	刚架拱	汽—15挂—80	198710
104	渡虹桥	新塍-腾云	21.6	7.5	14	肋拱	汽—15挂—80	198705
105	新塍至腾云分离	新塍-腾云	381.6	12	375	现浇箱梁	公路I级	200712
106	向前港桥2#桥	新塍-腾云	21.6	7.5	14	肋拱	汽—15挂—80	198709
107	康和桥	新塍-腾云	49.5	7.5	28	刚架拱	汽—15挂—80	198707
108	麻皮桥	新塍-腾云	32.1	7.5	22	肋拱	汽—15挂—80	198711
109	雷屠桥	新塍-腾云	30.7	7.5	22	肋拱	汽—15挂—80	198712
110	庄港桥	新塍-腾云	27.7	9.5	26	空心板梁	汽—20挂—100	199808
111	桃虹桥	新塍-腾云	25.8	9.5	24	空心板梁	汽—20挂—100	199808
112	闸门桥	新塍-腾云	14	9.5	8	板梁	汽—15挂—80	199510
113	虹阳港桥	新塍-腾云	16.8	8	16	空心板梁	公路-II级	200609
114	曾家桥	新塍-腾云	49.6	7.5	36	刚架拱	汽—15挂—80	198810
115	坝港桥	新塍-腾云	21.3	7.5	14	肋拱	汽—15挂—80	198709
116	南溪桥	新塍-腾云	41.3	7.5	30	刚架拱	汽—15挂—80	198807
117	小金桥	新塍-腾云	14.9	8	14.1	空心板梁	公路-II级	20070130
118	洋娄泾桥	新塍-腾云	28.8	7.5	20	肋拱	汽—15挂—80	198804
119	腾云桥	腾云-油车港	18.6	8	17.8	空心板梁	公路-II级	20070230
120	南虹大桥	腾云-油车港	95.4	7.5	70	刚架拱	汽—15挂—80	199008
121	小港桥	腾云-油车港	21.6	7.5	14	肋拱	汽—15挂—80	199810
122	上睦港桥	腾云-油车港	111.8	7.5	110	肋拱	汽—20挂—100	200208
123	西夹港桥	腾云-油车港	28.8	7	28	空心板梁	公路-II级	200810

续表9-1-3

序号	桥梁名称	所处公路	全长(米)	宽度(米)	跨径(米)	上部结构	设计载荷	建成时间
124	东夬港桥	腾云-油车港	26.62	8	25.78	空心板梁	公路—II级	20071230
125	申嘉湖跨线桥1	腾云-油车港	386.8	12	380	连续箱梁	公路—I级	200712
126	油瓶湾桥	腾云-油车港	34.5	7.5	24	空心板梁	公路—II级	200604
127	申嘉湖跨线桥2	腾云-油车港	456.6	12	450	连续箱梁	公路—I级	200712
128	东阳港桥	腾云-油车港	28.9	7.5	26	刚架拱	汽—15挂—80	19900831
129	瑞丰桥	腾云-油车港	101.4	7.5	100	空心板梁	汽—20挂—100	200108
130	烂木桥	腾云-油车港	29.7	7.5	20	肋拱	汽—15挂—80	198910
131	三多桥	腾云-油车港	29	7.5	20	肋拱	汽—15挂—80	198910
132	澄溪大桥	腾云-油车港	38.7	7.5	26	刚架拱	汽—15挂—80	199410
133	万福桥	王江泾-黎里	26.5	7.5	18	刚架拱	汽—15挂—80	199007
134	北虹大桥	王江泾-黎里	142.6	7.5	140	组合式梁	汽—15挂—80	199108
135	吴家桥	王江泾-黎里	26.8	7.5	22	肋拱	汽—15挂—80	199108
136	太平桥	王江泾-黎里	14	7.5	8	板梁	汽—15挂—80	199108
137	大有桥	王江泾-黎里	34.8	8	22	空心板梁	公路-II级	201012
138	唐家路桥	王江泾-黎里	22.8	8	22	空心板梁	公路-II级	201005
139	斜路港桥	王江泾-黎里	37.5	7.5	26	刚架拱	汽—15挂—80	199108
140	市泾浜桥	王江泾-黎里	24.2	8	23.4	空心板梁	公路-II级	201012
141	上岸路桥	王江泾-黎里	28.1	7.5	18	刚架拱	汽—15挂—80	199107
142	长脚浜桥	王江泾-黎里	12.6	7.5	6	板梁	汽—15挂—80	199107
143	朱家路桥	王江泾-黎里	31.4	8	22	空心板梁	公路-II级	201012
144	庞家桥	王江泾-黎里	68.8	7.5	68	空心板梁	汽—15挂—80	199208
145	田西桥	王江泾-黎里	26	8	20	空心板梁	公路-II级	201005
146	小港桥	王江泾-黎里	16.8	7.5	16	空心板梁	汽—20挂—100	199807
147	南长港桥	王江泾-黎里	16.8	7.5	16	空心板梁	汽—20挂—100	200002
148	北长港桥	王江泾-黎里	16.8	7.5	16	空心板梁	汽—20挂—100	200002
149	广阳庙桥	王江泾-黎里	16.8	7.5	16	空心板梁	汽—20挂—100	200002
150	南厅港桥	王江泾-黎里	16.8	7.5	16	空心板梁	汽—20挂—100	200002
151	双塔新桥	王江泾-黎里	52.8	7.5	52	空心板梁	汽—20挂—100	199811
152	塔桥	王江泾-黎里	70	5.5	50	刚架拱	汽—10履—50	199405
153	创业桥	建有-汾玉	28.1	7.5	18	刚架拱	汽—15挂—80	199011
154	钱家桥	建有-汾玉	24.1	7.5	16	刚架拱	汽—15挂—80	199010
155	新浜桥	建有-汾玉	21.5	7.5	14	肋拱	汽—15挂—80	199011
156	宜观桥	建有-汾玉	21.7	7.5	14	肋拱	汽—15挂—80	199011
157	小河桥	建有-汾玉	26.8	8	26	空心板梁	公路-II级	20061130
158	平安桥	建有-汾玉	20	8.5	19.2	空心板梁	公路-II级	200910
159	小中桥	建有-汾玉	48.2	7.5	36	刚架拱	汽—15挂—80	199011
160	大中桥	建有-汾玉	41.3	7.5	30	刚架拱	汽—15挂—80	199011
161	人民桥	建有-汾玉	36.7	7.5	26	刚架拱	汽—15挂—80	199011
162	长溪桥	建有-汾玉	40.7	7.5	36	空心板梁	汽—20挂—100	199802
163	溪中桥	建有-汾玉	24.7	7.5	24	空心板梁	汽—20挂—100	199803
164	钮北桥	建有-汾玉	40.7	7.5	36	空心板梁	汽—20挂—100	199805
165	华溪桥	建有-汾玉	22.7	7.5	20	空心板梁	汽—20挂—100	199805
166	金珍桥	建有-汾玉	44.8	9.8	42	空心板梁	汽—20挂—100	199910

续表9-1-3

序号	桥梁名称	所处公路	全长(米)	宽度(米)	跨径(米)	上部结构	设计载荷	建成时间
167	东听港桥	建有-汾玉	26.6	9.6	26	空心板梁	汽—20挂—100	199910
168	X310九号桥	嘉兴-铜罗	33	18	30	空心板梁	汽—20挂—100	20041230
169	新塍塘大桥	嘉兴-铜罗	273.7	18	270	空心板梁	汽—20挂—100	20041230
170	X310十一号桥	嘉兴-铜罗	27	18	24	空心板梁	汽—20挂—100	20041230
171	X310十二号桥	嘉兴-铜罗	42.7	18	39	空心板梁	汽—20挂—100	20041230
172	X310十三号桥	嘉兴-铜罗	51.7	18	48	空心板梁	汽—20挂—100	20041230
173	来龙港桥	嘉兴-铜罗	188.74	17	185	空心板梁	公路-I级	200711
174	姚家浜桥	嘉兴-铜罗	51.74	17	48	空心板梁	公路-I级	200711
175	谢洞里桥	嘉兴-铜罗	51.7	17	48	空心板梁	公路-I级	200711
176	蒋家簖桥	嘉兴-铜罗	51.7	17	48	空心板梁	公路-I级	200711
177	洛东港2号桥	嘉兴-铜罗	188.74	17	185	空心板梁	公路-I级	200711
178	马家浜桥	嘉兴-铜罗	42.04	17	39	空心板梁	公路-I级	200711
179	丁家浜二号桥	嘉兴-铜罗	51.74	17	48	空心板梁	公路-I级	200711
180	1号桥	嘉兴-铜罗	33.04	17	30	空心板梁	公路-I级	200711
181	大木桥	中嘉湖-油车港	169.04	17	165	空心板梁	公路-I级	200711
182	圣堂港桥	中嘉湖-油车港	19.74	17	16	空心板梁	公路-I级	200711
183	杨家埭桥	中嘉湖-油车港	24.04	17	20	空心板梁	公路-I级	200711
184	欢喜港桥	中嘉湖-油车港	33.04	17	30	空心板梁	公路-I级	200711
185	未明	嘉兴-桐乡	20	40	20	空心板梁	公路-I级	200712
186	未明	嘉兴-桐乡	20	40	20	空心板梁	公路-I级	200712
187	未明	嘉兴-桐乡	20	40	20	空心板梁	公路-I级	200712
188	未明	嘉兴-桐乡	20	40	20	空心板梁	公路-I级	200712
189	未明	嘉兴-桐乡	20	40	20	空心板梁	公路-I级	200712
190	太平桥	嘉兴-桐乡	20.8	40	20	空心板梁	公路-I级	200712
191	里八字桥	嘉兴-桐乡	20.8	40	20	空心板梁	公路-I级	200712
192	濮院港桥	嘉兴-桐乡	60.8	40	60	空心板梁	公路-I级	200712
193	横埭桥	嘉兴-桐乡	39.8	40	39	空心板梁	公路-I级	200712
194	盛家桥	南北湖-王店	37	9.5	32	刚架拱	汽—15挂—80	199705
195	铁拐桥	南北湖-王店	38	9.5	32	刚架拱	汽—15挂—80	199705
196	花园桥	南北湖-王店	6.8	7.5	6	板梁	公路-II级	200609
197	铁龙桥	南北湖-王店	24	9	18	刚架拱	汽—15挂—80	198909
198	百乐桥	南北湖-王店	42	7.5	36	刚架拱	汽—15挂—80	198607
199	乌镇至新塍分离立交	乌镇-新塍	316.6	12	310	连续箱梁	公路-I级	200712
200	大寨桥	乌镇-新塍	24	7.5	23	空心板梁	汽—20挂—100	19991223
201	人民桥	乌镇-新塍	29.8	7.5	29	空心板梁	汽—20挂—100	19991223
202	本山桥	乌镇-新塍	16	7.5	10	空心板梁	汽—20挂—100	19991216
203	团结桥	乌镇-新塍	24	7.5	23	空心板梁	汽—20挂—100	19991223
204	新运桥	濮院-新生	348.8	7.5	348	T形梁	汽—20挂—100	199812
205	朱龙桥	濮院-新生	13.8	7.5	13	肋拱	汽—15挂—80	1992
206	公铁立交桥	乍浦-王江泾	852.8	7.5	852	I形梁	公路-I级	200612
207	匝道DK桥	乍浦-王江泾	51.8	7.5	48	空心板梁	公路-I级	200612
208	匝道桥	乍浦-王江泾	858	7.5	852	箱形梁	公路-I级	200612
209	曙光桥	洛东-桃园	23.8	8	23	空心板梁	公路-II级	20101010

续表9-1-3

序号	桥梁名称	所处公路	全长(米)	宽度(米)	跨径(米)	上部结构	设计荷载	建成时间
210	庆丰桥	洛东-桃园	12.88	8	12	空心板梁	公路-II级	20101010
211	塘南桥	洛东-桃园	12.8	8	12	空心板梁	公路-II级	20101010
212	胜塘桥	洛东-桃园	46.8	7.8	46	空心板梁	公路-II级	20041230
213	来凤桥	洛东-桃园	16.68	8.5	15.86	空心板梁	公路-II级	20081220
214	双红桥	洛东-桃园	20.8	7.5	20	空心板梁	公路-II级	20081220

说明：资料来自嘉兴市秀洲区公路与桥梁数据库2010年12月《资料汇编》。

表9-1-4　　2010年底公路桥梁基本情况表（乡道）

序号	桥梁名称	所处公路	全长(米)	宽度(米)	跨径(米)	上部结构	设计荷载	建成时间
1	庙下桥	塘汇-栖真	40	7	28	空心板梁	公路-I级	2007
2	马库桥	塘汇-栖真	36	7.5	24	肋拱	汽—15挂—80	1984
3	望家桥	塘汇-栖真	26	26	20	空心板梁	市政标准	2008
4	查安桥	塘汇-栖真	26	7.5	20	刚架拱	汽—15挂—80	199705
5	新开河桥	塘汇-栖真	140.8	7.5	140	刚架拱	汽—20挂—100	20021230
6	千亩塘桥	塘汇-栖真	56	7.5	30	刚架拱	汽—15挂—80	199510
7	青龙港桥	塘汇-栖真	30	8.5	20	空心板梁	汽—20挂—100	199606
8	振塘大桥	塘汇-杨庙	638	9	638	组合式梁	汽—20挂—100	200001
9	正阳桥	塘汇-杨庙	26	7.5	23	空心板梁	汽—20挂—100	199807
10	三阳桥	塘汇-杨庙	26	7.5	23	空心板梁	汽—20挂—100	199807
11	增产桥	塘汇-杨庙	26	7.5	23	空心板梁	汽—20挂—100	200001
12	染店浜桥	塘汇-杨庙	22	7.5	18	空心板梁	汽—20挂—100	199908
13	古窦泾桥	塘汇-杨庙	20	7.5	16	空心板梁	汽—20挂—100	199908
14	南红桥	塘汇-杨庙	33	7.5	29	空心板梁	汽—20挂—100	200001
15	杨庙港桥	塘汇-杨庙	30	7.5	22	肋拱	公路-II级	20001228
16	北蒋桥	虹阳-盛泽	24	5.5	18	刚架拱	汽—15挂—80	199412
17	曙光桥	洛东-桃园	30	5	24	肋拱	汽—15挂—80	199605
18	庆丰桥	洛东-桃园	22	5	15.5	肋拱	汽—15挂—80	197810
19	塘南桥	洛东-桃园	12.8	5	12	空心板梁	汽—20挂—100	199508
20	胜塘桥	洛东-桃园	46.8	7.8	46	空心板梁	汽—20挂—100	20041230
21	来凤桥	洛东-桃园	16.68	7	15.86	空心板梁	公路-II级	200812
22	双红桥	洛东-桃园	20.8	7	20	空心板梁	公路-II级	200901
23	五号桥	洛东-民合	20.8	4	20	肋拱	汽—15挂—80	20041230
24	冷水湾桥	洛东-民合	18.8	3.5	18	肋拱	汽—15挂—80	20041230
25	洛东大桥	洛东-民合	46.8	7.5	46	空心板梁	汽—20挂—100	20001230
26	北山桥	洛东-民合	26.8	3.5	26	肋拱	汽—15挂—80	20041230
27	杨山桥	洛东-民合	22.8	3.5	22	肋拱	汽—15挂—80	20041230
28	白家桥	洛东-民合	26.8	3.5	26	肋拱	汽—15挂—80	20041230
29	东方红桥	顾家浜-义庄	20.8	7.5	20	空心板梁	市政标准	20021230
30	沈木桥	顾家浜-义庄	24	7.5	16	刚架拱	汽—15挂—80	199802
31	蚂蝗塘桥	国庆-蚂桥	96.4	7.5	72	刚架拱	汽—15挂—80	198712
32	三星桥	国庆-蚂桥	36	5.5	32	刚架拱	汽—15挂—80	20030328
33	坟庄漾桥	国庆-蚂桥	36	5.5	30	刚架拱	汽—15挂—80	19980328
34	常睦桥	建设-濮院	50.8	9.6	48	空心板梁	汽—20挂—100	199710
35	赵家桥	建设-濮院	22.8	7.8	22	空心板梁	汽—20挂—100	20041230

续表9-1-4

序号	桥梁名称	所处公路	全长(米)	宽度(米)	跨径(米)	上部结构	设计载荷	建成时间
36	翁亭港桥	建设-濮院	26.8	7.8	26	空心板梁	汽—20挂—100	20041230
37	墩头桥	建设-濮院	26.8	7.8	26	空心板梁	汽—20挂—100	20041230
38	瞿家漾桥	建设-濮院	30.8	7.8	30	空心板梁	汽—20挂—100	20041230
39	建北桥	建设-濮院	22.8	8	22	空心板梁	汽—20挂—100	20041230
40	塘子经桥	建设-濮院	24.8	8	24	空心板梁	汽—20挂—100	20041230
41	钱家头桥	建设-濮院	16.8	8.5	16	空心板梁	汽—20挂—100	20041230
42	三官塘桥	建设-濮院	39.8	8	39	空心板梁	汽—20挂—100	20041230
43	池湾桥	腾油线-古窦泾	60.8	5.5	60	刚架拱	汽—15挂—80	20010323
44	立新大桥	腾油线-古窦泾	42	5.5	36	刚架拱	汽—15挂—80	20040323
45	横溇桥	腾油线-古窦泾	14	5.5	10	刚架拱	汽—15挂—80	20040323
46	南弹华港桥	腾油线-古窦泾	44	5.5	36	刚架拱	汽—15挂—80	20040323
47	麦家港桥	腾油线-古窦泾	43	5.5	35	刚架拱	汽—15挂—80	20040323
48	南埭桥	腾油线-古窦泾	22	5.5	16	刚架拱	汽—15挂—80	20040323
49	秀善桥	腾油线-古窦泾	48	5.5	42	刚架拱	汽—15挂—80	20040323
50	奈字圩桥	田青-南汇	30.8	7.5	30	空心板梁	汽—20挂—100	19981230
51	夹港大桥	田青-南汇	78.8	7.8	78	空心板梁	汽—20挂—100	19981230
52	西汀港桥	田青-南汇	27.8	8	27	空心板梁	汽—20挂—100	19971230
53	廊下大桥	田青-南汇	42	5.5	26	刚架拱	汽—15挂—80	2000
54	建工桥	田青-南汇	40	7.5	32	刚架拱	汽—15挂—80	19981230
55	姚家桥	田青-南汇	26	7.8	20	空心板梁	汽—20挂—100	200605
56	横港桥	田青-南汇	24	5.5	18	刚架拱	汽—15挂—80	19891230
57	坟东港桥	田青-南汇	16	5.5	8	空心板梁	汽—20挂—100	20031230
58	平安桥	田青-南汇	36.8	7.8	36	空心板梁	汽—20挂—100	20021230
59	姚家桥	荷花-油车港	26	5.5	16	刚架拱	汽—15挂—80	20020323
60	汲水桥	荷花-油车港	52	5.5	46	空心板梁	汽—20挂—100	20020323
61	东津浜桥	荷花-油车港	62	7.5	52	空心板梁	汽—20挂—100	20021230
62	蒋家湾桥	荷花-油车港	70	5	60	空心板梁	汽—20挂—100	20020323
63	万丰桥	荷花-油车港	70	5	60	空心板梁	汽—20挂—100	20020323
64	姚煤港桥	荷花-油车港	28	5	22	空心板梁	汽—20挂—100	20020323
65	油车港大桥	荷花-油车港	142	5	108	空心板梁	汽—20挂—100	19850323
66	兴乐桥	王店-蚂桥	62.8	14.8	62	I形梁	汽—15挂—80	200210
67	新民桥	王店-蚂桥	26	4	18	板梁	汽—15挂—80	197712
68	团结桥	王店-蚂桥	14	5	8	板梁	汽—15挂—80	200012
69	新民桥	王店-蚂桥	12	5	8	板梁	汽—15挂—80	200506
70	荣中桥	王店-蚂桥	22	5.5	18	刚架拱	汽—15挂—80	20000328
71	新联桥	王店-蚂桥	24.8	8	24	空心板梁	公路-II级	20101102
72	火烧桥	王店-蚂桥	16.8	8	16	空心板梁	公路-II级	20101102
73	梅家桥	王店-蚂桥	30.8	8	30	空心板梁	公路-II级	20101102
74	马桥	王店-蚂桥	26	5.5	20	刚架拱	汽—15挂—80	19940328
75	东方红桥	新塍-陡门	23	5.8	21	简支梁桥	公路-II级	20081210
76	平桥	新塍-陡门	16	5.8	11	简支梁桥	公路-II级	20081210
77	杨安桥	新塍-陡门	26	5.8	22	空心板梁	汽—20挂—100	20030324
78	智远桥	新塍-陡门	10	5.5	8	空心板梁	汽—20挂—100	19990324

续表9-1-4

序号	桥梁名称	所处公路	全长(米)	宽度(米)	跨径(米)	上部结构	设计载荷	建成时间
79	打铁桥	新塍-陡门	22.8	5.8	22	空心板梁	汽—20挂—100	200712
80	大兴桥	新塍-陡门	20	4	16	简支梁桥	公路-II级	20091020
81	智慧桥	新塍-陡门	28	5.8	26	空心板梁	汽—20挂—100	200711
82	吴家坝桥	新塍-陡门	16	5.8	13	简支梁桥	公路-II级	20091120
83	永新桥	新塍-陡门	16	5.8	12	刚架拱	汽—15挂—80	19990324
84	新红桥	新塍公路-桃虹公路	20.8	5.8	20	空心板梁	公路-II级	20091220
85	新农三号桥	新塍公路-桃虹公路	40	5.5	32	刚架拱	公路-II级	20040325
86	丁家桥	新塍公路-桃虹公路	40	5.5	32	刚架拱	公路-II级	20050325
87	发龙桥	新塍公路-桃虹公路	28	5.5	22	刚架拱	公路-II级	20050325
88	日井港桥	新塍公路-桃虹公路	26	5.5	22	刚架拱	公路-II级	20050325
89	全洋桥	新塍公路-桃虹公路	28	5.5	22	刚架拱	公路-II级	20050325
90	四号桥	新塍公路-桃虹公路	30	5.5	22	刚架拱	公路-II级	20050325
91	连心桥	乌新线-嘉湖线	18.84	5.8	18	空心板梁	公路-II级	20071225
92	闸门桥	乌新线-嘉湖线	13.8	5.8	13	空心板梁	公路-II级	200710
93	沈家石桥	乌新线-嘉湖线	16.84	5.8	16	空心板梁	公路-II级	20071225
94	红光大桥	乌新线-嘉湖线	22.8	5.8	22	空心板梁	公路-II级	20071220
95	姚家桥	乌新线-嘉湖线	30	5.5	22	刚架拱	公路-II级	20041223
96	洪家桥	乌新线-嘉湖线	16.8	5.5	16	刚架拱	公路-II级	20041216
97	C315线1号桥	洪新线-天福村	20	5.5	16	刚架拱	公路-II级	20050324
98	七一桥	洪新线-天福村	42	5.5	36	刚架拱	公路-II级	20050324
99	红福安桥	洪新线-天福村	24	5.5	20	刚架拱	公路-II级	20050324
100	红光桥	洪新线-天福村	34	5.5	30	刚架拱	公路-II级	20050324
101	车介桥	洪新线-天福村	30	5.5	24	刚架拱	公路-II级	20050324
102	陈塘山桥	洪新线-天福村	20	5.5	16	刚架拱	公路-II级	20050324
103	灵观庙桥	洪新线-大桥	34	5.5	28	刚架拱	公路-II级	20021230
104	良三桥	洪新线-大桥	26	5.5	20	刚架拱	公路-II级	20031230
105	迎春桥	洪新线-大桥	36	5.5	30	刚架拱	公路-II级	20051230

说明:资料来自嘉兴市秀洲区公路与桥梁数据库2010年12月《资料汇编》

表9-1-5 2010年底公路桥梁基本情况表(村道)

序号	桥梁名称	所处公路	全长(米)	宽度(米)	跨径(米)	上部结构	行政区划	建成时间
1	戚家港桥	田黎线-双塔村	10.8		10		王江泾镇	200712
2	西潜桥	田黎线-双塔村	7		5		王江泾镇	19951230
3	施家港桥	田黎线-双塔村	22.5		22		王江泾镇	20031230
4	新开河桥	王黎线-市泾村	22		6		王江泾镇	20041230
5	北港桥	村部-商字圩	16		6		王江泾镇	20021230
6	永新桥	田乐-大坝	14		6		王江泾镇	20001230
7	嘉利新桥	田乐-大坝	16		6		王江泾镇	20001230
8	大坝桥	田乐-大坝	126		116		王江泾镇	19981230
9	永北桥	消家湾-北海圩	24		16		王江泾镇	20051230
10	大湾柳浜桥	消家湾-北海圩	20		12		王江泾镇	19841230
11	消家湾桥	朱庆庵-朱家路	16		8		王江泾镇	20051230
12	长脉头桥	王黎线-东庄角	20		12		王江泾镇	19831230
13	张家桥	后浜-师家浜	22		14		王江泾镇	19801230

续表9-1-5

序号	桥梁名称	所处公路	全长(米)	宽度(米)	跨径(米)	上部结构	行政区划	建成时间
14	陆家池桥	村部-项家厍	16		6		王江泾镇	19901230
15	秀虹桥	北家港-平家娄	12.8		12		王江泾镇	20041230
16	大家港桥	建汾线-小双圩	26		22		王江泾镇	20011230
17	陆鸭桥	华溪-钮北	31		23		王江泾镇	20041230
18	小曲桥	建汾线-花联	18		6		王江泾镇	20051230
19	金银浜桥	金银浜-廊下	24		16		王江泾镇	20001230
20	张家漾桥	帅家巷-汇西公路	10		6		王江泾镇	19981230
21	坟西港桥	红联-莫家甸	24		16		王江泾镇	19991230
22	陈义之港桥	红联-莫家甸	24		18		王江泾镇	19991230
23	横港桥	红联-横港桥	24		16		王江泾镇	20051230
24	升平桥	赵家浜-王黎线	42		36		王江泾镇	19921230
25	小港桥	赵家浜-王黎线	22		16		王江泾镇	19921230
26	金家塘桥	赵家浜-王黎线	22		18		王江泾镇	19971230
27	太平桥	赵家浜-王黎线	16		12		王江泾镇	19951230
28	3桥	赵家浜-王黎线	24		18		王江泾镇	19971230
29	杨家村桥	赵家浜-王黎线	24		18		王江泾镇	19971230
30	万家桥	赵家浜-王黎线	116.8		116		王江泾镇	20031230
31	彩虹桥	工业小区-南埭	22		18		王江泾镇	19991230
32	南埭桥	工业小区-南埭	26		22		王江泾镇	19971230
33	巩固桥	开发区-太平村	27		22		王江泾镇	19971230
34	路家泾桥	浩浜路口-浩浜	10		6		王江泾镇	19951230
35	丰产桥	大园-东木港	112		106		王江泾镇	20031230
36	东木港桥	大园-东木港	10		6		王江泾镇	19941230
37	一号桥	王黎线-民和	38		32		王江泾镇	19971230
38	永安桥	王黎线-民和	19		13		王江泾镇	20051230
39	园通安桥	王黎线-民和	10		6		王江泾镇	19971230
40	龙象庵桥	建汾线-龙象庵桥	26		22		王江泾镇	20031230
41	新桥	建汾线-龙象庵桥	18.8		18		王江泾镇	200712
42	厍南桥	龙象庵-厍浜	22		16		王江泾镇	20031230
43	创新四号桥	建汾线-东荷	22		16		王江泾镇	19961230
44	九曲桥	王家浜-杨家浜	8		6		王江泾镇	19991230
45	张家浜桥	东林港-张家浜	12		6		王江泾镇	19961230
46	民和大桥	下北港东-建汾线	40		34		王江泾镇	19981230
47	外桥	王黎线-花宇圩	16		8		王江泾镇	19971230
48	城寿桥	07省道-古塘村	34		28		王江泾镇	19931230
49	延寿桥	味达港-计家桥	66		60		王江泾镇	20001230
50	向阳桥	07省道-野毛汇	28		22		王江泾镇	19821230
51	小洋桥	07省道-东风村	52		36		王江泾镇	20041230
52	钮家桥	07省道-东风村	26		20		王江泾镇	19951230
53	大兴桥	07省道-东风村	72		60		王江泾镇	20001230
54	化龙桥	07省道-收藏村	32		26		王江泾镇	20031230
55	长泾港桥	嘉塍线-宇四浜村西	21		13		王江泾镇	20031230
56	金鱼桥	嘉塍线-金鱼桥村	32		24		王江泾镇	19801230

续表9-1-5

序号	桥梁名称	所处公路	全长(米)	宽度(米)	跨径(米)	上部结构	行政区划	建成时间
57	庆月桥	沈家桥-虹阳	32		24		王江泾镇	19951230
58	东石桥	沈家桥-虹阳	72		60		王江泾镇	20001230
59	干家埭桥	沈家桥-虹阳	26		20		王江泾镇	20031230
60	小河桥	沈家桥-虹阳	12		8		王江泾镇	19981230
61	合观桥	沈家桥-虹阳	26		22		王江泾镇	20041230
62	2号桥	沈家桥-虹阳	36		28		王江泾镇	19981230
63	双阳湾桥	西雁村-阳城村	36		26		王江泾镇	20031203
64	圣堂桥	西雁村-阳城村	54		48		王江泾镇	19901230
65	寺东埭桥	西雁村-阳城村	22		18		王江泾镇	19901230
66	长浜北桥	西雁村-阳城村	24		18		王江泾镇	20051230
67	磐香桥	西雁村-阳城村	22		20		王江泾镇	20041230
68	塔上桥	水厂-天星	24		20		王江泾镇	20051230
69	南港桥	水厂-天星	24		20		王江泾镇	20051230
70	石桥湾桥	石桥湾-西雁村	36		30		王江泾镇	20001230
71	麻溪港桥	中城浜-盛泽	120.8		120		王江泾镇	20051230
72	谢河桥	太平村-田丰	8.5		8		王江泾镇	
73	迎宾桥	太平村-田丰	230.5		230		王江泾镇	
74	陆家泾桥	太平村-田丰	8.5		8		王江泾镇	
75	溇下浜桥	西雁-07省道	13.5		13		王江泾镇	
76	过店桥	西雁-07省道	13.4		13		王江泾镇	
77	元丰桥	王黎线-西小港	10		8		王江泾镇	20101015
78	庙头桥	栋梁公路-凌字圩	33		30		王江泾镇	20100920
79	凌字桥	钱家庄-凌字圩	18		16		王江泾镇	20100911
80	芥字港桥	钱家庄-凌字圩	14		10		王江泾镇	20100915
81	哑子桥	塘杨线-盛家浜	28		22		油车港镇	19851230
82	永红桥	塘杨线-盛家浜	28		22		油车港镇	19851230
83	小陆家浜桥	塘杨线-盛家浜	18		12		油车港镇	19851230
84	外庄桥	塘杨线-百花庄	36		28		油车港镇	20091220
85	里庄桥	塘杨线-百花庄	30		24		油车港镇	20091220
86	金家桥	塘杨线-百花庄	30		18		油车港镇	20041230
87	濮家湾桥	百花庄-濮家湾	20		14		油车港镇	19941230
88	小桥	百花庄-濮家湾	24		18		油车港镇	19941230
89	东昇南桥	塘栖线-濮家湾	20		14		油车港镇	19881230
90	陶家桥	北郊河-残联	38		32		油车港镇	20011230
91	哑吧桥	北郊河-残联	28		20		油车港镇	20011230
92	朱家港桥	高家坝-塘栖线	22.8		22		油车港镇	20011230
93	加工厂桥	高家坝-塘栖线	32.8		32		油车港镇	20011230
94	竖头港桥	高家坝-塘栖线	22.8		22		油车港镇	20011230
95	姚径港桥	徐林庵-河西	33.8		33		油车港镇	20051230
96	河西桥	徐林庵-河西	18		12		油车港镇	20011230
97	年丰桥	塘栖线-欢喜港	30		22		油车港镇	20051230
98	新安港桥	塘栖线-探花浜	22		16		油车港镇	20041230
99	车家港桥	塘栖线-上睦村	18		12		油车港镇	20051220

续表9-1-5

序号	桥梁名称	所处公路	全长(米)	宽度(米)	跨径(米)	上部结构	行政区划	建成时间
100	普安桥	塘栖线-上睦村	22.8		22		油车港镇	20051230
101	孔家桥	塘栖线-上睦村	60.8		60		油车港镇	20011230
102	万福桥	塘栖线-上睦村	16.8		16		油车港镇	20021230
103	同联大桥	塘栖线-上睦村	28		20		油车港镇	19941217
104	杨厍大桥	塘栖线-上睦村	30		22		油车港镇	19941210
105	木桥港桥	罗家甸-吴家埭	32		24		王江泾镇	20041230
106	旗带港桥	罗家甸-吴家埭	26		18		王江泾镇	20031230
107	斜桥	吴家头-全家桥	26		18		油车港镇	19961204
108	缪思港桥	吴家头-全家桥	16.8		16		油车港镇	20051231
109	横春桥	塘栖线-胜塘	36		28		油车港镇	19971231
110	大木桥	塘栖线-胜塘	60.8		60		油车港镇	20011231
111	胜塘港桥	塘栖线-胜塘	18		12		油车港镇	19971231
112	迎归桥	施家湾-钱家港南	28		22		油车港镇	19991231
113	水北桥	塘栖线-姚河子浜	12		6		油车港镇	20001231
114	庵西埭桥	塘西线-姚河子浜	24		16		油车港镇	19991217
115	桃墩大桥	腾油线-小圩	28		20		油车港镇	20031210
116	宁春桥	腾油线-南张浜	28		18		油车港镇	19851224
117	上睦桥	腾油线-小学	48.8		48		油车港镇	20021203
118	丰收桥	南桥-坝浜	30		22		油车港镇	20041210
119	扬西河桥	腾油线-西湖	28		20		油车港镇	19981203
120	西兴桥	腾油线-西湖	32		24		油车港镇	19981217
121	一雨桥	仓库-西湖	28		20		油车港镇	19981217
122	二雨桥	仓库-西湖	20.5		20		油车港镇	20080301
123	秀心桥	塘家桥-卜家潭	22		14		油车港镇	19981224
124	石前桥	池湾-石匠浜	14		6		油车港镇	19981203
125	新桥	洪家浜-石匠浜	12		6		油车港镇	19971211
126	东风大桥	腾油线-杨溪	80		60		油车港镇	20051220
127	麦西港桥	腾油线-杨溪	50		40		油车港镇	20051220
128	玉湾泾桥	腾油线-杨溪	50		40		油车港镇	20051220
129	喷香港桥	腾油线-杨溪	22		18		油车港镇	19950323
130	杨鳗大桥	腾油线-杨溪	34		28		油车港镇	19940323
131	政见圩桥	栖真-胜丰	13.5		13		油车港镇	2009
132	大港桥	麦家-胜丰	10.5		10		油车港镇	
133	复兴桥	洪浜-嘉善杨庙	16		13		油车港镇	20101125
134	蝴蝶港桥	洪浜-嘉善杨庙	26		22		油车港镇	20101125
135	朱家港桥	腾油线改线	20.8		20		油车港镇	20051230
136	广福桥	腾油线改线	20.8		20		油车港镇	20051230
137	全塘桥	嘉铜公路-走星桥	16		12		新塍镇	19790324
138	朱家浜桥	火炬-高照	22		18		新塍镇	19850324
139	李马桥	火炬-高照	20		16		新塍镇	19800324
140	1号桥	老嘉湖线-砖瓦三厂	38		30		新塍镇	19850324
141	高家桥	高照-新高路	34		26		新塍镇	19790324
142	毛家板桥	高照-新高路	12		8		新塍镇	19860324

续表9-1-5

序号	桥梁名称	所处公路	全长(米)	宽度(米)	跨径(米)	上部结构	行政区划	建成时间
143	圣堂桥	高照-新高路	22		16		新塍镇	19840324
144	杨家桥	老嘉湖线-南张门	16		12		新塍镇	19850324
145	陆家桥	施家浜-运河塘	22		18		新塍镇	19770108
146	群力港桥	施家浜-运河塘	20		16		新塍镇	19770324
147	小庙桥	浪柱浜-陡门	8		6		新塍镇	19880324
148	王家浜桥	南板桥-夏陈	20		16		新塍镇	20010324
149	C315线1号桥	洪新线-天福村	20		16		新塍镇	20050324
150	七一桥	洪新线-天福村	42		36		新塍镇	20050324
151	红福安桥	洪新线-天福村	24		20		新塍镇	20050324
152	红光桥	洪新线-天福村	34		30		新塍镇	20050324
153	车介桥	洪新线-天福村	30		24		新塍镇	20050324
154	陈塘山桥	洪新线-天福村	20		16		新塍镇	20050324
155	万民桥	天福-沈家石桥	22		18		新塍镇	20051224
156	西八字桥	八字桥-彭家埭	22		18		新塍镇	19900324
157	观音桥	薛家浜-马家浜	24		20		新塍镇	19710324
158	幸福桥	薛家浜-马家浜	22		18		新塍镇	19710324
159	走水落港桥	园田里-嘉塍线	20		16		新塍镇	19990324
160	新农港二号桥	园田里-嘉塍线	38		30		新塍镇	20040324
161	米仓桥	园田里-嘉塍线	12		6		新塍镇	20091220
162	周家坝桥	嘉塍公路-陈家埭	28		22		新塍镇	19990325
163	鲶鱼桥	嘉塍公路-陈家埭	20		16		新塍镇	20040325
164	陈家埭桥	嘉塍公路-陈家埭	28		22		新塍镇	20051225
165	东石桥	嘉塍公路-陈家埭	28		22		新塍镇	20050325
166	新农四号桥	四号桥-仲昌桥	38		32		新塍镇	20050325
167	东方二桥	观音桥-新塍公路	30		24		新塍镇	20040325
168	东方一桥	观音桥-新塍公路	20		16		新塍镇	20040325
169	新马桥	新塍公路-砖瓦厂	18		14		新塍镇	19850325
170	寺桥	寺桥-石家浜	26		21		新塍镇	20090415
171	小观音桥	嘉塍公路-桃虹公路	20		16		新塍镇	19850325
172	新农三号桥	嘉塍公路-桃虹公路	40		32		新塍镇	20040325
173	丁家桥	嘉塍公路-桃虹公路	40		32		新塍镇	20050325
174	发龙桥	嘉塍公路-桃虹公路	28		22		新塍镇	20050325
175	日井港桥	嘉塍公路-桃虹公路	26		22		新塍镇	20050325
176	全洋桥	嘉塍公路-桃虹公路	28		22		新塍镇	20050325
177	四号桥	嘉塍公路-桃虹公路	30		22		新塍镇	20050325
178	石桥	日井港-外丝桥	30		24		新塍镇	20051225
179	吴家埭桥	南洋-吴家埭	30		24		新塍镇	20000325
180	胜利桥	南洋-吴家埭	10		6		新塍镇	19970325
181	太平桥	嘉铜公路-太平桥	22		18		新塍镇	20030325
182	小金港桥	小金港-沙泥港	19.8		19		新塍镇	20081220
183	新浜桥	桃虹公路-仲店木桥	26		20		新塍镇	19990325
184	永红桥	桃虹公路-仲店木桥	34		26		新塍镇	20040325
185	解放桥	庙桥-桃圆	12		8		新塍镇	19980325

续表9-1-5

序号	桥梁名称	所处公路	全长(米)	宽度(米)	跨径(米)	上部结构	行政区划	建成时间
186	西新桥	庙桥-桃圆	36		29		新塍镇	19980325
187	鲁鱼港桥	桃西公路-钱码头	20.8		20		新塍镇	20081220
188	西浜桥	桃西公路-钱码头	18.8		18		新塍镇	20081220
189	东浜桥	钱码头-东浜	24		18		新塍镇	20020325
190	南港桥	钱码头-东浜	20		14		新塍镇	20051225
191	幸福桥	嘉洛线-打落桥	22		18		新塍镇	20050325
192	惠思新桥	嘉洛线-桃西路	20		16		新塍镇	19890325
193	龙兴桥	嘉洛线-桃西路	19.2		18.4		新塍镇	20101220
194	小庙桥	嘉洛线-桃西路	22		18		新塍镇	19840325
195	廊港桥	桃洛路-朱家浜	26		20		新塍镇	19930325
196	南周吉桥	嘉洛线-毛桥	13.8		13		新塍镇	20091220
197	双圣桥	嘉洛线-毛桥	38		32		新塍镇	19940325
198	朝阳桥	象贤-斜街头	16		10		新塍镇	20050325
199	庙运桥	洪新线-庙运桥	28		20		新塍镇	19850325
200	东中浜桥	屠家埭-小桥头	18		13		新塍镇	20051225
201	九曲浜桥	屠家埭-小桥头	18		12		新塍镇	20050325
202	攀登桥	洪新线-新庄	22		16		新塍镇	20040325
203	梳妆桥	洪新线-新庄	38		29		新塍镇	20050325
204	昌浦桥	洪新线-新庄	26		20		新塍镇	20050325
205	滑渡桥	大寨路-东纹浜	22		16		新塍镇	19880325
206	西竹管浜桥	西竹管浜-东竹管浜	26		18		新塍镇	20021224
207	东竹管浜桥	西竹管浜-东竹管浜	24		16		新塍镇	19841216
208	向前港1号桥	桃园公路-康和桥	18.8		18		新塍镇	20041203
209	张墩桥	桃园公路-康和桥	28		20		新塍镇	19971223
210	新开港桥	洛民线-蔡家浜	16.8		16		新塍镇	20081202
211	环桥头桥	洛民线-村西头	26		18		新塍镇	19871223
212	红港桥	洛民线-芦花浜	17.6		16.8		新塍镇	20101231
213	牌路桥	洛民线-思古桥村部	36		28		新塍镇	20051223
214	牌楼桥	嘉洛线-思古桥	20		12		新塍镇	19901216
215	太虹桥	嘉洛线-三家村	22		14		新塍镇	19761223
216	连心桥	乌新线-嘉湖线	18.84		18		新塍镇	19721209
217	匝门桥	乌新线-嘉湖线	13.8		13		新塍镇	20001223
218	沈家石桥	乌新线-嘉湖线	16.84		16		新塍镇	19721223
219	七一桥	乌新线-嘉湖线	22.8		22		新塍镇	19721223
220	桃家桥	乌新线-嘉湖线	30		22		新塍镇	20041223
221	洪家桥	乌新线-嘉湖线	16.8		16		新塍镇	20041216
222	钱家门桥	大寨路-庄家石前	28		18		新塍镇	19861223
223	新庄桥	大寨路-东文浜	28		18		新塍镇	19891223
224	翰棚桥	徐家浜-廊柱浜	32		22		新塍镇	19901223
225	古松桥	庙云桥-新塍	18.5		18		新塍镇	20091023
226	陆里塘桥	鲁家桥-陆里长浜	18		16		新塍镇	20101010
227	洛西港桥	新乌公路-洛西村	12		8		新塍镇	20101203
228	桃西港桥	桃西公路-盛泽	13		10		新塍镇	20101015

续表9-1-5

序号	桥梁名称	所处公路	全长(米)	宽度(米)	跨径(米)	上部结构	行政区划	建成时间
229	倪中桥	新塍线改线	23		16		新塍镇	19871230
230	西港桥	新塍线改线	31.6		22		新塍镇	19871230
231	凤珍桥	海王公路-胜利	34		26		王店镇	20050327
232	河宝桥	海王公路-胜利	22		16		王店镇	19970327
233	接连桥	南坟浜-海王公路	26		20		王店镇	20030327
234	李家桥	余王线-毛竹园	26		20		王店镇	19980327
235	何届木桥	余王线-长绿泾桥	26		18		王店镇	20050327
236	西河村桥	余王线-长绿泾桥	19		13		王店镇	20050327
237	长洛泾桥	余王线-长绿泾桥	28		22		王店镇	20030327
238	庄板木桥	余王线-庄安	28		24		王店镇	20050327
239	新桥	庄安-红联	21		13		王店镇	20050327
240	乐家桥	余王公路-庄安	28		20		王店镇	20040327
241	毛亭桥	海王公路-南梅	14		8		王店镇	20040327
242	介民桥	海王公路-南梅	26		18		王店镇	20040327
243	丰收桥	海王公路-南梅	22.24		22		王店镇	200712
244	大石桥	海王公路-南梅	68		60		王店镇	19930327
245	高家桥	高家桥-千四村	30		24		王店镇	20030327
246	杨家桥	高家桥-千四村	26		18		王店镇	20050327
247	西石桥	高家桥-千四村	24		18		王店镇	20030327
248	北水亩桥	懂家村-圣莱特	16		10		王店镇	20050327
249	太平桥	懂家村-圣莱特	32		26		王店镇	20051227
250	庆丰桥	嘉海公路-庆丰	26		22		王店镇	20040327
251	庆丰小桥	嘉海公路-庆丰	12		8		王店镇	20050327
252	秋泾桥	嘉海公路-庆丰	26		20		王店镇	19881210
253	陈保庙桥	唐家浜-妙保里	22		16		王店镇	19870327
254	南如桥	南如桥-野猫汇	18		14		王店镇	19900327
255	鲁安桥	王建线-建农	19		13		王店镇	20050327
256	水录桥	车河头-懂家村	17		13		王店镇	20040327
257	扬旗桥	嘉海线-泰石	24		18		王店镇	20050327
258	赵家桥	嘉海线-泰石	22		16		王店镇	19880327
259	荣中桥	火烧桥-红联	16.8		16		王店镇	20101030
260	潘家头桥	潘家头-长水塘	20		16		王店镇	20040328
261	大雷港桥	陈家金港-大雷港	22		18		王店镇	20050328
262	迎春桥	新民桥-林家浜	22		18		王店镇	20050328
263	万红桥	四联-砖瓦厂	26		20		王店镇	20050328
264	四称桥	四联-砖瓦厂	22		18		王店镇	19940328
265	新桥	嘉海线-盛安桥	24		18		王店镇	19770328
266	盛家头桥	洪硖线-三建	12		8		王店镇	19780328
267	河西桥	洪硖线-三建	20.44		19.6		王店镇	200712
268	建丰桥	洪硖线-三建	26		20		王店镇	20050328
269	鲁家桥	洪硖线-三建	26		22		王店镇	19990328
270	斜港桥	王建线-斜港桥	68		60		王店镇	20050328
271	最胜庵桥	王建线-斜港桥	14		8		王店镇	20040328

续表9-1-5

序号	桥梁名称	所处公路	全长(米)	宽度(米)	跨径(米)	上部结构	行政区划	建成时间
272	前木桥	王建线-浦家村	16		10		王店镇	20040328
273	缪家头桥	洪硖线-潘家头	16		10		王店镇	19840328
274	姚家兜桥	王建线-南星桥	30		24		王店镇	20040329
275	南星桥	王建线-南星桥	30		24		王店镇	20040329
276	西马浜桥	王建线-南星桥	26		22		王店镇	20050329
277	南木桥	联谊桥-南星桥	24		20		王店镇	20040329
278	迎秀桥	联谊桥-南星桥	22		18		王店镇	20030329
279	新港一号桥	南星桥-五一	30		24		王店镇	19770329
280	武康桥	南星桥-五一	24		20		王店镇	19900329
281	永昌桥	王建线-清泰桥	26		20		王店镇	20050329
282	清泰桥	王建线-清泰桥	64		60		王店镇	19940329
283	长浜桥	王建线-清泰桥	22		20		王店镇	20040329
284	程家桥	王建线-程家桥	24		20		王店镇	20040329
285	建红桥	张坝桥-王建线	26		22		王店镇	20040329
286	东方红桥	三建村-建南村	16		13		王店镇	20101020
287	三建桥	三建村-建南村	10		8		王店镇	20101020
288	丰乐桥	丰乐路-蚂桥自来水厂	16		13		王店镇	20000101
289	小港河桥	丰乐路-蚂桥自来水厂	16		13		王店镇	20000101
290	新蚂桥	丰乐路-蚂桥自来水厂	26		22		王店镇	20000101
291	赖家桥	庄安-余新	22		20		王店镇	20101031
292	庄家桥	庄安-嘉海线	16		12		王店镇	20101020
293	众心桥	嘉海线-众心桥	18		12		洪合镇	19970108
294	胜利桥	嘉海线-众心桥	24		18		洪合镇	19770328
295	三十亩桥	嘉塍公路-龙王庙桥	11.8		11		新城街道	19850329
296	联合桥	嘉塍公路-龙王庙桥	24		20		新城街道	20050329
297	王家木桥	嘉塍公路-龙王庙桥	11.8		11		新城街道	20050329
298	横板桥	嘉塍公路-龙王庙桥	14		10		新城街道	20030329
299	乌桥	嘉塍公路-龙王庙桥	20		16		新城街道	19850329
300	振塘桥	振塘桥-姚河浜	700		680		塘汇街道	19971230
301	秀才桥	秀才桥-秀才村	500		480		塘汇街道	19971230
302	庙下桥	庙下桥-王家浜	500		480		塘汇街道	19971230
303	应声桥	蒋家头-洪硖线	24		16		洪合镇	19951230
304	致富桥	蒋家头-洪硖线	26		18		洪合镇	20041230
305	泰风桥	张家湾-河南埭	20		12		洪合镇	20021230
306	西木桥	张家湾-河南埭	30		22		洪合镇	20021230
307	李介桥	张家湾-河南埭	20		12		洪合镇	20041230
308	河南埭桥	张家湾-河南埭	26		18		洪合镇	20041230
309	杜家桥	洪硖线-绿化观光园区	24		16		洪合镇	20051230
310	聚宝桥	洪硖线-聚宝里	20.8		20		洪合镇	20051230
311	道德桥	洪硖线-高宝兜	26		18		洪合镇	20031230
312	三宝桥	张家木桥-水清石桥	26		18		洪合镇	19941230
313	陆家桥	蒋家头-张家湾	26		18		洪合镇	20041230
314	徐王桥	洪硖线-王家埭	35		29		洪合镇	20041230

续表9-1-5

序号	桥梁名称	所处公路	全长(米)	宽度(米)	跨径(米)	上部结构	行政区划	建成时间
315	大德桥	李家埭-洪硖线	20		12		洪合镇	19881230
316	张宝里	张保里北-中王村	18.8		18		洪合镇	20041230
317	穿堂桥	张保里北-中王村	16.8		16		洪合镇	20041230
318	五泾桥	张保里北-中王村	24		18		洪合镇	19821230
319	推拔桥	推拔桥-洪硖线	44		36		洪合镇	20041230
320	东曹保桥	东邵保-王店变	22		18		洪合镇	20041230
321	岳家浜桥	岳家浜北-王店变	22		18		洪合镇	20051230
322	贯家桥	岳家浜北-王店变	28		24		洪合镇	19811230
323	雪渡桥	姚家弄-洪硖线	22		16		洪合镇	20011230
324	俞家泾桥	砖瓦厂-蒋家头	22		18		洪合镇	19761230
325	志酿桥	王店变-砖瓦厂	34		28		洪合镇	19851230
326	洪西桥	320国道-冯家头南	18		12		洪合镇	20031230
327	王家桥	320国道-冯家头南	30		24		洪合镇	20031230
328	庄家石桥	320国道-冯家头南	22		16		洪合镇	20051230
329	陈家木桥	冯家头-倪家园	20		16		洪合镇	19841230
330	王家桥	王家桥-邵家浜	22		16		洪合镇	19951230
331	高家浜桥	王家桥-邵家浜	18		14		洪合镇	20051230
332	新合匀桥	王家桥-邵家浜	18		14		洪合镇	20051230
333	望云桥	泰石桥-合匀桥	35		29		洪合镇	20041230
334	五星桥	西黎舍-徐家舍	18		14		洪合镇	20041230
335	杨庵浜桥	杨庵浜-王家桥	22		18		洪合镇	19841230
336	永兴桥	北扇浜-机场	18		14		洪合镇	20041230
337	新开河桥	北扇浜-机场	28		22		洪合镇	20031230
338	新洋桥	北扇浜-机场	20.8		20		洪合镇	19741230
339	越家桥	旗杆下-野竹梗	18		14		洪合镇	19851230
340	灵观庙桥	洪新线-濮院	34		28		洪合镇	20021230
341	濮九娘桥	洪新线-濮院	26		20		洪合镇	20021230
342	长远浜桥	庙后浜-姚家浜	12		8		洪合镇	19951230
343	胡家木桥	庙后浜-姚家浜	22		16		洪合镇	19951230
344	富春桥	庙后浜-姚家浜	16		12		洪合镇	19851230
345	砖瓦厂桥	庙后浜-姚家浜	14		8		洪合镇	20041230
346	太平桥	庙后浜-姚家浜	18		12		洪合镇	19751230
347	旺家桥	旺家桥-小园	20		14		洪合镇	20011230
348	张几门桥	郁家门东-张家门	16		13		洪合镇	20051230
349	太平桥	村小学-太平桥	16		13		洪合镇	20041230
350	利民桥	崇福庵-洪昌桥	20		14		洪合镇	20021230
351	庄家木桥	文耳浜-洪新线	26		18		洪合镇	20001230
352	过水桥	太平桥-文耳浜	22		18		洪合镇	19951230
353	永乐桥	砖瓦厂-洪合镇	18		14		洪合镇	20031230
354	杨家木桥	砖瓦厂-洪合镇	26		18		洪合镇	20031230
355	卜家门桥	文耳浜-卜家门北	18		12		洪合镇	19781230
356	新桥	西姚埭西-推拔桥	18		14		洪合镇	20041230
357	盛主管桥	苏头木桥-早菜浜	38		32		洪合镇	20041230

续表9-1-5

序号	桥梁名称	所处公路	全长(米)	宽度(米)	跨径(米)	上部结构	行政区划	建成时间
358	万年桥	旱菜浜-建濮线	20		16		洪合镇	20041230
359	长春桥	建濮线-李家场	18		14		洪合镇	20041230
360	西张桥	建濮线-西张桥	22		16		洪合镇	20041230
361	凤鸣桥	320国道-凤桥	28		24		洪合镇	20031230
362	张鹤桥	洪硖线-铁丁浜	24		20		洪合镇	20031230
363	樟木桥	凤桥里-泰石桥村	24		20		洪合镇	20031230
364	北圣木桥	南池浜-泰石桥村	24		20		洪合镇	20041230
365	苏头木桥	樟木桥-泾桥	24		20		洪合镇	20041230
366	高家桥	高家桥-濮院	38		30		洪合镇	20001230
367	陈麦西桥	徐家兜-陈麦西桥	20		16		洪合镇	20051230
368	圣堂桥	万隆浜-叶家浜	22		16		洪合镇	19851230
369	马家桥	新王桥-洪合	16.8		16		洪合镇	200704
370	黎明桥	新王桥-洪合	29.8		29		洪合镇	200704
371	黎明桥	洪合-新王桥	29.8		29		洪合镇	200704
372	马家桥	洪合-新王桥	16.8		16		洪合镇	200708

说明:资料来自嘉兴市秀洲区公路与桥梁数据库2010年12月《资料汇编》。

第二章 航道桥梁

嘉兴境内河流纵横，自古水运发达，许多河流成了船舶往来的航道，在这航道上架设的桥梁即为航道桥梁。在嘉兴航道桥梁与其他桥梁有相同，但也有不同点，有其特殊的地方。嘉兴地处平原，为适应通航要求，需要有较大的跨径和净空高度。古代架设在航道上的桥梁许多采用石拱桥，因为石拱桥不仅符合通航要求，而且坚固耐久是理想的结构形式。石拱桥桥孔一般多为单数，以中孔通航孔跨径最大。边孔桥面逐渐降低，跨径逐渐变小。两端桥头设石级，或在桥面上建成台阶。两端其平面布置，两端开阔，至中心逐渐缩小，以利减少桥梁自重并增加桥梁稳定性。如不用石拱桥，而采用梁式平桥也有，为保持净空高度，桥面必须抬高，两端坡度延长，台阶增多，而要有大的航道宽度，难度很大，往往跨径较小，所以有其特殊地方。嘉兴现代建造的桥梁多属钢筋混凝土桥和金属结构桥。桥梁结构形式日趋简单、实用、坚固，结构下部采用灌注桩和沉台基础。上部采用钢筋混凝土梁组合，砼衍架拱片。圆洞拱片或斜腿钢架拱片。桥梁施工也简便合理，并开始采用高强度预应力工艺，钢筋混凝土结构、金属结构等，但技术要求高，造价高。随着经济的发展，现在航道上的桥梁都采用钢筋混凝土桥和金属结构桥，跨度大、净空高，不会影响船舶往来，是十分理想的航道桥梁。

【2010年主要航道桥梁】

湖嘉申线秀洲区境内有桥梁8座：南张浜桥、天德人行桥、升平桥、长春桥、严家坝人行桥、喷香港桥、横港桥、红旗塘大桥。

京杭运河秀洲区境内有桥梁1座：思古大桥。

杭申线航道上属城郊两区境内桥梁有24座：金港桥、致轩热力网架桥、振塘桥、秀才桥、吉祥大桥、平安桥、官荡大桥、王字圩桥、陈家坝热力网架、禾平街北郊河热力网架、小红庙桥、收藏桥、北郊河大桥、庙头村桥、雁泾桥、东升西桥、场稻桥、殷秀桥、洪兴西路大桥、黄家桥、秀园路大桥、乍嘉苏高速公路桥、热力悬索桥、大通桥。

乍嘉苏线上属城郊两区桥梁有24座：北虹大桥、长虹桥、锦江管桥、王江泾大桥、南虹大桥、京杭古运河大桥、双桥热力网架、陈家坝热力网架、三店塘桥、三店塘二桥、沪杭铁路桥、胜利农桥、乌桥、雀幕桥、东港桥、十八里桥、步云特大桥、沪杭高速公路桥、焦山门大桥、水泥厂自备桥、新粮桥、富达管道网架桥、战备桥、新丰桥。

嘉于硖线上属城郊两区境内桥梁有13座：天佑大桥、嘉杭大桥、179号铁路桥、自来水管道桥、南湖大道桥、沪杭客专海盐塘桥、沪杭高速公路桥、恒华管道桥、余北大桥、余新大桥、塔塘桥、茜泾桥桥、余新大桥。

【主要航道桥梁】

思古大桥

位于嘉兴至洛东公路，中心桩号K24+484，1998年建成。桥梁全长376.8米，跨径18+7×20 +60+7×20+18米，上部结构为T型梁，下部结构为桩柱式墩台，钻孔灌注桩基础。桥面全宽7.5米，净宽7.0米。设计荷载汽—20挂—100。

苏嘉运河桥

位于乍浦至王江泾公路，中心桩号K44+269，1998年开工建设，2004年建成。桥梁全长248.6米，跨径5×13+2×20+35+2×20+5×13米，上部结构为T型梁，下部结构为桩柱式墩台，钻孔灌注桩基础。桥面全宽20米。本桥按市政标准进行设计载荷公路—Ⅱ级。

北虹大桥

位于王江泾至黎里公路，中心桩号K1+ 020，1991年建成。桥梁全长142.6米，跨径2×14+24+36+24+2×14米，上部结构组合式梁，下部结构为重力式桥台、沉井基础。桥面全宽7.5米，净宽7.0米。设计标准汽—15，挂—80。

长扦塘桥

位于乍浦至王江泾公路，中心桩号K42+433，1998年开工建设，2004年建成。桥梁全长229米，跨径5×13+2×20+35+20+5×13米，上部结构为T型梁，下部结构为桩柱式墩台，钻孔灌注桩基础。桥面全宽20米。本桥按市政标准进行设计载荷公路—Ⅱ级。

新塍塘大桥

位于嘉兴至铜罗公路，中心桩号K4+717，2004年建成。桥梁全长273.7米，跨径6×16+ 30+9×16米，上部结构空心板梁，下部结构为桩柱式墩台，钻孔灌注桩基础。桥面全宽18米，净宽14米。设计荷载汽—20挂—100。

南虹大桥

位于腾云至油车港公路，中心桩号 K1+106，1990 年建成。桥梁全长 95.4 米，跨径 70 米，上部结构刚架拱桥，下部结构为重力式桥台。桥面全宽 7.5 米，净宽 7.0 米。设计标准汽—15，挂—80。

大通桥

俗名陡门大桥，位于秀洲区原八字乡陡门镇东（今属新塍镇）。始建于明嘉靖年间（1522—1566 年），为单孔大型石拱桥，长 35 米、宽 5 米。清光绪十六年（1890 年）重建。该桥是原秀水县西部运河上的唯一桥梁，是沟通运河南北的交通要道，故名。抗战前该桥为新塍至濮院、王店的必经之路，曾筑支柱在桥上架板通车。1995 年运河拓宽时，该桥被拆除。

第三章 铁路桥梁

铁路桥梁在传统意义上讲，是指跨河的铁路桥。但随着经济的发展，公路的增多，以及车次密度的增加，出现了跨公路、跨街道、跨人行道、跨拖拉机路的铁路桥，称为立交桥，还有跨铁路的公路桥、人行桥，称为公铁立交桥、天桥。于是现在的桥梁就有了铁公立交桥、人行立交桥、拖拉机立交桥、公铁立交桥和跨河铁路桥等。

【立交桥】

到1991年年末，嘉兴市城郊两区境内有铁公立交轿3座，城市立交桥2座，拖拉机立交桥2座，人行立交桥3座。自北而南，主要立交桥有以下这些。

七星立交桥

在嘉兴市七星乡境内。为单孔，宽4米，全市最早的拖拉机立交桥。

东环路立交桥

位于沪杭线9BK+190m，在嘉兴市东环路上。为三孔铁公立交桥，中孔宽9米，两侧边孔各宽6米，通车孔限高5.6米。1991年3月18日破土动工，11月2日完工。

标牌路立交桥

位于沪杭线96K+965m，在嘉兴市标牌路上。为单孔城市立交桥，宽5米。1991年7月10日破土动工，9月8日完工。

中山东路立交桥

位于沪杭线98K+501m，在嘉兴市内中山东路南湖路口。为下承式三孔箱形结构的城市立变桥。中孔宽11.5米，高4.5米，两侧边孔各宽7米，高2.5米。1985年12月建成，为嘉兴市第一座城市立交桥。

少年南路立交桥

位于沪杭线99K+586m，在嘉兴市少年南路上。为三孔铁公立交桥，中孔宽7米，两侧边孔各宽1.5米，立交道路引坡坡度小于3%。

南湖立交桥

位于沪杭线l00K+270m，在嘉兴市境内。为单孔拖拉机立交桥，中孔宽5米。

王店立交桥

位于沪杭线115K+448m，在嘉兴市秀洲区王店镇。为单孔8米，高4.5米，铁公立交桥。1991年12月建成。

人行立交桥

人行立交桥俗称地道，共3座，分别设置于嘉兴、王店、马王塘各一座。

2002年12月31日，杭州铁路分局嘉兴车务段沪杭线壕股桥铁路看守人行道口(K110+727)正式拆除，同时全面封道，区内铁路与公路道口告别平交的历史。2005年由于沪杭铁路电气开工，火车准备第六次提速。12月30日全线拆除铁路平交过道改为立交。至2010年秀洲区镜内新建有：乍嘉苏高速、沪杭高速公铁立交、梅北路立交、海王路立交等。

在铁路立交建设中有的立交还做了改建和扩建。主要有以下这些。

中环东路立交

位于市中环东路，原为外环路立交，三孔铁公立交，中孔宽9米，限高5米，两侧边孔各6米，1991年11月建成，2005年，嘉兴市城市发展投资集团有限公司对该立交进行扩建，扩建后立交为五孔箱形桥，各孔分别为6米、9米、6米、12.75米、7米，限高5米，2005年6月改建完成。

紫阳桥立交

位于市城紫阳路南侧，原为“少年南路”立交桥，1991年前建成，单孔宽8米，立交建成后未使用。2006年年初，对立交两侧出入口实施改造，2006年10月1日，铁路通道建成使用。

嘉兴大桥跨铁路立交桥

位于市中环南路，跨铁路立交的结构，采用“一天两地”方案，主车道连续上跨长水塘、沪杭铁路，辅道、人行道上跨长水塘、下穿沪杭铁路，上跨为双向6车道，两侧下穿孔宽均为9.35米，限高4.5米，1999年5月7日竣工。

南湖大桥跨铁路立交桥

位于市南溪路，该立交是一座月牙形大桥，跨铁路立交的结构，采用“一天两地”方案，主线(机动车道)跨越西南湖转变向东后，上跨沪杭铁路，辅线(非机动车道与人行道)与主线平行跨越西南湖下穿沪杭铁路，上跨为双向4车道，两侧下穿孔宽均为7.55米，限高4.5米，于1999年9月28日主体工程顺利竣工。

王店公铁立交桥

位于王店镇宝华村，沪杭高速公路中心桩号K102+

845。1998年开工建设，2005年建成。桥梁全长876.04米，跨径11×25+22.5+3×30+35+22.5+17×25米，上部结构为T型梁，下部结构为桩柱式墩台，钻孔灌注桩基础。桥面全宽41.5米，净宽37.5米，两侧设钢筋砼防撞护栏。设计荷载汽—20挂—100。

蚂桥公铁立交桥

位于王店镇马桥村，乍嘉苏高速公路中心桩号K30+095。2002年开工建设，2005年建成。桥梁全长842米，跨径12×20+25+2×30+25+12×20+30+5×20+2×14+20+30+2×20米，上部结构为空心板梁，下部结构为桩柱式墩台，钻孔灌注桩基础。桥面全宽30米，净宽27米，两侧设钢筋砼防撞护栏。设计荷载汽—20挂—100。

太平桥村公铁立交桥

位于王店镇太平桥村，嘉兴至海宁公路，中心桩号K11+323。1998年建成。桥梁全长400.8米，跨径20×20米，上部结构为空心板梁，下部结构为桩柱式墩台，钻孔灌注桩基础。桥面全宽36米，两侧设钢筋砼防撞护栏。设计标准公路—Ⅱ级。

塘汇公铁立交桥

位于塘汇街道，乍浦至王江泾公路，中心桩号K35+537。2006年建成。桥梁全长852.8米，跨径8×13+40+15×20+7×16米，上部结构为T型梁，下部结构为桩柱式墩台，钻孔灌注桩基础。桥面全宽7.5米，净宽7.0米，两侧设钢筋砼防撞护栏。设计荷载公路—Ⅰ级。

【中、小桥(跨河桥梁)】

跨河铁路桥梁的大、小桥分类是以桥台挡碴墙间的距离来划分小桥、中桥、大桥和特大桥。20米(含20米)以下为小桥，20米以上至100米(含100米)为中桥，100米以上至500米(含500米)为大桥，500米以上为特大桥。

沪杭铁路全线所经之地多系平原水网地区，铁路桥梁多达178座，嘉兴市城郊两区境内有铁路桥36座(70~105号桥)，其中城郊区的78号桥、85号桥2座中桥在沪杭复线建设中，分别进行改建和扩建。78号桥为三孔，主孔宽32米，两边孔各宽16米；85号桥现为五孔，主孔宽32米，其余各孔宽均为16米，主孔可通航100吨级船舶。

沪杭铁路101号桥

位于王店镇久灵桥西30米处，南北跨镇市中心，桥长31米，宽15.5米。桥始建于清光绪三十一年(1905年)，铁路桥同年建成，由官商集资合办。1987年铁路局改单线为复线，原址拓宽，双轨双桥。101号桥跨市河，拓宽改建南北两个路面通道，北道宽10米，南道宽6米，能通2.5吨汽车，中间市河航道宽10米。

机场铁路大桥

1953年，经中央军事委员会同意，建造了经嘉兴马王塘车站向西通往机场的铁路，为此在王店镇的红联村长水塘上建起了钢架铁路大桥通向对岸国庆村。大桥为三孔，中间有两个桥墩，大桥全长106米，宽5.1米，大桥的主桥长60.76米(桥的数据是实地测量数)，因长水塘在这个地方很宽，因此大桥的两边各向河中筑出较长的桥墩。现大桥依然保持着昔日的风采。

图9-3-1　机场铁路大桥

南郊河沪杭铁路桥

位于王店镇四联村，嘉于硖线南郊河西段。南郊河西段于2004年11月25日开工挖掘，河上的沪杭铁路桥于2014年开工建造，正在建设中，南郊河还未贯通。

第四章 民间桥梁

民间桥梁这里主要指的是早期建造的古桥和乡村的小型桥梁。江南水乡古桥甚多，乡村小桥也是一个庞大数字。其古桥工艺精湛、古朴典雅，桥板、桥墩和望柱上往往镌刻有龙、鱼、蝙蝠、狮子、飞云等吉祥图案，栩栩如生，有着较高的艺术欣赏价值。嘉兴市本级现存的古桥，有时间可考的最早建于500多年前，绝大多数重建于清朝至民国时期，以梁式结构为主,有少量为拱型结构。

元至元《嘉禾志》记载嘉兴府桥梁164座，清光绪《嘉兴府志》记载嘉兴府桥梁559座，而明崇祯《嘉兴县志》记载嘉兴县的桥梁就有567座。清末，嘉兴府域共存驿路古桥383座，其中嘉兴府城94座，嘉兴县城外96座，秀水县城外83座。古桥具有艺术欣赏价值和文物价值，近几十年来，这些古桥有坍塌的、损毁的、拆除的，变得越来越少，为此该志在民间古桥一章特多加些笔墨。

第一节 嘉兴古城古桥

嘉兴古城河道密布，古桥梁众多。据清代《嘉兴府典故纂要》载：历代古城内外有桥百余座。春波门（东门）内有瑞虹桥、爽溪桥、西县桥、荐桥、通济桥、赞福桥等32座；通越门（西门）有济川桥、广平桥、韭溪桥，福顺桥、宝带桥、兴贤桥等13座；澄海门（南门）内有范蠡桥、醋坊桥、莲花桥、南石桥、营桥、蒋家桥等25座；望吴门（北门）众安桥、孩儿桥、香花桥、丁家桥、胭脂桥等21座。城垣外古桥不计其数，著名的有宣公桥、放生桥、天马桥、澄海桥、吴泾桥、双溪桥、北丽桥、秋泾桥、西丽桥、端平桥、秀城桥、鉏家桥、月河桥等，不少桥梁在宋、元就已建造，明清时兴建更多，不少桥名现在还在继续延用，由于历史变迁，很多古桥已多次重建、改建或拆除。嘉兴古城最早的钢筋混凝土桥梁始建于民国15年（1926年）嘉禾第一桥（俗称新洋桥），位于新马路东至对岸人民公园原西门口。该桥由于年久失修，成为危桥，主跨径太窄，不利通航，在二十世纪九十年代初拆除。

表 9-4-1

清代光绪《嘉兴府志》城垣内古桥及方位表

桥 名	桥 址	备 注
瑞虹桥	在府治前	府治旧址现子城(同下)
府后桥	在府治后	
望恩桥	在府治西南三十步	
蒸饼桥	在府治西南三十步	
藕行桥	在府治西北二十步	
百步桥	在莲花浜	
通济桥	在春波门内一十步	
赞福桥	在春波门西一百步	
荐桥	在春波门西北半里	
五柳桥(庆丰桥)	在县治西	县治旧址现工人文化宫(同下)
腾蛟桥(起凤桥)	在春波门西北半里	
崔家桥	在春波门西北一里半	
猪儿桥	在春波门西北一里	
蟹行桥	在春波门西南半里	
南县桥	在春波门西半里	
环秀桥	在春波门西北半里	通天星湖
腾家桥	在春波门西北一里	

续表 9-4-1

桥 名	桥 址	备 注
倪家桥	在春波门西南一百步	
清军馆桥	在春波门西南一里	
保安桥(樊公桥))	在春波门西北一里十步	
罗家桥(安禄桥)	在春波门西北一里半	又名北营桥
大悲桥	在通越门北五十步	
遇仙桥	在通越门东北一里	
迴龙桥	在通越门内水西寺前	
爽溪桥	在通越门内半里	
万安桥	在通越门东北一百步	
寺桥	在通越门东北一里半	
广平桥	在通越门东北一里	
车栏桥	在通越门东北一里半	
红桥	在通越门东北一里一百步	
韭溪桥	在通越门东北一里	
韭缟桥	在通越门东一里	
顾市桥	在通越门东北一里半	
福顺桥	在通越门东半里	
兴福桥	在通越门东一里二百步	
兴贤桥(过军桥)	在通越门东一百步	
宝带桥	在通越门东北	
蓬莱桥(北资桥)	在通越门东南	
杨公桥	在通越门东南一里半	
范蠡桥(石灰桥)	在澄海门内	
张公桥	在澄海门东北一百步	
营桥	在澄海门北一百步	
炒麸桥	在澄海门西北五十步	
南石桥(史家桥)	在澄海门北二百步	
醋坊桥(娄家桥)	在澄海门北二百步	
蒋家桥	在澄海门东北二百步	
莲花桥	在澄海门北半里	
纸行桥	在澄海门东北一里	
砖桥	在澄海门西北一里	
竹丝桥	在澄海门北一里	
毛家桥(煦宁桥)	在澄海门东北一里	
蔡十娘桥	在澄海门西北一里三十步	
三板桥	在澄海门东北一里五十步	
杨公桥	在澄海门西北一里五十步	
斜桥	在澄海门东北一里五步	
乌盆桥(履鞢桥)	在澄海门东北一里半	又名丁桥
众安桥	在望吴门南二十步	
仓桥	在望吴门内	
北寺桥	在望吴门东南三十步	
孩儿桥	在望吴门南一百步	
香花桥	在望吴门南半里	
安乐桥	在望吴门东南半里	
丁家桥	在望吴门东南半里	
菩萨桥	在秀水县治东	秀水县治在原图书馆附近

续表 9-4-1

桥名	桥址	备注
集家桥(习家桥)	在望吴门南二百步	又名籍家桥
船场桥	在望吴门东南一里	
水簋桥	在望吴门南一里半	
天庆桥	在望吴门西南一里半	
朱锄桥	在望吴门西南一里	
胭脂桥	在望吴门西南一里	
陆家桥	在望吴门西南一里	
钟家桥	在望吴门西南一里	
通观桥	在望吴门西南一里	
明顺桥	在望吴门西南一里	
局桥	在望吴门西南一里半	
孙师嬢桥	在望吴门西南一里半	
凝德桥	在治西杨柳湾	
广道桥	在治西杨柳湾	
正义桥	在杨柳湾	
兴仁桥	在杨柳湾	
莲花桥	在兴仁桥东	
大慈桥	在治西一里	

此外，在古城垣外周围，还有一批古桥梁，如宣公桥、天马桥、驷马桥、吴泾桥、双溪桥、潘家桥、会龙桥、秀城桥、煦春桥、春波桥、虹桥、秋泾桥、盐仓桥、北丽桥、端平桥、长虹桥、西丽桥、国界桥、放生桥、文星桥等几十座，有些已经湮灭，有些经过改建或扩建成现代桥梁，但还沿用古桥名。

第二节　秀洲区民间古桥

秀洲区是一个古桥较多的地区，至 2006 年全区境内尚存古桥 186 座，多数为三孔无栏梁式石板桥。其中新塍镇有 64 座，王江泾镇有 41 座，王店镇有 35 座，油车港镇有 25 座，洪合镇有 9 座，新城街道有 4 座，塘汇街道有 4 座，高照街道有 3 座，嘉北街道有 1 座。

2006 年秀洲区五镇四街道古桥数量及结构情况表

表 9-4-2　　单位：座

区划	数量	结构		备注
		拱桥	板桥	
王江泾镇	41	3	38	长虹桥，2000 年 2 月被列为浙江省重点文物保护单位。闻香桥，2002 年 11 月列为嘉兴市文物保护点。北溪桥，1992 年 8 月列为嘉兴市文物保护点
油车港镇	25		25	鱼池汇桥，1992 年 10 月列为市级文保单位。长生桥，2009 年 3 月列为市级文保单位。麟湖桥，2010 年 3 月列为市级文物保护单位
新塍镇	64	5	59	
洪合镇	9	1	8	国界桥，1981 年 10 月被列为嘉兴市文物保护单位
王店镇	35	1	34	
新城街道	4	1	3	里仁桥，2009 年 9 月列为市级文物保护单位
高照街道	3	1	2	
嘉北街道	1		1	
塘汇街道	4		4	思贤桥，2010 年 3 月列为市级文物保护单位
合计	186	12	174	

全区五镇四街道主要民间古桥简要记述如下。

【新塍镇民间古桥】

仲店木桥

位于新塍镇小金港村北6组与4组交界处，小地名北埭。系3孔梁式平板石桥，南北走向，桥面是由四块天罡石铺成。桥长22.6米，桥宽1.92米。两桥堍踏步台阶各8级，清咸丰六年（1857年）建造。东西两侧桥联分别为："桥来三星参上乘，梁成十月乐升平"；"南跨禾区龙未云，北分江邑虹福齐"。清咸丰同治年间（1851—1874年）《新塍琐志》卷三《津梁》有"仲店木桥"的记载。仲家木桥仍保存完好，一直成为通往盛泽的交通要道。

图 9-4-1　仲店木桥

凤鸣桥

位于新塍镇少年路南端，跨凤鸣港。南北走向，为单孔拱形石桥，长17.60米，宽3米，跨度6.20米。桥上石栏完整，东西桥额上镌有"凤鸣桥"。南北端原有石阶，现已改筑成水泥桥面。桥在能仁寺西，因能仁寺一带地形似凤，旧称"凤山"，该桥位于凤首，故名"凤鸣桥"。此桥始建年代不详。民国《新塍镇志》卷六《津梁》："凤鸣桥在镇南市街，俗名南桥。清雍正九年（1731年）里人州司马江公纯捐资独建。道光间重修。"桥额旁有"道光二十四年八月"字样，可见现桥重修于道光二十四年（1845年）。

图 9-4-2　凤鸣桥

怀丝桥

位于新塍镇南洋村与王江泾镇虹南村的交界处，亦称"外丝桥"、"怀思桥"。系三孔梁式平板石桥，东西走向，桥面四块天罡石铺成，桥长21米，桥宽2米，两桥堍各有踏步台阶8级。南北两侧桥联为："近通古佛达前路，远接新溪渡▫船"；"金波遥映星三照，玉宇平分月半规"。此桥始建年代不详。民国时期《新塍镇志》卷六《津梁》："怀思桥，又八里。"2010年公布为嘉兴市文物保护点。（注：桥联及古碑中"▫"为文字难辨而空下的字，下同）

图 9-4-3　怀丝桥

留耕桥

位于新塍镇南洋村与王江泾镇虹南村的陈家桥交界。单孔梁式平板石桥，南北走向，跨曹家簖港，桥面为四块天罡石铺成，桥长17米，桥宽2.2米，两桥堍各有踏步台阶11级。民国12年（1923年）《新塍琐志》卷六《桥梁》有"留耕桥"的记载。桥额旁有"光绪二十一施有堂……"字样，说明现桥建于清光绪二十一年（1895年）。

图 9-4-4　留耕桥

发龙桥

位于新塍镇南洋村，系三孔梁式平板桥，南北走向。桥面由四块天罡石铺成，两块宽，两块窄。桥长19米，桥面宽1.45米。两桥堍各有踏步台阶8级。东西两侧桥联分别为："各传靳石千年绩，利涉沾仁万古心""登圯此处香南北，击楫中流共往来"。桥东百米处已建有公路桥，现桥少有行人。

图 9-4-5 发龙桥

吉庆桥

又名张家桥，位于新塍镇来龙桥村，系三孔梁式无栏平板桥，南北走向，桥面为三块条石铺成。西桥额上镌有“吉庆桥”字样，桥长 16.5 米，桥面宽 1.25 米，两桥堍各有踏步台阶 6 级。此桥建造年代不祥。清咸丰、同治年间《新塍琐志》卷三《津梁》有“张家桥”的记载。

图 9-4-6 吉庆桥

计长桥

又名“计家桥”，位于新塍镇小金港村北，与江苏省吴江市盛泽镇交界处，系五孔梁式平板桥。桥面为三块天罡石铺成。桥已断两孔，两桥堍已被撬去踏步台阶。

图 9-4-7 计长桥

康和桥

位于新塍镇康和桥村，系五孔梁式平板石桥，南北走向。桥面为三块天罡石铺成。桥长 25.5 米，桥面宽 1.6 米，两桥堍各有踏步台阶 6 级。未见桥联，但桥的中跨桥墩内侧镌字甚多，介绍助资者姓氏及金额。桥额旁镌有“大清宣统”字样，说明现桥重建于清宣统年间(1909—1911 年)。现桥西侧百米处已新建公路桥，桥尚在使用。2009 年公布为嘉兴市文物保护点。

图 9-4-8 康和桥

倪家桥

位于新塍镇桃园村，系三孔梁式无栏平板桥，南北走向，桥面为两块宽条石和一块窄条石铺成，桥长 20.5 米，桥面宽 1.4 米，两桥堍全是乱石块铺成斜坡。清咸丰同治年间(1851—1874 年)《新塍琐志》卷三《津梁》有“南、北倪家桥”的记载。此为北倪家桥，距今约 100 多年历史。

图 9-4-9 倪家桥

年安桥

位于新塍镇桃园村，系三孔梁式有栏石桥，南北走向。桥面为三块天罡石铺成，桥长 21.7 米，宽 1.75 米。两桥堍各有踏步台阶 10 级。民国 14 年(1925 年)，里人同建。东西两侧楹联分别为：“东去一湾通舜水，南来十里是新溪”；“桥以时成农工不害，民无病涉王政维修”。桥西 1.5 米处已新建有水泥桥。

图 9-4-10　年安桥

凤仪桥

又名张墩环桥，位于新塍镇康和村，小地名张墩环桥头。单孔拱桥，桥长 13.2 米，桥宽 2.5 米，两边有栏杆。桥孔跨度 5.6 米，两桥堍各有踏步台阶 12 级。两边楹联为："晓日浴红春水上，遥山横碧尽桥西"；"千顷桑麻歌大有，万家烟井颂升平"。桥额旁镌有"嘉庆十九年"字样，说明现桥建于清嘉庆十九年(1814 年)。

图 9-4-11　凤仪桥

周公石桥

俗称"北亭子桥"，位于新塍镇洛东村圣阳殿，单孔有栏拱桥，东西走向，桥长 23 米，桥宽 2.6 米，跨度 7.5 米，两桥堍各有踏步台阶 25 级。桥两边各有 2 尊石狮对面相望，另外各有两对上圆下方的望柱，十分美观。南北两边桥联为："上地川回通下地，北亭桥古对南亭"；"千年虹影横新水，数里波光接澜溪"。桥南侧百余米处已建有公路桥。

民国《新塍镇志》卷六《津梁》："周公石桥，雍正二年(1724 年)重建，乾隆三十九年(1774 年)重修，民国 3 年(1914 年)重建。"

图 9-4-12　周公石桥

日晖桥

位于新塍小学内，跨青龙港，北通体育场。为单孔平桥，长 21.2 米，宽 3.4 米，跨度 9.9 米。1951 年，为沟通当时初师校内南北交通，利用旧日晖桥和草庵前、陡门塘牌楼石块新建未命名。原日晖桥系清嘉庆年间(1796—1820 年)建造。

图 9-4-13　日晖桥

乌龙桥

位于新塍务场弄底，跨乌龙港，桥因港而得名，系石阶平桥，南北端分别有石阶 8 级和 7 级。桥长 9.3 米，宽 1.1 米，跨度 3.6 米，现乌龙港被填平，已属旱桥。清嘉庆元年(1796 年)里人重建。

图 9-4-14　乌龙桥

万寿桥

位于新塍镇独脚圩弄东端，跨乌龙港。系三孔石阶有栏平桥，南北桥额上镌有“万寿桥”。桥长17.5米，顶宽1.4米，三跨总长10.8米。港已填平，已属旱桥。该桥在清咸丰同治年间(1851—1874年)《新塍琐志》已有记载。

图9-4-15 万寿桥

问松桥

俗称“思皇桥”。在新塍镇中北栅市河上，为单孔拱形石阶桥，东西走向。长22.3米，宽3米。古传梁敬帝年间(555—557年)，南军杀伐至此，问松树云：“前不可去耶？”松为点头，桥亦随断，军不得渡而去。桥因问路于松树而得名。清道光二十二年(1842年)重建。1991年冬，动工重铺桥面和石阶，增补两侧栏石，改建东堍涵洞，跨径3.30米，拱高1.70米。1992年春竣工。同治《新塍琐志》有记载。2002年11月，被列为嘉兴市文物保护点

图9-4-16 问松桥

观音桥

位于谢洞桥西首，跨新塍市河，又名天竺桥、解放桥。南北走向。为三孔梁式石阶有栏平桥，长29.2米，宽2.8米，跨度15.2米。因桥上原有水莲庵，供奉观音大士而得名。现东侧桥额有两处镌刻，上为“解放桥”，下为“重建天竺桥”，另桥落坡处一石板上刻有“重建定中桥”“里人公建”等字。此桥为清代建筑。2002年公布为嘉兴市文物保护点。

图9-4-17 观音桥

青龙桥

位于横埭西端，跨青龙港。该桥原在今址南，为东西走向石阶小桥。1965年，开直乌龙港与青龙港，填平横埭至西小桥一段河道。将此桥北移调向重建为石板平桥，长14.2米，宽2.5米。仍称原名。桥因港而得名。

图9-4-18 青龙桥

福德桥

俗称“东新桥”，位于新塍镇桃园村，系三孔梁式石阶有栏平板桥，南北走向，桥面为三块天罡石铺成。桥长为21.7米，桥宽1.95米，两桥堍各有踏步台阶12级。东西两侧桥联为：“渡尽众生福禄广结，流传千载德量深沉”；“一蒿春日虹腰涨，千亩秋风雁齿高”。桥额旁镌有“民国”等字样，可见现桥重建于民国时期。

图9-4-19 福德桥

万兴桥

又名“沈家桥”，位于新塍镇天福村，系三孔梁式平板石桥，南北走向，桥面为两边宽中间狭的三块条石铺成。桥长为18.2米，桥宽1米。两桥堍各有踏步台阶7级。桥额旁镌有“宣统三年”字样，说明现桥重建于清宣统三年(1911年)。

图 9-4-20　万兴桥

升阶桥

位于新塍镇天福村，跨鸭港河，系三孔梁式平板石桥，南北走向，桥面为两块天罡石铺成。东西桥额上镌有“鼎建升阶桥”。桥长17.2米，宽0.85米。两桥堍各有踏步台阶6级。桥额旁镌有“道光”等字样，可见现桥建于清道光年间(1821—1850年)。

图 9-4-21　升阶桥

本山桥

位于新塍镇西吴村，跨本山桥港，系三孔梁式平板石桥，东西走向，桥面为两块天罡石铺成。桥柱成梯形。桥长18.2米，宽0.9米，两桥堍各有踏步台阶6级，西端桥台没入路面。

图 9-4-22　本山桥

永丰桥

位于新塍镇小金港村北，小地名新浜里。系三孔梁式平板石桥，南北走向。桥面为两块条石铺成。东西桥额上镌有“永丰桥”。桥长12.5米，桥面宽0.8米。两桥堍各有石阶6级。桥额旁镌有“道光五年仁父大郭”和“重建永丰四方太平”字样，说明现桥重建于清道光五年(1825年)。

图 9-4-23　永丰桥

马鞍桥

又名亭子桥，系3孔梁式平板石桥。座落于新塍镇天福村10组~20组的交界处，东西走向，长18米，宽1.45米，两堍台阶各6级，跨度14米。约建于清朝末期。两边桥联为：“当年雁齿分排法式灵面咸济，此日马鞍重建一时四境庆安澜”“便南北舟楫往来此去四通八达，仗上下神祇呵旧群欣物阜年丰”。桥面两侧增添铁护栏。

图 9-4-25 马鞍桥

大虹桥

位于新塍镇旗星三家村，系三孔梁式平板石桥，桥面三块天罡石，桥长19.2米，宽1.20米，东西走向，两边桥堍各有台阶8级。建于约唐天宝年间，有1000多年历史，现已有一孔断掉大虹桥，两桥堍已毁损。

图 9-4-26 大虹桥

风家桥

位于新塍镇旗星村，系三孔平板梁式石桥，桥面三块天罡石，长21米，宽16米，两边石阶各有9级。东西桥额上镌有"重建风家桥"，南北走向。清光绪二年(1876年)重建。

图 9-4-27 风家桥

喜阶桥

位于新塍镇洛东桥村，系三孔梁式平板石桥，桥面三块天罡石，桥长25米，宽1.7米，两边石阶各7级。东西走向，南北两侧桥联为："共仰福禄歌有庆，咸思善建乐维新"；"东亩西畴群利涉，南樯北楫自安流"。桥额旁镌有"道光三年仲春"字样，说明桥建于清道光三年(1823年)。2010年公布为嘉兴市文物保护点。

图 9-4-28 喜阶桥

虹济桥

又名潘将桥，位于新塍镇洛东村，系三孔梁式平板石桥。桥面为三块天罡石。南北走向，东西桥额上镌有"虹济桥"。桥长18米，宽1.6米，桥两堍各有石阶5级。东西两侧桥联为："小亩云深萦北谷，周公名重振西荒"；"壤沃绣州圩八百，源澄天目水三千"。桥额旁镌有"道光四年仲春"字样，说明现桥建于清道光四年(1824年)。

图 9-4-29 虹济桥

思家桥

位于新塍镇西文桥村，系三孔梁式平板石桥，桥面为两块条石，南北走向，北桥堍已破损，桥长18米、宽1.5米、跨度为15米。两桥堍各有台阶7级。

图 9-4-30　思家桥

众安桥

俗称张环桥，位于新塍镇西文桥村，东西走向，系三孔梁式平板石桥。桥长约21米，宽1.4米，桥面为三块天罡石，两桥堍已破损。南北桥额上镌有“重建众安桥”。南北两侧桥联为：“远接吴江通笠泽，近联秀水入鸳湖”；“梁跨东西横绣陌，水连南北绕清溪”。桥额旁镌有“道光二十八年”字样，说明现桥重建于清道光二十八年（1848年）。

图 9-4-31　众安桥

米仓桥

位于新塍镇沙家浜村，系三孔梁式平板石桥，桥面为三块天罡石铺成，东西走向。南北桥额上镌有“米仓桥”，桥长16米，宽1.35米，桥两堍各有8级台阶。清道光二十三年（1843年）桃月重建。

图 9-4-32　米仓桥

陆边桥

位于新塍镇沙家浜村，南北走向，系三孔梁式平板石桥，民国20年（1931年）建，桥面为三块天罡石，东西桥额上镌有“陆边桥”，桥长18米，宽1.5米，两桥堍各有6级石阶。

图 9-4-33　陆边桥

白云桥

位于新塍镇沙家浜村与南洋村的交界处。系五孔梁式有栏平板石桥，桥面为四块天罡石，东西走向。两边有两对方形望柱和两对圆形望柱。南北桥额上镌有“重建白云桥”，桥长28.3米，宽1.95米。南北桥联为：“□□浮空利涉舟行明镜，桑藤夹岸诞昼人在白云”“溯鸳水于三秋过分烟雨，跨风山之一曲时过风云”。中跨桥墩内侧镌有助资者姓氏及金额。民国《新塍镇志》卷六《津梁》：“白云桥（新塍东）五里，光绪三十三年（1907年）重修。”2010年公布为嘉兴市文物保护点。

图 9-4-34　白云桥

思家桥

位于新塍镇观音桥村，系三孔梁式平板石桥，桥面为三块天罡石，东西桥额上镌有"思家桥"，桥长18.2米，宽1.55米，嘉庆丙辰(1796年)年建，南北走向，两桥堍各有踏步台阶9级。东西侧桥联为："绿波涟漪通鸳湖，明镜澄清照凤山"；"岸隔自容驱犊过，梁高不碍挂帆来"。桥额旁镌有"嘉庆八年""里人重建"字样，说明现桥重建于清嘉庆八年(1803年)。2010年公布为嘉兴市文物保护点。

图9-4-35　思家桥

仲昌桥

位于新塍镇观音桥村与王江泾镇虹南村的交界处，为五孔梁式平板石桥，桥面三块天罡石，东西走向，南北桥额上镌有"重建仲昌桥"。桥长27米，宽1.47米，两边各有石阶9级。道光元年里人公建。南北两侧有桥联分别为："履纳双凫夜凉欣受教，车容驰马客过记留题"；"余黍延年连歌多稼，采麻征众乐伫祝太平"。现桥重建于清道光元年(1821年)。2010年公布为嘉兴市文物保护点。

图9-4-36　仲昌桥

多稼桥

位于新塍镇观音桥村，为三孔梁式平板石桥，桥面四块天罡石，东南走向。南北桥额上镌有"多稼桥"。桥长17.2米，宽1.9米。两头桥堍各有台阶8级。南北两侧桥联分别为："波浓似酒芳春醉，人满如鱼吉梦符""盈畴秀色分雲液，丰壤欢庆入棹歌"。2010年公布为嘉兴市文物保护点。

图9-4-37　多稼桥

凤凰桥

位于新塍镇观音桥村与南洋村交界处，为三孔梁式平板石桥，桥面四块条石铺成，两头桥堍各有7级台座落于观音桥村24组。桥长19.6米，宽1.85米，跨度15米，东西走向。南北两侧桥联分别为："南溯鸳湖杨柳风斜燕尾，北通雁荡菱荷香引鸭口""三蒿水抱虹腰未通池口，一路云行鳌背可媲莹堪"。现桥建于清嘉庆二年(1797年)。

图9-4-38　凤凰桥

麒麟桥

位于新塍镇观音桥村，为三孔梁式平板石桥，桥面为三块天罡石。东西横跨寺桥港，南北桥额上镌有"麒麟桥"，两桥堍各有6级台阶，桥长17米，宽1.35米。清咸丰同治年间(1851—1874年)《新塍琐志》卷三《津梁》载："凤凰桥，在镇东南六里。麒麟桥，在凤凰桥南。"

图 9-4-39　麒麟桥

吕仙桥

位于新塍镇观音桥村，为三孔梁式平板石桥，桥面为两块天罡铺成。桥面条石略成拱形，面宽底窄，桥长 16.3 米，桥面宽 1 米，桥面底宽 0.9 米，东西走向。现桥北侧数十米处已建有水泥桥。

图 9-4-40　吕仙桥

南云桥

位于新塍镇观音桥村与新城街道九里村交界处，为三孔梁式平板石桥。桥面为三块天罡石铺成，南北走向。两桥堍各有 8 级台阶，桥长 21 米，宽 1.3 米。东西两侧桥联为："两岸人家居秀邑，一溪龙脉接新塍""南陌春游来白马，西畴秋熟看黄云"。现桥两侧已添置铁护栏。桥额旁镌有"光绪十四年""里人同建"字样。可见现桥重建于清光绪十四年(1888 年)。

图 9-4-41　南云桥

卜家桥

位于新塍镇观音桥村与新城街道九里村交界处。为三孔梁式平板石桥，桥面为三块天罡石，南北走向。东西桥额上镌有"卜家桥"。桥长 19 米，桥宽 1.4 米。两桥堍各有 6 级台阶，现用水泥板铺盖，并在桥面上添置铁护栏。桥额旁镌有"光绪八年""里人重建"字样，说明现桥重建于清光绪八年(1882 年)。

图 9-4-42　卜家桥

马桥

俗称"老马桥"，位于新塍镇观音桥村，小地名马桥头，单孔拱桥，南北走向。桥长 18 米，宽 2 米，跨度 6.5 米。两桥堍各有踏步台阶 15 级。桥当中用 12 块横小条石铺成。

图 9-4-43　马桥

万寿桥

位于新塍镇洛西村，小地名红墩浜，为单孔石拱桥，南北走向。东西桥额上镌有"万寿桥"。桥长 15 米，宽 2 米，跨度 4 米，两桥堍各有台阶 14 级。桥额旁镌有"宣统二年""里人同建"字样，说明现桥建于清宣统二年(1910 年)。

图 9-4-44　万寿桥

毛桥

位于新塍镇洛东村与洛西村交界处。单孔拱桥，东西走向。桥长 17 米，宽 1.8 米，跨度 7 米，两桥堍各有台阶 16 级。南北桥额上镌有“重建毛桥”。南北两侧桥联分别为：“神昭明德通天载，人掌丝伦集凤池”“一泓水绕源天目，十里塘回接澜溪”。桥额旁镌有“民国十三年”“里人同建”字样，说明现桥重建于民国 13 年(1924 年)。

图 9-4-45　毛桥

复兴桥

位于新塍镇洛兴村，为三孔梁式平板石桥，跨南阳港，南北走向，桥面为三块天罡石。东西桥额上镌有“复兴桥”。桥长 22 米，宽 1.5 米。桥下一桥柱石已断损。两桥堍各长 4.4 米，踏步台阶各有 12 级，现用水泥板铺成坡面，方便车辆行驶。桥额旁镌有“民国三十一年”“四月旦立”字样，说明现桥建于民国 31 年(1942 年)。此桥不见地方志。

图 9-4-46　复兴桥

慧智桥

位于新塍镇洛兴村，为三孔梁式平板石桥，东西走向，跨慧智港。桥面为三块天罡石铺成。南北桥额上镌有“重建慧智桥”，桥长 17.5 米，宽 1.45 米。两桥堍各有踏步台阶 12 级，一桥柱已断损一块。南北两侧桥联分别为：“梁成利薄云泉口，柱砥文波黄字圩”；“青镇澜溪来涌盛，白龙新水接桥长”。

图 9-4-47　慧智桥

永昌桥

俗称“东石桥”，位于新塍镇洛兴村，小地名东石桥东村。为三孔梁式平板石桥，南北走向，桥面为两块弓形天罡石铺成。东西桥额上镌有“永昌桥”，桥长 16 米，桥宽 1 米。两桥堍原有石阶，现已建成水泥坡面。

图 9-4-48　永昌桥

文登桥

位于新塍镇庙云桥村，系三孔梁式平板石桥，跨文登桥港，东西走向，桥长 20 米、宽 1.9 米，桥面为三块天罡石铺成，桥两边有护栏，并有两对小石狮和两对望柱。南北桥额上镌有“重建文登桥”。两桥堍原有石阶 8 级，现用水泥板铺成坡面。清咸丰同治年间（1851—1874 年）《新塍琐志》卷三《津梁》有“文登桥”记载。桥额旁镌有“民国拾捌年”字样，说明现桥重建于民国 18 年（1929 年）。

图 9-4-49　文登桥

乌桥

位于新塍镇新庄村，为三孔梁式平板石桥，跨乌桥港，南北走向。桥面为三块天罡石铺成，东西桥额上镌有“重建乌桥”。桥长 22 米、宽 1.45 米，两桥堍各有踏步台阶 7 级。现桥柱已断，用铁箍箍着。两边桥联为：东联“梁成学固千年秋，杯就还昌万古口”；西联无法辨认。桥额旁镌有“嘉庆二年”字样，说明现桥重建于清嘉庆二年（1797 年）。

图 9-4-50　乌桥

兴隆桥

俗称“芦花石桥”，位于新塍镇新庄村，小地名范家苑，系三孔梁式平板石桥，跨南港，南北走向。东西桥额上镌有“兴隆桥”。桥面二块天罡石铺成，桥长 16 米、宽 0.95 米，两桥堍各有踏步 7 级。桥额旁镌有“嘉庆”字样，说明现桥建于清嘉庆年间（1796—1820 年）。

图 9-4-51　兴隆桥

新桥

位于新塍镇新庄村，小地名分乡港。系三孔梁式平板石桥，东西走向，桥面三块天罡石铺成，桥长 17.6 米，桥宽 1.35 米，两桥堍不见原有石阶。西跨北侧桥面石已改用水泥板。

图 9-4-52 新桥

北石桥

位于新塍镇新庄村，系三孔梁式平板石桥，桥面为两块天罡石铺成。中间一孔，桥面呈弓形向上凸出。桥长 17.5 米、宽 0.9 米，两桥堍各有踏步台阶 7 级。

图 9-4-53 北石桥

翁家桥

俗称“汪家桥”，位于新塍镇小金港村与南洋村交界处。南北走向，系五孔梁式平板石桥。东西桥额上镌有“重建翁家桥”，南北端分别有石阶 4 级和 6 级。桥长 21 米，桥面宽 2 米。清咸丰同治年间（1851—1874 年）《新塍琐志》卷三《津梁》有连续的“三条桥”“汪家桥”“褚家桥”的记载，这同一条河上的三座桥梁，其中“三条桥”“褚家桥”已建新桥而拆除，而“汪家桥”即是“翁家桥”现还在。由此可知翁家桥重建于清同治年间（1862—1874 年），距今至少 130 年的历史。2009 年公布为嘉兴市文物保护点。

图 9-4-54 翁家桥

思古桥

位于新塍镇西北 6.5 公里，古称狮吼桥，又名师古桥、万寿桥。桥身横跨于苏浙两省交界的澜溪塘上，东至新塍，西至严墓（江苏吴江市），南至乌镇（桐乡市），北至平望（江苏吴江市），桥下产银鱼味甚美。此桥几经兴废，至清光绪三十二年（1906 年）里人徐瑞堂等募资重建，光绪三十四年动工，到民国 6 年（1917 年）竣工通行，前后长达 12 年。桥型仿照王江泾长虹桥，为三孔石级桥，中孔约 10 米，两侧各 4 米，东西两端共 98 石级 桥面左右两侧有 20 个石柱和 24 条石栏，桥顶左右分列 4 只花岗岩狮子，东堍左侧为万寿庵。第二座思古桥于 1975 年动工翻建，桥身为钢筋水泥结构，全长 80 米 16 孔，桥面宽 6 米，由浙江省交通局承建，1977 年 12 月竣工通行。

图 9-4-55 思古桥

【王店镇民间古桥】

顾步桥

亦称顾婆桥，位于王店镇庄安村胡子浜自然村与余新镇余西村胡家浜自然村交界处。东西走向，跨胡家浜，系三孔无栏梁式石板桥。东西侧分别有石阶4级和3级，南北桥首镌额处用水泥涂抹，字迹不清。桥长15.6米，桥底宽1.35米，桥顶宽0.87米，桥孔跨10.6米，中孔高2.95米。系独面石桥，桥底呈平面，桥面呈圆弧型，东侧桥墩已有数块桥石掉落。无桥联，始建、重建年代均不详，从桥的形式与石质分析，此桥的建造年代应较早。

图 9-4-56　顾步桥

牛桥

位于王店镇建林村牛桥头自然村。南北走向，跨牛桥港，系三孔无栏梁式石板桥。南北两侧已有坡无石阶。东西桥首镌有“重建牛桥”额。桥长20.5米，桥宽1.65米，桥孔跨11.5米，中孔高3米。东西侧不见桥联。南桥柱内侧有长条形框，内刻文字已不能辨认。明崇祯《嘉兴县志》卷三《桥梁》在“长水都”下有“牛桥”记载。始建年代不详。桥额旁镌有“民国十年”字样，可认定该桥重建于民国10年(1921年)。

图 9-4-57　牛桥

贯泾桥

位于王店镇马桥村贯泾桥自然村(原属蚂桥乡)，跨贯泾桥港，南北向，系三孔无栏梁式石板桥。现桥面新筑铁护栏，南北两侧分别有石阶5级和4级。东西桥首镌有“贯泾桥”额。桥长18.95米，桥底宽2米，桥顶宽1.6米，桥孔跨14.45米，中孔高2.95米。此桥始建年代不详，亦不见于地方志。桥额旁镌有“光绪十二年”字样，说明现桥重建于清光绪十二年(1886年)。

图 9-4-58　贯泾桥

青龙桥

位于王店镇马桥村青龙桥自然村(原属蚂桥乡)。南北走向，跨青龙桥港。系三孔无栏梁式石板桥。桥面上新筑铁护栏。南北两侧分别有石阶9级和6级，东西桥首镌有“重建青龙桥”额。桥长19.65米，桥底宽1.6米，桥顶宽1.1米，桥孔跨12.5米，中孔高3.1米。东西侧不见桥联。此桥不见于地方志，始建、重建年代均不详。

图 9-4-59　青龙桥

大悲桥

位于王店镇大树村(原蚂桥乡一联村)。南北走向，横跨于大桥村的大桥港上，为三孔无栏砖木桥，桥梁由圆木构成，目测有7至8根，与木梁垂直并排铺设木板，在木板上又铺设方砖，方砖之上的桥面为竖铺的青砖。东面的圆木桥梁上刻有桥额“重建大悲桥”字样。桥长17.65米，宽2.10米，桥面三层砖厚0.20米。南桥坡、桥面已全部坍塌，北桥坡的圆木梁也有损毁，部分坍塌至河里。南桥柱与帽梁石接口处有残缺，北桥柱石用铁条固定了损坏部分。北桥堍下生长起了树木。从侧面看，桥面上的木板、方砖、青砖也有不同程度的毁坏。此桥的构造、用材在嘉兴比较罕见，具有较高的建筑、艺术、科学研究价值。此桥不见于地方志，建造年代不详。

图 9-4-60 大悲桥

银凤桥

位于王店镇建设村王家汇自然村（原属建设乡）。东西走向，跨下亭港，系单孔无栏石板桥。东西侧分别有石阶 4 级和 5 级，南北桥首镌有“重建银凤桥”额。桥长 8.45 米，桥底宽 1.4 米，桥顶宽 1.1 米，桥孔跨 4.4 米，桥孔高 2.2 米。桥额旁镌有“民国十七年”“里人仝建”字样，说明此桥重建于民国 17 年（1928 年）。

图 9-4-61 银凤桥

卜家环桥

位于王店镇三建村登棚老自然村（原属建设乡建丰村），跨环桥港，东西走向，系单孔无栏石拱桥。东西两侧分别有石阶 11 级。桥长 11.85 米，宽 2.3 米。桥身青藤缠绕，无法看到桥额和桥联。此桥始建于何年不详。明崇祯《嘉兴县志》卷三《桥梁》“嘉会都”中已有“卜家桥”记载。嘉庆《嘉兴县志》卷四《桥梁》、民国《梅里备志》卷一《桥梁》亦均有“卜家桥”或“卜家环桥，在里西十里”记载。此处原是王店镇去建设、海宁的主要通道之一。

图 9-4-62 卜家环桥

打铁桥

位于王店镇三建村张家兜自然村（原属建设乡新云村）。南北走向，跨打铁桥港，系三孔无栏梁式石板桥。南侧石阶没入路面，北侧有石阶 4 级。东西桥首镌有“打铁桥”额。桥长 14.55 米，桥底宽 1.3 米，桥顶宽 1.1 米，桥孔跨 10.35 米，中孔高 2.2 米。东西侧有桥联，水深未录。此桥不见于地方志。桥额旁镌有“光绪乙亥年”字样，说明建于清光绪元年（1875 年）。

图 9-4-63 打铁桥

大石桥

亦名“大泽桥”，位于王店镇南星桥村大石桥自然村（原属建设乡西马浜村）与桐乡屠甸镇蒋家桥村交界处。南北走向，跨大石桥港，系三孔无栏梁式石板桥。因北边河道拓宽 5 米左右，此桥桥墩已处于河中心，南北不可通行。桥长约 15 米左右，桥宽 1.1 米左右，桥孔跨 11 米左右，中孔高 2.2 米。北侧尚可见到石阶 3 级。明崇祯《嘉兴县志》卷三《桥梁》在“嘉会都”下有“大石桥”记载。始建、重建年代均不详。

图 9-4-64　大石桥

安德桥

亦称“严家桥”，位于王店镇国庆村严家头自然村（原属蚂桥乡）。南北向，跨严家桥港，系三孔无栏梁式石板桥。桥面上新筑铁护栏。南北两侧石阶均不见，南面一孔用水泥板修铺。北面二孔仍是长石桥面，东西桥首镌有“重建安德桥”额。桥长 16.8 米，桥底宽 1.95 米，桥顶宽 1.6 米，桥孔跨 13.6 米，中孔高 3 米。东西侧不见桥联。南跨桥面板已损坏，用两块水泥板铺面。此桥不见于地方志，始建、重建年代均不详。

图 9-4-65　安德桥

盛安桥

位于王店镇国庆村王家头自然村（原属蚂桥乡）。南北走向，跨王家头港。系三孔无栏梁式石板桥。南北两侧已不见石阶，东西桥首上镌有“盛安桥”额。桥长 11.3 米，宽 1.35 米，桥孔跨 10.8 米，中孔高 2.65 米。东西侧不见桥联。此桥不见于地方志，始建年代不详，桥额旁镌有“嘉庆八年”字样，说明现桥建于清嘉庆八年(1803 年)。

图 9-4-66　盛安桥

蒋婆桥

位于王店镇南梅村蒋婆桥自然村。南北向，跨蒋婆桥港，系三孔无栏梁式石板桥。南北两侧分别有石阶 3 级和 4 级，主孔桥面石被船撞毁，改用独面水泥板。桥额已不见。原桥首有“蒋婆桥”三字。桥长 16.95 米，底宽 1.5 米，顶宽 1.25 米，桥孔跨 11.55 米，中孔高 3 米。东西侧不见桥联。始建年代不详。明崇祯《嘉兴县志》卷三《桥梁》在“大彭都”下有“蒋婆桥”记载。清光绪《梅里志》卷二《桥梁》：“蒋婆桥在里东三里，光绪二年(1876 年)桐乡陈允中、里人李咸勋等倡募重建。”民国《梅里备志》卷一《桥梁》亦有“蒋婆桥在里东三里，宣统三年(1911 年)绍兴许国泰独力重建”。

图 9-4-67　蒋婆桥

青石桥

亦称“大清溪桥”，位于王店镇宝华村青石桥自然村，东西向，跨青石桥港。系单孔无栏石板桥。西侧有石阶2级，东侧石阶已不见，南北桥首有“大清溪桥”额。桥长8.4米，桥底宽1.5米，桥顶宽1.15米，桥孔跨4米，桥孔高2.65米。此桥不见于地方志，始建、重建年代均不详。

图 9-4-68 青石桥

兴隆桥

位于王店镇建农村兴隆桥自然村。东西向，跨兴隆桥港，系三孔无栏梁式石板桥。东西两侧有坡无石阶。南北桥首镌有“重建兴隆桥”额。桥长13.4米，桥底宽1.6米，桥顶原宽1.1米，后用水泥条加宽至1.55米，桥孔跨8.5米，中孔高2.4米。南北侧不见桥联，东西端不见石阶，现为水泥斜坡，并在桥面上添置了水泥护栏。此桥不见于地方志，始建于何年不详，桥额旁镌有“康熙”二字，说明现桥重建于清康熙年间(1662—1722年)。

图 9-4-69 兴隆桥

扬旗桥

位于王店镇太平桥村（原属蚂桥乡九联村）。东西走向，跨扬旗桥港，系三孔梁式无栏石桥。南北桥额上镌有“扬旗桥”。桥长17.20米，宽1.50米，三跨总长12.80米，中跨3.10米。无桥联，东西两端不见石阶，东桥墩已用红砖、水泥加固，东端桥面板已改用水泥板。2005年7月已在桥南5米处新建水泥桥，现桥已不通行。此桥建造年代不详，相传吴越交战时吴军得胜，路经此桥，扬旗而过，故称“扬旗桥”。

吴家桥

位于王店镇镇西村。南北走向，跨吴家桥港，系三孔梁式无栏石板桥。东西桥额上镌有“重建吴家桥”。桥长16.95米，宽1.60米，三跨总长13.30米，中跨净空2.70米。两侧桥联因年久风化，字迹难以辨认。石阶已用水泥铺平。在桥西半米处已建有水泥桥。桥北用砖墙封堵，墙北立有木碑，对石桥作了简介，并称此桥为该村保护的古典建筑。此桥始建年代不详。桥额旁镌有“嘉庆十五年”字样，可见现桥重建于清嘉庆十五年(1810年)。

金家桥

位于王店镇宝安村。南北走向，跨金家桥港，系三孔梁式无栏石板桥。东西桥额上镌有“重建金家桥”。桥面板东侧镌有“永团圆，福禄现”字样；南桥板西侧镌有“百子图”字样，北桥板西侧所镌字已看不清。桥南北端分别有石阶1级和4级。桥长14.30米，底宽1.40米，顶宽1.15米，三跨总长9.90米，中跨净空2.15米。西侧北桥面石已更换为水泥板。此桥始建年代不详。清光绪《梅里志》卷二《桥梁》：“金家桥，在里北二里许。同治八年里人金诚明倡募重建。”桥额旁镌有“同治八年九月吉旦”字样，可见现桥重建于清同治八年(1869年)。

助兴桥

俗称“唐家桥”。位于王店镇镇西村与建农村的交界处。南北走向，跨唐家桥港，系三孔梁式无栏石板桥。东西桥额上镌有“重建助兴桥”，南北端均有石阶3级。桥长13.75米，顶宽1.05米，底宽1.20米，中跨净空2.90米，三跨总长9.95米。南侧桥面板已改成水泥板，南桥台亦有数块桥石坍落。此桥始建年代不详。桥额旁镌有“民国四年”字样，可见现桥重建于民国4年(1915年)。

独龙桥

位于王店镇蚕种场内。东西走向，跨雅吉港，系单孔无栏石板桥。桥面由独石构成，石呈紫色，面呈圆弧形。东西端分别有石阶6级和5级。桥长9.80米，顶宽0.90米，底宽1.90米，桥孔跨度4.90米，净空2.50米。桥面石风化较严重。现桥面西端筑有水泥门框，装有木门，平时上锁，不可通行。清光绪三年(1877年)《梅里志》卷二《桥梁》：“独龙桥在市南蒋家湾积善庵前。”说明至少清光绪三年前已有此桥。

倪家桥

位于王店镇庆丰村与建农村的交际花界处。东西走向，跨倪家桥港，系三孔梁式无栏石板桥。南北桥额上镌有“重建倪家桥”。桥长21.80米，顶宽1.60米，底宽1.80米，中跨净空2.90米，三跨总长11.60米。东西端不见石阶，已为水泥斜坡。此桥始建年代不详。明崇祯《嘉兴县志》卷三《桥梁》在“长水都”下有“倪家桥”的记载。桥额旁镌有“民国廿三年”字样，说明现桥重建于民国23年（1934年）。

主安桥

俗语称“施安桥”。位于王店镇国庆村。南北走向，跨施安桥港，系三孔梁式无栏石板桥。东西桥额上镌有“重建主安桥”。桥长11.60米，宽1.55米，中跨净空2.55米，三跨总长11.10米。现桥面上设有铁栏杆。桥两头不见石阶。桥西1.5米处已新建水泥桥，现桥已不通行。此桥始建年代不详。桥额旁镌有“乾隆”字样，说明现桥重建于清乾隆年间（1736—1795年）。

王家桥

位于王店镇建南村。东西走向，跨王家桥港，系三孔梁式无栏石板桥。南北桥额上镌有“重建王家桥”。桥长18.20米，顶宽1.65米，底宽1.80米，中跨净空1.90米，三跨总长14.30米。东西两端原分别有石阶3级，现东桥台已坍塌。桥北1米处河道已被切断，建成了水泥路，现桥已不通行人。此桥始建年代不详。桥额旁镌有“光绪八年春吉旦”“里人同助”字样，说明现桥重建于清光绪八年（1882年）。

【洪合镇民间古桥】

洞桥

位于洪合镇凤桥村南约1公里处。南北走向，跨洞桥头浜，为单孔无栏石板桥。桥长9.7米，顶宽1.2米，底宽1.6米；桥孔跨度3.5米，净空1.8米。桥下河道已切断，成为旱桥。

图9-4-70 洞桥

国界桥

位于洪合镇洪合村，南北横跨九里港，是一座三孔无栏梁式石板桥，长18.6米，宽1.59米，桥面由3块长条石并列组成，单板最大跨度5.68米，桥底距水面高度3.1米。东西桥额上镌有“国界桥”，南北两端分别有石阶6级和5级。两侧刻有清代文人所作的两幅对联：东联“星映斗牛临鹊驾，地连吴越判鸿沟”；西联“披莱远溯夫余泽，端委常存泰伯风”。两边桥洞内凿有相对的石像各一尊，高不盈尺，据传北洞内为吴王，南洞内为越王，雕像古拙。相传此地是春秋时吴越两国的分界处。桥北属吴国，桥南属越国。

桥南孔石柱迎水面的条石被撞击断裂，现用3道槽铁夹箍加固，柱顶设雕刻纹饰的帽梁石，上置桥面石梁，石梁外侧雕有精致花纹。桥南为洪合镇洪合村，桥北则为嘉兴机场。原来军民可以通过该桥相互走动，故当地老百姓又称之为军民桥。大约在1967年，出于机场的安全考虑，在桥中间砌了砖墙，不再通行。此桥始建于北宋，明代重建，清嘉庆十六年（1811年）重修。清康熙《嘉兴府志》已载有此桥。1981年10月21日，嘉兴市人民政府公布国界桥为嘉兴市重点文物保护单位。

国界桥桥小名气大，为历代文人所称颂，凭吊怀古，做诗泼墨。

明嘉靖年间（1522—1566年）曾留下这样的诗句：至今常过国界桥，犹见愁云半空起。兵戈相交九里港，吴越军马鲜血流。

清代缪绥武的《踏春词》曰：萧疎两岸荻花齐，荒草凄迷日影西。行过野桥分国界，朔风犹听马酸嘶。

清代姚嘉鳌的《梅溪棹歌》写道：经霜乌柏赤于枫，古战场边一望红。听说春秋分国界，小桥流水画西东。

清代杨学林的《国界桥怀古诗》云：霸功灰烬灭，鼠壁两厢无。属剑禽南越，卧薪沼北吴。春波朝放鸭，秋月夜啼乌。故老传遗话，荒郊指阵图。

图9-4-71 国界桥

合勺桥

位于洪合镇洪合村南1.5公里处，东西走向，跨合勺桥港，为三孔梁式无栏石板桥。南北桥额上镌有“新建合勺桥”。

桥长 12.5 米，宽 1.2 米，三跨总长 11.5 米，中跨净空 2.65 米。东西端石阶已没入路面。桥东南 30 米处已新建水泥桥名为“新合勺桥”。现桥仍可通行。桥额旁镌有“民国丁卯年捌月吉旦”字样，可知现桥建于民国 16 年（1927 年）。

图 9-4-72 合勺桥

升平桥

位于洪合镇良三村灵观庙桥南 300 米处，与濮院仓前街北侧的交界处，沿十景塘，跨濮九娘桥港。南北走向，系单孔有栏石拱桥。原有护栏现仅剩南侧部分石护栏。东西桥额上镌有“重建升平桥”。桥长 16.40 米，宽 2.70 米，桥孔跨径 6.45 米，拱高 2.60 米。桥的南北两端分别有石阶 13 级和 14 级，另有 2 级石阶已用水泥抹平。东西两侧有桥联，西联：“桐水西来联十景，梅泾南望慕双贤”；东联在十景塘中看不清，只见上联：“跻寿敦仁乡称永乐”。此桥始建年代不详。清嘉庆二十五年《濮川所闻记》：“《纪略》云：‘镇之桥六十馀条，所载尚有……升平桥。’”民国 16 年（1927 年）《濮院志》卷十《桥梁》：“升平桥，在十锦塘。道光八年重修。”现桥额旁镌有“民国卅五年吉旦立”字样，可知现桥重建于民国 35 年（1946 年）。

图 9-4-73 升平桥

万兴桥

位于洪合镇新华村。东西走向，为单孔无栏石板桥。北桥额上镌有“万兴桥”。桥长 3.4 米，宽 1.3 米，桥孔跨度 2.6 米，净空 1.4 米。桥的东西两端不见石阶，有坡 1 米。桥南侧已有水泥路面，河道被切断，已成旱桥。桥额旁镌有“光绪三年”字样，可见现桥建于清光绪三年（1877 年）。

泰石桥

位于洪合镇泰石桥村 11 组、即汤家场自然村，距 320 国道南 3.5 公里处。南北走向，跨泰石桥港，系三孔梁式无栏石板桥。东西桥额上镌有“重建泰石桥”，南北端分别有石阶 6 级和 7 级，共有 8 个天磐石并刻有花纹。桥的石柱由 3 块长条石并列竖置而成，柱顶设帽梁石，上面刻有云雷等纹饰。桥面每孔由 3 块石梁并列铺成，石梁外侧雕刻精致花纹。桥长 17.20 米，顶宽 1.65 米，底宽 1.80 米，三跨总长 11.65 米，中跨净空 3.00 米。东西两侧有桥联分别为：“击壤兴歌履泰当盛世，鸠工重建架石接平堤”；“西望澄波幽湖通澜溪，东传渔唱小艇出长塘”。此桥始建年代不详，但桥额旁镌有“道光乙巳重建，民国三年重修”字样，可见现桥重建于清道光二十五年（1845 年），重修于民国 3 年（1914 年）。现在桥东侧新建了钢筋水泥桥，古桥已不再通行使用，但保存完好。2009 年 1 月，被公布为嘉兴市文物保护点。

图 9-4-74 泰石桥

永兴桥

位于洪合镇洪合村屠家头。为三孔无栏梁式石板桥，南北走向，桥面有两块石板并铺而成，桥两侧为石壁式桥台，桥全长 14.54 米，桥面中央宽 1.12 米。现为嘉兴市文物保护登录点。

图 9-4-75 永兴桥

长寿桥

位于洪合镇凤桥村。南北走向，跨蔡家浜，系单孔无栏石板桥。东西桥额上镌有“新建长寿桥”。桥长 9.60 米，顶宽 1.15 米，底宽 1.50 米，桥孔跨度 3.10 米，净空 1.80 米。南北端原有石阶 4 级，现已改为水泥板坡面，南桥台有部分坍塌。桥额旁镌有“道光廿四年桂月”字样，可知现桥建于清道光二十四年（1844 年）。

图 9-4-76　长寿桥

登瀛桥

俗称“翟家桥”。位于洪合镇建北村与凤桥村的交界处。南北走向，跨翟家桥港，系三孔梁式无栏石板桥。东西桥额上镌有“登瀛桥”。桥长 13.35 米，顶宽 1.25 米，底宽 1.35 米，三跨总长 7.65 米，中跨净空 2.20 米。南北端石阶已入用水泥板铺平。此桥始建年代不详。明崇祯《嘉兴县志》卷三《桥梁》在“嘉会都”下有“翟家庙桥”的记载。桥额旁镌有“民国十六年”字样，可见现桥建于民国 16 年（1927 年）。

红卫桥

原名“冯家桥”。位于洪合镇建北村。南北走向，跨塘子泾，为三孔梁式无栏石板桥。东西桥额上镌有“红卫桥”（凝为“文革”时期所镌刻）。桥长 16.05 米，顶宽 1.50 米，底宽 1.60 米，三跨总长 10.45 米，中跨净空 2.95 米。东西两侧有桥联。东联“嘉种连阡兆豫亨，逢年比户皆丰乐”；西联因树草遮挡而不详。南北端石阶已用水泥铺成坡面。桥额旁镌有“咸丰”字样，可见现桥建于清咸丰年间（1851—1861 年）。

【王江泾镇民间古桥】

长虹桥

位于王江泾镇一里街东南侧，东西向，跨京杭大运河，是运河进入浙江的标志性建筑。系三孔马蹄形驼峰式石拱桥，全桥护栏石凿成靠背式。桥全长 72.8 米，桥顶宽 4.85 米，桥堍宽 6.7 米，中孔净跨 16.2 米，两边孔净跨 9.3 米，拱矢高 10.7 米。拱券采用联锁分节并列砌筑，拱券上方镶嵌石匾桥额，镌有阳文楷书“重建长虹桥”。每孔拱肩上均设有横系石一对，伸出墙面的端部雕有精致纹饰。端部置抱鼓石。桥顶为方形平台，正中雕刻轮回图案，东西两端各有石阶 57 级，采用长石板铺砌。桥东堍原建有一座高大的四柱石牌坊，牌坊上雕有龙凤等图案，1970 年被拆毁。桥西堍现存一宿庵，相传古代有一高僧云游四方，在此住过一夜，又传清乾隆皇帝南巡时曾在此住过一夜而得名。

桥南北两侧中孔拱券旁各设有对联石两条，联石上的楹联无法辨认录得。两边孔旁各设有对联石四条，联石顶置雕刻纹饰的遮雨石，镌有阳文楷书楹联 4 副。南侧边孔主联：“淑气风光架岭遥登彼岸；洞天云汉横梁稳步长堤。”南侧边孔副联：“劝世成善；愿人作福。”北侧边孔主联：“福泽长流物阜民安国泰；慈舟普渡江平海晏河清。”北侧边孔副联：“千秋永庆，万古长龄。”

图 9-4-77　长虹桥

此桥为明万历三十九年至天启元年（1611—1621 年），由嘉兴知府吴国仕始建。清康熙五年（1666 年），嘉兴知府王鐄率里人朱麟世、张应麟等重建。清嘉庆十七年（1812 年），由里人唐秉义、谢丕勲、陈嗣昌等募资再建。清咸丰十年（1860 年），太平天国时期，太平军与清兵在王江泾激战，两侧桥栏石部分损毁。清光绪六年（1880 年），里人唐佩金出资修复。相传，清乾隆皇帝沿运河南下巡视时，此桥曾为进嘉兴的接驾桥。天气晴明时，登桥远眺，北可见吴江盛泽，南可见嘉兴。有诗：“虹影卧澄波，登高供远瞻。南浮越水白，北接吴山绿”之佳句。该桥“气势宏伟，遥遥相望，犹如长虹卧波”，故名长虹桥。

1960 年 6 月，嘉兴县人民政府公布长虹桥为重点文物保护单位；1981 年 10 月，嘉兴市人民政府公布为嘉兴市重文物保护单位；2000 年 2 月，浙江省人民政府公布为浙江省重点文物保护单位。并立碑于桥西端。文曰：“长虹桥始建于明万历年间，清康熙五年（1666 年）重修。嘉庆十七年(1812年)再修。桥全长72.80米,宽4.80米。为浙北平原在软基上修建的最大石拱桥之一。遥遥相望,犹如长虹卧波。”2006年5月,该桥作为京杭大运河的组成部分,被列为全国重点文物保护单位。此桥已载入《中国科学技术史·桥梁卷》。

济阳桥

位于王江泾镇一里街南侧、市河西端,又名“圣塘桥”。南北走向,是一座三孔石板桥。东西桥额上镌有“济阳桥”,南北两端分别有石阶9级和6级。桥长27米,宽3米,最大跨度为16.1米。南桥墩北侧壁刻有“放生官河”等字样。桥面石护栏已残缺不全。此桥建造年代不详。清宣统《闻川志稿》卷二《桥梁》著录此桥,为明代(1368-1644年)期间所建。2002年公布为嘉兴市文物保护点。

图 9-4-78 济阳桥

浔阳桥

位于王江泾镇市河西侧,东湾龙轩,西去陶家浜,东西走向,跨市河。因该桥河西侧桥边上原有一浔庄,故得名浔阳桥。浔阳桥建成于明朝前期,系单孔无栏石拱桥。南北桥额上镌有“浔阳桥”,东西两端各有石阶18级。桥长15.9米,顶宽2.7米,底宽3.2米,拱跨径7.2米。南北两侧均有桥联,但部分被砌入邦岸或没入水中。

清宣统《闻川志稿》卷二《桥梁》:“此桥与济阳桥皆前明陶氏所建,故以陶氏两郡望名之。”宋景和《泛棹集》诗云:“春水桃花浪拍天,浔阳古渡柳含烟。蒲帆幅幅随风卸,桥外新回汉口船。”2002年公布为嘉兴市文物保护点。

图 9-4-79 浔阳桥

世德桥

俗称“后富庄桥”。位于王江泾镇王江泾社区后富庄以北,虹景苑以南。南北走向,跨小桥港,系单孔无栏石板桥。东西桥额上镌有“世德桥”,南北两端分别有石阶8级。桥长9米,宽2米,最大跨度4米。现桥北端已用砖墙封堵,不能通行。清宣统《闻川志稿》卷二《桥梁》:“镇南跨小桥港者有‘世德’。”桥额旁镌有“光绪十七年十一月吉旦”字样,说明现桥建于清光绪十七年(1891年)。当时希望当地人民世世代代都有良好的道德,故将此桥命名为世德桥。

正兴桥

俗称“东石桥”。位于王江泾镇虹南村,与新塍镇观音桥村交界处。东南走向,系三孔梁式平板石桥,南北桥额上镌有“新建正兴桥”,桥长17.5米,宽1.4米。东西两端分别有石阶4级和6级。桥南百米处已新建有水泥桥,亦名“东石桥”。此桥建造年代不详。清咸丰同治年间(1851—1874年)《新塍琐志》卷三《津梁》有“东石桥”的记载。

北溪桥

亦名“众福桥”。位于王江泾镇虹阳东南村魏家扇自然村,坐落在天花荡南至穆溪的入口处。东西走向,原为五孔梁式石板桥。桥长35.1米,坡长6.1米,宽3.1米。总跨长25.6米,主孔跨度10米。桥高3.5米。2004年,中孔坍毁,王江泾镇人民政府重修为水泥梁,并在桥面添加护栏。东西两端各有石阶11级和8级,现已用水泥板铺成坡面,东端加长数十米。

清咸丰同治年间(1851—1874年)《新塍琐志》卷三《津梁》有“北溪桥”的记载。民国12年(1923年)《新塍镇志》卷六《津梁》亦有“北溪桥”的记载,民国29年(1940年)曾重修。1992年8月,嘉兴市文化局立碑公布“北溪桥遗存”,列为嘉兴市文物保护点。

郎嘉桥

位于王江泾镇西雁村(原属双桥乡)。跨西雁荡,东西向,系三孔梁式有栏石板桥。桥面有护栏,狮子望柱4根齐全。东西两侧分别有石阶9级,南北桥首镌有“郎嘉桥”额。桥长24.1米,底宽2.4米,顶宽2.3米,桥孔总跨16.2米,中孔高2米。南北侧均有桥联。因桥北河道截断,此桥似已成旱桥。北侧桥柱被泥土埋填,上下联分别仅能见到“架柱堪追”、“题梁那有”字样。南侧桥联未录得。

此桥始建年代不详。清宣统《闻川志稿》卷二《桥梁》有“西雁荡迤南曰‘郎家’”的记载。现桥额旁镌有“乾隆五十三年二月重建”字样,可见此桥重建于清乾隆五十三年(1788年)。

闻店桥

位于王江泾镇一里街东端，长虹桥北侧，与京杭大运河交汇处的市河东端。南北走向，为单孔圆弧形石拱桥，桥长24.4米，顶宽3.6米，净跨8.5米，拱高3.6米。拱券采用分节并列砌筑，拱肩处设有雕刻纹饰的横系石一对，拱券上方有阳刻楷书“闻店桥”三字。桥面两侧设长条石护栏，端部置抱鼓石，全桥护栏石砌成靠背式。桥顶为方形平台，南北两端各有石阶20级，采用长石板铺砌。东西两侧有桥联，阳文楷书。西联：“纡回迓越水之波彩虹跨岸，襟带汇闻溪之景金雁联隄”。东联因在运河中，仅录得下联：“扶摇利涉永资海宴河清”。

据清宣统《闻川志稿》卷二《桥梁》载：“长虹迤北跨塘者曰‘闻店’。古闻人氏设肆处。初建失考。明天启末圮，里人蒋之华集同里重修。清道光七年（1827年）里人重建。”可见此桥明天启七年（1627年）重修，现桥为清道光七年重建。2002年11月，嘉兴市文化局列为市级文物保护点。

图9-4-80　闻店桥

计家桥

位于王江泾镇双桥村（原属双桥乡）。东西走向，跨吴家浜，为三孔梁式无栏石板桥。南北桥首镌有“重建计家桥”五字。东西两端原分别有石阶5级和3级。桥长16.55米，顶宽1.60米，底宽1.70米，中跨净空3.10米，三跨总长12.85米。现东桥台已坍塌东桥墩北侧缺一条石，石阶已能用水泥铺平。桥的北侧5米处已新建水泥桥。此桥始建年代不详。但桥额旁镌有“光绪十二年二月吉旦立”字样，可见现桥重建于清光绪十二年（1886年）。

禾同桥

俗称“大木桥”。位于王江泾镇虹阳村（原属虹阳乡虹西村）与新塍镇南洋村（原属新农乡）的交界处。跨大木桥港，南北走向，为三孔无栏石板桥。东西桥额上镌有“重建禾同桥”五字。南北两端分别有石阶8级和9级。桥全长23.35米，顶宽1.70米，底宽2.00米，中跨净空3.20米，三跨总长16.55米。东西两侧分别有桥联：“夹道津梁通觉路，中流砥柱挽狂澜”“北流一曲骚人港，西溯三闾大夫洞”。此桥始建年代不详。但桥额旁镌有“嘉庆四年”字样，可见现桥重建于清嘉庆四年（1799年）。

兴福桥

位于王江泾镇双桥村（原属双桥乡丁家浜村）。东西走向，跨丁家浜，为三孔梁式无栏石板桥。南北桥额上镌有“重建兴福桥”。东西两端分别有石阶8级。桥长19.65米，顶宽1.60米，底宽1.80米，中跨净空2.95米，三跨总长12.90米。南北两侧有桥联，分别为：“人求清福口放平来，家要长兴事赶前去”“北望吴江帆影稳，南通越水橹声逸”。现桥南4米处已新建水泥桥。此桥始建年代不详。但桥额旁镌有“光绪二十年”字样，可见现桥重建于清光绪二十年（1894年）。

昌家桥

位于王江泾镇范滩村（原属虹阳乡东南村）。南北走向，为三孔梁式无栏石板桥。南北桥额上镌有“重建昌家桥”，桥的南北两端分别有石阶8级和6级。桥长10.27米，宽1.90米。此桥梁为两块白色石板，别具一格。中间一桥面石已改成水泥板。此桥始建年代不详。但桥额旁镌有“光绪十二年重建”“里人公启”等字样，可见现桥重建于清光绪十二年（1886年）。

种福桥

亦称“吼桥”。位于王江泾镇洪典村（原属荷花乡）。南北走向，跨吼桥港，系三孔梁式无栏石板桥。东西桥额上镌有“重建种福桥”，南北两端分别有石阶7级和9级。桥长17.65米，顶宽1.60米，底宽1.75米，中跨净空2.70米，三跨总长11.10米。东西两侧有桥联，东侧联为：“修石梁者种福德，环玉带兮镇山门”；西联看不清未录。南桥台有二块桥石已开裂。此桥始建年代不详。清宣统《闻川志稿》卷二《桥梁》“连泗荡南有吼桥”的记载。桥额旁镌有“光绪四年叁月吉旦”字样，可见现桥重建于清光绪四年（1878年）。

洪典桥

位于王江泾镇洪典村（原属荷花乡）。东西走向，跨洪典港，系三孔梁式无栏石桥。南北桥额上镌有“鼎建洪典桥”，东西两端分别有石阶8级。桥长17.55米，顶宽1.60米，中跨净空2.60米，三跨总长11.65米。南北两侧有桥联，分别为：“口夫扛梁联荷陌，泄闲村落锁晴江”“西接长流承种福，东迎旭日庆升平”。

清宣统《闻川志稿》卷二《桥梁》：“连泗荡南有洪店（典）”的记载。桥额旁镌有“道光十七年”字样，可见现桥建于清道光十七年（1837年）。嘉兴市档案馆馆藏档案中记载：“清道光十七年十月，有一个叫洪甫的人在此主持建造一桥（主持称‘典’），故名洪典桥。”2010年公布为嘉兴市文物保护点。

张家桥

位于王江泾镇新桥居委会西500米，南北走向，横跨前富庄港，南接张家桥自然村，北面连接南厍自然村，为单孔石板桥。东西桥额上镌有“重建张家桥”，南北分别有石阶。东西两侧有桥联，分别为：“鸿飞渐卜风云会，人冰恒沾雨露息”“千尺卧波浮月镜，两涯陟磴步云梯”。北桥台已有部分桥石坍塌。为方便安全通行，现桥面上已入筑有水泥护栏，南北两端石阶用水泥板铺成。现桥全长24.9米，宽2.5米，最大跨度为6米，两端各有13级台级。此桥始建年代不详。清宣统《闻川志稿》卷二《桥梁》：“露字荡西南曰‘张家’。”桥额旁镌有“民国已卯”字样，可见现桥重建于民国28年(1939年)。

圆通庵桥

位于王江泾镇民和村(原属荷花乡)。南北走向，跨东林港，为单孔石板桥。桥面有护栏，望柱4根齐全，南北两端分别有石阶11级。桥长12.80米，顶宽1.85米，底宽2.35米，桥孔跨度4.50米。桥额已被水泥掩盖。1998年4月在桥西3米处，新建水泥桥，桥名仍为“圆通桥”。

宜观桥

位于王江泾镇荷花村(原属荷花乡前进村)。东西走向，跨宜观桥港，为单孔无栏石板桥。南北桥额上镌有“重建宜观桥”，东西两端分别有石阶9级和10级。桥长13.10米，顶宽1.75米，底宽2.10米，桥孔跨度5.90米。未见桥联。此桥始建年代不详。清宣统《闻川志稿》卷二《桥梁》：“连四荡北有‘宜观’”。桥额旁镌有“光绪十五年”字样，可见现桥于清光绪十五年(1889年)重建。

谢河桥

位于王江泾镇太平村(原属荷花乡)。东西走向，跨高家浜，为三孔梁式无栏石板桥。南北桥额上镌有“重建谢河桥”，东西两端分别有石阶7级。桥长19.85米，顶宽2.20米，底宽2.50米，中跨净空2.90米，三跨总长14.45米。东桥墩有桥联，南侧是：“两姓捐输重建构”；北侧是：“三遈霞晖踪波纹”。西桥墩无桥联。

清宣统《闻川志稿》卷二《桥梁》有“运河东有谢河”的记载。嘉兴市档案馆馆藏档案记载，此桥建于清乾隆四十九年(1784年)，清嘉庆十七年二月(1812年)重修。桥额旁镌有“光绪拾年四月吉旦”字样，可见现桥于清光绪十年(1884年)重建。

正兴桥

俗称“沈水石桥”。位于王江泾镇长虹村与荷花村之间，坐落在连泗荡西北侧正阳庙南。南北走向，为三孔梁式无栏石板桥。东西桥额上镌有“重建正兴桥”，南北两端分别有石阶9级和10级。桥长19.35米，顶宽2.10米，底宽2.60米，中跨净空2.45米，三跨总长11.30米。东西两侧有桥联，分别为：“春风野草寻乌巷，夜月渔舟傍绿杨”“足蹑云根平步上，水溅柳汁染衣来”。现在桥面上加筑了水泥护栏。此桥建造年代不详。清宣统三年(1911年)《闻川志稿》卷二《桥梁》记有甸上村之北有“沈水石桥”。嘉兴市档案馆馆藏档案中记载，因桥在正兴庙前，故叫“正兴桥”。村民习惯称“深水石桥”，因为这里水很深。后来“深”字误写为“沈”字，成了“沈水石桥”。

延龄桥

位于王江泾镇范滩村(原属双桥乡)。东西走向，跨杨柳港，为单孔无栏石板桥。南桥额上镌有“延龄桥”，东西两端分别有石阶3级和4级。桥长10.40米，顶宽1.45米，底宽1.60米，桥孔跨度3.70米。现桥面北侧一块石板和东西两端石阶已改为水泥板，东桥台有坍塌现象。此桥始建年代不详。清宣统《闻川志稿》卷二《桥梁》载：“延龄桥在范滩北”。桥额旁镌有“民国三年”“里人同建”字样，可见现桥于民国3年(1914年)重建。

绿涧桥

俗称“陆家桥”。位于王江泾镇双桥村(原属双桥乡金桥村)。南北走向，跨里荡，为三孔梁式无栏石板桥。东西桥额上镌有“重建绿涧桥”，南北两端分别有石阶7级和10级。桥长17.65米，顶宽1.65米，底宽1.90米，中跨净空2.85米，三跨总长10.85米。此桥始建年代不详。桥额旁镌有“宣统三年”字样，可见现桥于清宣统三年(1911年)重建。

陈家桥

俗称“砖桥”。位于王江泾镇双桥村(原属双桥乡)。东西走向，跨砖桥港，为三孔梁式无栏石板桥。南北桥额上镌有“重建陈家桥”，东西两端分别有石阶6级。桥长16.20米，顶宽1.60米，底宽1.75米，中跨净空2.00米，三跨总长11.35米。桥的南北两侧有桥联，分别为：“村号陈家万家仁寿，桥成辛岁每岁丰亨”；“北接双溪成占利济，南通越水共庆安口”。此桥始建年代不详。桥额旁镌有“光绪”字样，可见现桥为清光绪年间(1875—1908年)重建。

太平桥

位于王江泾镇市泾村。南北走向，跨西圆浜，为三孔梁式无栏石板桥。东西桥额上镌有“太平桥”。桥长14.25米，宽1.60米，中跨净空2.60米，三跨总长12.05米。桥北端有石阶5级，南端无石阶，两端现均建有小平台。现桥东2米处建有水泥桥。此桥始建年代不详。桥额旁镌有“民国二十三年三月立，里人同建”字样，可见现桥于民国23年(1934年)重建。

观音桥

位于王江泾镇古塘村(原属双桥乡)。东西走向，跨长条港，为单孔无栏石板桥。南北桥额上镌有“鼎建观音桥”。桥长14.65米，顶宽1.00米，底宽1.80米，桥孔跨度6.15米。南北两侧有桥联，南联：“路逢两圩流秀水，桥兴千古镇长条”；北联被杂草遮掩不能辨认。东西端原有石阶，现已用石子和水泥板铺平。此桥建造年代不详。清宣统《闻川志稿》卷二《桥梁》载：“西雁荡迤南有‘观音’。”

天德桥

俗称“天德庵桥”。位于王江泾镇东荷村（原属荷花乡东一村）与嘉善县天凝镇的交界处。东西走向，跨天德桥港，为三孔梁式无栏石板桥。南北桥额上镌有“重建天德桥”，东西两端分别有石阶 12 级和 11 级。桥长 24.75 米，顶宽 1.65 米，底宽 1.90 米，中跨净空 2.95 米，三跨总长 15.60 米。南北两侧有桥联，分别为：“东接魏塘十里棹歌回鹤渚，西通秀水数声菱唱透鸳湖”“杰构赖人功当口口功不易，嘉名赐天德意知口德必昌”。现桥保存完好。此桥始建年代不详。桥额旁镌有“咸丰九年七月”等字样，可见现桥于清咸丰九年（1859 年）重建。2010 年公布为嘉兴市文物保护点。

东杨家桥

位于王江泾镇沈家桥村（原属嘉北乡）。东西走向，跨木桥港，为三孔梁式无栏石板桥。南北桥额上镌有“重建东杨家桥”，东西两端分别有石阶 5 级。桥长 21.45 米，宽 1.70 米，中跨净空 2.90 米，三跨总长 17.10 米。东西桥墩上镌有捐资者姓名和金额。南侧中间一桥面石已换成水泥板。此桥始建年代不详。北桥额上镌有“宣统三年三月”字样，可见现桥于清宣统三年（1911 年）重建。

【油车港镇民间古桥】

广福桥

俗名鱼池汇桥，位于油车港镇古窦泾村曹家兜，横跨鱼池汇港。明万历《秀水县志》已有记载，民国 10 年（1921 年）重建。东西走向，长 39.4 米，宽 2.2 米，为有阶七孔梁式石桥。桥面有石护栏，并有四座石狮，南北两侧雕刻的桥联分别为：“两岸渔邨蟹舍水接鸳湖，萬家绣壤雲腾波平麟渚”“舟来塘北春桑帆影蓼差，西连池西古寺钟聲隐约”。该桥 1992 年被列为市级文物保护单位。

图 9-4-81　广福桥

陶家桥

位于油车港镇陈家坝村，南北走向，跨陶家桥港，为有阶三孔梁式石桥，长 22 米，宽 2 米，建于清嘉庆二十二年（1817 年）。桥面有石护栏并配有石狮四只（一只已破损），桥下东西两侧石雕桥联分别为：“桥有众建福庇临，秀水藏警同歡歌”“藏水南流皆秀水，福禄长临美有鱼”。此桥为清代所建，于 2009 年被列为市级文物保护点。现桥西边已建公路桥，故行人已少有往来。

图 9-4-82　陶家桥

秀龙桥

俗名哑子桥，位于油车港镇陈家坝村王家湾港上，东西走向，为单孔梁式无栏石桥，长 10 米，宽 1.5 米。据传该桥因当地一位居士得名。北桥额上镌有“始建秀龙桥”。桥侧砌入募捐石碑一块，高 0.33 米，长 0.73 米，碑上镌有“中华民国三二年七月重修秀龙桥圆满，众姓芳名开列于左”。共字 27 行，镌有 36 名捐资姓氏及捐资数。从碑文看现桥重建于民国 32 年（1943 年）。

图 9-4-83　秀龙桥

查庵桥

位于油车港镇胜丰村查庵港上，东西走向，为有阶三孔梁式无栏石桥，长 20 米，宽 2 米，建于清道光二十五年（1845 年）。桥南北两侧的石刻楹联为“一道彩虹天上落，几家画舫镜中行”“四境常闻聲壤歌，千秋永免赛裳卿”。现桥面已浇筑水泥护栏，桥北面又新建了公路桥。

图 9-4-84　查庵桥

斜桥

又名万安桥，位于油车港镇胜丰村斜桥港上，为有阶三孔梁式石桥，长18.91米，宽1.63米，重建于民国19年(1930年)，桥面有石护栏，桥东西两侧石刻桥联为："南去郭河每听汽船晨笛聲，北归栖市犹闻古寺晚鐘聲"；"集品第重新殷拜萬家生佛，祝过阁步经镇称一路福星"。此桥为市级文物保护点。

万福桥

又名孔家港桥，位于油车港镇上睦村孔家港上，南北走向，为有阶三孔梁式无栏石桥，长20米，宽1.6米。东西桥额上镌有"重建万福桥"。桥东西两侧石刻桥联为："东迎官水千层浪，西接金溪萬智流"；"南|连槜李千人稳，北達闻经萬福安"。现此桥西边已新建公路桥。此桥始建年代不详。清宣统《闻川志稿》卷二《桥梁》，在官荡西有"孔家桥"的记载。此桥重建于清同治七年(1868年)。

南桥

又名长生桥(上睦)，位于油车港镇上睦村南桥港上，长25米，宽2米，建于清道光元年(1821年)，为有阶梁式石桥。

通济桥

又名杨库桥，位于油车港镇上睦村杨库港上，南北走向，为无栏三孔梁式石桥，长20.56米，宽1.62米，桥底距河面高3.5米。桥面和桥柱均由3块条石组成，东西桥额上镌有"重建通济桥"，南北各有石阶7级和10级。桥面正中刻有水涡纹，图案中心刻太极，桥身刻有"暗八卦"纹样。桥面原有木护栏，现已毁。桥的东西两侧石刻桥联为："东望风帆飞浦溆，西闻渔鼓报邮亭""溪流几曲桑麻绕，虹影中横垄亩通"。最近发现了重建通济桥的桥碑，碑高约1.2米，宽约0.6米，石岩材质，中间已断裂。桥碑文含有：桥碑名、捐款人姓名及银两、建造人、监造人、撰文人、立碑人和立碑时间等内容。从碑文中得知：立碑人为思贤里人同立。立碑时间为清乾隆三十三年戊子桃月谷旦，也是此桥重建时间即清乾隆三十三年(1768年)。此桥重建前为砖木结构桥，系于400年前元朝末年所建。此桥于2010年公布为嘉兴市文物保护点。

朱家港桥

又名永庆桥，位于油车港镇陈家坝村朱家港上，东西走向，为有阶梁式单孔无栏石桥，东西端分别有石阶9级，桥长15米，宽2米。桥额旁镌有"光绪六年"字样，可见现桥建于清光绪六年(1880年)。现桥基有松动，有几块桥石已跌入河中，桥南20米处已建有公路桥。

南湖大桥

俗称大桥，位于油车港镇栖真村与胜丰村交界处，南北走向，为有阶三孔梁式石板桥，长23.56米，宽2.32米。桥面和桥柱由4块石板并列组成。东西桥额上镌有："鼎建南湖大桥"，可见现桥重建于清道光二十三年(1843年)。桥面有石护栏，中跨护栏上有望柱两对。南北端分别有石阶8级和9级。桥的东西两侧的石刻桥联为"济四境往来彩虹环水，叫一聲敕方靈舫穿雲"；"(上联条石已跌落河中)，对绿波浩淼客免褰裳"。此桥于2010年被列为市级文物保护点。现桥下柱石一块被船撞落河中，桥东已建有公路大桥。

图9-4-85 南湖大桥

长生桥

位于油车港老集镇市河，南北走向，长24米，宽2.9米，为有阶三孔梁式石桥，南北端分别有石阶8级。桥上置有石护栏及望柱4根，桥桩为梁式桥中罕见的墩式结构。建于清乾隆五十五年(1790年)。该桥保存完好，2009年已被列为市级文物保护单位。

图9-4-86 长生桥

麟湖桥

位于油车港镇栖真村池湾港上，南北走向，为有阶三孔梁式石桥，长19.41米，宽2.4米，明万历《秀水县志》上有记载，重建于清道光二十二年(1842年)。桥上置有石护栏及望柱4根，东西两侧雕有桥联分别是："矢一念慈悲克成善举，愿千秋巩固永济行人""七十岁康强功程独建，千万人来往利益常叨"，可见此桥为一位七十老翁为方便行人而建。该桥2010年被列为市级文物保护单位。

步云桥

位于油车港镇栖真集镇朝东埭市河上，东西走向，为有阶三孔梁式石桥，长21.59米，宽1.76米。重建于民国

3年(1914年),桥的南北两侧桥额上镌有“重建步云桥”字样,桥面置有石护栏及望柱4根,桥两侧桥联分别为:“行雲暂住且聽有百八杵鐘聲,(下联已缺失)”“水通千亩荡蟹美鱼肥之处,地接三家村鸡鸣狗吠相闻”。桥身刻有莲花纹,桥栏刻有太极图案。此桥中间破损处已改为水泥浇筑,桥下部一竖石被船撞入河中,也用水泥砖块修补。该桥2002年被列为市级文物保护点。

图9-4-87　步云桥

秀实桥

位于油车港镇百花庄村小里港出口处,东西走向,为一座梁式单孔小型石质踏步桥。此桥建于元代,与“不花庄园”同时建造,重建于清道光年间(1821—1850年),至今保存完好,桥侧“秀实桥”三字依然清晰可辨。

荷花浦桥

位于油车港镇栖真村荷花浦港上,东西走向,为有阶三孔梁式石桥,长24米,宽1.8米。南北桥额上镌有“重建荷花浦桥”。桥面有石护栏及望柱4根,桥南北两侧石刻桥联为:“行与之还得十亩河闲意,进而益上好二雨圩要津”“却为半读半耕三家村舍,远课一晴一雨两岸桑麻”。此桥始建年代不详。清宣统《闻川志稿》卷二《桥梁》在栖真寺附近有“荷花浦桥”的记载。此桥重建于清乾隆三十七年(1772年)。

图9-4-88　荷花浦桥

善兴桥

俗名一担庙桥,位于油车港镇古窦泾村与嘉善县天凝镇交界的弥思港上,南北走向,为有阶三孔梁式平面石桥,长21.2米,宽2.2米,原建于清康熙五十年(1711年),重建于清嘉庆七年(1802年),桥东西两侧石刻桥联分别为:“一带村溪襟两邑,双祠神水润三农”“东接麟湖流泽长,西来秀水濴迴遠”。该桥因两端分属原秀水县和嘉善县,故西侧名为秀善桥,东侧桥名为善兴桥,又因桥两端均有一座寺庙,桥似扁担挑两庙,故俗名一担庙桥。现与古桥并列建有公路桥,古桥仅作寺庙活动时使用。现保存有《嘉庆·重建善兴桥碑记》募捐石碑一块。该碑高129厘米,宽42.5厘米,厚27厘米,入编《嘉兴历代碑刻集》。此碑1959年失踪,2001年被找回。

沈昌《重建善兴桥碑记》:桥之载于邑志者,多矣。其当城市汎镇,为往来□□所必由之道,则鸠工庀材,创始易,即修理也易,何则?其董事而捐赀者皆有之人也。□□□一乡村不数家,虽有桥焉,往往基裂而不能葺,石圮而不能易。以致日就坍塌损堙废。而不可复问,亦可概矣。夫事尝发于不再计,而工必口于不畏难,当大利之将兴也,起役动众,功臣费繁,则同心协力、不避艰险,□□□财,不始勤而终怠而为之,庶儿有成焉。

武水之西,河名弥思,旧有木桥。与秀邑接壤。康熙五十年间,我里俞子再思概然虑木之易朽败也,谋于同人,为易以石,以期永久,而名曰“善兴”,三月告竣,勒碑记文。迄今又八十年矣。水冲舟激,不复完固。里之人目击心爱,逐议重修。一时鸣梆募化。在本境者固踊跃以乐捐。即在秀邑者亦慷慨而愿助。语云:“独任等为功,众襄易为力。”计其费、则若千金。计其落成,则嘉庆壬戌岁四月,增新加阔,焕然改观焉。

工竣后,同人议曰;康熙年间修,例刻石以记成,即树麟瑞庙中,而仍旧曰“善兴”,以见修治桥梁诚属善缘之一。而布杙如栉,以固阙址;垒石如麟,以坚阙腹。口祈永垂弗替云。

大清嘉庆柒年柒月,岁次壬戌柒月谷旦同人公立。

邑人沈昌撰并书。

(注:“□”的符号,是文字已模糊难以辨认。)

延寿桥

位于油车港镇池湾村青龙港(怀家埭港)上,南北走向,为有阶三孔梁式无栏石桥,东西两侧桥额上镌有“重建延寿桥”。桥长20米,宽2米。此桥始建年代不详。清宣统《闻川志稿》卷二《桥梁》记载池湾附近有“延寿桥”。此桥建于清嘉庆十三年(1808年)。现桥况良好。

图 9-4-89 延寿桥

串港桥

又名兴龙桥，位于油车港镇池湾村串港上，南北走向，长 10 米，宽 1.3 米，为有阶单孔梁式无栏石桥。桥额旁镌有“道光戊申，里人同建字样”，可见现桥建于清道光二十八年(1848 年)。现保存较好仍是往来通行要道。

新桥

俗称万福桥，位于油车港镇池湾村东王港上，南北走向，为有阶三孔梁式无栏石桥，长 18 米，1.8 米，建于清道光二十二年(1842 年)。因该桥建造前已有老桥(石前桥)一座，故俗称新桥。桥东西两侧石刻桥联为:“大豆张平经甲龙，来福参秀德平寿”“南来接鸳凌流清，北去喜闻湖浪静”。

石皮桥

又名万兴桥，位于油车港镇池湾村东王港上，东西走向，为有阶单孔梁式有栏石桥，长 15 米，宽 2 米，建于民国 18 年(1929 年)。该桥较高，并置有石护栏，望柱 4 根齐全。东西端分别有石阶 12 级。在单孔石桥中较为少见。现桥北边已新建公路桥。

凝秀桥

又名施王庙桥，位于油车港镇西湖村三家村浜上，南北走向，为有阶单孔无栏石桥，长 15 米，宽 1.7 米。东西桥额上镌有“凝秀桥”三字，桥额旁还镌有“道光廿五年”字样，可见现桥建于清道光二十五年(1845 年)。桥的南北两端分别有不阶 8 级。据传该地曾出过秀才故名凝秀桥，又因桥边曾有施王庙故又名施王庙桥。现桥东已建一桥，故此桥已弃用。

图 9-4-90 凝秀桥

塘家桥

位于油车港镇西湖村和尚港上，南北走向，为有阶无栏三孔梁式石桥，长 20 米，宽 2.2 米，由四块石板并列组成，桥底距水面高度 2.3 米，南北落坡各有石阶 9 级，略呈喇叭状。桥的东西两侧石刻桥联为:“遥望鸳湖月，渐通彭蠡春”“三家村口湍聲远，一雨溪河浪影平”。桥身刻有莲花纹、蟠螭纹。此桥建于清嘉庆十九年(1814 年)。于 2010 年被列为市级文物保护点。

图 9-4-91 塘家桥

许家桥

位于油车港镇西湖村坍桥港西端睺咙湾上，东西走向，为有阶三孔梁式无栏石桥。南北桥额上镌有“重建许家桥”，东西两端分别有石阶 10 级和 8 级，桥长 12 米，宽 1.3 米。清宣统三年(1911 年)《闻川志稿》卷二《桥梁》，在官荡东有“许家桥”的记载。此桥建于清嘉庆十九年(1814 年)。据传该桥名源于嘉兴城内许氏大姓。

图 9-4-92　许家桥

染店桥

位于油车港镇澄溪村冯家港上。东西走向，为有阶无栏梁式三孔石桥，南北桥额上镌有“重建染店桥”，东西两端分别有石阶 7 级和 9 级。桥长 25 米，宽 1.8 米。因旧时当地有染坊多家而得名。此桥建造年代不详，清宣统《闻川志稿》卷二《桥梁》油车港有“染店桥”的记载。

图 9-4-93　染店桥

砖桥

位于油车港镇池湾村东王港上，为单孔拱形砖桥，长 16 米，宽 1.7 米，建于 1956 年。该桥用青砖建造，在当地较为罕见，虽年代不远，但具有独特的工艺价值，现被列为市级文物保护点。

图 9-4-94　砖桥

西王港桥

又名怀仁桥，位于油车港镇西湖村西王港上，为有阶三孔梁式无栏石桥，长 13 米，宽 2.16 米，建于清道光十四年（1834 年）。据传该桥因栖真寺居士张怀仁得名。桥南北两侧石刻桥联为：“南接栖真香火界，北通鲍甸北雲乡”“人逢花甲思延寿，客傍烟农它问津”。现桥北 3 米处已并列新建公路桥。

钟家桥

亦名广济桥。位于油车港镇钱家桥村，东西走向，座落于钟家桥港。为有阶三孔梁式无栏石桥，桥长 20 米，宽 1.6 米，建于清嘉庆三年（1798 年）。据传因桥由该地钟姓大户出资建造，故名钟家桥。桥的南北两则镌有桥联，南联为：“南钟秀水恩波溥，北违麟湖利泽长”；北联为：“福禄寿十万祥瑞，天地人万国平和”。现桥保存较好，仍是当地居民往来的重要通道。

油车港镇另外还有不少古石桥，可是有的已倒塌，有的已拆除改建为水泥桥，为不使其曾经的存在被历史遗忘，特将 1982 年后被拆除的古石桥概况列介于后。

表 9-4-3

秀洲区已被拆除石桥统计表

序	桥名	所在村	跨越河港	建造年份	桥规格	备注
1	石桥前	池湾	石前港上	清道光二年(1822 年)	16 米 × 2 米，有阶三孔无栏	已改建公路桥
2	麟溪桥	池湾	池湾港	清道光二年(1822 年)	26 米 × 2.1 米，有阶三孔有栏	已改建公路桥
3	长兴桥	池湾	池湾港	民国 23 年(1934 年)	20 米 × 2.2 米，有阶三孔有栏	已改建公路桥
4	庆云桥	池湾	水华金港	清乾隆二十五年(1760 年)	36 米 × 2 米，有阶五孔有栏	已倒塌
5	环秀桥	栖真镇	青龙港	清光绪二十一年(1895 年)	13 米 × 2.2 米，有阶单孔环桥	已改水泥桥
6	广惠桥	栖真镇	施家港	清道光二十四年(1844 年)	11 米 × 1.6 米，有阶单孔有栏	已改水泥桥
7	长兴桥	栖真镇	钱家港	清嘉庆四年(1799 年)	14 米 × 1.75 米，有阶三孔有栏	已改水泥桥
8	广寿桥	栖真镇	二庙港	民国 4 年(1915 年)	13 米 × 1.7 米，有阶三孔无栏	已改公路桥
9	广福桥	桃墩	后港	清乾隆三十年(1765 年)	10 米 × 1.5 米，有阶单孔无栏	已改水泥桥
10	众安桥	胜丰	横村桥港	清咸丰元年(1851 年)	15 米 × 2 米，有阶九孔无栏	已改公路桥
11	安宁桥	马厍	旗带港	清光绪二十五年(1899 年)	14 米 × 1.8 米，有阶单孔无栏	已倒塌
12	望家桥	马厍	望家港	清道光十五年(1835 年)	15 米 × 2 米，有阶三孔无栏	已改公路桥
13	长安桥	上睦	长港	清道光二十九年(1849 年)	12 米 × 1.8 米，有阶单孔无栏	已拆除
14	永兴桥	上睦	上睦港	清光绪十九年(1893 年)	19 米 × 2.2 米，有阶三孔有栏	已倒塌， 1994 年改建水泥桥
15	宁春桥	上睦	下睦港	清乾隆五十一年(1786 年)	17 米 × 2.2 米，有阶三孔有栏	已改公路桥
16	瑞丰桥	澄溪	池延金港	清	24 米 × 2 米，有阶三孔有栏	已倒塌，改建公路桥
17	应家港桥	油车港镇	应家港	清	24 米 × 2 米，有阶三孔有栏	已改建公路桥
18	延令桥	油车港镇	野菱浜	清	15 米 × 1.7 米，有阶单孔无栏	已拆除
19	三多桥	澄溪村	冯家港	清	14 米 × 1.5 米，有阶单孔有栏	已改建公路桥
20	秀云桥	澄溪村	姜佛港	清	22 米 × 1.8 米，有阶三孔无栏	已改建公路桥
21	嘉秀桥	合心村	北排水道	清	23 米 × 1.8 米，有阶三孔无栏	河道拓宽拆除
22	钟家桥 (广济桥)	钱家桥	钟家桥港	清嘉庆三年(1798 年)	20 米 × 1.6 米，有阶三孔无栏	2006 年改建公路桥
23	复兴桥 (塘家港桥)	钱家桥	塘家港	解放前	20 米 × 3 米，单孔石阶	1989 年毁于打水， 现改水泥桥
24	义和桥 (牛桥)	古窦泾	义和桥港	清中叶重建	20 米 × 2 米，有阶三孔梁式	80 年代末被机船撞毁， 重建为水泥桥单孔机耕桥
25	金华侨	古窦泾	苏鲁港	清道光年间(1821—1850 年)	21 米 × 2 米，有阶三孔梁式	1986 年拆毁重建， 现为公路桥
26	郁懋桥 (百花庄桥)	百花庄	六里长泾	清咸丰七年(1857 年)	21 米 × 3 米，有阶三孔梁式	1967 年改建水泥桥， 2010 重建公路桥
27	金家桥	百花庄	金家桥港	清	21 米 × 2 米，有阶三孔梁式	解放前夕坍塌， 2008 年改建公路桥
28	兴隆桥	合心	大家港	民国	小石桥	1989 年改建为机耕路桥

续表 9-4-3

序	桥名	所在村	跨越河港	建造年份	桥规格	备注
29	姜家湾桥	合心	港口	民国	有阶石桥	2004 年重建水泥桥
30	大来龙桥	合心	来龙桥港	民国 24 年(1935 年)	14.5 米 × 2 米,有阶石桥	改建水泥桥
31	小来龙桥	合心	来龙桥港	民国 24 年(1935 年)	有阶石桥	2010 年重建水泥桥
32	喷香港桥	千金寺	喷香港	民国	15 米 × 2.5 米,石板桥	1991 年改建水泥桥
33	蔡家桥	栖真	钱家港	清	20 米 × 3 米,有阶三孔梁式	1986 年开河重建水泥拱桥
34	福慧桥	栖真	寺庙河	清	14 米 × 3 米,无栏石板桥	2005 年重建水泥桥
35	横村桥	胜丰	大鳗鱼丽港	清咸丰元年(1851 年)	15 米 × 2 米,有阶石桥	1997 年改建为水泥桥
36	狭港桥	马厍	狭港	民国 11 年(1922 年)	有阶梁式平桥	1993 年改建水泥桥,2008 加宽重建
37	东家港桥(兰寿桥)	马厍	车家港	清道光年间(1821—1850 年)	16 米 × 2 米,有阶石桥	1958 年拆除,1962 年建水泥桥,2009 又拆
38	高桥	马厍	玉溪	明	35 米 × 2 米,有阶石拱桥	清乾隆时改建,1964 年拆除
39	庙下桥	濮家湾	庙下桥港	清道光二年(1822 年)	有阶三孔石拱桥	1993 年改建为公路桥,现已弃用
40	永安桥	上睦		民国	单孔有阶石桥	2007 年拆除改建为水泥平桥

【四个街道民间古桥】

思贤桥

位于塘汇街道锦绣路锦绣社区,东西向,跨思车港。为三孔梁式石桥,桥长 20.8 米,宽 2.2 米,三跨总长 14.3 米。石柱由 4 块长条石并列组成,柱顶设有雕刻纹饰的帽梁石,上置桥面石梁。桥面每孔由 4 根石梁并列组成,石梁外侧雕刻精致花纹,中孔桥额上镌有阳文楷书“重建思贤桥”题额,边款为“嘉庆十年仲冬”字样。桥面两侧为大块长条石护栏,栏石端部成抱鼓状,中孔有雕饰形态生动的石狮望柱 4 根(现缺西端南侧 1 根),东西两端各有石阶 7 级。桥柱南北两侧有桥联,分别为:“河绕秋泾太平在望,梁成冬令利泽补余”“旧留遗踪乡因贤着,后人怀德桥以思传”。

此桥始建年代不详。由桥额边款可知,现桥为清嘉庆十年(1805 年)重建。2010 年 3 月,该桥被列为嘉兴市级文物保护单位。

思贤桥原为纪念唐朝贤相陆贽(陆宣公)而建。桥东堍北侧置立有一块石碑,高 2 米,宽 1 米,碑的南面刻陆宣公像,北面刻《思贤桥碑文》:“陆贽(754—805),字敬舆。唐代嘉兴人,生于城内斜西街东首。陆氏自东汉末已是江南望族,陆贽十八岁即中进士,由于善于预见,措施得宜,力挽危局,才使摇摇欲坠的唐王朝转危为安,故为德宗朝重臣,官至丞相。他的学养才能和品德风范广为后世赞誉,被列为中国古代‘十大名相’之一,两享文庙,世称‘陆宣公’。嘉兴城内旧有宣公祠、宣公桥、宣公路、宣公书院等。塘汇宋代旧有思贤乡院(为纪念陆贽而建),林木葱郁,规模宏大,院前有思贤桥,为嘉禾一胜。现存南湖星辰湾社区之花岗岩三孔桥乃清嘉庆年间(1796—1820 年)重建。现政通人和,国泰民安,思贤为范,重立此碑,以志纪念。浙江南湖置业 丙戌年四月立。”

陶家桥

位于塘汇街道茶香坊社区,坐落在陶家浜上。东西走向,为三孔梁式无栏石板桥。南北桥额上镌有“重建陶家桥”。桥长 23.75 米,宽 1.70 米,中跨净空 2.80 米,三跨总长 16.35 米。东桥墩石板已更换。东西端已为水泥坡面。此桥始建年代不详。但桥额旁镌有“光绪二十八年立”字样,可见现桥重建于清光绪二十八年(1902 年)。

步云桥

俗称“后浜小桥”。位于塘汇街道新禾社区后浜(原属塘汇乡藏字圩村)。东西走向,跨后浜,为单孔无栏石板桥。桥长 9.45 米,顶宽 1.65 米,底宽 1.75 米,桥孔跨度 4.25 米。南北桥额上镌有“重建步云桥”。桥的东西两端分别有石阶 5 级和 9 级。因桥南河道已被切断,现桥已成旱桥,已不通行人。此桥始建年代不详。但桥额旁镌有 “民国十五年”“里人同立”字样,可见现桥重建于民国 15 年(1926 年)。

马路桥

位于塘汇街道锦绣社区。东西走向，跨和风港，为三孔梁式无栏石板桥。北侧桥额上镌有“马路桥”。桥长14.20米，顶宽1.65米，底宽2.00米，中跨净空2.35米，三跨总长13.80米。南北两侧有桥联，但字迹风化严重，难以辨认。南桥面已缺一石板，桥的东端已用水泥墙封堵，石阶已被拆除，仅剩桥面部分。

里仁桥

位于新城街道九里村(原属新农乡)。南北向，跨新塍塘。为单孔半圆形石拱桥，桥长23.5米，顶宽2.6米，底宽3.3米，净跨12.6米，拱高6.2米。拱券采用分节并列砌筑，拱肩处设有雕刻纹饰的横系石一对，拱券上方镶嵌石匾桥额，镌有阳文楷书“里仁桥”三字。桥面两侧原设有长条石护栏，现西侧已无，东侧尚残存部分。两侧新安装铁栏杆。桥顶为方形平台，正中雕刻轮回图案，东西两端各有石阶30级，石阶中间加铺了一条水泥坡道，方便车辆上下。桥两侧拱券旁设有对联石，联石顶置雕刻纹饰的遮雨石，东西两侧桥联分别为：“当年肇锡嘉名里仁为美，□□□重道年准涵旧章”“沽酒一村人醉斜阳汇嘴”，下半部分无法辨认。

此桥始建年代不详。清光绪《嘉兴府志》卷五《桥梁 秀水》载：“里仁桥，在县北九里，名九里汇。道光八年，里人钱茂华、仲井田募资重建。”可见现桥为清道光八年(1828年)建。后未见有重修或重建之记载。里仁桥的拱券砌筑方法为分节并列砌筑，较为罕见。嘉兴地区的古石拱桥基本上都是明清时期建造的，且以清代居多。这一时期的拱券砌筑方法一般都是采用联锁分节并列砌筑。2009年9月，该桥被列为嘉兴市级文物保护单位。

境安桥

俗称“朱家桥”。位于新城街道九里村(原属新农村)。南北走向，跨朱家桥港，为三孔梁式无栏石板桥。东西桥额上镌有“重建境安桥”。桥长14.10米，宽1.60米，中跨净空2.60米，三跨总长13.10米。东西两侧有桥联，因风化严重，字迹难以辨认。桥的南北两端原有的石阶已没入路中。桥面东侧添置了铁护栏。此桥始建年代不详。桥额旁镌有“宣统三年三月”字样，可见现桥重建于清宣统三年(1911年)。

庆寿桥

俗称“建德桥”。位于新城街道九里村(原属新农乡蒋家浜村)。南北走向，跨横泾港，为三孔梁式无栏石板桥。东西桥额上镌有“庆寿桥”。桥面板呈圆弧形，且中间部分系用小石板横铺而成。桥长13.75米，宽2.40米，中跨净空3.55米，三跨总长12.95米。南北两端原有的石阶已没入路中。桥面上添加了铁护栏。此桥建造年代不详。

白老鼠桥

位于新城街道九里村(原属新农乡)。东西走向，跨白老鼠港，为三孔梁式无栏石板桥。桥长12.00米，宽1.20米，中跨净空2.80米，三跨总长11.60米。南北桥额上均镌有四字桥名，只因年久风化严重，已无法辨认，只见四个圆圈。此桥建造年代不详。

永兴桥

俗称“蒲鞋桥”。位于高照街道火炬村(原属高照乡)。南北走向，跨蒲鞋浜，为单孔无栏石拱桥。东西桥额上镌有“重建永兴桥”，桥的南北两端分别见有石阶4级和6级。桥长10.60米，顶宽1.90米，底宽2.10米，桥孔跨径5.10米，拱高2.90米。东西两侧有桥联，分别为：“青龙莅水德，玄地运文星”“永启田畫亩，兴隆福寿增”。现桥身完好，仍可通行。此桥始建年代不详。清咸丰、同治年间《新塍琐志》卷三《津梁》有“永兴桥”的记载。桥额旁镌有“民国十八年”“里人同建”字样，可见现桥于民国18年(1929年)重建。2010年公布为嘉兴市文物保护点。

顺聚桥

俗称“王家桥”。位于高照街道新义村(原属高照乡)。南北走向，跨王家桥港，为三孔梁式无栏石板桥。东西桥额上镌有“重建顺聚桥”，桥的南北两端分别有石阶4级和3级。桥长13.45米，顶宽1.10米，底宽1.15米，中跨净空2.60米，三跨总长9.90米。此桥建造年代不详。

戴公桥

位于高照街道高家桥村与新塍镇陡门村的交界处。东西走向，跨斜泾港，为三孔梁式无栏石板桥。桥长12.90米，宽0.90米，中跨净空3.00米，三跨总长12.10米。桥上不见桥额和桥联。东西两端无石阶。此桥建造年代不详。

万兴桥

俗称“郎中桥”。位于嘉北街道顾家浜村(原属嘉北乡)。东西走向，跨顾家浜，为三孔梁式无栏石板桥。南北桥额上镌有“重建万兴桥”。桥长18.70米，顶宽1.60米，底宽1.65米，中跨净空3.50米，三跨总长10.70米。南北两侧有桥联，分别为：“津通南北任往来余舟子，壤接东西利徒步之行人”“烟水苍茫此地居然古渡，风波恬静斯桥疑有仙接”。桥的西端有部分坍塌，见有石阶8级，东端石阶已改为水泥台阶。此桥建造年代不详。

第十篇　交通科技

交通运输行业是一个科技含量很高的行业，因此，交通运输部门十分重视科技与教育的投入。交通运输要适应国民经济和社会发展的要求，必须不断提升交通运输的供给能力、运行效率、安全保障和服务水平。为此，要加强科技教育培训，不断开发、应用先进适用的基础设施建设、管理、养护技术和信息化技术，增强交通系统的科技实力和向现实生产力转化的能力，提高公路、水路交通增长的质量和效益，推进交通事业又好又快发展。

第一章　交通科技运用和开发

科学技术是第一生产力，是先进生产力的集中体现和主要标志。交通科技是以技术应用为主要特性的，在基础设施建设中主要表现为重大工程技术的突破，在运输服务领域主要表现为高新技术的集成应用。交通科技在交通事业发展中一直起着重要的技术支持、引领作用。交通科技工作必须坚持以交通事业的需求为导向，以提高交通经济增长的质量和效益为目标，以科技创新为抓手，依靠科技进步，转变增长方式，提高交通发展的质量和效益，使先进生产力在交通事业中得到充分体现。

民国及以前，嘉兴交通行业中能工巧匠的革新、创造等科研、科技项目，未见史载。民国时期，在嘉兴的交通行业中无明显成果。

解放后，党和政府在发展教育事业，提高文化水平的同时，经常运用展览、电影、幻灯和讲座形式，开展科普宣传教育，进行科技交流活动，在交通基础设施建设、交通运输和交通工业中，稳定科技队伍，加强科技力量，使交通新技术得到广泛运用，交通科研成果有了不断的发展。改革开放后，人们的思想得到进一步解放，交通系统科技有了迅速发展，现代化、信息化等高科技应用于交通运输行业的各个领域。

早在二十世纪七八十年代，交通系统就已经开始围绕着抓企业上等级和加强企业技术管理基础两个环节，努力提高企业的产品质量，分别开展了标准化整顿验收、计量定级、全面质量管理、现代化管理等项工作。80 年代初到 1990 年，交通系统已有多家通过标准化整顿验收，建立和健全了标准化管理网络，强化了技术管理标准。如嘉兴市造船厂采用新技术、新工艺，提高生产效率和产品质量。原来制造小艇，主要用 4 毫米以下薄钢板，在切割、焊接过程中往往产生较大的变形，平整度差，影响船体外观。1991 采用了先进的工艺和设备，产品质量明显提高，他们在薄钢板的切割加工中，采用等离子切割工艺，使加工的产品变形小、切割速度快、无氧化。在焊接加工中他们增添了二氧化碳气体保护焊接设备，采用二氧化碳保护焊工艺，使电焊焊接速度快，成形好，无咬边，飞溅小。嘉兴运输装卸公司等航运企业投入应用微机和传真机，在运用电子计算传递信息方面，开辟了新途径。市航运企业普遍采用无线电通信技术调度运输作业和沟通信息。使现代化设施得以在交通运输中发挥作用。到 20 世纪 90 年代以后，区交通系统在新技术开发和运用方面，进入了一个崭新的阶段，尤其是“十一五”以后交通系统在应用生态交通技术，提高交通科技水平方面有了突飞猛进的发展。在许多方面实施新技术的开发和运用。

【新技术开发与运用】

圆洞拱片桥

由嘉兴市桥梁工程队设计施工，1985 年至 1990 年获省优秀成果。1970 年，在桁架拱桥的基础上改进的一种有利于预制、运输、安装、施工更方便的建桥型式，设计荷载汽 6 级（老标准）、最大汽 15（新标准）。具有桁架拱桥优点，增大刚度，减少墩、台的交形，提高桥梁承载能力，适合机械化作业，最大跨径35米。20年来，广为运用。圆洞拱片桥上部构造均实行标准生产（预制），标准化施工（安装），既经济又迅速。

11.5米公安艇开发

11.5米公安艇，是嘉兴市造船厂于1988年开发的新产品。同年通过浙江省省级新产品鉴定，并被授予1988年省级科技进步三等奖，进而由国家计委列入1989年国家级重大新产品试产计划。该产品派生出11.5米公安艇低驾驶型、高驾驶型，防艇等类型。主要技术性能指标：最大长度12.10米，型宽2.42米，型深1.00米，吃水0.60米，排水量5.70米，主机功率（80马力），航速726公里/小时，噪音小于80分贝（驾驶位），船员2名，乘员8名。当作为消防艇时，主机功率74千瓦（100马力），消防水泵扬程110米，流量1800升/分。

9米交通艇

嘉兴市造船厂1989年开发的新产品9米交通艇，最大时速20公里，噪音7.9分贝，获嘉兴市1989优秀产品金鹊奖，被浙江省计划经济委员会评为1990年度省级新优秀产品，获得浙江省1990年优秀产品"骏马奖"。

11.5米艉机型快艇

嘉兴市造船二厂开发的11.5米艉机艇，于1986年年初，与中国船舶海洋设计研究院上海708研究所挂钩，将科研用于生产，改造原10.5米艏机型钢质快艇（因结构不合理而引起客舱噪音大、震动大、航速慢等缺陷），将原首艏机型结构改成艉机型结构，舵机按德国肖德尔公司技术图样设计制造，装配国内较为先进的主副机。1987年10月，11.5米快艇在上海黄浦江试航测定，航速达24.85公里/小时，在当时全市同类艇产品中处于领先地位。1988年8月26日，该艇被国家专利局批准为国家专利产品，专利期为6年。这几年，此类艇经过不断革新改进，技术性能又有提高。艇长增加了20厘米，时速达27公里功率为61.8千瓦，具国内同类产品一流水平。

沥青冷再生技术

沥青路面再生利用是将需要翻修或废弃的旧沥青路面，经过铣刨回收、破碎、筛分，再添加适当新集料、新沥青，重新拌和，形成符合路用性能要求的再生沥青混合料，再用于铺筑路面或基层的整套工艺技术。

目前公路修复常用的方案主要有两种：一是在现有路面上直接加铺一层沥青混凝土罩面，或在现有路面上加铺半刚性基层后再用沥青混凝土罩面。但这种方案将提高路面的标高并引起排水、路缘石和平交口连接的问题；如果现有路面的损坏是由于半刚性基层开裂松散造成的结构性损坏，加铺方案就非但没有解决当前的缺陷所在，而且若干年以后加铺路面可能会因同样的原因而遭损坏；二是铣刨加摊铺。这种方法是先铣刨掉损坏了的沥青层，然后代之以新的沥青混凝土，但是铣刨下来的废料的堆放与处理又成为新的环境问题。

沥青冷再生技术有以下主要优点：第一，通过再生，使现有路面上部结构层的材料得到最大限度的利用。另外，通过加入沥青类粘结剂，产生一个柔性基层。与刚性高得多的水泥稳定基层相比，可以减少因温度变化产生的的收缩裂缝和车辆超载产生的疲劳裂缝，即抗裂性和抗疲劳性能好于半刚性基层，所以具有更长的寿命；第二，具有环保节能性。由于新材料的用量很少，减少了矿山的开采量，运输量也大为降低。因运输车辆对整个路网的损坏减少，总的能源消耗也将大为降低，是一种环保型的工艺。同时，由于原有的路面材料被全部利用，减少了因废料的堆弃造成的环境污染；第三，现代化的新型冷再生机具有很高的生产效率，因此与传统工艺相比，可以大大缩短工期。工期的缩短，无形中将产生极大的社会效益；第四，减少了传统加铺方法因路面高程的提高而产生的排水、路缘石和防撞护栏等方面的问题，减少了道路平交口的改造工程量，以及因平交口坡度的加大而产生的交通安全的隐患。以上几点可以看出，沥青冷再生技术的采用能够大大降低工程投资，与传统加铺方法相比，具有很好的经济性。英国公路局的统计资料表明，用沥青冷再生技术维修道路，可降低工程造价20%~30%左右。

在101省道、平黎公路上应用非开挖SD地聚合物注浆加固新工艺和沥青路面防水剂（ASP）新材料；在320国道、湖盐线乌镇支线路面整治工程沥青面层中采用特立尼达天然湖（TLA）沥青作为改性沥青，显著提高了沥青混合材料的动稳定度和抗车辙能力。

现代公路、桥梁养护管理技术

公路路面直接承受交通荷载的作用，受气候、水、温度等因素的直接影响，因而在使用过程中路面是最容易受到破坏的结构层。水泥混凝土路面板破坏，如开裂、断板、沉陷、错台等病害。沥青路面现出一定的早期破坏，如开裂、泛油、剥落、破损等现象。桥梁，为保证桥梁功能始终处于良好工作状态，必须进行的经常性的检查和维修养护工作。为此需建立有关的规章制度，并收集整理桥梁历史技术资料，及历次检查、检定、检修记录等，建立档案备查。

公路 水泥混凝土路面养护维修：一是对于水泥混凝土板裂缝的现象，可采用补裂缝材料进行灌浆处理，4小时后开放交通。对裂缝的彻底处理，可在裂缝两边各30~40厘米范围内将混凝土板凿除，放置钢筋网再浇筑与原来面板 标号相同的混凝上，夯捣密实后，磨光拉纹，两侧应设置缩缝，缝内填充沥青材料防止雨水渗入；对于基层已遭破坏的裂缝，或发生断板烂板及胀缝破坏的路面，需将混凝土板大面积凿除，结合实际对基层进行处理后，再沿用以上办法处理；二是对于水泥混凝土板错台、沉陷的现象最好铲除，用同标号的新混凝土进行修补，并加入混凝土快速修补剂，一般4小时后便能开放交通；三是对于水泥混凝土龟裂、网裂及胀缝、施工缝、缩缝处的局部破坏现象，可采用局部换板进行修补并加入混凝土快速修补剂。对于已产生龟背状裂纹的混凝土路面，需将板块全部凿除重做；四是产生路面板块严重断裂多是由于基层强度不足或渗软化、路基不均匀沉降等情况导致，处理方法一般采用将整块板凿除在处理好基层以及路基后，重新浇筑新的混凝土板；五是对于水泥混凝土路面大部分出现开裂、断板、沉陷、错台等病害时，除采用上诉方法修补外，对一些主要道路同时采用在旧水泥混凝土路面上罩改性沥青混凝土面层处理方法。

沥青路面养护维修。沥青路面的养护维修和沥青路面大中修采用传统的挖补和铣刨重铺施工。一是裂缝的治理，一经发现裂缝后应立即修补以免水通过缝渗透到基层，造成基层破坏而影响面层。对于较小的横向裂缝和纵向裂缝，缝宽在6毫米以内，宜将缝隙刷扫干净，并用压缩空气吹去尘土后，可用灌入热沥青加以封闭处理；缝宽大于6毫米的，将裂缝内杂质处理干净后，用沥青砂或细粒式沥青混凝土填充、捣实，并用烙铁封口，撒砂，扫匀；也可以采用乳化沥青混合料填封。轻微龟裂可采用刷油法处治，或进行小面层喷油封面，防止渗水扩大裂缝；大面积龟裂、网裂采用加封层或沥青表面处治。严重龟裂、网裂应对基层进行补强。碾压中出现微裂缝，可在终碾前，用轮胎碾进行复压，消除裂缝。因土基、路面基层的病害或强度不足引起的破损，应处理路基或基层，然后再修复路面。二是破损治理，按照“小洞大补、圆洞方补”的基本原则，对已破损的的部分进行挖除，并对基层进行检测，对基层强度、稳定性不满足要求的进行挖除，用原基层相同材料或其他材料补平夯实。浇洒透层油或粘层油，使回填的沥青砼与基层和原有结构层紧密结合。摊铺沥青混合料，及时碾压。

桥梁

桥梁检查：一是经常检查。对桥梁容易发生病害和与行车有直接影响的部位，要经常检查（有必要就检查，每月至少一次），发现问题及时整治，以保安全。桥梁易生病害部位的检查包括:支座是否清洁、平整密贴，锚栓是否完好；圬工拱、墩台中的裂纹是否贯通，宽大裂纹在活载下是否开合；预应力混凝土梁的下翼缘沿力筋部位是否出现裂纹，既有裂纹是否扩展等；对于混凝土老桥，尚应注意外露面的疏松、孔隙、掉块和钢筋外露等情况。桥面直接承受列车或车辆荷载，对行车安全、平稳及桥梁结构所受的冲击作用有重大影响，以及或公路的桥面伸缩缝、排水系统装置等都要经常检查；二是汛前和汛后的全面检查。应在讯前和汛后分别进行，并将检查结果登记在病害记录簿内，以供编制整治和加固计划。但遇有重大损坏时，仍应立即处理。

预防性维修与养护：一是桥梁防水和排水系统的破坏是造成桥梁病害的重要原因之一。因此，不仅要选好防水所用的不透水膜材料，而且也要对排水系统作妥善布置，使积水能迅速排到结构以外的无害地段。排水系统如有渗流迹象，应及时堵塞漏洞，清除淤泥，使排水系统畅通；二是整理圬工勾缝及清除垃圾。圬工每因勾缝损坏渗入雨水使浸水面溶蚀剥落、冻涨、开裂。桥梁支座周围所堆积的灰尘和垃圾若不及时清除则支座将因潮湿而锈蚀，导致受力不均，转动或移动不灵，有可能带来严重后果。

嘉兴市320国道上的三桥港桥，建于1995年，是联系嘉兴市和上海市的重要桥梁。桥梁跨径为7×20+50+7×20米，20米板采用预应力砼空心板，50米中跨采用预应力简支箱梁，桥面宽14米。由于交通流量大，在长时间的车辆荷载冲击作用下，桥面出现了开裂、剥落、碎边、坑槽现象等，空心梁板部分绞缝破坏，连续桥面处强度不足，部分支座出现脱空也造成了该桥的桥面破损。此外，原有板式橡胶伸缩缝破损老化，导致桥头跳车。该桥于2006年10月开始维修养护。因减少桥梁维修对交通影响，及桥梁跨度大，采用半幅施工，并加强交通管制。根据对该桥出现的问题采取如下维修养护措施：一是凿除桥面铺装，逐块检查每块空心板梁和箱梁，没有发现梁板带有结构性裂缝及露筋和空洞。对脱空的支座进行调整。对原破损的绞缝砼进行凿除，进行重新浇筑。清除梁板上的杂物，涂刷FYT-1型聚合物沥青桥面防水层，阻止桥面渗水对梁板腐蚀，采用C40砼并用LL550的冷扎带肋焊接钢筋网片重新铺装桥面，并及时养护。二是凿除原有的板式橡胶伸缩缝，更换QMF-60型异型钢伸缩缝，并用植筋办法在设伸缩缝的梁端和桥台被墙伸缩缝的锚固钢筋。通过养护维修，提高了桥梁的使用寿命，及行车的舒适性。

【新技术研究】

水泥稳定碎石振动成型法设计与施工技术研究

主要完成单位：申嘉湖（杭）高速公路（嘉兴段）项目指挥部。

主要技术创新点：一是采用振动成型法对水稳碎石的

最大干密度、级配组成、抗压强度、干温缩性能、疲劳强度等方面进行了试验，并与重型击实法进行了相关比对试验，编制了水泥稳定碎石振动成型法设计与施工技术指导意见，进行了实体工程的实施和验证；二是提出了用振动成型法提高水泥稳定碎石抗压强度、抗裂性能及疲劳强度的混合料配合比设计方法；三是提出了水泥稳定碎石振动成型法的成套施工技术。

护岸结构形式研究

2010年正在研究的护岸结构形式有预制混凝土沉箱护岸、圆筒型护岸、荣勋块体护面护岸及预应力混凝土板桩护岸等。其中预制混凝土沉箱护岸、圆筒型护岸研究已经在嘉于硖线于硖段经过了试验段的建设，用工厂化生产的预制混凝土沉箱、圆筒或空心组合块体替代常规的浆砌块石墙体结构，少用或不用块石等不可再生资源，而且该技术护岸工程的主要结构完全工厂化生产，现场机械化施工，还配套生态和环保等措施，使航道工程建设进一步朝高效率、高质量、低消耗、长寿命、节能和环保方向发展。荣勋块体护面护岸及预应力混凝土板桩护岸将在湖嘉申线嘉兴段一期工程中进行试验。特别是预应力混凝土板桩护岸对原有四级航道护岸进行基础加固并配以预制混凝土劈离砌块复合护面和生态绿化箱等，在不增加或少增加航道面宽的情况下通过浚深航道和护岸预应力砼板桩加固等技术来实现航道等级提升。该护岸若试验成功，将对减少土地征用、减少航道护岸后期维护费用、减少航道护岸施工对周边环境影响多有着非常积极的意义。

大直径（钉型）双向水泥土深层搅拌桩加固软土地基试验研究

主要完成单位：浙江申嘉湖杭高速公路有限公司。

主要技术创新点：一是采用理论分析、室内外试验、数值模拟相结合，实体工程检验的技术路线，将大直径(钉形)双向水泥土深层搅拌桩技术用体育高速公路身后软土地基加固处理，并对其加固机理、有效桩长、垫层效应、质量控制等问题进行了系统研究，提出了大直径(钉形)双向水泥土搅拌桩复合低级设计方法、施工指南和质量控制方法；二是首次将深度达25米的大直径(钉形)双向水泥土深层搅拌桩成功应用于深厚软土地基的加固，建立了相应的施工工艺和施工质量控制与检测方法；三是提出了基于变形控制的大直径(钉形)双向水泥搅拌桩复合地基的设计方法；四是提出了采用电阻率测试技术对大直径(钉形)双向水泥土搅拌桩的桩身强度及搅拌 均匀性进行综合评价。该项目为“十一五”2009年浙江交通科技成果，达到国际先进水平。

高速公路薄层磨耗层设计与应用研究

主要完成单位：浙江申嘉湖杭高速公路有限公司

主要技术创新点：第一，项目对2厘米厚度的AR-SMA-5和SBS-SUP-5作为路面薄层磨耗层进行了研究，并与常规路面上面层的SBS-AC-13进行了技术经济对比和分析，提出了薄层磨耗层 热拌沥青混合料的施工工艺及质量控制标准；第二，提出了维他橡胶粉沥青SMA-5、SBS改性沥青SUP-5沥青混合料体积指标；第三，应用落锤弯沉仪(FWD)对薄层磨耗层路面进行弯沉测定，反算模量来考察路面材料的特性。该项目为“十一五”2010年浙江交通科技成果，达到国际先进水平。

第二章　交通信息化

交通信息化，就是运用信息技术对交通基础设施、载运装备和管理手段等进行改造，全面提升交通运输系统供给能力、运行效率、安全性能和服务水平，推动公路、水路交通实现产业升级和结构优化的进程。信息化发展水平已成为衡量交通现代化的重要标志之一。交通信息化是交通系统实现“两个率先”的必备条件，是推进体制改革、管理创新的重要手段，是提高效率、加强监管的有效途径，也是服务社会、改造传统运输业的技术支撑，大力推进信息化建设是实现交通运输业新的跨越式发展的战略举措。

嘉兴交通系统信息化，是在20世纪90年代后期，开始逐步实施，到2010年年底，交通信息化应用逐步深入到交通建设、管理、服务的各个领域，行业内信息共享程度有较大提高。通过以电子政务为龙头、以有效监管为重点、以公共服务为落脚点推进信息化建设，逐步形成公路、水路交通信息化管理体系和信息服务体系。

【交通部门政务信息化】

建立完善“两网一库”为基本架构的电子政务系统，建立和完善交通系统内部办公业务网；交通部门的办公业务资源网；实施移动办公系统；交通系统共建共享的电子信息库的建设和完善。根据国家的有关标准要求，依托电子认证、电子印章、数字签名等先进技术手段，实现会议通知、正式公文、领导讲话、工作简报等无纸化传输；应用视频会议系统，为交通部门提供图像信息服务，逐步实现办公业务的数字化和网络化，为交通各级部门的协商工作提供畅通快捷的信息化渠道。

【高速(收费)公路管理信息系统】

采用先进监控技术，提高交通安全管理、突发事件处理和路政管理水平；采用先进监测技术和流量分布优化技术，提高交通设施使用效益，减少交通拥堵，改善有关区域的环境保护；通过电子收费技术，缩短收费时间和解决现金收费弊端，逐步实现高速(收费)公路智能化管理。

在高速公路管理系统：完成对内部业务数据及外部采集信息的抽取、融合、组织及发布，从而实现网络化管理。

在工程建设管理系统：实现项目招投标、合同计划、进度、质量、投资控制、计量、变更、档案等电子化、网络化管理，使项目管理部门能及时、快速、准确地获取各类信息，加强对项目的监控和管理力度，实现降低工程造价，缩短工程，提高工程质量的目的。

在高速公路机电工程：建立联网收费、通讯、交通监控与管理系统。

【公路运输管理信息系统】

重点发展人流、物流、信息流、资金流和覆盖道路运输信息网络，全面提升道路运输业信息化整体水平和应用能力。逐步建立起包括智能管理、智能交易、智能安全的智能道路运输体系，使道路运输的决策、调控、服务、应急等方面的信息化能力与国民经济发展相适应。

公路运输共用信息平台

对现有系统进行整合，促进各系统信息交互。对于“浙江道路运输信息平台”“浙江省公路规费征收系统”和“嘉兴道路运管稽征网”网站系统进行整合升级，建立“嘉兴市运输管理稽征处网上规费征收系统”，整合现有的“营业性驾驶员管理考试系统”和“浙江省道路运输信息平台系统”。利用现有嘉兴市范围内所有营业性驾驶员的相关信息，为“浙江省道路运输信息平台”“浙江省道路运输违章处理系统”的稽查处理提供相关的依据。在业务系统应用完善的基础上，建成客运、货运、维检等共用信息子平台，完成对内部业务数据及外部采集信息的抽取、融合、组织及发布。以信息传输网络为基础进行数据传输，实现公路运输管理与服务信息的共享。

公路运输公众服务系统

开通“一号通”，扩展“96520”特服号码功能，通过中继线、3G系统、视频采集系统、高频对讲、短信平台更好地履行好管理职能，在出租车集中候客区域安装监控装置，为公众提供更好的服务。完善公路运输公众服务网站，建立客运飞货运、维检等综合信息公众服务系统，开通网上审批、网上年审和信用查询等功能，在此基础上实现与省客运、货运信息公众服务系统的互联互通，并预留与相关部门(公安、城建、医疗、气象等)及其他运输方式(铁路等)的接口。

无线移动电子稽查系统

在稽查车辆上安装固定车载监控系统，稽查人员装备移动摄录像机，综合全面采集稽查现场的图像、语音数据，将稽查现场详细全面的情况进行记录，并将所采集信息存入车载电脑或移动存储器。达到全程取证监督的目的，从而增强运政执法的透明度和公正性。利用移动短信平台每月上旬和中旬对欠费车辆进行两次短信催缴，流动稽查人员也可通过移动边信平台及时掌握路上车辆的缴费信息，解决盲目拦车窘境，提高稽查人员的工作效率，方便车主。

决策支持系统(DSS)

在完善了系统功能实现了应用，并且完成了系统整合和信息交互后，面对大量的基础数据资源，需要将这些信息资源进行深加工，使其转化为有用的信息，转变为知识，为运政管理工作提供服务，为运输管理决策者做出决策提供帮助，逐步实现决策支持、知识管理。OA 系统和“浙江省道路运输信息平台”系统相结合的知识管理系统，以办公自动化系统作为主体，将“浙江省道路运输信息平台”系统中相关的业务数据和 OA 做出相应的整合，这些数据信息就涵盖了整个业务管理和公文管理的基本内容，将 OA 升级到以“知识管理”为核心的第三代办公自动化系统。电子政务系统决策支持体系，通过建立正确的决策体系和决策支持模型，为我市运政管理决策提供科学的依据，提高运政管理决策的科学性、时效性和适应性。

车辆维修检测系统

包括维修企业管理系统、检测企业管理系统、车辆管理系统等。

客运站联网售票与清算系统

建成嘉兴市客运站联网售票与清算系统，建成客运票务数据库，实现市内所有一、二级客运站的联网售票。

客车卫星定位系统

建设客车的 GPS 行车记录管理系统。

公交车卫星定位系统

建设公交车的 GPS 公众服务系统。

【公路管理信息系统】

实现公路管理地理信息的数字化管理，公路建设和管理过程中产生的各种静态信息和动态信息的管理，为公路发展规划、路网布局为公路建设与管理提供决策支持，实现对各种公路建设与管理信息的传输和融合，为总控信息平台提供技术支撑。一是开发和完善公路信息网络系统平台。建立并完善公路信息网络(内网)系统，更新原有计算机设备，加强信息化硬件建设，同时完成公路管理系统办公自动化建设。二是建立公众信息服务系统。开通“嘉兴公路”网站，建立并完善公路信息(InIternet)网站，提供公路相关信息咨询、政务公开(宣传)和网上办事(电子政务)、等服务。同时建立嘉兴公路(Internet)邮局，实现与省内交通系统之外的电子信息交流。实现交通动态信息、车载信息及行政管理信息的实时发布。三是建立智能化公路数据库应用管理信息系统。结合地理信息系统，采用先进数据采集、处理技术，建立公路(国省县乡道路)及其设施相关信息数据库，包括基本路况、路面、桥梁、标志标线、施工设备等数据库应用子系统和养护行业管理、行政许可(审批、执法)等业务子系统，为公路建设、行业管理和社会提供全面的数据资料。四是建成公路运行咨询管理共用信息平台。利用现代计算机和通信技术，建立公路(主要道路)运行咨询系统，完成对内部业务数据及外部采集信息的抽取、融合、组织及发布。提供实时公路路况以及附属设施、交通流量、施工等信息，为道路抢修、应急战备等工作服务，同时为嘉兴公路服务社会经济提供方便。

【工程项目管理系统】

实现项目计划、进度、质量、建设、监理与验收、招标、合同、经费预决算、经费审计、资料、档案等的电子化、网络化管理，从而使项目管理部门能及时、快速地获取各类项目信息，加强对项目的监控、管理力度，实现降低工程造价、缩短工期、提高工程质量的目的。

【航运和港口管理信息系统】

电子缴费信息系统

2003 年建成并投入使用的嘉兴港航电子化联网缴费信息系统，实现了征费票据网络化管理、规费资金自动化汇集管理、船户缴费电子化缴纳和网络出票等管理、服务功能。系统基于港航专网和 B/S 构架，将港航局、处、站三级缴费业务联成一个高效、安全、便捷的服务平台。

船舶电子通航管理平台

针对嘉兴航区内船舶动态监管、区域性报港的管理需求，开发建设了船舶电子通航管理平台，包括了船舶报港管理、船舶 IC 卡电子签证管理、海事业务报表管理、码头作业信息管理、危险货物及船舶网上申报服务、超限船舶船队申报处理等功能，为基层站点业务管理提供了各种网上申报功能，为服务船民打开了一扇新的窗口。

平台与IC卡、RFID电子标签等动态监控手段相结合，解决了航区内船舶动态监管的难题。

船舶业务

针对本港运输船舶业务管理，已实现了船舶登记、船舶检验、水运管理等多个业务系统的信息化应用。

船舶登记管理系统网络版船舶登记管理系统吸取了以前船舶登记管理软件的优点，可满足船舶登记业务日常管理和资源共享。系统主要功能有：核船名、初始登记业务、特殊登记业务及附加登记业务，对船舶各项登记业务及各种证书进行计算机管理。

船舶检验管理信息系统建立数据库，实现船舶检验流程、发证、收费、查询统计、机构人员、权限管理、数据处理、档案管理、行政许可、业务指南、在线升级等业务的网络信息化。

水路运输管理信息系统利用信息化手段协助管理部门实现对水运企业及船物的管理，以提高工作效率、减少差错率，在港航部门建立水路运输管理信息数据库，利用现有网络资源实现全省水运信息的全面共享和统一的自动化管理。

内河船员管理系统将船员管理纳入信息化管理的范围中，系统分为核心业务和辅助业务两大部分，核心业务部分主要完成服务簿办证、适任证办证、适任考试、船员培训等。辅助业务主要完成船员跟踪、船员违章、档案管理等。规范了船员管理这一海事重要业务，大大提高了工作效率。

无线传感网在数字航道中的应用

应用先进的无线传感网络技术应于航道监控、河道信息采集和应急指挥上。在京杭运河嘉兴段、杭申线北郊河段两个试点航段的全视频覆盖，实现监控摄像机监控视频的可移动远程实时传送功能，实现实时的水位信息采集、处理，实现与指挥中心原有系统的无缝整合和视频的存储、显示、回放，弥补了固定监控的不足。

罚没款票据管理系统的开发与研究

为解决港航行政处罚管理现场各类设施不够齐全、对罚没款的现场执收及票据管理缺乏有效管理手段等问题，港航局部门进行了罚没款票据管理系统的开发与研究，使各港航管理站点实行票据管理网络化，摆脱手工开票，在港航系统实现联网票据管理、银行联网业务、电脑开票、报表统计、业务监管等功能，大大提高了工作效率，实现了罚没款的有效管理。

第十一篇 职工队伍建设

第一章 人 物

在社会主义建设中，为推进交通基础设施建设、发展运输生产、加强行业管理，嘉兴市秀洲区（含它的前身嘉兴县）抓好交通队伍建设。在中国共产党的领导下，各级党委、政府通过党组织、团组织、及工会，加强思想政治工作，培育出一支爱岗敬业、勤奋工作、吃苦耐劳、不怕牺牲的交通职工队伍，并涌现了一大批劳动模范、先进生产（工作）者、优秀共产党员等各类先进个人和先进集体。他们站在时代前列，为秀洲区交通运输事业无私奉献。

第一节 英雄人物

张康杰

张康杰，男，1984年2月出生，嘉兴市秀洲区新塍镇陡门村人，生前系浙江省嘉兴市国鸿集团汽车工业贸易有限公司青年员工。2002年6月毕业于新塍镇职业技术学校，先后在嘉兴市博腾汽车服务有限公司、嘉兴国鸿集团汽车工业贸易有限公司任汽车维修工。2002年1月加入中国共产主义青年团。2004年12月25日，嘉兴市公安局、团市委、市志愿者协会向社会招募反扒志愿者，张康杰同志闻讯后报了名，成为嘉兴市首批反扒志愿者中的一员。2005年6月1日晚8时许，嘉兴市区友谊路、洪兴路口，一辆汽车与一辆摩托车发生轻微刮擦，车上的人开门下车时，恰好碰到了在路上闲逛的四川安岳人蒋某和谭某，双方发生激烈争吵。在一旁的摩托车驾驶员徐某上前劝阻，并说“你们打架，我可要报警了”，边说边掏出手机。谁知，蒋、谭二人拔出尖刀就朝徐某大腿捅去，随后拔腿便逃。刚好路过的张康杰见此情形挺身而出，立即向歹徒追了上去。追赶至银泰花园小区，两名歹徒恼羞成怒拔出尖刀刺向张康杰，尖刀刺中了张康杰的胸口，歹徒夺路而逃。受伤后的张康杰仍跌跌撞撞继续追赶，最后终因流血过多而倒地。随后赶到的民警迅速将张康杰送到医院抢救。经检查，尖刀正好刺中张康杰心脏部位，医生立即为他实施了手术。虽经医务人员全力抢救，但终因张康杰伤势过重，在昏迷了整整25天后，于6月26日凌晨1点47分，张康杰永远失去了他年轻的生命。牺牲时年仅22岁。张康杰牺牲后，被追授为“革命烈士”“浙江省见义勇为勇士”“嘉兴市劳动模范”“嘉兴市首届道德模范”，并获得“浙江青年五四奖章”等荣誉称号。

杨 彬

2007年11月7日凌晨3时18分，杨彬在王江泾治超检测站依法对超限运输车辆例行检查时，一辆涉嫌超载的货车为逃避检查突然加速冲卡，在同事朱伟坚遭遇生命危险时，毅然冲上前去制止，可是他被该车拖带了1000多米，不幸以身殉职，年仅32岁。

杨彬生前系乍嘉苏高速公路王江泾治超站治超分队长，湖南省绥宁县人，苗族，1975年7月出生，1993年12月入伍，1995年6月入党。在73026部队历任战士、班长、电影放映组长、专业军士。2006年1月退伍，进入嘉兴市公路路政管理支队高速公路大队。

杨彬不幸以身殉职后，各单位部门、各级领导都予以了极大的关注。浙江省副省长王永明、省交通厅厅长郭剑彪、嘉兴市副市长赵树梅等领导分别作出批示，交通部全国治超办、浙江省交通厅等上级单位先后发来了唁电，对杨彬的不幸遇难表示深切哀悼，对杨彬的亲属表示诚挚的慰问。省交通厅副厅长、省公路局局长李福良还看望和慰问了杨彬的亲属。11月14日，嘉兴市交通局在嘉兴殡仪馆举行了隆重的杨彬遗体告别仪式。

杨彬用年轻的生命忠实履行了交通执法人员的神圣职责，用鲜血捍卫了治超和公路事业，充分展示了当代路政人员崭新的精神风貌。他是交通战线的优秀典范，是"和谐交通"建设的楷模，也是全市交通系统精神文明建设的杰出代表。为表彰他的先进事迹，弘扬他崇高的优秀品德和高尚精神，11月23日，嘉兴市公路管理处党总支发出了《关于开展向杨彬同志学习的决定》(嘉路党〔2007〕11号)，11月27日，嘉兴市交通局党委发出了《关于开展向杨彬同志学习的决定》(嘉交党〔2007〕35号)，号召在全市交通、公路系统中开展向杨彬学习的活动。学习他在危急关头挺身而出、奋不顾身、不怕牺牲的英雄气概；学习他为嘉兴公路事业的发展克己奉公，艰苦创业，奋勇争先，忠诚事业、任劳任怨的优秀品质；学习他在执法过程中，对违规违法的人和事，敢于坚持原则，依法履行职责，严格执法，规范办案的严谨作风；学习他干在一线，冲在前列，一心扑在工作上，忠实履行党和人民赋予的光荣使命的这种对待工作、对待事业的高度的责任感和使命感；学习他大公无私，秉公办事，积极同各种不正之风和腐败现象做斗争，自觉维护党和政府在人民群众心目中的良好形象的高尚情操；学习他始终牢记党的宗旨，一心爱民、一心为民，时时处处把群众利益摆在首位，时时刻刻把群众冷暖放在心头，真正做到权为民所用，情为民所系，利为民所谋，甘当人民群众好公仆的伟大精神。2007年12月5日，嘉兴市交通局隆重举行杨彬先进事迹报告会，来自省交通厅、省公路局、市委宣传部、各县(市、区)交通局、局属各单位、嘉通集团、沪杭甬高速公路嘉兴管理处、乍嘉苏高速公路公司等单位领导干部、职工代表和局机关干部共500多人参加了报告会。12月18日嘉兴市交通局党委发文，追授杨彬"优秀共产党员"称号(嘉交党〔2007〕39号)。2008年1月8日，浙江省交通厅党组发出《关于授予杨彬同志"交通卫士"称号的决定》(浙交党〔2008〕3号)，并号召全省交通战线干部职工开展向杨彬学习活动。

2008年4月9日，中共嘉兴市委、市人民政府发出《关于开展向杨彬同志学习的决定》(嘉委〔2008〕15号)。4月10日，嘉兴市王江泾超限运输检测站分队长杨彬在"感动嘉兴"电视颁奖晚会上获得2007年度最具影响力人物荣誉称号。4月23日共青团浙江省委、浙江省青年联合会发出《关于追授杨彬同志"浙江青年五四奖章"的决定》(团浙联〔2008〕14号)，追授杨彬"浙江青年五四奖章"，并号召全省广大团员青年向杨彬学习。5月5日，市交通局发出《关于命名乍嘉苏高速公路王江泾超限运输检测站一分队为"杨彬分队"的决定》(嘉交〔2008〕100号)。5月7日，"杨彬分队"命名授旗仪式在乍嘉苏高速公路王江泾超限运输检测站举行，嘉兴市委副书记朱伟、副市长赵树梅、省交通厅副厅长储雪青、省公路局副局长钱立高等领导和全市交通系统领导及执法人员500余人参加了仪式。

田春良

田春良，男，享年56岁。1953年7月6日出生于上海，1969年上海市汾阳中学毕业。同年11月，响应国家号召到黑龙江省呼玛县金山公社察哈彦大队插队落户，1975年5月招工进入哈尔滨铁路局加格达奇铁路分局工作，1986年6月调入嘉兴市城郊港航管理处，先后在新塍港航管理站、思古桥港航管理检查站等岗位工作，生前系嘉兴市思古桥港航管理检查站职工。

2009年2月16日傍晚，田春良与两名同事顶着刺骨的寒风在京杭运河思古桥航段巡视，在对一艘由北向南行驶的安徽籍500吨级满载货物的钢质货船检查时，发现该船涉嫌配员不足，遂按照规定收存了对方的船舶证书和船员证书，并要求该船就近停靠到思古桥检查站接受进一步调查。当田春良和同事回到海巡艇后，货船上一男一女两名船员突然冲上来拉扯田春良抢夺证件，导致三人同时落水。落水后，田春良发现其女船员不会游泳，在生死关头，具有良好水性的田春良，在水中托住女船员头部奋力救助不会游泳的女船员。为了救助女船员，田春良耗尽了自己最后一丝力气而溺水。船员得救了，而他终因抢救无效而壮烈牺牲。田春良牺牲后，于2010年12月22日，经浙江省人民政府批准为"革命烈士"，2011年被评为"感动嘉兴——2010年度最具影响力人物"。

田春良是一名平凡的港航执法工作者，在他生活和工作过的地方，很少找到他的工作照片，只有简单的几页简历，但他在危难时刻舍生取义的大无畏精神，让人们感受到了他那"无私奉献"的真谛。

16岁，田春良响应国家号召，离开上海，插队落户到黑龙江省呼玛县金山公社察哈彦大队。在他知青战友的记忆中，田春良是一个与世无争，事事处处谦让、宽厚的人。由于他个子高、重活累活他总是抢在前面，在知青中都亲切地称他为"大老田"。1975年5月，在全生产大队的204名知青中，县里按百分之一的比例下达给察哈彦大队，一个去加格达奇铁路分局当铁路工人的招工指标。田春良因为表现出色、为人和善，被社员和知青们一致推举，成为他们大队第一个进入国企工作的知青。在加格达奇铁路分局工作时，他曾当过六年扳道工，他兢兢业业，从未出过差错。

1986年，田春良调入嘉兴市城郊港航管理处新塍站，当时站里的工作任务十分繁重，辖区内有两条省级主干线，航道上水泥船多、事故多，田春良一年有300多天都奔波在航道上，餐风沐雨。90年代初，在一次取缔无船名船号、无船舶证书、无船籍港的“三无”船舶专项整治工作中，对“三无”船舶解除动力拆卸发动机。拆机是一个又脏又累的重体力活，每个发动机重达六七百斤，站里开始安排了两个船厂工人去拆机，但恰巧一个工人腰受伤了，别人皱着眉头往后躲，田春良却主动请缨一干就是好几天。1992年2月11日京杭运河发生大堵航，从江苏的吴江一直堵到浙江的乌镇，连绵几十公里，堵得个水泄不通。疏航期间，田春良和同事们克服了常人难以想象的困难，没日没夜地疏通航道，累得眼睛红肿、喉咙嘶哑，整整13个昼夜都坚守在疏航现场。

在水上交通事故处理中，打捞尸体是件苦差事。2007年夏天，思古桥航段两船相撞，其中一女子不幸落水身亡，连续几天尸体都没有打捞起来。围观的群众很多，等得不耐烦的船民争相驾船往前挤，现场秩序维护异常困难，稍有疏忽就会引起大范围的堵航。已经坚守在打捞现场15小时的田春良，双脚踩在滚烫的甲板上，头顶着火辣辣的太阳，奔波忙碌，一边用高音喇叭劝导船民，一边帮助打捞队加快速度。当腐烂的尸体从水中捞出时，奇臭无比，惨不忍睹，他不声不响地帮助包裹、搬运，令船户们非常感动。2007年10月18日晚上，思古桥水域两船发生正面碰撞，空船一下子骑在了重船上面，重船受损严重，眼看着就有沉船的危险，船员惊慌失措。在这千钧一发的危急时刻，田春良不声不响地踏上了事故船，查看情况。同事们都为他捏着一把汗，因为此时受损船舶已大量进水，情况异常危险，一旦船舶进水过多，船体就会侧翻而下沉，这将产生强大的漩涡把人吸入水底。老田凭借自己20多年丰富的水上工作经验，及时抢滩成功，顺利地排除了险情。

在执法过程中老田是一个原则性极强的人，20多年来，他秉公执法，清正廉洁，从没拿过船户一分东西。2007年夏天的一天，一个超载的山东船队在路经思古桥航段时，被巡查的执法人员查获。根据相关规定，必须卸载或分拖，山东船队的负责人悄悄地塞给负责处理此案的田春良厚厚的一叠人民币，想让他手下留情。田春良严辞拒绝，并严格按照法律规定处理了此案件，他公平公正的处理让违章船户心服口服。

田春良在生活上非常节俭，他虽然有着上海人的节俭和精明，但是当发生百年不遇的特大雪灾，是他第一个捐出当月全额工资；当汶川发生特大地震，是他第一个站出来向组织提出前往救援的请求；当得知灾区百姓面临寒冬威胁，是他第一个捧来了近3公斤重的崭新丝棉被捐给灾区。

田春良和妻子都是黑龙江的知青，1979年结婚后妻子先回到嘉兴，两人经历了近10年的两地分居生活，其间，女儿出生后留在了上海。1986年田春良调到嘉兴后，回上海一家团圆成为这个家庭多年的梦想。就在田春良牺牲前的几个月，单位领导考虑到他的年龄，准备调他到比较轻松的水上指挥中心工作。“我虽然50多岁了，但我身体好，精力充沛。”他对领导说，“思古桥站是浙江的水上门户，是我市维护全国文明航道的前沿阵地，我经验丰富，这里需要我。”他执意要求留在基层、留在一线，还说舍不得离开船民，舍不得离开滚滚运河水，没想到他这一留就再也没有回来。在田春良身上始终闪耀着一种立足岗位、默默奉献的敬业精神，他在平凡的岗位上抒写着对港航管理事业的热爱，他用自己的生命忠实履行了行政执法人员的神圣职责。

第二节 区(县)级以上先进个人和先进集体

1956年

浙江汽运公司湖州运输段嘉兴中心站陆锦英被评为浙江省文教战线社会主义建设积极分子。

1959年

嘉兴专区公路运输公司李新元获全国先进生产（工作）者称号。

嘉兴专区航运公司柏鹤林获全国先进生产（工作）者称号。

嘉兴专区公路运输公司李鹿武获省工业、基建、交通社会主义建设积极分子称号。

嘉兴县嘉兴搬运装卸站被评为全国工业、交通运输、基本建设、财贸方面社会主义建设先进集体。

嘉兴县交通运输公司被评为全国工业、交通运输、基本建设、财贸方面社会主义建设先进集体。

1962 年

浙江省人民政府授予先进生产者名单：

嘉兴航运局：杨绍昌。

1963 年

浙江省五好职工标兵名单：

嘉兴交通局三轮车站：刘学富

装卸站：管正明

修配厂：吴建华

嘉兴航运局：杨绍昌、潘根生

1977 年

嘉兴县劳动模范：桥梁队：朱明忠

1978 年

嘉兴县劳动模范：桥梁队：朱明忠

浙江省劳动模范：朱明忠

1979 年

嘉兴县劳动模范名单：王加富、朱明忠

浙江省劳动模范：朱明忠

浙江省先进生产者：佘莘潮（嘉兴搬运装卸公司）

1980 年

全国交通战线劳动模范：

嘉兴市桥梁工程队：朱明忠

1981 年

浙江省人民政府授予劳动模范：

嘉兴市桥梁工程队：朱明忠

浙江省航运局评定省航级先进生产者名单：

浙航嘉兴分公司：徐兆元

嘉兴市人民政府授予劳动模范名单：王加富、王观成、徐兆元、朱明忠

1982 年

浙江省航运局评定省航级劳动模范：

浙航嘉兴分公司：徐兆元

浙江省航运局评定省航级先进生产者名单：

浙航嘉兴分公司：马国泰

嘉兴市人民政府授予劳动模范名单：朱明忠、王观成、王加富、徐兆元、尤松福

1983 年

浙江省航运局先进生产者名单：

浙航嘉兴分公司：马国泰

浙江省航运公司授予先进生产者名单：

浙航嘉兴分公司：尤松福

嘉兴市交通系统航运安全、运输质量先进标兵名单：

朱阜才、丁志根、余鑫付、赵阿根、王加富、郭金海、施永明、朱金生、张志芝、苗春雨、徐建忠、章掌官、蒲菊华

1983—1984 年

嘉兴市人民政府授予劳动模范名单：朱明忠

嘉兴市人民政府授予先进生产者名单：张锦浩

1985—1986 年

嘉兴市人民政府授予劳动模范名单：朱明忠

1989 年

嘉兴市人民政府授予劳动模范名单：张锦浩

1991—1993 年

钮怡怡同志获全省交通系统两个文明建设先进职工称号。

航道疏浚队冯永康于 1992 年被交通部授予“全国内河航道系统先进工作（生产）者”称号。

1994 年

嘉兴市城郊港航管理处被省人民政府评为“保障干线航道安全畅通”先进集体。

1995 年

1月23日，根据嘉郊委〔1995〕8号文件，在 1994年度“我为嘉兴添锦绣”活动中，钮怡怡获得“南湖俊杰”荣誉称号。

是年，钮怡怡还获得 1994 年度区人大代表建议意见办理工作先进个人。

是年，嘉兴市城郊港航管理处郑克宣获交通部“水上安全监督工作”先进个人。

1996 年

1 月 11 日，区交通局被嘉兴市人民政府授予 1995 年度综合治理先进集体荣誉称号。

4月，市桥梁队张锦浩被评为浙江省劳动模范，同时获全国总工会“五一”劳动奖章。

1997 年

钮怡怡获1996年度嘉兴市“人大代表活动”积极分子称号。是年，钮怡怡还获得1996年度区人大代表建议办理工作先进个人。

1998 年

是年，嘉兴市城郊港航管理处郑克宣获交通部全国交通系统先进工作者称号。

钮怡怡获1997年度区人大代表建议办理工作先进个人。

1999 年

嘉兴市城郊港航管理处被浙江省交通厅授予“1999抗洪抢险先进集体”称号。

钮怡怡获1998年度区人大代表建议办理工作先进个人。

2001 年

嘉兴市城郊港航管理处被交通部授予“国家级文明样板航道”称号。

是年，嘉兴市城郊港航管理处沈立、楼云芳被交通部评为“文明样板航道创建工作”先进个人。

2002 年

6月18日，区公路运输管理所党支部被秀洲区委表彰为2001年度先进基层党支部。

同日，张锦浩被秀洲区委表彰为2001年度优秀共产党员。

是年，嘉兴市思古桥港航管理站被浙江省交通厅授予“浙江省交通系统文明示范窗口”称号。

2003 年

6月13日，区公路运输管理所党支部，被秀洲区委表彰为2002年度先进基层党支部。

同日，屠继成被秀洲区委表彰为2002年度优秀共产党员。

是年，嘉兴市城郊港航管理处被省委、省政府评为“浙江省省级文明单位”。

是年，区公路运输管理所荣获省市场监管先进单位。

是年，市城郊港航管理处吴建林被中共浙江省宣传部、浙江省综合治理委员会、浙江省公安厅、浙江省见义勇为基金会授予第八届浙江省见义勇为先进分子称号。

是年，嘉兴市振禾出租车有限公司周勇被评为嘉兴市“的士之星”称号。

2004 年

1月20日，李正国被区政府表彰为2003年度绿化工作先进个人。

是年，嘉兴市城郊港航管理处吕建伟被交通部授予“全国内河航道普查工作”先进个人。

是年，区公路管理段谢树人荣获全省治理车辆超限超载工作先进个人。

2005 年

1月11日，省交通厅表彰授予秀洲区乡村康庄工程“双百”达标单位称号。

2月17日，秀洲区交通局被秀洲区委评为2004年度项目推进年活动集体二等奖。

同日，金忠被秀洲区委评为2004年度项目推进年活动先进个人。

3月6日，区人大办、区府办授予区交通局六届人大二次会议代表意见建议办理工作先进集体。

4月11日，区交通局被市交通局授予2002—2004年嘉兴市淘汰水泥船工作先进集体。

4月14日，区政府表彰洪合、王店为2004年度乡村康庄工程建设优秀单位。

6月23日，区交通局机关党支部被秀洲区委评为2004年度先进基层党组织。

7月20日，省治超工作领导小组授予区治超办2004年度全省治超工作先进集体。

是年，嘉兴市城郊港航管理处杨军被交通部授予“文明样板航道创建工作”先进个人。

是年，嘉兴市城郊港航管理处工会获全总颁发“模范职工小家”称号。

是年，区公路管理段谭长欣、王祥获评全省治理车辆超限超载工作先进个人。

是年，嘉兴市振禾出租车有限公司周勇被评为嘉兴市“见义勇为司机”“的士之星”称号。

2006 年

1月29日，周大水被区委、区政府评为2005年度安全生产工作先进个人。

2月14日，区交通局被市交通局评为全市交通系统安全目标管理考核优秀单位。

3月2日，区交通局被市交通局评为全市水上交通安全管理责任制考核优秀单位。

是年，市城郊港航管理处卜建林被交通部授予“京杭运河船型标准化示范工程推进工作”先进个人称号。

是年，市城郊港航管理处吴建林被省交通厅授予“全省交通行业十佳文明标兵”荣誉称号。

是年，市城郊港航管理处思古桥港航管理检查站被省交通厅授予全省交通行业“十佳文明示范窗口”称号。

是年，市城郊港航管理处塘汇港航管理检查站被省交通工会省交通厅安委会表彰为“全省水运系统安全优秀班组”。

是年，市城郊港航管理处思古桥港航管理检查站被浙江省精神文明建设委员会命名为“省级文明示范窗口”。

是年，市城郊港航管理处思古桥港航管理检查站获中国海员建设工会全国委员会颁发全国水运系统船舶班组安全竞赛“安全优秀班组”称号。

是年，市城郊港航管理处“浙海巡0290号艇”被省交通工会表彰为全省水运系统“安全优秀船舶”。

是年，嘉兴市振禾出租车有限公司周勇被评为嘉兴市“十佳文明司机”称号。

是年，区公路管理段王曦东荣获全省乡道砂石路面改造工程先进个人。

是年，区公路管理段黄志忠荣获全省农村公路专项调查先进个人。

2007年

2月2日，薛成宛被区委、区政府评为2006年度信访工作先进个人。

2月15日，区交通局在农业创优评先中，被区政府评为2006年度绿化先进单位。

同日，金忠在农业创优评先中，被区政府评为2006年度绿化先进个人。

同日，李正国在农业创优评先中，被区政府评为2006年度动物防疫与畜产品安全监管先进个人。

2月17日，区交通局被区委、区政府评为2006年度“项目投入年”活动先进集体。

是年，市城郊港航管理处证照管理科被浙江省巾帼建功和双学双比活动协调小组认定为“浙江省巾帼文明岗”称号。

是年，市城郊港航管理处思古桥港航管理检查站获“全国青年文明号”殊荣。

是年，市城郊港航管理处思古桥港航管理检查站吴建林被浙江省总工会授予“浙江省五一劳动奖章”。

是年，市城郊港航管理处思古桥港航管理检查站吴建林被浙江省精神文明建设委员会评为“浙江省道德建设先进个人”。

是年，市城郊港航管理处边胜荣被浙江省交通厅、浙江省文明办、浙江省总工会授予“浙江交通十大感动人物”。

是年，区公路管理段黄志忠荣获全省农村公路专项调查先进个人。

2008年

2月4日，金忠在农业创优评先中，被区政府评为2007年度绿化工作先进个人。

2月14日，沈金富被区委评为2007年度武装工作先进个人。

2月15日，金忠被区委评为2007年度信访工作先进个人。

2月20日，公路管理段张永德被浙江省交通厅授予抗雪救灾先进个人称号。

是年，秀洲区道路运输管理所程继华荣获省创建文明行业先进个人。

是年，市城郊港航管理处吴建林被交通部授予“全国交通行业文明职工标兵”称号。

是年，市城郊港航管理处思古桥港航管理检查站被中华全国总工会表彰为“全国工人先锋号”。

是年，市城郊港航管理处裴晨彪被中国水运报社、中国水运杂志社授予“优秀通讯员”称号。

是年，市城郊港航管理处王江泾港航管理检查站边胜荣被交通运输部表彰为“全国交通行政执法文明标兵”。

是年，市城郊港航管理处边胜荣被中共浙江省纪律检查委员会、省监察厅、省政府纠风办评为浙江省基层站所（办事窗口）行风建设先进个人。

2009年

1月1日，秀洲区选手王斌在全市交通系统歌手大赛上荣获一等奖。

1月14日，在全省“迎奥运、文明出行”道路交通安全主题宣传活动中，浙江嘉兴长运运输有限公司余金应、孙成林被表彰为出租车优秀驾驶人；曹渝江、陆伟被表彰为公交车优秀驾驶人。

2月2日，金忠在农业创优评先中被区政府评为绿化工作先进个人。

2月3日，区交通局被区委表彰为2008年度“项目提升年”活动先进集体。

同日，易庆平被区委表彰为推进城乡一体化工作先进个人。

2月9日，秀洲区交通局被表彰为2008年度人大代表建议和政协提案办理工作先进集体。

同日，赵海荣被表彰为2008年度人大代表建议和政协提案办理工作先进个人。

2月23日，市交通局授予京杭运河秀洲段、杭申线秀洲段航道为平安航道称号；授予嘉湖公路秀洲段公路为平安公路称号。

5月12日，秀洲区代表队在嘉兴市市级汽车维修工职业技能竞赛中获得团体一等奖。

6月29日，沈金富被区委表彰为2008年度优秀共产党员。

7月21日，秀洲区交通战备办公室被浙江省交通厅表彰为2008年度浙江省交通战备工作先进单位。

8月27日，程继华被区委表彰为“秀洲区参与嘉兴市创建全国文明城市国家卫生城市”工作先进个人。

11月19日，秀洲区交通局被区政府表彰为2009年度绿化工作优秀单位。

12月29日，秀洲区二支出租车队荣获2009年度省级“文明出租车车队”称号。

是年，市城郊港航管理处王江泾检查站边胜荣被交通运输部授予“全国交通运输系统劳动模范”称号。

是年，市城郊港航管理处顾金坤被交通运输部授予“全国第三次港口普查”先进个人。

是年，市城郊港航管理处思古桥港航管理检查站荣获“全省港航管理系统基层站所行风竞赛优胜单位”称号。

是年，区公路运输管理所程继华荣获省创建文明行业先进个人。

是年，市城郊港航管理处思古桥港航管理检查站被中共交通运输部海事局党组、交通运输部海事局授予“全国海事系统文明执法示范窗口”荣誉称号。

是年，市城郊港航管理处陆建忠被省港航管理局表彰为“水路运输量专项调查及专项补充调查省级先进个人”。

是年，嘉兴市振禾出租车有限公司周勇被评为年度省级“服务明星”称号。

2010年

2月2日，区交通局被区委表彰为2009年度信访工作先进集体。

2月19日，区交通局被区政府表彰为2009年度绿化工作优秀单位。

同日，胡佩英被区政府表彰为2009年度绿化工作先进个人。

2月21日，区交通局被区委表彰为“项目提升年”活动先进集体。

2月23日，区交通局被区委表彰为落实党风廉政建设责任制考核优秀单位。

2月25日，秀洲区机关党工委授予区交通局机关党支部“规范化党支部”称号。

2月25日，市城郊港航管理处塘汇港航管理检查站被评为2009年全国水运系统安全优秀班组。

3月23日，秀洲区运管所荣获“创建省级文明行业先进单位”和“省级出租车监管先进单位”两项省级先进荣誉。

是年，区公路运输管理所屠夏英荣获省创建文明行业先进个人。

是年，区公路运输管理所程继华荣获省公路运输行业上海世博会安保工作先进个人。

4月21日，赵海荣被表彰为2009年度区人大代表建议和政协提案办理工作先进个人。

5月24日，区交通局被嘉兴市交通运输局表彰为2010年全市春运工作先进集体。

6月22日，区公路管理段党支部被区委表彰为2009年度区级先进基层党组织。

11月24日，沈金富2007—2009连续三年考核优秀，经区委批准荣立三等功。

同日，金德贵、吴仙容被区委授予2009年度优秀公务员称号。

11月27日，洪硖公路秀洲段被市交通局授予第二批平安公路称号。

是年，市城郊港航管理处孟立家荣获“全省港航管理系统优秀通讯员”三等奖。

是年，市城郊港航管理处卜建林被省港航局授予“上海世博会安保工作先进个人”称号。

是年，市城郊港航管理处思古桥港航管理检查站被省交通运输厅表彰为浙江省交通运输系统“群众满意基层站所（服务窗口）”创建工作先进单位。

是年，市城郊港航管理处被省港航管理局授予“浙江省港航管理系统上海世博会安保工作先进集体”称号。

是年，市城郊港航管理处塘汇港航管理检查站被浙江省青年文明号、青年岗位能手活动组委会评为“年度省级青年文明号”。

是年，市城郊港航管理处思古桥港航管理检查站被省港航管理局评为全省港航管理系统标准化示范化建设站所。

是年，区公路管理段黄建良、沈玥荣获全省公路系统宣传报道工作先进个人。

是年，区公路管理段黄建良荣获省优秀通讯员。

是年，区公路管理段黄建良荣获上海世博会“环沪护城河”安保工作先进个人。

是年，区公路管理段团支部黄建良荣获省优秀志愿者。

是年，区公路管理段吕明贵荣获浙江省上海世博会“环沪护城河”安保工作先进个人。

2011 年

1 月 5 日，吕明贵被浙江省委表彰为全省上海世博会“环沪护城河”安保工作先进个人。

1 月 17 日，张永德被授予“沪杭客专浙江段征地拆迁先进个人”称号。

1 月 20 日，秀洲区公路运输管理所被评为 2010 年度全省大物流建设工作先进单位。

1 月 21 日，中共嘉兴市公路管理处总支委员会授予07 省道王江泾超限运输检测站为“文明治超站”荣誉称号。

2 月 25 日，区交通局机关党支部被区机关党工委授予“规范化党支部”称号。

同日，郭荣根被区机关党工委授予 2010 年度优秀共产党员称号。

3 月 7 日，区交通局被市纪委、监察局表彰为 2010 年度“行风热线”工作先进单位。

3 月 22 日，王跃平被嘉兴市评为 2010 年度全市安全生产工作先进个人。

4 月 21 日，沈金富被浙江省政府表彰为沪杭客专建设先进个人。

6 月 24 日，07 省道王江泾超限运输检测站被命名为嘉兴市交通运输系统共产党员示范岗。

9 月 29 日，区交通局被区委表彰为 2006—2010 年全区法制宣传教育先进集体。

11 月 18 日，吴仙容被浙江省政府表彰为农村公路工作先进个人。

12 月 9 日，路政综合办被浙江省青年文明号、嘉兴市青年岗位能手活动指导委员会命名为“青年文明号”荣誉称号。

12 月 28 日，浙江嘉兴长运运输有限公司被市公安局、市交通运输局表彰为全市安全运输先进企业。

2012 年

1 月 17 日，刘立伟被区委表彰为 2011 年度信访工作先进个人。

2 月 1 日，区交通局被区委、区政府评为 2011 年度区级文明单位。

同日，吴仙容、孙雪强被区委、区政府评为 2011 年度先进个人。

2 月 15 日，颜惠萍被嘉兴市交通局表彰为 2011 年度嘉兴市高速公路（ETC）推广工作先进个人。

3 月 20 日，区交通局被表彰为 2011 年度区人大代表议案建议和政协提案办理工作先进集体。

同日，钱罡被表彰为 2011 年度区人大代表议案建议和政协提案办理工作先进个人。

3 月 30 日，王跃平被区政府表彰为 2011 年度消防工作先进个人。

5 月 29 日，区交通局被秀洲区纪委表彰为 2011 年度“行风热线”上线工作考核优秀单位。

5 月，秀洲区振禾出租车公司“老兵爱心车队”队长周勇在浙江省杰出职工评选中荣获“金锤奖”称号，并获奖金五万元。是年，周勇获嘉兴市“杰出职工”“的士之星”称号。

第三节　人才建设

加强职工科技文化教育，是提高交通系统干部职工队伍素质的一个重要方面，是人才建设的重要手段。解放前及解放初期，嘉兴交通系统职工技术培训主要采取“师傅带徒弟”形式传其技艺，没有专门组织职工进行技术培训。后来航管部门和公路监理部门在嘉兴建立后，才建立起对车船驾驶人员进行考核、检验、发证制度，尔后才有培训制度。

1956 年，嘉兴航管处组织船员培训、考试工作。60 年代，称之为技术教学，是根据自力更生的原则，适应形势发展需要，加强技术力量的一种好方法。1958 年，交通职工响应党和政府号召，积极开展技术革新活动。1959 年，嘉兴航运公司制成机驾合一装置。

1960 年，嘉兴交通运输公司参加内外培训 108 名，其中，汽车驾驶、车、电工等技术培训 96 名，政治培训 6 名，业务培训 8 名。1964 年和 1965 年，嘉兴地区航管处在嘉兴举办 1 期船员培训考试，为期 40 天。1979 年，嘉兴县航管所开始对农机船培训，至 1983 年年底，共培训 19 期，发放农用船员证书2467册。1982年1月，全国职工教育管理委员会、教育部等5部、委规定，凡未经专业培训的三级以下职工均应参加技术补课，各单位因地制宜，采取多种形式进行专业培训或技术补课。

1983年郊区交通局成立后，对交通系统的员工的科技文化教育十分重视，经常组织干部职工通过各种渠道参加教育培训，不断提高干部职工队伍的素质。

1990年，全系统有在职人员602人，全系统全年组织了150名干部职工参加了各种管理技术培训班，其中84人获得了结业证书。

1991年，全系统组织了156名干部职工参加了各类岗位培训，其中103人获得了毕业和结业证书。

1992年，全系统组织了178名干部职工参加了各类技术培训，其中79人获得毕业和结业证书。

1993年，成人教育工作纳入系统年度工作考核，除引进需要的专业人才外，着重抓好在职人员的科技文化教育和技术培训。全年全系统组织了223名干部职工参加各类岗位培训，其中91人取得毕业和结业证。

1994年，全系统有99名干部职工参加了岗位培训、继续教育和高等教育，其中21人取得结业证，3人取得专业证书结业。

1995年，全系统有66名干部职工参加了各类培训、继续教育和高等教育，其中41人取得结业证书，1人取得毕业证书。

1997年，全系统组织74名干部职工参加各类培训及文化教育，其中63人取得毕业和结业证书（包括15人取得专业证书结业）。

1999年，全系统组织69名干部职工参加各类技术培训和高等学历教育，其中32人取得毕业结业证书。

截至2007年年末，全系统在职人员239人（已改制为企业未列入统计），其中大专以上学历84人，占在职人员35.15%，中专学历20人，占8.37%，高中及以下学历135人，占56.48%。专业技术职称人员59名，其中中级职称20人，初级职称39人。

秀洲区交通运输系统工程、农艺系列副高级专业技术职务人员一览表

表11-1-1

姓　名	籍贯	出生年月	学历	专业技术职务	取得年份	取得时工作单位
张善华	浙江嘉兴	1965.12	大学	高级工程师	2007年	嘉兴市桥梁工程队
卜建林	浙江嘉兴	1970.02	本科	高级工程师	2007年	嘉兴市城郊港航管理处
金福明	浙江嘉兴	1969.05	本科	高级工程师	2012年	嘉兴市城郊港航管理处
吴爱泉	浙江嘉兴	1970.09	本科	高级工程师	2014年	嘉兴市城郊港航管理处
薛黎明	浙江嘉兴	1968.08	本科	高级工程师	2012年	嘉兴市城郊港航管理处
沈　剑	浙江嘉兴	1971.09	本科	高级工程师	2012年	嘉兴市城郊港航管理处
高早明	陕西佳县	1972.12	本科	高级工程师	2007年	嘉兴市城郊港航管理处
郑金余	浙江江山	1968.10	本科	高级工程师	2007年	嘉兴市城郊港航管理处
陆玉良	浙江平湖	1966.04	本科	高级工程师	2011年	嘉兴市城郊港航管理处
孙雪强	浙江嘉兴	1979.04	本科	高级工程师	2012年	秀洲区公路管理段
胡佩英	浙江嘉兴	1968.05	大专	高级工程师	2012年	秀洲区公路管理段
王曦东	浙江嘉兴	1975.12	本科	高级工程师	2011年	秀洲区公路管理段

秀洲区交通系统经济、会计、审计系列副高级专业技术职务人员一览表

表11-1-2

姓　名	籍贯	出生年月	学历	专业技术职务名称	取得年份	取得时工作单位
宋云芳（女）	上海崇明	1961.01	本科	高级会计师	2003年	嘉兴市城郊港航管理处
朱永祥	浙江嘉兴	1966.10	本科	高级经济师	2007年	嘉兴市城郊港航管理处
孙　雁（女）	浙江嘉兴	1968.03	本科	高级经济师	2008年	嘉兴市城郊港航管理处

第二章 党组织

第一节 交通局党委

嘉兴市秀洲区交通局的前身是嘉兴县交通局，1979年3月建立中共嘉兴县交通局党组，1981年3月更名为嘉兴市交通局党组。1983年9月，嘉兴市升为省辖市，同年11月因体制改革县交通局党组终止。1979年至1983年11月期间李锡恩任党组书记。

1983年11月，郊区人民政府设立郊区交通局。1985年11月2日，成立中共嘉兴市郊区交通局党组，屠锦明任党组书记，张学思、李锡恩、杜纪林、周振球等四人任党组成员。

1987年9月26日，根据郊委干〔1987〕44号文件，郑耀光任郊区交通局党组书记，免去屠锦明郊区交通局党组书记职务。12月1日，免去张学思郊区交通局党组成员职务。

1993年2月24日，根据郊干任〔1993〕4号文件，郑福根任局党组书记，免去郑耀光局党组书记职务。

1998年11月30日，根据郊干任〔1998〕32号文件，中共嘉兴市郊区交通局党组改建为中共嘉兴市郊区交通局委员会，局党委由郑福根、周大水、赵海荣、蔡平江组成，郑福根担任党委书记，周大水担任党委副书记。

1999年5月28日，根据郊干任〔1999〕12号文件，周大水任中共嘉兴市郊区交通局委员会书记，免去郑福根中共嘉兴市郊区交通局委员会书记、委员职务。

1999年6月，郊区更名为秀洲区，中共嘉兴市郊区交通局委员会随之更名为中共嘉兴市秀洲区交通局委员会。

2007年3月26日，根据秀洲干任〔2007〕10号文件，沈金富任中共嘉兴市秀洲区交通局委员会委员、书记。免去周大水中共嘉兴市秀洲区交通局委员会书记、委员职务。

2009年6月29日，根据秀洲干任〔2009〕7号文件，郭荣根同志任中共嘉兴市秀洲区交通局委员会委员、副书记（正科）。2009年12月5日，根据秀洲干任〔2009〕15号文件，金忠任中共嘉兴市秀洲区交通局委员会副书记。

历任区交通局党委（党组）负责人任职情况，见第七篇：“交通管理机构”中的第一章：“秀洲区交通局”。

第二节 纪检(监察)和廉政建设

1992年8月14日，根据郊委发〔1992〕19号文件，建立中共嘉兴市郊区交通局纪律检查组，1998年11月30日，根据郊干任〔1998〕32号文件，郊区交通局纪检组改建为中共嘉兴市郊区交通局纪律检查委员会。1999年6月，郊区更名为秀洲区，郊区交通局纪律检查委员会更名为中共嘉兴市秀洲区交通局纪律检查委员会。为切实履行职责，加强制度建设，局纪律检查委员会在做好纪检监察的同时，组织干部职工开展一系列的相关活动。从2002年起，局党委和所属事业单位签订党风廉政建设和反腐败工作责任书，纳入年度工作目标考核，全面落实党风廉政建设责任制。2009年12月，根据秀洲委〔2009〕23号文件，秀洲区撤消各基层纪律检查委员会，成立纪工委，交通局归口第五纪工委接受监督。

第三节 基层党组织

1984年1月，根据中共嘉兴市郊区机关党委〔1984〕1号文件，成立了中共嘉兴市郊区交通局支部委员会。1986年4月郊区交通联合党支部成立，1993年7月，成立郊区交通联合党总支委员会，下设公管所（公管所、养护所、安全办）、装潢厂、汽运公司三个党支部。郊区交通联合党支部同时撤销。1999年6月，郊区交通联合总支委员会撤销。

2007年末，区交通局党委下属基层党支部共有6个，党员86人，分别为区交通局机关党支部、区运管稽查所党支部、区公路段党支部、嘉兴市桥梁工程队党支部、嘉兴市不锈钢制品总厂党支部、嘉兴市铝合金装潢厂党支部。

区交通局系统党组织的职责是：

一是认真贯彻执行党的路线、方针、政策和上级党委的决定、指示，结合该部门、该单位的实际具体实施；

二是研究提出该系统、该部门交通建设中长期发展规划、年度计划，作出改革发展的重要部署；

三是审议决定涉及该部门、该单位重大问题、重大项目、重大资金使用；

四是按照干部管理权限和规定程序，决定该部门管理干部的职务任免、职务晋升、人员调整和奖惩；

五是研究制定该系统、该部门加强思想、作风建设，组织建设和思想政治工作的措施，并在工作中，努力发挥党组织的战斗堡垒作用和党员的先锋模范作用。

第三章 交通工会

第一节 工会组织

第一届区交通局工会委员会始建于1985年，共有委员3人，孙松年为工会主席。1992年10月，区交通局换届选举，产生第二届工会委员会，有委员3人，刘庆祥为工会主席。2001年12月，局第三届工会委员会换届选举，产生委员3人，赵海荣为工会主席。2007年6月，区交通局换届选举，产生第四届工会委员会，有委员3人，赵海荣为工会主席。多年来，区交通局工会在局党委和上级工会的正确领导下，团结和组织全体职工，在切实维护职工的合法权益，大力加强工会规范建设，加快发展交通事业，推进系统两个文明建设作出积极贡献。2007年年末，区交通局工会会员33人。

第二节 职工文化生活

积极开展丰富多彩的文体活动，活跃职工的文化生活，是工会工作的内容之一。经常组织职工群众开展文娱体育活动，在2005年秀洲区第二届机关运动会上获得团体总分第五名的好成绩；2006年嘉兴市交通市局组织的庆祝建党85周年和第四届职工文艺会演中，区局工会组织选送的歌舞节目《养路工》获金奖；鼓励支持职工参加省市民间歌手比赛活动，并获得省市民间歌王称号，丰富了职工业余生活。鼓励干部职工撰写通讯报道，介绍交流交通建设信息，并制定了相关的奖励办法，至2007年年末，国家级报刊采用4篇，省级报刊采用81篇，市级报刊采用770篇。

第十二篇 交通文化

文化是人类社会历史发展过程中所创造的物质财富和精神财富的总和、是历史的积淀。交通文化是交通行业在长期的交通建设、运输和管理实践中逐步形成并不断发展的、为广大交通员工所普遍认同并付诸实践的具有鲜明行业特点和时代特征的价值理念，是交通行业各种精神文化、物质文化和制度文化等方面的总和，是交通发展的重要成果，是交通人员智慧的结晶，具有交通行业特有的外在表现形式。在古代，人类文化文明的发展与交通息息相关。古代文化传播与交通状况是分不开的。无论是物质文化还是精神文化，都有赖于交通，因此，社会历史的发展与进步，处处与交通密切相关。交通历史的发展是交通文化的重要内容和展示。

交通文化是中国特色社会主义先进文化的重要组成部分，是交通行业的灵魂，是实现交通又好又快发展的重要精神支柱。交通运输是支撑经济良性发展、促进社会全面进步的基础性、先导性产业和服务性行业，服务是其本质属性。

交通文化的层次定位是行业文化。从价值理念的从属主体来看，有国家的、民族的、组织的和个人的价值理念等，交通文化则属于整个交通行业的价值理念。因此，交通文化是整个交通行业各部门、各单位价值理念的提炼与整合，代表了交通行业从业人员的主流思想，代表了整个行业广泛认同和普遍接受的价值理念。

交通文化的鲜明个性是交通特色。交通文化是交通行业的特色文化。各个行业的特色文化在形成和发展过程中，虽然受到整个国家、民族的价值理念的影响，但各个行业生产特征、服务要求和管理模式存在很大差异，其价值取向也必然存在较大差异。交通作为经济社会发展的基础性产业和服务性行业，其所秉承的价值理念自然也有别于其他行业，从而有其自身鲜明的个性特色。

综上所述，交通文化内涵十分丰富而多方面，秀洲区交通文化已有很多内容融于其他篇章，本篇主要记述运河文化和古桥楹联。

第一章 运河文化

隋炀帝于隋大业元年至六年(605—610年)，开通了永济渠、通济渠、邗沟和江南河，连成了一条贯通南北的大运河，全长四五千里，以洛阳为中心，北通涿郡(今北京)，南达余杭(今杭州)，是世界上最早、最长的大运河。大运河沟通了海河、黄河、淮河、长江、钱塘江五大水系，成为南北交通的大动脉，对于加强南北经济文化的联系与交流，巩固国家的统一，起了重大作用。它的开凿，显示了我国古代劳动人民的伟大创造力，是古代劳动人民对祖国历史的重大贡献。经千百年的流淌，大运河积淀了深厚的运河文化。

【秀洲运河】

隋大业六年开凿江南段运河，自杭州至镇江的江南运河，是京杭运河的最南端，全长400公里。江南运河自南而北，从杭州流经桐乡、嘉兴，至秀洲区王江泾往北入江苏境，以嘉兴分水墩为界南为杭州塘，北为苏州塘，南北两塘均穿流秀洲大地，区内的陡门、王江泾等集镇都凭藉古运河的滋养而日趋繁盛。

秀洲段运河是南北大运河最早的河道之一，也是江南运河的精华和浓缩。大运河激活了太湖流域水系，营造了新的自然环境，方便了南北经济文化的联系与交流，极大地促进了这一地区的社会经济和文化的发展。今天的运河在秀洲已不再是一条线，而是一个运河网络，沟通着今天秀洲区各个集镇以及广大农村的运河水系。秀洲区得益于大运河的滋润，地沃人丰，市镇聚集。秀洲运河经多年的保护、疏浚、开挖，今天的古运河展现了现代风貌，五六百吨的钢质货船在上面航行，秀洲运河成了水上南北交通枢纽。南流北去的运河水，给秀洲带来了繁盛，也持续着它发展的生命力。

【运河遗存】

京杭运河似一条巨龙，南北延伸，流水潺潺，流经着嘉兴、秀洲大地，经千百年来的流淌，在运河上或在它的两岸不少人文景观也由此产生，在秀洲区这块土地上至今还留存着相关遗存。

长虹桥

在嘉兴市秀洲区王江泾镇一里街东南。始建于明万历年间(1573—1620 年)，清康熙五年(1666 年)重修，嘉庆十七年(1812 年)再修，太平天国时桥栏石损毁，光绪六年(1880 年)修复。长虹桥横跨大运河上，是嘉兴市最大的石拱桥，也是大运河上罕见的巨型三孔实腹石拱大桥，气势宏伟，形似长虹。桥全长为 72.8 米，桥面宽 4.9 米，东西桥阶斜长为 30 米，各有台阶 57 级，用长条石砌置。桥拱三孔，是纵联分节并列砌筑法的半圆形石拱。主孔净跨 16.2 米，拱矢高 10.7 米；东西两边孔净跨 9.3 米，拱矢高 7.2 米。长虹桥造型如长虹卧波，往昔天气晴明时，登桥远眺，北之吴江盛泽，南之嘉兴北门外隐隐可见。古人有“虹影卧澄波，登高供远瞻。南浮越水白，北接吴山绿”。长虹桥保存得很好。桥两坡各有 57 级石阶，用平整的长条石砌成，桥栏也是长条石，用石凿的榫卯联接，朝里侧凿成可供人坐憩的弧形。这里的每一块条石，都可以称之为修洁。长虹桥，1981 年 10 月被公布为嘉兴市级重点文物保护单位；1997 年 8 月，被列为浙江省文物保护单位；2006 年 5 月，作为京杭大运河的组成部分，被列为全国重点文物保护单位。

系船石

过去交通主要依靠船只来往，南北大运河为嘉兴水上交通创造了极好条件，为江南带来繁荣，让嘉兴出现“父老禾兴旧馆前，香粳熟后话丰年。楼头沽酒楼前泊，半是江淮贩米船”(朱彝尊《鸳湖棹歌》)这样的景象。集镇上为便于船只停靠，在河道的石帮岸壁上，在河埠头每间隔一定距离就设置一块系船石(也叫揽船石)，上面雕有一个系船缆的洞眼。洞眼有叫揽船洞、系船洞、象鼻洞、船鼻子等多种名称。更多的系船石雕有多种纹饰：有寓吉祥的寿桃、如意、定胜、双钱等；有拟动物的象鼻、猫眼、蝙蝠、犀角、立鹤等；有仿花卉的梅花、蕉叶、双榴、佛手等。还有更复杂一些的，由几种事物或动物组合而成，如狮子滚绣球、瓶生三戟(平生三级)、如意得鹿等等。据有关资料这种系船石始于明代，至 2010 年在嘉兴、新塍、王店等城镇的河埠头的石帮岸壁上还能见到。

【运河宗教文化】

本觉寺

位于大运河岸的秀洲区陡门，原名报本寺，始建于唐代。北宋时期，四川名僧文善常主持该寺，苏轼三次过访文长老。南宋嘉定十七年(1224 年)僧元澄在寺内建苏东坡“三过堂”，堂后建东坡祠，立东坡画像石。本觉寺与三过堂毁于近代，该寺文物都已散失。

一宿庵

位于王江泾运河岸，长虹桥西堍。原名一粟庵，据传清乾隆帝下江南，经此在该庵中住有一宿，故后名为一宿庵。一宿庵前殿设有四大金刚和建造此庵的石碑。正殿供观音，门楣上挂有一圆镜，能照见长虹桥的全景。正殿右侧有千年古银杏树，耸立至今。

【运河风情】

大运河以它宽阔的胸怀和无尽的能量哺育着依河而居的人们，并在他们的生活中深深打下了自己的印记。渔夫、船家、纤夫和码头工找到了自己的营生，他们一代又一代地在运河上劳作、生息，形成了运河人家生活的独特文化风情。运河有时也会吞噬来往的行船，给人们带来灾难。面对不测的风险，船民们祭祀河神，祈求神灵保佑。岸上的人们则建起各种祭祀性建筑，点燃香火，祈盼生活、劳作在河上的人们平安。

踏白船

踏白船也称摇快船，是一项盛行于嘉兴包括今天秀洲区各乡镇在内的水上竞技，是为祭蚕神而举行的一项活动。据说其名来由与宋将岳飞有关，宗泽因赞赏岳飞的才能与忠勇，任其为“踏白使”，为鼓励赛船者以岳飞的无畏气概参加竞渡，故称。

踏白船的船只，即嘉兴水乡常见的农用船，这种船船体稍长，船底呈弧状，涉水阻力甚小，但急摇时左右稳定性较差，乡民称之为“活”，因此成就了踏白船在表演时速度较快、惊险的特性。嘉兴三塔塘，位于京杭大运河嘉兴西南段，河道较宽，每年三月十六为蚕神生日，四乡八里的蚕民便摇船云集三塔塘。每条船经过改装，船艄搭上木板横“跳”，船尾上安两支琵琶橹，两人一组同摇一橹，船舱帮口两边再安放四五排或五六排木桨，人手一桨，合力齐划，船头插上一面村坊旗号，也有应金、木、水、火、土五行插上相应的红、黄、蓝、白、黑五色牙旗。踏白船比快称“旱踏”，竞险称“水踏”，女子参赛称“女踏”。农民赛船，纯为娱乐，踏白船竞渡激烈，却无奖品，只是有下一年踏白船开赛发令的荣耀。结乡情，备春耕，是踏白船聚会的内涵所在。如今，踏白船已经被保护起来，它被列入浙江第三批非物质文化遗产名录。

网船会

秀洲区王江泾镇莲泗荡的网船会，是与江南水乡渔民生产、生活习俗相关的民间水上庙会活动。网船会又称“刘王庙会”“莲泗荡水上庙会”，是江浙沪一带渔民、船民和当地乡民，为祭祀古代驱蝗英雄刘猛将军举行的水上活动，是江南水乡特有的民俗。

网船会这一祭祀刘猛将军的民俗活动，已在王江泾莲泗荡延续了上百年历史，据《苏州府志》记载，刘猛将军庙始建于南宋景定年间(1260—1264 年)，祭祀驱蝗有功的刘姓将军。刘猛将军为谁，历代说法不一，依次为刘锐、刘宰和刘承忠。清光绪《嘉兴府志》记载：“雍正二年(1724 年)列入祀典，同治皇帝赠赐‘普佑上天王’匾额。”为一年两祭，正月十三为诞祭，冬至后第三日为祭；而民间则以正月二十日为开印日，八月十四日为其诞辰日。历宋、元、明、清四代，刘猛将军庙始终香火兴旺，刘猛将军倍受江南渔家尊崇与敬仰。清朝开始，涟泗荡东北侧的刘猛将军庙开始名声鹊起。光绪十二年(1886 年)的《点石斋画报》载图《网船会》并附文：“嘉兴北乡莲泗荡，八月十三日为刘王诞期，远近赴会者扁舟巨船不下四五千，自王江泾长虹桥至庙前十余里内排泊如鳞，是日奉神登舟，接荡巡行，午后回宫，俗名为网船会云”。清宣统三年(1911 年)刻印的《闻川志稿》也有描述：一逢开印日与诞辰日，江浙渔船咸集荡中，以数万以为例。至二、三月之交，船之集尤多，谓之网船会。民国 36 年(1947 年)刘王庙庙会盛况文字记载：“十八万三千之多的猪头献上神座”“高高竖着桅杆的大船约有八百余艘，轮船二十四艘，其他汉口船三艘，青岛和香港来的船各一艘，其余小网船和民船更不知凡几。”民国 37 年(1948 年)4 月 28 日《嘉善民权报》亦记载有刘王庙会“五十万人虔诚顶礼”，敬献给刘王的纱帽“价值黄金六两”。如此盛大的庙会，考之周边地区的佛事以及其他民俗活动，是罕有其匹的。此种大规模的庙会活动直至 1958 年才中止。但即使是刘王庙被拆除的文革期间，民间小规模的祭祀活动仍是不绝如缕，从未曾停止过。网船会这个百年民俗、水上盛会，已于 2006 年列入浙江省非物质文化遗产名录。2009 年 3 月 21 日至 22 日，秀洲区在王江泾举办了首届“江南网船会”民俗活动。同年被批准为国家 AA 级旅游景区，“网船会”被列为浙江省非遗保护基地；2011 年 5 月 23 日，国务院发文《国务院关于公布第三批国家级非物质文化遗产名录的通知》(国发[2011]14 号)，网船会被正式列入国家级非物质文化遗产名录，成为秀洲区首个也是唯一的一个进入国家级非遗名录的项目。

第二章　古桥楹联

秀洲区地处江南水乡，地势平坦，河道纵横交叉，桥梁众多，至2006年在秀洲区境内就古桥尚存有186座。这些古桥工艺精湛、古朴典雅，丰有文化底蕴和文化内涵。尤其是古桥上的楹联，一般都为当地名人所题，体现当地的物产、地理、环境、人文典故，内容丰富，脍炙人口，凸显江南文化特色，为交通文化的组成部分。可惜有些桥联因古桥年久被风蚀字迹已难以辨认，有的或因桥下沉或被树从遮挡，不好录记。

万兴桥(嘉北街道)桥联

南联：津通南北任往来余舟子壤接东西利徒步之行人；

北联：烟水苍茫此地居然古渡风波恬静斯桥疑有仙(接)。

思贤桥(塘汇街道)桥联

南联：河绕秋泾太平在望梁成科令利泽补余；

北联：旧留遗踪乡因贤著后人怀德桥以思传。

长虹桥(王江泾镇)桥联(注：南北侧分别有短、中、长桥联三副，长联均不全未录)

南侧短联：劝世成善愿人作福；

南侧中联：淑气风光架岭遥登彼岸洞天云汉横梁稳步长堤。

北侧短联：千秋永庆万古长龄；

北侧中联：福泽长流物阜民安国泰慈舟普渡江平海宴河清。

长家桥(王江泾)桥联

东联：北接长虹皆利济南连秀水永安澜；

西联：风恬滑笏银涛暖日丽垂虹绣水长。

禾同桥(王江泾镇)桥联

东联：夹道津梁通觉路中流砥柱挽狂澜；

西联：北流一曲骚人港西溯三闾大夫洞。

正兴桥(王江泾镇长虹村与荷花村间)桥联

东联：春风野草寻乌巷夜月渔舟傍绿杨；

西联：足蹑云根平步上水溅柳汁染衣来。

张家桥(王江泾)桥联

东联：鸿飞渐卜风云会人冰恒沾雨露息；

西联：千尺卧波浮月镜两涯陟磴步云梯。

日晖桥(王江泾镇)桥联

东联：旭日光辉腾上下安澜康乐界东西；

西联：虹架碧流开一鉴脉连红水接双桥。

永兴桥(新塍镇)桥联

南联：青龙莅水德玄地运文星；

北联：永启田畫亩兴隆福寿星。

白云桥(新塍镇)桥联

南联：蝃蝀浮空利涉舟行明镜桑麻夹岸诞登人在白云；

北联：溯鸳水于三秋过分烟雨踏风山之一曲时超风云。

发龙桥(新塍镇)桥联

东联：名传勒石千年迹利涉沾仁万古心；

西联：登圯此壤香南北击楫中流共往来。

思家桥(新塍镇)桥联

东联：绿波涟漪通鸳渚明镜澄清照凤山；

西联：岸隔自容驱犊过梁高不碍挂帆来。

仲昌桥(新塍镇)桥联

南联：履纳双凫夜凉欣受教车容驷马客过记留题；

北联：余黍延年丰连歌多稼采麻征众乐仁祝太平。

天理桥(新塍镇)桥联

东联：东隅大通荣万载西赖观音庆世丰；

西联：南溯鸳湖纯秀地北流雁荡自平波。

多稼桥(新塍镇)桥联

南联：波浓似酒芳春醉人满如鱼吉梦符；

北联：盈畴秀色分云液丰壤欢庆入棹歌。

南云桥(新塍镇)桥联

东联：两岸人家居秀邑一溪龙脉接新塍；

西联：南陌春游来白马西畴秋熟看黄云。

丰禄桥(新塍镇)桥联

东联：一径长堤栖彩凤梁成碧水映祥光；

西联：虹绕清波生秀气千重瑞藻隐苍龙。

马鞍桥(新塍镇)桥联

南联：当年雁尽分排法式良图咸利济此日马鞍重建一时四境庆安澜；

北联：便南北舟楫往来此去四通八达仗上下神祇呵护

群欣物阜年丰。

喜阶桥(新塍镇)桥联

南联：共仰福缘歌有庆咸思善建乐维新；

北联：东亩西畴群利涉南樯北楫自安流。

虹济桥(新塍镇)桥联

东联：小宙云深萦北谷周公名重振西荒；

西联：壤沃绣州圩八百源澄天目水三千。

周公石桥(新塍镇)桥联

南联：上地川回通下地北亭桥古对南亭；

北联：千年虹影横新水数里波光接澜溪。

毛桥(新塍镇)桥联

南联：神昭明德通天载人掌丝伦集凤池；

北联：一泓水绕源天目十里塘回接澜溪。

众安桥(新塍镇)桥联

南联：远接吴江通笠泽近联秀水入鸳湖；

北联：梁跨东西横绣陌水达南北绕清溪。

凤仪桥(新塍镇)桥联

东联：晓日浴红春水上遥山横碧画桥西；

西联：千顷桑麻歌大有万家烟井颂升平。

仲店木桥(新塍镇)桥联

东联：北分江邑虹福齐南跨禾区龙未云；

西联：桥架三星参上乘梁成十月乐升平。

年安石桥(新塍镇)桥联

东联：东去一湾通舜水南来七里是新溪；

西联：桥以时成农工不害民无病涉王政维修。

福德桥(新塍镇)桥联

东联：渡尽众生福缘广结流传千载德量深沉；

西联：一篙春日虹腰涨千亩秋风雁齿高。

泰昌桥(新塍镇)桥联

南联：沙漠泾头垂半月幽湖港口乐长生；

北联：客帆入市无三里歌笛来津又一村。

泰石桥(洪合镇)桥联

东联：击壤兴歌履泰当盛世鸠工重建架石接平堤；

西联：西望澄波幽湖通澜溪东传渔唱小艇出长塘。

国界桥(洪合镇)桥联

东联：披莱远溯夫余泽端委常存泰伯风；

西联：星映斗牛临鹊驾地连吴越判鸿沟。

麟湖桥(油车港镇)桥联

东联：矢一念慈悲克成善举愿千秋巩固永济行人；

西联：七十岁康强功程独建千万人来往利益常叨。

荷花浦桥(油车港镇)桥联

南联：行与之还得十亩间闲意进而益上为二雨圩要津；

北联：却好半读半耕三家村舍远课一晴一雨两岸桑麻。

陶家桥(油车港镇)桥联

东联：秀水藏[穑]同[欢歌] 桥由众建福庇临；

西联：丽水南流皆秀水福禄长临庆有余。

善兴桥(油车港镇)桥联

东联：一带村溪襟两邑双祠神泽润三农；

西联：西来秀水潆洄远东接麟湖流泽长。

鱼池汇桥(油车港镇)桥联

北联：舟来塘北春桑帆影参差区接池西古寺钟声隐约；

南联：两岸渔村蟹舍水接鸳湖万家绣壤云塍波平麟渚。

万福桥(油车港镇池湾村)桥联

东联：天豆张平经甲龙来福参秀德平寿；

西联：南来接鹚渚流清北去喜闻湖浪静。

塘家桥(油车港镇)桥联

东联：遥望鸳湖月渐通彭蠡春；

西联：三家村口湍声远一雨溪头浪影平。

怀仁桥(油车港镇)桥联

南联：南接栖真香火界北通鲍甸水云乡；

北联：人逢花甲思延寿客傍烟波免问津。

万福桥(油车港镇上睦村)桥联

东联：东迎官水千层浪西接金溪万壑流；

西联：南接槜李千人稳北达闻泾万福安。

通济桥(油车港镇)桥联

东联：东望风帆飞浦溆西闻津鼓报陲亭；

西联：溪流几曲桑麻绕虹影中横垄亩通。

古查庵桥(油车港镇)桥联

南联：一道彩虹天上落几家画舫镜中行；

北联：四境常闻莺壤歌千秋永免褰裳涉。

万安桥(油车港镇)桥联

东联：南去郭河每听汽船晨笛声北归栖市犹闻古寺晚钟声；

西联：集品第重新敢拜万家生佛祝过阁步健镇称一路福星。

主要参考文献

《嘉禾志》（元至元二十五年修，单庆修徐硕纂）
《嘉兴府志》（清康熙六十年年刻本，吴永芳修、高孝本等纂）
《嘉兴府志》（清嘉庆五年修，伊汾安修，冯应榴纂）
《嘉兴府志》（清光绪三年修，许瑶光修，吴仰贤等纂）
《嘉府典故纂要》（清乾隆五十四年刻，王惟梅纂）
《嘉兴县志》（清康熙二十三年修，何志修，王庭徐发龚）
《嘉兴县志》（清嘉庆七年刻本，司能任修，屠本仁纂）
《嘉兴县志》（清光绪三十四年刻本，赵惟嵛修，石中玉纂）
《嘉兴县新志(上编)》（民国 18 年铅印本，阎幼甫修，阶志鸿纂）
《浙江通志》（清光绪二十五年重刊）
《浙江官报》（清宣统元年至三年，官报编著）
《浙江沿海图说》（清光绪二十五年何正元撰）
《澉水新志》（清道光二十八年，蓉浦方溶修蓦）
《清代经济史简编》（郭蕴静著，河南人比出版社出版）（1984 年 7 月）
《申报年鉴》（申报社出版）
《中国年鉴》（岳阳阮湘编）
《新国民年鉴》（民国 18 年版）
《中华年鉴》（民国 37 年版）
《浙江经济年鉴》（民国 37 年版，浙江省银行经济研究室编）
《交通年鉴》（民国 24 年版）
《上海市年鉴》（民国 25 年版）
《中国近代铁路史资料》（二、三册）
《中国铁路发展史(1876—1949)》（金士宣，徐文述）
《中国铁路建筑编年简史(1881—1981)》（马千里等编，中国铁道出版社出版）
《中国现代交通史(第一版)》（1931 年 8 月出版）
《中国交通史》（白寿彝著，民国 25 年 12 月，商务印书馆出版）
《中国之交通》（民国 25 年 12 月出版）
《中国古代邮驿史》（刘广生主编）
《中国轮船航运业的兴起》（樊百川著）
《宋元时期的梅外贸易》（陈高华，吴泰著（1981 年 9 月出版）
《海关十年报告》译编（徐雪筠等译编，上海社会科学院出版）
《中国经济志》（民国 23 年出版，张人杰题）
《经济地理与中国问题》（韩亮仙著，民国 23 年 1 月出版）
《中国近代经济史间答》（蒋建平，柳思维编，广西人民出版社出版）
《浙江省建设厅月厅》（民国 16—19 年 6 月，共 36 期，浙江省建设厅编印出版）
《浙江省建设月刊》（民国 19 年 7 月—26 年 6 月，浙江省建设厅编印出版）
《浙江道路什志》（民国 12—13 年，中华道路协会浙江分会编印出版）

《浙江省公路局汇刊》(民国18—21年共三期浙江省公路局、公路管理局编印)
《交通什志》(民国22年至26年7月版)
《交通史航政编》
《交通史路政编》
《浙江省建设厅清理公路资产报告》(民国26年8月刊印,浙江省建设厅编)
《浙江公路史,第一册(近代公路)》(人民交通出版社出版)
《浙汉公路运输史,第一册(近代公路运输)》(人民交通出版社出版)
《航运史话》(上海海运局,长航局上海分局编写组)
《交通建设》(民国32年版)
《浙江百年大事记》(浙江人民出版社出版)
《浙江公报》(省长公署编印)
《浙赣路讯》(民国36年刊)
《浙江商务月刊》(1936年版)
《浙江民政年刊》(民国17—23年,浙江省民政厅编印)
《浙江经济纪略》(魏颂唐稿)
《浙光月刊》(民国25年刊)
《浙江省省内外经济大事日记》(民国25年10月出版)
《浙江经济》(民国35—36年版)
《嘉兴市志》
《嘉兴市交通志》
《嘉兴水利志》
《嘉兴年鉴(1998—2010)》
《嘉善年鉴》
《平湖年鉴》
《海盐年鉴》
《海宁年鉴》
《桐乡年鉴》
《嘉兴交通年鉴》
《浙江交通年鉴》
《嘉兴航运志》
《嘉善交通志》
《平湖交通志》
《海盐交通志》
《海宁交通志》
《桐乡交通志》
《嘉兴市公路水路交通"十一五"规划》
《浙航嘉兴分公司史(1950—1985)》
《嘉兴市公共交通史(1984—2009)》
《浙江省志(交通篇)》
《浙江省交通志(稿)》
《嘉兴市内河岸线利用与发展规划》
《嘉兴日报》
《南湖晚报》
《悠悠水乡情》
《古桥风韵》

编后记

《秀洲区交通志》是根据浙江省交通厅的统一部署，在嘉兴市交通运输局的领导下和嘉兴市秀洲区地方志编纂委员会的指导下，由嘉兴市秀洲区交通志编纂委员会组织编纂的。

编纂该志，志稿编纂工作经历了两个阶段。

第一个阶段，前后历时两年。2006年，由嘉兴市秀洲区交通局发文，正式成立嘉兴市秀洲区交通志编纂委员会和办公室、接着就拟订篇目，搜集资料，修志人员先后走访有关资料档案收藏单位，查阅搜集各种文献资料、到2007年初步写成，但未正式成稿，编纂年限为1990—2007年。但水上运输这一块因资料无法收集，没有写进去。

第二个阶段，2015年7月，启动第二轮编纂《秀洲区交通志》工作。为做好《秀洲区交通志》的编纂工作，成立以嘉兴市秀洲区交通运输局一把手为组长的《秀洲区交通志》编纂工作领导小组，确定编志办公室专职人员。搭建《秀洲区交通志》的基本框架结构，确定《秀洲区交通志》的篇、章、节、目。根据分工开展编写篇、章、节、目，评议，完成序、目录、索引、后记、跋，确定和落实全书的图片、插图，到2016年完成《秀洲区交通志》的初稿。初稿发各有关单位、局机关各处室和相关单位进行评审，根据评审意见作进一步修改，送相关专家进行修改。编纂年限为远古时期至2010年。

2016年12月《秀洲区交通志征求意见稿》印刷100册，分发到局内部各科室、下属各企事业单位及担任过局领导的部分老干部审阅。2017年3月，《征求意见稿》得到区史志办吴海红专家的审核，并得到市交通局交通志编志办多位老师的指教，最后由方志出版社定稿。这样通过自下而上地反复多次修改，并多次征求有关方面专家的意见，力求确保志书质量。至2017年12月，修改后的送审稿完成。

我们编纂原则是：详今明古，厚今薄古；立足现状，重点记述；科学分类，特色突出；门类合理，归属得当；层次分明，形式新颖。

整个过程六改编目，三易其稿。

在两个阶段编纂过程中，先后得到了嘉兴市辖各县（市、区）交通运输局，市港航管理局、市公路管理局、市运管局、嘉兴市城郊港航管理处、嘉兴市国鸿公司、嘉兴市公交公司和嘉兴市交通工程质量安全监督站、中华人民共和国嘉兴海事局、嘉兴市交通投资集团有限责任公司、嘉兴车务段等单位大力支持，都为本志提供了比较系统的资料。

《嘉兴市交通志》编写办公室，嘉兴市档案馆，图书馆古籍部、嘉兴市地方志编纂室、嘉兴市秀洲区地方志编纂室、王店镇镇志办公室、洪合镇镇志办公室、新塍镇镇志办公室、油车港镇镇志办公室、王江泾镇镇志办公室、以及德清县交通运输局交通志办公室等单位，也都曾给本志提供史料给予大力支持、帮助。

本志在编辑过程中，还得到顾益民、薛成宛、朱国斌、施建耀、沈伯荣、邹金海、吕健伟、顾凤翔、康一强、边胜荣、朱亦隆、汪江波、董立中、钱水观、钱宝云、梅晓民、周德林、张龙官、张维民、李健等人也提供了一些高质量材料和照片，在此，一并致谢！

稚犊试耕，经验不足，志稿在内容、资料、文字等方面难免有疏漏或谬误之处，恳请领导、专家、学者以及广大读者不吝赐教。

编 者

2016年7月

图书在版编目（CIP）数据

秀洲区交通志 /《秀洲区交通志》编委会编. ——北京：方志出版社，2019.1
ISBN 978-7-58144-3587-0

I. ①嘉… II. ①嘉… III。①交通运输业-概况-嘉兴 IV。①F512.755.4

中国版本图书馆CIP数据核字(2019)第021408号

秀洲区交通志

编　者：《秀洲区交通志》编委会
责任编辑：王海荣

出 版 人：冀祥德
出 版 者：方志出版社
地址　北京市朝阳区潘家园东里9号（国家方志馆4层）
邮编　100021
网址　http://www.fzph.org
发　行：方志出版社发行中心
电话（010）67110500
经　销：各地新华书店
印　刷：嘉兴市文教印刷有限责任公司

开　本：889×1194　1/16
印　张：53
字　数：796千字
版　次：2019年1月第1版　2019年1月第1次印刷
印　数：0001～1500册

ISBN 978-7-5144-3587-0　定价：260.00元